16세기 후반~17세기 전반 산문 연구

公에서 私로의 전환

民族文化硏究叢書 148

16세기 후반~17세기 전반 산문 연구

公에서 私로의 전환

안득용 지음

高麗大學校
民族文化硏究院

이 책은 高麗大學校 民族文化研究院이 새로운 民族文化의 창달과 國學振興을 위하여 제정한
『芝薰國學研究造成費』와 『民族文化研究叢書刊行計劃』에 의하여 出版되었습니다.

차 례

제1장
서론

제1절 연구의 목적과 배경

본고는 16세기 후반~17세기 전반 散文에서 보이는 사유[1])와 글쓰기[2])의 특징 및 그 의의를 구명함으로써 이 시기 산문의 지형도를 구축하는 것을 목적으로 한다. 주요 연구 대상은, 작가의 경우 柳夢寅(1559~1623), 李廷龜(1564~1635), 申欽(1566~1628), 許筠(1569~1618), 李植(1584~1647), 張維(1587~1638) 등이고, 장르는 碑誌, 送序, 議論文 등이다. 글쓰기의 수준, 문단에의 기여도, 당대부터 현대까지의 논의 등을 기준으로 삼는

---

1) 본고에서 사용하는 사유라는 용어는 세계관이나 사고[생각], 즉 판단 작용 등을 의미한다. 다만 혼란을 피하기 위해 문예관, 문예의식, 문학관, 자연관 등은 '~(적) 사유'라고 표현하지 않고 구체적인 용어를 밝혀 사용한다.

2) 본고에서 사용하는 글쓰기라는 용어는 인간의 사유를 재구조화하는 記述的 行爲를 의미한다. 즉 대상들에 질서와 통일성을 부여하여 재창조하는 행위이다. 본고는 인간의 사유와 그것의 재구조화로서 기술이 지닌 관계에 대해 고찰하고자 하기 때문에 형상화나 서술보다 사유의 재구조화와 반영이라는 함의를 더욱 선명하게 드러내는 글쓰기라는 용어를 사용한다. 한편 글쓰기는 글을 읽는 행위를 통해서 완성된다. 즉 필연적으로 소통을 통해서만 글이 완성될 수 있다는 의미에서도 글을 읽는 행위를 고려한 글쓰기라는 용어가 여타 술어보다 유용하다. 이에 대해서는 장 폴 사르트르, 『文學이란 무엇인가』, 金鵬九 譯, 文藝出版社, 1996, 48~84면; 월터 J. 옹, 『구술문화와 문자문화』, 이기우 · 임명진 옮김, 문예출판사, 2003, 123~178면 참조.

다면 이 시기를 선도했던 사유와 글쓰기의 특징적 면모를 읽기 위해서 이 여섯 명과 세 장르 외에 몇 가지 항목을 더할 수는 있어도 어떤 것도 제외하기는 힘들다.

두 번의 전란, 士林 내부에서 일어난 黨爭의 격화, 그로 인해 촉발된 反正 때문에 이 시기는 전환기로 인식된다. 이러한 외부 환경의 전환에 대응하여 정치・경제적 측면에서는 물론, 문학 내부에서도 변화가 일어났다. 시, 산문, 비평, 소설 등의 분야에서 나타난 새로운 사유・문예의식과 글쓰기가 그것이다.

이 중 시에서의 변화는 唐詩風의 흥기로 대별된다. 당시풍은 이전 시기 宋詩를 추숭하는 일련의 作家群이 지녔던 시적 기교와 수식을 존중한 형식주의, 難澁과 新奇의 추구, 士林派의 특정 정서만을 추구하는 태도 등을 극복하면서 인간의 풍부한 정서를 존중하는 시의 창작이라는 형태로 발현되었다.[3]

비평의 경우 시와 산문 두 갈래로 나누어 살펴볼 수 있다. 우선 시비평의 경우 唐詩 학습을 옹호하는 경향이 드러났으며, 이러한 성향은

---

3) 李東歡, 「조선후기 문학사상과 문체의 변이」, 『韓國文學硏究入門』, 지식산업사, 1996, 292면; 安炳鶴, 「三唐派 詩世界 硏究」, 고려대학교 박사학위논문, 1988, 15~19면 참조. 이후 비교적 포괄적 범위를 대상으로 당시풍 한시의 전개와 특징적 양상에 대해 밝힌 다음과 같은 논의가 있다. 이종묵, 「조선 전기 한시의 당풍에 대하여」, 『한국한문학연구』 제18집, 한국한문학회, 1995, 207~238면; 정민, 「16, 17세기 학당풍의 성격과 그 풍정」, 『한국한문학연구』 제19집, 한국한문학회, 1996, 189~222면; 정민, 「16, 17세기 당시풍에 있어서 낭만성의 문제」, 『한국시가연구』 제5집, 한국시가학회, 1999, 247~285면(정민의 논문은 정민, 『목릉문단과 석주 권필』, 태학사, 1999에 재수록되었다); 이종묵, 「조선중기 시풍의 변화양상」, 『한국 한시의 전통과 문예미』, 태학사, 2002. 한편 안병학은 앞의 논문에서 당시풍의 震源地로서 호남을 꼽은 바 있다. 이후 호남시단과 당시풍을 연계하여 논의한 연구의 성과 또한 적지 않게 이루어졌다. 개별 작가의 당시풍 연구 성과와, 호남시단과 당시풍이 갖는 연계에 대한 개별 연구 성과는 권혁명, 『석천 임억령과 식영정 시단―조선중기 당풍과 호남한시―』, 월인, 2010, 9~20면을 참조하기 바란다.

당시의 핵심이라고 할 수 있는 格式과 音響性에 집중하는 결과를 낳았다.[4] 그리고 작품의 미적 가치평가에 더 집중한 批評이 등장하였는데 신흠의 『晴窓軟談』, 李晬光(1563~1628)의 『芝峯類說』, 허균의 『國朝詩刪』과 『鶴山樵談』 등의 批評이 대표적인 예이다.[5] 산문 비평의 경우 典範으로 삼는 대상의 확대와 개성적 산문의 우위 확인, 다양한 형식의 실험과 실천, 篇章字句法 중시 등의 경향이 이 시기에 나타나기 시작하였다.[6] 이러한 모습들은 산문 작품이 지닌 고유한 문예미를 인식한 결과로서 드러난 현상들이다.[7]

소설에서는 현실경험의 세계와 모순을 뚜렷하게 부각시키는 수준 높은 작품들이 등장하여 소설사의 새로운 차원을 열었다. 허균의 傳, 임병양란으로 인해 도출된 모순을 다룬 夢遊錄, 봉건적 시대 질서에 본능적 애정이 억압당하는 모습을 보여준 「雲英傳」, 「周生傳」, 「崔陟傳」 등의 현실주의적 성격이 강화된 傳奇小說, 家門小說을 비롯한 長篇小說의 등장에서 이 시기 소설사의 맥락을 읽을 수 있다.[8]

---

4) 이에 대한 비교적 포괄적 논의로는 안대회, 『조선후기시화사』, 소명출판, 2000, 21~29면; 申承勳, 「16世紀 後半~17世紀 前半期 文學理論의 多邊化 樣相－柳夢寅・李晬光・申欽・許筠을 中心으로－」, 고려대학교 박사학위논문, 2004, 98~130면 등이 있다.

5) 金鍊秀, 「漢詩 風格 硏究－許筠의 『國朝詩刪』 批와 評에 근거하여－」, 고려대학교 석사학위논문, 1996 참조. 한편 안대회(앞의 책, 67~124면)는 詩話를 고찰하는 키워드로 品格批評을 상정하여 작품의 가치에 상대적으로 집중한 비평의식이 더욱 강화된 양상을 고찰하기도 하였다.

6) 신승훈, 앞의 논문, 162~178면 참조.

7) 정우봉, 「조선 후기 산문이론의 전개와 그 성격(Ⅰ)－16세기 말~17세기 초중반을 중심으로－」, 『한국문학연구』 창간호, 2000, 147~174면 참조.

8) 張孝鉉, 『韓國古典小說史硏究』, 고려대학교 출판부, 2002, 35~42면 참조. 이 외에도 이 시기 소설사의 문제를 다룬 개별 연구 성과에 대해서는 우쾌제, 『古小說硏究史』, 월인, 2002; 김현양, 「16, 17세기 소설사의 새로운 면모」, 『새민족문학사강좌 01』, 창비, 2009, 266~267면 등을 참조하기 바란다.

반면 16세기 후반~17세기 전반 산문을 총괄하여 조명하는 작업은 원활하게 진행되지 못하였으나[9] 개별 작가의 작품과 사유에 대한 연구는 상당한 성취를 이룩하였다.[10] 기존 연구가 쌓아놓은 토대 위에서 이 시기 산문 전반에 대해 다각적으로 접근한 사례로서 안세현의 논고를 들 수 있다.[11] 이 논고는 16세기 후반~17세기 전반의 주요 문장가인 李山海, 崔岦, 柳夢寅, 許筠, 任叔英, 李植, 張維 등이 창작한 누정기의 특징적 면모를 밝혔다. 아울러 누정기의 장르적 특성과 분류, 前史的 배경으로서 崔致遠(857~?)으로부터 16세기에 이르는 누정기의 특징을 살펴 이 시기의 작품과 비교・대조함으로써 역사적 추이 또한 고찰하였다. 이를 통해 밝혀낸 '누정의 개인적 공간화와 자연 인식의 다변화', '불우의식의 표출과 정치현실에 대한 비판', '문답법을 활용한 논쟁적 의론의 확대', '형식적 변화의 모색과 기법의 다양화', '『周易』과 『莊子』 활용의 양상과 그 의미' 등의 결과는 여타 장르의 산문에서도 발생한 특징으로서 이 시기 산문을 읽는 키워드로 기능하는 데에 문제가 없다. 그리고 개별 작가의 누정기가 지닌 특징적 면모의 고찰 또한 비교적 타당하며, 이산해와 임숙영을 산문 연구의 영역으로 견인하였다는 점도 이 논문의 장점

---

9) 개별 작가에 대한 연구는 비교적 활발하게 진행된 편이다. 개별 작가에 대한 연구사 정리는 해당 작가를 다루는 지면에서 다루고자 한다.

10) 16세기 후반~17세기 전반 산문에 대한 종합적 논의는 공소한 편이지만 학문관・문학관 등에 대한 종합적 논의는 비교적 완정하게 축적되었다. 이와 관련된 주제를 다룬 기존 연구 성과는 다음과 같다. 禹應順, 「朝鮮中期 四大家의 文學論 硏究」, 고려대학교 박사학위논문, 1990; 朴英鎬, 「朝鮮中期 古文論 硏究」, 경북대학교 박사학위논문, 1992; 申承勳, 앞의 논문.

11) 安世鉉의 「朝鮮中期 樓亭記 硏究」(고려대학교 박사학위논문, 2009) 이외에 16세기 중반기의 누정기를 정리하려고 했던 시도는 윤채근의 「누정기(樓亭記)를 통해 본 조선 전기 산문의 양상」(『황혼과 여명-16세기 문학사의 맥락-』, 역락, 2002)에서 볼 수 있다.

이다. 다만 일정한 구도와 서술의 체계에 대한 고려의 미진함은 아쉬움으로 남는다. 마지막 장에서 이 시기 누정기와 개별 작가의 특징적 면모들이 종합되고는 있으나 개별 작가만의 내용·형식적 특징 사이의 연계성과, 개별 작가 누정기의 특징적 면모로 지적한 각 항목들 사이의 관계가 체계적으로 종합되지는 못하였다.

요컨대 대체로 이 시기 산문을 종합적으로 다룬 논의들은 개별 장르의 연구에 국한되어 있고, 포괄적인 시각으로 산문의 지형을 조감하지 못하였다는 한계를 지니고 있다. 본고가 16세기 후반~17세기 전반 산문의 지형도를 수립하려는 이유가 바로 여기에 있다.

제2절 연구의 방법과 내용

과거와 현재는 글로써 매개된다. 본고가 작품에 초점을 맞춘 이유는 여기에 있다. 그런데 과거의 글은 다시 그 글을 직접 쓴 작가, 글의 기본적 창작 지침인 장르, 그리고 마지막으로 글, 작가, 장르를 둘러싸고 있는 세계와 영향을 주고받는다. 따라서 16세기 후반~17세기 전반 산문의 지형도를 그리고자 한다면 글과 밀접하게 영향을 주고받는 세 가지 주요 항목인 작가, 장르, 세계 등을 중심에 두어야 한다. 이 때 개별 작가의 측면은 個性과 典範性의 두 축을 기준으로, 장르의 측면은 敍事와 議論의 두 축을 주요 구도로 설정한다. 아울러 세계의 측면을 다루는 지면에서는 주로 사회의 변화와 영향을 주고받는 글의 역할에 주목할 것이다.

이 중 개별 작가 연구의 방법과 구도는 다음과 같다. 임형택은 16세기 사림파의 문학론이 지닌 문제점을 다음과 같이 지적한 바 있다. 첫째는

道에 대한 文의 종속적 관계를 합리화한 것이고, 둘째는 그것이 지닌 현실주의에 대한 반대적 시각과 인간성의 부정이다. 그의 지적대로 16세기 후반기 이후 문학사의 신조류는 이와 같이 경직된 성리학적 문학론의 반성에서 시작하지 않을 수 없다.[12)]

2장 3절에서 더 자세히 소개하겠지만 16세기 후반~17세기 전반의 세계관, 문학관, 실제 글쓰기에서 발견되는 변화의 핵심만 간추려 보면 다음과 같다. 우선 자기 표현적 입장을 중요시한다. 이들은 보편적 도덕과 六經에 뿌리를 둔 형식에서 한 걸음 더 나아가 독특한 개성을 창출하려는 성향이 강하다. 도덕적 수양의 결과물이 자연스럽게 발현되는 작품을 이상으로 여기기보다 타고난 문예적 자질을 중요시하였고 자신만의 독특한 사유와 감정을 표현하려고 했다. 아울러 산문이 지닌 고유한 문예미를 인식하여 글쓰기에 적용함으로써 형식미를 추구했다. 이 계열을 통칭해서 '個性的 傾向'이라고 명명한다.[13)] 자기 표현적 태도, 개성적 형식미의 추구 등이 이 계열의 명칭을 '개성적 경향'으로 설정한 주요 요인이다.

반면 道本文末의 문학관은 16세기 후반 이후에도 강고한 지위를 차지하였고, 문예적 글쓰기를 구현하는 작가들에게서도 그 영향이 적지 않게 발견된다. 따라서 하위분류 속에 도에 입각한 산문창작을 지향했던 문

---

12) 林熒澤, 「16세기 士林派의 文學意識－주로 李珥를 통해서 본 性理學의 文學論 一端－」, 『韓國文學史의 視角』, 창작과 비평사, 1999, 50면.

13) 李東歡은 『朝鮮中期漢文學資料選集』(『韓國學基礎資料選集 : 近世 II篇』, 韓國精神文化研究院, 1995)에서 허균의 「詩辨」에 대해 "詩作에 있어 일정한 모델을 追隨하는 典範主義的 志向을 批判하고 獨創을 重視하는 個性主義的 追求를 주장하면서 그 具體的인 指針까지를 제시한 글이다. 個性을 重視하는 이 詩論의 思考는 儒教的 典禮의 規範化 되어 가던 時代의 文化의 單調化 傾向에 대한 하나의 抵抗的 에너지로서 機能하는 의의도 갖는다."라고 해설하였다. 본고에서 사용하는 개성적 경향, 전범적 경향이라는 술어는 이 언급에서 차용한 것이다.

인들을 위한 공간의 설정 또한 필요하다. 대체로 이들이 이상적으로 생각한 문장은 六經에 기반을 둔 것이었다. 이것을 眞儒(聖賢)之文(李珥의 「文策」) 혹은 義理之文(趙絅의 「桐溪先生文集序」)이라고 통칭하였는데 주요한 특징은 다음과 같다. 우선 道德과 仁義를 중시하는 보편적 가치를 추구하였으며, 이 때문에 영속적이고 필연적인 사유를 중요시한다. 아울러 간략한 문사, 합당한 이치, 심오한 도덕 가치 등을 추구한다.[14] 다음으로 六經에 바탕하고 그 형식을 좇으려 하기 때문에 典範과 傳統을 중시하는 특징을 지닌다.[15] 이 계열을 통칭해서 '典範的 傾向'이라고 명명한다. 육경이라는 전범의 추구와 보편적 · 영속적 사유를 중시하였다는 특징에서 착안한 용어이다.

그런데 세계 문학사의 시각으로 보았을 때도 이와 유사한 文藝思潮가 존재한다. 바로 浪漫主義와 古典主義이다. 본고에서 사용하는 '개성적 경향'과 '전범적 경향'이 지니는 의미를 좀 더 입체적으로 조명하기 위해 낭만주의의 성향인 낭만성과 고전주의의 성향인 고전성의 함의와 유래를 살펴보기로 하자.

우선, 낭만성은 말 그대로 낭만적 성향을 의미한다. '낭만적'이라는 용어는 '낭만주의'에서 유래하는데 이에 대해서는 대체로 다음과 같은 세 가지의 견해가 있다. 첫째, 낭만주의, 후기 낭만주의, 쇠퇴기 낭만주의로

---

14) 李珥, 「文策」, 『栗谷全書』 拾遺(『韓國文集叢刊』 45, 民族文化推進會) 권6, 577면. "其爲文也, 辭約而理當, 言近而指遠, 卒澤於道德仁義, 炳如也, 此則聖賢之文也." 『韓國文集叢刊』의 원문을 인용하는 경우 서지사항은 생략한다. 대신 참고문헌에는 구체적 서지사항을 밝힐 것이므로 그것을 참고하기 바란다.

15) 趙絅, 「桐溪先生文集序」, 『龍洲遺稿』 권11, 191면. "今見桐溪文集, 則譬如江河之有源而不窮也, 譬如松柏之貫四時而柯葉不改也. 而況一字一句, 有非格君憂國之語者乎? 先生本不屑文藝之末, 家且世儒, 聞道最蚤, 及其爲文, 根柢於六經, 鎔範於孟韓, 就有道而正焉."

나누는 경우이다. 문예사에 나타난 실제 역사적 사건에 바탕을 두고 낭만주의를 바라보는 자세이다. 둘째, 낭만주의를 18세기 말경의 유럽의 감성에서 비롯되어 현재에까지 이르고 있는 어떤 변화와 관련된 복잡한 문학적 현상으로 보는 경우이다. 앞의 견해와 다른 점은 전자가 이미 끝난 문예사조라는 입장이라면, 후자는 현재에도 여전히 낭만주의가 유효하다는 입장이다. 셋째, 정신사, 사상사, 문화심리학 등에서 발생한 비평의 주류로서 시간과 장소에 상관없이 예술이 그 사이에서 왕복운동을 하고 있는 양극 중의 하나라는 정의 등이다.[16]

본고에서는 세 번째 정의로서 낭만적 혹은 낭만성이라는 용어를 사용한다. 즉, 쉴레겔(Schlegel) 형제가 내놓은 '고전적'과 '낭만적'이라는 분류와, 니체의 '아폴론적'과 '디오니소스적'이라는 양극 사이에서 왕복 운동을 하고 있다는 의미에서 낭만적[디오니소스적]이라는 용어를 사용한다.[17]

이렇게 인류 보편적 사유의 개념으로 '낭만'이라는 용어를 사용한다고 해도 그것이 태동했던 18세기 문예적 사유로서의 낭만주의를 살펴보는 일은 중요하다. 이 시기 낭만주의의 역사적 태동과 전개가 보편적 인식의 한 축으로서 낭만성에 근거하고 있다는 이유뿐만 아니라, 역사적으로 발생했던 낭만주의의 특징적 현상 속에서 낭만성이 지닌 常數的 含意를 추출할 수 있기 때문이다.

우선, 이 시기 낭만주의는 新古典主義 혹은 啓蒙主義의 반항에서 발생하였다.[18] 낭만주의가 반대한 사유는 연구자별로 그 대상이 나누어지

16) Kurt Weinberg, 「낭만주의 개관Princeton Encyclopaedia of Poetry and Poetics」, 『낭만주의 문학의 재조명』(최상규 엮음), 예림기획, 1988, 7~8면.

17) 위의 논문, 7~8면.

18) 신고전주의와 낭만주의의 차이가 근본적이지 않다는 사실과 계몽주의와의 차이를 부각시키는 연구자와 그 반대의 연구자들이 여전히 존재하기 때문에 이는 보다 세밀하게 연구되어야 할 부분이다. 물론 이에 대한 고찰은 본고의 범위를 넘어서기 때문에

지만 신고전주의와 계몽주의 모두 정신 및 지성의 힘, 즉 이성에 대한 무한한 신임을 바탕으로 전개되었다는 공통점을 지닌다. 이러한 사유를 견지하였기 때문에 영속적인 타당성을 지닌 기본법칙을 확립하여 놓고 그것을 잘 지키기만 하면 정확한 창작이 보장될 수 있다고 믿었으며, 창작이 지닌 비합리적 성격, 예컨대 영감이나 예술가의 내적 충동 등을 무시하였고, 상상력을 空想으로 여겼다는 공통점을 지닌다.[19]

낭만주의는 이에 반대하여 일어난 운동이다. 따라서 그들의 사유는 위 두 가지 운동에서 드러나는 특징과 반대되는 의식을 지닌다. 결론적으로 말하자면 낭만주의는 객관적 질서를 주관적 가치체계라는 원리로 대체하려고 하였다.[20] 따라서 낭만주의자들은 기본적으로 개인의 특성에 대한 합리성의 우위를 거부하고 감정을 내세우며, 자기의 독특한 특성을 나타내 보이려고 하기 때문에 자기 표현적 입장에서 문학을 바라본다. 물론 이러한 태도로 인해 표면적 현실을 넘어서는 내재적 이상을 볼 수 있게 해주는 도구로서의 상상력 또한 매우 중요한 위치에 서게 되었다.

이러한 인식의 전환으로부터 도출된 문학의 새로운 경향으로 기존의

낭만주의와 이 두 사유가 지니고 있는 결정적 차이점만을 밝혀 낭만주의의 고유한 특징을 부각시키고자 한다.

19) Lilian R. Furst, 『浪漫主義Romanticism』, 李相沃 譯, 서울대학교학교 출판부, 1987, 21~35면.

20) Lilian R. Furst는 신고전주의의 반대라는 입장에서 이러한 주장을 하였고(위의 책, 27면), 최문규(『독일 낭만주의』, 연세대학교 출판부, 2005, 20~33면)는 계몽주의의 비판으로서 낭만주의를 유념하면서 이러한 비판을 전개하고 있다. 또한 이러한 태도는 니체가 기독교와 도덕 형이상학을 삶 자체에 적대적인 것으로 보고 인간의 자유로운 정신을 개방하고자 하여 반형이상학적·비합리주의적 입장에서 삶을 파악하려고 하였던, 즉 디오니소스적 인간 보편의 정신을 추구하였던 태도와도 유사하다. 이에 대해서는 강영계, 『니체와 문명비판』, 철학과 현실사, 2007, 28면 참조.

연구자들이 공통적으로 지적하고 있는 점은 다음의 몇 가지이다.[21] 첫째, 주관적 가치체계를 중시하였기 때문에 주체성의 표현, 개성의 표현, 독창성 등을 주요한 덕목으로 여긴다. 둘째, 이성적이고 합리적 사유에 대한 저항방식으로서 존재의 이중성에 대한 의식－예컨대 유한과 무한－과 그 표현, 즉 반어(irony)를 유용하게 사용한다. 셋째, 주체로서 자아와 객체로서 자연을 분리시켜 보는 사유에 반대하여 주·객체를 유기적으로 인식하고, 인간의 감정을 중시하였기 때문에 자연에 대한 객관적 묘사에서 벗어나 주관적 느낌에 대한 표현이나 시인의 상상력으로 직관된 표현을 주로 사용한다.[22]

'낭만적'이라는 술어의 의미를 인간 사유의 두 가지 정신적 축 중 한 가지인 '디오니소스적'이라는 의미로 사용한다고 하였기에 나머지 한 축인 '고전적'이라는 용어 또한, 인간의 정신이 왕복 운동을 하고 있는 또 다른 한 축인 '아폴론적'이라는 의미로 사용할 것임을 짐작하리라 생각한다. 당연히 본고에서는 서양의 각 국가, 예컨대 프랑스, 독일, 영국 등에서 발생한 구체적 문예운동으로서의 고전주의와는 다른 개념으로 사용함을 밝혀둔다. 다만 낭만주의에서와 마찬 가지로 서구의 개별 국

---

21) 주로 참고로 한 논의들은 다음과 같다. Kurt Weinberg, 앞의 책; Lilian R. Furst, 앞의 책; 최문규, 앞의 책; 최상규 엮음, 『낭만주의 문학의 재조명』, 예림기획, 1998; 이상섭, 『문학 비평 용어 사전』, 민음사, 1999, 40~44면; 이경옥, 『영국의 낭만주의』, 연세대학교 출판부, 2004; 프레더릭 바이저 지음, 『낭만주의의 명령, 세계를 낭만화하라: 초기 독일낭만주의 연구』, 김주희 옮김, 그린비, 2011, 91~11면 등이다.

22) 한편 Thomas Mcfarland는 낭만파 시인들의 시에서 다음과 같은 15가지의 특징을 찾아내기도 하였다. 외적 자연, 상상력, 중세로의 회귀, 자기중심성, 특별한 것에 대한 사랑, 동양에 대한 관심, 마약으로의 회피, 꿈, 우울 속으로의 침잠, 고독, 자살, 모호성, 진행과 흐름에 대한 인식, 무한성과 붙잡을 수 없는 것에 대한 갈망감, 유기적 세계로의 참여, 그리고 상징에 대한 심오한 헌신 등이다. 이 내용은 이경옥, 앞의 책, 1~2면 참조.

가에서 발생했던 문예운동으로서 고전주의의 특징적 면모를 살펴보는 일은 고전주의의 상수적 함의를 찾는 데에 적지 않은 도움을 줄 수 있다.

유럽의 각지에서 일어난 고전주의 운동 또한 낭만주의 운동과 마찬가지로 성격이 일치하지 않는다. 따라서 각 나라에서 일어난 운동을 이끈 정신적 사유와 실제 운동의 공통적 성격을 고찰할 필요가 있다.

그 중 가장 우선적으로 지적할 수 있는 공통점은 보편성의 추구이다. 보편성은 주관적 가치체계를 중시한 낭만적 경향과의 관계를 고려했을 때, 객관성이라고 칭할 수도 있다.[23] 인간의 주관을 무한히 펼치는 경우 드러나는 부정적 측면, 즉 고독, 무질서, 순간성 등에 대해 반대하여 무엇보다 영속적이며 필연적인 것을 추구하고자 하였다.

그런데 이들이 추구한 보편성과 객관성은 모범적 체계의 정립과 그에 대한 준수로 드러나는 경우가 적지 않다. 不變의 이상을 추구하는 데에 견고한 이상과 형식을 세우는 일보다 효율적인 일은 많지 않기 때문이다. 이들은 대체로 고대 그리스의 이상적 형식을 구현하려고 하였다.[24] 따라서 고전주의는 다분히 전통을 중시하는 경향을 띤다.

한편 이들이 고대 그리스 예술에서 중시하였던 측면은 조화, 평형, 질서, 법칙성 등으로 요약할 수 있다.[25] 이 중 조화와 평형은 내용과 형식, 감정과 정신(사고), 소재와 수법 등에서의 그것인데, 이를 위해 지나치게 비대화된 특징들은 상대되는 특징들과의 균형을 맞추기 위해 정리될 수

---

23) 이상섭, 앞의 책, 20~21면 참조.

24) 다소의 차이는 있으나 이상섭, 앞의 책, 20~21면; Dominique Secretan, 『古典主義 Classicism』, 姜大虔 譯, 서울대학교학교 출판부, 1984, 1~27면; 앙리 뻬르, 『고전주의란 무엇인가』, 박무호 옮김, 울산대학교 출판부, 1995; 장순란, 『바이마르 고전주의 －독일문학사조의 이해』, 한국문화사, 2001 등 대부분의 논의에서 그 연관 관계에 대해 공통적으로 언급하고 있다.

25) 이 역시 위에서 언급한 저서들에서 모두 지적하고 있는 특징적 면모이다.

밖에 없었고, 이 때문에 절제는 중요한 덕목이 되었다.[26] 그리고 질서와 법칙성은 경험을 어떤 질서 속에 넣으며, 감정을 조리에 맞게 표현하며, 두서없는 생각을 체계화하고,[27] 무형식이나 무규범적 형식의 자유를 거부하면서 전범을 추구하는 태도로 드러난다.

마지막으로 고전주의자들이 지닌 특징은 예술의 교훈성이나 도덕성을 추구하였다는 점이다. 예컨대 쉴러의 경우 정치와 도덕을 미학교육의 범주로 편입하여 시인이 삶의 모든 영역에서 지도자적 위치를 차지하게 하였다.[28] 이 외의 고전주의자들도 예술이 단순한 유희와 별개로 쓸모가 있어야 한다는 견해를 피력하는 경우가 적지 않다.[29]

요컨대 본고에서는 개인의 자유로운 정신을 우위에 두는 인간 보편의 의식 성향을 가리키는 용어로 낭만성을 사용한다. 낭만주의는 기본적으로 주관적 가치체계를 중시한다. 이와 같은 시각은 자기 표현적 입장에서 문학을 바라보게 하였고, 상상력을 중시하는 시각을 견지하게 만들었다. 그 결과 주체, 개성, 독창성 위주의 문학을 창조하는 데 주력하게 되었으며, 반어와 유기적 자연관이 그들의 문학에서 발현되었다. 이러한 함의는 본고에서 사용하는 '개성적 경향'과도 흡사하므로, 개성적 경향을 거론하는 경우, '개성적 경향≒낭만성'의 공식을 고려하고 있음을 유념해주기 바란다. 이에 반해 고전성이라는 용어는 고독, 무질서, 순간

26) 앙리 뻬르, 앞의 책, 116~145면 참조.

27) Dominique Secretan, 앞의 책, 2면 참조.

28) 장순란, 앞의 책, 95면.

29) 이상섭, 앞의 책, 21면; Dominique Secretan, 앞의 책, 6~8면 등에서 구체적으로 이 점에 대해 서술하고 있다. 한편 앙리 뻬르(앞의 책, 101~108면)는 고전주의를 도덕, 낭만주의를 비도덕으로 구분하는 자체에 대해 의문을 제시하고 있다. 이에 대해서는 충분히 동의한다. 다만 그가 이것을 증명하기 위해 선택한 무수한 사례들이 이미 고전주의 작가로 거론되는 이들의 작품이 도덕, 혹은 효용성과 일정 정도 연계되기가 쉽다는 점을 방증한다는 점 또한 사실이다.

성 등에 상대되는 보편성, 영속성, 조화, 평형, 질서, 법칙성 등을 특징으로 한다. 특히 이들은 고대 그리스를 전범으로 삼아 전통을 보존하려 하였다는 특징을 지니며, 문학의 효용성과 도덕성을 강조했다는 점을 공유한다. 이 역시 본고에서 사용하는 '전범적 경향'과 거의 유사한 함의를 갖고 있기 때문에 전범적 경향이라는 술어를 사용할 때도 '전범적 경향≒고전성'의 공식을 고려하고 있음을 기억해주기 바란다.

한편 인간의 세계관과 글쓰기는 重層的이며, 때때로 모순되는 양상으로 드러나기도 한다. 이 때문에 본고에서는 개별 작가의 세계관과 글쓰기가 그리는 전형적 모습을 살피려고 한다. 그러나 이와 같은 방법을 사용한다고 해서 모든 문제가 해결되지는 않는다. 境界에 위치해서 명확하게 분류되지 않는 요소들은 언제나 존재하기 때문이다. 私的 自我와 公的 自我, 혹은 세계관과 글쓰기에서 혼재양상을 보이는 문인들이 존재하는 경우 이들의 범주 귀속 또한 만만치 않은 문제를 일으킨다. 따라서 개성과 전범성이라는 두 가지 범주만으로는 명확히 분류할 수 없는 작가들을 더욱 세밀하게 나누어 소속시키기 위해서는 중간 범주를 설정할 필요가 있다. 예컨대 사적 자아는 개성적 경향[낭만성]을 띠나 공적 자아는 전범적 경향[고전성]을 띠는 경우, 사유는 개성적[낭만적]이나 글쓰기는 전범적[고전적]인 경우, 혹은 이와 반대되는 사례를 포괄하기 위해 중간적 단계를 설정하여 분류하고자 한다. 이 계열이 지닌 다층적이며 복합적인 특징을 근거로 '重層的 傾向'이라 부르고자 한다.

다음으로 장르 연구의 방법과 구도는 다음과 같다. 한문 산문의 장르는 다양하게 나눌 수 있다.[30] 각 작품의 표제로 부여한 하위 장르, 예컨

30) 특별한 언급이 없는 한, 이하 서술에서 역대 장르의 분류에 대한 논의는 주로 심경호, 『한문산문의 미학』, 고려대학교 출판부, 1998, 127~136면; 진필상, 『한문문체론』, 이회, 2001, 40~51면 등을 참조한 내용이다.

대 ~論, ~記, ~序 등처럼 나눌 수도 있고, 이 표제를 바탕으로 유사한 하위 장르군을 엮은, 좀 더 높은 층위의 장르로 분류할 수도 있다. 하지만 작품의 표제로 나눈 경우나, 표제와 장르군을 아울러서 장르를 구분한 경우, 梁나라의 任昉은 84개(이 중 산문 장르는 74개), 劉勰은 34개, 그 외에도 39개, 20개, 50개, 40개, 38개, 54개, 가장 많게는 127개(徐師曾의 『文體明辯』) 등으로 다양하다.

가장 많은 연구자들이 참고로 하는 姚鼐는 이들의 번다함을 제거하기 위해 詞賦, 奏議, 序說, 詔令, 序跋, 傳狀, 碑誌, 雜記, 箴銘, 頌讚, 哀祭 등 13개로 나눈 바 있다. 하지만 요내의 이러한 장르 분류는 물론, 앞서 예거한 장르의 구분은 대부분 근본적인 장르 구성의 핵심 요소를 고려하기보다 역사적으로 실재했던 비슷한 작품의 유형을 엮은 것이기 때문에 대부분 장르種에 의한 분류라고 할 수 있다. 물론 장르를 탐구하기 위해서 역사적 장르종이 '탄생-성장-소멸 혹은 변화'하는 모습을 탐구하는 것은 문학 연구에 있어 대단히 중요한 몫을 차지한다. 본고에서 장르종의 역사적 변화에 주목하려는 이유도 바로 이 때문이다. 다만 그 종류가 많고 연구자에 따라 분류의 방법도 다양하기 때문에 서구 문학의 抒情的, 敍事的, 劇的 요소처럼, 그 장르가 성립하게 만드는 가장 기본적이면서 핵심적인 요소인 장르類를 중심으로 개별 산문 장르를 분류하려고 한다.

한문 산문에 있어서 하위 장르들을 포괄하면서도 구체적인 작품들의 기본적인 속성이 되는 장르류는 敍事的 요소와 議論的 요소이다. (물론 일부 산문에는 漢詩의 핵심 요소인 抒情的 요소가 포함되는 글도 있다.)[31] 이

31) 장르種과 장르類의 개념에 대해서는 동서문화연구소 편, 『비교문학총서 1: 문학・장르・역사』, 계명대학교출판부, 1979, 41~44면; 김준오, 『한국현대쟝르비평론』, 문학과 지성사, 1991, 18~21면 참조.

미 眞德秀가 『文章正宗』을 엮고 장르를 분류하면서 공문서를 辭令에, 그 나머지를 議論, 敍事, 詩歌로 나눈 것은 이러한 장르류적 요소의 변별을 경험적으로 파악했기 때문에 가능했던 일이다. 그래서인지 진덕수의 분류 기준과 유사한 분류가 근현대의 연구자에게서도 보인다. 예컨대 來裕恂은 산문을 敍記, 議論, 辭令 등으로 나눈 바 있고,[32] 施畸는 論理文, 記事文, 抒情文 등으로, 陳必祥은 記敍性 산문, 說理性 산문, 實用性 산문 등으로 나누었으며, 아울러 일본의 吉川幸次郎와 小川環樹는 敍述의 문과 議論의 문 등으로 분류하였다. 이 중 '실용성 산문'은 장르류적 요소로 나눈 분류가 아니기 때문에 우선 제외하고, 서정성이 산문의 핵심적인 요소가 되는 작품이 거의 없다는 것을 고려하면, 결국 '서사적 요소'와 '의론적 요소'가 장르 형성의 핵심이 되는 敍事文과 議論文이 산문을 대표한다고 결론지을 수 있다. 이러한 이유 때문에 본고는 서사문과 의론문을 중심축으로 삼아 장르와 산문에 대한 논의를 진행하려는 것이다.

그런데 이미 창작된 개별 작품을 특정한 기준으로 분류하다보면 언제나 그 경계에 애매하게 걸쳐 있는 일련의 작품군들을 발견하게 된다. 즉 서사와 의론의 경계, 여기에 한시 장르를 구성하는 핵심적인 요소인 '서정적 요소'까지 결부된다면, 서사와 의론과 서정의 경계에 있는 일련의 작품군을 마주하게 될 것이다. 따라서 본고에서는 이렇게 경계에 서 있는 장르까지 고려하여 서사, 의론, 경계의 장르로 삼분하여 16세기 후반~17세기 전반 장르와 산문을 고찰하고자 한다.

이상의 문제의식과 방법론을 바탕으로 각 장의 연구 내용을 보이면 다음과 같다. 우선 2장에서는 16세기 후반~17세기 전반 문인지식인들

32) 來裕恂, 『漢文典注釋』, 南開大學出版社, 1993(초판: 商務印書館, 1906), 292~373면.

의 세계관, 개인의 자각, 산문인식의 태도를 고찰하는 데 집중한다. 이 장을 서술하는 이유는 산문 창작의 다양화를 배태한 원인을 고찰하기 위해서이다.

3장에서는 계열별로 나눈 작가들의 사유와 글쓰기를 종합적으로 고찰하려고 한다. 우선 3장 1절에서는 사유와 글쓰기가 모두 개성적이라고 평가할 수 있는 문인들을 고찰하겠다. 이에 해당하는 인물은 유몽인과 허균이다. 다음으로 2절에서는 사유와 글쓰기를 하나의 측면으로 귀속시키기 힘든 문인들, 즉 앞서 언급하였던 사적 자아와 공적 자아, 사유와 글쓰기에서 개성과 전범성을 함께 드러내는 작가들을 중심에 두고 고찰하고자 한다. 이에 해당하는 인물은 신흠과 장유이다. 마지막으로 3절에서는 사유와 글쓰기 모두 전범적 경향을 드러내는 작가들을 중심에 두고 고찰할 것이다. 이에 해당하는 인물은 이정구와 이식이다.

4장은 장르에 초점을 두고 그 양상과 의미를 고찰하는 데 할애한다. 앞서 언급한 대로 서사, 의론, 경계의 장르로 크게 나누어 고찰하려고 하는데, 각 상위 장르를 대표하면서도 이 시기 의미 있는 변화를 이끌어 내었던 장르에 초점을 맞추고자 한다. 우선 1절에서는 서사의 대표적 장르인 碑誌를 다루면서 이전 시기와의 차이점과 글쓰기의 양상을 다루겠다. 다음으로 2절에서는 경계의 장르 중 서사, 의론, 서정이 고루 보이고 개성적인 경향이 뚜렷한 送序를 고찰하고자 한다. 마지막으로 3절에서는 의론 장르의 대표격인 論說 장르를 고찰하고자 하는데, 특히 이전 시기와 달라진 의제 설정(agenda setting)과 글쓰기 양상을 중심에 둘 것이다.

본고는 개성과 전범, 서사와 의론이라는 구도 하에서 세계관과 글쓰기의 궤적을 고찰하여 16세기 후반~17세기 전반 산문의 지형도를 수립하려는 데에 목적이 있다. 다만 어떠한 작가도 노골적 · 직접적으로 사유를 드러내지 않는다. 다시 말하면 문학의 창작과정에는 작가의 세계관과 문예의식, 장르 외에도 많은 요소들이 개입된다. 때로는 특정한 양식의 글쓰기를 형성한 요인으로 '우연성'을 고려해야 하는 경우도 존재한다. 따라서 이미 언급한 대로 대상 작가의 사유나 장르의 규약에 부합하는 글쓰기의 특징적 면모는 물론, 개별 작가의 사유와 문예의식, 장르적 규약 등으로는 설명하기 쉽지 않으나 사회적 분위기를 반영하는 일정한 경향 역시 고찰해야 한다. 이에 대한 논의로 5장을 채우고자 한다.

아울러 5장에서는 앞서 고찰한 글쓰기의 특징적 면모를 밝히고, 산문의 특징적 내용과 형식을 통해 사회적 변화에 대응하려고 했던 글쓰기가 지닌 문학사적 의의도 함께 밝힐 것이다. 주로 동시기 산문에서 두드러지게 부각되는 특징을 살필 것인데, 이 과정에서 여섯 명의 작가들과 세 개의 장르 이외에 유의미한 작품을 창작한 작가들의 작품과 여타 장르도 아울러 다룰 것이다.

제2장
예비적 고찰

16세기 후반~17세기의 전반 산문에서는 비관적 세계관의 확산, 개인의 자각, 산문 인식의 변화 등을 살펴 볼 수 있다. 이 중 비관적 세계관은 사회적 부조리, 그로 인해 발생한 불우한 이들의 속출에 기인하며, 이러한 분위기 속에서 天에 대한 원망과 비판이 확산되었다. 이것을 조화의 균열이라고 말한 것이다. 그리고 이 시기에 들어서면 '개인의 자각'[1]이라고 말할 수 있을 법한 현상도 발견된다. 다만 이것은 그저 개인에 국한된 문제가 아니라 사회적 · 사상적 상황과 연계된 문제이기 때문에 배경적 요소들 역시 아울러 살펴보아야 하며, 자각된 개인을 표현하는 문제 역시 깊이 고려해야 한다. 마지막으로 산문 인식의 변화는 산문 또한 문예적일 수 있다는 가능성에서 발원하여 산문과 개별 장르를 대하는

---

1) 이 책에서 말하는 개인은 근대적 개인이 아니다. 서구에서 주로 19세기에 구성된 계몽적 사고와 시민적 사고를 가진 개인의 존재는, 기존 연구에서도 이미 밝히고 있듯, 서구에서도 18세기 말 이전에는 거의 존재하지 않았다. 본고에서 언급하는 개인은 스스로를 성찰하고, 자아를 발견하려고 했으며, 그것을 개성적으로 표현하려고 했던, 즉 자신만의 사유와 행동을 수행했던 전근대의 개인이다. 물론 전근대의 개인이 근대적 개인의 단초임은 분명하므로, 그 의미가 작지 않다는 점은 분명하다. ○ 개인을 둘러싼 문제에 대해서는 리하르트 반 뒬멘, 『개인의 발견』, 최윤영 옮김, 2007, 9~17면 참조.

태도를 변화시켰고, 문장가들에게 장르 문법을 고민하게 하였다. 이와 같은 현상이 16세기 후반~17세기 전반 글쓰기의 내용・형식적 변화와 다양화를 추동한 요인이다. 지금부터 이 시기 문인지식인들의 세계관, 자기인식, 글쓰기 등의 변화양상과 원인을 살펴보겠다.

제1절 調和의 균열

16세기 후반~17세기 전반 사회 환경의 변화는 문인지식인들의 세계관 형성에 적지 않은 영향을 끼쳤다. 대체로 이들은 세계의 조화로운 운행에 회의하는 경우가 많았다. 조화로운 운행에 대한 회의는 天으로 대표되는 세계의 주재자를 비판하는 발언으로 드러나기도 한다. 한편 出處의 선택에서 보이는 갈등도 결국 당대 문인지식인들이 관찰하였던 불우한 지식인들의 속출, 세상에 만연한 부조리, 조화로운 운행에 대한 회의 등과 밀접한 관련을 맺는다. 위에서 언급한 주요 사안을 중심으로 이 시기 문인지식인들이 지녔던 세계관의 특징적 면모를 고찰하겠다.

> 아아! 하늘의 밝은 命, 이것이 사물의 법칙이라서, 백성들이 고루 받았는데, 어찌 사특한 자는 많고 착한 사람은 적은가? 舜과 禹의 밝은 덕은 하늘에도 이르고 널리 퍼지기도 했는데 어찌 그들의 아비와 자식, 형제들에게는 그 교화가 꽉 막혔는가? 재해를 내리는 것은 실로 그 사람이 한 바에서 유래하는데 어찌 禹와 湯이 어질었음에도 홍수와 가뭄이 사나웠나? 덕을 넉넉하게 베푼 사람에게는 반드시 그에 합당한 지위를 주어야하는데 어찌 孔子와 孟子는 부지런히 하였으나 끝내 곤궁하게 죽었는가? 어찌 도적을 후하게 대하여 盜跖과 莊蹻는 호강하게 했는가? 어찌 어진 사람을 원수로 여겨 顔淵과 冉伯牛는 夭折하게 했는가?[2)]

張維 「續天問(并序)」의 일부이다. 并序에도 이미 밝히고 있듯이 屈原의 「天問」을 본 떠 造化와 物理에서부터 世道와 人心의 변화에 이르기까지 그가 평소 의혹으로 생각하였거나 근심하던 질문들을 하늘에 물어보는 형식으로 구성한 작품이다. 따라서 이미 병서에서부터 비판적 언사를 간취할 수 있다. 崔錫鼎(1646~1715)과 같은 후배 문인이 「對續天問」을 지어 장유의 글에 절충[取衷]이 없다고 비판할 정도였다는 사실을 통해 그의 비판적 언사가 당대나 후대에 어떻게 받아들여졌는지 짐작된다.[3)]

위 예문에서는 악인이 재앙을 받지 않고 선인이 곤궁하게 살아야만 했던 문제를 강도 높게 비판하고 있는데,[4)] 이 시기 문장가들의 하늘에 대한 원망은 대체로 이와 같은 원인에서 도출되는 경우가 적지 않았다.

---

2) 張維, 「續天問(并序)」, 『谿谷集』 권1, 15~16면. "於皇明命, 是爲物則, 何群生均稟, 而多慝寡淑? 姚姒明德, 上格旁播, 何父子昆弟, 獨梗其化? 菑凶之降, 寔由人作, 何禹湯之仁, 而墊焦爲虐? 畀德之豐, 必付其位, 何鄒魯之勤, 而卒以窮死? 何厚於盜, 蹠蹻寵樂? 何仇於仁, 顔冉夭厄?"

3) 崔錫鼎, 「對續天問」, 『明谷集』 권7, 552면. "近谿谷張子又演屈子之意, 作續天問. 凡造化幽明之故, 物理人事之變, 皆擧以爲問, 而淫怪之說亡及焉, 蓋欲矯昔人之流遁而歸之大中也. 余嘗讀而美之, 旣而惜其有所難而無所取衷, 妄爲之論述."

4) 장유에게는 이러한 성향의 작품이 적지 않다. 다음의 몇 작품을 예로 들 수 있다. 「祭鄭君平文」, 『谿谷集』 권9, 145면. "하늘의 뜻이 정해지면 사람을 이기게 마련이니 반드시 후손과 형제들이 창성하게 될 것이다. 그대의 순수함과 총명함이라면 그 집안을 세가로 만들 수 있었을 텐데 갑자기 이에서 그치고 말았으니 하늘은 과연 흐리멍텅한가(天定勝人, 必昌後昆. 如子純明, 足世其家, 遽止於此, 神果昧耶)?"; 「祭任丈鈇文」, 『谿谷集』 권9, 146면. "저 인간세상이 각박하여 훌륭한 재주를 지닌 사람이 낙척하게 되는 일은 참으로 그러할 수 있으나 사사로움이 없다는 조물주마저 어찌 차마 갑자기 앗아간다는 말입니까(彼人世之迫隘, 固瑰才之落拓, 而造物之無私, 亦何忍於遽奪?"; 「祭石田成先生文」, 『谿谷集』 권9, 146면. "어찌 하여야 내가 목 놓아 소리치며 길게 고통스러워하지 않을 수 있을까? 조화옹을 허물하며 귀신을 원망해야 하는가? 아아, 슬프다(若之何不使我失聲而長慟, 咎造化而怨鬼神也耶? 嗚呼哀哉)!"

아아, 天地의 마음을 알 수 없구나. 큰 재덕을 지닌 사람이 천지 사이에 태어난 것은 참으로 천지가 정기를 모았기 때문이다. 당초 이들을 세상에 내었을 때에는 이 세상에 유용하게 쓰려는 듯하였으나 예로부터 성현과 군자가 곤액을 당하고 사라진 것은 참으로 무슨 이유 때문인가? 孔子와 孟子는 大聖인데도 周의 말엽에 분주히 떠돌 뿐이었고 程子와 朱子는 큰 덕을 지녔는데도 宋에서 배척을 당하였으니, 그 사이 탁월한 재주와 능력을 지니고도 사라져버린 사람들을 어찌 다 이를 수 있겠는가!

우리 儒家에서만 그러한 것이 아니고 佛家에서도 그러한 사람이 있다. 저 釋迦如來라는 자는 참으로 西方의 異人이다. 阿難·迦葉·達摩·觀音 등의 무리 또한 참으로 모두들 일세의 호걸들이다. 저들은 이미 性과 마음에 대해 깨우쳐 알 수 있었으니, 반드시 인간성의 本善을 인지한 것으로 이것은 마음이 어둡지 않은 것이다. 그들에게 仁義의 실마리를 확충하고 禮樂의 교화를 행하게 하였다면 참으로 올바른 中華의 도리로 夷를 변화시켜 서방 지역이 문명된 풍속을 띠게 할 수 있었을 것이다. 그런데 어찌하여 이와 같은 훌륭한 지혜를 주고서 그들에게 人倫과 常道를 어기게 하여 그저 만고의 惑世誣民하는 구실이 되게 하였단 말인가!

그렇다면 공자와 맹자가 왕도를 행하지 못함과 석가가 異教를 만들었던 것은 모두 천지의 마음이다. 어찌 당초 이 세상에 나게 한 의도가 있었으면서도 끝내 쓰이지 못하게 하였는가? 大聖과 大智도 오히려 이와 같으니, 그 이하의 나머지 사람들은 참으로 논할 필요도 없겠지만, 참으로 천지의 마음에 유감이 없을 수도 없다.5)

---

5) 金堉, 「贈懸燈山一老師序」, 『潛谷遺稿』 권9, 166~167면. "嗚呼, 天地之心, 不可得而知也. 人之抱大才德而生兩間者, 是固天地之所鍾精也. 其始生之也, 若將以有用於斯世, 而自古聖賢君子之困阨湮沒者, 是誠何故哉? 孔孟之大聖而棲遑於周季, 程朱之碩德而見斥於宋世, 其間奇才異能之抱負泯絶者, 又何可勝道哉! 非獨吾儒然也, 釋氏亦有之. 彼釋迦如來者, 亦西方之異人也. 阿難·迦葉·達摩·觀音之徒, 固皆一世之人豪也. 彼旣能見性識心, 則必知人性之本善, 此心之不昧也. 使之擴仁義之端, 行禮樂之教, 則亦可以用夏變夷, 而西方一域得爲冠帶文明之俗矣. 奈何旣畀如是之聖智, 而使之滅人倫毁天常, 徒爲萬古惑世誣民之資哉! 然則孔孟之不得行王道, 釋迦之

金堉(1580~1658)의 「贈懸燈山一老師序」이다. 이 글도 장유의 「續天問(幷序)」과 마찬가지로 16세기 후반~17세기 전반에 보이는 天에 대한 비판의 전형적인 모습을 보여준다. 懷才不遇한 인물들의 출현과 스러짐을 통해 세계를 더욱 합리적으로 운용하지 않은 '천'을 비판하고 있기 때문이다.

첫 단락에서는 유가의 성현인 孔子와 孟子, 朱子와 程子의 탁월한 재능에 걸맞지 않은 하늘의 대우를 비판하고 있다. 두 번째 단락에서 보이는 불교의 惑世誣民에 대한 서술도 본격적인 불교 비판은 아니다. 오히려 그것조차도 일세의 호걸들을 세상에 태어나게 해놓고 제대로 쓰지 않아 혹세무민의 구실이 되게 만든 하늘에 대한 비판의 또 다른 근거를 서술했을 뿐이다. 마지막 단락은 大聖과 大智뿐만 아니라 세계에 만연한 부조리를 회의하는 부분으로서 특히 마지막 부분의 "참으로 천지의 마음에 유감이 없을 수도 없다"에서 비판의 정도를 짐작케 한다. 가장 상층의 대성과 대현은 물론, 그 이하의 인물들에게서도 이처럼 부조리한 사례가 적지 않다는 비판적 사유를 담고 있기 때문이다.

위 예문에서도 드러나듯이 사회의 부조리는 유사 이래로 늘 존재했고, 그것을 비판하는 언급도 지속적으로 산출되었다. 따라서 '천'으로 대표되는 세계와, 그 부조리의 비판이 이 시기 처음으로 출현한 것은 아니다. 다만 그 확산과 비판의 강화는 시대적 경향으로서 주목해야 한다.

16세기 후반~17세기 전반 산문에는 '천'을 비판하는 경우 외에도 사회에 만연한 부조리를 직간접적으로 비판한 예가 적지 않다. 그 중 불우한 처지에 대한 비판이 대표적인 예이다.[6]

創得爲異教者, 皆莫非天地之心也. 何其始生之有意, 而終不得其用也? 大聖大智而猶且若此, 則下此而餘者, 固不足多論. 而亦不能無憾於天地之心也."

6) 장유도 스스로를 불우자라고 생각하기도 하였다. 예컨대 「祭鄭君平文」(『谿谷集』 권

천하의 物은 반드시 서로 同類인 이후에야 서로를 이해한다. 날짐승이 날짐승과 함께 말을 하면 오직 날짐승만이 그것을 이해하고, 들짐승이 들짐승과 말을 하면 오직 들짐승만이 그것을 이해할 수 있는 이유는 모두 서로 동류이기 때문이다. 날짐승이 말을 해도 들짐승은 이해하지 못하고, 날짐승과 들짐승이 소리를 내어도 사람은 무슨 말인지 이해하지 못하는 이유는 서로 동류가 아니기 때문이다. (중략)

어찌 날짐승과 들짐승만 그러하겠는가? 사람과 사람이 서로 이해하지 못하는 경우는 더욱 심하다. 지금 내가 詩文을 지어서 승려에게 주면 절의 승려는 마치 날짐승과 들짐승이 서로 이해하지 못하는 것처럼 이해하지 못한다. 승려가 불교의 教說[竺梵說]을 외면 나 또한 사람이 날짐승과 들짐승의 말에 어두운 것처럼 이해하지 못한다. 나는 또 문장으로 자부하여 세상에 자랑하지만 세상 사람들은 나의 글을 마치 승려들이 나의 시문을 보듯, 내가 승려들의 불교의 教說을 듣듯 본다. 아아! 50년이 넘도록 知己를 만나지 못한 일을 내가 어찌 한스러워 하겠는가? 참으로 그만 두자꾸나, 참으로 그만 두자꾸나![7]

9, 145면)의 "나는 성격이 편벽되어 남들과 부합됨이 적고 내 갈길을 홀로 가니 냉소와 비방이 사방에서 몰려들었다. 그대만이 나를 버리지 않고 즐겁게 교유하였고, 남들이 코를 틀어막아도 그대는 난초와 같은 향기라 여겨주었다(余性狷僻, 於人寡合, 踽踽而行, 嗤毁四集. 子獨不遺, 辱與交驩, 他人掩鼻, 子謂如蘭)."와 같은 언급에서 선명하게 드러난다.

7) 柳夢寅, 「贈表訓寺僧靈旹序」, 『於于集』 권4, 382면. "天下之物, 必相類也, 而後相知之. 鳥與鳥語, 惟鳥能知之, 獸與獸語, 惟獸能知之者, 皆相類故也. 鳥語而獸不知, 獸言而鳥不知, 鳥獸有聲, 人亦不知何語也者, 不相類故也. (中略) 豈獨鳥獸? 人與人不相知甚矣. 今余作詩文贈寺僧, 寺僧不知, 如鳥獸之不相知. 僧誦天竺梵說, 余亦不知, 如人之昧鳥獸語. 余復自負文章, 矜耀於世, 世人視之如僧之見我之詩文, 如我之聽僧之梵說. 於乎! 五十餘年不遇知己, 吾何恨爲? 其亦已焉哉, 其亦已焉哉!"

유몽인의 「贈表訓寺僧靈旹序」이다. 첫 번째 단락에서는 同類가 아니면 의사소통이 되지 않는 상태를 날짐승과 들짐승의 사례를 통해 상징적으로 서술하였다. 두 번째 단락은 소통불가의 상태를 인간과 인간의 사이에까지 확대시킴으로써 인간 사이에서도 동류가 아니면 소통이 불가한 당대적 상황을 비판한다. 두 번째 단락 전반부에서는 佛家와 儒家의 예를 들어 설명하고 있으나 주요한 의미는 후반부의 서술에 있다. 즉 개인이 속한 동류 집단·동일 당파의 견해만이 절대적으로 옳고, 그에서 벗어난 이들의 사유와 글쓰기에는 눈과 귀를 닫아버린 소통불가의 상태를 비판하고 있다. 결국 이 글을 통해 유몽인은 자신이 인정받지 못하는 상황과 그 원인을 비판하고 소통이 불가한 상황 속에서 발생한 고립감과 비애를 표현한 것이다.[8)]

이상의 결과를 토대로 16세기 후반~17세기 전반 문인지식인들은 그들이 발 딛고 서있는 세계를 부조리한 공간으로 인식하였고, 불우로 인해 비애와 고립감을 느껴 세상을 비판하는 경우가 적지 않았음을 알게 되었다. 이것이 비관적 세계관을 확산시킨 주요 원인이다.

이에 반해 낙관적으로 세계를 인식했던 15세기 중·후반 관료문인들의 사유는 16세기 후반~17세기 전반 문인지식인들의 그것과 뚜렷이 대조된다.

---

8) 이 작품에서는 자신을 상징한 것으로 보이는 青鶴, 그것이 더 이상 날아오지 않는 상태로 만들어버린 인간들에 대한 상징적 서술 또한 존재한다. 이 역시 결국 자신의 詩文을 인정받지 못하여 세상에 이름을 떨치지 못한 상황에 대해 비판적으로 서술한 것이다. 柳夢寅, 「贈表訓寺僧靈旹序」, 『於于集』 권4, 382면. "余處金剛山, 見稚子設機捕鳥獸. 捕鳥, 鳥皆驚, 滿山之鳥, 一不肯俄翼近機, 必相告戒也. 捕黃鼬, 羣鼬絶不來, 捕黑貂, 羣貂不再來, 必相告戒也. 雖復誘以甘餌, 皆莫敢跬左足中機牙. 金剛臺舊有青鶴寓棲. 長子孫, 嚮年山中搜捕逋逆, 軍民攪擾谿洞, 自此鶴不棲, 他鶴亦絶無一隻, 如相告戒焉. 盖鳥與鳥同, 鼬與鼬交, 貂與貂親, 鶴與鶴和, 以類相告戒, 而人不能知, 皆非其類故也."

> 신이 가만히 생각해보니 문장은 世運을 따라 쇠하기도 하고 성하기도 하는데 文으로 세상에 이름이 난 사람은 각 시대마다 있었으나 漢魏 이래로 손꼽아 셀 정도였습니다. 그런데 문장은 비록 볼 만하나 혹 세상에 등용되지 못하기도 하고 비록 세상에 지우를 입었으나 문장은 또한 발휘하지 못하기도 하니 매번 두 가지를 겸비하는 어려움을 근심합니다. 삼가 생각해보니 황제께서 즉위하시어 큰 교화가 순정하게 펼쳐지고 文運을 크게 펼치시니, 三光五嶽이 완비되고 문물제도가 혼연히 통일되었습니다. 그리고 빼어난 인재들을 등용하고 존중하셔서 조정에 늘여 놓으니 도덕과 포부를 지닌 선비들이 그로 인해 감응하며 모여서 뛰어난 재덕을 마음껏 드러내고, 힘껏 드날림으로써 문명의 성대함을 보좌하였습니다.[9)]

崔恒(1409~1474)이 1460년에 쓴 「張寧皇華集序」의 첫 부분으로서 世運과 문장의 관계를 서술하고 있다. 그는 세운의 상승과 하강이 문장의 번성과 쇠퇴에 밀접하게 연관된다는 사유를 지향하면서, 당시 명나라 세운의 홍성함－그것도 문장과 인재등용 모두에서 발현되는 홍성함이므로 세운은 극에 달했다고 할 수 있을 정도인 홍성함－에서 배태된 『皇華集』 역시 훌륭한 글의 전범이라는 논리를 피력하고 있다. 이처럼 세운과 문장의 관계가 밀접함을 밝히는 논리는 다음과 같은 근거를 갖는다. 우선 문장은 인간 내면의 사유와 감정이 외부로 표출된 것이라는 점이다. 그런데 이러한 내면적 사유와 감정은 세운의 오르내림과 밀접하게 연관되기 때문에 상승의 세운인 경우 인성과 감정이 모두 긍정적 측면으로 배양된다. 따라서 상승의 세운이라는 훌륭한 환경에서 배태된 인성

9) 崔恒, 「張寧皇華集序」, 『太虛亭集』 文集 권1, 189면. “臣竊惟文章隨世運消長, 而以文鳴世者, 代各有人, 自漢魏而下, 可指而數也. 然其文章, 雖足可觀, 或不爲世用, 雖遇於世而文章又不足以發之, 每患兩患之難也. 欽惟皇明御極, 大化流淳, 蔚启文運, 光嶽完, 車書混. 登崇俊良, 布列朝著, 士之抱道德負才藝者, 莫不依乘感會, 翹英騁儁, 奮勵揄揚, 以黼黻文明之盛.”

과 감정의 순정함은 훌륭한 글로 형상화된다는 논리이다.[10] 이와 같은 사유는 조화로운 우주의 법칙에 인간이 종속되어 조화의 운동을 준수한다는 天人合一의 논리에 바탕을 두고 있다.[11]

한편 최항은 「晉山世稿敍」에서 '氣－인물－문장'이 밀접한 관련을 맺고 있다는 주장을 펼치기도 한다.[12] 氣와 世運은 표면적 어휘만 다를 뿐 결국 동일한 내용의 다른 표현일 뿐이다.[13] 최항뿐만 아니라 이와

---

10) 사실 이러한 논리는 『樂記』를 비롯한 여러 경서에서 흔히 볼 수 있는 전통적 사유이다. 또한 「皇華集序」의 성격상 중국이 盛世임을 밝히는 일은 상투적이다. 다만 '세운－인간－문장'의 변화를 하나로 꿰어서 사유하려는 태도는 15세기 중·후반기 최항을 비롯한 여타 관료문인들의 글에서 적지 않게 발견된다. 따라서 위의 논리는 당대 보편화된 사유가 투영된 것이다.

11) 장파, 『동양과 서양, 그리고 미학』, 유중하·백승도·이보경·양태은·이용재 옮김, 푸른숲, 2003, 131~139면 참조.

12) 崔恒, 「晉山世稿敍」, 『太虛亭集』 권1, 193면. "천지가 개벽하고 크고 높은 산이 우뚝하게 솟아서 맑은 기운이 충만하게 모인 곳에는 반드시 영웅호걸과 재주 있는 선비들이 태어났다. 어떤 사람은 德業으로, 어떤 사람은 문장으로 한 세대에 이름을 드날리고 백 대에까지 우뚝 솟은 사람이 많았다. 崧山의 申伯과 仲山甫, 眉山의 蘇軾과 蘇轍이 그들이다. 그런데 한 몸에 덕업과 문장을 겸비하고서 대대로 서로 이어진 경우는 대체로 드물었다. 우리 동방 산수의 아름다움은 세상에서 으뜸인데 진산의 됨됨이는 영남에 자리 잡고 있으면서 웅장하고 매우 수려하여 참으로 우리나라에서 최고라고 할 만하니, 신령함이 내려온 곳에 영웅준걸이 태어날 수 있으니 덕업과 문장을 고루 갖추고 대대로 훌륭한 이름을 드날리게 되는 일이 이상할 것도 없다(混元開, 列嶽峙, 其扶輿淑氣之鍾, 必有英豪材士之生. 或以德業, 或以文章, 鳴一世而聳百代者多矣. 崧之申·甫, 眉之軾·轍是已. 然一身而兼備, 奕世而相繼者蓋寡矣. 吾東方山水之美甲天下, 而晉之爲山, 盤據嶺南, 雄俊奇勝, 寔甲于東, 則神異攸降, 英俊克生, 德業文章之兼備, 相繼而傳芳者無怪矣)."

13) 다음의 작품을 통해 기와 세운의 유사성을 살펴볼 수 있다. 朴彭年, 「八家詩選序」, 『朴先生遺稿』, 461면. "그러나 천지의 氣는 성하기가 어렵고 쇠하기는 쉽다. 문장과 世道는 참으로 천지의 기와 함께 오르내리니 宋은 唐만 못하고 唐은 漢·魏만 못하고 漢·魏는 風·騷·雅·頌만 못하다. 이는 마치 늙은이가 다시 젊어질 수 없는 것과 같다. 오직 豪傑한 선비만이 능히 무리에서 탁월[出類拔萃]하여 시대의 기가 변화하는 바에 얽매이지 않는다. 齊·梁 말기에 詩道가 거의 피폐해졌으나, 唐代의 이백과 두보가 나와 (詩道를) 다시 떨쳤고 韋應物·柳宗元이 이후에 나와서 화답하

같은 성격의 조화를 추구하는 경향은 15세기 중・후반기에 보편적인 현상이었다는 사실 또한 당대 관료문인들의 언급을 통해 짐작할 수 있다.

> 文運과 時運은 서로 표리가 되어 오르내림이 있다. 대체로 천지[光嶽(岳)]의 氣가 온전하여야 인재가 번성한다. 인재가 번성하여야 雅正한 소리가 발생하여 문사와 정치의 교화가 이에 끊어짐 없이 흐르게 된다. 우리나라[朝鮮]가 처음 일어났을 때 천지의 運이 번성하였기에 특출한 인재들이 간간이 나타났다. 그때 文으로 세상에 이름난 사람들은 모두 功臣과 현명한 신하[碩補]들이었다. 예컨대 三峯 鄭道傳 先生・浩亭 文忠公 河崙・松堂 文忠公 趙浚・獨谷 文景公 成石璘・星山 文景公 李稷과 우리 외조부이신 陽村 文忠公 權近 등은 모두 웅건하고 걸출한 재능을 지니시고, 顯隆한 시대를 만나 공열이 매우 빛났다.[14]

이 예문은 徐居正(1420~1488)의 「獨谷集序」 중 일부이다. 최항이 중국 당대의 성대함을 서술했다면 위의 글은 조선 당대의 성대함을 언급하고 있다. 서거정의 논리는 앞서 살펴본 최항의 그것과 같은데, 대상만

였다. 五代에 이르러서 또 다시 피폐해졌으나 宋代의 歐陽修・王安石이 다시 일으켰고, 蘇軾・黃庭堅이 그 이후에 나와서 계승하였다(然天地之氣, 難盛而易衰. 文章世道, 亦與之升降, 宋不唐, 唐不漢魏, 漢魏不風騷雅頌, 如老者不復少. 唯豪傑之士, 乃能出類拔萃, 不爲時氣所變化. 齊・梁之末, 詩道幾弊, 得唐李・杜氏而復振, 韋・柳從而和之. 至五代又弊, 得宋歐・王氏復興, 蘇・黃又從而繼之)." 기와 세운이 어떻게 연결되는지는 첫 문장에서부터 확연하게 드러난다. 즉 '氣-世道-文章'이 함께 오르내린다는 언급을 통해 최항이 '세운'이 아니라 '기'를 말하고 있으나 결국 동일한 논리임을 알게 한다.

14) 徐居正, 「獨谷集序」, 『四佳集』 권6, 276면. "文運之於時運, 相爲表裏, 而有升降. 盖光岳氣全, 而人才盛. 人才盛, 而雅音作, 文辭之與政化, 乃流通無間矣. 我國家之始興, 天地運盛, 異才間出. 當時以文鳴世者, 皆勳臣碩輔. 如三峯鄭先生・浩亭河文忠公・松堂趙文忠公・獨谷成文景公・星山李文景公及我外祖陽村權文忠公, 皆以雄偉傑出之才, 遭遇顯隆, 功烈炳煒."

조선의 문인들로 교체되어 있다. 이 외에도 서거정의 문집 서문에는 위와 같은 논리가 적지 않다.15) 그리고 서거정도 위와 같은 논리로 후배에게 칭송받기도 한다.16) 이로써 볼 때 15세기 중・후반 관료문인들이 조화와 천지의 운행을 따르려 했다는 사실을 부정하기는 힘들다.17)

---

15) 서거정이 지은 서문의 일부를 예거하면 다음과 같다. 「保閑齋集序」, "天地精英之氣鍾於人, 而爲豪傑爲文章.", 「新刊三峯鄭先生集序」, "嘗觀古之英雄豪傑有建功於世者, 多不能保其終, 是或滿損盈虧有以自招, 亦或關於運數, 有不能自脫者. 然建大功者, 必享其福, 苟不及其身, 必於其後, 有施必獲, 固天道也.", 「觀光錄序」, "予竊自疑曰, "文章者, 氣也, 時運也. 氣稟於天, 有淸濁粹駁之殊, 故發於詞者, 有工拙高下之異.", 「皇華集序」, "王道興, 雅頌作, 而致治之跡, 有可得而考矣.", 「東文選序」, "今聖明在上, 天地氣盛, 人物之應期而生, 以文鳴世者, 必于于而興焉, 亦何患乎無人也?", 「遊松都錄序」, "蘇穎濱嘗論文者氣之形, 孟子善養浩然之氣, 司馬遷遠遊以壯其氣, 故其爲文, 有宏博焉, 有跌蕩焉.", 「泰齋集序」, "天地精英之氣鍾於人, 而爲文章, 文章者, 人言之精華也. 是故有遭遇盛時, 賡載歌詠者, 則其文之昭著, 如五緯之麗天, 而燁乎其光." 등과 같이 적지 않은 수의 글이 이와 같은 내용을 담고 있다.

16) 단적으로 任士洪(?~1506)이 지은 「四佳先生集序」에서 확인할 수 있다. 任士洪, 「四佳先生集序」, 『四佳集』, 227면. "우리 조선이 개국한 이래 문인과 시인 가운데 저술을 남긴 사람이 무려 수백 명이지만, 혹시 시에 능하면 산문에는 능하지 못하였고, 산문을 혹 칭송할 만하면 시는 칭송할 수 없었다. 시와 문 전부에 능한 사람을 집대성했다고 이를 수 있는데 집대성했다고 할 만한 이는 오직 牧隱 선생뿐이었다. 목은 선생이 돌아가신 이후 백 년 동안 적막하여 이러한 사람이 존재하지 않았다. 四佳 徐相國은 기의 변화[氣化]가 극성한 시기에 태어나 문명이 찬란한 시기에 닿는 운수를 만났다. 그래서 斯文의 영수를 맡아 20여년이라는 오랜 세월을 보내면서 평소 저술한 것이 상자마다 가득차고 넘쳤다(自入我國朝以來, 文人詩士之著述者, 無慮數百家, 或能於詩, 而不能乎文, 文或可稱, 而詩不可稱也. 全而能之者, 謂之集大成, 可乎集大成者, 其惟牧隱先生而已. 先生旣沒, 寥寥百歲, 未聞其人焉. 四佳徐相國, 生當氣化之盛, 運際文明之會. 領袖斯文, 久踰二紀, 其平昔著述, 充箱溢篋)."

17) 이에 반해 16세기 후반~17세기 전반 「皇華集序」의 비교적 상투적 언급인, '세운-인간-문장'의 연계로 대표되는 세계의 조화로운 운행을 서술하지 않은 「황화집서」 역시 등장한다. 이 지점에서도 세계관의 변화가 발견된다. 예컨대 柳夢寅의 「皇華集序」(『於于集』 後集 권3, 515면)가 그러하다. 이 작품은 조화로운 세계에 대한 서술보다 전란의 위기와 참상, 중국의 再造之恩을 중점적으로 서술하면서 문장의 기세를 배가시키는 데에 주력하고 있다. 이러한 특징은 세계관의 변화를 감지하게 할 뿐만 아니라 산문에 대한 인식의 변화도 짐작하게 한다.

한편 앞의 논의들이 주로 '세운(기운/세도)－인간－문장'의 관계에서 고찰된 조화의 지향을 보였다고 한다면, 다음 글에서는 관료문인들이 지녔던 出處의 조화를 살펴볼 수 있다.

> 지금 昌寧 曺侯의 아버지 提學 선생께서는 일찍이 우수한 성적으로 과거에 급제하여 顯要職을 두루 경험하시다가 緋衣를 입고, 銀魚帶를 차시어 높은 품직에 오르셨으니, 세상에 이름이 났다고 할 수 있다. 여러 아들들을 가르치고 길러 박학하고 문장을 잘하게 되어 나란히 과거에 합격하고서 고위관료로서 이름을 드날리고 있으니, 제대로 된 아들을 가졌다고 할 수 있다. 이에 선생께서 "내 자신이 이미 현달하였고, 나이가 노년에 이르러서 권태로운데도 관직에서 돌아설 줄 모른다면 괜찮겠는가? 여러 아들들이 모두 관료로서 명성을 이루어 가업을 맡길 데가 있어 만족할 만한데도 그치지 않는다면 괜찮겠는가?"라고 말하고서는 곧장 말을 몰아 고향으로 돌아갔다. 田園은 봉양하기에 충분했고, 林泉은 吟詠하는 즐거움을 주기에 충분했다. 歲時와 여름·겨울마다 같은 마을의 父老들을 이끌고 그 자제와 함께 좋은 음식과 술을 먹고 마시며 여생을 즐겼다. 悠悠自適 휴양을 하여 100세에까지 이르게 되었는데도 오히려 편안하고 근심이 없으니 참으로 부귀하고 장수했다고 할 만하다.[18]

李承召(1422~1484)의 「昌寧曺侯(變安)覲親詩序」이다. 위 예문은 曺尙治의 관료생활과 은퇴 후의 생활을 위주로 서술되어 있다. 그의 관료생

18) 李承召, 「昌寧曺侯(變安)覲親詩序」, 『三灘集』 권10, 476면. "今昌寧曺侯嚴君提學先生, 早擢魁科, 歷踐華貫, 緋衣銀魚, 躋于峻品, 可謂顯於世矣. 教養諸子, 博學能文, 聯名桂籍, 蜚英雲路, 可謂有其子矣. 於是, 先生喟然曰, '身已顯矣, 而年亦衰矣, 倦而不知還, 可乎? 諸子皆成名宦, 而家業有所托矣, 足而不知止, 可乎?' 卽命駕歸鄕. 有田園足以具甘旨之養, 有林泉足以供吟嘯之娛. 歲時伏臘, 率同閈父老, 與其子弟, 擊鮮釃酒, 以樂餘生. 優游怡養, 至于期頤, 而尙康寧無恙, 亦可謂富且壽矣."

활은 급제에서 시작하여 고위관료가 되기까지 매우 순탄하였으며, 자식들 역시 큰 문제없이 관료직을 수행하고 있다. 그가 은퇴한 이후의 생활 또한 부귀와 장수를 동시에 얻었다는 언급에서 보이듯 여유롭다. 그의 의도대로 관직을 물러났고, 그의 생각대로 은퇴 후의 생활을 영위하고 있기 때문에 出處 사이에 갈등은 없다.[19)]

한편 위와 같이 고위직을 역임하고 은퇴한 경우 외에 정치적 좌절을 겪은 상황 속에서 낙관적 세계관을 표출한 경우도 있다. 예컨대 曺偉(1454~1503)의 「葵亭記」에서는 유배지에서도 임금에 대한 충성을 다짐하고 그 은혜에 감복하는 모습이 보인다.[20)] 이러한 태도는 앞서 살펴보았듯이 현재 자신의 시대를 성세로 인식하는 데에서 출발한다. 이들에게 정치의 공간과 은퇴(혹은 낙척)의 공간은 충돌하지 않는다. 이는 앞의 인물이 비교적 순탄한 벼슬살이를 했다는 점에 크게 영향을 받고 있다. 다만 유배지의 삶 속에서도 낙관적 인식을 보이는 조위의 경우를 참조해 보자면 시대적 분위기 역시 상대적으로 낙관적인 그것이었음을 짐작할 수 있다. 특히 이 시기 관료문인들이 지니고 있었던 세계관, 즉 出處의 공간은 모두 임금의 은혜로 상징되는 포괄적 질서 안에 있으며 이 질서

---

19) 서거정의 「御製狎鷗亭詩序」에서도 韓明澮(1415~1487)의 은퇴에 맞춰 임금이 근체시·절구 각각 두 수와 붓을 내린 일을 통해 공을 이루고 은퇴하는 모습을 칭송하고 있다. 따라서 이 글에서도 출처의 갈등은 보이지 않는다. 구체적으로 예거하면 다음과 같다. 徐居正, 「御製狎鷗亭詩序」, 『四佳集』 권5, 259면. "以相公堂堂勳業之盛, 遜之不居, 狎鷗爲心, 其精忠雅尙, 可與魏公, 頡頏於數千載之間, 而深得伊尹功成退休之美意, 區區賀老, 又何足置牙齒間哉? 然相公功名事業之盛, 出處進退之心, 因聖製而尤益著明, 太史氏將大書特書以美之. 又何待予贅乎? 公其務全終始, 勖哉!"

20) 이러한 모습이 잘 드러나는 부분은 曺偉, 「葵亭記」, 『梅溪集』 권4, 336면. "今余雖謫居, 一眠一食, 莫非主恩. 午睡攤飯之餘, 詠休文君實之詩, 向日之心, 自不能已已, 則以葵名吾亭, 豈無說乎?"와 같은 부분이다. 이에 대한 자세한 분석은 안세현, 「조선중기 누정기 연구」, 고려대학교 박사학위논문, 2009, 63~65면을 참조하기 바란다.

는 풍성하고도 안정된 것임을 밝히는 도덕적·정치적 낙관주의가 작용하였다는 데에 무게를 두게 된다.[21)]

15세기 중·후반 관료문인들은 주로 '세운'의 승강과 문풍, 인물, 정치의 그것이 밀접한 관련을 맺는다고 여겼다. 아울러 당시 그들은 자신의 시대를 세운이 승한 시기라고 인식하기도 했다. 이러한 분위기 속에서 出處의 갈등은 개입하기 어려웠다. 다만 15세기 중·후반기 관료문인들의 조화는 그들의 실천으로 획득한 것이라기보다 세운이나 천도 등으로 발현되듯 인간의 힘이 개입될 수 없는, 이미 주어진 조화였음은 밝혀둔다.[22)]

반면 16세기 후반~17세기 전반 문인들의 출처관은 이와 대조적이다. 허균의 「凌波書室記」를 살펴보자.

> 나는 (李劼의 말을) 듣고서 기뻐하며 말하였다. "그대는 현명하시군요. 세상 사람들은 名利에 취해 그것을 좇느라 멈추지 않습니다. 비록 파직이 되어 돌아갈 곳이 없다는 사실을 알지라도 구차하게 눈앞의 일을 편안하게 여겨 퇴거할 장소를 경영하려고 하지 않습니다. 비록 혹 이러한 地境이 있다고 해도 形勢의 길에 빠져 참으로 생각하지 않는 자들도 모두들 이러합니다. 그 중 혹 사리를 아는 자 또한 혹 비용과 계획이 부족하고 졸렬하여 완수하지 못합니다. 근래 사대부들 중 곤경에 빠지는 자들은 모두 이 세 가지 경우를 벗어나지 않으니 참으로 슬퍼할 만합니다. 지금 그대는 선업을 일으켜 勝境을 전유할 수 있고 비록 군현의 장관직을 역임하면서

---

21) 金興圭, 「江湖自然과 정치현실」, 『욕망과 형식의 詩學』, 태학사, 1999, 159면.

22) 이와 비교하였을 때, 16세기 후반~17세기 전반 문인 중 '천'의 조화로운 운행을 추숭하는 태도를 지닌 사람들도 전환기적 사회변화로 인해 반성적 성향을 띤다는 점을 보게 될 것이다. 특히 '천'과 정통의 추구를 역설한 이정구와 이식마저도 15세기 중·후반기의 인물들과 달리 자신의 시대를 성세라고 생각하지 않았다는 사실을 통해 그 차이가 선명하게 드러나리라 생각한다.

도 항상 돌아가 쉬고자하는 뜻을 지니고 있어서 옷을 털면 곧 맑은 복을 누릴 수 있으니 근래 사대부보다 분명히 현명합니다.

비록 그러하나 그대는 循良한 관리로서 명예를 드날리고 있으니, 옥새가 찍힌 문서가 아침저녁으로 내려져서 郡과 府의 수장으로 승진하고 높은 고과등급으로 卿大夫가 될 것임은 증서를 들고 대하는 것과 같습니다. 이때에 물러나려고 해도 그럴 수 있겠습니까? 나 같은 사람은 사리를 조금 알지만 계획이 졸렬하고 비용 또한 부족하여서 뜻은 있으나 물러나지 못하고 여러 차례 몇 개의 함정에 빠졌으니 그대에게 매우 부끄럽습니다."[23]

함열현에 유배되어 있던 허균은 1611년 李劼의 방문을 받는다. 허균은 이때 이할에게 관료문인들이 관직에서 물러난 이후 돌아갈 곳이 없다는 고민을 토로한다.[24] 위 예문은 이할이 이미 돌아갈 곳을 마련해두었다는 언급에 대한 허균의 대답이다.

첫 단락에서는 이할의 태도를 칭송하고 있다. 다만 더욱 눈여겨보아야 할 점은 그것을 주로 당대 관료들에 대한 비판과 대조를 통해 부각시키고 있다는 사실이다. 눈앞의 명리를 좇느라 관직에서 물러난 이후의 삶을 전혀 고려하지 않는다는 언급이 그것이다. 아울러 물러나 거처할 곳이 있다고 해도 形勢에 이끌려 그렇게 하지 않는다는 사실도 당대 관료들에게 가하는 허균의 비판이다. 이러한 서술은 앞서 서거정 등의 글

---

23) 許筠, 「凌波書室記」, 『惺所覆瓿稿』 권7, 201~202면. 余聞而喜曰, "侯可謂賢矣. 世之人醉於名利, 逐逐不止. 雖知罷無所歸, 而苟安目前, 不肯榮退去之所. 雖或有此境, 而溺於形勢之塗, 亦不之顧念者, 滔滔皆是. 其中稍解事者, 亦或以費絀計拙而不克遂焉. 近世大夫士之顚頓狼狽者, 皆不出此三者, 其亦可悲也已. 今侯能起先業專勝境, 雖銅章在身, 而常有歸休之志, 拂衣則便享其淸福, 其賢於近世大夫士, 較著明矣. 雖然, 侯以循良馳譽, 璽書朝暵下, 則其陞郡若府, 以高第入爲卿寺, 可執券待也. 當是時, 雖欲退其可退耶? 若余稍解事而計拙費且絀, 有志不退, 屢陷機穽, 其有愧於侯多矣."

24) 許筠, 「凌波書室記」, 『惺所覆瓿稿』 권7, 201면. "余偶及薦紳士官罷無所歸, 而因問侯官滿則何之."

에서 보았던 功成身退의 모습과 선명한 대조를 이룬다. 두 번째 단락의 내용도 역시 이할을 칭송한 것이지만 이 부분에서는 세상의 함정에 빠져서 은퇴할 계획조차 세우지 못하는 허균의 비감이 이할의 전도유망한 모습과 대조되면서 더욱 부각된다. 이 역시 첫 단락과 마찬가지로 조화로운 은퇴의 모습은 아니며, 더욱이 몇 개의 함정으로 상징되는 세상에 대한 평가는 비관적이다.

세상의 명리를 좇든, 형세에 이끌리든, 비용이 부족하거나 제대로 된 계획을 세우지 못하든, 유배된 상태이든 제대로 은퇴하지 못하게 만드는 상황과, 함정이 곳곳에 도사린 세상에 허균은 낙관적인 시선을 보내지 않는다. 결국 부조리한 세상에 대한 부정적 시선, 낙척한 인물들의 속출 등이 이 시기 출처의 갈등을 조장한 주요 원인이 된 것이다.

> 대체로 다음과 같이 논한 적이 있습니다. 東西南北에 이미 갈 곳이 없다면 河海일 뿐이며, 山林일 뿐입니다. 옛사람이 말하길 천하가 조화로울 때에 선비의 處身은 조정 아니면 산림이라고 한 이유가 바로 이것 때문이 아니겠습니까? (중략)
>
> (산림에 처하는 이들은) 제대로 된 시기를 만나지 못하여 포부를 펼칠 수 없어서 시대를 근심하고 세상을 탄식하니, 편하지 못한 기색과 갑갑한 마음을 갖지 않을 수 없어서 속세의 상념을 산수의 즐거움으로 풀어버리려고 한 것이군요![25]

위 예문은 尹善道(1587~1671)의 「答人書」로서 그의 출처관이 선명하

25) 尹善道, 「答人書」, 『孤山遺稿』 권4, 382~383면. "蓋嘗論之. 東西南北旣無可往, 則河海而已, 山林而已. 古人所謂天下混一之時, 士之處身, 非朝廷則山林者, 非此也耶? (中略) 蓋其遭時不辰, 抱負莫展, 傷時嘆世, 不能無不豫之色壹鬱之懷, 而欲以消遣世念於山水之樂也歟!"

게 드러난 글이다. 첫 단락에서는 보편적 出處觀을 언급하고 있다. 조화로운 시기의 선비는 조정이나 산림을 선택하여 처신할 수 있으나 도가 막힌 시기라면 그럴 수 없다. 윤선도는 "예로부터 제대로 다스려진 날은 항상 적었고, 혼란스러웠던 날은 항상 많았다."[26]라고 언급한 바 있다. 그렇다면 그가 인식하는 당대는 治日인가, 亂日인가? 이에 대해서는 자신이 결국 산림에 처할 수밖에 없다고 한 언급[27]을 통해 이미 간접적으로 대답하였다. 이렇게 본다면 두 번째 단락에 등장하는, 제대로 된 시기를 만나지 못해서 산림에 처할 수밖에 없게 된 인물에는 결국 윤선도 자신도 포함된다. 따라서 당대에 대한 부정적 인식 외에 두 번째 단락에는 출처의 부조화 역시 서술되어 있다.

사회에 대한 비판적 시각, 출처 간에 갈등을 보인다는 점에서 이 작품은 허균의 「凌波書室記」와 유사하며, 조화롭지 못한 출처관의 산생 원인으로 사회의 모순과 낙척한 인물들의 속출 등을 짐작하게 한다는 점도 그러하다.

요컨대 16세기 후반~17세기 전반 문인지식인들은 15세기 중・후반의 관료문인들과는 대조적으로 세계를 부정적으로 인식하였으며, 부정적 세계 인식으로 인해 그들의 사유 속에서 출처의 조화도 발견하기 쉽지 않다는 사실을 알게 되었다. 이러한 시대적 분위기 속에서 16세기 후반~17세기 전반 문인지식인들 중에 노장적 사유나 『周易』, 특히 象數學的 『周易』 해석으로 경도된 경우가 적지 않았다는 점도 역시 이 시기

26) 尹善道, 「答鄭進士吉甫問目」, 『孤山遺稿』 권4, 410면. "自古治日常少, 亂日常多."

27) 尹善道, 「上鄭判書(世規)書」, 『孤山遺稿』 권4, 385면. "士君子가 처세함에 出處 두 길이 있을 뿐입니다. 조정 아니면 산림이라는 말은 오래된 말입니다. 저는 이미 쇠약하고 병들어서 조정[世路]에 나아가지 못하니 산림[水石]에서 소요하며 남은 삶을 마치지 않는다면 다시 어디로 가겠습니까(士君子之處世, 出與處二道而已. 非朝廷則山林, 乃古語也. 弟旣癃病, 不能行於世路, 則不逍遙於水石以終餘年, 而更何往哉)?"

세계관을 짐작하게 하는 특징적 면모이다.[28)] 불우의 해소, 삶의 감계와

28) 16세기 후반~17세기 전반 노장과 周易的 사유의 부각이 지닌 의미에 대한 상세한 논의를 살펴보고자 한다면 조성산, 『조선후기 낙론계 학풍의 형성과 전개』, 지식산업사, 2007; 안득용, 「계곡 장유 누정기 연구」, 『고전문학연구』 제32집, 한국고전문학회, 2007; 안세현, 「조선중기 누정기 연구」, 고려대 박사학위논문, 2009 등을 참조하기 바란다. 이들의 논의는 주로 괘효사의 활용과 동류집단의 불우한 이들을 위로한다는 측면에서 『周易』 차용의 양상과 그 원인을 찾는다. 이러한 태도는 다음의 예문에서도 발견된다.
"이 정자에 올라 고요하게는 一氣가 운행하는 모습을 보고 움직여 만물이 변화함을 관찰하며 크게는 천지고금이 다르지 않다는 사실을 알게 되고 넓게는 사해와 구주가 모두 동일함을 헤아린다. 이것이 성인께서 易을 지으신 대의를 좇아 일반 대중들처럼 허랑방탕하게 살다 죽는 데로 귀의함을 면하려는 이유이다(登斯亭也, 靜而觀一氣之流行, 動而察萬物之變化, 大而知天地古今之無異, 廣而度四海九州之皆同, 此所以追聖人作易之大意, 欲免衆人虛生浪死之歸也). (金堉, 「太極亭記」, 『潛谷遺稿』 권9, 176면)" 이 예문을 통해 시간과 공간의 변화에도 불변하는 원리를 깨우쳐 삶의 감계로 삼고자 한 이유가 『周易』 차용을 촉발하였다는 사실을 알 수있다. 이러한 측면에 있어서는 李植 「贈鍾英上人序」(『澤堂集』 권9, 144면)의 "나 또한 고질병으로 무료하였기에 한가할 때 『易經』을 취하여 삶과 죽음, 저승과 이승의 설에 대해 탐구하였다(余亦痼疾無聊, 閑取易經, 以究死生幽明之說)."와 같은 서술도 유사하다.
노장적 사유가 불우한 이들에게 각광을 받은 이유는 다음의 언급을 통해 선명하게 드러난다. "깨달음을 크게 하려면 어떤 방법을 따라야 하는가? 나와 우리 당은 도를 공유하여 인생이 茫然할 수 없다는 사실을 인식하고, 우리의 性은 참으로 높일 만함을 징험할 수 있다. 천명을 알고 즐기는 일[樂天知命]은 유가의 큰 도를 본받는 것이요, 만나는 때에 따라 편안히 순리대로 처하는 일[安時處順]은 老子의 진리를 음미하는 일이네. 삶을 알고 죽음을 알며 사람에 밝고 귀신에도 밝아 말도 떠나고 침묵도 떠난 경지에서 (도의) 지극함에 대해 말하고, 혹하지 않음으로써 혹함을 풀고서 혹하지 않는 경지로 돌아간다. 그 꿈에 周公을 꿈꾸고, 그 깨달음에 근심이 없어 편안하고 자득한 듯하니 優游하도다(欲大其覺, 何方之依? 吾與吾黨, 共之有道, 認人生之不可芒, 驗吾性之寔可尊. 樂天知命, 師儒家之大道, 安時處順, 咀老氏之眞詮. 知其生, 知其死, 明乎人, 明乎鬼, 非言非默, 議有所極. 不惑解惑, 復於不惑. 其夢夢周, 其覺無憂, 徐徐于于, 優哉游哉)! (朴瀰, 「大覺知大夢說」, 『汾西集』 권14, 134면)" 즉 유가의 '樂天知命'에 대응하는 '安時處順'의 태도로써 현재의 불우를 떨치려는 의도가 개입한 결과이다. 아울러 金得臣(1604~1684)의 「讀南堂序」에 보이듯 문장 서술 방법의 교과서로서 『莊子』가 사용되었다거나, 正祖가 『日得錄』에서 언급하였듯이 문장의 호한함, 과거문 창작에의 기여－예컨대 "莊子文章雖浩瀚, 其切事情處, 往往酷類科文, 爲文者不可以不讀."(『弘齋全書』 권161, 141면); "諸子文章, 當以莊子爲第一. 予幼時

불우한 이들을 위로하는 논리로 사용되는 경우가 많다는 점을 통해 각각의 사유가 활성화된 요인을 짐작할 수 있다.

제2절 個人의 자각

제1절에서 16세기 이후 진행된 조화의 균열상을 '天'과 出處에 대한 인식을 중심으로 살펴보았다. 그 결과 이런 현상은 사대부들 사이의 치열한 정권다툼이었던 士禍의 시대를 지나자 다시 찾아온 東西南北의 朋黨을 겪으며 문인지식인들이 견지해왔던 조화로운 세계 인식의 균열로 인해 발생한 것임을 알게 되었다. 이와 같은 사회적 배경 속에서 더욱 많은 문인지식인들은, 그들이 정치의 일선에서 도태될수록, 그리고 사회의 분위기가 엄혹해질수록, 그들 자신의 내면을 더욱 선명하게 그려내기 시작한다. 이번 절에서는 바로 이 주제, 즉 16세기 후반~17세기 전반 산문의 주요한 특징이라고 지적할 수 있는 '자기 표현'의 저변을 이루는 요소들을 '개인의 자각'이라는 측면에서 살펴보겠다.

서술을 시작하기에 앞서 밝혀두어야 할 사실은, 비록 16세기를 지나면서 자기표현의 욕구가 발현되는 산문 창작이 활성화 되었지만, 그것의 실마리는 15세기에도 있었다는 점이다. 金守溫(1410~1481)의 「贈敏大選序」와 金時習(1435~1493)의 「上柳襄陽陳情書(自漢)」 등이 이 사실을 뚜렷하게 보여주는 예이다. 이 중 「贈敏大選序」는 送序의 서두 부분이 인물, 지역, 관직 등의 역할에 대한 대동소이한 설명으로 채워지고, 투식

頗多讀, 每於看字後氣鬱, 則輒取逍遙遊篇, 讀過一遍, 頓覺胸襟爽然, 無半點烟埃氣也."(『弘齋全書』 권162, 174면)－ 등도 노장적 사유로 접근을 용이하게 하는 데에 작지 않은 역할을 담당하였다고 생각한다.

화하던 15세기 당시 송서의 서술 방향을 개인의 내면으로 돌린 작품이다. 특히 儒者와 僧侶 양측 모두로부터 비난을 받던 당시 자신의 상황과 내면을 토로함으로써 송서의 새로운 길을 제시한 기념비적 작품이다. (이에 대해서는 송서를 다루는 지면에서 상세히 논의할 것이다) 후자는 자신의 출생에서부터 柳自漢에게 편지를 쓰던 그 시점까지 시간의 흐름에 따라 자신의 이력과 체험을 기록한 일종의 自傳的 편지이다. 이로써 보자면 결국 이와 같은 선구적 작품의 출현과 더불어 16세기 후반~17세기 전반의 정치·사회·문화·사상적 변화에 힙 입어 개인이 산문의 전반에 부각되기 시작한 것이다.

개인과 사회의 불화라는 측면에서 부조리가 만연한 사회의 분위기와 개인의 고립은 자기 내면을 표현하는 데 작지 않은 영향을 끼친다. 이러한 사실은 이미 2천 년도 지난 시기 漢나라 司馬遷의 사례를 통해서도 증명할 수 있다. 그는 「太史公自序」에서 李陵의 禍를 입고 탄식하다, 『詩』, 『書』, 『周易』, 『春秋』, 『離騷』, 『孫子兵法』, 『呂覽』, 『韓非子』 등이 모두 시련의 산물임을 인식하고, 스스로도 지난날의 역사를 기록하여, 그것을 통해 자신의 울분을 피력함으로써 앞으로 올 후대의 사람들에게 자신의 존재를 각인시키고자 하였다.[29] 『史記』를 사마천의 發憤著書로 인식하는 논의는 주로 이 지점에서 그 근거를 찾는데, 16세기 후반~17세기 전반의 문인지식인들 상당수가 처해있던 상황 역시 사마천의 그것과 크게 다르지 않다. 그들 역시 정치적으로 고립된 상태였으며,

29) 司馬遷, 「太史公自序」, 『史記』, "七年而太史公遭李陵之禍, 幽於縲紲. 乃喟然而歎曰, '是餘之罪也夫. 是餘之罪也夫! 身毁不用矣!' 退而深惟曰, '夫『詩』·『書』隱約者, 欲遂其志之思也. 昔西伯拘羑裏, 演『周易』, 孔子厄陳·蔡, 作『春秋』, 屈原放逐, 著『離騷』, 左丘失明, 厥有『國語』, 孫子臏脚, 而論兵法, 不韋遷蜀, 世傳『呂覽』, 韓非囚秦, 『說難』·『孤憤』, 『詩』三百篇, 大抵賢聖發憤之所爲作也. 此人皆意有所鬱結, 不得通其道也, 故述往事, 思來者.' 於是卒述陶唐以來, 至於麟止, 自黃帝始."

자신의 삶을 후세에 전해줄 벗도 없었다. 이러한 상황에서 스스로가 당대를 살아냈음을 증명할 유일한 돌파구는 자신의 삶을 스스로가 기록하거나, 자기의 체험과 사유를 글에 실어 표현하는 것뿐이었다.

> 나는 평소 옛사람들의 책 읽기를 좋아하다보니, 義理가 功名과 爵祿보다 중요하고, 밝은 지혜로 자신을 지키는 일에 있어서는 무엇보다 사태가 발생하기 전에 미리 대책을 세우는 것을 귀하게 여긴다는 사실 등을 거칠게나마 알았다. 그랬기 때문에 조정에 들어간 지 30년 동안 立論을 완곡하게 하는 데 힘썼고 高强한 논의로 권력을 요구하지도 않았다.
>
> 대개 조정의 執論의 경우, 굳센 것은 그 논의가 완곡하고, 부드러운 것은 그 논의가 고강하다. 굳세고 부드러운 것은 반대되는 성질인데 禍福이 따르니, 어째서인가? 일을 담당하는 자는 완곡하게 논의하여서 화를 면하려고 하고, 권력을 잡은 자는 고강한 논의를 일으켜 그가 바라지 않는 바를 억지로 하게 한다. 부드러운 자는 재빨리 '네네' 하며 저들이 지시하는 말을 듣고 강한 자는 높디높게 스스로 고집하여 지키는 바를 잃지 않는다.
>
> 나는 성격이 굳세서 내 견해를 스스로 고수하느라[自守己見] 나를 굽혀 남을 좇아본 적이 없었고, 마음은 굳세게 먹을지라도 말은 부드럽게 하여 한 편으로는 일을 담당하면서 한 편으로는 화를 스스로 면하게 되었다. 그렇기 때문에 평소 옛사람을 벗하였지, 평범한 사람과 벗하는 것을 부끄러워하여 동서남북 어디에도 私黨이 없었고 영화로운 벼슬자리가 내게 오더라도 아랑곳하지 않고 스스로 힘쓰지 않았으니, 행적이 외로운 것으로는 나만한 사람이 없다.[30]

30) 柳夢寅, 「與楡岾寺僧靈運書」, 『於于集』 권5, 419면. "余平生喜讀古人書, 粗識義理之重於榮祿, 明哲保身之貴於不見是圖. 故立朝三十年, 持論務緩, 不喜高論以要權. 盖朝廷執論, 剛者其論緩, 柔者其論高. 剛柔反性, 而禍福隨之, 何也? 執事者欲緩論免禍, 當塗者挑高論, 强其所不欲. 柔者唯唯如流, 聽彼指使, 强者頎頎自執, 不失所守. 余性剛自守己見, 不曾枉己而從人, 剛其心柔其言, 一以直其事, 一以自免於禍. 故平生尙友古人, 恥與恒人爲朋比, 東西南北, 無一私黨, 榮宦之來, 任彼不自力, 蹤跡之

仁祖反正(1623년) 직후 楡岾寺의 승려 靈運에게 자신의 원고를 필사하여 후세에 전해주기를 부탁한 「與楡岾寺僧靈運書」는 유몽인 자신의 삶을 연대기로 서술하면서 각 시기마다 문제가 될 만한 소지를 가진 글들에 대해 해명하는 내용으로 구성되어 있다. 따라서 이 편지 역시 김시습의 그것처럼 자전적 편지인 것이다.

편지의 서두인 위 예문에서 유몽인은 스스로가 고독해진 원인을 自守己見, 즉 자신의 견해를 고수하느라 남을 좇지 않았던 태도에서 찾는다. 이 때문에 비록 말은 부드럽게 하였지만 마음은 굳세게 먹을 수 있었고, 그로 인해 화는 면하였지만 벗도 없고 黨도 없게 된 것이다. 따라서 유몽인의 고독과 고립은 스스로가 선택한 것이다. 물론 마지막 단락에서 볼 수 있듯이 가속화된 당쟁으로 인한 개인의 고독과 고립 역시 지적하고 있기 때문에, 당쟁과 같은 외적 조건 역시 그를 고독하게 만든 배경이라고 할 수 있다.[31]

그런데 이 시기 산문에서 유몽인과 같이 벗의 부재로 인한 고독과 고립을 언급한 사례를 찾는 일은 어렵지 않다. 예컨대 신흠은 평생의 知己였던 李恒福(1556~1618)의 죽음으로 인해 자신의 삶을 기록해줄 사람이 없어지게 되자 「玄翁自敍」를 지어 자신의 정체성과 삶의 지향을 분명하게 밝힌 바 있다. 물론 그 과정에서 자신을 외롭게 만든 세상에 칼날을 겨누고 있음을 행간에 서술해두었다.[32] 그 외에도 허균 역시 「惺翁頌」을 통해 이와 유사한 견해를 피력한 바 있다. 결국 사회적 불우로 인해

孤, 莫我若者也."

31) 안득용, 「柳夢寅 散文에 나타난 孤獨의 양상과 그 의미」, 『어문논집』 68, 민족어문학회, 2013, 62~64면 참조.

32) 이에 대해서는 안득용, 「16세기 후반~17세기 전반 自傳的 敍事의 창작 경향과 그 의미」, 『한국한문학연구』 51, 한국한문학회, 2013, 204~208면을 참조하기 바란다.

자신의 내면을 돌아보게 되고 이러한 自省의 시간을 통해 남이 아닌 자기 스스로를 표현할 수 있었던 것이다.

이 외에도 자신이 견지해온 삶의 지향을 적시하며 개인의 기호를 피력하려는 태도 역시 이 시기 산문에서 상당히 두드러진다. 이미 유몽인도 여러 차례 스스로가 무엇을 좋아하는지 분명히 밝힌 바 있고,[33] 여타 문인지식인에게서도 이러한 모습을 어렵지 않게 찾아볼 수 있다.

> 세상에 拙翁이라는 자가 있었는데 어떠한 사람인지 모른다. 농업과 상업에 종사하지 않았고, 자신은 號와 이름도 없었다. 옷은 短褐을 입었고, 음식은 거친 밥을 먹었으며, 거처는 띠 풀로 지은 집이었고, 나가면 걸어 다녔기에 사람들이 그를 보면 모두 비웃었지만 정작 그는 즐거워하며 오만한 기색까지 있었다. 모습과 言行이 남들과 크게 다르지 않은데도 저들은 현달하고 이 사람은 곤궁하며, 저들은 형통한데 이 사람은 꽉 막혀있으니, 才德이 나란하지 못해서 그렇게 된 것인가, 아니면 부여받은 운명의 厚薄 때문에 그렇게 된 것인가? 저들의 현달함은 지혜로 얻은 것이 아니고, 이 사람의 궁곤함은 어리석음 때문에 그릇된 것이 아니니, 모두 하늘의 뜻이며 사람이 어찌 할 수 있는 게 아니다. 그런데도 남들만 못한 것을 부끄럽게 여긴다면 이것은 본래 그러한 이치를 알지 못하는 것이다.
>
> 이 사람은 성품이 시끄럽고 번다한 것을 좋아하지 않고 담박하게 고요한 것을 좋아하여, 남들이 없는 곳에 깊이 거처하며 책으로써 自娛한다. 그러다 마음에 맞는 구절이 있으면 기쁘게 근심을 잊고, 흥이 이르면 곧

---

33) 예컨대 「自娛窩記」, 『於于集』 後集 권4, 534~544면. "吾兩人各娛其娛, 相視油然而笑, 惟知此娛者, 可與言此娛, 余知叟之求余記, 有以也, 遂記之. 天啓元年(1621)季夏, 高興柳夢寅, 謹記."; 「盆菊記」, 『於于集』 後集 권4, 535면 "余性不喜俗, 俗多好花草, 又以菊爲淵明所好, 戶種之益繁, 輿儓之家, 無不燦耀成林, 余甚笑之. 盖惡人之好之, 順人而應俗也."; 「遊頭流山錄」, 『於于集』 後集 권6, 590면. '昔者, 佔畢齋從此路向天王峰者也, 彼彼我我, 吾不必由斯." 등에서는 스스로가 즐기는 것을 즐기겠다는 태도와 남의 뒤나 따르지는 않겠다는 의지가 발견된다.

> 홀로 숲으로 나아가 읊조리며 배회한다. 때때로 여러 사람들이 빽빽하게 몰려 있는 곳에 나가면 묵묵히 어리석은 사람처럼 是非를 논하지 않고 남들과 비교하려고 하지 않는다. 여러 사람들이 나아가는 바라도 부끄러워하여 다투고자 하지 않았고, 여러 사람들이 버리는 것이라도 분수를 지키며 편안해 하였다.[34]

崔奇男(1586~?)의 「拙翁傳」 서두이다. 衣食住를 비롯한 남루한 행색이 그를 조소꺼리로 만들기에 충분하지만 졸옹은 이러한 상황에 개의치 않는다. "彼之達非智得, 此之窮非愚失"이므로 남들의 호의호식도 그들이 잘 나서 얻은 게 아니고 스스로의 초라함 역시 자신의 잘못 때문에 닥친 불행이 아니기 때문이다. 결국 최기남은 자신의 분신인 拙翁을 통해 인간의 힘으로 어찌할 수 없는 운명에 맞서는 일은 부질없는 것이므로 자신이 좋아하는 것을 좋아하며 살 뿐임을 밝히고 있다.

하지만 졸옹이 이와 같은 결론에 도달하게 되는 과정은 그리 평탄치 않다. 그 스스로 밝히고 있듯이 그는 소외되고 누추하며 남루한 삶을 살고 있다. 구체적으로 밝히지는 않았지만 委巷詩人이었기 때문에 누군가가 그의 삶을 기록해주지 않으면 이내 묻혀서 썩어버릴 운명이었다. 마침 신흠과 申翊聖(1588~1644) 부자가 그의 진가를 알아주어 후세에 이름을 남길 기회를 얻었지만, 그보다 일찍 죽었기에 그럴 기회마저도 박탈당했다. 이러한 상황은 앞서 살펴본 유몽인, 신흠, 허균 등과 유사하

---

34) 崔奇男, 「拙翁傳」, 『龜谷詩稿』 권3下, 360면. "世有拙翁者, 不知何如人也. 業不農商, 身無號名. 衣則短褐, 食則麄糲, 居則蓬室, 出則徒步, 人見之, 莫不調笑, 熙然有驕傲之色. 形貌言行, 與人不甚相遠, 而彼達此窮, 彼亨此屯, 豈才德之不侔而然耶, 抑賦命之厚薄而然耶? 彼之達非智得, 此之窮非愚失, 則皆天也, 非人也. 以不若人爲恥, 則不識固然之理矣. 斯人也, 性不喜鬧熱, 泊焉好靜, 深居獨處, 以簡編自娛. 得會心處, 怡然忘憂, 興到則輒獨往林麓間, 吟嘯徜徉. 或於稠人羣處, 泯嘿如愚人, 談論是非, 不欲與人相較. 衆人之所趨, 羞不肯爭, 衆人之所捨, 守分安焉."

지만 계급적 차이로 보았을 때, 더욱 심각하게 낙척한 상태였다고 할 수 있다. 이 때문에 그는 陶潛의 自輓詩를 擬作하기도 하고, 自祭文과 「졸옹전」을 스스로 지어 스스로의 존재를 증명하려고 한 것이다. 이로써 볼 때, 위에서 서술한 그의 自娛에는 여전히 고립의 아픔이 배어있으며, 그것이 자기를 표현하게 만든 원동력이었음을 알 수 있다.

한편 남들이 하는 것을 따라 浮沈하지 않고 자신이 좋아하는 것을 즐기겠다는 의지를 피력한 글과 자신의 내면적 욕구를 중요시한 글들이 적지 않게 보이는 이유를 자아의 각성에서도 찾을 수 있다.

> 세상을 따라 오르내리는 것을 翁은 하지 못하였고, 아부하여 농락하는 것을 옹은 달가워하지 않았다. 덩그러니 스스로를 지켜[自守] 세상에 구차하게 부합하는 것에 뜻을 끊었다. 남에게 있어 나를 속일까 미리 짐작하지도, 남이 나를 불신할까 미리 억측하지도 않았지만, 한 번이라도 속였다는 것을 알게 되면 죽을 때까지 함께 하지 않았다. 옹의 아버지께서는 그를 아껴 걱정하며 말하였다. "우리 아들은 기질이 가을 물처럼 맑은데, 다만 세속과 어울리지 못하니 지금 세상에서 환란을 면하기가 어려울까봐 걱정일 뿐이다." 옹 역시 스스로의 솔직함에 대해 방어하지 않고 말하였다. "스스로가 좋아할 뿐[自好] 남들이 좋아하고 좋아하지 않음이 나에게 무슨 상관이 있으며, 스스로가 알아줄 뿐[自知] 세상 사람들이 알아주고 알아주지 않음이 나에게 무슨 상관이 있겠는가?" 완벽하고자 하다가 닥친 害와 예상하지 못했던 찬양이 종종 함께 이르렀지만 옹은 모두 一笑에 부쳤다.35)

---

35) 趙任道, 「自傳」, 『澗松集』 권3, 76면. "俯仰浮沈, 翁不能也, 依阿籠絡, 翁不屑也. 塊然自守, 絶意苟合. 於人不逆不億, 然一覺其詐則終身不與. 翁先君子愛而憂之曰, '吾兒氣質, 瑩若秋水, 但恐其不能諧俗, 難乎免於今之世耳.' 翁亦任其白直, 不爲防護曰, '自好而已, 人之好不好, 何與於我, 自知而已, 世之知不知, 何有於我?' 求全之毁, 不虞之譽, 往往一時幷至, 翁皆付之於笑."

趙任道(1585~1664)의 「自傳」 중 일부이다. 앞서 거론했던 최기남의 「졸옹전」에 비해 남이야 뭐라고 하든 자신의 길을 가겠다는 자아의 각성이 좀 더 두드러진 글이다. 특히 위 글의 주요한 초점을 이루는 세 가지 술어인 自守, 自好, 自知만으로도 조임도 스스로가 자신의 길을 가려고 했던 의지와 자아의 각성을 살펴볼 수 있다.

한편 자아뿐만 아니라 그 욕망을 각성한 자아의 모습을 보이는 작가 역시 이 시기 문단에 등장한다. 특히 허균은 '천'보다 개인에 무게를 두는 데서 한 걸음 더 나아가 남녀의 情慾까지 인정하려고 하였다.[36] 물론 이식의 각색이 들어간 증언이기 때문에 이 발언의 의미는 한 번쯤 걸러서 보아야 하겠지만, 허균의 인생 역정과 대비해보았을 때, 그다지 어긋나지는 않는다.

그런데 흥미로운 것은 허균과 마찬가지로 '천'의 절대성을 부정하고 인간의 욕망을 긍정한 일본의 노리나가가쿠(宣長學) 역시 현재에 무게를 두고 윤리 및 정치로부터 문학의 해방이라는 인식을 견지했다는 점이다.[37] 이러한 사실은 비록 다른 공간과 시간에서 벌어진 일이지만, 개인과 그 정욕의 우위라는 것이 공통적으로 수행하는 문학적 측면에서의 역할을 뚜렷하게 보여준다. 즉 이 시기 산문에서 문학성을 추구하는 경향이나 자신의 내면과 감정을 구체적이면서도 절실하게 표현하려는 태도가 부각되는 흐름은 자아의 각성과 밀접한 관련을 갖는다.

한편 이러한 경향은 陽明學과도 밀접한 연관이 있다. 주지하다시피

36) 李植, 「示兒代筆」, 『澤堂集』 別集 권15, 521면. "許筠聰明有文才, 以父兄子弟, 發迹有名, 而專無行檢. (中略) 顧嘗聞其言曰, '男女情欲天也, 倫紀分別, 聖人之教也. 天且高聖人一等, 我則從天而不敢從聖人.' 其徒誦其言, 以爲至論."

37) 마루야마마사오, 『日本政治思想史硏究』, 김석근 옮김, 한국사상사연구소, 2005, 287~301면 참조.

양명학이야말로 外를 內에 철저히 귀속시켰으며, 마음의 理智的 요소와 함께 情感的 요소 역시 인정한 결과, 이 학파의 의의를 자아주의, 개성주의 등으로 논의하고 있기 때문이다.[38] 아울러 양명학 외에도 莊子의 사유와 天機論의 전개 역시 天眞을 중시하고 그것을 자연스럽게 표현해내고자 했다는 측면에서 개인의 자각에 작지 않은 영향을 끼쳤다.[39] 하지만 양명학의 학문적 태도나 천기론의 전개는 이미 따로 언급하지 않아도 될 만큼 많은 논의들이 개진된 바 있다.[40] 따라서 본고는 16세기 후반~17세기 전반에 자아 성찰로써 개인의 자각에 강한 영향력을 행사한 요인으로, 상당한 제한이 수반되어야 하지만, 性理學의 修養 태도에 주목하고자 한다.

① 예전에 말을 밖으로 내지 않았던 것은 몸소 그 말을 실천하지 못할 것을 부끄러워해서이다. 지금 벗들과 道를 강구하며 오간 그 말을 내어놓는 것은 부득이함이 있어서이지만 그 부끄러움을 금하지 못하겠다. 더욱이 이미 말을 하고 난 이후, 상대는 잊지 않았는데 나는 잊어버린 것이

---

38) 시마다 겐지, 『주자학과 양명학』, 김석근 · 이근우 옮김, 예문서원, 2001, 151~177면 참조.

39) 정연봉, 「張維 詩文學 硏究: 莊子的 天機論을 中心으로」, 고려대학교 박사학위논문, 1989를 참조하기 바란다.

40) 양명학과 조선 중후기 산문의 관계에 대한 자세한 논의는 이종호, 「허균 문예사상의 좌파양명학 성향 (I)」, 『한국사상과 문화』 11, 한국사상문화학회, 2001, 45~83면; 이종호, 「허균 문예사상의 좌파양명학 성향 (II)」, 『한국사상과 문화』 12, 한국사상문화학회, 2001, 33~65면; 강명관, 「조선 후기 양명좌파의 수용」, 『오늘의 동양사상』 16, 예문 동양사상연구원, 2007, 125~148면 등이 있다. 천기론의 전개와 조선중후기 산문과의 관계에 대한 논의는 정길수, 「天機論의 문제」, 『韓國文化』 37, 서울대학교 규장각한국학연구원, 2006, 43~68면; 정요일, 「天機의 槪念과 天機論의 意義」, 『한문학보』 19, 우리한문학회, 2008, 243~260면; 이훈, 「天機論의 史的變移와 農巖의 '天眞' 개념 再論」, 『漢文古典硏究』 28, 한국한문고전학회, 2014, 251~278면 등에 보이는 연구사 정리와 논의로 대체한다.

> 있고, 상대나 나나 모두 잊어버린 것이 있으니, 이것은 부끄러울 뿐만 아니라 거의 제멋대로 輕擧妄動하면서도 꺼리고 두려워하는 것이 없는 데 가깝기에 매우 두려워할 만하다. 그 사이에 옛 상자를 뒤져 편지 원고 중 보존되어 있는 것을 손수 써서 책상에 두고 때때로 읽으며 누차 반성하기를 이에 그치지 않았다. 편지 원고가 없어서 기록하지 못한 것이 그 사이에 있을 수 있다. 하지만 이와 같이 되지 않고 비록 여러 편지를 기록하여 쌓아서 卷帙을 완성했다고 한들 참으로 무슨 이득이 있겠는가?[41]
>
> ② 『日記要語』는 선생의 日記에서 보이는 요긴한 말이다. 선생께서는 항상 책을 자리의 오른쪽에 두시고 스스로 言行의 득실을 기록하셨고, 또 이리저리 책을 읽고 생각하는 가운데 옛 성현의 말과 자득한 것을 막론하고 부합되는 것이 있으면 반드시 적어서 반성하고 수용하는 바탕으로 삼으셨다. 그렇기에 지금 아울러 기록하여 선생께서 써서 마음에 새긴 뜻을 보인다.[42]

①을 통해 李滉(1501~1570)은 그가 「自省錄」을 남겨놓은 이유를 분명히 밝히고 있다. 그것은 바로 지난 삶을 반성하기 위해서이다. 이황이 이렇게 부단히 지난 삶을 반성한 이유는 수양을 통해 제대로 된 인격체가 되고자 했던 그의 도덕적 인간학에 있다. 그렇기 때문에 기존의 논의에서 "그의 仁義禮智의 人性論이나 四端七情論, 人心道心說 등은 그의 이러한 인간학의 이론적 얼개에 해당되며, 그는 그 가르침의 실천에 평

---

41) 李滉, 「自省錄小序」, 『退溪集』 續集 권8, 205면. "古者, 言之不出, 恥躬之不逮也. 今與朋友講究往復, 其言之出, 有不得已者, 已自不勝其愧矣. 況旣言之後, 有彼不忘而我忘者, 有彼我俱忘者, 斯不但可恥, 其殆於無忌憚者, 可懼之甚也. 間搜故篋手寫書藁之存者, 置之几間, 時閱而屢省, 於是而不替焉. 其無藁不錄者, 可以在其中矣. 不然, 雖錄諸書, 積成卷帙, 亦何益哉?"

42) 李徽逸, 「日記要語附識」, 『敬堂集』 권2, 172면. "右先生日記中要語也. 先生常寘冊子座右, 以記自家言行得失, 又於俯讀仰思之際, 無論古語與自得, 有契必書, 以爲觀省受用之資. 故今竝錄之, 以見先生書紳服膺之意云."

생토록 진력하였다."[43]라고 평가한 것은 정확하다. 아울러 주지하다시피 張興孝(1564~1633)는 이황의 적통을 이은 金誠一(1538~1593)의 제자이다. ②에서 보이듯, 외손자 李徽逸(1619~1672)의 입을 빌리기는 했지만, 그가 일기를 기록한 이유 역시 이황의 그것과 다르지 않다는 점을 어렵지 않게 추측할 수 있다. 결국 장흥효는 이황의 학문적 견해뿐만 아니라 그가 추구했던 도덕적 인간학도 본받으려고 적지 않은 노력을 한 것이다. 그리고 李滉→金誠一・柳成龍→張興孝→李徽逸・李玄逸→金聖鐸・李栽→李象靖 등으로 이어지는 영남남인학맥의 적통은 물론, 그 외 방계의 학자들에게서도 스스로의 삶을 반성하고 성찰하려는 태도를 찾을 수 있다는 점 역시 사실이다. 또 정도의 차이는 있지만 曺植(1501~1572)을 비롯한 그의 제자들이나, 李珥(1536~1584)의 학문적・도덕적 수양방법을 따르려 했던 문인지식인들 모두 도덕적 인간의 완성을 위해 자신의 삶을 끊임없이 반성하고 성찰하였다.

이처럼 16세기에 접어들어 도덕적 인간학을 학문의 중심에 둔 성리학의 성숙으로 인해 문인지식인들은 자신의 내외적 삶과 언행을 더욱 반성적으로 성찰하게 되었다. 이러한 현상은 결국 체화된 儒家의 윤리로써 스스로의 삶을 되돌아보는 과정에서 외부의 어떤 강압이나 타자의 어떤 제약에 관계없이 자기의 내면세계에 스스로 몰두하여 성찰하는 모습을 보여준다.

하지만 성리학의 도덕적 태도에 의해 자아 성찰적 글이 지어졌다고 해서 이것이 바로 이 시기 글쓰기에 영향을 끼쳤던 것은 아니다. 오히려 성리학자들은 道本文末의 생각을 확고하게 지녔고, 자아 성찰을 바탕으로 자신의 사유와 감정을 진솔하게 토로하는 산문을 지으려했던 경우도

43) 김기현, 「퇴계학파−주리설의 확립과 도덕적 인간학」, 『조선 유학의 학파들』, 예문서원, 2000, 148면.

많이 보이지 않는다. 이것이 바로 '상당한 제한이 수반되어야 한다'는 조건을 명시했던 이유이다. 다만 자신을 대상으로 지난 체험을 서술하고, 미래에 대한 좌표를 설정하는 自傳的 敍事라면, 특히 반성과 성찰을 중심으로 서술된 자전적 서사라면, 성리학자들의 학문적·사상적 태도가 자기를 서사하는 데 작지 않은 영향을 끼쳤다는 사실을 확인할 수 있다. 예컨대 이황의 「自銘」, 權益昌(1562~1645)의 「自傳」-이 글은 李徽逸(1619~1672)의 「湖陽權公行狀」에 수록되어 있다-이 있으며, 이들과 학통으로 밀접하게 연계된 이들에게서도 자서전과 자전적 서사가 적지 않게 보인다. 또 李栽(1657~1730)는 「密菴自序」·「自銘」, 李象靖(1711~1781)의 문인 鄭宗魯(1738~1816)는 「無適公自叙」를 각각 썼다. 이 외에도 盧守愼(1515~1590)의 「暗室先生自銘(丙戌十一月十五日作)」, 宋柟壽(1537~1626)의 「自誌文」, 許穆(1595~1682)의 「自序」1·2, 「自序續編說」, 「許眉叟自銘」 등 역시 성리학자로 분류되는 이들이 남긴 기록이다.

그런데 성리학이 지닌 도덕적 인간학의 수양 태도로 인해 16세기 후반~17세기 전반뿐만 아니라, 16세기 이전이나 17세기 이후의 성리학자들 역시 자서전이나 자전적 서사를 적지 않게 남겼다. 일부만 예거 해봐도 崔忠成(1458~1491)의 「山堂書客傳」, 李耔(1480~1533)의 「日錄」, 「雜錄」, 「陰崖日記」, 「自撰」, 이재의 「錦水記聞」, 「蒼狗客日」, 정종로의 「記聞」, 「自警箴」, 「自責」 등은 물론, 함경도의 성리학자였던 李元培(1745~1802) 역시 「日錄」과 「六過居士自敍」를 남겼다. 흔히 문장가로 분류된 이들의 자전적 서사 역시 상당한 비중을 차지하지만, 성리학자로 자처한 이들에게서 이처럼 많은 자기반성의 기록이 발견되는 것은 주목해야 할 일이다. 왜냐하면 이들이 자신의 삶을 되돌아보고 성찰하며 자기를 서사했던 이유가, 도덕적으로 완성된 개체를 지향하며 자신의 내면과 지난 이력을 반성하는 개인의 자각에서 도출되었다는 점을 방증하고 있기 때문이다. 결국 자기를 완성해가는 困知와 困學의 과정 속에서 스스로의 삶을 되짚어보고 미래의 인격 완성을 향해 나아가려는 성리학의 학문적 태도와 그 속에서 태동한 개인의 자각이 자전적 서사를 창작하게 만든 주요한 요인인 것이다.

이처럼 자전적 서사의 창작에 성리학이 작지 않은 영향을 끼친 것은 사실이다. 하지만 성리학자들이 남긴 글은 여전히 거대한 사상의 굴레에 얽매어 있기 때문에 이들이 표현하려고 했던 자아는 자아 개인이라기보다는 公的 자아이다. 따라서 개인의 자각과 자전적 서사의 창작에 성리학이 일조한 것을 부정할 수는 없지만, 私的인 내면을 꺼내어 보여준다는 측면에서 개인적 자각에 결정적 기여를 한 요인은 역시 이 시기 여타 문인지식인들에게 돌릴 수밖에 없다. 특히 그 실마리는 이 시기 상당히 많은 문인지식인들이 자전적 서사를 남겼다는 사실에서 찾아야 한다.

이미 앞서 소개한 유몽인, 최기남, 조임도 등의 자전적 서사는 물론이고, 洪可臣(1541~1615)의 「自銘」, 金尙容(1561~1637)의 「自述墓銘」, 尹民獻(1562~1628)의 「苔屛自誌」, 韓明勖(1567~1652)의 「墓碣」, 李時發(1569~1626)의 「自敍」, 金應祖(1587~1667)의 「鶴沙耄翁自銘」, 申翊聖(1588~1644)의 「樂全居士自敍」, 朴瀰(1592~1645)의 「自誌」 등이 자전적 서사라 할 만한 글이다. 이 외에도 신흠의 「玄翁自序」, 허균의 「惺翁訟」, 이식의 「澤癯居士自敍」·「敍後雜錄」·「自誌續」 삼부작, 장유의 「支離子自贊」, 「臞髯子自贊」 등 역시 주목해야 한다. 물론 이들 역시 당대 성숙해져가던 성리학의 반성적 태도와 인간관에 기본적인 영향은 받았겠지만, 이들이 자서전이나 자전적 서사를 남긴 더욱 큰 원인은 자신이 처해있던 개인적·사회적 상황과, 스스로의 정체성을 확립하려고 했던 의지에서 찾아야 한다. 특히 삶의 시련기와 인생의 황혼기에 자신을 되돌아보며 스스로가 견지해온 삶의 지향을 피력하거나, 지난 삶을 정리하고 반성하며 삶의 방향을 재설정하고자 이 장르를 선택한 경우가 적지 않다. 그리고 대부분의 글에서 자조하는 모습이 부각되는 이유 역시 그릇된 세상의 지향과 달리 살려고 했기 때문에 필연적으로 '不遇'나 '支離'로 평가될 수밖에 없었던 자신의 삶을 부각시키고, 그 정체성을 확립하고자 한 의지에서 기인하며, 이러한 의지가 자전적 서사의 창작을 추동했다는 점은 분명하다. 즉 시련이나 죽음의 그림자가 드리워졌을 때 자신의 삶에 대해 반성하고 남들과 다른 나를 부각시킴과 동시에, 삶의 지향을 확고하게 전달하기 위해 자전적 서사를 선택하게 된 것이다. 물론 자신의 삶에 대한 적극적 해명 역시 이 시기 자전적 서사의 창작에 작지 않은 힘을 주었던 것으로 보인다.

이로써 볼 때, 개인적, 사회적, 사상적 제 요인에 의해 이 시기 자서전의 창작이 활성화되었지만, 이 모든 자서전 창작의 저변에는 주체로서의 '자기'가 전제되어 있기 때문에 개인의 자각이 이에 작지 않은 영향을 끼쳤다는 사실은 분명하다. 이처럼 조화의 균열, 사회와 개인의 불화로 인해 소외된 개인의 고립과 고독, 양명학과 성리학, 즉 新儒學의 유행과 성숙, 『장자』의 유행과 천기론의 전개, 그 사이에서 자신의 길을 가려는 문인지식인들의 속출 등이 개인의 자각을 이끌었던 것이다.

이것으로 16세기 후반~17세기 전반 산문에서 개인의 사유와 감정을 표현하게 된 저변은 일별한 것이다. 이제 이렇게 자각된 개인을 표현하려는 태도는 어떠했는지, 이 시기 문인지식인들은 그것의 모범을 무엇으로 상정했는지 등을 살펴보고 이번 절을 마무리하고자 한다.

사람의 마음은 사람의 얼굴처럼 서로 같지 않고, 시와 산문은 사람의 마음으로부터 발현되니, 또한 어찌 같겠는가? 그러나 세상 사람들은 唐나라의 詩文이 어째서 漢나라의 시문과 같지 않으냐고 책망하고, 宋나라의 시문이 어째서 당나라의 시문과 같지 않으냐고 책망한다. 어떤 경우 한마디 말이 옛 것에 가깝게 되면 틀림없이 스스로를 높게 평가하며 "내 산문은 한나라의 것이요, 내 시는 당나라의 것이다"라고 하니 우활하다 할 수 있다. 이 경우를 山水에 비유하자면 다음과 같다. 산에는 五岳이 있지만 形質이 모두 다르고, 물에는 九河가 있지만 派源이 각각 다르다. 그렇지만 험준하고 우뚝 솟아 있다는 점은 같고 물결이 일어나고 부딪치는 것은 같으니, 모두 산수가 되는 데 문제가 없다. 오직 산이 되었지만 구릉정도에 그치고, 물이 되었지만 도랑정도에 그치는 것은 수준이 낮은 것일 뿐이다. 이에 만약 그 온갖 가지로 같지 않은 형상을 하필 동일하게 만들어 하나의 틀에 묶어놓는다면 造化翁이 싫어하는 바가 될 것이다.

王世貞과 李攀龍의 시문과 같은 경우, 스스로들 한나라의 산문과 당나라의 시를 넘어선다고 생각했지만, 내가 보기에는 그저 明나라의 시요 명나라의 산문일 뿐이니, 더욱이 그 나머지 사람들이야 어떠하겠는가? 왕세정이 다른 사람에게 쓴 편지에 "명나라의 시는 참으로 당나라의 시에 미치지 못한다."라고 말했는데, 이 말은 斷案이다. 왕세정과 이반룡에 미치지도 못하는 자들은 그저 입으로 唐이네 宋이네 다투어도 그들이 붓을 들어 쓰게 되면 밖으로는 雪月風花로나 꾸며서 색을 입히고 윤택하게 하여 格과 氣가 시들어버렸는데도, 務觀과 茶山에 비견하려 하니 참으로 가소로울 뿐이다.[44]

---

44) 申欽, 「春城錄」, 『象村稿』 권55, 365~366면. "人心不同如面, 詩文由乎人心而發, 又惡同哉? 而今世之人, 責唐曰胡不漢也, 責宋曰胡不唐也. 或有一言之幾於古, 則必自標置曰, '吾文漢也, 吾詩唐也, 可謂迂矣.' 譬之於山水, 山有五岳而形質俱殊, 水有九河而派源各異, 然其峭崒巍峨同也, 淪漣澎湃同也, 俱不失爲山水也, 唯其爲山而止於丘陵, 爲水而止於溝瀆者, 斯下爾. 乃若必齊其萬有不同之形, 束之於一槩, 則造化有所病焉. 如王世貞・李攀龍之詩文, 自以爲跨漢越唐, 而以余觀之, 亦自是明詩明文爾, 況餘子乎? 王世貞與人書曰, '明之詩固不及唐云', 此是斷案也. 其不及王・李者,

시작의 "人心不同如面"이라는 말은 개인의 私心과 밀접하게 연관된다. 程頤가 사람의 마음을 公[一體]과 私[萬殊]로 나누고서 그 중 '사'를 설명하며 했던 말이기 때문이다.[45] 따라서 이 서술을 통해 신흠이 정이의 말을 인용한 이유가 개개인의 차이를 부각시키려는 데 있음을 짐작할 수 있으며, 이미 언급한바 개인의 자각과도 밀접한 연관이 있다.

한편 신흠은 개인의 자각에 의한 차이를 인정하자는 데서 한 걸음 더 나아가 그 형상화 역시 억지로 꾸며 획일화시키지 말고, 개성적으로 자연스럽게 표현할 것을 언급한다. "若必齊其萬有不同之形, 束之於一槩, 則造化有所病焉."라는 구절을 통해 신흠이 개성적인 표현을 주장하고 있으며, "外雖點綴雪月風花, 爲之色澤, 而格萎氣薾"라는 구절을 통해 마음에서 자연스럽게 발현되는 것을 억지로 꾸미지 말고 서술할 것을 당부하고 있음을 알 수 있다. 결국 이러한 주장은 개인의 내면에서 떠오르는 사유와 감정을 특정한 틀에 얽매이지 말고 자연스럽게 발현하라는 의미를 갖는다.

그런데 신흠뿐만 아니라 이 시기 적지 않은 문인지식인들이 자기 내면의 사유와 감정을 자연스럽게 발현하라고 말하고 있다. 특히 興趣와 妙悟의 자연스러운 발현, 즉 唐詩風을 추숭하던 일련의 문인지식인들에게서 이러한 반응이 두드러지게 나타난다.[46] 따라서 이러한 정황을 통

徒以口舌爭唐宋, 及其下筆, 則外雖點綴雪月風花, 爲之色澤, 而格萎氣薾, 欲比之務觀·茶山不可得, 可哂也已."

45) 朱熹, 『近思錄』 권1, "伊川先生曰, '公則一, 私則萬殊, 人心不同如面, 只是私心.【公則萬物一體, 私則人已萬殊】"

46) 조선중기 흥취와 묘오를 추구하던 문인지식인들이 당대 문단에서 갖는 위치에 대해서는 안득용, 「朝鮮中期 詩話 批評 硏究－시화의 전통과 변모 양상을 중심으로－」, 『동양한문학연구』 35, 동양한문학회, 2012, 91~122면; 안득용, 「조선후기 詩論에서 보이는 淸·議論·詩史에 대한 논의와 그 의미」, 『동양한문학연구』 38, 동양한문학회, 2014, 121~148면을 참조하기 바란다.

해 추론해보면, 16세기 후반~17세기 전반 문인지식인들이 자신의 사유와 감정을 다양하고 진솔하게 토로한 이유를 다소나마 짐작하게 된다. 즉 개인의 자각과 당대에 유행하던 당시풍이라는 문학관 등이 문인지식인들을 자극하여 개인의 사유와 감정을 억지로 꾸미지 않고 자연스럽게 표현하도록 추동한 것이다.

물론 이처럼 개인의 사유와 감정을 개성적으로 표현하려고 했던 분위기가 당대 조선에만 있었던 것은 아니다. 신흠의 글에서 보이듯 李攀龍(1514~1570)과 王世貞(1526~1590)을 위시한 前後七子들이 거의 공유하고 있던 생각 역시 이 시기 조선의 문인지식인들이 견지한 그것과 유사하다. 예컨대 전후칠자의 先聲이 되는 李東陽(1447~1516)은 唐詩를 추키고 宋詩를 폄하하며, 송시는 法으로 시를 재단하여—신흠의 말로 옮기자면 "하나의 틀에 묶어"— 인간의 天眞과 興致를 논할 수 없다고 언급한 바 있다.[47] 그리고 前七子의 대표적인 인물인 李夢陽(1475~1529) 역시 比와 興에서 보이는 情의 중요성을 언급하기도 하였다.[48] 後七子를 대표하는 왕세정도 시인 마음속에 일어나는 情의 유동을 시의 원류로 보았고,[49] 胡應麟(1551~1602) 또한 민간에서 자신의 사유와 감정을 노래한 시의 질박함을 우위에 두기도 하였다.[50] 이 외에도 嚴羽의 영향

47) 李東陽, 『悔麓堂詩話』, "唐人不言詩法, 詩法多出宋, 而宋人于詩無所得. 所謂法者, 不過一字一句, 對偶雕琢之工, 而天眞興致, 則未可與道. 其高者失之捕風捉影, 而卑者坐于粘皮帶骨. 至於江西詩派極矣."

48) 李夢陽, 「詩集自序」, "詩有六義, 比興要焉. 夫文人學子, 比興寡而直率多, 何也? 出於情寡, 而工於詞多也. 夫途巷蠢蠢之夫, 固無文也. 乃其謳也, 咢也, 呻也, 吟也, 行呫而坐歌, 食咄而寤嗟, 此倡而彼和, 無有不比焉興焉, 無非其情焉, 斯足以觀義矣."

49) 王世貞, 『藝苑巵言』 권3, "王武子讀孫子荊詩而云, '未知文生於情, 情生於文.' 此語極有致. 文生於情, 世所恒曉, 情生於文, 則未易論. 蓋有出之者偶然, 而覽之者實際也. 吾平生時遇此境, 亦見同調中有此."

50) 胡應麟, 『詩藪』 內篇 권6, "獨五言短什雜出閭閻閨閣之口, 句格音響, 尙有漢風, 若

을 강하게 받은 명대 문인지식인들도 진솔한 감정의 자연스러운 표현에 대해 적지 않게 언급하였다.[51] 요컨대 16세기 후반~17세기 전반 문단에서, 이미 명대의 문예관을 주체적으로 수용할 만한 토대가 갖추어져 있었다는 점이 명시되어야 하겠지만, 개개인 고유의 天眞과 興趣를 자연스럽게 표현하려고 한 데에는 당대 조선 문단의 저력뿐만 아니라 중국의 문학관 역시 일정한 영향력을 행사한 것이다.

이로서 볼 때, 16세기 후반~17세기 전반 문인지식인들이 개인을 자각한 원인으로 다음의 몇 가지 사실을 지적할 수 있다. 우선 개인적 요인과 사회적 요인이 있다. 그것은 바로 개인과 사회의 불화로 인한 개인의 고립, 자기 성찰을 통해 인식하게 된 자아의 정체성, 자신의 기호, 개성의 발견 등이다. 다음으로 사상적 측면에서 그 원인으로 지적할 수 있는 것은 양명학과 성리학 등의 신유학, 장자의 사상과 천기론의 발현을 꼽을 수 있다. 특히 뚜렷한 한계를 안고 있지만 성리학의 수양은 곤지와 곤학을 통해 개인을 자각하게 함으로써 자전적 서사를 서술하게 하는 주요한 誘因 중 하나가 되었다. 이와 같이 자각된 개인을, 홍취와 묘오를 중시하던 당대 문인지식인들은 특정한 틀에 얽매이지 않고 자연스럽게 표현하려고 하였는데, 이와 같은 태도가 진솔하면서도 개성적인 산문의 다양화에 기여한 바 크다. 물론 이처럼 산문을 서술하게 된 데에는 조선 내부의 문학적 환경이 변화한 원인도 크지만 중국, 특히 당시 유행했던 전후칠자의 영향 역시 부정할 수 없을 것이다.

「子夜」·「前溪」·「歡聞」·「團扇」等作, 雖語極淫靡, 而調存古質. 至其用意之工, 傅情之婉, 有唐人竭精殫力不能追步者."

51) 前後七子의 문학론에 대한 논의와 예문은 廖可斌,『復古派與明代文學史潮』上·下, 臺北 : 文津出版社, 1994 참조.

제3절 散文 인식의 변화

지금까지 주로 살펴본 바는 16세기 후반~17세기 전반 산문의 변화를 유도했던 세계관, 개인과 사회, 개인과 사상적 배경이었다. 다만 이 시기 사유와 글쓰기의 변화를 더욱 입체적이면서도 세밀하게 추적하기 위해서는 이에 좀 더 직접적으로 영향을 끼친 문예의식의 변화와 산문을 대하는 태도에 대한 고찰이 필요하다. 이번 절에서는 이 부분에 초점을 두고 논의를 진행할 것이다.

이 시기 문예의식의 변화양상에 대한 고찰은 이미 기존 논의에서 일부 수행한 바 있다. 그 결과는 다음과 같다. 첫째, 文采美의 필요성과 중요성을 새롭게 인식하였다. 둘째, 산문 내부의 형식과 구조 및 규율에 대한 인식이 진전되어 篇章法을 비롯한 산문구성의 논의가 심화되었다. 셋째, 전범의 확장, 즉 唐宋古文 위주의 글쓰기에 先秦古文을 수용하려고 했던 전범 차용의 확대 현상이 발견된다.[52] 이러한 현상은 시와 구별되는 산문의 문예미를 인식하기 시작했다는 의의를 지니며, 그 결과 창작에 있어서도 작가의 역량이 중요시되었고, 문예적 안배와 치밀한 구성을 지닌 작품이 창작된 것이다.[53] 이러한 결과를 유념하면서 산문 인식 변화의 원인을 탐구하고 그 의의를 찾기 위해 본 절에서는 산문 인식 변화의 양상, 개별 장르 인식, 각 장르별 글쓰기의 모범적 문법 제시 등을 고찰하려고 한다.

---

52) 정우봉, 「朝鮮 後期 散文理論의 展開와 그 性格(Ⅰ)」, 『한국문학연구』 창간호, 한국문학연구소, 2000, 147~174면.

53) 송혁기, 「16세기 말~17세기 전반기 한문학의 새 경향」, 『새 민족문학사 강좌 01』, 창비, 2009, 243~247면 참조.

> 저는 열다섯에 古文을 배웠으나 저술한 작품이 많지 않아 책을 이루지 못하였습니다. 壬寅年(1602) 이후로 친구들과 이별할 때 쓴 글이나 남들과 주고받는 글 및 남들이 구하는 글을 모두 산문으로 지어서 이때부터 수십 권을 이루었습니다.
>
> 지금 어르신 글의 기세가 이러하고, 깊은 견해가 이러하심은 전부 六經 속에서 나온 것이니, 어찌 과거 응시자들이 訓詁 속에서 급급해하는 것과 비교가 되겠습니까? 만약 『周易』·『書經』·『左傳』·『國語』, 司馬遷의 『史記』, 班固의 『漢書』, 韓愈와 柳宗元의 산문에 의거하여 글의 법칙을 엄하게 새기고 만나는 일마다 문장을 지어 날마다 글 엮는 일을 늘려나간다면 먼 후대에 전해져서 천하에 대적할 사람이 없게 될 것입니다.[54]

유몽인 「報滄洲道士車萬里(雲輅)書」의 일부이다. 이 글은 이미 典範과 당송고문 인식의 문제 등에 초점을 맞추어 다루어진 바 있다.[55] 다만 1602년 이후로 산문 창작에 집중하여 수십 권의 산문집을 완성했다는 언급은 산문 위상의 제고와 관련이 있기에 다시 다루어야 할 필요가 있다.

유몽인이 산문 창작에 주력한 이유는 이전 산문에 대한 다음과 같은 반성의 결과이다.

> 우리나라의 산문은 牧隱을 최고로 여깁니다. 그런데 목은은 중국의 과거시험에 합격한 문사입니다. 그래서 그의 長短篇 여러 작품들은 모두 義理로 귀결되어 그 말은 비록 근거한 바가 실제로 매우 많으나 모두 과거

---

54) 柳夢寅, 「報滄洲道士車萬里(雲輅)書」, 『於于集』 권5, 418~419면. "生十五學古文, 而述作無多, 不能成編帙. 自壬寅以後, 凡友人別章及與人往復及人有求之者, 皆以文應之, 自此已成數十卷. 今尊文氣如許, 邃見如許, 皆從六經中出來, 豈比應擧者汲汲訓詁中哉? 若依『易』·『書』·『左』·『國』·馬·班·韓·柳, 刻峻其文律, 觸事著文, 日添其編牘, 則流傳不朽, 天下無敵."

55) 정우봉, 앞의 논문, 169~171면; 신승훈, 앞의 논문, 132~133면.

> 시험의 격식으로부터 나온 것이라서 저는 그것을 비웃습니다. 일반적으로 문장은 이전의 작품을 蹈襲하지 않음을 귀하게 여깁니다. 자신의 마음속에 쌓인 바가 도의 근원에서 스스로 터득한 것이라면 구구한 도습이 많을 수 없습니다. 이러하니 도리가 있는 말이 많고 적음을 또 어찌 논하겠습니까? 비록 그렇지만 요즘 사람들은 시를 항상 많이 짓고 산문은 매우 적게 지으니, 우리나라의 산문은 요즘에 이르러 더욱 조악해졌습니다."[56]

위의 두 예문을 통해 유몽인이 산문 창작에 힘쓰게 된 원인이 조선에는 제대로 된 산문이 공소하다는 생각에서 비롯되었음을 알 수 있다. 문제의 해결을 위해 우선 유몽인은 조선 산문이 조악해진 원인을 과거시험 대비에만 집중하는 태도, 참조 준거 및 온축의 얄팍함, 산문 창작의 등한시 등에서 찾는다. 그 결과 기존 연구에서 지적했듯이 유몽인은 문제를 해결하기 위해 당송고문은 물론 진한고문까지도 전범으로 삼아, 도습과 훈고에 빠지지 않는 태도를 견지하면서 산문을 창작하여 조선 산문의 수준을 높이려고 한 것이다.

그런데 산문 창작에 상대적으로 집중하는 태도를 지니기 위해서는 더 근본적인 인식의 변화가 필요하다. 그것은 당대 문단의 전반적 현상으로서 산문 인식의 제고이다. 16세기 후반~17세기 전반 산문 인식의 제고는 다음 몇 가지 분야에서 비교적 선명하게 드러난다.

우선 이미 많은 논고에서 지적했듯이 시 외에도 산문의 구체적 作法과 모범적 選集을 요청하였다. 예컨대 유몽인은 『大家文會』라는 모범적 산문선집을 엮었으며, 그 이유를 「大家文會跋」로써 표명하였다. 허균도

56) 柳夢寅, 「報滄洲道士車萬里(雲輅)書」, 『於于集』 권5, 418면. "東方之文, 牧隱爲最. 牧隱中朝科擧之士也. 其大小諸作, 皆歸之義理, 其辭雖甚實多所根據, 而皆出於科程之式, 生竊笑之. 凡文章貴不沿襲前作. 吾胸中所儲, 自得於道原, 則區區沿襲, 不足多也. 話言之多少, 又何論哉? 雖然, 今之人作詩常多, 作文甚罕, 東方之文, 到今尤生疎."

「詩辨」 외에 「文說」을 저술하여 산문 글쓰기의 요체를 밝히고 있다. 그 외 신흠과 장유도 각각 「晴窓軟談」과 「谿谷漫筆」에서 산문 인식의 제고와 유관한 언급을 하는 경우가 적지 않으며, 이식은 「學詩準的」 외에 「文章指南」을 써서 장르의 모범이 될 만한 작품을 밝힘과 동시에 학습 방법도 제시하였다. 아울러 그는 「大家意選批評」을 통해 후대 評點批評의 초기적 모습을 보이는 비평을 실행하기도 했다.57) 이러한 성과들은 산문 위상의 제고로 인해 산문 학습의 모범이 설정되어야 할 필요성이 대두됨에 따라 등장한 것이다.58)

다음으로 상대적으로 난해한 산문의 창작이 일정 정도 용인되었다는 점을 통해 산문 인식의 제고를 짐작할 수 있다.

---

57) 이식 「大家意選批評」의 비평 양상을 고찰하면서 그 특징적 모습에 대해 밝힌 권진옥, 「澤堂 李植의 古文·騈文 연찬과 산문 창작의 실제」, 고려대학교 석사학위논문, 2007, 71~80면; 윤지훈, 「澤堂 李植의 「大家意選批評」과 散文創作의 實際」, 『漢文學論集』 제29집, 근역한문학회, 2009, 99~132면 등을 참조.

58) 아울러 시와 산문에 모두 정통한 이들에 대한 추숭의 정도가 이전에 비해 강해졌다는 사실 또한 이 시기 산문 인식의 제고를 보여주는 현상이다. 유몽인은 「與尹進士(彬)書」를 비롯한 여타 작품을 통해 산문과 시를 겸비하고자 하는 의도와 이상을 피력한 바 있다. 그 외 尹新之(1582~1657) 또한 「東溟集序」(『玄洲集』 권11, 393면)에서 다음과 같이 언급하면서 鄭斗卿(1597~1673)이 詩文 양 분야에 탁월한 재능을 겸비했다는 사실을 칭송하였다. "風道가 대대로 변하고 文이 대대로 낮아지는 것은 예나 지금이나 늘 있는 이치라서 唐이 漢에 미치지 못하고 宋이 唐에 미치지 못하는 일은 이상할 것이 없다. 오늘날에 이르러서는 그 자잘함이 매우 심해졌으니 광활한 풍모를 누구에게서 볼 수 있겠는가? 東溟 鄭君平만 오늘날의 문인이 아닌 것인가, 어찌 그의 문만이 옛 사람과 유사할 수 있는가! 詩文을 겸비하는 일은 옛 사람들도 오히려 어렵게 여긴 일이다. 司馬遷과 班固는 시가 없고, 杜甫와 李白의 산문에는 여전히 六朝의 기습이 남아 있다. 韓愈가 八代의 쇠미함을 일으켜 百世의 스승이 되었으나 詩律에 있어서는 오히려 元和와 初唐의 어구는 한 구절도 말하지 못하였다(風以世變, 文以世降, 古今常理, 無怪乎唐不及漢, 宋不及唐. 至於今日, 其細已甚, 泱泱乎大風, 誰得以見之? 東溟鄭君平者, 獨非今世人乎, 何其文之似古人耶! 詩文兼備, 古人其猶病諸. 遷固無詩, 甫白之文, 尙有六朝餘習. 韓愈起八代衰, 爲百世師, 至於詩律, 猶是元和初唐語一句道不得也)."

> 지금 전별하는 사람들은 술로써 하니 술로써 비유해보겠다. 내가 세상에서 술을 좋아하는 사람들을 보건대 처음에는 달콤한 술을 마시고, 중간에는 맛있는 술을 마시다가 병적으로 되는 데에 이르면 매우 독한 술을 마셔도 그 쓴 술맛을 알지 못하게 된다. 근래에 중국의 문장은 懷麓 李東陽이 麥甘을 즐겼고, 空同 李夢陽은 三亥를 좋아하였는데 弇州 王世貞에 이르러 再燒를 좋아하여 약처럼 쓴데도 오히려 미흡하다고 여겼다. 그러므로 문장은 병적인 것이 지극해진 이후에 탁월해진다. 나는 평생 문장에 공을 들였는데 어려서는 쉬움[易]을, 장년에는 간명함[簡]을, 늙어서는 심오하며 이해하기 어려움[艱深]을 숭상하였기에 지금에 이르러서는 문장에 대한 병이 지극해졌다. 이러하니 어찌 盛望을 세상에 가득 채울 수 있겠는가?[59)]

유몽인 「別冬至副使睦湯卿(大欽)詩序」의 일부이다. 위 예문에서는 유몽인의 문장인식 태도가 선명하게 드러난다. "문장은 병적인 것이 지극해진 이후에 탁월해진다(文章病極而後工)"는 언급이 핵심적이다. 즉 평생 공을 들이지 않으면 훌륭한 문장을 창작할 수 없고, 평생 공을 들인 결과 글은 심오하고 이해하기 어려워지게 된다는 의미이다. 李東陽, 李夢陽, 王世貞 등과 같은 인물들의 글을 비유적으로 麥甘, 三亥, 再燒로 표현하고 있다는 점에서 그의 의도를 짐작하게 된다. 세 가지 종류의 술은 뒤로 갈수록 독하다. 술의 독함과 산문의 어려움이 지닌 관계를 구체적으로 언급하지는 않았으나 유몽인 그 자신의 기호가 변한 노정을 易－簡－艱深이라고 정리한 사실을 통해 갈수록 독한 술로의 진행이 쉬운 글에서 심오하고 이해하기 어려운 글로의 그것임을 보여준다. 결국

---

59) 柳夢寅, 「別冬至副使睦湯卿(大欽)詩序」, 『於于集』 권3, 352면. "今玆餞者以酒, 請喩以酒. 余觀世好酒者始飮甘, 中飮旨, 及其病也, 飮極烈而不知苦. 近世中國之文, 懷麓嗜麥甘, 空同嗜三亥, 至弇州嗜再燒, 苦劑猶不安於胸. 故文章病極而後工. 余生平工文章, 幼尙易, 壯尙簡, 老尙艱深, 抵今病於文極矣. 曷足塞盛望乎?"

유몽인은 이 비유를 통해 문장에 병적으로 苦鬪한 결과 그의 글이 이와 같은 단계로 변화하였다는 점을 밝힌 것이다.

艱深에 대한 일반적인 평가는 부정적이다. 대체로 "艱深으로써 淺易를 꾸민다(以艱深文其淺易)", 즉 바닥이 금세 드러나는 수준을 난해함으로 포장하였다는 평가가 대부분이다. 이몽양도 秦漢의 문장을 모의해서 난해하고 빽빽하여[艱深詰屈] 비난을 받았다는 사실을 통해서도 간심의 부정적 인식을 확인할 수 있다.[60] 이러한 평가에도 불구하고 유몽인이 '간심'을 숭상한 이유는 구양수의 글을 읽으면 느슨하고 깊이가 없어서 하품이 난다고 한 언급에서 드러난다.[61] 즉 평범한 글보다 긴밀하고 깊이가 있어서 싫증나지 않는 글을 유몽인은 선호한 것이다. 평범함과의 결별, 깊이에의 추구 등이 다소 난해한 산문을 용인하게 한 주요 요인이다. 이러한 측면에서 난해한 산문을 창작했다고 인정되는 崔岦(1539~1612)의 산문 창작 태도[62]를 평가한 장유의 다음과 같은 서술도 시사하는 바가 크다.

---

60) 「空同子」, 『欽定四庫全書總目』 권124, "夢陽文摹擬秦漢, 多艱深詰屈之語, 爲後人所詆訾."

61) 柳夢寅, 「答崔評事(有海)書」, 『於于集』 권4, 554면. "당시 문장을 말하는 사람 중에 東皐 崔立之를 칭송하는 사람이 많았는데 그는 歐陽修의 문장을 매우 좋아하여 韓愈의 문장보다 낫다고 하였다. 내가 그것을 믿고 힘써 中朝에서 구하여 본집을 얻어 숙독한 결과 그의 문장은 느슨하고 깊은 맛이 없어서 한 번 그 문장을 읽고 나면 곧 사람을 싫증나게 하여서 매번 그 책을 읽을 때마다 번번이 하품을 하고 자고 싶은 생각이 들었다. 세상에서 구양수의 문장이 蘇東坡의 문장보다 좋다고 하는데 나는 전혀 그렇지 않다고 생각한다(當世言文章者, 多稱崔東皐立之, 東皐偏好歐陽文, 謂勝於韓文. 余樂之, 力求諸中朝, 得本集熟觀之, 其文弛緩無深味, 一讀之, 便令人厭, 每見其書, 輒伸欠而思睡矣. 世稱歐陽文高於東坡文, 余以爲大不然)." 왕세정도 유몽인과 같은 태도를 피력한 바 있다. 예컨대 다음과 같은 언급이 그러하다. 王世貞, 「答陸汝陳」, 『弇州四部稿』 권128, "매번 귀유광의 글을 구하여 읽어보면 글이 끝나기도 전에 이해가 되고, 이해를 따르다보면 곧 다한다(每得其文讀之, 未竟輒解, 隨解輒竭)."

62) 김우정, 『최립산문의 예술경계』, 한국학술정보(주), 2006 참조.

> 뜻이 지나치게 깊어서 차라리 명확하지 못할지라도[晦] 깊이 없는 글은 쓰지 않으며, 어사가 지나치게 기이하여 차라리 난삽하게 될지라도 평범하게 짓지는 않았다. 매번 한 편이 나올 때마다 사람들은 전하여 읽었는데 진부한 말에 얽매인 자들은 읽어도 구두조차 뗄 수 없었지만 감히 헐뜯지 못하고 이것은 지금 사람의 말이 아니라고 말할 뿐이었다."[63]

한 번 읽고 싫증나게 만드는 글이나 문장이 느슨하여 깊은 맛이 없는 글을 다시 읽고, 깊이 음미하기는 힘들다. 오히려 다소 난해하지만 심오한 의미를 담은(혹은 담았다고 여겨지는) 글이 행간을 읽는 독서의 자료가 되기 쉽다. 즉 평범한 형식으로써 의미를 쉽게 드러내는 글의 일회적 독서를 거부하고, 그 대안으로서 쉽게 이해는 안 되더라도 깊은 고민을 거쳐 일단 이해하고 나면 깊이가 있다고 생각되는 글을 추구한 것이다. 결국 자신의 글이 더욱 깊이 있는 독서의 대상이 되고, 독자들에 의해 오랫동안 전해지고자 한 의도가 난해한 글을 쓰게 하였다.[64]

난해한 글쓰기, 위의 두 예문에서 보이는 글쓰기의 태도, 문장으로써 불후를 꿈꾸었던 자세 등을 통해 유몽인의 간심한 글쓰기에도 최립과 유사한 의도가 있었음이 드러난다. 물론 이러한 태도의 형성에는 산문의 고유한 문예미 인식과 그 실천으로서의 글쓰기도 자양으로 작용했다.

---

63) 張維, 「簡易堂集序」, 『谿谷集』 권6, 110면. "意過深而寧晦, 毋或淺, 語過奇而寧澁, 毋或凡. 每一篇出, 人皆傳誦, 雖狃於陳言者, 讀或不能句, 然亦不敢訾警曰, 此非今人語也."

64) 실제로 최립은 「贈吳秀才(竣)序」에서 한유의 언급을 인용하며 "집에 있는 온갖 물건은 모두 이용해서 쓰지만, 보배로서 아끼는 바는 반드시 일반적인 물건은 아니라고 하였으니, 奇詭를 기필하는 일을 용인하지는 않았지만, 기궤를 싫어하지도 않았다(家中百物, 皆賴而用, 然所珍愛, 必非常物. 其不與奇詭期, 而奇詭不厭也)."라고 언급한 바 있다. 기궤가 곧 난해로 연결된다고 할 수는 없으나 평범함과의 결별을 촉구한다는 측면에서 연관된다.

즉 당대 일상적으로 사용되었던 글쓰기의 방법에서 벗어나 자신만의 개성을 추구하는 글쓰기를 선호했으며, 그것은 과학적 · 실용적 언어의 투명성보다 문예적 언어가 지닌 불투명성의 가치 인식 결과였다는 사실이 최립이나 유몽인을 통해 확인된다.[65]

16세기 후반~17세기 전반 산문 인식의 제고를 보여주는 또 다른 현상은 개별 장르의 문법에 대한 논의가 적지 않게 도출되었다는 사실이다. 특히 碑誌文, 遊記, 騈儷文 등의 논의가 비중이 높다.

> 陰記의 첫 부분에 선생의 개략적인 이력[行義]의 대체적 모습을 거론하는 것도 좋을 듯합니다. 그러나 나는 선생 일생의 學行과 出處에 대한 全貌는 앞면의 글에 이미 갖추어져 있으니 중첩해서 말할 필요가 없다고 생각합니다. 음기는 다만 마땅히 비석 건립 과정의 시말과 선생이 돌아가시고 난 이후의 일을 기록하여서 碣文에서 언급하지 않은 내용을 보충하여야 하지 갈문에 기록된 내용은 애초에 언급하지 말아야 합니다. 또한 선생의 諱나 牛溪 · 栗谷의 휘, 靜庵 · 退溪의 휘는 반드시 쓸 필요가 없는 듯합니다. 선생 · 우계 · 퇴계의 휘는 갈문에 이미 써 놓았으니 다시 쓸 필요는 없고 정암 · 율곡의 휘는 비록 쓰지 않더라도 후세 사람들이 어찌 모를 리가 있겠습니까? 만고에 程子 · 朱子라고 칭한다고 해서 어찌 누구인지 모를 리가 있겠습니까? 문자 사이에서 정자와 주자의 말을 인용하는 자들이 휘자를 함께 일컫는 것을 아직까지 보지 못했습니다. 우리나라 사람들이 圃隱 · 牧隱이라 하더라도 알지 못하는 사람이 누가 있겠습니까? 그러므로 나는 휘자를 쓸 필요가 없다고 여깁니다.[66]

---

65) 16세기 후반~17세기 전반 산문에서 보이는 난해성과 그 원인 및 의미에 대해서는 안득용, 「難解性을 통해 본 16 · 17세기 문학과 환경」, 『한국한문학연구』 49, 한국한문학회, 2012, 275~310면을 참조하기 바란다.

66) 趙翼, 「答尹吉甫論聽松陰記書」, 『浦渚集』 권17, 312~313면. "陰記初頭, 略擧先生行義大概者, 似亦可也. 鄙意以爲先生一生學行出處始終, 前面文已具焉, 不必重疊言之

趙翼(1579~1655)의 「答尹吉甫論聽松陰記書」이다. 陰記가 지닌 장르적 특성－碑碣의 앞면에 기록된 내용을 제외한 여타 행적과 사안들을 기록－과 諱字를 사용하는 방법을 자세히 논하고 있다. 비지문은 '망자의 기본적 인적사항－시간의 흐름에 따른 履歷과 관직생활에 대한 서술－世系에 대한 서술－총평－銘' 등으로 구성된다. 특히 이미 죽은 사람을 다루는 글이기 때문에 비판적 언사를 피력하기 힘들고 필수적 요소가 반드시 들어가야 한다는 장르의 제약으로 인해 일정한 套式性에 빠지기 십상이다. 일정한 투식과 글쓰기 문법이 이미 정해져있다는 특징은 천편일률적이라는 문제점을 야기할 수도 있으나 바로 이 점으로 인해 기본적인 내용・형식에 대한 고찰이 비교적 이른 시기부터 진행되었다는 장점도 존재한다. 예컨대 16세기 전반의 이황에게서도 비지문의 장르 문법을 고려한 흔적이 보인다.[67] 이러한 사실로써 볼 때, 위 예문은 이황을 비롯한 선배들에게서 정리된 비지문의 문법을 계승하면서 몇 가지 구체적 사안에 대해 모범을 제시한 글이다.[68]

也. 陰記只當記立石始末及先生下世以後事也, 所以補碣文所未及者也, 碣文中所記, 初不及之也. 且先生諱, 牛溪・栗谷諱, 靜庵・退溪諱, 恐不必書也. 先生・牛溪・退溪諱字, 碣文已書之, 不必更書, 靜庵・栗谷諱, 雖不書, 後世豈有不知之理? 萬古稱程子・朱子, 豈有不知爲某人之理? 至今文字間引程・朱語者, 未見竝稱諱字也. 以我國人言圃隱・牧隱, 人誰不知? 故鄙意以爲諱字不必書也."

67) 이종호, 「조선조 사대부층의 비지문자론」, 『교남한문학』 제3집, 교남한문학회, 1990, 6~26면; 정우봉, 「산문 이론의 기본범주와 전개 양상 : 고려후기－조선전기」, 『민족문화연구』 32, 고려대학교 민족문화연구원, 2000, 271~275면 등에서 비지문을 대하는 이황의 사유에 대해 구체적 자료를 들어 설명하고 있다. 이종호의 경우 格과 例에 어긋나지 않는 서술을 중시하였다는 점으로 논의를 종합하고 있으며, 정우봉의 경우 文從字順의 격식 중시, 常格에 기반한 변화추구 등으로 종합하고 있다.

68) 이황의 제자인 金富倫(1531~1596) 또한 「答同門諸友別紙」(『雪月堂集』 권3, 54면)에서 비지문의 문법을 다음과 같이 언급한 바 있다. "先生謙德, 至易簀猶未衰, 自比於尋常人, 故遺命於碣陰, 略書鄕里, 世系, 志行, 出處耳. 以今日之事言之, 不必盡從其自謙之命, 如何? 趙章泉哭蔡西山詩曰, '嗚呼季子延陵墓, 不待鐫辭行可知.' 前賢已

아울러 실제 창작의 경우 16세기 후반~17세기 전반 문인들에게서 비지문의 투식성을 극복하고자 하는 노력이 적지 않게 드러난다. 주로 繁簡得當의 구성을 통한 서술적 효용 추구, 일화적 예시와 직접인용의 구사, 서사의 확장이라는 측면에서 투식성을 극복하려고 한 노력이 보인다. 대체로 한유와 구양수 비지문의 서술 방법을 전범으로 삼았거나 주체적으로 창안하여 비지문을 창작했다.[69] 즉 기본적 투식으로 인물의 일생과 그 의미를 밝히기만 하면 되었던 비지문의 글쓰기를 더욱 문학적으로 변용하고자 하는 시도가 이 시기에 수행되었던 것이다. 이러한 현상은, 물론 비지문을 바라보는 인식의 변화에 기인하며, 그것은 비지문의 문학성 제고라는 결과를 낳았다.

이처럼 새로운 문예적 시각으로 산문을 창작하려고 했던 경우는 비지문 외의 다양한 장르에서도 어렵지 않게 찾을 수 있다.

> 선비가 名山을 유람할 때 반드시 그것을 기록하는데, 기록이 어려운 일이 아니라 제대로 기록하는 것이 어려운 일이다. 어떻게 기록하면 제대로 하였다고 할 수 있겠는가? 만약 아직 유람하지 않은 사람이 보았을 경우 직접 유람한 듯 느끼게 하고, 이미 유람한 사람이 보았을 경우 다시 유람하는 듯 느끼게 하였다면 제대로 기록하였다고 할 수 있다. 楓岳은

有碣不鐫辭之例矣. 今雖不詳, 豈有不可者乎? 但凡碣必有文, 然後有銘, 則無文而只書自銘, 其體例, 如何? 稱之曰墓表, 而書自銘於其下, 則尤非表體, 如何? 且前面書贈爵, 則後面當敍隱號之由, 前面書隱號, 則後面可敍贈爵之事, 以此言之, 恐終不得無文也. 先生嘗欲製文而未果, 今承遺意, 略敍大槪於銘後, 俾成一篇, 亦何害? 但鄕里以下等語, 雖不言, 或無妨, 持狀請謚, 果是因循之習, 何必效之? 昔橫渠先生卒, 門人欲謚爲明誠中子, 以質明道. 明道問溫公, 溫公曰, "諸君欲謚子厚, 不合於古禮, 非子厚之志." 遂止之. 今請謚非古, 又非先生之志, 蘇齋之敎至當."

69) 이에 대해서는 안득용, 「16세기 후반~17세기 전반 비지문의 전범과 서술 양상에 대한 고찰」, 『한국한문학연구』 제39집, 한국한문학회, 2007, 237~256면(본서의 제4장 제1절에 재수록) 참조.

> 仙山이다. 이곳은 조화의 기운이 한 데 모인 곳이며 천하의 명성을 독점한 곳이기 때문에 비록 司馬遷 문장의 波瀾을 기울이거나 李白의 화려한 문필을 떨친다고 해도 그 웅장함을 다 할 수는 없다. 그런데 만약 그것을 유사하게 모사한다면 제대로 기록하는 데에 거의 가깝지 않겠는가? 나는 關東으로 가서 이 산을 완상한 적 있는데 수레를 타고 재빨리 다니느라 오랫동안 마음대로 완상하며 겉과 속을 헤치고 다니지 못하고 겨우 3일만에 돌아오게 되어 아득히 한 번 꿈을 꾼 듯한 상태와 같았다. 지금 趙聖達 군의 기록을 보니 다시 유람을 한 듯 유사하며, 미처 못 가본 경관을 직접 발로 밟는 것 같은 데다 상세하기까지 하니 이는 아직 못 봤는데도 이미 본 것과 같은 상태이다.[70]

李景奭(1595~1671)의 「題趙使君(聖達)金剛錄後」이다. 본격적인 논의에 앞서 도학자의 山水觀을 보여주는 글을 한 편 소개한다.

> 하늘과 땅 사이에 物은 각각 理를 지니고 있으니 위로는 日月星辰으로부터 아래로는 草木山川에, 작게는 찌꺼기와 재에 이르기까지 모두 道體가 깃든 바이니 지극한 가르침이 아닌 것이 없다. 이러하니 사람이 비록 아침저녁으로 눈을 부치고 있는데도 그 理를 알지 못한다면 보지 않은 것과 무엇이 다르겠는가? 선비 중 금강산을 유람한 자가 또한 그저 눈으로만 보고 산수의 정취를 깊이 알지 못한다면 백성들이 날마다 쓰고도 알지 못하는 경우와 구별되지 않는다. 洪丈은 산수의 정취를 깊이 아는 자인가! 비록 그렇다고 해도 그저 산수의 정취만을 알고 도체를 알지 못한다면

70) 李景奭, 「題趙使君(聖達)金剛錄後」, 『白軒集』 권32, 261~262면. "士之遊名山者必記之, 記之非難, 能記之難矣. 何以則斯可謂之能乎? 若使未遊者見之如親遊, 已遊者見之如更遊, 則可謂之能矣. 楓岳仙山也. 造化之所鍾秀, 天下之所獨擅, 雖倒子長之文瀾, 奮謫仙之彩毫, 無得以盡其雄奇矣. 然如有摹寫其髣像, 則不幾於能乎? 余嘗首關東賞此山, 顧乘遽而行, 不敢久淹恣賞, 穿過表裏, 纔三箇日歸來, 怳惚如夢一覺. 及見使君所記, 依俙如更遊, 而足所未涉之境, 又有詳焉, 此則未見而如見之也."

이 또한 산수를 아는 데에 귀할 것이 없다. 홍장의 앎이 어찌 이에서 그치겠는가?[71]

이 글은 李珥(1536~1584)의 「洪恥齋仁祐遊楓嶽錄跋」이다. 위 예문 이전 서술에는 이경석과 같이 풍경 묘사의 탁월함을 용인하는 내용이 있다.[72] 그러나 이이는 산수를 향유하고 기록하는 모범을 그 以上의 단계에서 구하고 있다는 점이 이경석과 다르다. 즉 이이는 '目見－知山水之趣－知道體' 등으로 등급을 구분하여 도체를 아는 단계에 이르러야 한다고 주장한다. 이러한 태도는 여타 道學者들에게서도 적지 않게 보인다.[73]

반면 「題趙使君(聖達)金剛錄後」의 함의는 이와 다르다. 산수를 제대로 기록한 글에 대해 서술한 "만약 아직 유람하지 않은 사람이 보았을 경우 직접 유람한 듯 느끼게 하고, 이미 유람한 사람이 보았을 경우 다시 유람하는 듯 느끼게 하였다면 제대로 기록하였다고 할 수 있다."와 같은 언급은 이이의 사유와 선명하게 대비된다. 물론 이하의 부분에서도 산수에 내재한 철리의 추구로 도약하기를 바라지 않는다. 오히려 미술에서 傳神과 아울러 造化의 솜씨로 추숭되는, 몸과 마음의 일치된 상태[心

71) 李珥, 「洪恥齋仁祐遊楓嶽錄跋」, 『栗谷全書』 권13, 273면. "天壤之間, 物各有理, 上自日月星辰, 下至草木山川, 微至糟粕煨燼, 皆道體所寓, 無非至敎. 而人雖朝夕寓目, 不知厥理, 則與不見何異哉? 士之遊金剛者, 亦目見而已, 不能深知山水之趣, 則與百姓日用而不知者, 無別矣. 若洪丈可謂深知山水之趣者乎! 雖然, 但知山水之趣, 而不知道體, 則亦無貴乎知山水矣. 洪丈之知, 豈止於此乎?"

72) 李珥, 「洪恥齋仁祐遊楓嶽錄跋」, 『栗谷全書』 권13, 273면. "其文詳而不繁, 麗而不誇, 山之根脈, 水之源派, 呑雲吐霧, 攢林叢石, 千態萬狀, 一筆盡收, 無復餘欠, 使覽者不出戶庭, 而萬二千峯瞭然在目."

73) 이에 대해서는 안득용, 「17세기 후반~17세기 초반 산수유기 연구－농암 김창협과 삼연 김창흡을 중심으로－」, 고려대학교 석사학위논문, 2005 참조.

手相副]까지도 언급함으로써 형상화 중시의 태도를 더욱 분명하게 드러낼 뿐이다.[74] 물론 묘사의 제고를 발생시키는 데에 산수 체험의 현장성과 섬세한 형상화를 추구하던 위와 같은 사유가 일정한 역할을 담당했다는 점은 비교적 분명해 보인다.[75]

이 시기 글쓰기의 모범적 모습을 제공해 주어야 했을 뿐만 아니라 그것의 존립 근거를 마련해주어야 할 만큼 必要惡으로 치부되었던 장르가 있다. 바로 騈儷文이다.

> 저 四六文이 어찌 문장의 폐해가 아니겠는가? 그런데도 南朝와 北周의 徐陵과 庾信 이래로 참으로 그것을 폐하지 못하였다. 대개 雕蟲篆刻과 같은 일은 장부가 할 일이 아니며 황색을 빼서 흰색에 짝하는 일은 아정한 이들이 숭상할 바가 아니다. 그러나 세상에는 쇠퇴함과 융성함이 있고 문장에는 오르내림이 있으니 문장이 변하지 않을 수가 없다는 사실은 세상을 돌이킬 수 없는 것과 같다. 게다가 지금 上下 君臣의 사이, 大小 사신 왕래의 경우 辭令의 언어로 반드시 사륙문에 기탁하고 있으며 벼슬아치들 慶弔의 예나 科場 彀率의 문장에까지 聲韻의 模範에 각각 정해진 격식이 있게 되었으니 이 사륙문을 참으로 館閣과 일반 모두에서 빠뜨리고 익히지 않을 수 없는 것이다.[76]

---

74) 李景奭, 「題趙使君(聖達)金剛錄後」, 『白軒集』 권32, 262면. "乃知使君得之於目, 藏之於胸, 發之於筆, 心手相副而無所礙, 長吟短詠, 翩翩有出塵之致, 使君之於文, 亦可謂深造其境矣."

75) 이 외에도 누정기 혹은 기문의 장르가 시와 다르다는 점을 확실히 인식하면서 기문이 실질적 체험에 입각해야 함을 밝힌 유몽인의 다음과 같은 글도 있다. 柳夢寅, 「釣隱亭記」, 『於于集』 권4, 394면. "다만 記는 사실을 기록하며 詩는 사물을 풍유한다. 그리고 나는 공무에 바빠서 여전히 淸安을 방문하여 이 정자를 눈으로 보지 못하였으니 어찌 그에 대해 글을 쓸 수 있었겠는가(顧記所以記其實, 詩所以諷其物. 余倥偬簿領中, 未嘗跡淸安目玆亭, 若之何賦之)?

76) 鄭百昌, 「儷文程選序」, 『玄谷集』 권2, 488면. "夫四六, 豈非文之弊也哉? 然自徐庾以還, 亦莫之或廢也. 蓋雕蟲篆刻, 非壯夫之所爲, 抽黃媲白, 非爾雅之所尙. 而世有汚

鄭百昌(1588~1635)의 「儷文程選序」이다. 『儷文程選』은 이식이 변려문을 선별한 책이다. 이식은 당대나 후대 문인들에 의해 변려문에 조예가 깊었던 인물로 평가된다.[77] 문장의 수식을 최대한 절제하면서 글의 목적을 충실히 수행하려고 했던 이식이 변려문을 창작하고, 선집을 편찬할 수밖에 없었던 이유를 위의 예문에서 찾을 수 있다. 바로 "況今君臣上下之間"이하의 내용인데, 이미 公用文으로써 정착된 변려문의 사용을 막을 수 없고, 기왕 사용해야 한다면 정해진 법식[定式]에 맞추어 쓰되 정제된 글을 선별하여 모범으로 보여주어야 한다는 것이다. 네 차례나 문형을 역임하였던 이식의 위치를 고려한다면 이러한 선택은 당연해 보이기도 한다.[78] 다음 글에서도 변려문이 지속적으로 사용되었던 또 다른 이유를 추측할 수 있다.

> 사륙문이 세상에 시행된 이후로 식자들은 병폐로 여기는데 그것은 겉으로 꾸미는 데 후하고 바탕에 박하기 때문이다. 그런데 변려문으로 내달려 나아가는 자들이 날로 성행하니 대체로 모두 훌륭한 인재들이다. 그러나 학식이 방대하지 못하고 어사가 그 화려함을 떨치지 못한다면 모두 이에 참여할 수 없다.[79]

隆, 文有升降, 文之不得不變, 亦猶世之不能挽而回之也. 況今君臣上下之間, 交聘大小之際, 辭命言語, 必托於是, 以至搢紳慶弔之禮, 科場彀率之文, 聲韻模範, 各有定式, 則此固館閣章布之不可闕焉不習者也."

77) 권진옥, 「澤堂 李植의 古文·騈文 연찬과 산문 창작의 실제」, 고려대학교 석사학위논문, 2007, 68~70면 참조.

78) 이러한 원인이 더욱 구체적으로 보이는 부분은 다음과 같다. 鄭百昌, 「儷文程選序」, 『玄谷集』 권2, 488면. "吾友澤風李君汝固, 左袒斯文, 思惠後學, 乃就二選中擇其尤精粹合度者數百篇, 俾鋟之梓, 用侈厥傳, 觀海李君子時實同商確, 而不佞亦與聞其一二焉. 若其所以搜剔取舍者, 則於凡例詳之矣."

79) 任叔英, 「贈朴瑞卿序」, 『疎菴集』 권4, 444면. "自四六之體行, 識者病之, 爲其厚於文而薄於質也. 然其趨而進者日盛, 大抵皆超逸之才也. 學不足以擧其博, 辭不足以振

任叔英(1576~1623)의 「贈朴瑞卿序」이다. 이 글은 젊은 시절 변려문에 탐닉했던 자신에 대한 후회를 서술하면서 朴瑞卿을 권계하고 있다. 그러나 내적 온축으로 대별되는 학식과, 외적 수식으로 대별되는 어사가 모두 충족되지 않으면 변려문을 제대로 지을 수 없다는 서술에서 변려문으로 명성을 떨쳤던 임숙영의 자부도 함께 드러난다. 즉 제대로 창작했을 경우 학식과 文才를 한꺼번에 드날리기에는 변려문의 창작보다 부각될 수 있는 장르가 거의 없었던 것이다. 이것이 변려문의 창작을 촉진시킨 또 다른 원인이다.[80)]

이로써 볼 때 16세기 후반~17세기 전반 비지문, 산수유기, 변려문 등 산문 장르의 글쓰기에 관심이 높아졌다. 이러한 관심은 해당 장르 글쓰기의 모범을 제시하거나 작품을 선별하는 결과로 드러난다. 장르적 모범으로 제시되는 사안은 비지문과 같이 내용의 엄밀성을 언급하는 경우도 있었지만, 그것에도 이미 서정을 표현하기 위해 다양한 글쓰기 방법이 시도되었다는 사실이 관찰된다. 즉 이 시기 산문의 글쓰기에서는 '무엇을'과 동시에 '어떻게' 또한 고려하는 태도 역시 발견되는 것이다.

지금까지 16세기 후반~17세기 전반의 산문 위상의 제고 양상을 살펴보기 위해 산문 인식의 변화상, 각 장르별 글쓰기의 모범적 문법 제시, 개별 장르를 인식하는 태도 등을 고찰하였다. 그 결과 이전 시기부터 중요하게 여겨지던 비지문과 변려문, 새롭게 부각된 산수유기 등의 논의에서 장르 문법의 모범과 필요성을 역설하는 언급을 살펴볼 수 있었다. 한편 유몽인을 비롯한 다양한 사례를 통해 산문에 대한 인식이 제고되었

其華, 則竝無預於斯."

80) 아울러 이하에서 살피게 될 신흠의 「樂民樓記」에서 선명하게 드러나는 묘사와 서정의 탁월함 또한 문학의 수사적 기능에 관심을 보이던 이 시기 문인지식인들에게 변려문을 창작하게 만든 또 다른 動因이 되었을 수 있다.

다는 사실을 확인할 수 있었고, 개별 장르의 부각과 도태를 고찰하는 과정에서 그러한 인식이 점차 확산되던 추세였다는 사실 또한 살펴보았다. 이와 같은 면모들이 16세기 후반~17세기 전반 산문의 질적・양적 제고를 성취하게 한 주요한 滋養이다.

제3장
個人과 散文

16세기 후반~17세기 전반 사회적 모순의 심화로 인해 당면한 외부적 현실과, 현실적 상황에 대처하는 개인 내부로 관심이 확대・심화되었다. 이러한 사회 변화에 직면해서 문인지식인들은 크게 자신의 선택과 의지를 굳게 지키려고 하거나, 세계의 조화에 대해서는 일정정도 회의하지만 도덕적 판단에 있어서는 天을 근거로 삼으려는 두 가지의 길을 선택한다.

한편 산문의 文藝美에 대한 관심이 제고됨에 따라 상대적으로 글쓰기의 형식에 유의하게 되었고, 개인의 사유・감정・욕망의 표현을 위주로 하는 개성적 글쓰기가 확산되었다. 다만 이때도 정도의 차이는 있으나 典範에서 벗어난 글쓰기의 확산을 막기 위해 노력한 부류도 존재했다.

사유와 글쓰기에서 전자의 성향을 선명하게 보이는 계열이 개성적인 경향이며, 양 측면 중에서 후자의 경향이 부각되는 계열이 전범적 경향이다. 마지막으로 사유와 글쓰기에서 개성적・전범적 경향이 두루 산견되는 계열이 중층적 부류이다. 이것이 이번 장에서 다룰 범위이다.

우선 첫 번째 절에서 다룰 개성적 경향의 문인은 유몽인과 허균이다. '천'에 대해 회의하여 개인의 선택과 의지를 견지한 세계관, 자신의 사유・감정・욕망을 표현하고자 하면서 전범과 전통에서 한 걸음 벗어나 다양화를 추구한 글쓰기 등이 그 근거이다. 특히 개별 작가의 특징적 면모를 고찰하면서 세계관과 글쓰기가 영향을 수수한 양상, 특징적 면모, 사유와 글쓰기의 의의를 살펴보고자 한다. 다만 세계관이 글쓰기에 반영된다는 사실은 인정하면서도 두 항목 사이의 관계를 다소 느슨하게 연계시키고자 한다. 한 쪽이 일방적으로 다른 쪽에 영향을 끼쳤다는 식의 고찰 태도는 당대 글쓰기의 주요한 흐름, 여타 작가와의 영향 관계, 장르별 글쓰기의 내용·형식적 차이, 작가 스스로가 자신의 세계관과 문학관을 반성적으로 표현하려는 노력 등을 제대로 반영하지 못하기 때문이다. 즉 세계관이 고스란히 글쓰기로 드러난다는 평면적 시각을 극복하기 위해서 위와 같은 방법을 사용한다. 이러한 방법은 3장 전체에 적용할 것이다.

다음으로 신흠과 장유도 16세기 후반~17세기 전반 확산되었던 비관적 세계관을 드러내는 경우가 적지 않았다. 특히 '천'의 조화로움을 회의하면서 사회 비판적 시각을 견지한 태도를 통해 살펴볼 수 있다. 그러나 이들은 유몽인이나 허균과 달리 天道를 중심에 두려는 사유도 지니고 있었다. 결국 신흠과 장유는 불가항력적인 '천'을 원망하면서도 도덕적 판단의 근거, 불우를 위로하는 희망의 원리로서 천도를 수용한 것이다. 글쓰기에서도 개인적 사유·감정·욕망을 표현하는 개성적 모습과 기본적 典範을 따르려는 태도가 함께 부각된다. 신흠의 경우 비애, 개인적 고독감, 떠돎 등을 형상화했고 선택 의문문의 반복적 사용, 자기 고백적 글쓰기 등으로 개성을 표출하였다. 장유 역시 초점의 변화, 寓意的 글쓰기 등의 개성적 특징을 드러낸다. 다만 이들의 글쓰기에서 간취되는 정제된 문예미의 추구나 문학을 사회적 교화의 도구로 사용하였던 태도는 典範的 傾向에 가깝다. 이러한 특징들이 신흠과 장유를 독립된 하나의 부류로 포괄한 근거이다.

마지막으로 이정구와 이식도 세계의 조화에 대한 비관적 태도를 보여주지만 앞선 네 명의 문장가에 비해 그 정도는 약하다. 신흠이나 장유와 마찬가지로 '천'을 도덕적 판단의 근거로 삼으나 老莊的 思惟·개방성·다원성 등은 그들에 비해 선명하게 드러나지 않고, 六經과 기본적 典範을 추구하려는 태도는 더욱 강하다. 또한 두 문장가 모두 辭達을 표방하였고, 글쓰기를 사회적 교화의 도구로 사용하려 했다는 측면은 유사하다. 그러나 이정구와 이식은 글쓰기에서 일정한 차이를 보인다. 묘사와 일화적 예시, 정서의 표현 등이 이정구 글쓰기의 특징이라면 엄격한 전범 준수, 치밀한 논리전개, 객관적 서술 등은 이식 글쓰기의 특징이다. 즉 글쓰기에서는 이정구가 보다 개성적 경향을, 이식이 보다 전범적 경향을 보인다. 이와 같은 차이에도 불구하고 사유의 유사성, 글쓰기를 교화의 도구로 삼으려 했던 태도 등이 이들을 같은 부류로 묶은 근거이다.

제1절 個性的 傾向

제1항 柳夢寅: 悲劇的 사유의 독창적 형상화[1)]

柳夢寅(1559~1623)은 尙古的 意識·사회비판·수준 높은 문학적 형상화 등으로 주목받아 온 작가이다. 선행 연구에서는 自得·一人·獨 등의 특징에 주목하여 그의 작품이 지닌 독창적 면모에 관심을 가졌으며, 寓意·諷刺·反語나 奇簡·艱深 등의 내용·형식적 측면에 주목한 경우도 있었다.[2)] 다만 여전히 세계·작가의 사유·산문의 글쓰기 양상

1) 이 항은 안득용, 「柳夢寅 散文에 나타난 悲劇性」, 『韓國漢文學硏究』 제43호, 韓國漢文學會, 2009, 293~323면에 전적으로 의존하여 서술한 부분이다. 다만 상당 부분 改稿하였음을 밝혀둔다.

이 지니는 유기적 관계와 그 의의를 중심 과제로 설정한 연구는 필요하다. 대체로 작가적 사유 혹은 문예의식에 중심을 둔 경우가 많고, 산문작품 위주의 탐구인 경우에도 개별 장르의 특징적 면모를 고찰한 경우는 있으나 작가 사유와 산문의 글쓰기가 맺고 있는 유기적 관계를 밝힌 연구는 드물기 때문이다.

탐구의 첫 번째 대상으로 유몽인을 택한 이유는 그의 사유와 글쓰기가 지닌 개성적 면모 때문이다. 여타 문인들과 비교해보면 이러한 점은 선명하게 부각되며, 그 원인으로 '一人으로서의 선택'이 중요한 역할을 하고 있다는 사실은 미리 밝혀 둔다.

1. 悲劇的 세계 인식

유몽인의 삶과 그에서 배태된 사유의 경향은 크게 자부와 좌절로 구성된다.[3] 두 가지의 조건은 상승과 몰락에 대응한다. 그런데 유몽인의 몰락을 유발한 요인은 바로 자신의 선택이기 때문에 그의 삶과 사유가 형성한 궤적은 비극적 경향을 띤다.[4]

---

2) 대표적인 논의는 다음과 같다. 신익철, 『柳夢寅 文學 硏究』, 보고사, 1998; 琴東昡, 「유몽인 산문이론의 구조와 의미-이른바 '진한고문파'의 논리에 대한 재검토를 겸하여-」, 『한국한문학연구』 제34집, 한국한문학회, 2004, 75~116면; 宋知泳, 「어우 유몽인 산문 연구」, 고려대학교 석사학위논문, 2004; 金英美, 「어우 유몽인의 산문론과 산문의 서술방법 연구」, 전북대학교 박사학위논문, 2006; 김우정, 「조선 중기 복고적 산문의 두 경향-최립과 유몽인을 중심으로」, 『한국한문학연구』 37, 한국한문학회, 2006; 김우정, 「유몽인 산문에 있어서 자득의 의미와 실현양상」, 『동양학』 40, 단국대학교 동양학연구소, 2006; 안세현, 「유몽인의 증서류 산문 연구」, 『고전문학연구』 31, 한국고전문학회, 2007.

3) 자부와 좌절을 부분적으로 언급한 논고는 적지 않다. 다만 두 양상의 구체적 관계와 좌절의 극복은 곽은정, 「어우 유몽인 한시 연구」, 고려대학교 석사학위논문, 2006에서 볼 수 있다.

4) 비극성 혹은 비극적 의식의 정의는 논의 과정에서 더 자세히 설명할 것이다. 다만

> 사물이 오래 되면 신령해지고, 사람이 늙으면 기력이 줄어든다. 6년이나 앞서 禍를 피한 일은 신령한 것이며, 이익을 보고도 재빨리 달려가지 않은 일은 기력이 없었기 때문이다. 지난해 仙山[金剛山]에 거처했던 일은 높고, 올해 野山[寶蓋山]에 투신한 일은 속되다. 진흙탕에 빠졌어도 더러워지지 않으면 깨끗하고, 먹을 것이 있다고 그것을 좇으면 비루하다. 나는 어디에 처해야 하겠는가? 오직 才와 不才, 賢과 不賢, 지혜로움과 어리석음, 귀함과 천함의 사이일 뿐이다.[5)]

유몽인이 사망하던 해인 1623년(65세) 여름에 창작된 「遊寶盖山, 贈靈隱寺彦機・雲桂兩僧序」의 마지막 부분이다.[6)] 仁祖反正이 일어나자 在野에 있던 문인지식인들은 새 정권의 수립을 축하하며 政界로 나아가고자 한다. 반면 유몽인은 위와 같이 언급하며 인조반정 이후 정계에 나아가지 않고 자신의 뜻대로 살고자 한다. 이렇게 선택한 이유는 다음과 같다. 우선 老年에 이른 그의 나이를 고려하였다. 다만 더욱 중요한 이유는 이익을 좇으며 비루하게 사는 인생에의 거부이다. 이 선택은 유몽인에게 叛逆이라는 혐의로 돌아와 그를 죽음에 이르게 한다. 결국 자신의 선택이 비극적 결말을 초래한 것이다. 앞으로 살펴보겠지만 그의 인

그 핵심적이고도 구체적인 내용은 다음의 몇 가지로 정리할 수 있다. '첫째, 상승과 몰락의 구조가 있을 것, 둘째, 그 몰락의 원인은 외부에서 오지 않고 작가의 내부에서 기인할 것, 따라서 셋째, 작가의 의지가 개입되어 도전적일 것' 등으로 정리할 수 있다. 이러한 특징은 자신의 선택 및 의지와는 상관없이 작가에게 닥친 슬픔, 비애, 불우와는 다르다. 즉 본고는 유몽인의 선택과 의지에 의해 그가 맞닥뜨리게 된 몰락의 모습과 산문에서 드러나는 그 형상화를 집중적으로 살펴보고자 한다.

5) 柳夢寅, 「遊寶盖山, 贈靈隱寺彦機・雲桂兩僧序」, 『於于集』 권4, 390면. "物久則神, 人老則耗. 避禍先六載, 神也, 見利不疾趨, 耗也. 前年處仙山, 高也, 今年投野山, 俗也. 泥而不滓, 潔也, 有食從之, 陋也. 吾何處之哉? 其惟才不才・賢不賢・智與愚・貴與賤之間乎!"

6) 작품 창작연대는 안세현(앞의 논문, 2007)과 유몽인 「年譜」, 작품 자체에 드러난 사실에 대한 고증을 통해 밝혔다. 이하의 연대 고증 또한 마찬가지이다.

생 자체는 물론, 산문 작품에서도 자신의 의지에 따른 선택과 그로 인해 발생한 비애를 서술하는 경우가 적지 않다. 따라서 유몽인의 삶과 글쓰기 양 측면 모두에서 비극적 구조를 발견할 수 있다.

한편 위 예문을 통해 그가 노년에 지향했던 삶은 바로 "其惟才不才·賢不賢·智與愚·貴與賤之間乎!"임을 알 수 있다. 이러한 언급은 단순히 두 가치의 가운데에 서겠다는 언급이 아니다. 오히려 세속적 시각으로 보았을 때, 대립적으로 보이는 두 가지 가치를 넘어서서 살고자 하는 의지의 표현이다. 이러한 사유는 다음의 예문에서도 선명하게 드러난다.

> 나는 혼자이다. 지금의 선비와 비교하였을 때 나만큼 홀로인 사람이 있는가? 홀로 세상을 사니 교유의 도가 어찌 하나에 얽매이겠는가? 하나에 얽매이지 않아 넷이나 다섯 모두 나의 친구이니 나의 무리가 참으로 넓지 않은가? 추위가 얼음을 얼게 할 정도라도 나는 떨지 않으며, 더위가 땅을 태울 정도라도 나는 더워하지 않는다. 可한 것도 不可한 것도 없이 오직 내 마음만을 따른다. 그런데 내 마음이 귀의하는 곳은 오직 나 한 사람뿐이니 그 거취가 여유로워 넉넉하지 않은가?[7)]

1604년(46세) 李廷龜(1564~1635)에게 쓴 贈序이다. 「年譜」의 1601년 내용 중에는 붕당의 분열이 가속화되자 세상과 부합됨이 적다고 하며, 連山[충청도]에 퇴거하였다는 기록이 있다.[8)] 이로써 볼 때 노년에 지향했던 삶의 태도는 이즈음에도 이미 공고하였다. 전체 작품에 대해서는 이

7) 柳夢寅, 「贈李聖徵(廷龜)令公赴京序」, 『於于集』 권3, 357면. "余獨也. 視今之士, 其有若余獨乎? 以獨而行于世, 交之道豈泥于一乎? 一之不泥, 於四於五, 皆吾友也, 則吾之倫, 不亦博乎? 其寒凝冰而吾不慄, 其熱焦土而吾不灼. 無可無不可, 惟吾心之從. 而吾心之所歸, 惟一人而已, 則其去就豈不綽有裕乎!"

8) 「年譜」, 『於于集(附)於于野談』, 景文社, 1979, 309면. "公深痛之曰, '人臣苟立私黨, 是無君也.' 自謂東西南北, 無可無不可, 自知寡合於世, 乃退居連山."

미 논의된 바 있기 때문에[9] '一人'이 비극성에 기여하는 바와 그 의의만을 언급하겠다.

이 예문에서는 패거리 주의에 대한 비판과 자신의 길을 가겠다는 의지를 발견할 수 있다. 자신의 길을 가겠다는 의지는 비극의 주인공에게서 흔히 발견되는 특징이다. 정도의 차이는 있으나 대체로 비극은 개인적인 삶을 그 자체로서 목적 내지, 다른 사물에 대한 척도로 인식하는 경우에만 발생되고 번성한다.[10] 위에서 설명하고 있는 '일인'이 바로 그러한 모습을 지닌다. 이 점 때문에 비극적 인물 중에는 개인의 의지와 일반적 규율의 대립 사이에서 투쟁하다가 좌절하는 인물이 많다. 유몽인의 삶과 작품에서 드러나는 고뇌와 좌절은 대체로 이러한 요인에 기인한다.

위의 예문에서 '일인'은 '패거리로 모여 자신들의 견해만을 고집하는 다수'와 대립한다. 패거리들은 자신들의 견해만을 고집하기 때문에 자신들의 견해는 可하고, 남의 견해는 不可하다고 여긴다. 유몽인은 이러한 행태를 넘어서서 그 어느 곳에도 속하지 않은 삶을 살고자 한다. 그렇게 하도록 언명한 것은 바로 그의 마음이며, 패거리의 견해에 따라야 한다

9) 신익철(앞의 책, 118~120면)은 당파성에 대한 비판, '一乎'의 반복을 통한 강력한 부정정신의 표현, 莊子와의 연계된 역설어법 등을 다루었다. 송지영(앞의 논문, 66~71면)은 수사적 분석을 강화하고 朋友之道를 추구하였다는 내용을 밝히고 있다. 금동현(앞의 논문, 76~89면)은 '獨', '一人'에 주목하여 유몽인의 삶의 지향이 여기에 있으며, 이 말을 통해 유사성의 부정을 살필 수 있음을 밝혔다. 김영미(앞의 논문, 61~63면)는 '一乎'의 반복에서 奇簡을 발견하고, 105~107면에서는 어느 쪽에도 소속되기 거부하는 거대긍정의 논리가 있음을 밝혔다. 안세현(앞의 논문, 398~403면)은 우도의 붕괴에 대한 강개함을 토로한 예로써 이 글을 예시하며 「送孟東野序」 및 『莊子』 「齊物論」과 연계시켜 논의하고 있다.

10) 수잔 랭거, 「비극적 리듬」, 서용득 옮김(『비극과 희극, 그 의미와 형식』, 송옥 외 옮김, 고려대학교 출판부1995), 56면.

는 제약이 없기 때문에 그의 의식은 자유롭다. 이것을 통해 '일인'과 浮動[11]이 만들어내는 자유로운 경계를 살펴볼 수 있다. 요컨대 위 예문에는 편협한 집단의 가치에 대한 비판과 아울러 자유롭게 부동하며 살겠다는 의지가 드러난다.[12]

그가 '일인'으로서 부동하고자 했기 때문에 자유롭게 사는 일이 가능했다면, '일인'으로서 살며 일반적 삶의 패턴을 거부하였기 때문에 예리한 비판의식을 지닐 수 있었다. 당대를 지배한 삶의 일반적 모습을 보편적 패턴이라고 본다면, 그것을 따라가는 삶에는 진정한 비판의식이 개입되기 힘들다. 오히려 그것은 위 예문에서 보이듯 제 잇속만을 따르기 때문에 자신과 사고를 달리하는 반대 패거리를 제압하기 위한 논리가 되기 십상이다. 하지만 서로 경쟁하는 패거리에서 떠나 자신이 옳다고 생각하는 삶을 살려는 의식을 지닌 인물은 그것의 밖에서 삶을 바라보며

---

11) 浮動은 Kierkegaard가 Socrates의 아이러니를 설명하면서 사용한 용어인 afloat와 hover를 번역한 용어이다. 키에르케고어는 기존의 질서, 국가적 실체, 명확성, 추론이성 등에 부정적 태도를 지니고 있었던 소크라테스의 무한한 부정적(infinite negativity) 태도가 작동하는 모습을 설명하는 용어로서 이것을 사용하였다. 따라서 부동은 자유・만족감 등의 의미를 지니기도 하지만 (유한과 무한 사이에서의) 동요라는 의미 또한 지닌다. 본고에서도 정신적 떠돎이 지닌 자유로움, 부정적・비판적 사유, 동요 등을 추동한 요인을 가리키는 용어로서 부동을 사용하고자 한다. 이에 대해서는 Kierkegaard, 『The Concept of Irony』(translated by Lee M. Capel, Bloomington & London : Indiana Univ. press, 1968), 236~240면 참조.

12) 이 외에 「盆菊記」(『於于集』 後集 권4, 535면)도 개인의 의지를 보여준다. "나는 성품이 세속에서 유행하는 것을 싫어한다. 세속에서는 화초를 많이들 좋아하는데 陶淵明이 국화를 좋아했던 터라 집집마다 국화를 심는 일이 번성해서 하인들의 집이라도 휘황하고 무성하지 않은 곳이 없다. 나는 그것을 매우 가소롭게 생각했다. 나는 남들이 그것을 좋아한다고 해서 남들을 따라 세속에 부응하는 것을 싫어한다(余性不喜俗. 俗多好花草, 又以菊爲淵明所好, 戶種之益繁, 輿儓之家, 無不燦耀成林. 余甚笑之. 盖惡人之好之, 順人而應俗也)." 이 역시 유행을 따르는 세속을 비판하고 자신의 기호를 따르겠다는 의지를 표현하고 있다. 한편 이러한 의지는 그가 自娛를 중시했다는 점과도 맥이 닿아 있음을 밝혀둔다.

제대로 된 비판을 할 수 있다. 이것이 기존의 논고에서 지적하고 있듯이 그의 작품에 비판의 정도가 강한 작품들이 많은 이유이다.

이러한 삶의 태도는 사회적 비판의식은 물론 문학의 독창성을 추동한다. 특히 문학적 형상화에 주력한 작품일수록 더욱 과감하게 유몽인 자신의 개성을 발휘하였다. 기존에 지니고 있던 도식화된 문예 의식과 형상화에 이의를 제기하고 자신만의 방식으로 작품을 서술할 수 있는 추진력을 그것이 주었기 때문이다. 이러한 이유로 앞으로 분석할 작품에서 보게 될 개성적 특징의 저변을 떠받치는 기둥 중 한 가지로서도 비극성을 설정하고자 한다.[13)]

지금까지 유몽인의 몰락을 초래한 원인과 그 저변을 살펴보았다. 그 결과 그것이 자신의 선택에 의해 발생하였으며, 자신의 선택을 중시하는 삶의 태도는 자유로운 삶의 추구, 사회 비판적 태도, 독창적 산문창작의 근거가 됨을 알게 되었다. 이제부터 삶과 사유의 구조를 구성하는 또 다른 축인 상승과 하강의 양상을 살펴보겠다.

상승의 정도가 가파르면 몰락 역시 그에 비례하여 크게 된다. 유몽인은 여타 문인들보다 자부심이 강했다. 우리나라의 저명 문인들은 물론, 唐宋을 비롯한 明의 문학가들과도 어깨를 견주거나 넘어서려고 했다.[14)] 강한

---

13) 이에 대해서도 당대 몇몇 문인들이 실천했던 개성적 작품의 생산과 연계지어 볼 필요가 있다. 특히 이러한 점은 문단 내외의 분위기 변화로 인한 산문의 지위상승, 중국문예의식의 수입, 그에 대한 작가들의 대응 등과 함께 고찰하여야만 더욱 정밀한 논의를 도출할 수 있다. 다만 개인적 감정과 의식을 표출하고, 새로운 형태의 형상화와 문예의식을 견지한 문인으로 유몽인은 선두에 서 있다고 할 수 있다. 같은 환경에 대응하여 문학을 창조하였는데도 그가 여타 문인보다 개성적·문예적 글을 창작한 원인을 찾아야 한다면, 그 주요 요인으로 사유와 삶의 비극적 구조를 지적할 수 있다.

14) 예컨대 「答崔評事(有海)書」(『於于集』 後集 권4, 555면)에서는 歐陽修보다 자신의 산문이 낫다고 생각하고 있음을 말하고 있고, 「贈表訓寺僧慧默序」(『於于集』 권4, 385면)의 "余嘗病古人爲文章, 皆偏一而不周. 太史公·揚雄能文而不能詩, 太白·子美

자부심을 지녔으나 세상의 인정을 받지 못하는 경우 좌절은 더욱 클 수밖에 없으며, 이러한 모습은 그의 삶과 문학에서 선명하게 드러난다.

> 지금 중국에는 반드시 제대로 된 안목을 지닌 사람이 있어서 동방에 옛 사람과 같은 이가 있으나 소실・잠식되어 동시대의 무리들과 유사하게 되었음을 알아 줄 것인가? 중국에 비록 그런 사람이 있다고 해도 땅덩이가 수 천 리 떨어져 있어서 서로 접촉할 계기가 없으니 동방의 초목과 더불어 악취를 풍기며 끝내 지우를 입지 못하고 죽을 것인가? 아니면 어떤 사람으로 인하여 발탁되어 혹 언어문자를 전함으로써 지금의 세상에 알려질 것인가?
>
> 비록 그러하나 사람의 재주에는 크고 작고, 얕고 깊음이 있으니 예전에 중국에서 태어난 사람 중에서도 웅대한 재주와 깊은 학문을 가졌으나 당시에 知遇를 입지 못하고 후대를 기다려서야 혹 알려진 사람도 있었다. 만약 재주가 깊고 웅대한 사람이 있더라도 지금 중국에서도 그 사람을 반드시 알아보기를 기약하기는 어려우니 장차 후세를 기다려야 하는가?
>
> 申佐郎은 총명한 선비이니 동방에 이러한 사람이 있다는 사실을 알 것인가? 그 자신에게 있든, 그가 아는 사람에게 있든 지금 그가 중국에 가게 되었으니 중국의 사람들은 반드시 물어 볼 터인데 장차 어떻게 대답을 할 것인가?
>
> 나와 그대는 모두 동방의 薄命한 사람이라 바다 밖에서 점차 사라져가면서도 천하 후세에 이름을 알릴 길이 없으니 이별함에 이 글에서 느끼는 바가 크구나.[15)]

能詩而不能文. 故一生勤悴, 思欲左右兼而兩臻其閫, 所著積五十餘卷, 而文半焉詩半焉."와 같은 언급에서는 司馬遷, 揚雄, 李白, 杜甫 등도 이루지 못한, 산문과 시가 고루 탁월한 경지에 이르고자 노력하는 모습이 보인다.

15) 柳夢寅, 「贈李聖徵(廷龜)令公赴京序」, 『於于集』 권3, 364면. "今之中國, 必有其人, 其知東方復有如古之人, 而泯泯混混, 與流輩儕乎? 中國雖有其人乎, 地之遠數千里, 無影響可憑, 則與東方草木同其臭味, 其終莫見知而死乎? 抑因人拔之, 或傳言語文

1604년[16] 申光立(1567~?)이 중국에 사신 가게 되었을 때 서술한 「送申佐郎(光立)赴京序」의 일부분이다. 즉 「贈李聖徵(廷龜)令公赴京序」와 같은 시기 창작한 작품이다. 그러한 이유에서인지 이 작품에도 자부와 고립감이 드러난다. 특히 이 글의 서두에서부터 유몽인은 자신을 알아주지 않는 세상을 비판한다.[17]

위 예문은 '세상과 자신에 대한 비관적 인식 및 체념－다소의 낙관과 비관－자신을 중국에 알려 달라는 은근한 부탁－현실에 대한 비관'으로 구성되어 있다. 구체적으로는 우선 동방에 具眼者가 없어 풀과 함께 스러지리라는 비관과, 문자로 천하에 전해질 수도 있다는 미약한 가능성을 언급한다. 이후 중국인들조차도 재능이 있는 사람을 알지 못하는 경우가 있다는 점과, 그렇다면 후대를 기약해야 하는가라고 자문하는 체념적 태도를 보인다. 은근한 부탁은 세 번째 단락에 드러난다. 결국 이 단락은 중국에도 통할만한 문사로서 자신을 언급해달라는 무언의 압박이다. 그러나 마지막 단락에 보이듯 당시 자신을 인식하는 유몽인의 태도는 비관적이다. 이 단락에서 자신의 글에 대한 자부와 그것을 알아주지 않는 조선의 상황에서 오는 좌절로서의 하강이 선명하게 드러난다.

字, 以布諸今之天下乎? 雖然, 人之才有大小淺深, 古之生中國者, 有宏才邃學, 不見知於當時, 竢後世而乃或知之. 苟其才之深且大, 今之中國, 亦難期其必知, 其將有待於後世乎? 申佐郎, 聰明士也, 其知東方有斯人乎? 將在其身, 或在其所相知, 今之之中國也, 中國之人必有問, 其將奚以答之? 余與子俱東方之薄命者也, 泯泯於海外, 顧無以聞天下後世, 於其別, 重有感於斯文."

16) 이정구의 「送千秋書狀官申佐郎光立」와 「席上, 次叔平韻, 又別申顯卿」 등이 『甲辰朝天錄』에 수록되어 있다. 따라서 이 시기(1604)로 추정할 수 있다.

17) 柳夢寅, 「送申佐郎(光立)赴京序」, 『於于集』 권3, 363~364면. "余嘗觀東方效中國, 如東施之於西施. 其中以小知自好者, 率不過中國之糠覈耳. 然而瓌偉倜儻奇倔之士, 千百世有一二焉, 東方人熟視之不察也, 謂與渠儕, 而惟中國人大異之, 當時稱焉, 後世傳焉, 何者? 中國尙才, 而東方不尙才, 中國知人, 而東方不知人. 薄命哉! 人才之生東方者. 究其理, 無足怪, 其九竅四肢百骸, 與平人同, 視其外得其中, 豈人人而能之?"

사신을 가는 이들에게 써 주는 송서는 당부와 권계의 내용을 담는 경우가 많다. 그러나 위 예문 어디에도 사신으로서의 마음가짐과 당부는 보이지 않는다. 결국 40대 중반이 되어서 천하는 고사하고 조선에서조차 정당한 대우를 받지 못하는 자신의 상황이 송서의 기본적 문법에서 벗어난 글을 쓰게 한 것이다.

유몽인에게는 이러한 내용의 산문이 적지 않다. 위와 같이 직접적으로 자신의 불우를 언급하는 경우도 있으나 비유적으로 자신의 상황과 바람을 서술하는 경우도 적지 않다.

> ① 내가 생각하기에 중국은 땅덩어리가 천하에 두루 펼쳐져 있어 그 상하좌우의 폭이 만여 리에 이른다. 그로 인해 남북의 기후가 현격히 다르니 冀州의 말이 荊州에서는 나지 않고, 蜀의 두견새가 燕에서 울지 않음은 확실하다. 우리나라는 땅덩어리가 구석진 데 있으면서 좁아 남북이 수천 리밖에 안 되지만 六鎭은 중국의 遼보다 춥고, 兩南의 따뜻함은 越의 그것과 흡사하니 대체로 멀고 가까움의 차이는 있으나 高下의 형세는 비슷하다. 지금 저 난초는 꽃 중에서 가장 귀한 것으로 반드시 따뜻한 곳에서 자라난다. 우리나라의 남쪽지역은 따뜻하여 심지어 겨울에도 무수한 꽃들이 만발하며 귤이 탱자가 되지 않을 정도인데도 유독 어떠한 지역에도 난초가 자란다는 말은 듣지 못하였으니 어째서인가? 그 이유는 난초가 없는 것이 아니라 난초를 알아보는 사람이 없기 때문이다.
>
> ② 나는 작년에 聖節使로 北京에 갔었는데 閩의 사람인 韓序班이 나에게 난초 화분을 하나 주었는데 민에서부터 배로 실어 온 것이었다. 나는 그것을 매우 아껴서 종이와 담요로 싸서 교자의 아래에 두었다. 집으로 돌아와 따뜻한 방에 안치하고 좌중의 객들에게 자랑하였다. 그랬더니 혹자가 말하였다. "예사 풀의 잎은 물에 넣으면 모두 뜨지만 오직 난초의 잎만은 가라앉으니 이로써 그 眞僞를 판별할 수 있다." 또 다음과 같이 말하였다. "예전에 靑蓮 李後白이 북경에 갔을 때 많은 값을 치루고 崇蘭

을 사고는 수레에 실어서 왕도로 왔는데 이름난 의원이 그 잎을 훑아보더니 '이것은 麥門冬이요.'라고 말하였다. 이에 이후백이 크게 화를 내며 그 뿌리를 보여주어 그를 욕보이려고 하였는데, 뿌리 하나를 파보자 과연 둥글게 뭉친 부분이 있었다. 그 후 몇 년이 지나 다시 연으로 가서 지난번 가격의 두 배를 주고 다시 숭란을 구입하였는데 그 모양이 예전과 달랐다. 돌아와 봄을 지냈는데도 끝내 꽃이 피지 않아 그 뿌리를 뽑아 보았더니 전과 같았다." 지금 내가 가진 난초는 잎이 물에 가라앉고, 뿌리에는 둥글게 뭉친 것이 없어 나는 그것을 값비싼 물건[百朋]처럼 좋아하였다. 그러나 날마다 꽃을 기다려도 돌아오는 도중에 추위에 상하였는지 봄이 되자 말라 버렸다. 나는 그것이 애석하여 눈물이 날 지경이었다.

③ 지금 金君은 나를 이어서 북경에 가려고 한다. 김군은 군자이며 그의 행동은 매우 탁월하여 난초에 부합되는 점이 있었다. 무릇 사람의 성품은 비슷한 부류들끼리 좋아함이 있으니 지금의 사행으로 그것을 점쳐보리라. 아! 초목이 자라나는 일은 각각의 기후에 따르니 기후가 같으면 토지에서 나는 산물도 균등하다. 지금 이 난초는 荊州에서 나는 말이나 燕에서 나는 두견새와 같지 않다. 즉 우리나라의 남쪽 땅에 정착하였으나, 그 사실을 모르니 그 이유는 다른 것이 아니라 우리나라 사람들의 눈이 肉眼이기 때문이다. 주시하여 난초를 보고서 "잡풀[蕭艾]이군."이라 말하고는 맥문동 한 줄기를 얻으려고 수 천리 밖에서 가마꾼의 어깨를 붉게 부르트게 만드니 저 진짜 난초는 죽어서 스스로 자취를 감춤이 마땅하다. 나는 그대가 성심으로 난초를 구하여 그 한 본을 우리 땅에 옮겨 심어주기를 원한다. 그렇게 된다면 우리나라의 가시덤불 속에도 멀리까지 향기를 퍼뜨리고, 가짜가 아니라 진짜인 난초가 있을지도 모를 일 아니겠는가?[18]

---

18) 柳夢寅, 「送聖節使書壯金(大德)序」, 『於于集』 권3, 361~362면. "①余惟中國地徧天下, 幅員萬餘里. 南北之氣候相懸, 冀之馬不產於荊, 蜀之鵑不啼於燕, 固也. 我國地偏且小, 南北數千里, 而六鎭之寒過於遼, 兩南之暖侔於越, 盖其遠邇雖殊, 而高下之勢均也. 今夫蘭, 於草莫貴, 而必生於暖地. 我國南土之暖, 至於繁花冬榮, 橘不成枳, 而獨未聞某地生蘭何也? 非無蘭, 識蘭者無之也. ②余去年聖節朝于燕, 有韓序班, 閩

위 작품은 1610년(광해군2년, 52세)에 창작되었다. 1608년 유몽인은 宣祖의 교지를 七大臣에게 전해 주었다는 이유로 파직되어 남산에 기거하고 있었다. 그 사이 1609년에 그는 文才의 탁월함을 인정받아서 성절사겸 사은사로 중국에 가게 된다. 이때 유몽인은 중국의 禮部 관료들로부터 鄭經世(1563~1633)의 문장보다 낫다는 평가를 받는다. 그리고 琉球의 사신은 「行窩記」를 지은 유몽인임을 알고서 그에게 예를 표하기도 하였다. 한편 우리나라 사신들이 중국에서 柳文－柳宗元의 문장－을 찾자, 중국인들이 조선에도 柳文－유몽인의 문장－이 있다고 대답한 이래 그의 문집을 세상에서는 東柳文이라고 칭했다는 일화도 전한다.[19] 이 모든 정황이 유몽인의 자부심을 북돋운 배경이 된다.

이러한 사실을 통해서 볼 때 그에게 1610년은 세 번의 중국사신행을 통해 중국의 문인들과 사신들로부터 충분히 인정받았음에도 불구하고 파직되어 남산에 기거하는 상태라는 배경을 갖는다. 이러한 제반 근거

人也, 贈余蘭一盆, 盖自閩中舡而來者. 余愛甚, 包之紙與氈, 置轎底. 歸安于燠室, 夸嫭坐上客. 或曰, '凡草葉入水皆浮, 惟蘭也沉, 以此辨其眞假.' 又曰, '往者李青蓮後白如燕, 重價賕崇蘭, 輿來王都, 有名醫咕其葉曰, '此麥門冬也.' 李大怒, 欲示其根而大辱之, 掘一根, 果有丸結焉. 其後隔數歲復之燕, 倍前直售之, 狀殊於昔. 歸而歷春, 終不花, 拔其根, 猶夫前.' 今余所有, 葉則沉水, 根則無丸, 余尤愛之如百朋. 日俟其花, 以其途中傷凍, 洎春而枯, 余惜之欲涕. ③今金君繼余如燕. 君, 君子人也, 觀其行已殊, 有契於蘭. 凡人之性, 惟其類愛, 將以今之行卜之. 吁! 草木之生, 各隨氣候, 氣候所同而土之產均焉. 今此之蘭, 非如荊之馬・燕之鵠. 卽吾南之土着而不之知, 無他, 東人之眼, 肉也. 瞪而視之, 謂之曰, '蕭艾.' 得一麥門冬, 頳人肩于數千里外, 宜夫眞蘭之死以自晦也. 願君心誠求之, 移一本于我土焉. 安知我土荊棘之中, 不有聞遠之馨, 不假而眞者乎?"

19) 「年譜」, 『於于集(附)於于野談』, 景文社, 1979, 310면. "天朝賜宴時, 以方喪在身, 呈文禮部請免宴, 禮部七郎官傳視其文, 相顧失色曰, '此文甚高, 勝於前來使臣鄭經世之文, 東國儘多文章士.' 又玉河館遇琉球使, 通姓名, 琉球使大驚曰, '作「行窩記」柳某耶?' 便下床拜. 又我國使索柳文於中國, 中國人曰, '東方亦有柳文.' 以故公之文集, 世謂之東柳文."

에 입각해서 위 예문을 살펴보면 작품의 의미가 단순히 金大德에게 난초를 가져와 달라는 부탁 이상임을 알 수 있다. 실마리는 난초에 있다. 난초는 재능(혹은 가치)을 지닌 인물(혹은 기풍)이며, 그것은 다시 가치를 제대로 알아보는 안목과도 연계된다. 이로써 볼 때 ②에서 閩의 사람인 韓序班[提督府의 서리]으로부터 난초를 받게 된다는 언급은 자신의 문재를 인정받았다는 상징이다.

그의 자부심을 한 순간에 무너뜨린 이유를 파악하려면 ①과 ③단락에 주목할 필요가 있다. 특히 ①의 "그 이유는 난초가 없는 것이 아니라 난초를 알아보는 사람이 없기 때문이다."와 ③의 "즉 우리나라의 남쪽 땅에 정착하였으나, 그 사실을 모르니 그 이유는 다른 것이 아니라 우리나라 사람들의 눈이 肉眼이기 때문이다." 등의 언급이 그것이다. 이것은 한유의 「雜說」에서처럼 具眼者가 없기 때문에 난초가 있어도 발견되지 못하고 죽어버리고 만다는 서술이다. 李後白(1520~1578)이 중국에 두 번씩이나 갔으면서도 난을 구하지 못하였다는 언급은 물론 이러한 상황의 비유적 형상화이다.[20] 그리고 ②의 "지금 내가 가진 난초는"이하의 서술은 중국에서는 인정받았으나 조선에서는 그렇지 못한 자신의 상황을 서술한 것이다.

---

20) 이러한 내적 의미를 선명하게 드러낸 여타 글은 적지 않다. 예컨대 「答柳正字書」(『於于集』 권5, 407~408면)에서 "且余聞之, 見之則蔑, 聞之則怵, 其生也狎, 其死也惻, 盖人情自古多其類. 余請復爲汝譬可乎! 昔羣兒聚山趾, 有虎攬一兒, 踞而不嚙, 羣兒不知虎也. 提巨梃, 搭其喉, 虎斃, 推曳而來. 路見長者曰, "小子, 汝安得虎而來?" 羣兒始知其虎也, 皆大怖, 棄而趨. 向也搏之, 今也趨之, 是何也? 則昧於實, 而惻於名也. 今汝以柳州已死, 賞其文欲千萬讀, 甚矣, 汝之貴耳而賤目也! 安知今世不復有未死之柳, 其文不讓於秋濤瑞錦也耶? 若使後世讀余文至千萬, 其必有識余者矣. 悲夫! 余之劍! 自在之劍也, 旣不埋, 夫誰掘之? 汝欲拂拭之, 當爲汝發諸匣."라고 말하는 부분을 들 수 있다. 특히 전체적 구성은 물론, 서술의 양상도 닮아 있다. 즉 자부와 좌절, 비유적 서술 등이 유사하다.

그런데 위와 같은 서술은 동류집단의 이익에 눈이 멀어 제대로 된 인재를 배제시키는 세태 비판과도 연관된다. 물론 조선 문인지식인[東人]의 안목을 비판하는 언급과 자신에 대한 비유적 서술에는 자신의 재능이 알려지지 못하는 비관도 내재해있다.

이러한 상황에 처해 있을 때 유몽인이 선택할 수 있는 길은 우선, 정계에서 완전히 떠나버리는 것이 있다. 만약 그러지 않고 정계 내에서 무엇인가를 도모하려는 경우, 동류가 되거나 泥田鬪狗의 편가르기로부터 거리를 두는 방법 중 한 가지를 선택할 수 있다. 유몽인은 정계 내에서 거리두기를 선택한다. 물론 이 길은 비극의 조건을 이루는 한 축인 작가의 자율적인 의지로 세계에 도전한다는 의미와도 연관된다.

유몽인의 삶과 문학에서 상승으로서의 자부와 하강으로서의 좌절, '일인'으로서 자신의 삶을 선택하려고 했던 태도를 발견할 수 있었다. 따라서 그의 삶과 사유는 일정 정도 비극적이었다. 실제로는 중간의 매개항인 '일인'으로서의 선택으로 인하여 유몽인은 좌절·몰락하게 되었다. 물론 좌절과 몰락에도 불구하고 '일인'으로서의 선택 때문에 그는 비판적 의식과 독창적 문예의식 및 글쓰기를 보여줄 수 있었다.

2. 浮動하는 삶 속 고뇌와 좌절의 글쓰기

유몽인이 글에 집중하게 된 이유는 그것이 불우한 자신을 후대에 알릴 수 있는 유일한 실마리라고 생각했기 때문이다. 三不朽의 德·功·言 중, 앞의 두 항목은 자신할 수 없었으나 글에 대한 자부심과 일정한 확신이 그를 立言의 길로 이끌었다.[21] 이 때문에 그는 일반적인 방법을

21) 이미 살펴본 작품 이외에도 이와 같은 사유를 표현한 경우는 적지 않다. 예컨대 「題天柱山人鍾英詩軸序」(『於于集』 권4, 380면)의 "余年七十少七歲, 處世能幾何, 寒燠不及, 我無公事, 日修其業. 後乎千百歲, 孰知今之世有余? 其卒曁流俗同歸泯泯. 夫是

따라 평범한 글을 쓰지 않고 남들과 다른 글을 쓰고자 노력한 것이다. 이것이 그의 글에 개성을 부여한 측면은 분명하다. 이에 대해서는 이미 유몽인 산문의 난해성과 그 의미를 밝히는 부분에서 언급한 바 있다.

난해성 이외에 유몽인 산문의 특징은 다음과 같다. 우선 자유로운 정신 경계를 형상화한다.[22] 다음으로 판단의 지연 또한 적지 않게 보인다. 한편 이 두 가지 특징적 면모는 '부동'과 일정정도 연계되는데 '부동'이 비판・불우와 결부되는 경우 반어・역설로 나타나기도 한다.

故, 余之汲汲於斯文, 猶學子忙於槐黃, 奩者忙於趍勢, 渴馬忙於飲川, 飢僧忙於飯鐘. 余之擯於朝適四載, 初年讀左氏, 次年讀杜詩著杜評, 次年誦杜詩, 抵今年不替. 其隙則閱諸子氏, 又述酬應自遣長篇短韻幷三百數十篇, 序記辭說碑碣文長言大策四十餘篇, 小說百許編, 未遑盤桓臨眺歌酒於暇日, 誠以此身已老. 詩書中享至樂餘日無多, 欲追未及於加平新壟, 修余業倍之."라는 부분에서 선명하게 드러난다. 이 글에서는 이름조차 후세에 남기지 못하는 경우를 저어하여 서적과 저술에 집중하였다는 63세 유몽인의 태도를 볼 수 있다.

22) 어디에도 구속받지 않는 자유로운 정신 경계는 다음의 작품에 선명하게 드러난다. 柳夢寅, 「行窩記」, 『於于集』 권4, 391면. "무릇 강산은 무궁하지만 거실은 부족하다. 만약 내 집이 아니면 비록 岳陽樓나 滕王閣이 참으로 아름답기는 해도 편안할 수는 없다. 비록 잠시는 편하다고 해도 오래되면 싫증을 내는 것이 사람의 情이다. 上舍[崔繼勳]는 강산의 빼어난 곳을 골라 거하며, 거하다가 싫증이 나면 옮겨 다른 곳으로 가니 乾期, 濕期, 찰 때, 더울 때 모두 이곳[行窩]에서 거처한다. 비록 자신의 땅이 아니라도 땅의 주인이 금하지 않는다. 대저 (별자리의 이름에도) 營室이 있으나 옮길 수 없고, (나무에 집을 지은) 有巢氏도 나무를 옮길 수는 없었으며, 거북・소라・굴・달팽이도 겨울에는 겨울잠을 면할 수 없다. 그러나 상사는 지역과 시기에 상관없이 모두 편안할 수 있어서 물이나 사람이나 하늘 모두가 할 수 없는 일을 할 수 있으니 참으로 上智이구나!(大抵江山無窮而居室不足. 苟非吾家, 雖岳樓・滕閣信美, 而不能安. 雖假而安, 久而厭, 亦人情也. 上舍選江山之勝而居之, 居而厭, 則運而之他, 燥濕寒暑皆於斯. 雖非吾地, 地主不之禁. 夫營室不能移次, 有巢不能移木, 龜螺蠔蝸不免蟄於冬. 而上舍無地無時皆可安, 而物不能, 人不能, 天不能而能之, 其亦上智也哉!)" 특히 이 글에서 보이는 자유로움은 사물, 사람, 하늘 모두가 누릴 수 없는 것이라 더욱 의미가 깊다.

나는 말하였다. "작년 가을 9월에 내가 금강산으로 들어가 (그곳에서) 일생을 마칠 계획을 세웠다. 10월이 지나 가족들이 서울로부터 산사로 와서 위급한 병을 치료하였다. 이듬해 4월이 지나 금강산을 떠나 서쪽으로 온 이유는 식량이 부족했기 때문이다. 豐田驛에 도착하여 가족들을 서울로 다시 보낸 이유는 입을 줄이기 위해서였다. 이 산[寶盖山]의 길로 들어서서 행장을 풀고 僧舍에서 쉬는 이유는 곡식의 값이 싸다는 사실을 여행길에서 들었기 때문이다. 옛 왕이 폐위되었다는 소식을 들었는데도 내가 그다지 놀라지 않은 이유는 그 일이 일어나기 전에 짐작했기 때문이다. 또한 새로운 왕이 서고, 어지러운 정치가 혁파되어 인자하고 은혜로운 정치가 펼쳐져서 백성들이 기뻐한다는 사실을 듣고도 놀라 경하하지 않은 이유는 배고픈 사람에게는 밥이 되기 쉬움은 손바닥 뒤집기와 같기 때문이었다.[23)]"

두 승려[彦機와 雲桂]는 의아해하면서 따져 말하였다. "우리는 산사람입니다. 예로부터 금강산에서 세월을 보내는 일은 한미한 선비라도 오히려 어려워하는 일인데 재상이 그럴 수 있겠습니까? 이미 산을 떠난다고 말하셔놓고 이 산에서 무엇을 하시려는 것입니까? 지금 새 왕이 옹립되어 나라를 다스리느라 벼슬을 구하는 사람들이 시장에 운집한 것 같은데 어찌 중도에서 배회하고[徘徊中路] 계십니까?"[24)]

---

23) 『孟子』「公孫丑上」, "曰管仲, 以其君覇晏子, 以其君顯, 管仲晏子, 猶不足爲與. (中略) 且王者之不作, 未有疏於此時者也, 民之憔悴於虐政, 未有甚於此時者也, 飢者易爲食, 渴者易爲飮."

24) 柳夢寅, 「遊寶盖山, 贈靈隱寺彦機·雲桂兩僧序」, 『於于集』 권4, 390면. 余曰, "去年秋九月, 余入金剛山, 計終老也. 越十月, 家累自京師來山寺, 救危病也. 越明年四月, 辭金剛西行, 因艱食也. 行到豐田, 送家累還京, 省人口也. 路入玆山, 解裝休僧舍, 穀稍賤也. 聞之行路, 舊君廢, 余聞之不甚驚者, 已見於事之先也. 又聞新王立, 革亂政敷仁惠, 民庶驩如也, 聞之不驚賀者, 飢者易爲食, 猶以齊王也." 兩僧疑而詰之曰, "吾儕, 山人也. 自古過歲金剛, 雖寒士猶難, 況宰相乎? 旣曰離山, 則復何爲於此山? 當今新聖御國, 求宦者如歸市, 又何爲徘徊中路?"

이 글은 「遊寶盖山, 贈靈隱寺彦機 · 雲桂兩僧序」의 앞부분이다. 승려의 입을 빌어 표현되기는 하였으나 이 당시 그의 태도를 선명하게 보여주는 구절은 "徘徊中路"이다. 이 구절은 北人의 일원이었다는 원죄와 인목대비의 폐비에 찬동하지 않았다는 면죄부 사이, 새 정권의 일원으로서 참여해야 하는가 여부의 갈림길에서 방황하는 그의 모습을 상징적으로 보여준다.

1623년 3월 12일 인조반정이 일어났다. 그 소식을 듣고 유몽인은 4월에 가족들을 서울로 보낸다. 그리고 은거하려던 공간인 金剛山을 떠나 豊田驛을 거쳐 寶盖山으로 들어온 행위는 은거의 의지가 다소 희석되었음을 보여준다. 이러한 정황 속에서 승려들은 이미 새 정권에 편입할 준비를 다 해놓고 왜 중도에서 배회하는가라는 의문을 표시하고 있는 것이다. 따라서 승려들과 유몽인의 논의가 문면에서는 균형을 이루고 있으나 행간의 내용은 승려들의 논의에 무게가 실려 있음을 보여준다. 앞서 살펴보았던 부분에서 금강산에 거처했던 일을 높게 보고, 보개산으로 들어온 행위를 속되다(前年處仙山, 高也, 今年投野山, 俗也)고 한 유몽인의 언급 또한 승려의 주장을 그 스스로 인정하는 태도라고 하겠다.

다만 이 글의 마지막 부분은 세속적 대립의 가치를 넘어서겠다는 의지의 표명(其惟才不才 · 賢不賢 · 智與愚 · 貴與賤之間乎)이었다. 실제로 유몽인은 끝까지 새 정권의 일원이 되기를 거부한다. 끊임없는 모색 이후의 결단이다. 결국 자신의 의지로 최종선택을 하였지만 결단을 위해 이것과 저것 모두를 반성적으로 사유하는 태도에서 '부동'이 드러나는 것이다.

> 내가 말하였다. "아, 아닐세, 아닐세. 그대는 世間의 수고로움과 物外의 한적함만 알고 물외의 수고로움이 세간에 떠도는 노고보다 심하다는 사실

은 모르는군. 어째서 그런가 하면, 이전에 내가 서울에서 있을 때에는 공적인 일과 사적인 일을 날마다 몸과 마음에 접하게 되는 경우가 千百으로 헤아릴 수 있었겠는가? 그런데도 세상 사람들 중에 그 수고로움을 원하는 사람이 많아서 나는 오랫동안 소유할 수 없었네. 지금 한가해지자 사물이 몸과 마음에 접하는 경우가 전날에 비해 백배 천배나 더해졌는데도 나 홀로 專有하게 되었네. 대체로 한가하지만 한가하지 않고, 고요하지만 고요하지 않으며, 일이 없으나 일이 있고, 행함이 없으나 행함이 있다네. 저 푸른 산, 검푸른 강, 펼쳐졌다 말리는 구름, 가득 찼다가 이지러지는 달 등의 온갖 형상들이 모두 드러나 눈이 수고롭네. 큰기러기와 학은 울고, 물은 바위에 부딪치며, 바람은 솔숲으로 들고, 목동의 피리소리와 꼴 베는 아이의 노랫소리가 앞뒤로 부르고 화답하니 귀가 수고롭네. 물가에서는 낚싯대를 잡고, 산에서는 지팡이를 의지하며, 들풀과 물풀을 따고, 술잔을 내려놓고 詩筆을 잡으니 손이 수고롭네. 짚신과 나막신 신고 매화와 대나무를 찾아다니며 가파른 산과 웅덩이를 오르내리느라 발이 수고롭네. 맑고 시원하고 상쾌하며 밝고 빛나는 것들과 그윽하고 고요한 것, 회오리치며 거대한 것이 마음속에 가득하다네. 그 사이에는 책에 빠져서 孔子와 孟子를 좇고, 顔回와 曾參을 맞이하며 몇 대를 두루 거슬러 오르니 마치 그 사람을 보고 그 말소리를 들은 것 같아 선명하게 아주 작은 터럭도 빠뜨리지 않으니 마음과 정신이 수고롭다네. 이전에 세상의 일과 접할 때에는 분주하고 촉급하여 시간이 매우 짧게 느껴져서 꿈조차 한 번도 제대로 꾼 적 없이 홀연 반평생이 지나갔음을 느꼈다네. 그런데 한적해진 이후로는 하루의 길이가 마치 이틀과 같아서 만약 내가 여든까지 산다면 160년을 사는 것과 같을 것이네."[25]

25) 柳夢寅, 「贈南善初(復始)序」, 『默好先生文集』(『韓國歷代文集叢書』 2216, 경인문화사, 1997), 170~171면. 余曰, "吁, 否否. 子徒知勞世間逸物外, 而弗知物外之勞之甚有浮於世間之勞也. 何者, 向余在京師, 公私事日接于身心者, 何嘗千百計哉? 但世人欲其勞者衆, 余不得久其有也. 今其散也, 事物之接于身心者, 視前日百千之, 而余獨專焉. 盖閒而不閑, 靜而不靜, 無事而有事, 無爲而有爲. 彼山之靑, 江之碧, 雲之舒

1601년(43세)에 창작된 「贈南善初(復始)序」이다. 이 해 유몽인은 당쟁에 염증을 느껴 충청도 連山에 우거하고 있었다.[26] 위 예문은 이때 무주의 수령으로 있던 南復始가 바쁜 관직생활의 부정적 측면인 勞에 대비되는 은거생활의 逸로써 유몽인에게 말을 건네자[27] 유몽인이 대답한 내용이다. 전체적 어조는 여유롭고, 내용 역시 은거하는 삶의 自適이다.

이 작품은 세간에서의 '노'와 '일'의 가치를 物外의 삶속에서 顚倒시키고 있다는 점이 특징적이다. 그가 위 예문에서 물외의 노고라고 말하는 目勞, 耳勞, 手勞, 足勞, 心神勞 등의 노고는 결국 '일'의 가치를 지니고 있기 때문에 서술은 반어적이면서 역설적이다. 그리고 "閒而不閑, 靜而不靜, 無事而有事, 無爲而有爲."이라는 서술은 A와 ~A 모두를 긍정하고 있다. 즉 양립할 수 없는 두 가치를 공존시키고 있기 때문에 논리적 모순이 보인다. 다만 이것은 세속의 가치로 보면 '일'이지만 물외의 가치로 본다면 '노'인 당시 자신의 상태를 설명하기 위해 사용한 역설이다.

卷, 月之盈虧, 紛然萬象盡態呈巧而目勞焉. 鴻吟鶴唳, 水觸石風入松, 牧豎之笛, 樵童之謳, 前唱後喁而耳勞焉. 於水把漁竿, 於山扶藜杖, 擷野芳攬汀芷, 捨酒戔則拈詩筆而手勞焉. 躡芒鞋蠟屐, 尋梅訪竹, 陟降巑岏坎坷而足勞焉. 淸泠者蕭爽者光明者, 幽者靜者, 扶輿磅礴者, 交納于中. 其隙則入黃卷中, 追孔孟邀顔曾, 沿回歷代, 若目其人耳其語, 了了焉不遺其毫髮而心神勞焉. 往者與世事接, 奔忙迫遽, 日月甚促, 一夢未圓, 忽覺半生已過. 自散來, 每更一日之長如兩日焉, 若使余活八十年, 是活一百六十年也."

26) 이 작품 첫머리의 "余自京師來, 散居湖右百濟墟東, 時京師人南君善初由茂朱宰來, 亦散居百濟墟東. 自在京師頗相識, 適今客于玆, 居同散亦同, 日相往來."라는 서술을 통해 이 작품이 1601년에 창작되었다는 사실을 알 수 있다.

27) 柳夢寅, 「贈南善初(復始)序」, 『默好先生文集』 170~171면. "異日把酒慰余言曰, "昔公之遊世間也, 跨龍元陟烏府, 歷薇垣侍春坊, 陞玉堂以顯敭淸時. 入則紆朱綰靑, 趨奔玉陛下, 邇至尊之淸光, 出則御堅良翼徒隷, 呼唱所略, 列署候風而奔走, 榮莫尙焉. 然而榮之所在, 勞亦隨之, 宮鐘鳴而起, 郭門閉而息, 促促逾十年, 其亦病矣. 今來而客玆土, 蓬門茅宇, 濱于寂寞, 農夫漁父, 以之爲伍, 雖無以寓心事娛視聽, 然猶踏壁而臥, 散髮而坐以竟日, 亦逸矣夫."

아울러 "아이러니란 현세는 본질적으로 역설적인 것이며, 따라서 상반되는 감정을 지닌(ambivalent) 태도만이 그 모순적인 전체를 이해할 수 있다는 사실을 인식하는 것"[28]이라는 사실을 유념한다면 이 문장은 반어적 태도 역시 지니고 있다.

위 예문에서는 유몽인의 현세에 대한 염증도 드러난다. "但世人欲其勞者衆, 余不得久其有也."라는 언급을 통해서이다. 즉 관직 생활에 뛰어들기 위해 아등바등하는 인간세상과 당대 관료사회의 염증이 그것이다. 또한 "今其散也, 事物之接于身心者, 視前日百千之, 而余獨專焉."이라는 언급도 산수의 한가로움에 전혀 눈을 돌리지 못하는 세상에 대한 비판이다.

유몽인의 반어적 태도와 비판적 언급은 결국 기존의 질서와 견해를 막연히 추수하려는 세속적 태도를 부정하고 반어적 자유, 즉 명확성과 고정적 시각의 위에서 부동할 수 있는 자유[29]의 태도에서 발현된 것이다.[30] 그런데 그에게는 위와 같이 여유로운 어조로 삶을 서술하는 반어적 태도뿐만 아니라 어두운 어조로 삶의 아이러니를 서술하는 경우도 적지 않다.

---

28) D. C. Muecke, 『아이러니Irony』, 文祥得 譯, 서울대학교출판부, 1986, 37면에서 인용한 프리드리히 슐레겔의 아이러니에 대한 언급.

29) Kierkegaard, 《*The Concept of Irony*》(translated by Lee M.Capel, Bloomington & London : Indiana Univ. press), 1968, p.240, "소크라테스는 기존의 질서에 관해서는 완전히 부정적이고, 그는 실체적 삶에 대한 모든 결단의 위에 있는 반어적 만족감 내에서 맴돌고 있음을 이제까지 탐구에서 볼 수 있었다."라고 말할 때의 그것이다.

30) 그런데 이 작품은 앞으로 살피게 될 장유의 「海莊精舍記」와 어조의 차이는 있으나 세상을 바라보는 태도, 반어적으로 은거의 장점에 대해 언급한다는 사실은 유사하다. 유몽인의 경우 완전히 은거할 뜻이 있어 연산으로 내려간 것이 아니었고, 장유의 경우 인목대비의 폐위와 함께 서인 일파가 매우 위태로워졌던 상황이었음을 고려하면 이러한 어조의 차이는 설명될 수 있다.

> 아! 세상이 쇠하여 문장이 사람을 그릇되게 만드는 경우가 많구나. (중략) 일생의 榮落은 굳이 언급할 필요도 없지만 우리나라 사람들이 문장을 경시하고 財力이 부족하여, 세상을 떠들썩하게 할 만한 작품도 사라져 전하지 않는 경우가 매우 많다는 사실이 유독 한스럽다. 그래서 매번 평생 지어놓은 저술이 초목과 함께 썩어갈 것이 안타깝다. 지금 비록 司馬遷이 『史記』를 쓰고, (그의 저술을 세상에 내놓은) 楊惲과 같은 손자가 다시 있다고 해도 珍篇寶牒과 같은 문장은 쥐가 갉아먹는 물건이 되고 만다. 말과 생각이 이에 이르니 다만 책을 어루만지며 길게 탄식할 뿐이다. 원컨대 그대는 헛되이 문장에 힘쓰지 말게, 죽은 이후의 문장은 살아서의 한 잔 술보다 못하다네.[31)]

위 예문에서 유몽인은 살아 있을 때의 일에 힘써야지 죽어서의 명성에 기대려고 해서는 안 된다고 崔有海(1588~1641)를 설득한다. 문장이 문인을 그릇되게 만드는 경우가 많고, 우리나라 사람들은 훌륭한 글을 알아보지 못하기 때문이라는 분명한 이유도 있다. 따라서 마지막 언급은 문면 그대로 받아들일 수도 있다. 그러나 문제는 유몽인 스스로가 그의 말대로 실천하지 않았다는 데에 있다. 그는 말년에 더욱 문장에 매진하여 훌륭한 글로 자신의 불후를 도모하였다. 현세의 불우를 극복하기 위해 후대의 명예를 선택하고자 한 흔적이 역력하다.[32)] 그렇다면

---

31) 柳夢寅, 「答崔評事(有海)書」, 『於于集』 後集 권4, 555면. "吁! 世衰矣, 文字之誤人多矣. (中略) 一生榮落, 固不足言, 而獨恨我國輕斯文乏財力, 鳴世諸作, 泯沒不傳者滔滔. 每歎平生所著述, 將與草木同腐. 今者雖使馬遷治史, 復有楊惲之孫, 珍篇寶牒不過爲鼠壞之物. 言念及此, 徒拊卷而長吁. 幸願足下毋虛勞, 死後文章, 曾不若生前盃酒."

32) 柳夢寅, 「題金得之(大德)令公詩卷後詩序」, 『於于集』 後集 권3, 517면. "生日短死日長, 不圖目前, 而惟身後之圖, 故反於常. 今者著述已富, 簡牘盈箱, 孝子慈孫, 或壽其傳, 則後之觀之者曰, '某也生時, 能釋回扶正, 志業可觀, 之文也之書也, 無媿於千秋萬世.' 則是余之願也."에서 현세보다는 문장으로 후대에 불후함을 기약하고자 하는 태도가 보인다. 이와 같은 태도는 그의 문집을 통해 적지 않게 확인할 수 있다.

위 문장의 의미는 문면에 드러난 내용과 정반대로 읽어야 한다. 즉 인정받지 못하는 자신의 심사를 반어적으로 뒤튼 표현이다. 이로써 볼 때 현세적 불우로 인하여 자신이 평생 자부하던 문장까지도 다시 한 번 반성적으로 생각하게 된 상태 속에서 반어적 글쓰기는 도출된 것이다.

이러한 내용은 「送洪牧李潤卿(睟光)序」에서도 발견된다. 그가 언급하는 詩魔를 피하기 위한 네 가지 비결[33]은 지극히 반어적이다. 다만 이수광에게 준 送序에서는 자신이 네 가지 비결을 따르지 않고 있음을 비교적 분명하게 서술하고 있으나 「答崔評事(有海)書」에서는 현세의 이로움과 후세의 명예 사이에서 더욱 갈등하고 있다. 즉 그의 내면에서는 더 심한 갈등, 부동에 의한 반성 등이 일어나고 있었다. 따라서 「答崔評事(有海)書」의 창작시기는 정확하게 가늠할 수는 없으나 적어도 60세 즈음에 보이는 의식상의 일보후퇴, 벗어날 수 없는 운명[34] 등의 언급에 대한

33) 柳夢寅, 「送洪牧李潤卿(睟光)序」, 『於于集』 권3, 358~359면. "嘗聞世之解事者, 頗識却魔之方, 何者? 太上, 束其書, 墨其藁, 噤其辭, 肚裏不形外, 混混如恒人. 其次, 聞座中譚及古書, 輒先起, 視人讀前人諸作, 輒欠伸坐睡. 家有冊子置几上, 弛然枕而臥, 優遊偃仰以度年. 其次, 慣誦東方文, 日講國朝三尺, 粗通關節符移文字, 又令折簡牌字於親友臧獲無滯碍, 以取周用於公私. 其次, 辦酒食, 勤造請, 御堅良, 日謔浪於高門懸簿, 見同者以氣吹噓之, 其異己也無淑慝擯之如蠻狄."이라고 말한 내용이 그것이다. 詩魔를 쫓아내는 네 가지 방법은 유몽인 스스로가 가장 혐오하는 방법이기 때문에 그는 이 방법을 선택할 수 없다. 그 스스로도 마지막 부분에 "余方遘是魔, 嬰于膏肓牢甚, 毒是久矣而卒不能已. 今見洪州公不懲我, 謀於魔日益篤. 故連歲有是行, 余欲公却之, 陳其方以貽之. 吁! 不自却, 欲人之却之, 其不踐言也夫."라고 언급함으로써 자신은 그러지 못하고 있음을 밝히고 있다. 그리고 이수광에게 준 속뜻에 네 가지 방법을 사용하라는 의도가 개입하지도 않았다. 다만 주장을 선명하게 드러내지 않고 있기 때문에 거리를 두고 있다고 할 수 있으며, 따라서 위 예문은 수사적으로 반어가 사용되고 있다. 다만 이러한 구차한 방법의 사용을 언급한 그 이면에는 자신의 글에 대한 자부와 좌절 등이 반영되어 있다.

34) 柳夢寅, 「答崔評事(有海)書」, 『於于集』 후집 권4, 555면. "昔者作百一詩, 獲罪當世者有之, 詠檜賦鹽, 以招時謗者有之. 況今詩案被讉, 前後不甚尠, 可不惧哉? 文章之與仇謀憎命達, 自古皆是, 其免者幸耳. 曾見相書, 鼻梁低, 鼻如竈門者, 才智超羣, 而命

단초를 보여주는 작품이다.[35]

'일인'으로서의 '부동'은 이미 언급한 바 있듯이 어디에도 구속 받지 않는 자유라는 긍정적 모습으로 드러나기도 한다. 그러나 불가항력의 세계와 맞서야 할 때 그것은 비감을 더욱 가중시키는 기제로 작용하며, 이것은 다시 무엇도 확실치 않다는 판단의 지연, 어디에도 속하지 못한다는 고독에의 인식[36] 등으로도 나타난다.

道艱屯. 盖人之賦形, 亦才與命不兩全必矣. 天道使之也, 豈容人力爲哉?"에 이러한 모습이 잘 드러난다.

35) 삶에 있어서 좌절이 극에 달한 시기에 유몽인은 언제 얻게 될지 모르는 성취에 희망을 걸기보다 理想世界로 도피하는 모습을 보이기도 한다. 그러나 아직 완전히 좌절하지 않았던 시절인 50세 즈음에는 막연한 희망을 걸어보기도 한다. 이러한 모습은 「送聖節使書壯金(大德)序」의 마지막 부분에서 발견된다. 柳夢寅, 「送聖節使書壯金(大德)序」, 『於于集』 권3, 361~362면. "願君心誠求之, 移一本于我土焉. 安知我土荊棘之中, 不有聞遠之馨, 不假而眞者乎?" 이 글은 김대덕에게 제대로 된 안목을 지니고 중국의 가치 있는 기풍을 우리나라에 전수해달라는 의미 외에 자신의 가치를 제대로 인정받고자 하는 소망도 투영되어 있다. 그가 바로 남쪽에 피어 있는 난초임을 이미 비유적으로 언급하였기 때문이다. 즉 아직 희망을 완전히 버리지 않은 모습이다. 이러한 생각은 다음의 글에서도 확인된다. "男兒生世, 天下事可以俯而取, 不可仰而攀. 行古人之制, 處今世之偏鄕, 何必折枝於恒人然後達也? 平生繩身樹志, 妄以此自高. 杜門讀書, 未曾傍人門哀鳴, 私自慰曰, '豈無豪傑之士好古知人者, 推轂引綆我哉?' 前后遇知我僅數三人, 出而應之, 亦察其人何如爲向背, 鮮有保其終始.(柳夢寅, 「贈三藏菴沙彌懷賢序」, 『於于集』 권4, 385~386면)" 이 예문은 64세의 유몽인이 자신의 삶을 간략하게 압축한 언급이다. 앞부분은 막연한 희망이며 그 이후는 그마저도 좌절된 모습이다. 위의 언급들을 종합하여 희망을 품게 된 이유를 정리하면 대체로 다음과 같다. 첫째, 앞의 예문에서 보이는 대로 남아로서 호기롭게 뜻을 세우고 살았다면 그를 인정해 줄 수 있는 사람이 있으리라는 생각과 둘째, 30세의 "余觀古之賢豪士, 能做大業成大名者, 未有不困頓憔悴於始也.(柳夢寅, 「送洸侄遊洪州序」, 『於于集』 권3, 368면)"와 50세의 "有心哉! 天欲予之, 必歆之, 欲扶之, 必傾之.(柳夢寅, 「送柳老泉(澗)朝天詩序」, 『於于集』 권3, 357면.)"라는 언급에서 볼 수 있듯 聖人의 언급과 역사적 사실로 드러난 大器晩成에 대한 믿음 때문이다.

36) 예컨대 이미 살펴본 「贈表訓寺僧靈旹序」과 같은 글에서 보이는 의사소통의 불가능과 知己의 부재 등이 그것이다.

> 起者·廢者, 張者·歛者, 生者·死者 등은 절로 일어났다가 절로 없어지고, 절로 펴졌다 절로 움츠러들며, 절로 살고 절로 죽으니 나와 관계가 없고 모두 절로 되는 것 같아서 두 개로 나누어 논할 필요가 없다. 오직 可한 것만을 행하고, 不可한 것은 행하지 않으며 나에게 있는 것을 다스릴 뿐이니 세상사에 대해 내가 무엇을 하겠는가?[37)]

현실적 불우와 좌절은 유몽인의 능동적 선택을 소극적으로 만들었다. 앞서 살펴보았던 「贈李聖徵(廷龜)令公赴京序」에 보이는 46세 유몽인의 태도와 61세(1619년)－이 해는 인목대비의 처리에 대해 許筠, 李爾瞻 등과 반목하다가 물러나 西湖에 병거한 지 일 년 되는 해이다－에 지은 위의 작품을 비교해보면 선명하게 부각된다.

「贈李聖徵(廷龜)令公赴京序」에서 보이는 태도는 분명 자신의 가치관을 기준으로 삶을 능동적으로 선택하겠다는 모습이었다. 위 예문에서도 선택은 자신이 하겠다는 데로 귀착되지만 그 태도가 다소 소극적으로 변모하였다. 이러한 점은 전자의 "可한 것도 不可한 것도 없이 오직 내 마음만을 따른다. 그런데 내 마음이 귀의하는 곳은 오직 나 한 사람뿐이니 그 거취가 여유로워 넉넉하지 않은가?"와 후자의 "오직 可한 것만을 행하고, 不可한 것은 행하지 않으며 나에게 있는 것을 다스릴 뿐이니 세상사에 대해 내가 무엇을 하겠는가?"라는 서술의 비교를 통해 확인된다. 전자가 선입견에 의해 만들어진 가함과 불가함에 상관없이 그것을 넘어서서 자신의 기준으로 선택하겠다는 의지를 표명한 것이라면, 후자에서는 그러한 태도가 자신이 할 수 있는 것만을 하겠다는 데로 물러나

---

37) 柳夢寅, 「奉別謝恩奏請使李月沙(廷龜)四赴燕山詩序」, 『於于集』 권3, 351면. "起者廢者張者歛者生者死者, 自起自廢, 自張自歛, 自生自死, 則似無與於我, 而亦莫非所自爲也, 皆不須貳而論之也. 惟其可爲也而爲之, 不可爲也而不爲之, 治在我者而已, 吾於天下事, 何哉?"

있다. 즉 전자가 적극적으로 판단하여 세상에 문제를 제기했던 태도였던 것과는 달리 후자는 세상사에 다소 거리를 두는 태도이다. 두 언급 모두 편협한 선택으로부터는 벗어나 있으나, 후자가 다소 소극적이고 문제제기의 범위 또한 축소되어 있다. 물론 이러한 후퇴는 그가 겪었던 좌절에서 기인한다.

이처럼 60세 즈음의 산문에서 보이는 좌절의 징후는 이전의 그것보다 깊다. 자신의 길을 가고자 하던 의지의 약화는 물론, 50세 즈음에 막연하게나마 품었던 희망적 서술도 거의 찾아볼 수 없다. 이때 異界의 형상화, 신선(신선술)에 대한 언급,[38] 이미 정해진 운명을 벗어날 수 없다는 투의 서술[39]이 도출되는데, 특히 금강산 은거시기에 집중적으로 드러난다. 이와 같은 서술들과 좌절의 관계를 파악하기 위해 신선에 대한 동경과 정해진 운명의 추수에 영향을 준, 유한한 시공간 속에 갇힌 존재의 비애를 고찰할 필요가 있다.

---

38) 예컨대 「贈金剛山僧宗遠序」(『於于集』 권4, 382면), "第聞玆山多神僧異釋, 能解神通法, 傳之必於其人. 吾師居山, 與是人非師卽友, 未可爲我作謇脩乎? 若因之呼風喚雨, 役龍虎縮山河, 雖不能驂鸞馭鳳於九宵之上, 猶勝於柴柵軒裳, 汩汩風塵中. 若然則當姑捨我文章, 日專專於斯."와 「贈乾鳳寺僧師洽序」(『於于集』 권4, 386~387면), "側聞此山中多五葉松, 飡此者身上生碧毛, 不帛煖, 腹中實香精, 不粒飽, 腋無羽, 能飛上楞伽山, 神通自在, 至永保神形之域. 信斯言, 余雖老請學焉." 등에서 그러한 모습이 선명하게 부각된다.

39) 「贈表訓寺僧淨淳序」, 『於于集』 권4, 388면. "昔在余年二十餘, 拜門長鄭愼, 鄭善天筭, 能言人壽夭禍福無不驗, 以七政筭甲子曰, 爾年六十三辛酉之歲, 有冲紫金之患, 難乎逭矣, 萬幸一免, 壽可至七十九, 余歸而記諸冊子, 去歲壬戌, 果遘厲于山中, 三死三生, 復見天地日月, 平生之病, 莫酷於此, 盖鄭之天筭不甚精, 雖差一歲, 指壬戌以辛酉, 言不可謂不中, 則又安知七十九之壽, 獨不退於八十餘乎?"; 「與楡岾寺僧靈運書」, 『於于集』 권5, 422면. "人命在天不在人, 此可知也."; 「杏山記夢詩序」, 『於于集』 후집 권3, 520면. "大抵天下事, 無非夢也, 而一夢一覺, 又有待乎彼, 世之人營營, 晨夕求富貴利達, 攀援危徑, 望引手于人, 而殊不知蒼蒼者在其上, 已前定之, 而先得於虛靈卒驗之事, 爲不可逃於數外也如此, 豈不大可笑也歟?" 등이 그것이다.

아아! 뜬세상 가련하구나. 초파리와 같은 중생들은 항아리 속에서 나고 죽으며 긁어모아 취하려고 해도 한 움큼도 채 되지 않는다. 그런데도 저 조잘대고 제 잇속만 챙기며 옳으니 그르니 기쁘니 슬프니 하는 모습이 어찌 크게 비웃을 만한 것이 아니겠는가? 내가 오늘 바라본 것으로 보자면 天地 또한 하나의 손가락이다. 게다가 이 봉우리[天王峰]는 천하의 한 가지 작은 사물일 뿐이니 여기에 올라서 높다고 여기는 일은 어찌 거듭 슬퍼할 만한 일이 아니겠는가? 저 安期生·偓佺과 같은 무리는 난새의 날개와 학의 등을 침상으로 삼아 다니다가 구만 리나 되는 하늘에 올라 아래를 볼 때, 이 산이 (그들에게는) 아주 작은 털만큼도 되어 보이지 않는다는 사실을 (우리가) 어찌 알겠는가?[40)]

선조의 교지를 七大臣에게 전해주었다는 이유로 1608년(50세) 파직되어 남산에 은거하던 중 유몽인은 高興으로 완전히 은거할 뜻을 보인다. 그 해가 1611년(53세)이며 이때 조정에서 일찍 은퇴하는 것의 보상으로 龍城[남원] 수령직을 내린다. 「遊頭流山錄」은 이 시기에 창작된 산수유기이다. 지리산 승경의 탁월한 묘사와 探勝行爲의 핍진한 형상화 외에도 神異한 이야기 서술, 현실 비판 등이 특징적이다.

위 예문에서 초파리와 항아리는 인간과 천왕봉(지리산)의 비유이다. 미미하며 순간을 사는 초파리와 같은 인간, 손가락 하나와 같은 세상 속의 작은 항아리인 지리산은 다시 시공간적 유한성을 의미한다. 유몽인은 바로 이 점, 한없이 유한한 시공간 속에 살면서도 조잘거리고 제 잇속만을 챙기려 하는 인간의 태도를 비판한다. 아울러 자기 이익에 따

---

40) 柳夢寅, 「遊頭流山錄」, 『於于集』 후집 권6, 588면. "嗚呼! 浮世可憐哉! 醯鷄衆生, 起滅於甕裏, 攬而將之, 曾不盈一掬. 而彼竊竊焉自私焉是也非也歡也戚也者, 豈不大可噱乎哉? 以余觀乎今日, 天地亦一指也. 況玆峰, 天之下一小物, 登玆而以爲高, 豈非重可哀也歟? 彼安期·偓佺之輩, 以鸞翮鶴背爲床席, 當其薄九萬而下視, 安知此嶽不爲秋毫耶?"

른 기준으로 是非를 판단하며 悲歡이 교차하는 인간도 역시 비판한다. 좁은 시야에서의 판단과 시공간에 묶인 한계를 벗어나기 위해 유몽인이 생각한 것이 바로 신선, 즉 시공간을 넘어선 존재의 시각으로 세상을 바라보는 일이다.

이러한 시각은 앞서 살펴본 자유로운 '개인'의 '부동'이라는 태도 없이는 도달하기 힘든 경지이다. 자신이 처한 상황을 자신의 의지로 벗어나지 못한다면 삶을 거시적으로 조망할 수 없기 때문이다. 따라서 위의 예문은 유몽인의 정신이 도달한 경계를 형상화한 것이다. 물론 그 경계에서 그는 인간의 미약한 본질과 대면하기 때문에 비애를 느낄 수밖에 없으며, 그가 당시 처해 있었던 상황이 이러한 비애를 더욱 가중시킨 것이다.

그러나 위 예문에서는 운명에의 귀의나 그것을 벗어날 수 있는 신선에의 동경 등이 선명하게 부각되지는 않는다. 그 단초만이 보일뿐이다. 이러한 단초가 60세 즈음에 겪게 된 더 큰 불우, 눈앞에 다가 온 죽음에의 인식을 통해 앞서 언급한 상태로 악화된다.

60세 즈음의 유몽인에게서는 불우한 상황 속에서 운명론이나 신선으로 귀의하려는 태도뿐만 아니라 상상의 현달을 통해 현실의 불우를 보상받고자 하는 서술도 보인다. 물론 이러한 글쓰기는 좌절의 變奏이다.

> 玉皇上帝께서 말씀하셨다. "오라 夢寅이여, 너는 대단한 기운을 지니고서 궁벽한 곳에 처하여 항상 우주를 좁게 여기는 마음을 지니고 있다. 나는 이 때문에 너를 세 번 불러 列仙에 두었다. 아! 큰 재목은 용납되기 힘드니 너는 돌아가 이 점을 삼가라." "存敬이여, 너는 총명하고 溫諒하여 나는 너를 훌륭하다 생각한다. 너는 가서 공경히 임무를 수행하라." "그런데 존경이여, 너에게 있어 병이 많은데도 命을 따르니 나의 天醫가 가서 네 병을 진료해줄 것이다." "천의여, 동해의 신하인 존경이 학질에 걸렸으

> 니 너는 가서 약을 주어라." "天福이여, 너는 세상의 福祿을 주관하니 相善이 너에게 달려있구나, 몽인과 존경에게 크게 복을 주어라." "天德이여, 너는 세상의 복을 후덕하게 주관하여 현명한 사람에게는 덕을 베풀고 백성들에게는 은혜를 준다. 몽인과 존경은 그 덕을 삼가니 너는 그들에게 복을 더하고 동방의 조선이 큰 은택을 입도록 하라." "老人이여, 너는 몽인과 존경에게 각각 3천 6백 년의 수명을 주도록 하라." "織女여, 너는 너의 솜씨를 부려서 五雲錦 약간 필을 끊어 두 賢人에게 옷을 지어 입히도록 하여라." "奎璧이여, 너희는 나의 문장을 주관하니 나의 詔辭를 지어서 두 사람이 동쪽으로 돌아가는 일을 허하라."[41]

이 작품은 金存敬이 중국에 사신행차를 갔을 당시인 1617~1618년(59~60세)[42]경에 창작되었다. 1618년은 유몽인이 인목대비의 옥사 문제로 大北派와 갈등하다가 파직된 시기이다.

이 작품에서 생략된 부분에는 옥황상제를 만나러 가는 과정, 그 연회에 참석하여 취하고 그곳에서 하루를 묵는다는 내용이 서술된다. 그 이후의 부분이 바로 위의 예문이다. 예문 전체가 유몽인의 상상에 의해 서술되었고, 옥황상제에게 받은 다양한 歡待의 모습을 부각시켰다. 물론 당시 유몽인이 처한 실제 상황과는 전혀 다르기 때문에, 이미 언급한

---

41) 柳夢寅, 「贈金書狀朝天記(押韻)」, 『於于集』 후집 권4, 539면. "帝曰, '來汝夢寅, 惟汝負奇氣處遐偏, 常有隘宇宙心. 予用是三引汝齒列仙. 吁! 材大難容, 汝歸愼旃.' 曰, '存敬, 惟汝聰明溫諒, 予嘉乃. 欽哉汝往.' 曰, '存敬, 汝惟多疢庸命, 予天醫往診之.' 曰, '天醫, 惟東海臣存敬邁瘏, 汝往藥之.' 曰, '天福, 汝管人間福祿, 惟相善在汝, 其福夢寅・存敬甚鉅.' 曰, '天德, 汝能主世間德厚, 祐碩人惠黔首. 惟夢寅・存敬愼厥德, 汝其益之, 俾東方蒙丕澤.' 曰, '老人, 汝錫夢寅・存敬壽各三千六百年.' 曰, '織女, 汝出汝手, 織五雲錦若干匹, 衣兩賢.' 曰奎曰壁, '今汝掌予文章, 其製予詔辭, 許兩人東歸.'"

42) 『光海君日記』 9년 11월 9일 조에 김존경에게 중국황제가 칙서와 선물을 보내주었다는 기사가 있으며, 이후 1618년 윤4월의 기록에도 김존경을 성절사라고 칭하고 있다. 이를 통해 「贈金書狀朝天記(押韻)」를 이 시기 경에 창작된 작품으로 추정하였다.

대로 이 예문은 당시 자신의 처지에 대한 상상적 보상을 위해 서술한 것이다. 『書經』의 어투로 위 예문을 창작하고 있다는 점을 통해서도 이 점을 살필 수 있다. 특히 堯와 舜이 신하들을 각자의 지위로 부임시킬 때의 어투와 어휘를 모방하고 있다. 즉 자신이 현세에서 마땅히 받아야 한다고 생각하는 대우와 그 어긋남에서 오는 아쉬움을 보상받고자 하는 마음을 어투와 어휘의 모방을 통해서 표현한 것이다.

'일인'으로서의 '부동'은 앞서 언급한 대로 비판의식과 개성적 글쓰기의 주요한 원인이 되기도 하고, 자유로운 의식의 滋養이 되기도 한다. 그러나 바로 그 원인 때문에 세상과 겨루어야 하고, 그로 인해 판단의 지연과 고독에서 벗어나기 힘들게 된다. 세상을 바라보는 거시적인 시야를 갖춘 경계에 도달하게도 만들어주지만, 그 때 그는 인간이 생래적으로 지닌 한계와 직면하게 된다. 결국 자신의 선택에 의해 비극적 상황과 마주치게 된 것이다.

인생의 말년에 유몽인은 좌절로 인해 운명에 귀의하고, 신선을 동경하며, 상상속에서 보상을 찾는다. 이러한 모습은 인간이 지닌 한계에 직면하여 후퇴한 결과이다. 또한 비극적 선택에서 한 걸음 물러난 모습이기도 하다. 현실 속에서 당대의 모순과 부조리를 극복하고자 苦鬪하지 못하고 이상적 세계 속에서 대체적 만족을 찾았기 때문이다. 결국 그는 '초인적' 인간은 되지 못하였다. 그렇다고 해도 유몽인은 무반성적으로 운명이나 신이한 세계를 추수하고 동경하는 '평범한' 인간은 아니었다. 생애 마지막 결단이 그를 죽음으로 몰고 갔다는 사실은 이제까지 살펴본 행적이 결코 우연이 아니었다는 사실도 보여준다. 따라서 그를 '비극적' 인간이라고 불러도 문제는 없다. 또한 이러한 비극적 사유가 그를 문장에 대한 고민과 연마로 이끌었으며, 그 결과 산문의 다양한 글쓰기가 유몽인으로부터 도출될 수 있었다.

제2항 許筠: 歷史的 自我의 섬세한 세계 반영

許筠(1569~1618)도 유몽인과 마찬가지로 일찍부터 주목받아온 작가이다. 특히 비판적 사유, 소설적 경향의 傳과 허구적 산문의 창작자로서 주목받았기 때문에 그에 대한 연구는 셀 수 없을 정도로 많다. 그러나 사유와 산문의 특징적 면모를 아울러 다룬 논고는 많지 않은 편이다. 이미 언급한 대로 그에 대한 연구는 대체로 허구적 산문이나 傳 등에 국한되었다가[43] 최근에 들어서야 그의 小品的 산문이나[44] 고문에 대한 본격적 연구[45]가 시작되었다. 처음의 계열은 허균의 산문이 지닌 허구적, 현실적, 일상적 특징을 주목하였고, 두 번째 계열은 조선 중기 문풍의 변화와 연계하여 소품적 스타일을 지닌 산문의 의의에 주목하였다. 다만 이때에도 첫 번째 계열에서 중시하였던 일상성, 구어체와 유머 등은 중요한 특징으로 지적된다. 한편 고문을 본격적으로 다룬 마지막 계열은 정리할 수 있을 만큼의 성과가 아직 축적되지 못한 상태이다.

이에 본고는 기존 연구의 결과를 바탕으로 하되 허균의 사유와, 그것이 표현된 산문의 글쓰기에 주목하고자 한다. 특히 1612년 큰형 許筬(1548~1612)의 사망 이후에는 남긴 작품이 거의 없기 때문에 본고에서는 그 이전의 격변기, 특히 1611년 이전에 창작된 작품을 중심으로 사유의 지향과 글쓰기의 양상을 탐구하겠다.

---

43) 포괄적 논의로는 李文奎, 「許筠 散文文學의 硏究」, 서울대학교 박사학위논문, 1985; 鄭敎杜, 「許筠文學 硏究－文學觀과 散文作品의 갈래별 特性을 中心으로－」, 성신여대 박사학위논문, 1998 등이 있다.

44) 다음과 같은 논의가 대표적이다. 김풍기, 「조선중기 고문의 소품문적 성향과 척독」, 『민족문화연구』 35호, 고려대학교 민족문화연구원, 2001, 393~418면; 김성진, 「허균의 척독에 대한 일고찰」, 『한국한문학연구』 제39집, 한국한문학회, 2003, 7~47면.

45) 김우정, 「허균 산문의 연구－산문 텍스트의 확장과 문예미를 중심으로－」, 『동아시아 고대학』 제16집, 동아시아 고대학회, 2007, 273~298면.

허균과 유몽인은 삶의 궤적 및 사유의 경향에서 적지 않은 유사점을 공유한다. 1600년(32세)에 황해도사에서 파직된 이후의 심정을 피력한 글을 살펴보자. "①저는 40세도 안 되었는데 머리가 이와 같으니, 이 시기를 지나면 어떠한 모습이 될는지 모르겠습니다. 떠도는 삶이 얼마나 된다고 ②억지로 남을 따라 행동하겠습니까? 예전의 명사들은 술을 실컷 마시고도 「離騷」를 숙독하였습니다. ③그러나 나 같은 사람은 둘 모두를 하지 못하니 百寮의 밑에 있는 일도 참으로 달게 여길 만합니다다."[46] 이 글에서 그가 지녔던 몇 가지 특징적인 면모를 발견할 수 있다. ①삶의 유한성에 대한 인식과 비애, ②자신의 기준에 따라 판단하겠다는 의지, ③겸손을 가장한 반어 등이 그것이다. 이 때문인지 그의 작품 중에는 비판적 산문이 많고, 꿈 혹은 상상을 통해서 현실의 불우를 보상하려고 하거나 개인적 내용을 담은 척독도 발견된다.[47] 이것이 허균의 의식과 글쓰기가 유몽인과 겹쳐지는 부분이다. 다만 이와 같은 계통적 유사성이 보이지만 개체적 차이가 존재한다는 점 또한 사실이다. 지금부터 주로 사유와 글쓰기의 개체적 차이점을 중심으로 허균을 살펴보겠다.

1. 自我 중심적 세계 인식

1597년(29세) 장원급제한 허균은 이후 다소의 파직과 복직을 겪기는 하지만 지속적으로 관직을 높여간다. 그런데 1605년(37세)[48] 불교를 믿

---

46) 許筠, 「與任約初(庚子三月)」, 『惺所覆瓿藁』 권21, 315면. "僕未四十, 頭顱已如此, 若過此則未知作何狀. 浮生能幾, 强隨人俯仰耶? 古稱名士, 必痛飮酒, 熟讀「離騷」. 我則俱不能焉, 百寮底固甘心也. 足下乃欲挽諸千仞壑, 未知有烏獲否乎? 恐費心無益也."
47) 李文奎, 앞의 논문; 鄭敎柱, 앞의 논문; 김풍기, 앞의 논문; 김성진 앞의 논문 등 참조.
48) 이하 삶의 이력에 대해서는 김현룡, 『허균－자존적 이상향 추구』, 건국대학교 출판부. 1994; 이이화, 『허균』, 한길사, 1997; 허경진, 『허균평전』, 돌베개, 2002; 『惺所覆瓿稿』, 『朝鮮王朝實錄』의 기사 등을 기본으로 정리한 내용이다.

었다는 이유로 수안군수에서 파직된 이후, 1607년(39세) 삼척부사에서 2개월 만에 다시 파직되고, 공주목사에서 1608년(40세)에 파직되어 부안으로 내려간다. 이후 1610년(42세) 殿試對讀官을 하며 조카를 부정 합격시켰다는 이유로 함열현으로 귀양 갔다가 이듬해 다시 부안으로 내려가게 된다. 이 시기 작품에서 사회비판적 언사, 인생의 무상함, 개인의 불우 등이 집중적으로 드러난다는 사실은 바로 이러한 상황에서 기인한다.

> 나는 말한다. 아닐세, 그대의 말은 우활하네. 내 성품은 비루하고 졸렬하며, 서투르고 거칠어서, 총명함도 교묘함도 없고, 아첨도 하지 못한다. 하나라도 마음에 맞지 않으면 잠시도 참지 못하며, 남을 칭찬하려고 하면 말을 하려다가도 말고, 발이 權門을 밟으면 발꿈치가 갑자기 아프며, 고위 관료와 拱揖을 하면 마치 기둥이 몸에 있는 듯 뻣뻣해진다. 이런 미욱한 모양을 하고 가서 三公을 알현하면, 보는 사람은 즉시 화를 내며 머리를 자르려고 할 것이다. 부득이하여 강호로 가고자 생각하나, 가난 때문에 벼슬을 하고 있으니 물러나려고 하면서도 주저한다. 오직 이 몇몇 사람들만이 세속에 구속되지 않아서, 내 재주에 즐거워하기도 하고 혹 격이 없음을 사랑한다. 와서 내 술에 취하여 서로 초대하고 부르며, 창화하면 각각 작품이 명주와 같아서, 火齊와 木難, 玫瑰와 珊瑚 같은 보배라네. 스스로 자신의 보배를 보배로 여기나 팔리길 바라지 않는다. 風頌은 나의 짝이요, 離騷는 나의 노복이니, 大業이라 떠벌리며 세상을 좁게 여긴다. 벼슬하며 속이지 않고 내 법칙을 따라 내달리며, 하늘이 부여한 바를 좇아 늘그막에 이르렀다. 勢交와 利交는 반드시 변하지만, 우리의 사귐은 변하지 않으니 돌인가, 쇠인가? 득의하면 기쁘고 즐거워서, 내가 있음을 알지 못하고 자고 먹는 일도 잊음은 물론, 높은 벼슬[軒貂]도 아무것도 아닌 것처럼 본다네. 저 부귀한 사람의 자주색 띠와 푸른 끈이며, 긴 옷자락과 패옥은 그저 아낙만 즐겁게 할 뿐. 이 은거한 사람들은 이러한 즐거움만을 도모하며, 성색을 탐하지 않고, 엄한 처벌도 두려워하지 않네. 陶淵明・謝靈運, 李

白・蘇軾 등, 오직 이들과 나란해지길 바라지 영화와 낙척은 신경 쓰지 않는다. 여러 사람이 좋아하는 것을 싫어하고, 존중하는 것을 더럽다 여기고, 남들은 病風이라고 하나 나는 呼盧를 즐긴다. 참으로 나의 몸이 무거운 죄에 빠지는 것 마땅하다. 그러하니 이 사귐 끊느니 차라리 이 몸 斬을 당하리라. 世情은 섬광처럼 빨리 변하고 세상살이는 곡절이 많아서, 가는 털끝도 나누며 잗달게 이해를 따지니, 나는 세상과 어긋나서 신뢰받기 어렵다. 그대의 말이 옳기는 하나 그 노둔함을 살피지 못하였고, 비록 그대가 남을 아끼기는 했으나 덕으로써 하지는 않았다.[49)]

위 예문은 부를 축적할 수 있는 충분한 자격을 갖추었고, 고위관료들과 어울릴 수 있는 상황인데도 왜 그렇게 하지 않고 시정의 잡배와 같은 인물들과만 교유하는가라는 비난에 대한 대답이다. 「對詰者」의 창작시기는 확실치 않다. 다만 위 예문의 생략된 부분에 힐난하는 사람의 언급과[50)] 李達(1539~1612)에게 보낸 편지로써 추측해 보자면, 위의 작품은

---

49) 許筠, 「對詰者」, 『惺所覆瓿稿』 권20, 243면. "余曰否否, 子言之迂. 吾性鄙拙, 疏而且麤, 無機無巧, 不諂不諛. 有一不協, 不忍須臾, 談及譽人, 口卽囁嚅, 足蹋權門, 其跟卒瘏, 軒裳拱揖, 如柱在軀. 將此惰容, 去謁公孤, 見者輒憎, 欲斮其顱. 不得已焉, 思適江湖, 爲貧爲祿, 欲退次且. 唯二三人, 不爲俗拘, 喜我伎倆, 或愛無邪. 來醉我酒, 相招相呼, 有倡斯和, 篇篇明珠, 火齊木難, 玫瑰珊瑚. 自寶我寶, 非待其沽. 風頌爲伍, 命騷僕奴, 訖爲大業, 隘視寰區, 謂仕毋詭, 範我以驅, 從天所賦, 以至桑榆. 勢交利交, 有時必渝, 此交不涅, 石耶金乎? 當其得意, 欣欣愉愉, 不知有我, 忘寢及餔, 而況軒貂, 視若有無. 彼富貴者, 紫拖青紆, 長裾佩玉, 只悅婦姑. 此沈冥者, 唯樂是圖, 不耽聲色, 不怵嚴誅. 曰陶曰謝, 曰李曰蘇, 唯冀其齊, 莫卹榮枯. 衆嗜爲惡, 衆尊爲汚, 人曰病風, 我喜呼盧, 宜其我身, 每陷重辜. 如絶斯交, 身寧伏鈇. 世情閃欻, 世路崎嶇, 分析毫末, 利害錙銖, 我之齟齬, 難以誠孚. 子言雖是, 不察其駑, 雖其愛人, 非以德夫."

50) 「對詰者」의 앞부분은 다음과 같다. "頎而弁者, 有詰於吾, '君有文章, 官上大夫, 峨冠博帶, 侍于淸都, 從者雲擁, 呵于通衢. 宜其所交, 卿相爲徒, 偕其追逐, 協其訏謨. 躐取權柄, 以豐其廚. 胡爲朝罷, 閉戶如愚, 無顯者來, 畸人與俱?(許筠, 「對詰者」, 『惺所覆瓿稿』 권20, 243면)" 한편 上大夫라는 관직은 「閒情錄序」(1610년 창작)에서도 자

삶의 격변기라 할 만한 시기인 1610년경에 창작된 것이다.[51)]

이 작품에서 가장 선명하게 부각되는 허균의 사유는 자신의 의지를 따라 살고자 하는 태도이다. 특히 "여러 사람이 좋아하는 것을 싫어하고, 존중하는 것을 더럽다 여기고, 남들은 病風이라고 하나 나는 呼盧를 즐긴다."라는 언급에서 부각된다.[52)] 이것은 대중들의 기호보다는 자신이 좋아하는 것을 따르겠다는 자각된 개인의 태도이다. 그가 대중의 기호를 따르지 않으려는 이유는 위의 예문에 분명히 드러나 있다. 바로 대중들은 세력과 이익을 따라 모인다는 것이다. 즉 개별자의 의지와는 상관없이 세도가에게 빌붙거나 이익을 위해 구성된 집단의 기호는, 세력과 이익을 점유하고 있는 사람들의 그것이지 개인의 의지에 의해 산출된 것이 아닐 뿐만 아니라 그것을 억압하기가 십상이기 때문이다.

그런데 허균이 개인의 의지를 따르고자 한 데에는 더욱 근본적인 이유가 존재한다. 세상의 운행원리, 즉 天의 몰인정함을 비판하는 서술에 그 실마리가 있다.

신의 관직으로 언급하고 있다.

51) 許筠, 「與李蓀谷【庚戌十月】」, 『惺所覆瓿藁』 권21, 318면. "謹寫「閑情錄序」·「朴氏山莊」·「王塚」二紀·十二論·「李節度誄」·「關廟碑」·「南宮生傳」·「對詰者」暨「北歸賦」·「毁壁辭」爲一通, 付卞生而去, 幸敎之如何."와 같은 글을 통해 1610년경으로 추정하였다.

52) 이러한 성격의 글을 허균의 문집에서 적지 않게 찾아볼 수 있다. 앞으로 지속적으로 소개하겠으나 그 중 「慟哭軒記」(『惺所覆瓿稿』 권7, 199면)의 "余猶子親者構其室, 扁曰慟哭軒, 人皆大笑之曰, '世間可樂之事甚多矣, 何以哭爲室扁耶? 況哭者, 非喪之子則失恩婦也, 人甚惡聞其聲, 子獨犯人忌而揭其居, 何哉?' 親曰, '余背時嗜而違俗好者. 時嗜懽, 故吾好悲, 浴則欣欣, 故吾且戚戚. 至於富貴榮耀世所喜者, 則吾棄之若浼, 唯視賤貧窮約而處之, 必欲事事而違之. 常擇世之所最惡者, 則無踰於哭, 故吾以額吾之軒也.'"와 같은 부분도 있음을 밝혀둔다.

> ① 아아, 子昇이여! 늙은 어머니는 당에 계신데, 슬하에는 남자아이가 없구나. 젊은 아내는 여자아이를 안고 슬피 곡하며 나지막하게 흐느끼네. 훌륭한 덕을 지닌 사람에게 후사를 막았으니 아, 天道는 참으로 알기가 어렵다.[53]
>
> ② 두 달이 흐르자 공은 오래되었다하며 떠나려고 하였다. 나는 교외에서 배웅하며 9월에 만나기를 기약하였는데 얼마 되지 않아서 흉한 소리를 홀연 들었다. 처음에는 놀라서 의심하였는데 이윽고 눈물이 말보다 먼저 땅에 떨어졌다. 하늘이 보살피지 않아서 우리 훌륭한 사람을 빼앗아 갔구나! 어진 사람이 장수하지 못한 일을 신에게 누가 힐난할 수 있겠는가![54]
>
> ③ 생각이 이에 이르자 하늘을 원망하고 조물주 녀석에게 원망을 돌리지 않을 수 없었다. 그래서 전날 생각한 바를 두루 적어서 주고서 또한 사람의 도모가 하늘을 이길 수 없다는 사실과 조물주 녀석이 일을 이처럼 망침을 보여줌으로써 망령되게 세상의 운명을 알지 못하고 스스로 요행을 바라는 사람을 경계시키는 바이다.[55]

林晛(1569~1601)은 허균과 같은 해에 태어나 南庠谷에서 함께 자라며 공부하였던 친구이다. 허균이 쓴 「禮曺佐郎林君墓誌銘」에는 그 행적과 이력, 가계가 자세히 서술되어 있다. ①은 바로 그 임현에게 부친 제문의 일부이다. 이 작품은 서두 부분에서부터 빼어난 재능을 지녔던 인물이 세상과 하늘에 제대로 대우 받지 못한 데에 안타까움을 피력하면서 시작

---

53) 許筠, 「祭林子昇文」, 『惺所覆瓿稿』 권15, 266면. "嗚呼子昇, 老母在堂, 而膝下無男兒. 少婦抱女, 呱呱咿咿, 使盛德嗇其後嗣, 吁天道之諒難知."

54) 許筠, 「祭韓石峯文」, 『惺所覆瓿稿』 권15, 265면. "月再環絙, 公以久辭. 拜將于郊, 九秋以期, 曾未幾時, 忽承凶問. 初愕以疑, 涕先言賈. 天其不弔, 奪我良人! 仁者不壽, 孰詰于神!"

55) 許筠, 「送趙持世赴京序」, 『惺所覆瓿稿』 권5, 184면. "念至于此, 不得不尤於天而歸怨於造化小兒也. 因歷敍前日所商略者以爲贈, 且以見人謀之不能勝天而造化小兒之喜毁事者如是, 以警夫世之不知命而妄自僥求者也云."

한다.[56] 위 예문에서는 그의 죽음을 둘러 싼 상황을 묘사함으로써 비애를 섬세하게 표출한다. 특히 마지막 부분은 표면적으로 하늘의 뜻을 알 수 없다는 내용이지만 결국 재능 있고 인격적으로 훌륭한 사람을 박하게 대한 하늘에 대한 원망이므로 비애의 정점을 보여준다.

②는 韓濩(1543~1605)에 부친 제문이다. 자신과 한호와의 일화를 서술하면서 자신이 비감을 느끼는 이유와 그 정도를 밝히고 있다. 물론 이 작품에서도 "하늘이 보살피지 않아서 우리 훌륭한 사람을 빼앗아 갔구나!"와 같은 부분은 하늘에 대한 원망이다. 다만 "어진 사람이 장수하지 못한 일을 신에게 누가 힐난할 수 있겠는가!"를 통해 그것을 어찌 할 수 없다는 체념도 보인다는 점이 앞의 작품과 다를 뿐이다. 거역할 수 없는 힘을 생각하고 있다는 점은 그것을 변화시킬 수 없는 인간의 왜소함을 필연적으로 떠올리게 하기 때문에 더욱 더 큰 비감을 발생시킨다.[57]

③에서도 앞의 두 작품과 유사한 情調를 읽을 수 있다. 다만 이 예문은 여타 작품보다 하늘과 조화에 대한 비판의 정도와 거부할 수 없는 힘 앞에서의 비애가 더욱 강하게 서술되어 있다. 趙緯韓(1567~1649)과 함께 중국에 가기로 했던 젊은 날의 약속이 외부적 환경에 의해 지속적으로

---

56) 許筠, 「祭林子昇文」, 『惺所覆瓿稿』 권15, 266면. "嗚呼子昇, 天何以生之, 又何以奪之? 有生則必有其死, 子又何悲? 子之高才, 可以用於當世而揚于明時, 奪之速而不大厥施, 此交游之所共嗟咨."

57) 허균이 하늘을 원망하는 태도는 산문의 적지 않은 부분에서 발견할 수 있다. 제문만을 예로 들어보면 다음과 같은 작품에서 그러한 서술을 찾아볼 수 있다. 「祭完城府院君李公」, "哀纆旒綴, 賵贈克盈. 吁天難諶, 其報不贏! 竟嗇其續, 疇托死生"; 「祭京畿監司沈公(友勝)文」, "哀命止斯, 家邦失寶, 宸極纆悲. 黔婁有婦, 伯道無兒, 俾嗇其祉, 天道難知."; 「祭權同知(協)文」, "逍遙容如, 以迄殘年, 胡天不弔, 末疾遽纆? 綺席未移, 繐帳俄出."; 「哭任約初文」, "其竑量厚德, 天若有爲而生之, 天忽奪而去之, 天乎難信也!"; 「祭沈兄(長源)文」, "東野無兒, 天道難恃." 등과 같이 거의 대부분의 제문에서 발견할 수 있다.

좌절되는 상황을 서술한 후, 마지막으로 하늘과 조물주를 비판적으로 서술한 부분에서 선명하게 드러난다. 이 부분 외에도 이 작품에서는 좌절의 순간마다 지속적으로 "다만 알지 못하겠다, 하늘이 사람의 바람을 모두 따라줄 것인지를, 조물주 녀석이 끝내 투기하여 훼방을 놓지나 않을지를(但未知天悉從人欲而造化小兒終不妬毁之否乎)."과 "이 또한 조물주 녀석이 투기하여 훼방함을 면하지 못한 것이다(此亦不免爲造化小兒所妬毁者耶)!"라는 언급이 서술된다. 결국 하늘과 조물주의 장난으로 인해 자신들의 뜻을 이루지 못하였다는 의미이며, 그러한 하늘과 조물주의 행위를 인간은 거역할 수 없다는 비애의 표현이기도 하다. 이 작품이 창작된 시기인 1610년 경 허균은 천추사에 임명되었으나 거부하여 관직이 박탈되었던 상황이었기 때문에 비판적 시각이 앞의 두 작품보다 강하다.

현재는 비록 불우하지만 결국 하늘이 세상을 올바른 방향으로 이끌어줄 것이라는 희망을 품는 태도와 허균의 사유는 다르다. 예컨대 趙絅(1586~1669)의 「桐溪先生集序」[58]와 許穆(1595~1682)의 「竹窓遺卷跋」[59]

58) 趙絅, 「桐溪先生集序」, 『龍洲遺稿』 권11, 191면. "鄭蘊 선생은 올곧음으로 인해 제주도에 10년 동안 위리안치 되었으나 선생은 편안히 여기며 책 읽고 도에 대해 담론함을 평소보다 더욱 많이 하셨다. (선생에 대해) 말하는 사람들은 모두 선생은 인간세상에는 맞지 않으나 하늘과는 부합된다고 여겼다. 하늘이 어쩌면 선생의 명운을 험난하게 하여 선생의 문장을 성장시킨 것이리라(先生嘗坐直栫棘耽羅者十年, 先生夷然安之, 讀書譚道, 比平昔有加. 談者咸以爲先生雖畸於人, 其實合於天. 天其或者阨先生命, 而長先生文學歟)!"

59) 許穆, 「竹窓遺卷跋」, 『紀言別集』 권10, 97면. "天道는 편벽되어[洄洑] 재주와 명운이 어그러지는 경우가 많았는데 예로부터 그러했다. 그런데 현달한 사람은 명성이 반드시 성하지는 않지만, 궁곤한 사람은 반드시 명성이 드높으니 이것은 무슨 이유 때문인가? 司馬遷은 '부귀하였으나 인멸된 사람이 무수한데 오직 호방하여 세상에 구속됨이 없는 비상한 사람만이 칭송된다.'라고 하였다. 나는 항상 이 말을 읊조리면서 슬퍼한다(天道洄洑, 才命多乖, 自古而然. 然達者, 未必聞, 窮者必聞, 此何故也? 司馬遷云, '富貴而磨滅者無數, 惟倜儻非常之人稱焉.' 余常誦其言而悲之)."

에서처럼 '천'의 조화로움에 대한 반성을 통해 획득된 긍정적 시각, 즉 不遇가 不朽로 이어진다는 시각조차도 거의 보이지 않는다. 허균이 생각한 하늘은 선하고 재능 있는 사람에게 복을 주고, 악한 이들에게 재앙을 내리는 이상적인 그것이 아니다. 이러한 상황 속에서 자포자기 외에 허균이 택할 수 있는 길은 자신의 내부로 침잠하여 그릇된 규범과 거리를 두는 길밖에 없다.

이미 살펴보았듯이 하늘의 몰인정과 벗어날 수 없는 운명에 대한 비판적 서술은 이 시기 여타 문인들에게도 적지 않게 나타났다.[60] 따라서 허균이 天, 혹은 세속적 규범과 추세를 따르지 않고 자신의 의지대로 살려고 한 태도는 자신이 겪은 부조리한 사건과, 당시 활발하게 제기되던 하늘에 대한 원망의 표출이라는 상황 아래에서 배태되었고 가속화된 것이다.

그런데 하늘을 원망하고 그것의 운명적 지배를 인정하는 이들이라고 해도 하늘과 개인에게 두는 비중은 각각 다르다. 예컨대 이정구는 이러한 상황 속에서도 혼란한 사회를 조화의 방향으로 돌려놓기 위해 사회를 통합으로 이끌 엄밀한 규범을 天道에서 찾으면서 미래는 더욱 나아질 것이라 생각하고 추종한 인물이다. 반면 허균은 유몽인과 마찬가지로 '천'보다는 개인적 선택에 무게를 두어 모든 판단에 자신이 주체로 서고자 한 인물이다. 이로써 볼 때 허균을 유몽인과 같이 개인의 선택과 의지를 관철하려는 부류에 포함시키는 데 문제가 없다.[61]

60) 일례로 申欽은 「梅月堂四佳亭畫像跋」(『象村稿』 권36, 219면)에서 "四佳之文章標致, 羽儀王國者, 固足以耀當年而垂後世. 如梅月公之爲人, 超四佳不啻三十里之遠, 而顧迺托迹空門, 斂精藏明, 甘心於首陽, 而羞與渭上伍. 不知造物者, 何所輕重於兩公, 而有鑪錘之不齊耶!"라고 언급함으로써 조물자의 판단기준이 무엇인가를 회의적으로 서술하고 있다.

61) 이러하다면 「對詰者」에서 "範我以驅, 從天所賦, 以至桑楡."라고 한 언급은 하늘의

> 만약 당시의 선비 동고[崔岦]께 서문을 쓰게 하고 西坰[柳根]·蓀谷[李達]·汝章[權韠]·子敏[李安訥]께 시를 쓰게 하여 石峯[韓濩]·南窓[金玄成]이 글씨를 쓰고, 李楨이 색칠하여 형상을 그리게 한다면 어찌 모두 그들의 아래에 있을 수 있겠는가? 후일 안목을 갖춘 사람이 평가한다면 알 수 없구나, 누가 낫다고 할지를! 저 문장·글씨·서예는 拱璧과 掌珠와 같이 절로 정해진 가치가 있는데 세상에 (보석을 제대로 감별하는) 페르시아인[波斯胡]이 아니라면 어찌 그 가치의 고하를 알 수 있겠는가? 지금의 어리석은 사람들은 모두 詩文이 시대에 따라 오르내린다고 생각하여 눈으로 본 것은 배척하고 귀로 들은 것만을 귀하게 생각하고는 입을 모아 옛사람에게는 미칠 수 없다고 말한다. 아아! 큰 바다의 물결이 일렁여 잠긴 산호가 어디에 있는지 알지 못하면서도 하릴없이 떠들썩하게 손가락으로 가리키니 이것이 듣기만하고 믿는 경우[耳食]와 무엇이 다르겠는가?[62]

1607년 삼척부사로 있던 허균은 또 다시 불교에 아첨하였다는 이유로 파직을 당한다. 위 예문은 그때 지평을 지나던 중 『詞翰傳芳』이라는 시권을 보게 되어 서술한 글이다. 이 시권은 15세기 조선의 유수한 문인 徐居正(1420~1488)·姜希顔(1417~1464)·姜希孟(1424~1483)·成任(1421~1484)·李承召(1422~1484) 등이 지은 시에, 金守溫(1410~1481)이 서문을 썼고, 글씨는 鄭蘭宗(1433~1489), 그림은 安堅이 그렸다. 그러한

원리인 천리를 따라 살았다는 말이라기보다 내 속에 존재하는 원리, 즉 외적 기호와 환경에 휘둘리지 않고 자신의 의지를 따라 살았다는 의미임을 알 수 있다. 더욱이 『孟子』「滕文公下」의 "吾爲之範我馳驅"를 변용한 "範我以驅"라는 언급도 이와 같은 해석을 뒷받침한다.

62) 許筠, 「詞翰傳芳序」, 『惺所覆瓿稿』 권4, 174면. "若使當世之士東皐爲序, 西坰·蓀谷·汝章·子敏爲詩, 而石峯·南窓書之, 李楨設色模像, 則又詎必盡出其下耶? 後之俱眼者賞之, 則未知孰爲其左袒也哉! 凡文章書畫, 如拱璧掌珠, 自有定價, 世非波斯胡, 庸詎知其高下乎? 今之昧者, 俱以詩文, 從世升降, 斥目覩而貴耳聞, 咸謂古人不可及. 嗚呼! 大浸漫空, 不識沈珊瑚者何處, 而枉自呶呶指求乎, 此與耳食者奚殊哉?"

데도 허균의 이 시권을 대하는 태도는 위 예문에 보이는 그대로이다.

이 예문을 통해 다음의 두 가지 사유를 읽을 수 있다. 그것은 자신의 안목으로 평가하지 않고 들은 소문, 즉 남들의 평가에만 의존하려는 태도의 비판이며, 옛 선배들의 작품을 절대로 넘어서지 못한다고 생각하는 세속의 衰退論的 시각에 대한 비판이다. 시대에 따라 詩文의 수준이 오르내리므로 옛 작품을 넘어서지 못한다는 태도는 15세기에 만연했던 사유 중 한 가지이다. 이 시기 몇몇 「皇華集序」를 비롯한 다양한 언급 등을 살펴보면 이와 같은 사유의 비등이 선명하게 보인다.[63] 허균은 바로 이러한 시각, 즉 지금은 과거의 성취를 절대로 넘어서지 못한다는 생각을 비판한 것이다. 아울러 귀로 들은 풍문만을 중시하고 실제로 당대에 그들이 볼 수 있는 훌륭한 인물과 그들의 생산물을 인정하지 않는 태도 역시 비판하고 있다.[64] 이러한 태도에서도 氣化와 世道의 변화에 얽매

---

63) 예컨대 崔恒, 「山谷精粹序」, 『太虛亭集』 권1, 191면. "사람은 천지의 정화롭고 빼어난 기운을 얻어 태어났기 때문에 마음이 있으면 소리도 있게 되었다. 시는 마음의 형상화이며 말의 아름다운 것이다. 사람의 마음과 世道는 오르고 내림을 수없이 반복하기 때문에 시는 세도의 오르내림과 함께 하지 않을 수 없다. 『詩經』의 六義가 폐해지고 성률과 대우가 발생한 일은 이상하지 않다. 古詩가 변하여 齊梁의 纖靡한 시풍에 이르게 되었고, 율시가 변하여 晩唐의 破碎가 되었다(人得天地精秀之氣以生, 有心則有聲. 詩者, 心之形而言之華也. 人心世道, 升降不一變, 詩故不得不與之偕焉. 六義廢而聲律對偶之作, 無怪也. 古詩之變, 至齊梁纖靡, 律詩之變, 至晩唐破碎)."라는 정도의 언급은 이 시기 대부분의 관료문인들에게서 어렵지 않게 발견할 수 있다.

64) 이러한 태도는 유몽인에게서도 발견된다. 柳夢寅, 「答柳正字書(侄活)」, 『於于集』 권5, 407면. "昔羣兒聚山趾, 有虎攬一兒, 踞而不囓, 羣兒不知虎也, 提巨梃搯其喉. 虎斃, 推曳而來, 路見長者曰, '小子, 汝安得虎而來?' 羣兒始知其虎也, 皆大怖, 棄而趨. 向也搏之, 今也趨之, 是何也, 則昧於實而惕於名也. 今汝以柳州已死, 賞其文欲千萬讀, 甚矣. <u>汝之貴耳而賤目也.</u> 安知今世不復有未死之柳, 其文不讓於秋濤瑞錦也耶?"와 같은 언급에서 죽은 柳宗元을 최고로 치고 살아있는 현재의 문인을 저평가하는 태도를 비판하고 있기 때문이다. 물론 허균이 동시대의 인물들을 대상으로 삼은 것에 반해 유몽인은 살아있는 柳州, 즉 자신을 대상으로 하였다는 차이점은 있다. 이에서도 유몽인이 자신에게 가진 자부심을 살펴볼 수 있다.

이지 않고, 자신이 직접 보고 평가한 것에 우위를 두고 있다는 사실－물론 이러한 태도는 자신의 견해를 견지하고자 했던 태도에서 기인하였다－과, 현재 자신의 주변에 함께 공존하고 있는 문인들을 선입견 없이 공정하게 평가하려는 의지를 볼 수 있다.

또한 그렇게 평가받지 못하고 사라져간 인물들을 허균은 안타까워하며 재평가하기도 하였다.[65] 즉 기화나 세도의 변화 등의 외부적 환경과 그것이 주는 선입견으로부터 벗어나 자신의 시각으로 직접 살펴본 바로써 인물과 문장을 평가하려고 하였고, 편견에 의해 저평가가 되어 있는 인물을 기록하여 정당한 평가를 받도록 하려는 의도를 허균은 지니고 있었다.

결국 그는 '천'의 절대성을 회의함으로써 현재를 가치 있는 실제 시공간으로 이해할 수 있었던 것이며, 그렇기 때문에 三代를 이상적인 시대로 인식하고 그 이하의 시대를 人慾이 지배하는 시대로 이해하며 비판하려는 태도를 보이지 않는 것이다.

그런데 허균처럼 시대의 보편적 사유를 따르지 않고 자신의 판단과, 그로부터 도출한 견해를 지속적으로 유지하는 일은 결코 쉽지 않다. 자신의 불우를 토로한 「對詰者」에서도 이러한 어려움을 충분히 피력하고 있었다.[66] 이러한 이유 때문인지 그의 작품에는 허균 스스로가 겪은 시

---

65) 許筠, 「題黃芝川詩卷序」, 『惺所覆瓿稿』 권5, 181면. "아아! 이 몇 분들－朴祥·盧守愼·鄭士龍·黃廷彧－이 중국에서 태어났다면 그들이 다다른 곳이 어찌 北地[李夢陽]·濟南[李攀龍]·太倉[王世貞] 아래에 있었겠는가? 그러나 불행하게도 하위국에서 태어나 그 재주를 다 채우지 못하였고 또한 이름을 천하후세에 떨치지 못하고 사라져 전하지 못하니 애석하도다(嗚呼! 使數公生於海內, 則其所造詣. 豈在於北地濟南太倉之下? 而不幸生於下國, 不克充其才, 又不能名於天下後世, 湮沒不傳, 惜哉)!"

66) 구체적으로 밝히자면 다음과 같은 부분에서 선명하게 드러난다. 許筠, 「對詰者」, 『惺所覆瓿稿』 권20, 243면. "吾性鄙拙, 疏而且麤, 無機無巧, 不諂不諛. 有一不協, 不忍須臾, 談及譽人, 口卽囁嚅, 足躡權門, 其跟卒瘏, 軒裳拱揖, 如杜在軀. 將此惰容, 去

대와의 불화를 표현한 부분이 적지 않다. 이때 그가 대표적으로 사용하고 있는 어휘는 '畸'이다.

> 내 친구 趙持世[趙緯韓]는 40년 동안 급제하지 못하여 여전히 과거시험 공부에 힘들어 하고 있었고, 나 또한 급제한 후 16년 간 하위관료에 정체되어 있으며 고위관직에 진출하지 못하였다. 오직 그의 취미가 나와 같고 세상에 어긋남[畸於世] 또한 같았기 때문에 서로 매우 즐거워하였고, 마음에도 거슬림이 없어서 아침과 저녁으로 함께 종유하면서 잠시도 떨어지려고 하지 않았으며, 날마다 風雅를 비평하고, 古今의 일을 토론하는 것으로 일을 삼으면서 다시 세상의 일과 접촉하지 않은 지가 몇 해 되었다.67)

이미 언급하였듯이 1610년경의 허균은 삶은 부침이 컸다. 그 원인과 현상에 대한 표현으로 "畸於世"라는 말은 적실해 보인다. 이 외에도 허균의 산문에서는 세상과 어긋남을 '기'라는 용어로 표현한 경우가 적지 않다. 예컨대 「送釋海眼還山序」에서 "스님은 이미 나와 같은 운명이나 찢어진 장삼과 바리때 하나로 巖穴의 사이에 은거하고 있으니 내가 비록 세상에는 어긋나지만(僧旣與余同命, 而破衲一鉢, 隱於巖穴間, 僕雖畸於世)", 「探源窩記」에서 "나는 세상과 어긋나서 점치는 일을 좋아하지 않는다(余畸於世, 不喜卜)", 「題千古最盛後」에서 "나는 세상과 어긋나서 옷을 떨치고 歸去來를 노래하고 싶은 지가 오래되었다(余畸於世, 思欲拂衣賦歸去來者已久)", 「順天府使成君墓誌銘」에서 "내가 폐하의 명령으로 동

謫公孤, 見者輒憎, 欲斮其顱. 不得已焉, 思適江湖, 爲貧爲祿, 欲退次且."

67) 許筠, 「送趙持世赴京序」, 『惺所覆瓿稿』 권5, 184면. "吾友趙持世四十年不第, 猶困於博士弟子業, 而不佞亦釋褐十六年, 沈於下僚, 尙未衣緋. 唯其臭味之相同, 而畸於世亦同, 故相得驩甚, 莫逆於心, 昕夕相過從, 不肯暫相捨, 日以揚扢風雅, 商搉古今爲事, 不復嬰世故者, 累易歲矣."

쪽으로 가게 되었는데 세상과 어긋난다는 이유로 누차 변방에 있다 보니 소식을 전하지 못하였다(余以制東歸, 因畸於世, 屢在外邊不嗣音)" 등과 같이 거의 모든 장르에 걸쳐서 산재한다. 이러한 서술은 당연히 그가 겪은 부침에서 기인한다.

한편 자신이 세상과 어긋나 있다고 여기는 의식은 「對詰者」의 몇몇 구절,[68] 앞서 살펴 본 제문들, 「詞翰傳芳序」, 「送趙持世赴京序」 등에서 보이듯 타인에게 확산된다. 이러한 사람들이 존재하는 가운데 당시의 상황은 "우리나라는 사람들이 掌故를 토론하지 못하고 稗官으로 逸事를 기록하지 않기 때문에 비록 관료로서의 업적이 빛나는 사람이라도 마멸되어 전하지 않으니 참으로 애석한 일이로다."[69]로 표현되는 그것이었다. 이때 허균은 "아아, 역사가가 빠뜨리고 그 이름을 기록하지 않아서 내가 기록하여 石室의 빠진 것을 보완한다."[70]와 같이 대응한다. 즉 안목이 있는 사람이 알아보고 기록해주지 않는다면 사라지게 될 인물, 혹은 세상과 어긋난다는 평가를 받고 있는 사람들을 허균은 기록하고 평가하고자 한다. 이러한 태도는 자신의 시각을 중시하고, 당대의 인물을 편견 없이 바라보며, 이름 한 줄 남기지 못하고 사라지고 말지도 모르는 인물에 대한 애정이 없었다면 지니기 힘든 자세이다. 이와 같은 의식이 언제 형성되었는지는 알 수 없으나 자신의 불우를 통해 여타 인물들의 불우를 보았기 때문에 발생하였으며, 불우한 인물들이 속출했던 그의

---

68) 예컨대 다음과 같은 구절에서 가장 선명하게 드러난다. 許筠, 「對詰者」, 『惺所覆瓿稿』 권20, 243면. "唯二三人, 不爲俗拘, 喜我伎倆, 或愛無邪. 來醉我酒, 相招相呼, 有倡斯和, 篇篇明珠, 火齊木難, 玫瑰珊瑚. 自寶我寶, 非待其沽."

69) 許筠, 「承政院右承旨朴公墓表」, 『惺所覆瓿稿』 권17, 276면. "蓋我國人不能討掌故, 而無稗官以載逸事, 故雖官蹟章章者, 亦磨滅不傳, 可勝惜哉!"

70) 許筠, 「祥原郡王家記」, 『惺所覆瓿稿』 권6, 191면. "惜乎, 史氏之闕漏不著其名也, 因爲疏之, 以補石室之遺云."

시대와 그가 처해 있던 환경이 그것을 심화시키는 데에 자극을 주었다는 사실은 비교적 분명하다.

이로써 볼 때 현실에서 일어나고 있는 불우자들의 속출, 그들의 허망한 사멸 등에 대한 감수가 하늘을 부정적으로 보게 하였으며, 이것이 자아의 의지를 중시하는 사유를 촉진시켰다. 그러나 이와 같은 사유 때문에 외적 세계와 끊임없이 불화를 겪기도 했다. 허균은 '畸'라는 술어를 통해 불화를 선명하게 드러낸다. 아울러 자아의 의지를 중시하는 시각이 기화나 시운에 얽매인 견해를 벗어나서 당시 조선의 공간과 인물에 대한 다원적 평가를 가능하게 한 것도 사실이다.

2. 不遇의 變奏와 핍진한 재현으로서의 글쓰기

그간 많은 논문들이 허균을 다루어왔다. 특히 그의 비판의식이 선명하게 드러나는 論說과 소설적 성향이 강한 傳에 대한 연구는 이미 일정한 수준에 이르렀다. 다만 단순한 연계의 수준을 넘어서서 사유 및 글쓰기의 변화 양상과 그 원인, 내용과 형식의 개성적 측면 및 의의 등을 더욱 세밀하게 분석할 여지는 아직 충분하다.

> 惺翁이 어떤 사람이기에 감히 그 덕을 칭송하는가? 그 덕은 어떠한가? 지극히 어리석고 무식하지. 무식하여 비루함에 가깝고 지극히 어리석어 용렬함에 가깝네. 용렬하고 또 비루한데 무엇을 공이라고 떠벌릴까? 비루하면 조급하지 않고 용렬하면 화를 내지 않네. 화를 억제하고 조급함을 누그러뜨리니 겉보기는 어리석은 듯하다. 온 세상이 내달려가도 성옹은 내달리지 않고, 사람들이 고통스럽게 여기나 성옹은 기뻐한다. 마음이 편안하고 정신이 정미함은 용렬함과 비루함이 불러온 것이요, 정기가 모여 완전해짐은 어리석고 무식하기 때문이네. 형벌을 만나도 두려워하지 않고

> 폄적을 당해도 슬퍼하지 않네. 비방과 매도를 당해도 즐거워하며 기뻐한다. 스스로 頌을 짓지 않으면 누가 너에게 송을 지을 수 있겠는가? 성옹은 누구인가 許筠 端甫일세.[71]

「惺翁頌」을 통해 허균은 남들의 성향을 따르지 않고 자신의 기호를 따르겠다는 의지를 개성적인 글쓰기로 천명하고 있다. 惺翁의 덕을 설명하는 부분인 "至愚無識"에서 "忿懲躁息, 容若惷惷"까지의 서술이 그것이다. 자신의 덕에 대해 '至愚－庸－不躁', '無識－陋－不忿' 등의 계열을 미덕이라고 서술함으로써 어리석음과 무식함에 긍정적 가치를 두어 일반적 상식을 뒤집고 있다. 허균은 이 작품에서 스스로를 어리석고 무식하다고 말하면서도 실제로는 그렇게 생각하지 않았다. 따라서 이 예문에서 보이는 자기 비하의 태도는 다분히 반어적이다. 또한 일반적으로 저열한 가치로 평가되고 있는 술어가 훌륭한 가치를 지닌 의미로 전환되고 있기 때문에 역설이기도 하다. 이러한 방법은 「對詰者」에서도 보인다.[72] 비루함, 졸렬함, 서툶, 거칢, 총명함과 탁월함이 없는 상태 등의 부정적 가치가 결국 성색을 탐하지도 않고, 엄한 처벌도 두려워하지 않게 하는 긍정적 차원과 연계되기 때문이다.

두 작품 모두에 세상에서 인정받지 못하는 비애의 서술이 드러나 있다는 점도 흡사하다. 특히 「惺翁頌」의 "형벌을 만나도 두려워하지 않고

---

71) 許筠, 「惺翁頌」, 『惺所覆瓿稿』 권14, 256면. "惺翁何人, 敢頌其德? 其德伊何? 至愚無識, 無識近陋, 至愚近庸, 庸而且陋, 奚詑爲功? 陋則不躁, 庸則不忿, 忿懲躁息, 容若惷惷, 擧世之趨, 翁則不奔, 人以爲苦, 翁獨欣欣. 心安神精, 庸陋之取, 精聚氣完, 愚無識故. 遭刑不怖, 遭貶不悲. 任毁任詈, 愉愉怡怡. 非自爲頌, 孰能頌汝? 惺翁爲誰, 許筠端甫."

72) 예컨대 許筠, 「對詰者」, 『惺所覆瓿稿』 권20, 243면. "吾性鄙拙, 疏而且麤, 無機無巧, 不諂不諛. 有一不協, 不忍須臾, 談及譽人, 口卽囁嚅, 足躡權門, 其跟卒瘃, 軒裳拱揖, 如杜在軀. 將此惰容, 去謁公孤, 見者輒憎, 欲斷其顱."라고 언급한 부분이 그것이다.

폄적을 당해도 슬퍼하지 않네. 비방과 매도를 당해도 즐거워하며 기뻐한다."라는 언급은 "스스로 頌을 짓지 않으면 누가 너에게 송을 지을 수 있겠는가?"와 함께 읽을 때, 오히려 문면과는 반대의 의미, 즉 폄적·비방·매도에 비감을 느끼는 모습을 읽게 된다. 결국 그것은 무식하고 졸렬하(다고 남들이 생각하)여 폄적·비방·매도를 당하고 그로 인해 자신이 아니면 아무도 자신의 송을 써 주지 않을 상황에서 촉발된 비애이다. 그렇다면 이 글은 전체적으로 비애와 자부가 혼효되어 있고, 어휘의 사용에서도 긍정과 부정이 동시에 드러나는 작품이다. 넓게 보면 이러한 태도 또한 반어적이다.

한편 유몽인에게서 이미 보았듯이 자신의 진가를 세상에서 알아주지 않을 경우 느끼는 비애의 정도는 자부심과 비례한다.

> 沈生(沈友英)이 말하였다. "공의 詩句는 李太白처럼 傳神을 하여 옛사람도 이르지 못한 경지이니 어찌 이태백의 靈이 즐거워하여 와 읊어서 간절한 뜻을 보인 게 아니겠습니까? 이것을 잘은 모르겠지만 또한 이러한 이치가 없다고 할 수는 없습니다." 나는 말하였다. "이태백은 上仙이니 지금 淸都의 帝居에서 노닐고 있을 터인데 어찌 세상 사람의 칭찬과 헐뜯음에 기뻐하기도 슬퍼하기도 하여 세속으로 왕림하며 속인의 귀에 스스로 靈을 드러낸다는 말이오? 이것은 결코 그렇지 않습니다." 심생이 말하였다. "하늘과 사람은 道理가 같아서 절로 감응하여 통하는 이치가 있습니다. 공의 詩句 하나가 신선에게 이르자 순식간에 바람을 타고 가벼이 날아와 공의 곁에서 일렁인[擺弄] 것이 아니겠습니까? 게다가 공이 쓴 찬은 백 편이나 되는데도 신이 오직 이 작품만을 읊조렸으니, 나는 이태백임에 틀림없다고 생각합니다." 나는 웃으면서 말했다. "그렇군요."[73]

73) 許筠, 「愁歇院神詠仙贊記」, 『惺所覆瓿稿』 권6, 188면. 沈生曰, "公之詞與太白傳其神, 乃古人所不道及者, 毋乃謫仙之靈, 喜而來詠, 示其卷卷之意否? 是未可知也, 而

이 작품은 공주목사로 제수되었던 1607년의 작품이다. 허균은 공주목사로 있으면서 畵工에게 列仙像을 그리게 하고 자신 스스로 찬을 부친 바 있다. 열선은 대체로 道家에서 신성시하는 신선을 의미하는데 허균은 그중 老子, 西王母, 莊周, 安期生, 東方朔 등을 비롯하여 30명을 뽑아 畵像을 그리게 하고 시를 썼다.

李白도 제영한 허균은 그것을 아무에게도 보이지 않고 서울로 올라와 친구들을 만난다. 바로 그때 위에 서술되어 있는 일이 일어난다. 위 예문에서 허균은 자신에 대한 은근한 자부를 표현한다.[74] 이와 같은 자부심을 지닌 인물이 사상이나 기생과의 추문으로 파직을 당하고 세상의 편견과 맞서야 했을 때, 당사자가 느꼈던 불우는 더욱 컸으리라 짐작된다.

한편 허균은 비애를 직접적으로 서술하기도 하였지만 선행 연구에서 밝힌 바와 같이 허구에 기탁하여 그것을 다소나마 보상받으려 하기도 하였다.[75]

> 흰 비단옷을 입은 사람이 말하였다. 노형께서는 碧霞元君의 侍書로서 蓬萊治水都大監事를 담당하셨습니다. 그런데 北院의 여러 악귀[魔頭]들과 친하게 즐기면서 上元侍兒인 魏成君을 너무 사랑하시다가 직무를 태만히 방기하셨습니다. 상제께서 그에 노하셔서 노형을 인간세상[南閻]의 漢山州로 적강시키고 여러 악귀들을 쫓아내고는 그 복을 빼앗으셨고, 위

亦不可謂無是理也." 余曰, "太白, 上仙也, 方游戲於淸都帝居, 豈置欣戚於世人之贊毁, 屈跡塵闠中, 自現靈於俗耳耶? 是必不然." 沈生曰, "天人一揆, 自有感通之理. 公之一語, 上格仙眞, 霎然之頃, 安知其乘風, 肅然頡頏, 擺弄於公之側耶? 況公所著贊百篇, 而神獨詠此, 吾以爲太白無疑也." 余笑曰, "然."

74) 은근하다고 서술한 이유는 허균 자신의 부정에도 불구하고 그가 지닌 탁월한 文才가 심우영의 입을 빌어 표현되고 있으며, 전체적인 내용 또한 현실적으로 서술되지 않고 신이한 경험으로 그려지고 있기 때문이다.

75) 이문규, 앞의 논문, 69~73면 참조.

> 성군을 原嶠로 추방하시고 그 시종 백 명을 倡流로 쫓아버리고는 기한이 다 차고서야 돌아오라 명령하셨습니다. 이러한 이유 때문에 노형이 인간 세계[塵寰]에 있으면서 비록 風流와 雅致가 당세에 매우 빛나지만 일부러 명운을 궁곤하게 하여 궁색하게 한 것입니다."[76]

1609년에 쓴 「夢記」이다. 언젠가는 자신이 원래 있었던 仙界로 돌아갈 수도 있다는 불가능한 희망을 담고 있는 글이지만 그것을 설명하면서 "風流雅致, 照映當世"라고 서술한 부분에서는 자신에 대해 지니고 있는 자부심을 드러내기도 한다. 이 외에도 「酒吃翁夢記」에서는 柳淵叔의 꿈속 상황을 빌어 현실과는 전혀 다른 모습으로 선계에 자리 잡고 있는 자신의 모습을 서술하면서 현실의 불우를 위로하고 있다.[77] 이 역시 자부심의 발현이면서 암울한 현실에 대한 보상적 서술이다. 아울러 이 작품은 불교를 신봉한다는 이유로 파직된 경험이 있는 자신이 그것을 극렬히 신봉하지는 않았다는 사실을 변호하는 解明文으로 사용되고 있기도 하다. 특히 마지막 부분에서 자신은 불교를 일삼지 않았다고 구체적으로 드러내는 서술에서 선명하게 드러난다.[78]

---

76) 許筠, 「夢記」, 『惺所覆瓿稿』 권19, 300면. "素練者曰, '老兄不是碧霞元君侍眚, 主蓬萊治水都大監事. 因與北院諸魔頭相狎戲, 而酷愛上元侍兒魏成君, 怠棄職事. 帝怒之, 謫老兄於南閻漢山州, 黜群魔而奪其福, 放成君於原嶠, 驅其侍者百人於倡流, 限滿令回. 故藉老兄降在塵寰, 雖風流雅致, 照映當世, 而故窮其命以窘之.'"

77) 예컨대 殿上坐者曰, "可屈某-許筠-來." 俄闢東廊第一門, 微聞璜佩音, 有華陽巾·白氅·紺裳·紅紗中單·珠履·紫鞓者升自東階, 立左楹, 顧睨翁而微哂, 仰睇之則余也. 殿上問曰, "是人引卿, 證其不謗法, 信否?" 曰, "渠雖未達禪教, 亦不能深排也." 殿上笑曰, "然則亟釋之."(許筠, 「酒吃翁夢記」, 『惺所覆瓿稿』 권6, 192~193면)와 같은 부분은 그가 天界에서 차지하고 있는 위상을 착용한 복색과 옥황상제의 신임으로 나타내고 있으며, "君雖在人世, 而名則錄於上淸也."(許筠, 「酒吃翁夢記」, 『惺所覆瓿稿』 권6, 193면)와 같은 언급을 통해 유연숙의 입을 빌어 은근한 자부와 상상의 보상을 그려내고 있다.

78) 許筠, 「酒吃翁夢記」, 『惺所覆瓿稿』 권6, 193면. "余曰, '仙釋二家, 吾儒所不道者, 吾

허균은 신이한 이야기 혹은 허구를 사용하여 자신에게 당면한 비난을 해명하기도 하지만 다른 이의 억울함을 풀어주기도 한다. 「巡軍府君廳記」가 그것이다. 이때 그는 조카를 부정하게 합격시켰다하여 하옥당한 시기(1610년)였으며, 꿈에서 만난 여인의 원한을 풀어주는 구조로 서술되어 있다는 점은 상기할 만하다. 자신이 여인의 원한을 풀어주었듯이 자신의 원한 역시 具眼者가 풀어주기를 바라는 염원을 담고 있는 작품으로도 해석이 가능하기 때문이다.

이러한 사실을 통해 허균은 자신이 실제로 겪고 있는 불우한 삶의 보상과 해명 등을 꿈 혹은 신이한 경험을 통해 서술하였다는 사실을 알 수 있다. 이것 역시 개인의 의견을 고집하다가 겪게 된 불우한 상황에 대한 글쓰기로써의 대응이다.

「愁歇院神詠仙贊記」, 「夢記」, 「酒吃翁夢記」, 「巡軍府君廳記」 등은 신이한 경험이나 꿈을 통해 자신과 타인의 억울함을 풀고 불우를 위로한다는 특징 외에도 상황에 대한 서사나 대화체를 효과적으로 사용하고 있다는 공통점이 있다. 특히 대화체는 각 인물의 개성을 충분히 보여줄 뿐만 아니라 당시의 상황과 인물의 감정 및 사유를 생생하게 전달한다는 측면에서 서사 장르는 물론, 의론 장르에서도 자주 사용된다. 그러한 점은 허균의 傳에서 잘 드러난다. 그런데 위와 같은 결과를 본다면 그가 전을 제외한 여타 장르에서도 인물, 상황, 논의를 생생하게 전달하고자 하였다는 사실이 감지된다. 이것이 앞으로 다루게 될 서사의 확장에 허균이 기여하는 부분이다.

當自盡誠明之學, 以措治平之業而已, 不必呶呶强與辨斥之也. 余嘗以佞佛見抨, 余豈業佛者也? 不過不謗而已. 世人顧不之察耳. 斯夢也亦偶然, 何足據信? 然亦可爲俗子不知道而强自爲知者之戒也.' 因筆而識之."

> 공(李福男)은 우계인으로 고려의 명장 薿의 후손이다. 고조는 之芳, 증조는 光植, 조부는 戩인데 모두 용맹한 무관이었다. 공은 어려서 호방한 큰 뜻을 품고 있었다. 처음 글을 배울 때에는 내키지 않아 마치지도 않고, 그만두고는, 손자와 오기의 병법을 본받아 그 대의를 깨우치고서 평생 나라 위해 몸을 던져 죽고자 스스로 맹세하였다. 「張巡傳」·「岳飛傳」·「文天祥傳」을 읽을 때마다 반드시 책을 덮고 눈물을 흘렸다. 시문을 지으면 氣略이 있었으나 짓는 것을 탐탁지 않게 여겼다. 사람들에게 고금의 성패에 대해 말할 때에는 통쾌하여 들을만하였기 때문에 사람들은 모두 그를 기이하다고 여겼다.[79)]

허균은 인물전뿐만 아니라 인물에 대한 기사문에도 탁월한 성취를 이루었다. 특히 생생한 인물의 부각과 비감의 전달이라는 측면에서는 당대를 대표하는 작가라고 할 수 있다. 위의 예문은 인물의 성격을 부각시키는 방법이 특징적이다. 초점은 무관의 기백에 있다. 대대로 용맹한 무관의 집안이었음을 서술하는 서두 부분에서부터 글의 초점을 분명히 보여준다. 다음 부분에서는 『史記』「項羽本紀」를 이용하여 그의 성품이 항우의 그것과 유사함을 드러낸다. 특히 "初學書不肯竟, 去, 師孫·吳法, 通其大義, 平生以徇國捐軀自許"라고 한 서술은 「項羽本紀」의 "項籍少時, 學書不成, 去, 學劍, 又不成. 項梁怒之, 籍曰, '書足以記名姓而已, 劍一人敵, 不足學, 學萬人敵.' 於是項梁乃教籍兵法, 籍大喜, 略知其意, 又不肯竟學"을 활용한 부분이다. 이하는 서술자의 개입을 최대한 자제하면서 李福男의 인물됨을 객관적으로 서술하여 부각시킨 부분으로서

---

79) 許筠, 「故全羅道兵馬節度使贈兵曹判書李公誄并引」, 『惺所覆瓿稿』 권15, 262면. "公羽溪人, 前朝名將薿之後. 高祖之芳, 曾祖光植, 祖戩, 皆爲國之爪牙焉. 公幼有慷慨大志. 初學書不肯竟, 去, 師孫·吳法, 通其大義, 平生以徇國捐軀自許. 每讀張巡·岳飛·文天祥傳, 必掩卷以涕. 爲詩文翩翩有氣略而不屑爲, 對人談古今成敗處, 痛快可聽, 人皆奇之."

그가 지은 「嚴處士傳」에서 嚴處士의 성격을 형상화하는 부분[80])과도 유사하다.[81])

위의 사실에서 허균 인물기사의 다음과 같은 몇 가지 성향을 간취할 수 있다. 첫째, 초점을 두어 그것을 부각시키고자 하였다는 점이다. 둘째, 작가가 개입하여 서술하는 부분에서는 초점의 효과를 부각시키기 위해 전범이 될 만한 작품－위에서는 「項羽本紀」－의 서술을 효과적으로 활용한다는 것이다. 셋째, 작가가 개입하지 않는 경우 인물의 행위와 말, 태도를 세밀하게 서술하고 묘사함으로써 실감을 더한다는 점이다. 마지막으로, 이러한 서술은 그가 지은 여타 전 작품들과 영향을 수수한다는 것이다. 물론 이렇게 인물을 형상화한 데에는 그가 지니고 있었던 사유, 즉 자신 스스로가 아니면 사라지고 말 인물들의 기록을 남기고자 했다는 의식이 강하게 작용하였으며, 인물기사의 글쓰기가 투식에서 벗

---

80) 許筠, 「嚴處士傳」, 『惺所覆瓿稿』 권8, 204면. "訓誨後進, 必以忠孝爲先, 以其紛誶名利, 則泊然不一出諸口. 讀史至成敗治亂君子小人之辨, 必慷慨論折, 亹亹可聽. <u>於武穆・文山之死, 則輒掩卷流涕. 爲文簡切有致, 而詩亦壯麗, 所傳誦者百餘篇, 皆合作家, 處士不屑爲也.</u>"

81) 이 작품에도 직접인용을 통해 인물의 성격과 외적 환경을 생생하게 부각시킨 장면이 적지 않다. 예컨대 "(楊元이 구조를 요청하는) 檄書를 들고 나아가려고 하면서 軍吏를 불러 군사를 모아 놓고 "적은 많고 원조는 끊어졌으니 성의 함락은 분명하다. 그러나 나는 나라의 막중한 은혜를 입었으니 좌시하면서 나아가지 않을 수 없다. 지금 수천 명으로 그들의 군대를 대적하는 일은 시뻘겋게 타는 화로에 깃털을 태우는 일과 같아서 그 형세상 반드시 요행은 없을 것이다. 그런데 장부는 국가가 위태해지면 목숨을 내놓으며 죽음을 사양하지 않는다. 오늘은 내가 목숨을 마치는 날이다. 그러나 그대들은 모두 의미 없는 죽음을 당할 수는 없으니 떠나고자 하는 사람은 떠나는 것을 들어줄 것이며 남고자 하는 자도 남게 할 것이다."라고 하니, 장사들은 모두 울며 "공을 따라 죽고 싶습니다."라고 하였다(得檄將赴之, 召軍吏聚師詢曰, '賊衆援絶, 城之陷決矣. 我受國重恩, 不可坐視不赴. 今以數千人當其軍, 猶洪爐之爇鴻毛, 其勢必無幸矣. 然丈夫見危授命, 死不可辭. 今日乃我畢命之秋. 諸君不可俱徒死, 欲去者聽其去, 欲留者留.' 將士皆泣曰, '願從公死.')."(「故全羅道兵馬節度使贈兵曹判書李公誄幷引」, 『惺所覆瓿稿』 권15, 262면)와 같은 장면 서사가 대표적이다.

어나 새로운 서술을 모색하던 시대적 영향을 받았다고 하겠다.[82)]

그 옛 기록 중에 蓮花夫人의 일도 매우 상세하게 기록되어 있었는데 다음과 같다. 신라 때 溟州는 東原京이었다. 그렇기 때문에 留後官은 반드시 王子와 宗戚・將相・大臣들이 다스렸는데 모든 일은 편의대로 黜陟을 행하였다. 그 예하의 군현에 왕의 아우인 無月郎이 있었는데 어린 나이로 와서 그 일을 담당하면서 政務를 보좌관들에게 대신 담당하게 하고 화랑도를 인솔하여 山水에서 노닐었다. 하루는 蓮花峯이란 곳을 올랐는데 매우 아리따운 어떤 처자가 石池에서 빨래를 하고 있었기에 무월랑은 기뻐하며 그녀를 꾀었다. 처자가 말하였다. "저는 士族이라서 남자와 私通할 수 없습니다. 그대께서 아직 혼인을 하지 않았다면 혼인의 약정을 행하고 六禮로 맞이하여도 늦지 않을 것입니다. 저는 이미 그대에게 몸을 허락하였으니 다른 사람과 혼인하지 않겠다고 맹세하겠습니다." 무월랑이 그것을 허락하였고, 이때부터 끊임없이 선물을 주었다.

부임 기간이 다 되어 무월랑이 鷄林으로 돌아갔는데 반년이 지나도 소식이 없자 그의 아버지가 北坪 집안의 아들에게 시집을 보내기로 하고는 이미 날짜까지 잡았다. 부인은 감히 부모님께 말하지도 못하고 마음으로 남몰래 걱정하다 죽기로 작심하였다. 어느날 석지에 이르러 옛 맹세를 생각하면서 못 가운데 키우는 금빛 잉어에게 말하였다. "예전에 한 쌍의 잉어가 편지를 전해주었다는 말이 있는데 너는 나의 보살핌을 많이 받았으니 내 뜻을 낭군께 전해주지 않겠느냐?" 갑자기 반 자되는 금빛 잉어가 못 가로 뛰어 나와 입을 벌리는 모양이 마치 허락하는 듯하였다. 부인이 기이하게 생각하고는 적삼의 소매를 찢어 다음과 같이 편지를 썼다. "저는 감히 약속을 배신하지도 못하고 부모님의 명도 어길 수가 없어요. 그대가 만약 맹세를 저버리지 않고 某日에 도착하신다면 오히려 방도가 있겠지만

82) 안득용, 「16세기 후반~17세기 전반 비지문의 전범과 서술 양상에 대한 고찰」, 『한국한문학연구』 제39집, 2007, 223~259면 참조.

그렇지 않다면 저는 스스로 목숨을 끊고서 그대를 따르겠어요." 잉어의 입에 그 편지를 넣고 큰 내에 던지자 잉어는 유유히 갔다.

그 다음날 새벽 무월랑이 閼川에 사람을 보내서 고기를 잡게 하여서 관리가 횟감을 찾다가 한 자 크기의 금빛이 도는 잉어를 갈대숲에서 잡았다. 관리가 그것을 무월랑에게 바치자 잉어가 몸을 던져 펄떡 뛰는 모습이 마치 하소연할 것이 있는 듯하더니, 잠시 후 한 되쯤 되는 거품을 토하였는데 그 가운데 편지가 있어 기이하게 여겨 읽으니 부인의 글씨였다. 무월랑은 즉시 편지와 잉어를 가지고 왕께 고하자 왕이 매우 기이하게 여기며 잉어를 궁궐의 못에 풀어주고 즉시 일련의 대신들에게 폐백을 갖추게 하고 무월랑과 함께 東京으로 가게 하였다. 곧 이틀에 갈 거리를 하루에 달려 겨우 제 때에 도착할 수 있었다.[83]

「鼇淵寺古迹記」의 일부이다. 이하의 부분은 대부분의 설화가 그러하듯이 해피엔딩이다. 주의를 기울여야 할 부분은 이 글의 창작 동기이다. 위 예문의 생략된 부분에는 고을 노인들의 그릇된 말을 수정하여 전달하려는 태도가 선명하게 드러난다.[84] 즉 특정한 인물을 구체적이며 섬세

---

83) 許筠, 「鼇淵寺古迹記」, 『惺所覆瓿稿』 권7, 196~197면. 其中載蓮花夫人事甚詳曰, 新羅時, 溟州爲東原京. 故留後官必以王子若宗戚將相大臣爲之, 而凡事便宜行黜陟. 所其隸郡縣有王弟無月郞者幼年來領其任, 留務聽佐貳者代理, 而率花郞徒, 游戲於山水間. 一日獨登於所謂蓮花峯, 有處子貌甚殊, 浣衣於石池, 郞悅而挑之. 處子曰, "妾, 士族也, 不可以奔. 郞若未婚, 可行婚約, 而六禮迎之未晚矣. 妾已許身於郞, 誓不他從也." 郞許之, 自是問遺不絶. 瓜滿, 郞歸鷄林, 半載無耗, 其父將嫁諸北坪家人子, 已卜日矣. 夫人不敢白父母而心竊憂, 以死自定. 一日, 臨池想舊誓, 語池中所養金鯉曰, "古有雙鯉傳書之言, 你受吾養多矣, 不可致吾意郞所否?" 忽有尺半金鯉, 跳出池側, 口呀呷似有諾者. 夫人異之, 裂衫袖書曰, "妾不敢背約, 而父母之命, 將不得違. 郞若不棄盟好, 趁某日至, 則猶可及已, 不然則妾當自盡以從郞也." 納之魚口中, 持以投大川, 鯉悠然而逝. 其翌曉, 無月郞送吏於閼川捉魚, 官索膾魚, 有金尺鯉在葦間. 官以似郞, 鯉挑擲振迅若有訴者, 俄吐沫涎升許, 中有素書, 異而讀之, 乃夫人手迹. 郞卽携書及鯉, 告于王, 王大異之, 放鯉于宮池, 亟命一員大臣具彩帛, 偕郞馳往東京. 卽倍日幷行, 僅及其期.

한 필치로 서술하여 후세에 전하려고 했을 뿐만 아니라 사실과 사건 그 자체에 대해서도 그리려고 했다는 의지가 보인다.[85]

한편 인물·현실의 구체적 반영과 확실한 사실을 전달하려고 했던 허균의 현실 인식과 문예관에서 이와 같은 글쓰기를 추동한 요인을 찾을 수 있다. 이후 더욱 자세히 언급하겠지만 구체적 현실을 반영하려는 태도와 확실한 사실을 전달하려는 태도는 이 시기 문예적 글쓰기의 주요한 특징이다. 그 원인을 상황적 측면과 문학 내적 측면으로 나누어 살펴보면 다음과 같다. 우선 현실 인식의 심화로 인한 삶의 다양한 계기와 사유의 표현이 진행되어야 했고, 전란을 거친 이후 사회의 모순이 격화되는 상황을 표현할 필요가 있었다. 아울러 전란을 통해 상하층 문화가 혼합되면서 평소 자료의 출처가 되기 힘들었던 민간의 이야기가 고문에 편입되기 시작하였다.[86] 다음으로 이미 언급한바 산문 인식의 제고를 지적할 수 있다. 단순한 사실의 전달에 그치지 않고 산문의 결, 수사적 효용

---

84) 許筠, 「鼈淵寺古迹記」, 『惺所覆瓿稿』 권7, 196면. "江陵府之南有大川, 川之南有鼈淵寺, 寺之後岡爲蓮花峯, 故老傳周元公之母蓮花夫人居于此, 故以名峯, 而寺卽其故宅也. 寺之前有石池, 名曰養魚, 故老又言溟州時, 有書生游學于此, 與室女有約, 其父母不知而將嫁之, 女以書投池中, 尺鯉致于生, 得諧其緣. 志輿地者信之, 載諸古迹. 箋曰, '或云咸東原傳霖也.' 余竊疑之. 峯旣以夫人名名之, 則寺之爲夫人家明矣. 寺構於新羅, 則府尙爲東原京, 安得曰溟州, 而寺之中安有人率室女而居者乎? 況咸公國初功臣, 原係府籍人, 亦安能及見麗初溟州時, 而稱之曰游學到此耶? 其誣罔之端不一, 而訛以傳訛, 恨不得博攷掌故, 以破其惑也."

85) 안득용(앞의 논문, 249~250면)은 「新平李生墓誌」의 분석을 통해 인물기사와 생생한 현장묘사가 傳의 그것과 유사한 점을 지적하였고, 안세현(앞의 논문, 130~135면)은 「探元窩記」, 「巡軍府君廳記」가 지닌 서사의 확장과 흥미의 추구에 대해 서술한 바 있다.

86) 이지영은 「『惺所覆瓿稿』에 나타난 許筠의 民間傳承에 대한 관심과 그 의의」(『고전문학연구』 제18집, 한국고전문학회, 2000, 185~216면.)에서 위와 같은 설화를 삽입한 경우에서부터 민간에 전승되는 이야기를 차용한 다양한 사례를 통해 허균의 민간전승에 대한 관심과 의의에 대한 고찰한 바 있다.

성 등을 인식하였기 때문에 다소 부수적으로 인식되는 인물, 환경, 사건 등도 핍진하게 재현하게 된 것이다. 따라서 위와 같은 성격의 글쓰기는 허균의 현실 인식과 문예관을 특징적으로 보여줌과 동시에 당대의 그것 역시 전형적으로 보여주고 있다.

그런데 정확한 사실을 전달하기 위해 반드시 위와 같이 일정 정도 허구성을 띤 소설적 서사를 차용할 필요는 없다. 이러한 태도는 객관적 기록을 추구하였던 이식의 글쓰기와 비교해 보면 뚜렷이 대비된다. 이식도 확고한 목적을 위해 세밀하고 객관적 기록을 남긴 바 있다. 그러나 그의 관심은 항상 禮教, 국가제도, 공적인 목적을 지닌 사실이나 제도 그 자체에 있었다. 이러한 이유 때문에 허균처럼 구체적 현실의 반영으로서 생생한 현장감, 인물의 선명한 부각, 흥미의 추구라는 목적을 위해 글을 서술한 경우가 드물고 전통적인 제도와 법식을 후대에 정확하게 전달하려고 세밀하면서도 객관적으로 서술하였을 뿐이다.

현존하는 중국의 신화기록에 신비하고 초월적인 모습을 지닌 신이나 신적 인간의 모습보다는 성인의 덕과 공훈을 기린 것이 유난히 많은 이유를 설명한 김진곤의 연구는 흥미로운 사실을 보여준다. 서양 신화의 경우 구체적이고 세세한 세부 사항의 기록과 전달을 중시한 반면, 중국은 이야기의 골각과 神韻을 중시하였다는 점이다. 이러한 특징은 중국 신화가 도덕과 윤리적 관점을 우위에 두었고, 이성주의에 근거하여 인간의 상상력을 제한하였다는 사실에서 기인한다.[87] 이 논의의 구체적 사안에 대해서는 더욱 깊은 고찰이 필요하겠으나 대체적 논리, 즉 도덕·윤리적 관점과 상상력의 발현이라는 두 근원이 발생시키는 글쓰기 스타일의 차이에 대한 논의는 주목할 만하다. 실용을 중시하고 기교와 수식

87) 김진곤, 『이야기 小說 Novel : 서양학자의 눈으로 본 중국소설』, 예문서원, 2001, 30~32면.

을 배타적으로 사유하였던 이식의 글쓰기와, 기교 및 수식, 상상력의 발현에 비교적 관대했던 허균 글쓰기의 차이를 심화시킨 요인으로 상상력의 용인 정도를 고려하도록 해주기 때문이다. 이러한 이유로 「龞淵寺古迹記」를 비롯하여 구체적이고 세밀한 서술이 부각되는 기사문의 특징적 면모를 발생시킨 요인으로서 상상력을 통해 문학성을 제고하려고 했던 허균의 사유를 추가하고자 한다.

한편 허균은 핍진하게 현실을 재현하였을 뿐만 아니라 비애를 섬세하게 부각시키기도 했다. 敍事와 敍情이라는 차이는 엄연히 있으나 두 계열 모두 구체적 서술이라는 점은 유사하다.

> (그대의) 靈性은 공손하였으며 덕은 그윽하였다. 돌아가신 시어머니를 일찍부터 섬기더니 시어머니께서 마음으로 매우 즐거워 하셨다고, 죽어서도 시어머니를 따라 이 산의 무덤에까지 왔구나. 황야에는 이내, 들에는 덩굴, 달은 쓸쓸하고 서리는 차다. 외로이 홀로된 넋, 오롯한 그림자를 슬퍼하네. 18년이 지나 남편은 귀하게 되어 반열에 올랐다고, 성대한 은총으로 죽은 후 봉호를 내리라는 조서가 내려왔구나. 미천한 시절 함께 가난을 겪으며 내가 高官이 되길 바라다가, 관직에 올랐는데 벌써 떠나고 말았으니, 은혜로운 명[寵命]은 헛된 頌禱일 뿐이라, 어찌하면 함께 영예를 누리겠는가? 내 슬픔 크고 넓다. 만약 그대의 혼이 지각이 있다면, 그대 또한 길이 눈물 흘리리라. 한 잔 官家의 술을 드니, 슬픔이 밀려와 눈물 흐른다.[88]

자신의 첫 번째 부인에게 부친 「祭亡妻文」의 전문이다. 여타 인물들

---

88) 許筠, 「祭亡妻文」, 『惺所覆瓿稿』 권15, 268면. "惟靈性惟恭恪, 德則幽閑. 早事先姑, 姑志甚驩, 死而從姑, 來窆玆山. 荒煙野蔓, 月苦霜寒. 孑孑孤魂, 悲影之單. 踰十八年, 夫貴陞班, 恩賁追封, 紫誥回鸞. 賤時共貧, 祈我高官, 及官已歿, 寵命徒頌, 焉得同榮? 我懷漫漫. 想魂有知, 其亦汍瀾. 一酌官醪, 悲來涕潸."

에게 부친 제문에 비해 서사성보다는 서정성, 즉 망자를 향한 비감을 부각시키고자 한 흔적이 역력하다. 그런데 이 작품 외에 「祭林子昇文」도 비감을 피력하는 구조가 유사하다.

「祭亡妻文」은 서두 부분에 당시 여성의 미덕으로 여겨지던 婦德을 서술한다. 빼어난 행적과 재능을 지닌 인물의 죽음이 자신은 물론, 타인에게도 자연스럽게 비감을 불러일으키기 때문에 허균은 이러한 서술을 채용했다. 「祭林子昇文」도 친구 임현의 죽음에 대해 "그대의 높은 재주는 지금 세대에 쓰일 만했고 후세에 이름을 떨칠 수 있었는데 빼앗아 감이 빨라서 크게 펼쳐지질 못하여 이것을 함께 했던 친구들이 모두 안타까워하는구나."[89]라고 서술하여 동일한 효과를 불러일으킨다.

다음으로 안타까움을 강화시키기 위해 일화 혹은 당시의 상황을 서술하고 있다. 「祭亡妻文」의 "踰十八年"에서부터 "焉得同榮?"까지가 그 부분이다. 이 서술로써 고생을 함께 하였으나 생존 당시 영화를 누리지 못하고 18년이 지나고 나서야 귀하게 된 아내와 그것을 함께 할 수 없는 안타까움을 표현한다. 한편 「祭林子昇文」에서는 "지난 봄 전라[海陽]에서 함께 이불을 덮고 즐거워하였는데 그대는 그 병이 약도 쓸 수 없다 했고, 나는 잘 설명하여 타이르며 君平은 참으로 협소하고 奉倩은 매우 어리석었다고 하니, 그대는 내 말에 고개 끄덕이며 조금은 그 생각 누그러뜨리는 듯했지. 그런데 누가 한 해도 되지 않아 갑자기 아득히 멀리 떠나리라 생각하였겠는가!"[90]라고 서술함으로써 갑작스러운 죽음에서

89) 許筠, 「祭林子昇文」, 『惺所覆瓿稿』 권15, 266면. "子之高才, 可以用於當世而揚于明時, 奪之速而不大厥施, 此交游之所共嗟咨."

90) 許筠, 「祭林子昇文」, 『惺所覆瓿稿』 권15, 266면. "去春海陽, 同被以嬉, 君言其病之不可醫, 我譬解而以規, 君平誠隘, 奉倩太癡, 子頷吾言, 少抑其思. 孰云未周乎星籥, 奄冥然而長辭! 山岑岑兮雲黯黯, 景晻曖而西劉, 下視幽坎之冥冥, 當與子從此而永離!"

발생한 비감을 함께 했던 일화로 표현한다.

다음으로 아내의 죽음과 그 비애를 자연에 투영함으로써 슬픔의 정조를 배가시킨다는 점도 유사하다. "황야에는 이내, 들에는 덩굴, 달은 쓸쓸하고 서리는 차다. 외로이 홀로된 넋, 오롯한 그림자를 슬퍼하네"의 이내 낀 황야와 덩굴이 뒹구는 들, 찬 서리와 쓸쓸한 달, 외로운 그림자 등은 비감이 투영된 자연물이다. 마찬가지로 「祭林子昇文」 역시 "암울한 남쪽 하늘 그 길은 구불구불한데 나는 흰 말을 타고 흰 휘장으로 오른다."[91]와 "산은 높디높고 구름은 검디검으며 햇빛은 어둑어둑 서쪽 하늘을 가로지르는데, 내려다보니 墓穴은 아득하여 그대와 이에서 영영 이별이로다."[92] 등의 표현에서 자연물과 그것이 그려내는 분위기에 자신의 감정을 투영하면서 비감을 증폭시키고 있다.[93]

요컨대 허균은 자신의 의지를 따르는 삶과 그로부터 발생한 고통을 直敍하기도 하였지만 반어나 역설로써 표현하기도 하였다. 반어와 역설 외에, 유몽인과 마찬가지로 불우함을 신이한 경험이나 꿈으로써 형상화하는 경우도 적지 않았다. 전달자로서의 역할을 자임했던 그는 자신의 불우함뿐만 아니라 세상에 알려지지 못하고 스러진 인물을 생생하게 부각시키기도 하였다. 이 과정에서 인물은 물론, 환경과 사건, 자신의 감정 역시 핍진하게 서술함으로써 구체적으로 세계와 자아의 내면을 반영하여 시대의 변화에 대응하는 모습을 보여주었다.

---

91) 許筠, 「祭林子昇文」, 『惺所覆瓿稿』 권15, 266면. "錯莫南天, 其道逶遲, 我白其馬, 攀彼素帷."

92) 許筠, 「祭林子昇文」, 『惺所覆瓿稿』 권15, 266면. "山岑岑兮雲黯黯, 景晻曖而西劉, 下視幽坎之冥冥, 當與子從此而永離."

93) 대부분의 제문은 비감의 표현을 중심으로 서술된다. 다만 허균의 경우 서정성을 선명하게 드러내기 위해 위에서 볼 수 있듯 구조의 설정과 글쓰기에 더욱 공을 들였다는 사실은 분명하다.

제3항 소결

유몽인 사유의 구조는 자부와 현달로 드러나는 상승, 고뇌와 좌절로서의 몰락, 그 사이에 개입되는 一人으로서의 선택 등으로 구성된다. 이것은 일반적으로 언급되는 비극의 구조와 유사하다. 비극적 사유는 유몽인의 글쓰기에서 우선 판단의 지연, 삶의 비극적 본질과의 조우 등으로 형상화된다. 다음으로 상상 속에서 현실적 불우를 보상받으려는 모습으로 서술되기도 한다. 이것은 주로 말년의 글쓰기에서 보이는 모습인데 이로써 볼 때 말년에 보인 모습은 비극적이라고 하기에 다소 부족하다. 그러나 이것마저도 그가 내린 결단의 산물이었고, 그의 죽음을 앞당긴 사건 또한 그의 선택이라는 점에서 유몽인은 비극적 삶을 살면서 그것을 형상화하였다고 할 수 있다.

비극적 삶과 사유는 그의 산문이 독창적일 수 있었던 주요한 요인이다. 이에 연계된 산문의 개성적 특징은 다음과 같다. 첫째, 산문에 자유로운 상상력을 표현하였다. 사물에서 촉발된 상상력을 통해 시공간을 벗어나 자유롭게 상상하는 모습과, 문장 전체를 비유적으로 구성하면서 사태의 본질을 밝히고 있는 모습이 그것이다. 둘째, 반어와 역설을 일정한 수준에 올려놓았다. 반어와 역설의 사용은 언어가 지닌 결에 보다 관심을 갖게 하기 때문에 현대적 의미의 문학적 지향과도 연계된다. 셋째, 삶의 본질을 문학적으로 형상화하였다. 이것은 삶을 끊임없이 탐구하고 '일인'으로서 '부동'하였기 때문에 얻을 수 있었던 삶이 지닌 비애와의 조우였다. 유몽인의 글을 단순히 난해한 수사라는 측면에서만 고찰할 수 없는 주요한 이유가 바로 여기에 있다. 마지막으로, 私的 散文의 수준을 제고시켰다. 보편적 패턴에 따라 글을 쓰는 행위, 기존에 주어진 형식과 정서를 표현하는 글에서 개성을 찾기란 힘들다. 보편이 개별로, 이미 주어진 형식과 정서가 아직 없는 그것으로 바뀌었을 때에야 비로소 개성은 도출된다. 유몽인의 산문에 형상화된 세계와 자아의 모습에서 이러한 점이 발견된다. 물론 그것은 자신의 눈으로 관찰하고, 자신의 머리로 인식하며, 자신의 손으로 서술했기 때문에 가능했던 일이었다. 즉 유몽인은 비극적 사유와 삶을 깊이 있는 문예적 산문으로 구현하는 데 기여하였다.

한편 허균은 유몽인과 계통적 측면에서 유사한 사유와 글쓰기의 궤적을 지니고 있다. 자아 중심적 시각과 시대 비판, 비판을 위한 우의나 반어・역설이 그러하다. 즉 전통이나 윤리, 도덕적 관점보다 상상력을 중시하였다는 점이 이들의 산문을 유사하게 만든 측면이 있다.

고문의 장르에서 서사를 확장시켰다는 점도 유몽인과 유사하다.[94] 다만 그 양상과 정도의 차이는 있다. 앞서 살펴보았듯이 허균의 경우 풍부한 현실의 반영과 서사의 핍진성이라는 측면이 발달되어 있으나 유몽인의 경우는 주로 자신의 주장을 뒷받침하기 위해 세간의 이야기들을 삽입한다. 즉 현대적 시각으로 보았을 때, 허균의 글쓰기가 더욱 소설적이라고 할 수 있다. 이것이 지금까지의 연구가 주로 허균의 전과 허구적 작품에 집중되었던 이유이기도 하다. 그러나 소설, 더 크게는 근대라는 시각에 압도되지 않고 글쓰기의 다양화라는 측면에서 살핀다면, 유몽인이나 허균 모두 서사의 확장을 통해 세계의 다양한 모습을 반영하고 산문의 문학성을 제고시켰다는 의의를 지닌다.

그리고 허균의 글쓰기가 감성적이라는 점 또한 특징적이다. 이미 몇 편의 제문과 비지문을 통해 이 점은 분명히 살펴보았다. 이러한 글쓰기의 요인으로서 심미적 '情'의 긍정을 들 수 있다.[95] 16세기 후반~17세기

---

94) 유몽인 산문에 나타난 서사의 확장은 제5장 제1절에서 본격적으로 다루고자 한다.
95) 이에 대해 본격적으로 다룬 논고로서 채미화(「허균의 정감미학관 연구」, 『퇴계학과 한국문화』 제35호, 경북대 퇴계학 연구소, 2004, 197~216면)의 연구를 들 수 있으며,

전반 비지문을 고찰해보면 이 시기의 작품에서 이전 시기보다 비애를 선명하게 드러내는 경우가 많다는 사실을 알게 된다. 불우한 이들의 속출과 산문 장르를 인식하는 태도의 변화가 주요한 요인이다. 즉 불우한 이들에 대한 작가의 내면적 사유와 감정을 더욱 섬세하게 피력하기 위해 서사 위주의 장르에 서정을 삽입하고, 서정을 부각시키기 위해 일화나 대화를 세밀하게 서술하였다는 점이 특징적이다.

요컨대 유몽인에게서 보이는 자유로운 상상력의 표현, 반어적 태도, 비애와 고립감의 형상화, 허균에게서 드러나는 개인 중시, 현실적 부조리의 비판 등은 이전 시기나 동시대의 사유와 비교해도 개성적이다. 이러한 특징들은 이들이 삶의 각 단계마다 사회적 변화에 글쓰기로써 대응하려고 했던 지점에서 도출되었다. 그것도 비교적 일관된 궤적을 지니고 있기 때문에 일회적 시도에 그치는 것도 아니다. 즉 사회적·문화적 변화에 문제를 제기하고 그에 도전하려고 했던 태도가 개인의 취향을 넘어서 당대는 물론, 이후 사회와 문단의 변화를 야기한 것이다. 다만 세계와의 불화가 고조된 경우 현실의 부조리와 모순에 철저히 대항하지 못하고 이상적 세계 속에서 대체적 만족감을 꿈꾸거나 세계로부터의 고립을 희망한 태도는 이들의 한계로 지적할 수 있다.

제2절 重層的 傾向

제1항 申欽: 天道로의 수렴과 고독한 자기고백

신흠의 사유에 관한 논의는 주로 유연한 학문적 자세와 주체적 사상

'심미적 정'이라는 용어도 여기에서 차용한 어휘이다.

을 잉태시킨 자양으로서의 개방성에 집중되어 있다. 양명학, 불교, 노장 등에 대한 개방성과 상대적 인식의 탐구는 대체로 이러한 계열에 속한다. 문예 창작론의 경우 易理와 노장 사상의 결합, 『莊子』의 自然之道를 중심으로 하는 개성적 창작의 추구, 내용과 형식을 모두 고려한 문학관 등을 지적하기도 하였다.[96] 지금까지 신흠의 사유를 다룬 논의들은 거의 이러한 테두리를 거의 벗어나지 않았다.

한편 산문 자체를 연구한 경우는 많지는 않으나 사유, 한시, 시조와 함께 논의하는 과정에서 산문의 특징이 논의된 바 있으며, 前後七子와의 관계를 파악하려는 시각에서 그의 산문이 고찰된 바 있다.[97] 전자는 이전의 고찰 결과를 수용하면서 古文은 개성적 관각체, 騈儷文은 規式文의 實用化라는 결론을 내리고 있다. 후자는 전후칠자나 唐宋古文家, 특히 韓愈의 산문과 비교·고찰하였다. 그 결과 내용의 전달과 수사적 효과에 공을 들인 특징적 면모, 前後七子와의 차이 등을 밝히고 있다. 다만 위의 두 경우 모두 신흠의 산문에만 집중한 논의가 아니기 때문에 자료와 시각에 일정한 제한이 있다. 이러한 이유로 본고는 보다 포괄적인 시각으로 신흠의 산문을 고찰하고자 한다.[98]

---

96) 우응순, 「朝鮮中期 四大家의 文學論 硏究」, 고려대학교 박사학위논문, 1990, 68~102면의 연구 이후 朴熙秉, 「申欽의 學問과 그 思想史的 位置」, 『民族文化』 20, 民族文化推進會, 1997과 이종호, 「상촌 신흠의 산문저술과 문예의식」, 『민족문화』 20, 민족문화추진회, 1997 등도 이에 대해 고찰한 바 있다.

97) 박해남, 「상촌 신흠 문학의 연구」, 성균관대학교 박사학위논문, 2005; 김우정, 「申欽 散文과 前後七子」, 『大東文化硏究』 제69집, 성균관대학교 동아시아학술원 대동문화연구원, 2010 등의 논의를 말한다.

98) 최근 김광년은 「象村 申欽 散文 硏究」(고려대학교 박사학위논문, 2014)에서 신흠의 산문세계를 종합적으로 고찰한 바 있다. 이 논문은 신흠 산문에 대한 거의 최초의 종합적 논의이기 때문에 음미해볼 필요가 있다.

1. 超然과 天理 추구의 태도

신흠 사유의 특징적 면모는 다원성을 견지하였다는 사실이다. 신흠의 다원성은 주로 개방적 사유와 독서에서 기인하며, 그 양상에 대해서는 이미 기존 논의에서 적지 않게 언급하였다. 그런데 다원성은 자신의 판단을 중시함과 동시에 남의 시각도 정당하게 평가할 때에만 발현된다. 즉 나와 남의 시각 차이를 인정하면서도 차별하지 않는 태도가 갖추어진다면 이때 자신의 판단을 중시하는 태도는 다원성을 구축하는 주요 요소가 된다.

> 내가 생각해보니 歸來의 說은 徵士 陶潛에게서 일어났다. 천년 동안이나 그것을 아름답게 여겨, 지금까지도 위로 그와 벗하는 사람들은 그것을 존숭하고 있다. 대체로 正道에 거하며, 본분을 지키고, 더러운 세속에서 매미가 허물을 벗듯 떠난 행동은 따르지 못하리라 생각한다. 그런데 나와 韓子[韓浚謙] 같은 사람은 예측하지 못하는 사이에 우환에 빠지고, 평탄한 곳에서 환란을 당하다가 끝내 덫에 걸렸는데도 피할 길을 알지 못하고, 또한 험하고 외진 곳에 유폐된 일을 달게 여기면서 어찌 귀래를 말하겠는가?
>
> 이윽고 또 다시 생각해보니 천지 사이의 사물은 만 가지로 서로 달라[吹萬不同] 分合하고 成毁하지만 어디로 간들 돌아감이 아니겠는가? 물은 골짜기로 돌아가고, 나무는 뿌리로 돌아가며, 물고기는 못으로 돌아가고, 새는 숲으로 돌아간다. 그로써 수고로운 사람은 쉬러 돌아가고, 일한 사람은 휴식으로 돌아가니 이것은 그 자연스러운 본성[常]을 얻은 것이다. 만약 행동이 세상과 어긋났는데도 행동으로 돌아감을 삼고, 뜻이 일과 어긋났는데도 뜻으로써 돌아감을 삼으며, 쓰고 버려짐이 나에게 간여하지 않고, 행하고 숨음이 만나는 바에 편안하다면 돌아감은 그 자연스러운 본성을 얻지는 못하는 것이지만 애초에 그 자연스러운 본성을 잃은 것은 아니다. 그렇다면 어찌 돌아감이라 말하지 않겠는가?[99]

1613년(48세) 선조의 교지를 받은 7명의 신하 중 한 사람이었다는 이유로 신흠은 放歸田里되었다가 1617년 춘천으로 귀양을 가게 된다. 위 작품은 1619년 신흠과 함께 교지를 받은 신하였던 韓浚謙(1557~1627)의 歸來齋에 부친 기문이다. 자신들은 유배를 당하였기 때문에 歸來가 아니라고 볼 수도 있으나, 결국은 '귀래'임을 밝히는 논리로 작품을 구성하였다. 첫 번째 단락은 예상되는 비판에 대한 고려이며, 두 번째 단락은 그에 대한 논파이다. 특히 두 번째 단락에서는 자신의 의지와 행위를 귀의처로 삼겠다는 태도가 드러난다.[100] 신흠은 자신의 행동과 의지가 비록 세상과 어긋난다고 해도 그러한 행동과 의지를 귀의처로 삼아 쓰임과 버려짐에 관여치 않고, 행하고 은거할 때 만나는 상황을 편안히 여기려고 한다.

아울러 이 작품에는 비애감도 서술되어 있다.[101] 신흠은 자신의 상황

---

99) 申欽, 「歸來齋說」, 『象村稿』 권33, 194면. "欽惟歸來之說, 起於陶徵士潛. 千載美之, 至今尙友者, 以爲依歸. 蓋其居貞履素, 蟬蛻濁穢之爲不可及也. 若欽與韓子, 疢疾於无妄, 狼跋於夷庚, 竟中機辟, 莫之知避, 方且拘幽淹阻之是甘, 尙何歸來之稱乎? 俄又思之, 則物於兩間, 吹萬不同, 分合成毁, 何適而非歸? 水歸於壑, 木歸於根, 魚歸於淵, 鳥歸於林. 以之勞者歸於佚, 行者歸於休, 此歸之得其常者也. 若夫行與世違而以行爲歸, 志與事違而以志爲歸, 用捨無與於己, 行藏安於所遇者, 此歸之不得其常, 而亦未始失其常者也. 夫何不可謂之歸哉?"

100) 특히 申欽, 「歸來齋說」, 『象村稿』 권33, 194면. "若夫行與世違而以行爲歸, 志與事違而以志爲歸, 用捨無與於己, 行藏安於所遇者, 此歸之不得其常, 而亦未始失其常者也."와 같은 언급에서 선명하게 드러난다. 다만 신흠이 유몽인이나 허균과 다른 점은 후자가 자의식과 주관에 의해 결정한 선택을 따르는 반면 신흠은 義·天理를 판단의 기준으로 삼아 선택한다는 점이다.

101) 한편 은연중에 자신의 처지에 대한 비애가 토로되는 이유는 앞서 언급한 환경적 요인 때문인데, 이 작품의 마지막 부분에서 그러한 모습을 살펴볼 수 있다. 申欽, 「歸來齋說」, 『象村稿』 권33, 194면. "나는 어려서 예전 살던 곳을 잃어 돌아갈 곳이 없이 떠도는 재화를 입었다가, 韓子와 더불어 같은 병통으로 이미 돌아갔으니, 어찌 하여야 한자의 귀래를 보고 柳川의 밭고랑 사이에서 악수하며 이 귀래설을 마칠 수 있을까(欽弱喪無歸, 而災於旅者也, 與韓子旣歸於同病矣, 安得見韓子之歸來, 而握手於

에 부합되는 老莊의 사유나 儒家의 경전 등에서 보이는 지침을 근거로 삼아 비감을 털어버리려 한다.[102] 이때 주로 그가 신뢰하고 의지하는 근거는 義 혹은 順理대로 사는 삶인데 이것은 하늘의 원리를 따르려는 태도와 부합한다. 바로 이러한 태도에서 신흠은 유몽인이나 허균과 구분된다. 그들 역시 신흠처럼 자신의 선택과 의지를 중시하였으나 행위의 근원으로서 하늘의 원리를 끌어오는 모습을 거의 보이지 않기 때문이다.

요컨대 신흠은 개인의 선택을 중시하는 입장에 서있고 다원성을 견지하고자 하였다. 두 번째 단락에서 보이는 반대 논점에 대한 모색은 결국 이러한 태도에 근거한 것이다. 다만 다원성을 하늘의 원리로 수렴하려는 태도는 앞서 살핀 문인들과 변별된다.

> 벼슬로써 영화로워져도 벼슬의 밖에서 超然하며, 포승줄에 묶여 곤궁해져도 포승줄의 밖에서 초연하고, 삶과 죽음 때문에 두려워져도 삶과 죽음의 사이에서 초연하며, 山澤에 방기되어도 산택의 사이에서 초연하면 사물은 얽어매지 못하고, 사람은 훼방하지 못한다. 하늘을 즐기고 명운을 알아 몸은 고꾸라져도 도는 형통한 것이 옛 대인의 행동인데 가만히 이것에 힘쓰고자 한 이는 주인옹이다. 老氏가 이른바 편안히 거하며 초연하다는 말이 이곳에 있도다![103]

柳川田畝間, 畢此歸來之說)?"

102) 유가 경전의 경우, 특히 위 예문에 서술된 "쓰고 버려짐이 나에게 간여하지 않고, 행하고 숨음이 만나는 바에 편안하다면 돌아감은 그 자연스러운 본성을 얻지는 못하는 것이지만 애초에 그 자연스러운 본성을 잃은 것은 아니다(用捨無與於己, 行藏安於所遇者, 此歸之不得其常, 而亦未始失其常者也)."와 같은 언급의 근본이 되는 경전의 경구는 다음과 같다. 『論語』「里仁」의 "子曰, 君子之於天下也, 無適也, 無莫也, 義之與比."와 『中庸』의 "君子, 素其位而行, 不願乎其外. 素富貴, 行乎富貴, 素貧賤, 行乎貧賤, 素夷狄, 行乎夷狄, 素患難, 行乎患難. 君子, 無入而不自得焉." 등이다. 이러한 내용은 외부적 상황에 관계없이 자신이 신뢰하고 의지하는 길로 가고자하는 데에 지침이 될 수 있다.

「超然齋說」이 창작된 해는 1614년(49세) 경이다. 이 해에 그는 김포에 집을 짓고 室에는 坎止窩, 堂에는 睡心, 軒에는 海月, 齋에는 超然이라는 이름을 남긴다. '초연'은 위 예문에서도 밝히고 있듯 『老子』 26장[104]에서 취한 명칭이다. 그는 이 '초연'이라는 어휘를 통해 외부의 긍・부정적 상황 모두에 초연하고자 하는 의지를 피력하고 있다.[105] 물론 자신이 처한 상황에 개의치 않고 살고자 한다는 위 예문은 앞서 언급한 유가의 경전과 내용을 공유한다. '樂天知命'하려는 태도는 결국 외부적 환경이 어떠한 압력을 가하든지 자신이 따라야 할 바는 天이며, 그것을 즐기고 따르겠다는 모습이기 때문이다.

한편 위와 같은 논리를 세워 자신의 갈 길을 다짐하는 때는 대부분은 인생의 암흑기이다. 여타 문인들의 경우에도 이러한 시기 하늘에 대한 회의와 원망을 표출하거나 悲哀를 담은 글을 다수 창작한다. 신흠 또한 마찬가지이다.[106] 그런데 처한 환경의 惡好에 관계없이 자신의 의지대

---

103) 申欽, 「超然齋說」, 『象村稿』 권33, 186면. "榮以簪組, 而超然於簪組之外, 困以徽纆, 而超然於徽纆之中, 恤以生死, 而超然於生死之際, 放諸山澤, 而超然於山澤之間, 物不能累, 人不能鑠. 樂天知命, 身蹈道亨者, 古者大人之行, 而竊庶幾勉焉者, 主人翁也. 老氏所謂燕居超然者, 其在斯夫!"

104) 『老子』 26장, "重爲輕根, 靜爲躁君. 是以聖人終日行不離輜重. 雖有榮觀, 燕處超然. 奈何萬乘之主, 而以身輕天下? 輕則失本, 躁則失君."

105) 陳鼓應, 『老子註譯及評介』, 中華書局, 2003, 173면에서도 언급하고 있듯이 『老子』 26장의 의미는 무겁고 고요함을 좇아 그것에서 벗어나지 않으며, 외부의 영욕에 눈길을 돌리지 않아야 올바로 된 군주이고, 그렇게 하지 않는다면 근본과 주체를 상실하게 된다는 의미이다. 따라서 『老子』의 이 언급은 실상 당대 군주의 專橫을 경계하는 내용이다. 그 내용에서 신흠은 '외부적 환경에 초연함'이라는 의미만 가지고 자신의 의지 지향을 밝힌 것이다.

106) 본문에 소개될 예 외에도 「楊浦詩稿敍」(『象村稿』 권21, 14면), "崔子而年則日新富有, 大業斯究, 達而輔世, 約而脩辭, 誰之不如? 而長算局於短造, 高才限於世運, 天道果安在哉?"; 「故左議政文景申公畫像重修記」(『象村稿』 권22, 25면), "贊曰, 使公存而致己卯之治者天乎? 使公亡而不得止神虎之變者亦天乎? 何天道之不一?"; 「崇賢書院

로 살겠다는 처세의 방법은 지키고자 하는 지표에 대한 최소한의 불신만으로도 쉽게 깨뜨려진다. 외부의 압력에 대항해서 견디게 해주던 근거의 균열은 그것 위에 세워진 다양한 층위의 판단구조까지도 뒤흔들기 때문이다. 신흠이 부정적 의미의 浮動性을 발현한 원인이 바로 여기에 있다.

> 秋浦 黃公의 자취를 생각해보니 관직에 종사했던 기간은 비록 30년이지만 재야에 은거했던 기간이 절반이었다. 폐해졌다가 다시 등용되고, 등용되었다가 다시 폐해졌는데 폐한 것은 사람이요, 등용한 것은 하늘이다. 공이 죽자 벼슬이 복직되고 장례가 예의를 갖추게 되어 은혜가 지하에서 빛나니 蘇軾이 "사람은 하지 못하는 일이 없으나 오직 하늘은 허위를 용납하지 않는다."라고 했던 말이 옳구나. 그렇다면 이른바 天道라는 것이 그른가? 옳은가? 그것은 믿을만한가? 믿을만하지 않은가? 그것은 정해진 바가 있는가? 정해짐이 없는가? 혹 한 세대에 정해지기도 하고, 혹 천 세대 백 세대에 정해지기도 하니 비록 정해지지 않은 적은 없으나 그 정해짐이 한결같지 않아서 그것이 정해지기를 기다리려고 하다가 현명한 사람의 뼈는 썩어버린다. 참으로 하늘을 어떻게 하리! 하늘을 어떻게 하리![107]

신흠은 1613년 放歸田里된 이래 김포에서 待命하다가 결국 1617년 1월 춘천으로 귀양을 떠난다. 이 작품 「秋浦黃公哀辭(幷序)」가 창작된

記」(『象村稿』 권22, 26면), "噫, 君子之不得於天, 至此哉?" 등을 비롯하여 적지 않은 부분에서 이러한 감정을 노출한다.

107) 申欽, 「秋浦黃公哀辭(幷序)」, 『象村稿』 권29, 137면. "考公之迹, 則筮仕雖三十年, 而遯荒者半焉. 廢而復用, 用而復廢, 其廢者人也, 其用者天也. 卒乃官復葬禮, 恩賁泉壤, 信乎其蘇子之言曰, '人無所不至, 唯天不容僞者也.' 然則所謂天道者, 非耶? 是耶? 其可恃耶? 其不可恃耶? 其有定乎? 其無定乎? 或定於一世, 或定於千百世, 雖未嘗不定, 而其定也不一, 欲俟其定而賢者之骨朽矣. 其如天何哉! 其如天何哉!"

시기가 바로 이때이다. 게다가 秋浦 黃愼(1560~1617)은 계축옥사를 함께 겪기도 하였고, 신흠이 待命하는 사이 잠시 그의 집에 묵기도 하였던 동지였다.[108)]

신흠이 하늘에 대해 가지는 의문은 부침 많은 관직생활을 겪다가 유배지에서 죽은 황신의 구체적 삶의 이력에서 시작한다. 부침을 겪었으나 죽은 뒤 벼슬이 복직되고, 장례의 예의를 갖추게 되었다는 서술과 蘇軾의 인용은 '천'이 허위를 용납지 않고 항구적임을 보여주기 위한 장치이다. 그러나 이내 신흠은 그 태도를 바꾸어 하늘을 회의하는 의문을 제기한다.[109)]

신흠이 하늘의 항존성에 대해 연속적으로 의문을 제기하는 태도에서 그가 하늘의 定과 未定 사이에서 선뜻 결정을 내리지 못하고 있음이 드러난다. 이러한 태도는 이하의 서술에서 한층 더 강화된 모습으로 발현되는데 인간으로서는 알 수도, 거역할 수도 없는 하늘로부터 비롯한 비애 역시 여기에서 표현된다.[110)] 이것이 바로 신흠의 사유에서 보이는 '부동'의 한 가지 양상이다. 물론 그 원인은, 근거의 상실로 인해 어느 쪽도 선뜻 선택하지 못하게 된 상황에 있다.

---

108) 신흠이 황신에게 지녔던 知己로서의 우정이 잘 드러나는 글 한 편을 소개한다. 申欽, 「春城錄」, 『象村稿』 권55, 362면. "秋浦旣歿, 東岡又病, 雖有所懷, 誰得以知之, 雖有所言, 誰得以會之? 東坡所謂'平生我亦輕餘子, 晩歲人誰念此翁', 正爲吾今日道也."

109) 申欽, 「秋浦黃公哀辭(幷序)」, 『象村稿』 권29, 137면. "天道者, 非耶? 是耶? 其可恃耶? 其不可恃耶? 其有定乎? 其無定乎?"

110) 申欽, 「秋浦黃公哀辭(幷序)」, 『象村稿』 권29, 137면. "或定於一世, 或定於千百世, 雖未嘗不定, 而其定也不一, 欲俟其定而賢者之骨朽矣. 其如天何哉! 其如天何哉!" 물론 전체를 아울러 살펴본다면, 판단을 미루다가 결국 未定과 연계된 계열인 非와 不可恃, 즉 하늘의 否定的 측면에 더욱 무게를 두고 있다고 말할 수 있다.

> 그런데 일찍이 생각해 보았는데 天地는 잠시 깃드는 숙소요, 뜬 인생은 夢幻이라. 깃드는 숙소에서 잠시 머물고, 몽환의 경계에서 잠시 머물면서도 뻐기며 아는 척을 하니 참으로 비루하다. 공은 죽었으나 어찌 반드시 죽은 것이겠는가? 내가 살았다고 해도 어찌 반드시 산 것이겠는가? 공은 바야흐로 眞宰[우주의 주재자]를 따르며 원기의 본원[氣母]을 받아 자연의 기운 밖에서 노닐고 있는데 나는 천하의 가운데에 처하여 내 친구의 죽음을 슬퍼하여 꺽꺽 스스로 울고 있으니 참으로 슬프도다. 아아, 끝났는가! 나는 추포를 다시 못 보는 것인가? 내가 비록 다시 못 본다고 해도 공에게는 사라지지 않는 바가 존재하리니 臭腐인가! 神奇인가![111]

위에서 예로 든 「秋浦黃公哀辭(幷序)」의 바로 다음 부분이다. 이 예문에서 신흠은 죽음의 공간에 처한 이의 자유로움과 이승에 남은 이의 상황을 대조적으로 서술함으로써 자신이 느끼는 비애의 정도를 효과적으로 표출하고 있다. 또한 "竊竊然知之"같이 인간에 초점을 둔 시각과, 삶은 임시 거처인 천지에 잠시 깃들었다 떠나는 몽환이라는 하늘에 초점을 둔 시각을 함께 드러낸다.

한편 이 예문은 어휘뿐만 아니라 전체적 구조 또한 『莊子』「齊物論」에 바탕을 두고 있다.[112] 잠시 깃들었다 가는 세상이라는 발언으로 그의 부동성을 비교적 선명하게 보여주기도 하면서 세속적 삶의 가치를 축소하고, '臭腐'와 '神奇', 즉 죽음과 삶이 밀접히 연계되어 있다고 보는 태도

---

111) 申欽, 「秋浦黃公哀辭(幷序)」, 『象村稿』 권29, 137면. "抑嘗思之, 天地逆旅也, 浮生夢幻也. 居逆旅之間, 占夢幻之境, 竊竊然知之, 其亦陋矣. 公之死也, 豈必死? 余之生也, 豈必生? 公方御眞宰襲氣母, 游於溟涬之表, 而余且處乎寰中, 悲吾質之亡, 嗷嗷自鳴, 可哀也已. 嗚呼已哉! 吾不復見秋浦乎? 吾雖不復見, 而公有不亡者存, 其臭腐歟! 其神奇歟!"

112) 『莊子』「齊物論」의 다음과 같은 구절을 차용한 표현이다. "夢飮酒者, 旦而哭泣, 夢哭泣者, 旦而田獵. 方其夢也, 不知其夢也. 夢之中, 又占其夢焉, 覺而後知其夢也. 且有大覺而後, 知此其大夢也. <u>而愚者, 自以爲覺, 竊竊然知之.</u>"

를 드러내고 있기 때문이다.

그의 부동적 사유가 장자적 사유와 함께 서술되는 경우는 이 작품 외에도 적지 않다. 그 이유는 그가 『莊子』「齊物論」에서 주로 끌어오는 구절을 살펴보면 어렵지 않게 알 수 있다.[113] 즉 그가 「제물론」에서 주로 인용하는 구절은 세속적 시각에서 바라보는 是非, 生死, 可不可를 초월하여 明과 天으로 대표되는 초월적 시각을 상정하고 있는 경우가 적지 않다. 이는 앞서 언급한 『論語』와 『中庸』의 논의 구조, 즉 세속의 대립된 가치에 영향을 받지 않고 하늘의 원리를 따르려는 구조-상반된 세속적 가치의 상정/상위의 시각(혹은 존재)을 소환하는 구조-와 유사하다.[114] 그리고 상위의 가치를 이끌어 옴으로써 세속적 가치를 축소시켜 현실의 불우를 위로하고자 한다는 차용 이유 또한 유사하다. 결국 恒存不變의 근거를 회의하는 경우 판단을 지연시켰듯이 초월적 시각을 소환하지 못하게 되는 시기에도 그는 주저한다.

> 소유하고 있으면서 소유한 것을 자기만 가지려는 일은 망령되고, 소유하고 있으면서 갖고 싶어 하지 않는 척하는 것은 속이는 일이며, 소유하고 있으면서 가진 것을 잃을까봐 걱정하는 것은 탐하는 일이고, 없으면서 반드시 그것을 가지려는 것은 성급한 일이다. 오직 있으면 갖고, 없으면 갖지 않아서 가짐과 가지지 않음에 있어 가함[適]과 불가함[莫]이 없고,

113) 주로 「莊子」「齊物論」의 "道隱於小成, 言隱於榮華. 故有儒墨之是非, 以是其所非而非其所是. 欲是其所非, 而非其所是, 則莫若以明."과 "物无非彼, 物无非是. 自彼則不見, 自是則知之. 故曰彼出於是, 是亦因彼. 彼是方生之說也, 雖然, 方生方死, 方死方生, 方可方不可, 方不可方可. 因是因非, 因非因是. 是以聖人不由, 而照之於天, 亦因是也." 등과 같은 구절이다.

114) 물론 莊子的 시각은 초월적 시각을 끌어오지만, 유가적 시각은 자신이 지키고자 하는 義, 順理에 따를 것을 요청하기 때문에 내용이 완전히 같다고는 할 수 없다. 그렇기 때문에 구조의 유사성만을 지적한 것이다.

자신이 그에 덧붙이거나 덜어내지도 않는 사람이 옛날의 군자이다. 寄齋翁과 같은 사람은 이것에 대해 들은 바가 있구나!

寄는 붙어산다는 말이니 혹 있기도 하고 혹 없기도 하여 오고감이 정해지지 않은 상태이다. 사람이 하늘과 땅 사이에서 살아가는 동안 그것은 진실로 있는 것인가? 없는 것인가? 아직 태어나지 않았다는 관점에서 보면 없는 데에 근본하고, 이미 태어났다는 관점에서 보면 있음을 오로지 하며, 사라지게 되면 없는 데로 돌아가게 되니, 이러하다면 사람의 삶은 있고 없음의 사이에 붙어 있는 상태이다.

大禹는 "살아있는 일은 붙어산다는 말이며, 죽는다는 일은 돌아간다는 말이다."라고 말했으니 참으로 삶은 나의 소유가 아니라 하늘과 땅이 형체를 빌려준 것이다. 삶도 오히려 붙어사는 일인데 그 외의 榮辱은 어떠하겠는가? 그 외의 禍福은 어떠하겠는가? 그 외의 잃고 얻음은 어떠하겠는가? 그 외의 利害는 어떠하겠는가? 이 모든 것은 性命이 아니라 붙어사는 일일 뿐이니 변하지 않을 수 있겠는가?[115)]

朴東亮(1569~1635)의 寄齋에 부친 기문이다. 이 작품 또한 유배되었던 시기에 창작한 작품이다. 그렇기 때문에 "生猶寄也"에서 "其可常乎?"까지의 서술에서 보이듯 榮辱, 禍福, 得喪, 利害 등의 외부적 가치를 축소시킴으로써 불우의 정도를 최소화하려고 한다. 이 작품의 특징적 면모는 앞서 언급한 『論語』·『中庸』의 구절과 장자적 사유를 근거로 寄

115) 申欽, 「寄齋記」, 『象村稿』 권22, 23~24면. "有之而自有其有者妄, 有之而如不欲有者誣, 有之而恐失其有者饕, 無之而必欲其有者躁. 唯有則有之, 無則無之, 惟無與有, 不適不莫, 我無加損焉者, 古之君子也. 若寄齋翁, 其有聞於此乎! 寄者寓也, 或有或無, 去來之未定者也. 人之在天地間, 其眞有耶, 其眞無耶? 以未生觀則本乎無也, 以已生觀則專乎有也, 洎其亡也則又返乎無也, 若然則人之生也, 寄於有無之際者也. 大禹有言曰, '生寄也, 死歸也.' 信乎生非吾有, 天地之委形也. 生猶寄也, 況自外之榮辱乎? 自外之禍福乎? 自外之得喪乎? 自外之利害乎? 玆皆非性命也, 寄焉而已, 其可常乎?"

의 의미를 탐구하고 있다는 사실이며, 세상은 잠시 깃들어 있는 곳일 뿐 항구적 공간이 아니라는 의식이 표출된다는 점이다. 예컨대 첫 단락 전체의 서술은 "不適不莫"에서 알 수 있듯 『論語』에서 보이는 태도이다. 그리고 두 번째 단락은 "寄者寓也, 或有或無, 去來之未定者也."에서 알 수 있듯 부동의 형상화이며, 그 근거로서 예시한 "以未生觀則本乎無也, 以已生觀則專乎有也, 洎其亡也則又返乎無也, 若然則人之生也, 寄於有無之際者也."에서는 장자적 사유를 볼 수 있다. 이미 언급하였듯이 두 가지 사유는 유가와 도가라는 사상적 차이에도 불구하고, 불우에 대처하는 원리이자 부동성의 원인으로 기능하고 있다는 점에서 자연스럽게 조우한다.

위의 글에서는 부동의 차원과 공간이 구체적으로 서술된다. 그것은 바로 유와 무의 사이이다. 즉 존재하지도 않으면서 존재하는 그 사이에서 그는 떠돈다. 태어났다는 입장에서 본다면 존재 그 자체이지만, 죽었다는 입장에서 본다면 존재는 무로 돌아가기 때문에 그것은 존재하면서도 존재하지 않는 것이다. 존재와 존재하지 않음은 인간의 가장 원초적 상태이다. 따라서 이러한 태도에서 앞서 살펴본바 항존과 순간, 삶과 죽음, '천'의 옳음과 그름 사이에서의 부동이 파생되었다고 하겠다. 하지만 그는 「超然齋說」에서처럼 이 작품의 마무리 부분에서도 性命의 항존성에 대한 믿음을 보여준다. 결국 모든 것을 造物에게 맡긴다는 언급은[116] '성명', 즉 조물로 대표되는 天으로써 판단의 기준을 수렴하려는 태도이다.

이로써 볼 때 신흠 사유의 부동성은 그가 겪었던 불우한 상황과 밀접한 관련이 있으며, 그것의 사상적 근거로서 유가적 사유와 노장적 사유

---

116) 申欽, 「寄齋記」, 『象村稿』 권22, 24면. "余與寄翁, 同得罪, 余貶峽中, 翁遷海上, 余亦扁峽之居曰旅菴. 旅也寄也, 其義一也, 豈非同病者同道乎? 抑不知其旅其寄, 何時止, 而其不旅其不寄, 且寄之造物而已. 余與翁無事於其間也, 姑以余之素乎旅者, 書以寄之."

를 꼽을 수 있는데, 이는 '천리'와 '초연'을 추구하는 태도에서 각각 드러난다.117) 한편 신흠은 자신의 의지를 지키며 타인의 시각을 차별하지 않으려는 다원적 태도를 견지하였다. 다원적 태도는 그 성격상 다양한 가능성을 모색하게 하나 선택을 주저하게 만들기도 한다. 이때 신흠은 절대화된 상대주의의 폐해인 不可知論的 태도에 빠지지 않고 그것을 義와 順理를 구심점으로 삼아 수렴한다. 이러한 태도가 신흠을 유몽인이나 허균과 구분하게 만든다.

2. 판단의 遲延과 자기 고백적 글쓰기

신흠 글쓰기에서 가장 뚜렷하게 드러나는 특징은 정제된 형식미이다.118) 신흠 글쓰기의 형식미는 동일한 구절과 구법의 반복을 통해 안정감을 형성하거나 대우와 배비를 連用하여 기세를 제고하는 데에서 찾을 수 있다. 그것의 사용 빈도 역시 여타 작가에 비해 빈번하다.119)

---

117) 본문에서 소개한 언급 외에도 신흠의 노장에 대한 애호는 「春城錄」, 「江上錄」을 비롯한 여러 跋文 등에서 찾아볼 수 있다.

118) 본고에서 사용하는 정제된 형식미의 의미는 고전적 예술 규범의 특징으로 용인되는 '질서, 균형, 대칭, 안정, 조화, 그리고 모든 정적이고 무기적인 성질들의 전형적 패턴'이라는 의미와도 유사한 점이 있다. 이것은 마르쿠제, 「예술과 혁명」, 『마르쿠제 美學思想』, 金文煥 編·譯, 文藝出版社, 1994, 201면에서 인용한 허버트 리드의 언급을 재인용한 것이다. 본고에서는 이 의미 중 '질서, 균형, 대칭, 안정, 조화' 등의 의미로만 사용한다.

119) 몇 가지 예를 들면 다음과 같다. 余固不暇遠摭旁引, 特擧君家庭所自有而當剋者告之曰, "子知夫孝之道乎? 立身揚名, 孝之節也; 牲牢苾芬, 孝之具也, 而惟節與具外也非內. 乃若其本則述志爲貴, 而君子以之, 子其知所本哉?奉公則思其忠恪而不以貌也; 莅事則思其果確而不撓私也; 見義則象其勇往而不回也; 當難則象其履貞而不挫也; 處心則法其一而不貳也; 處交則法其恒而不易也.(「送李員外(命俊)朝京師序」, 『象村稿』 권21, 5면) ; 受委如有負, 行義不程功, 惠及而莫識其所自, 俗革而胥就於興行者, 吏之儒也. 履之以勤恪, 守之以退讓, 撫慰呴喩, 損上益下者, 吏之循也. 補敝起滯, 趨事爲賢, 聲施名揚, 懼人不知者, 吏之能也. 束下如束濕薪, 制民如制乳虎, 令出

내가 나아가 그 실질에 대해 구하며 말하였다. "누대 아래에 다리가 있는데 萬歲라고 부르며, 여러 지류들이 모여 다리의 아래에 고이는데 사방 5리가 됨직하고 크고 작은 물결이 일어 바라보면 거대한 호수와 같다. 다리의 밖에는 들이 있는데 평야가 드넓게 펼쳐져 한 면은 바다에 잇닿아 있고, 눈을 크게 뜨고 보아도 끝을 바라볼 수 없다. 들의 밖에는 산이 있는데 모두 북쪽으로부터 와서 하늘에 우뚝 솟아 위로 天河에 닿을 듯하다. 늘어선 것은 병풍이 되고, 솟은 것은 벽이 되어 좌우에서 호위하고 있다. 이것이 누대의 지극한 승경인데 이와 같은 승경이 백성을 즐겁게 만들 수 있는가?" "그렇지 않다."(余就而徵其實曰. "樓下有橋曰萬歲, 匯衆流而瀦于橋下, 方可五里, 濤波淪漣, 望之若巨浸也. 橋外有野, 平楚彌迤, 一面際海, 窮睇而不可極也. 野外有山, 皆自北而騖, 魂砑穹窿, 上摩霄漢. 列者爲屛; 峙者爲壁, 輿衛於左右也. 斯樓之至勝也, 如是者可以使民樂乎?" 曰, "否.")

"길일과 좋은 날 빈객을 초청한 잔치가 열리면 날짐승은 잘라 국에 넣고 물고기는 회를 치며, 현악과 관악이 번갈아 연주되고 술잔과 산가지 어지러이 뒤섞이며, 미녀들 아름다움을 다투느라 귀고리와 비녀 떨어지고, 한밤이 되어 촛불을 켜고 온갖 춤으로 들썩이는 것, 이것은 누대의 지극한 오락인데 이와 같은 오락이 백성을 즐겁게 만들 수 있는가?" "그렇지 않다."("吉日良辰, 賓筵旣張, 遙羽割臛; 游鱗入膾, 絲管迭奏; 觥籌交錯, 佳

惟行, 畏而不愛者, 吏之酷也. 坐糜俸錢, 僅句簿書, 媕婀時日, 救過不給者, 吏之俗也. 匿情干譽, 務外虛內, 粉飾繪采, 使人不覺者, 吏之奸也. 竭公入以事左右, 斂蔀屋以肥妻孥, 禍不旋踵, 名敗身辱者, 吏之蠹也.(「送朴庶尹(燁)赴平壤序」, 『象村稿』 권21, 5면) ; 李君昌期氏出監德山務, 明足以燭銖兩之姦, 而人不以爲察; 惠足以及豚魚之微, 而己不以爲恩, 其淸如水而待民則裕; 其苦如蘗而馭下則寬, 於是, 民懷於野; 吏戢於庭, 而一境熙然矣. (중략) 號令舛則民不得近矣; 級嚴則民不得近矣; 朘剝甚則民不得近矣; 仇怨形則民不得近矣; 得近則斯遠矣. 若昌期者, 敎詔如嚴父, 民安得不近; 撫摩如慈母, 民安得不近; 祛瘼如良醫, 民安得不近; 己如處子, 民安得不近.(「近民軒記」, 『象村稿』 권22, 22~23면) 등과 같은 작품을 비롯하여 여타 장르의 작품에서 대우와 배비, 반복되는 구절과 동일한 구법을 지닌 문장의 반복을 통해 작품의 기세를 제고함과 동시에 안정된 형식을 추구하고 있다.

娃爭艶, 珥墮簪遺, 燭跋宵分, 萬舞縱橫者, 斯樓之至娛也, 如是者可以使民樂乎?" 曰, "否.")

"부대가 모두 모이고, 동료들이 함께 하여 병사는 갑옷을 입고 내달리고, 말은 띠를 묶고 오르며 말을 내달리고 멈추니 날개를 펼친 듯하고, 활을 쏘고 금수를 좇으니 직물을 짠 듯하다. 두 개의 창에 꿩의 깃털을 달고 좌우로 빼고 당기니 楚廣과 吳練에 바람이 일고 번개가 들이치는 듯하고 고기를 잡아 귀신에게 제사 지내어 酒筵이 번갈아 이르고, 魚麗陣과 鵝鸛陣이 모두 법도에 맞으니 이것은 누대의 지극한 경관인데 이와 같은 경관이 백성을 즐겁게 만들 수 있는가?" "그렇지 않다."("部曲咸集; 僚屬攸同, 士介而馳; 馬御而騰, 磬控若翼; 縱送若組. 二矛重喬, 左拔右抽, 楚廣吳練, 風起電激, 擊鮮酺饗, 飫及踐更, 魚麗鵝鸛, 罔不合度, 斯樓之至觀也, 如是者可以使民樂乎?" 曰, "否.")[120]

1607년(42세) 北虜의 침입을 張晩이 막아내고 그곳에 樂民樓를 세운다. 위의 글은 이에 부친 「樂民樓記」이다. 이 시기는 부동과 비애가 잠재되어 있었을 뿐 본격적으로 형상화되어 문면에 드러나지는 않았던 시기이다.

이 작품은 '낙민'이라는 두 글자에 대한 自問自答으로 구성된다. 신흠은 자문자답을 서술하는 과정에서 누대의 승경, 오락, 장관 등을 자연스럽게 드러낸다. 이 시기 누정기 중 이와 같이 누정의 題名을 의론하는 작품은 적지 않다. 다만 의론의 과정에 풍경을 묘사하고, 서사를 진행시키고 있는 누정기는 많지 않다. 또한 제명의 의미에 대한 해석을 수수께끼의 풀이처럼 지연시킴으로써 작가의 관심을 지속적으로 유지시키는 방법 또한 쉽게 볼 수 있는 스타일은 아니다.[121] 따라서 「樂民樓記」는

---

120) 申欽, 「樂民樓記」, 『象村稿』 권22, 21~22면.

121) 이정구의 「最樂堂記」 정도가 이에 포함될 수 있다. 다만 이정구의 작품은 그의 글쓰

내용과 형식의 다양화라는 측면에서 성취를 이룬 작품이다.

한편 이 작품은 누정을 중심으로 펼쳐지는 화려한 풍경을 對偶句가 삽입된 4자구로써 표현하고 있다. 각 단락은 낙민루가 위치한 풍경, 그곳에서 열리는 연회, 閱兵式 등을 묘사한다. 대우를 위주로 하는 騈文은 문학의 묘사성과 서정성, 공덕과 향락생활을 묘사하는 데에 주로 사용되는데,[122] 위의 예문 또한 대우가 삽입된 4자구의 형식, 즉 類似 騈文을

기를 서술하는 지면에서 자세히 분석할 것이다. 한편 이정구나 신흠처럼 寫景과 敍事를, 議論과 동시에 서술하지는 않았으나 수수께끼와 같은 방법으로 결론을 지연시킨다는 측면에서는 유몽인의 「二難軒記【爲韓孝仲作, 押韻】」(『於于集』 권4, 392면)도 공통적 특징을 지닌다. 예컨대 "萬曆 38년(1610) 朴子가 韓子[韓孝仲]를 위해 네 개의 기둥으로 이루어진 세 칸의 초당을 지어주었는데 완성되자 박자가 한자를 시켜 柳子에게 軒의 題名을 구하라고 하였다. 유자가 二難으로 제명을 청하니 한자는 다음과 같이 말하였다. "나는 알겠다. 州의 이름이 公인데도 은거하며 경물[雲物]을 私有하니 이것이 一難이다. 城의 이름이 儒인데도 武人이 風月을 독점하니 이것이 二難이다." 유자가 말하였다. "武昌이라고 邑의 이름을 지었으나 그곳의 사람들이 모두 문장과 학술[文術]이 없는 것은 아니며, 不夜로 城을 칭하였다고 밝은 대낮이 다른 곳보다 반드시 긴 것은 아니다. 게다가 지금 名과 實이 모두 온전하니 표창하는 데에 무슨 어려움이 있겠는가?" 한자가 말하였다. "제때에 은거할 수 있는[嘉遯] 마을은 巢由가 아니면 그러할 수 없는데도 지금 벼슬아치가 집을 지었고, 鼇頭의 산은 偓佺이 아니면 구할 수 없는데도 지금 火食을 하는 사람이 그곳에 安居하고 있으니 두 가지의 어려움은 참으로 이러한 것이 아니겠는가?" 유자가 말하였다. "成都는 物外가 아니었으나 君平은 주렴을 내렸고, 岳陽 또한 세속이었으나 洞賓은 飛吟을 하였다. 게다가 어떤 지역이 사람을 얻어 드러나는 경우는 있으나 사람이 지역으로 인하여 현양되지는 않으니 나는 두 가지 경우에서 어려움을 보지 못하겠다(三十八年春, 朴子爲韓子構草堂三間四楹, 旣成, 朴子使韓子求名於柳子. 柳子請名之以二難, 韓子曰, "我知之矣. 州號爲公, 而幽居私其雲物, 是一難也. 城名爲儒, 而武人擅其風月, 是二難也." 柳子曰, "武昌名邑, 不是都無文術, 不夜稱城, 未必長爲白日. 況今名實兩全, 有何難旃?" 韓子曰, "嘉遯之村, 非巢由則莫可, 今宦子者舍之, 鼇頭之山, 非偓佺則莫干, 今火食者安焉, 二者之難, 不其然乎?" 柳子曰, "成都非物外而君平下簾, 岳陽亦人世而洞賓飛吟. 況地有得人而彰, 人無因地而揚, 吾於二者, 未見其難也)." 즉 '이난'이 지니고 있는 의미를 즉시 해결하지 않고, 한효중의 짐작과 유몽인의 부정으로 결론을 지연시키고 있다는 측면이 유사하다.

122) 陳必祥, 『한문문체론』, 沈慶昊 옮김, 이회, 2001, 378면 참조.

사용하여 화려한 광경을 묘사하고 있다.[123] 다만 위 묘사는 이후에 서술되는, 진정한 '낙민'의 의미를 부각시키기 위한 客의 역할을 할 뿐이다. 즉 신흠은 의도적으로 화려한 내용을 정제된 형식으로 표현함으로써 그것이 백성들의 즐거움과 연관이 없다는 사실을 부각시킨 것이다. 백성들의 실질적 즐거움을 나열하는 이하의 예문[124]에서는 화려함을 표현하지 않았다는 사실과 비교해 보면 이러한 특징은 선명하게 드러난다. 다만 실질적 즐거움을 서술하는 부분에서도 대우와 배비가 연이어 등장하고 있다는 측면에서 본다면, 화려함은 배제하였으나 정제된 형식은 지속적으로 유지하고 있다는 점은 살펴 볼 수 있다. 이로써 볼 때 형식적 안정성과 정제미를 부각시키려고 했던 특징적 면모는 신흠 산문의 글쓰기가 지닌 저변이다.

정제된 형식미 이외 글쓰기의 특징적 면모는 다음 두 가지 양상으로 대별된다. 첫째, 주로 독백체로 서술되는 선택 의문문의 병렬적 사용이다. 이는 불우했던 시기에 집중적으로 나타나고 있는 글쓰기의 경향이다. 둘째, 비애의 감정을 선명하게 드러내기 위해 자기의 내면 감정을 진솔하게 고백하는 형식의 글쓰기이다.

---

123) 여타 산문에서도 풍경을 묘사하는 경우, 대우와 배비, 4자구 혹은 일정한 글자수로 정제된 형식을 쓰는 이유는 물론 변문과 같은 효과를 노린 것이다. 신흠 또한 그러하다.

124) 申欽, 「樂民樓記」, 『象村稿』 권22, 22면. "樓有至勝而不足以爲民樂; 有至娛而不足以爲民樂; 有至觀而不足以爲民樂, 則民固何樂乎此歟? 其亦無待於此而有足以爲樂者歟? 間者數年, 邊吏傳一檄, 則行齎居送, 鷄犬不寧. 而今公之來, 虜牧不南矣; 穲稏盈疇矣; 布縷盈機矣; 夜枕得高矣; 晝行無警矣, 是非吾民之足樂乎? 飢者待以食; 寒者待以衣; 幼者待以育; 老者待以養; 死者待以葬. 三尺立而不欺; 三令申而不犯. 居平則爲曝日; 有事則爲嚴霜, 是非吾民之足樂乎! 民旣具二樂矣, 公且侈之以斯樓之美, 則公之與民共樂者, 詎不彰明較著, 而民之樂之也不亦宜乎?"

> 사람의 모였다 흩어짐을 옛사람들은 부평초와 蓬에 비유하였다. 무릇 부평초가 물위에 있고, 봉이 바람을 타면 홀연히 모였다가 홀연히 흩어지는데, 일정한 자취도 형상도 없다. 이 두 가지 풀은 사물 중 미약한 것인데 서로 부딪쳐 요동하게 하는 것은 대체로 勢이다. 그런데 사람은 온전한 기를 받아 사물을 통어하지, 사물에 통어되지 않는 존재인데도 도리어 이와 같은가? 아마도 부딪쳐 요동하게 하는 것이 있어서 그렇게 하지 않을 수 없는 것인가? 어찌하여 微物에 비유한 것인가?[125)]

1606년 신흠의 처남 李壽俊(1559~1607)이 중국에 사신으로 가게 되었을 때, 지은 「送李僉知(壽俊)以賀節朝京師序」의 일부이다. 따라서 신흠의 불우가 극에 달한 시기의 작품은 아니다. 그러나 이 작품에서 그는 이미 인간의 만남과 헤어짐이 일정할 수 없다는 사실과 그로 인해 발생하는 無常의 비애를 토로하고 있다.

신흠은 인간의 만남과 헤어짐을 부평초와 蓬에 비유하고 있다. 온전한 기를 받은 사람이 미약한 사물인 풀과는 다르다는 의심을 갖기도 하지만, 결국 신흠 또한 인간의 만남과 헤어짐의 무상함이 미물인 풀과 유사하다는 사실을 부정하지 못하고, 오히려 그와 같을 수밖에 없는 운명에 대한 비애를 표현한다. 위 예문 바로 뒤에 이어지는 서술[126)]에서 신흠은 만남과 헤어짐의 무상함과 그 비애를 일으킨 거대한 힘에 대한

---

125) 申欽, 「送李僉知(壽俊)以賀節朝京師序」, 『象村稿』 권21, 7면. "人之聚散, 昔人譬之萍蓬. 夫萍之在水, 蓬之遇風, 忽然而聚, 忽然而散, 無定踪, 無常形. 之二草, 物之微者也, 於其相薄而爲之搖蕩者, 蓋其勢也. 至於人者, 得氣之全, 能統物而不統於物者也, 而乃顧然乎哉? 豈復有所薄而爲之, 而不得不然者乎? 若之何其取類於微物耶?"

126) 申欽, 「送李僉知(壽俊)以賀節朝京師序」, 『象村稿』 권21, 7면. "나와 台徵(이수준)은 서로 알게 된 지 거의 10년인데 모이지 않은 적도 없고, 흩어지지 않은 적도 없다. 모이면 기뻐하고 흩어지게 되면 슬퍼하였는데 일이 환경에 따라 바뀌면 정도 번번이 변화하였으니 누가 그렇게 만든 것인가(余與台徵相識近十年, 未嘗不聚矣, 而又未嘗不散. 聚則歡欣, 散則愴恨, 事隨境遷, 情輒變焉, 孰使之然耶)?"

은근한 원망까지 내비치기도 한다. 이러한 심정을 신흠은 현실세계에서 벗어나 신선세계로의 비상을 꿈꾸는 방법으로 해소하려고 한다.[127] 즉 만남과 헤어짐이 없는 초월적 경계로의 도약과 그것의 기반이 되는 부동성의 긍정적 효과인 정신의 자유를 통해 털어버리려 한 것이다.[128]

「送李僉知(壽俊)以賀節朝京師序」에서 보이는 또 다른 글쓰기의 특징은 대립적 양상을 보이는 선택 의문문의 가설이다.[129] 이미 언급한 대로

---

127) 申欽, 「送李僉知(壽俊)以賀節朝京師序」, 『象村稿』 권21, 7면. "비록 그렇다고는 해도 내가 듣기에 중국에는 異人들이 많아서 종종 신선이 산다는 淸都와 紫府의 사이에서 신선이 되어 오르는 이들이 있다고 하니 곧 여러 패옥을 찬 신선들이 모이는 것이다. 그들도 또한 모이고 흩어짐이 있을까? 없을까? 참으로 즐길 만하겠다. 그대가 중국에서 돌아왔을 때, 만약 그 도에 통달했다면 나와 그대는 회오리바람을 타고 9만 리나 되는 높은 곳에 자리하여 부평초와 봉이 아래에서 모이고 흩어지는 모습을 내려다보리라(雖然, 吾聞中國多異人, 往往羽化於淸都紫府間, 卽列仙環佩之會也. <u>其亦有聚散乎哉? 果且無聚散乎哉?</u> 信乎其可樂也. 子之來, 如通其道, 則吾與子將在羊角九萬里外, 當俯視萍蓬之聚散於下風矣)."

128) 이것은 이미 유몽인의 「遊頭流山錄」을 통해 고찰하였던바 유한한 시공간 속에서 벗어난 모습의 형상화와도 유사하다. 이외에도 정신적 자유에 입각한 상상력의 발현은 신흠의 「廣漢樓記」의 서술에서도 드러난다. 천상과 지상을 하나로 결합하여 자유롭게 상상하고, 충일한 홍취를 드러내고 있기 때문이다. 특히 다음과 같은 서술에서 선명하게 드러난다. 申欽, 「廣寒樓記」, 『象村稿』 권22, 27면. "이슬이 막 걷히고 달이 빛을 흘릴 때 평평한 호수를 내려다보고 이어서 오작교에 임하면 산과 바다와 대지가 모두 눈앞에 모일 것이다. 이때 손에는 金屈卮를 들고 입으로는 「明月篇」을 외우고 자리에는 흰 옷을 입은 미녀가 얇은 비단옷을 헤치고, 모시옷을 끌면서 화답하면 天上인지 地上인지 알 수 없으리니 내 어찌 분별할 수 있으라(當其沆瀣初收, 素影流輝, 俯瞰平湖, 傍臨烏鵲橋, 山河大地, 擧聚目前. 於是乎手把金屈卮, 口誦「明月篇」, 座有素娥, 披阿錫揄紵縞, 和而侑之, 吾不知天上之與人間, 其有辨乎)?"

129) 「送李僉知(壽俊)以賀節朝京師序」(『象村稿』 권21, 7면)의 "其亦有聚散乎哉? 果且無聚散乎哉?"를 가리킨다. 물론 어떠한 한 사태를 강조하기 위해 선택 의문문을 가설하는 경우가 적지 않다. 신흠 또한 판단 지연의 과정을 거치지만 결국은 어떠한 쪽으로든 결정을 내리는 경우가 많다. 그렇기 때문에 판단의 중지가 아니라 판단의 지연이다. 다만 자신이 설정한 두 가지 (이상의) 의문을 초월하거나 연속적으로 서술하여 강개한 심정을 드러내기도 하고 부정적 결론을 통해 비애를 드러내는 경우가 적지 않다는 점은 특징적 면모이면서 부동성을 드러내는 또 다른 글쓰기의 양상이다.

신흠의 산문에는 이러한 글쓰기가 적지 않게 보인다.

> 謫所에서 自贊하여 말하였다. "玄翁이라 생각하면, 이빨이 빠지고 머리가 벗겨졌으며 얼굴이 수척하고 몸이 말라서 예전의 현옹이 아니다. 현옹이 아니라고 생각하면, 진흙에도 더럽혀지지 않고 곤궁하나 더욱 형통하니 예전의 현옹이다. 예전의 현옹이 아니라고 한 것이 옳은가? 예전의 현옹이라고 한 것이 그른가? 내가 또한 나를 잊었다고 해도 예전의 나를 잃지 않았으니, 내가 예전의 현옹이 아니라고 해도 어찌 예전의 현옹이 아니겠는가? 천지는 하나의 손가락이며, 만물은 한 마리의 말이다. 四大가 비록 합하여졌다고 해도 어떤 것이 진짜이며 어떤 것이 가짜인가? 아, 그대 현옹은 하늘에는 능하나 인간에게는 능하지 못한가? 하늘이든, 사람이든, 나는 천지의 변화[大化]에 귀의하리."[130]

본문에 예거한 自贊은 신흠이 52세 되던 해(1617년) 귀양살이에 시달려 수척해진 탓에 거울을 보아도 자신 같지 않은 모습을 自嘲하며 쓴 글이다.[131] 이 글은 다음 두 가지 점이 특징적이다. 첫째, 자신의 고통과 비애를 고백하는 투로 말하고 있다. 선조의 교지를 받아 유배당한 일 때문에 부쩍 늙어버렸고, 그래서 자신도 알아보기 힘들만큼 변해버린 모습을 자조하려고 쓴다는 「玄翁自贊(幷序)」에서 비애의 정조를 읽을 수 있다.[132] 게다가 그가 처해 있다고 서술한 상황인 "泥而不滓, 困而愈

---

130) 申欽, 「玄翁自敍」, 『象村稿』 권21, 14면. 在謫中嘗自贊曰, "以爲玄翁也, 則齒缺髮禿, 面瘦體削, 非昔之玄翁. 以爲非玄翁也, 則泥而不滓, 困而愈亨, 是昔之玄翁. 其非者是耶? 其是者非耶? 吾且忘吾, 而不失其故, 吾所謂非昔之玄翁, 豈非是昔之玄翁? 天地一指, 萬物一馬. 四大雖合, 孰眞? 孰假? 噫爾玄翁, 能於天而不能於人者耶? 天邪人邪, 吾將歸之大化."

131) 申欽, 「玄翁自贊(幷序)」, 『象村稿』 권30, 145면. "余年五十二, 固衰矣, 而然非甚老者也. 而罷文罔已五載, 削仕版矣, 下理矣, 放歸矣, 竄謫矣, 一辜而四律竝矣, 文致不足則又具錦焉. 噫, 如之何不老, 攬鏡自見如他人也. 因以自贊, 實自嘲也."

亭"이 잘 견디고 있는 모습을 서술하고 있기는 하지만, 결국 그를 둘러싸고 있는 상황을 신흠은 더럽고 곤궁하다고 생각하고 있음을 보여준다. 둘째, "其非者是耶? 其是者非耶?", "孰眞? 孰假?" 등과 같은 선택적 의문을 서술함으로써 판단을 지연하는 태도를 보인다. 이미 앞서 살펴보았듯이 그는 선택적 의문을 던지고 그것을 해결하는 과정을 글의 주요한 구성요소로 삼는 경우가 많았다. 예컨대 「歸來齋說」에서는 '귀래'라고 할 수 있는가의 여부를 고민하고 모색하는 과정에서, 「秋浦黃公哀辭(幷序)」에서는 하늘의 옳고 그름, 신뢰 가능성, 항구성 등의 여부를 토로하는 과정에서, 「寄齋記」에서는 세상 속에서 사람은 존재하는 것인가를 고찰하는 과정에서 선택적 의문을 제기하고 있다. 그런데 「寄齋記」와 「玄翁自敍」만이 유사할 뿐, 위 세 작품에서 선택적 의문의 제기가 수행하는 역할은 각각 다르다.

우선 「歸來齋說」의 경우는 이미 언급하였듯이 예상되는 비판을 논파하기 위한 구성이다. 다음으로 「秋浦黃公哀辭(幷序)」의 연속된 의문 제시는 사실상 부정적 대답에 무게가 실려 있기 때문에 황신을 잃은 강개함을 피력하기 위해 설정한 것이다. 마지막으로 「寄齋記」와 「玄翁自敍」의 경우, 전자는 다원적 시각에서 존재함과 존재하지 않음의 의미를 서술하고 있고, 후자는 옳고 그름, 진짜와 가짜라는 대립적 가치에 대해 질문하고 있다. 이 중 전자는 다원적 시점을 요청하고, 후자는 초월적 시점을 소환하여 문제를 해결한다. 결국 세속적 시각에서 대립되는 가치를 넘어선 관점을 취하였다는 점에서 두 작품의 문제 해결 구조는 유

132) 신흠에게는 자찬 3편과 자서 1편이 있다. 물론 앞으로 살펴볼 여타 작품에서도 고백적 어투를 구사하는 경우가 적지 않다. 따라서 자기 고백적 문체 또한 그가 지닌 글쓰기의 특징으로 상정할 수 있다. 이러한 특징은 이식의 자기서술이 대단히 객관적이고 사실에 기반하고 있다는 사실과도 대조를 이룬다.

사하다. 또한 「寄齋記」도 『莊子』의 다원적 시점을 근거로 하며, 「玄翁自敍」도 『莊子』「齊物論」의 구법과 내용, 문제 해결 구조를 근거로 하고 있다는 점 역시 그러하다.[133] 즉 「齊物論」의 내용이 대체로 그러하듯 이 두 작품은 편협한 세속의 관점을 넘어서려고 하는 태도를 보여주기 위해 선택적 의문문을 설정한 것이다. 물론 이러한 설정이 비애를 떨쳐버리기 위해 사용한 방편이라는 사실은 분명하다.[134]

한편 「玄翁自敍」의 첫 번째 특징으로 지적한 비애의 토로는 신흠 글쓰기가 지닌 특징적 면모이므로 그 양상과 의미를 더욱 세밀하게 고찰할 필요가 있다.

> 나와 雪村公은 조정에 등용되어 관직에 종사한 지 모두 거의 20년이 되었고 출처와 은거가 대략 비슷한데 모두 시속과 어그러져 백 번 생각해도 하나를 얻지 못하고 지금 머리가 성글어지려 한다. 그 지키고 있는 바가 설령 이른바 이름난 현자와 영준한 이에게는 부끄럽다고는 해도 시속에 아첨하며 浮沈하는 자와 비교되는 일을 부끄러워 하니, 營役에 단단히 얽매어 탐욕스런 늙은이가 되게 하는 일을 어찌 나나 그대나 견딜 수 있겠는가? 어찌 하여야 그대와 작은 구릉 하나를 골라 오두막을 마주하고 함께 밭을 갈며 세상의 잡다한 일에서 벗어나 마음을 고요히 하고 책에 潛心하며 서로 하늘의 끝에서 노닐다가, 혹 더러운 시속에서 떠나 부유하며 매미가 허물을 벗듯 세속을 떠나 物外에서 스스로 放逸하는 예전 사람의 부류와 가깝게 될 수 있을까?[135]

---

133) 특히 다음의 구절과 유사하다. 『莊子』「齊物論」, "道惡乎隱而有眞僞? 言惡乎隱而有是非? 道惡乎往而不存? 言惡乎存而不可? 道隱於小成, 言隱於榮華. 故有儒墨之是非, 以是其所非而非其所是. 欲是其所非, 而非其所是, 則莫若以明."

134) 아울러 연속적 의문문의 가설이 판단의 지연을 드러낸다는 점에서 신흠 세계관의 특징으로 지적했던 부동성과도 관련이 있는 글쓰기임을 밝혀둔다.

135) 申欽, 「送鄭僉樞(曄)朝京師序」, 『象村稿』 권21, 3면. "余與雪村公, 筮仕登朝, 俱近

이 작품은 鄭曄(1563~1625)이 1598년 冬至使로 중국에 가게 되었을 때 지어 준 送序이다. 사신으로서 역할을 수행하기 위한 덕목의 제시와 당부, 遠行을 떠나는 데에 대한 위로, 돌아왔을 때의 刮目相對하게 될 모습에의 기대 등과 같이, 기존 송서에서 주로보이는 내용을 최소화하고, 자신의 감개와 다짐을 위주로 글을 서술하고 있다.

「送鄭僉樞(曄)朝京師序」는 불우한 시기에 창작된 작품은 아니다. 그러나 출사한 기간이 벌써 20년이나 되었다는 언급에서 인정받지 못하고 늙어가는 비애가 드러난다. 이러한 상황에 처했을 때 신흠이 택할 수 있는 방법은 자신과 맞지 않는 세상을 개혁하거나 은거하는 것이다. 이 작품에서 신흠은 은거에 더욱 무게를 두고 있다. 그렇기 때문에 그는 함부로 출사하여 세상을 바로 잡겠다고 노력한 인물들보다 은거한 인물들을 부각하여 서술한 것이다.[136] 위 예문 마지막 부분에 나타난 은둔에의 동경 역시 바로 이러한 사유와 연계된다.

한편 이 작품이 사신으로 행차하는 관리에게 준 송서라는 사실을 고려할 때 위와 같은 내용은 다소 파격적이다. 앞서 언급한 송서의 기본적 내용·형식에서 벗어나 있기 때문이다. 그래서 신흠은 이 작품의 마지막 부분에서 송서의 내용으로 걸맞지 않다는 사실을 스스로 피력한 것이다.[137] 이처럼 신흠은 자기 고백적 감정 토로를 마다하지 않는다. 오히

二十年, 出處行藏, 略相同符, 而咸與時偃蹇, 百慮而無一得, 到今頭顱將種種矣. 其所操持, 縱愧於所謂名賢雋哲, 而且羞與脂韋汨沒者比, 則使之窘繫營役, 終於老洫者, 亦豈吾與子之所堪也? 安得與子卜一小丘, 對廬耦耕, 掃軌竇區, 冥心墳素, 相與游乎天倪, 而或幾於昔之浮游蟬蛻, 自放物表者流耶?"

136) 申欽, 「送鄭僉樞(曄)朝京師序」, 『象村稿』 권21, 3면. "與其爲浪出之深源, 不若爲晦跡之孫登, 與其爲範俗之文擧, 不若爲浮海之幼安. 縕袍華於佩玉, 飮水甘於列鼎, 抑何外慕之有?"

137) 申欽, 「送鄭僉樞(曄)朝京師序」, 『象村稿』 권21, 3면. "毋誚以贈言之非倫."

려 그는 그것을 더욱 선명하게 드러내기 위해 직접적으로 상대방에게 말하는 형식으로 글을 구성하기도 한다.

> 지금 그대가 북쪽의 변방에서 돌아온 지 얼마 되지 않아 다시 이번 사행이 있게 되었으니 이것은 참으로 흩어짐이 극에 달한 일이다. 흩어짐이 극에 달하면 모이고, 모임이 지극해지면 흩어지니, 아아, 그칠 때가 없구나. 사람이 (사물과) 서로 접촉하고 부딪치며 몸과 형체가 모두 변화하게 되어 끝까지 내달리고서도 그치지 않는 일은 참으로 슬프지 않은가! 우리 두 사람이 모두 이미 쓸쓸히 만년으로 향하고 있으니 어찌 가함과 불가함이 있어서, 가없는 곳에서 노닐며 天地自然의 본연에 비추어 보지 못하겠는가(今子自北塞還, 未踰時而有此行, 是固散之極也. 散極則聚, 聚極則散, 嗚呼無窮期矣. 人之相刃相靡, 心與形化, 行盡而莫止者, 不亦悲乎! 吾二人俱已懔懔向暮矣, 其何有於方可方不可, 而不能遊乎無倪, 照之以天乎)?[138]

「送李僉知(壽俊)以賀節朝京師序」의 일부이다. 위 예문에서 드러나는 특징적 구법은 상대방 李壽俊을 '子'로 표현한다는 점이다. 대부분의 송서는 상대방의 字號나 관직을 사용하여 상대방을 객관화시키거나, 직접적으로 노출시킬 경우에도 '曰'과 같은 표지를 둔다. 전자를 敍事的이라 하고, 후자를 劇的이라고 한다면, 위 예문은 전체가 극적으로 구성되었다고 해도 과언이 아니다. 극적 구성은 감정과 사유를 서사적 표현보다 구체적·직접적으로 전달할 수 있다는 장점을 지닌다. 물론 상대방과의 서술적 거리를 좁힐 수 있다는 점에서 이와 같은 장점은 연유한다.

신흠은 이러한 장점을 충분히 숙지하고 있었다. 이미 살펴 본 「送鄭僉

138) 申欽, 「送李僉知(壽俊)以賀節朝京師序」, 『象村稿』 권21, 7면.

樞(曄)朝京師序」 중 출처와 세속의 현실을 서술한 부분에서는 雪村公이라고 객관화시켜 서사하지만, 은거의 감개를 피력하는 부분에서는 "豈吾與子之所堪也? 安得與子卜一小丘, 對廬耦耕, 掃軌寰區, 冥心墳素, 相與游乎天倪, 而或幾於昔之浮游蟬蛻, 自放物表者流耶?"와 같이 '子'를 노출하고 있다는 사실에서도 알 수 있다.[139]

신흠은 이렇게 상대방과의 거리를 좁히면서 자신의 감개를 토로하는 외에도 자신을 여타 사물에 비김으로써 비감을 피력하기도 한다.

> 나는 웃으면서 대답하였다. "고을은 바꾸어도 우물은 바꾸지 않는다고 하는데 우물이 그에서 무엇을 구하겠는가? 물을 길으러 온 사람은 그것이 깊기를 바라고, 길어서 가는 사람은 그것이 가득 차기를 바라지만 우물이 그에 무슨 간여를 하겠는가? 가득 차서 흘러나오면 길어도 그 가득 참을 잃지 않고, 비어서 받는다면 길지 않게 되어 항상 비어 있지는 않게 되니, 참과 빔, 그 사이에서 우물은 아무 일도 하지 않네. 그 우물이 탁 트인 성읍의 큰 길에 자리 잡지 못하고 높은 바위와 깊은 골짜기의 사이에 자리하고 있어서 여러 상점의 백성들이 사용하는 데에 드러나 있지 못하고 세상과 어긋나 갇혀 있는 객이 사는 곳에 드러나 있으니 그 體와 用은 참으로 나의 행적과 흡사한 데가 있다. 쓰임과 버려짐이 우물과 같지 않은 적이 없으나 또한 애초부터 하늘에 연계되지 않는 것이 없으니, 나 또한 그 사이에서 일삼지 않는다."[140]

---

139) 「送金校理(尙憲)以按撫御史赴濟州序」(『象村稿』 권21, 3면)의 다음과 같은 글쓰기도 동일한 특징을 보인다. "今子之使耽羅, 益於子之身有三. 凌陽侯之波, 駕無底之船, 足以壯吾觀, 一也. 膺聖明簡擢之寄, 武制文綏, 足以展吾才, 二也. 處順境易, 處逆境難, 行乎患難而無失其守, 足以驗吾學, 三也."나 "耽羅, 絶域也, 仕于朝者, 非纍囚莫得而至, 而子以學士大夫, 迺有茲行, 詎非出於命與數而在天者不可逭者耶? 然子非茲行亦無以遂其奇遊, 其可謂幸焉矣." 이 글에서는 일반적으로 저어하는 제주도로 파견되는 심경을 직접적으로 위로하기 위해 '子'를 사용하고 있다.

140) 申欽, 「穿井記」, 『象村稿』 권22, 23면. 余笑而對曰, "有改邑, 無改井, 井何求焉? 汲

1617년 창작된 「穿井記」의 일부이다. 현실은 비록 불우하지만 『周易』 井卦의 卦爻辭에 따라 곧 재기하게 될 것이라는 객의 위로[141]에 대한 대답이 위 예문이다. 이 글에서 신흠은 자신을 우물에 비유하고 있다. 우물이 외부의 상황에 개의치 않는 것처럼 자신 또한 외부의 상황과 관계없이 모든 것을 하늘에 맡긴다는 논리를 끌어오기 위해서이다. 하지만 결국 신흠은 우물의 상황과 자신의 처지를 비유적으로 서술하면서 비감을 은연중에 토로한다.[142]

그런데 이러한 방법의 글쓰기는 비교적 연원이 오래 되었다. 柳宗元의 「永州八記」를 비롯하여 12세기 林椿의 「東行記」, 15세기에는 金宗直의 「遊頭流錄」(1472), 金馹孫의 「續頭流錄」(1472), 16세기에는 林亨秀의 「遊七寶山記」(1542), 周世鵬의 「遊淸凉山錄」(1544), 林薰의 「登德裕山香積峰記」(1522), 李珥의 「遊靑鶴山記」(1566) 등에서 산견된다. 遊記 이외의 여타 장르까지 포함하면 그 수는 더욱 늘어난다. 따라서 신흠의 서술은 이와 같은 문학사적 배경 속에서 배태된 것으로 보인다. 물론 그것이 16세기 중반을 넘어서면서 증가한다는 측면에서 보자면, 이와 같은 글쓰기의 방법이 불우한 이들의 속출과 밀접한 관련을 맺는다는

以來者其望深, 汲以往者其欲充, 井何與焉? 盈而出之則不以汲而喪其盈, 虛而受之則不以不汲而恒於虛, 汲與不汲, 井固無事於其間也. 之井也不處於通衢大術之中, 而處於巇岩窶壑之間, 不顯於列肆齊民之用, 而顯於畸人纍客之所, 其體與用, 信有似於余之履也. 用與舍, 未嘗不與井同, 而又未始不擊於天也, 則余亦無事於其間也."

141) 申欽, 「穿井記」, 『象村稿』 권22, 23면. 俄有客來語余曰, "在易之井之象曰, '君子以勞民勸相.' 蓋井, 養而不窮也. 養者非直自養也, 養民也. 養民也者, 君子之事也, 而初六泥而不食, 九二甕而敝陋, 至三而始渫, 至四而始甃, 五而乃食, 上而乃孚. 其德甚盛, 而其功甚艱. 今玆之井已渫矣, 其甃其食其孚, 蓋將有不期然而然者矣. 比子之身則蘊道泊德, 而猶有不食之惻, 其不類於玆井之湮而不開乎? 元吉在上, 王明受福, 則吾將以玆井之勿幕, 卜子之離祉也."

142) 申欽, 「穿井記」, 『象村稿』 권22, 23면. "之井也不處於通衢大術之中, 而處於巇岩窶壑之間, 不顯於列肆齊民之用, 而顯於畸人纍客之所."에서 선명하게 드러난다.

사실을 알 수 있다.

부동은 자유롭게 상상력을 발현하여 정신의 자유를 맛보게 한다는 긍정적 측면이 있는 반면, 일정한 곳에 정착하지 못하고 떠돌며 모색하게 한다는 부정적 측면도 있다. 9만 리나 되는 곳에 올라 지상을 내려다보는 경험과 천상과 지상을 함께 아우르게 하는 서술이 긍정적이라면, 부평초와 蓬처럼 떠도는 삶을 서술하며 비애를 피력하고 선뜻 판단을 내리지 못하게 하는 글쓰기는 부정적이다. 한편 부정적 측면은 비애와 맞물리기도 하는데 신흠의 경우, 고백투의 문장을 쓰기도 하였으며 비유를 통하여 자신의 비감을 토로하기도 하였다. 특히 송서에서는 개인의 비애가 장르의 파격을 유도한 경우도 보인다.

제2항 張維: 多元的 사유와 老莊的 글쓰기

장유의 비평의식과 실제 작품 연구는 작지 않은 성과를 이루었다. 대체로 그의 사유는 天機와 自然, 莊子的 相對主義, 陽明學에의 경도 등을 고찰하는 경향이 큰 흐름을 이루어왔으며,[143] 최근에는 생태학적 사유까지도 탐구되었다.[144] 한편 장유의 실제 산문이 지닌 특징에 대한 고찰 또한 근래에 들어 부쩍 증가하였다. 산문에 대한 논의에서는 주로 장유의 산문이 儒家的 이치를 문예적 형식미로 표출한 唐宋古文的 특징을 지니고 있으며, 有機的 構成力을 지니고 있다는 점 등을 지적하였

143) 대표적인 논의는 다음과 같다. 崔錫起, 「谿谷 張維의 學文精神과 文論」, 『韓國漢文學研究』 9·10 合集, 韓國漢文學會, 1987, 67~119면; 鄭然峰, 「張維 詩文學 研究－莊子的 天機論을 中心으로－」, 고려대학교 박사학위논문, 1989; 우응순, 앞의 논문; 이의철, 「계곡 장유 인식론의 다층적 양상 연구」, 『국제어문』 25, 국제어문학회, 2002, 1~32면.

144) 우응순, 「장유 사유방식에 대한 한 이해」, 『韓國漢文學研究』 제33집, 韓國漢文學會, 2004, 67~92면.

다.[145] 다만 장유의 전형적 사유와 글쓰기의 유기적인 관계를 고찰한 논의는 비교적 소략한 편이다. 이에 이번 절에서는 사유와 글쓰기의 관계를 중심으로 장유 산문의 특징적 면모를 고찰하고자 한다.

1. 관점의 전환과 多元的 태도

이미 「續天問」을 비롯한 몇 편의 작품 분석을 통해 장유도 하늘의 몰인정을 비판하였고 多元性[146]을 견지하였음을 살펴보았다. 이와 같은 세계와의 불화를 발생시킨 주요한 원인으로서 광해군의 집권으로 인한 안산으로의 낙척을 꼽을 수 있다.

> 나는 천성이 거칠고 나태하다. 거칠기 때문에 사무를 처리하는 데 약하고, 나태하기 때문에 억지로 시키는 일을 견디지 못한다. 이 두 가지를 가지고 벼슬자리에 종사하였으니 일찌감치 파직당한 것은 참으로 다행이다.
>
> 명예가 얽매임이 되었으나 光榮과 자취를 감추며 스스로 은거하지 못하였고, 질병이 근심이 되었으나 약을 먹고 몸을 봉양하며 약한 신체를 부지할 수 없었다. 집에 거함에 매우 가난하여 처자가 허기진 빛을 띠는데도 농사일에 온힘을 다하여서 음식을 대어주지도 못하였다. 서울에 사는 6년 동안 참소와 비판에 근심하며 두려워하였고, 열병에 신음하느라 근심하며 거의 하루도 즐거웠던 적이 없다. 그런데 지금 돌아옴에 낡은 오두막이지만 風雨를 피할 수 있고, 척박한 밭이지만 죽이라도 마련할 수 있으며,

---

145) 학위논문 중 최근의 성과만을 예시하면 다음과 같다. 강주란, 「谿谷 張維 散文 研究」, 이화여대 석사학위논문, 2005; 변구일, 「谿谷 張維 散文 研究」, 고려대학교 석사학위논문, 2008; 조정윤, 「張維 散文 研究」, 고려대학교 박사학위논문, 2009.

146) 본고에서 사용하는 다원성이라는 술어는 기본적으로 기존에 사용했던 상대성이라는 말과 유사한 함의를 지닌다. 다만 상대성, 상대주의가 지닌 不可知論 함의를 약화시키고 다양한 측면에서의 사유와 소통이라는 의미를 부각시키기 위해 다원성이라는 용어를 사용한다.

> 농사일을 하는 여가에는 매번 방을 깨끗이 청소하고 향을 피워 고요히 앉아 도서를 탐구하고 詩書를 諷詠할 수 있다. 또한 성품이 老子·莊子의 玄虛한 뜻을 좋아하는데 三敎를 연구하여 同異點을 고찰할 수 있다. 정신을 모으고 기를 조절하여 신체와 性命을 온전히 하고 창출[朮]과 봉령을 캐내어 복약할 수도 있다. 때때로 수풀 속에서 여유롭게 노닐고, 못가에서 산보하면 물고기와 새가 사람과 친하고, 구름과 이내가 내 마음을 즐겁게 한다. 대체로 전원으로 돌아온 이래로 몸은 나날이 건강해지고 마음은 날로 편안해진 듯하다.[147]

1612년 金直哉(1554~1612)의 誣獄에 연루되어 관직에서 물러난 이후, 1623년 인조반정으로 정계에 복귀하기까지 장유는 안산에 은거하며 사회 비판적 작품을 다수 내어 놓는다. 위 작품은 안산 은거기에 지은 「海莊精舍記」의 일부이다. 표면적으로는 능력이 부족한 자신이 일찍 파직된 일은 다행이라는 사실을 보이고, 서울 생활과 안산 은거 생활을 대조적으로 서술하면서 현재의 은거에 만족한다는 내용을 피력하고 있다.[148] 그러나 그 이면에는 자신이 떠나온 정계에 대한 비판이 존재한

---

147) 張維, 「海莊精舍記」, 『谿谷集』 권8, 133면. "僕賦性疏而懶. 疏故短於應務, 懶故不堪作强. 持是二者, 以從事於仕宦, 其得早敗也幸矣. 名譽之爲累也, 而不能韜光泯迹以自陸沈, 疾病之爲患也, 而不能餌藥養形以扶羸頓. 家居食貧, 妻子不免菜色, 而不能悉力畎畝以資口腹. 居京師六載, 憂讒畏譏, 呻吟疢疾, 蓋惄然無一日之懽也. 今而歸也, 弊廬足以庇風雨, 薄田足以具饘粥, 每於耕耘之暇, 淨掃一室, 焚香默坐, 紬繹圖籍, 諷詠書詩. 又性喜老莊玄虛之旨, 研究三敎, 參合異同. 亦復凝神調氣, 以全形生, 採朮斸苓, 以充服食. 時或婆娑林樾, 散步池澗, 魚鳥親人, 雲煙娛懷. 蓋自歸田以來, 體若日以健而心若日以泰也."

148) 張維, 「海莊精舍記」, 『谿谷集』 권8, 133면. "且夫世之耽耽其視, 日狙伺於僕者, 只爲名與利耳. 僕未嘗求名而名謬歸焉, 名之所在, 利或隨焉, 爭名者嫉之, 專利者忌之, 此狺狺之所以未已也. 今而歸, 乃一田夫耳. 一田夫, 何能得人忌嫉耶? 而今而後, 吾知免於今之世矣. 草莽灰塵, 不足以浼我淸淨, 田翁野夫, 亦可以啓我幽悁, 蚊蚋蟲蛇之爲患, 比之赤口毒舌之憯且巧, 則亦有間矣. 迺父老不賀僕而顧勞僕爲?"라고 서술

다. 특히 가난할 수밖에 없으며, 끊임없는 참소가 난무하고, 제 몸의 병조차 치료하지 못하게 만드는 정계를 장유의 비판은 겨냥한다.[149)]

한편 「祭鄭君平文」에서 냉소와 비방을 불러들이는 편벽된 성격이라고 서술한 부분과 거칠고 나태하여 세상 사람들의 비판을 받는 자라고 자신을 표현한 서술, 「支離子自贊」의 자신에 대한 묘사[150)] 등과 「海莊精舍記」에서 보이는 자신에 대한 평가는 자기 폄하라는 특징을 공유한다. 물론 장유의 자기 폄하는 다분히 반어적이다. 특히 "畸於人而侔於天"의 논리로 남을 위로하던 서술[151)]을 그 자신에게 적용해보면 이 사실은 더욱 분명하게 드러난다. 즉 도가 제대로 행해지지 않는 사회에서 세인들과 어긋난 인물은 결국 하늘에 조화롭다는 의미이다. 따라서 장유의 자

한 이하의 부분에서도 서울과 안산의 상황을 대조적으로 서술하며 만족감을 표하고 있다.

149) 이 작품의 마지막 부분 역시 세상에 대해 통렬하게 비판하고 있다. 張維, 「海莊精舍記」, 『谿谷集』 권8, 133면. "且夫世之耽耽其視, 日狙伺於僕者, 只爲名與利耳. 僕未嘗求名而名謬歸焉, 名之所在, 利或隨焉, 爭名者嫉之, 專利者忌之, 此狺狺之所以未已也."

150) 구체적으로 다음과 같은 서술이다. 張維, 「支離子自贊」, 『谿谷集』 권2, 45~46면. "초췌하다 그 모습, 어지럽고 암울하다 그 기개. 사물의 밖에서 노닐며, 藥物 속에서 기거하는구나. 하늘은 어찌 나의 고단한 삶을 가엽게 여겨, 늙기도 전에 큰 병으로써 나를 쉬게 하는가. 밝은 창, 따뜻한 집에 한 줄기 향 피우고, 아침엔 죽, 저녁엔 밥 먹으며 생애를 보내는구나. 海山과 兜率天은 내가 사랑하는 것이 아니요, 맑은 濟水와 흐린 黃河에는 관심을 끊었다네. 더디고 빠르게 오고 가다 符가 이르면 받들어 떠나면 그뿐, 造物小兒가 나를 어찌 하리(支離兮其形貌, 錯莫兮其神鋒. 優游乎事物之外, 棲息乎藥餌之中. 天豈閔余之勞生, 未老而佚我以沈痾. 明窓煖屋兮香一炷, 早粥晩飯兮度生涯. 海山兜率兮非所慕, 淸濟濁河兮休管他. 淹速去來兮符到奉行, 造物小兒兮於我何)!" 한편 "天豈閔余之勞生, 未老而佚我以沈痾"이라는 구절은 『莊子』 「大宗師」, "夫大塊, 載我以形, 勞我以生, 佚我以老, 息我以死."라는 말을 차용한 부분이다.

151) 「畸庵記」에서 정홍명을 위로하던 논리이다. 이에 대한 분석은 안득용, 「계곡 장유 누정기 연구」, 『고전문학연구』 제32집, 고전문학연구학회, 2007, 389~390면을 참조하기 바란다.

기 폄하에서 자신의 처지에 대한 감수와 獨立特行에 대한 자부를 동시에 볼 수 있다. 유몽인과 허균도 이와 같은 태도를 드러내는 경우가 있었으나 장유는 이들과 달리 『中庸』의 지침에 근거하여 중심을 다잡는다.

> 군자가 현재 자신의 위치에 따라 행동하면 어디에 들어가더라도 스스로 만족하게 된다는 『中庸』의 말, 이것은 억지로 할 수 있는 것이 아니다. 이러한 원리가 자신에게 있어 다하지 않을 수 없다는 사실을 알게 되면 외부로부터 오는 것이 모두 자신에게 상관이 없게 된다. 이러한 상황은 마치 구름과 이내가 허공을 지나는 동안 일어나고 사라짐이 무수하나 하늘은 항상 편안한 것과 같다.[152]

결국 장유는 외부의 상황에 상관없이 의와 순리를 따르려는 태도를 통해 삶의 곤궁함에 거리를 둠으로써 파국으로 치닫지 않을 수 있었다.[153] 이것이 사유의 측면에서 신흠과 동일한 범주로 분류할 수 있는 이유이다.

장유의 사유 중 가장 선명하게 드러나는 또 다른 경향은 多元性이다. 특히 한 가지의 선입견에 얽매어 있는 사람들에게 유연한 사고의 중요성을 강조할 때나 불우한 사람들을 위로하려고 할 때 주로 다원적 태도를 보인다.

---

152) 張維, 「寄洪勉叔序」, 『谿谷集』 권5, 89면. “君子素其位而行, 無入而不自得, 此非可以强爲也. 知此理之在我, 而不可以不盡, 則自外至者, 皆非與於我者. 如雲煙之過太空, 起滅萬變, 而太空恒湛如也.”

153) 물론 이러한 사유는 위의 예 이외에도 적지 않게 드러난다. 예컨대 「送鄭評事紫元佐關西帥幕序」(『谿谷集』 권5, 92면)의 “吾聞滯境者累而不適, 翫物者惑而不樂, 是故哀樂相踵, 靜躁相欿. 達者之觀, 蓋異是也. 管絃珠翠, 不能移澹漠之操, 餐霞臥雲, 未嘗礙繁麗之娛.”와 같은 서술에서도 경지에 얽매이거나 완물에 유혹되지 않고 중심을 지키면 어떠한 것도 자신의 지조와 즐거움을 막을 수 없다는 태도, 즉 외적 상황에 구애되지 않고 자신이 지키려는 바를 지키는 태도를 보인다.

① 아아, 而好여 세상 사람들이 長壽와 夭折이라고 말하는 것을 나는 무슨 말인지를 모르겠다. 사람에게 긴 것을 세상에서는 장수라고 부르지만 그것이 반드시 하늘에 대해서 긴 것은 아니며, 사람에게 짧은 것을 세상에서는 요절이라고 부르지만 그것이 반드시 하늘에 대해서 짧은 것은 아니다. 그렇다면 하늘에는 길고 사람에게 짧은 것을 사람들은 요절이라고 부르지만 나는 장수라고 부르겠다. 아아, 이호여 이것을 아는 사람이 누구인가?[154)]

② 궁곤한 사람 중 시에 탁월한 사람이 많으며, 시에 탁월한 사람은 많이들 궁곤하다고 여겨 예전 사람들은 시가 사람을 궁곤하게 만든다고 말하였으나, 나만은 그렇지 않다고 생각한다. 무릇 하늘이 사람을 궁곤하고 현달하게 하는 바는 사람들과 취향이 달라 사람에게 현달한 것이 반드시 하늘에 현달한 것은 아니니, 사람에게 궁곤한 자가 어찌 하늘에 영달한 자가 되지 않는다고 할 수 있겠는가? 시험 삼아 변석해보면 사람들은 항상 "어진 사람은 반드시 장수하며, 덕이 있는 사람은 반드시 걸맞은 자리를 얻는다."라고 말한다. 그러하니 걸맞는 자리를 얻고 장수함이 세상에서 이른바 현달이다. 그런데 안회는 仁하였으나 30세에 죽었고, 공자는 대성인이지만 끝내 匹夫로서 죽었으니, 궁곤하였다고 할 수 있을 듯하다. 비록 그렇다고는 하나, 누가 이 두 사람에게 큰 현달이 존재하였다는 사실을 모르겠는가? 안자는 장수를 얻지는 못하였으나 죽어서도 사라지지 않고 우주에 걸쳐 빛을 펼치고 있으며, 공자는 걸맞는 자리는 없었지만 萬世를 영토로 삼았으니 공자와 안회가 현달하지 못하고 궁곤했다고 하는 사람은 궁곤함과 현달을 알지 못하는 자이다. 대체로 한 몸에 이르는 貴賤과 豊約을 사람들은 망령되게 궁달이라고 말하나, 후대에까지 이르는 명성이 훌륭한지, 악명이 높은지야말로 하늘이 진실로 사람을 궁곤하고 현달하게 하는 바이다. 사람에게 어긋나지만 하늘에는 부합되는 경우와 망령됨은 잃었지

---

154) 張維, 「祭金而好文」, 『谿谷集』 권9, 145면. "吁嗟而好, 世之所謂壽夭云者, 吾不知其何說也. 長於人者, 世謂之壽, 而未必長於天, 短於人者, 世謂之夭, 而未必短於天. 然則有長於天而短於人者, 則是人所夭而我所壽也. 吁嗟而好, 知此者誰哉?"

만 진실함을 얻는 것, 이것이 바로 내가 현달이라고 말하는 바이다.[155]

①은 친구 金而好에 부친 제문이다. 장유 제문 중 가장 서정성이 짙다. 특히 친구의 죽음과 그 경과, 죽었을 때의 상황을 서술한 이후 몇 차례 "知此者誰哉?"와 같이 그 슬픔과 정황을 자신만이 잘 알고 있다는 사실을 반복하여 서술함으로써 비감을 더하고 있다.

이 작품은 첫 문장에서부터 사람의 관점과 하늘의 관점을 복수적으로 사용함으로써 인간 세상에서는 요절이라고 인식되는 김이호의 죽음이 하늘의 관점에서 본다면 장수임을 밝히고 있다. 즉 관점의 전환을 통해 통념에 반발하여 그것을 넘어서려고 한 것이다. 물론 이것은 다원적 사유에 입각한 서술이며, 김이호의 죽음에 대한 의미 부여와 남은 자들의 비애에 대한 위로가 다원적 사유를 끌어온 주요 목적이다.

② 또한 ①과 같이 다원적 시각을 보여주는 글이다. 대체적 논리는 유사하나 ①보다 위로의 논리가 선명하게 부각되어 있다. 특히 兪彦鎬(1730~1796)의 평가[156]를 통해 이와 같은 사실을 분명히 확인할 수 있다. 유언호는 장유의 이 글이 지닌 의미, 즉 세상의 시각과 하늘의 시각

---

155) 張維, 「詩能窮人辯(課作)」, 『谿谷集』 권3, 62~63면. "古人以窮者多工詩, 工詩者多窮, 乃曰詩能窮人, 余獨以爲不然. 夫天之所以窮達人者, 與人異趣, 達於人者, 未必達於天, 則人之所窮者, 安知非天之所達乎? 請試辨之, 人有恒言曰, '仁者必壽, 有德者必得其位.' 有位而壽, 斯乃世所謂達者也. 然而顔回之仁而三十而夭, 孔子之大聖而終身爲匹夫, 似可謂之窮矣. 雖然, 孰知夫二子乃有大達者存焉? 顔子不得其壽, 而死而不亡者, 亘宇宙而彌光, 仲尼無其位, 以萬世爲土, 則謂孔·顔不達而窮者, 不知窮達者也. 蓋貴賤豐約之及其身者, 人之妄謂窮達者也, 而名聲芳臭之垂于後者, 乃天之所以眞窮達人者也. 乖於人而合於天, 失其妄而得其眞, 此固吾所謂達者也."

156) 兪彦鎬, 「金得之(魯材)哀辭」, 『燕石』 책9, 175면. "谿谷張子, 嘗著詩能窮人辨, 以壽且貴, 謂之人達而天窮, 以身屯名亨, 謂之人窮而天達, 乃曰, '乖於人而合於天, 固吾所謂達者.' 又曰, '詩猶足以達人, 况有大於詩者乎?' 凡其所論天人窮達之分, 可謂發前人之未發. 余爲斯言一出, 卽世間有才而無位命者, 從此瞑目於土中矣."

을 교차하여 보여줌으로써 일반적 통념을 깨뜨리고 있으며, 현세의 시각에 얽매이지 말고 더욱 장기적인 안목을 통해 인간의 窮達을 살펴보아야 한다는 의미를 정확하게 지적하고 있다.[157)]

이처럼 장유의 특징적 사유에 다원성을 포함시킬 수 있다면 그것의 근원을 찾아보는 일은 적지 않은 의미를 지닌다. 다음 글을 통해 그 실마리를 추적해보자.

> 배가 고파 밥을 기다리는 경우 아주 짧은 시간도 몇 달과 같다가도 배부른 뒤에는 밥 먹는 것을 잊는다. 힘이 들어 휴식을 기다리는 경우 아주 짧은 걸음도 千里와 같다가도 편해진 뒤에는 휴식을 잊는다. 이로써 마음으로 만족한 사람은 밖에서 바라는 것이 없음을 알 수 있다. 영화와 욕됨이 외물임을 안다면 箝市하고 勻路하는 일도 나에게 수치가 되지 않으며 옥을 차고 수레에 오르는 일도 나에게 영화로움이 되지 못한다. 삶과 죽음이 밤낮임을 안다면 팽조와 노담도 장수하였다고 부러워하지 않고 일찍 죽은 아이도 그의 삶이 짧았다고 애도하지 않을 것이다.[158)]

---

157) 「祭金而好文」에서 나타나는 죽음과 삶의 가치의 상대화는 이미 韓愈의 「李元賓墓誌」의 시각과 유사하다는 논의-조정윤(앞의 논문, 148~151면)은 한유의 작품에서 "已虖元賓"이 반복적으로 나타난다는 점과 요절과 장수에 대해 상대화하는 시각이 있다는 점을 들어 유사성을 논증하였다-가 있다. 대체적으로 이 견해에 異論은 없다. 다만 장유가 관점의 전환을 통해 다원성을 추구한 반면 한유의 경우 '명성'을 중심으로 夭壽에 대해 판단하고 있기 때문에 분명한 차이점은 있다. 또한 이와 유사한 예로 든 「詩能窮人辯(課作)」과 같은 작품이 과연 한유의 그것에서 연유하였다고 할 만한가라는 사안은 재론을 요한다. 앞서 보았듯이 이 논의 또한 관점의 전환을 통해 다원성을 획득하고 있기 때문이다.

158) 張維, 「放言」, 『谿谷集』 권3, 48면. "飢而待食, 晷刻猶時月也, 及其飽也則忘食矣. 勞而待息, 跬步猶千里也, 及其佚也則忘息矣. 以此知內足者無外待矣. 知榮辱之爲外物, 則箝市勻路, 不足爲我恥, 佩玉乘軒, 不足爲我華. 知死生之爲晝夜, 則彭聃不足羨其脩, 而殤子不足悼其短矣."

내부에서 만족을 터득한 사람이 밖의 유혹에 휘둘리지 않는다는 사실을 언급한 「放言」이다. 같은 행위라도 그것이 개인의 상황에 따라 인식되는 정도에 차이가 있음을 고찰하는 태도에서 다원성이 드러난다. 즉 똑같이 밥을 먹는 행위라고 해도 배가 고픈 경우와 그렇지 않은 경우에 따라, 한 걸음을 내딛는 행위는 같으나 그 상황이 피로한 상황인지 휴식을 취한 상황인지에 따라 인간의 인식이 달라진다는 의미이다. 이와 같은 논의는 다원적 사유를 보이는 장유의 글과 대체로 논리적 구조가 유사한데 주지하다시피 위 예문은 전체적으로 『莊子』「齊物論」의 주요 논리를 차용하고 있다. 이를 통해 장유의 다원적 사유에 내재한 『莊子』의 영향을 간취할 수 있다.

요컨대 장유의 하늘에 대한 비판은 시대적 모순에서 발생한 것이었다. 다만 장유는 하늘을 회의하며 비판하였으나 결국 신흠과 마찬가지로 의와 순리를 따르려는 태도를 견지하였기 때문에 개인적 선택에 기초한 다원성을 지녔으면서도 파국적 사유로 치닫지 않을 수 있었다. 한편 장유의 다원성은 관점과 상황의 다각적 고찰에서 부각되며 적지 않은 작품에서 산견되는데 장유의 다원적 사유는 논리적 구조와 발현 양상으로 볼 때 『莊子』「齊物論」의 영향을 적지 않게 받았다.

2. 모순어법과 寓意를 통한 覺醒으로서의 글쓰기

동시대 문인들도 장유를 문예적으로 탁월한 작가라고 평가하였다. 특히 館閣文과 변려문에 조예가 깊었던 이식과의 대비를 통해 문장가로서의 면모를 밝히려는 경우 또한 적지 않았다.[159] 본 항에서는 장유 산문

159) 김창협 『雜識』 外篇에서의 언급은 이미 적지 않은 연구에서 예로서 사용하였기에 본 절에서는 金得臣(1604~1684)의 고찰만을 예시해 본다. 김득신은 「讀澤堂文集小序」(『栢谷集』 권5, 151~152면)에서 장유와 이식을 글에 대해 다음과 같이 평가하였

에서 드러나는 글쓰기의 양상과 그 의의를 살펴보겠다.

장유를 다룬 적지 않은 연구에서 장자적 성향과의 연관관계를 밝힌 바 있다. 본고 또한 앞서 장유의 사유가 일정 정도 『莊子』의 사유와 유사함을 언급하였고, 특히 다원성의 형성에 그것이 적지 않은 영향을 끼쳤다는 사실도 고찰하였다. 그런데 장유는 『莊子』의 사유는 물론, 그것의 글쓰기 방식에서도 적지 않은 영향을 받았다. 따라서 장유 산문의 다원성을 집중적으로 다루고자 한다면 우선 그가 『莊子』의 형상화 방식에서 영향 받은 측면을 살펴볼 필요가 있다. 아울러 『老子』의 사유와 글쓰기에서 적지 않은 영향을 받았다는 사실 또한 밝히고자 한다.

> 顔回가 仲尼에게 물었다. "天地가 존재하지 않았을 때에도 物은 있었습니까?" 중니가 말하였다. "천지가 존재하지 않았을 때에도 천지는 존재하였다. 천지가 존재하지 않았을 때 물이 없었다면 어찌 천지가 존재할 수 있었겠는가? 비록 그렇다고는 해도 존재하면서 존재하지 않았다." 안회가 말하였다. "존재하면서 존재하지 않았다는 말에 대해 감히 묻습니다." 중니가 대답하였다. "보아도 보이지 않고, 들어도 들리지 않으며, 잡아도 얻을 수 없다. 환한 빛이 하늘에 붙어 있지도 않고, 형체가 땅에 형성되지도 않는다. 혼돈스럽고 어둑하여 이름을 붙일 수도 없고, 어둑하고 혼돈스러워 분별할 수도 없으니 이것은 천지의 어머니요, 만물의 조상이다. 대저 이것을 無極의 極이라고 이른다. 그렇기 때문에 존재하면서도 존재하지 않는 것이라고 말한다. 존재하면서도 존재하지 않는 것은 존재하지 않으

다. "近者操觚者稱溪谷文章家數過於澤堂, 然其變化互勝負, 而以館閣之製, 較澤堂過之. 粤自仁祖反正以後, 高文大策, 皆出澤堂手, 蓋前後秉文衡者咸推而讓之也. 儷文亦通神, 趙龍洲曰, '澤堂館閣四六, 通前朝我朝所未有.' 豈不信乎?" 즉 문장가로서의 솜씨는 장유가 낫고, 變化라는 측면에 있어서는 백중세이며, 관각의 製述은 이식이 낫다는 내용이다. 사실여부에 대해서는 보다 세밀한 고찰이 있어야 하겠지만 장유를 문장가로 인식하는 태도는 주목할 만하다.

면서도 존재하는 것이니 너는 마음에 깊이 새겨라."[160]

위 예문은 「寓言」의 두 번째 칙이다. 첫 번째 칙에서는 心齋와 坐忘을 주로 언급하였는데[161] 위 예문에서는 세계 생성의 근원을 언급하고 있다. 안회의 질문에 대한 중니의 첫 번째 대답이 바로 그것이다. 이러한 사실에서 「寓言」의 두 번째 칙은 그 구조를 『莊子』「人間世」에서 차용했음을 알 수 있다. 「人間世」의 적지 않은 부분은 안회의 질문과 중니의 대답으로 구성되어 있다.[162]

한편 "有而非有"라는 언급은 존재하면서 존재하지 않는다는 의미를 지니는데 A이면서 A가 아니라는 논리이므로 모순 어법이다. 이러한 어법은 불경이나 노장적 글쓰기에 적지 않게 등장한다. 예컨대 '無의 用'이나 '약하게 하려면 반드시 강해야 한다', '無狀之狀', '無物之象' 등의 노자적 사유, 가장 작은 것에서 가장 큰 것을 보며 큰 것과 작은 것, 참과 거짓의 경계를 허물고자 하는 장자적 글쓰기 또한 그러하다. 현실의 언어로는 초월적 세계와 그 의미를 표현할 수 없기 때문에 이처럼 모순 어법을 사용하여 더욱 깊은 의미를 담은 것이다.

중니의 대답은 우리가 살고 있는 실제 세계가 더욱 근본적이며 초월

---

160) 張維, 「寓言(二首)」, 『谿谷集』 권3, 47~48면. 顔回問於仲尼曰, "未有天地而有物乎?" 仲尼曰, "未有天地而有天地. 未有天地而無物, 惡有天地? 雖然, 有而非有也." 顔回曰, "敢問有而非有." 仲尼曰, "<u>視之不見, 聽之不聞, 摶之不得. 無光曜之麗乎上, 無體質之形乎下. 混混冥冥, 不可以名, 冥冥混混, 不可以分,</u> 是爲天地之母也, 萬物之祖也. 夫是之謂無極之極, 故曰有而非有也. 有而非有, 非有而有也, 小子其刳心焉."

161) 정연봉, 앞의 논문, 99~103면.

162) 이 외에도 天地 이전의 상황을 언급한다는 측면에서는 『장자』의 다음 구절과도 통한다. 『莊子』「大宗師」, "夫道, 有情有信, 無爲無形. 可傳而不可受, 可得而不可見. 自本自根, 未有天地, 自古以固存. 神鬼神帝, 生天生地. 在太極之上而不爲高, 在六極之下而不爲深, 先天地生而不爲久, 長於上古而不爲老."; 『莊子』「知北遊」, "冉求問於仲尼曰, '未有天地可知邪?' 仲尼曰, '可. 古猶今也.'"

적 세계에서 비롯되었다는 의미를 지닌다. 아무 것도 없는 상태에서는 무엇도 발생할 수 없기에 세계의 생성 이전에 이미 더욱 근원적 세계가 존재하고 있었다는 것이 그의 논리이다. 중니는 이 근원적 세계를 "天地之母也, 萬物之祖"라고 언급한다. 물론 이 언급은 『老子』 1장의 "無名天地之始, 有名萬物之母."라는 구절을 유의하면서 쓴 것이다. 그리고 『老子』의 이 구절에 대해 "전자는 실상(實相)의 세계로서 무명 혹은 무의 세계요, 후자는 현상(現象)의 세계로서 유명 혹은 유의 세계다. 무라고 해서 물론 전혀 아무 것도 없는 헛것이라는 뜻이 아니라, 보통으로 존재하는 것이 아니라는 뜻에서의 무이다."[163]라고 풀이한 견해에 주목해야 한다. 여기에 근원적 세계를 "有而非有"라고 언급한 중니의 의도를 이해하게 하는 실마리가 있다. 결국 실상으로 존재하기는 하지만 "視之不見"부터 "不可以分"까지의 언급과 같이 현상하지는 않는 상태, 즉 『老子』에서 말한 무의 상태와 "有而非有"는 실상으로 존재할 뿐 현상으로 존재하지 않는다는 점에서 동일한 의미를 지닌다.

"視之不見, 聽之不聞, 搏之不得."이라는 구절 또한 『老子』 14장[164]을 차용한 표현이다. 물론 『老子』의 이 구절도 形而上의 실존하는 道는 현실세계의 사물이 구체적 형상을 띠는 것과 달리 形體와 聲色이 없다는 사실을 언급하고 있다는 점에서 위 예문의 내용과도 통한다.[165]

그런데 장유는 위와 같은 상태를 "無極之極"이라고 표현하기도 하였다. 주지하다시피 '무극'은 周敦頤의 「太極圖說」이나 『老子』 28장[166]에

---

163) 오강남 풀이, 『도덕경』, 현암사, 2005, 21면.

164) 『老子』 14장, "視之不見, 名曰夷, 聽之不聞, 名曰希, 搏之不得, 名曰微. 此三者, 不可致詰, 故混而爲一. 其上不皦, 其下不昧, 繩繩不可名. 復歸於無物是謂無狀之狀·無物之象."

165) 陳鼓應 著, 『老子註釋及評介』, 中華書局, 2003, 116면 참조.

166) 『老子』 28장, "知其白, 守其黑, 爲天下式. 爲天下式常德不忒, 復歸于無極."

서 언급된 것처럼 모든 만물의 근원이다. 만물의 근원이므로 사물이 분화되기 이전의 궁극적 상태를 가리킨다.[167] 장유는 이 의미를 취한 것이다.[168] 이로써 볼 때 「寓言」의 위 예문은 노장적 사유와 밀접한 관련을 맺는다. 이 외에도 장유는 자신의 글에 노장의 사유, 구절, 구법 등을 적지 않게 차용하였다.

> 하나에서 만 가지로 분화되어 만 가지는 각각 자신을 자신이라고 여기게 되었다. 자신이 자신을 자신이라고 여기는 일은 또한 타인이 자기를 자기라고 여기는 것과 같다. 질병과 병통이 타인에게 있으면 자신은 그것을 알지 못하며, 나에게 있다면 타인이 그것을 알지 못하는데 신체가 隔絶됨이 어찌 한결같이 이렇게 되는 데에 이르렀는가! 살아 있을 때에는 각각 하나의 개체가 되어 나는 나요 저 사람은 저 사람이나, 죽어서는 모두 하나로 돌아가 나도 저 사람도 없게 된다. 예전의 至人이 죽음이야말로

---

167) 오강남, 앞의 책, 129면.

168) 위 예문의 의미를 더 깊이 이해하기 위해서는 그가 쓴, 또 다른 箴言的 성격의 글인 「雜記」(『谿谷集』 권3, 49면)의 다음 구절을 살펴볼 필요가 있다. "陰陽의 크기는 天地가 다할 수 없다. 混沌의 氣가 천지를 발생시킨다. 혼돈은 곧 음이며, 開闢은 곧 양이다. 그렇다면 천지는 음양의 物이며 형체가 있는 물 중 큰 것이다. 그렇기 때문에 천지는 변화와 소멸, 시작과 끝이 있으나 음양은 변화와 소멸 시작과 끝이 없다(陰陽之大, 天地不足以盡之. 混沌之氣, 乃生天地. 混沌卽是陰, 而開闢乃爲陽也. 然則天地者, 陰陽之物, 有形中之大者也. 故天地有變滅有終始, 而陰陽無變滅無終始也)." 이 글은 전체적으로 주돈이가 지은 「太極圖說」의 "無極而太極. 太極動而生陽, 動極而靜, 靜而生陰, 靜極復動. 一動一靜互爲其根, 分陰分陽, 兩儀立焉."에 근거하고 있다. 무극이면서 태극인 상태에서 음과 양, 즉 兩儀로 나뉘어지는 상태를 주돈이는 위 구절에서 언급한다. 장유는 이것을 부연하여 현상적 세계를 발생시키는 근원적 실상으로 음과 양을 언급하고 있다. 주돈이의 논리를 따르자면 음과 양 또한 무극이면서 태극의 動靜에서 발생하는 것이므로 '無極而太極－陰陽－현상의 세계'라는 논리가 성립하게 된다. 따라서 「寓言」에서 실상적 세계의 본원으로 장유가 언급한 '무극지극'은 주돈이의 논리와 결부되어 현상세계를 생성하는 실상 세계임을 분명히 알 수 있다.

> 진실이며, 삶은 거짓이라고 여긴 것은 참으로 이에 식견이 있구나(自一而萬, 萬各我我. 我之我我, 亦猶人之我已. 疾痛痾痒在人, 我不之知, 在我, 人不之知, 何形骸之間隔, 一至此哉! 生則各一, 我我彼彼, 死則共歸于一, 無我無彼. 古之至人, 以死爲眞生爲假者, 其亦有見乎此哉)![169]

『莊子』「齊物論」은 큰 지식과 작은 지식의 차이를 언급한 「逍遙遊」를 이어 분별을 가진 지식[小知]에서 분별을 넘어선 편견 없는 지식[大知]을 역설한다. 「齊物論」의 첫 장은 南郭子綦가 선입견 없이[喪我] '天' 혹은 '眞君·眞宰'로 언급되는 主宰者에 의해 부여된 바를 따르는 모습을 속이 텅 빈 天籟가 내는 힘찬 소리로 나타내는 내용이다. 즉 첫 장에서부터 「齊物論」이 분별을 넘어선 편견 없는 지식을 추구한다는 사실이 드러나는 것이다.

그런데 '천뢰'와 같이 모든 인간은 마음을 비우고 주재자의 인도를 따를 수 있지만 선입견[成心] 때문에 그렇게 하기가 쉽지 않다. 이 선입견을 발생시키는 주요 원인은 '분별'하려는 의식이다. 사물이 존재하지 않아 지극하며 완전하였던 상태에서 타락하여 분별하게 됨으로써 是非가 발생하고 유사함과 유사하지 않음[類·不類], 有無, 利害가 발생하게 된다. 이와 같이 분별되었을 때 자아의 견해와 같거[類]나 이익[利]이 됨을 옳다[是]고 여기게 되는데 이러한 조건하에서 선입견이 발생한다. 『莊子』는 이를 통렬하게 비판한다. 위 예문에서 나와 남이 확연히 나뉜 상황을 안타까워하는 태도의 근원에는 『莊子』의 이와 같은 사유가 존재한다.

『莊子』는 무엇보다 관점을 달리해서 보아야 선입견이 사라진다고 생각한다. 彭祖와 殤子도 관점에 따라 달리 볼 수 있는데, 이렇게 분별하지 않을 수 있는 자들이 聖人이다. 성인을 위 예문에서는 至人으로 표현

169) 張維, 「放言」, 『谿谷集』 권3, 48면.

하고 있다. 이들은 옳고 그름, 앎과 알지 못함, 이익과 해악, 있음과 없음의 대립을 초월함은 물론, 인간으로 가장 극복하기 힘든 삶과 죽음의 분별도 넘어선다. 삶을 좋아하고 죽음을 싫어하는 것조차도 편견에 사로잡혀 있어서 그렇게 된 것이며 이를 깨뜨리기 위해서는 크게 깨어야 한다고 莊子는 언급한다. 이것은 위 예문의 마지막 부분과 동일한 의미를 지닌다. 이로써 볼 때 「放言」 또한 『莊子』「齊物論」의 사유에 기반하고 있다.

한편 위 예문에서는 동일한 어휘를 반복적으로 사용하고 있으며, 동일 어휘를 다른 의미로 사용한다는 점이 특징적이다. 이 또한 『莊子』에서 두드러지게 드러나는 글쓰기의 스타일이다. 예컨대 후자의 특징은 『莊子』의 「山木」과 「在宥」 등에서 살펴볼 수 있다.[170] 그리고 전자의 특징은 『莊子』「齊物論」에서 보인다.[171] 그런데 천지를 손가락과 말에 비유하는 「齊物論」의 이 구절의 바로 다음에는 구분을 타파하고 동일한 관점에서 사물을 보려는 태도가 드러난다.[172] 즉 「放言」의 내용과도 유사하다. 따라서 「放言」은 사상·내용·글쓰기 등의 모든 측면에서 『莊子』의 성향을 보인다.

앞서 소개하였던 「支離子自贊」, 「寓言」, 「放言」 외에도 「雜述」, 「雜

---

170) 『莊子』「山木」, "物物而不物於物, 則胡可得而累邪! 此神農黃帝之法則也." ; 『莊子』「在宥」, "夫有土者, 有大物也. 有大物者, 不可以物. 物而不物, 故能物物. 明乎物物者之非物也, 豈獨治天下百姓而已哉!"

171) 『莊子』「齊物論」, "以指喩指之非指, 不若以非指喩指之非指也. 以馬喩馬之非馬, 不若以非馬喩馬之非馬也. 天地一指也, 萬物一馬也."

172) 『莊子』「齊物論」, "道行之而成, 物謂之而然. 有自也而可, 有自也而不可. 有自也而然, 有自也而不然. 惡乎然? 然於然. 惡乎不然? 不然於不然. 惡乎可? 可於可. 惡乎不可? 不可於不可. 物固有所然, 物固有所可. 無物不然, 無物不可. 故爲是擧莛與楹, 厲與西施, 恢恑憰怪, 道通爲一. 其分也, 成也. 其成也, 毁也. 凡物無成與毁, 復通爲一. 唯達者知通爲一."

記」, 「蜃樓記」, 「神明舍記」, 「氷壺先生傳」, 「設孟莊論辯」 등에서도 『莊子』의 영향을 찾아볼 수 있다. 따라서 장자적 사유와 스타일에 입각한 글쓰기는 장유 글쓰기의 특징적 면모이다. 그런데 이 중 「設孟莊論辯」은 複數의 대등한 시각을 서술한다는 또 다른 글쓰기의 특징도 지니고 있다.

> 孟子輿[孟子]가 말하였다. "저는 선생의 크고 올바른 도리를 들은 지 오래되었는데 다행스럽게도 오늘 얼굴을 뵙게 되었으니 나머지 말씀을 끝까지 듣고 싶습니다. 저는 선생께서 광대하고 끝이 없는 논의를 좋아하시어 만물을 고르게 하는 것으로 으뜸으로 여기시고, 삶과 죽음을 하나로 생각하시며, 가함과 불가함을 하나로 관통하시고, 仁義를 외부의 것으로, 禮樂을 위선적인 것으로, 孝悌忠信을 덕의 하수인으로, 喜怒哀樂을 性의 적으로 여기시며, 堯舜을 비난하고 三王을 비방하며 성인을 끊고 지혜를 버리며, 됫박을 부수고 저울을 부러뜨리는 일로써 정치를 하고자 하신다고 들었습니다. 이것이 제가 크게 의혹하는 부분입니다. 선생께서 이러한 논의를 버리시고 공자의 지향을 따라 선왕의 도를 밝힐 수 있다면 저는 제자가 되어 가르침을 받고자하니 선생께서는 그럴 생각이 있으십니까?"
>
> 莊周가 크게 웃으면서 말하였다. "그대가 의혹하는 점이 내가 즐거워하는 바요, 그대가 가르쳐준 점이 내가 가소롭게 생각하는 바입니다. 지금 그대는 내가 즐거워하는 바를 내버리고 내가 가소롭게 생각하는 바를 따라 그대의 가르침을 좇으라하면서 제자가 되어 가르침을 받고자 한다고 말하고 있습니다. 무릇 이미 나를 버리고 그대를 따른다면 그대에게 가르침을 받은 것인데 무엇으로 그대를 가르칠 수 있겠습니까? 이것이 그대의 논의가 어그러진 부분입니다. 또한 그대는 참으로 만물은 가지런하게 할 수 없고, 삶과 죽음·가함과 불가함을 하나로 만들 수 없다고 여기며, 인의를 외적인 것으로, 예악을 위선으로, 효제충신을 덕의 하수인으로, 희노애락을 성의 적으로 여기지 않고, 요순과 삼왕을 폄하할 수 없다고 생각하며

성인을 끊어버리고 지혜를 버리며, 됫박을 부수고 저울을 깨뜨리는 일을 불가능하다고 여기십니까? 저는 상세하게 그 논의를 듣고 싶습니다."[173]

이 작품은 이미 장유 스스로가 도학의 우위를 피력하기 위해 서술하였다고 밝혀놓은 데[174]에서 드러나듯 孟子의 논변으로 莊子의 이단설을 공격하려는 목적으로 지어졌다. 그러나 실상은 그렇지 않다. 우선 어느 한 쪽이 다른 쪽을 압도하지 못한다. 즉 孟子는 자신의 학설을 세밀하게 논증하면서 莊子를 논파하려고 하고, 莊子 또한 자신의 이론으로 孟子를 논파하려고 하지만 결국 그들은 논의의 끝을 보지 못하고 莊子가 대화 중단을 선언하는 상황－莊周於是, 默然有間曰, "道不同, 不相爲謀, 子去矣, 無乏吾事."－으로 마무리 되고 있다. 다음으로 두 인물이 자신의 학설을 설명하는 과정에서 그 사상의 정수를 모조리 설명한다. 만약 莊子를 논파하려는 목적에서 창작된 작품이라면 莊子 학설의 문제점을 집중적으로 피력하여 논리적 우위를 거두어야 했는데도 불구하고 장유는 각각 일정한 문제점과 장점을 공유하고 있다는 식으로 서술

173) 張維, 「設孟莊論辯」, 『谿谷集』 권3, 59~60면. 孟子興曰, "軻也聞先生高義之日久矣, 幸今得見顔色, 願以卒承餘論也. 軻也嘗聞先生喜爲荒唐無端崖之論, 齊萬物以爲首, 死生爲一條, 可不可爲一貫, 仁義爲外, 禮樂爲僞, 孝悌忠信, 爲德之役, 而哀樂喜怒, 爲性之賊也, 非堯舜毁三王, 而欲絶聖棄智, 掊斗折衡, 以爲治也. 此軻之所大惑也. 先生能絀此論而遵孔氏之方, 明先王之道, 則軻也願爲弟子而受敎焉, 先生亦有意乎?" 莊周呀然而笑曰, "子之所惑者, 周之所樂也, 子之所敎者, 周之所薄也. 今子令周釋周之所樂, 趨周之所薄, 而從子之所敎也, 迺曰願爲弟子而受敎焉. 夫旣使周捨我而從子, 則已受敎於子矣, 何以敎子爲? 是子之說悖也. 且子誠以爲物之不可齊, 而死生可不可之不可爲一, 仁義之非外, 禮樂之非僞, 孝弟忠信之非德之役, 哀樂喜怒之非性之賊, 堯舜三王之不可貶, 絶聖棄智, 掊斗折衡之爲不可耶? 周也願聞其說之詳."

174) 張維, 「設孟莊論辯」, 『谿谷集』 권3, 62면. "孟子好辯, 闢楊墨, 孔氏之道明. 然常怪其與莊周同時而不相遇, 七篇之中, 語無及者. 端居無事, 漫爲設辭如右. 蓋所謂以文滑稽者, 而因以寓夫抑異說扶吾道之義云."

하고 있다. 결국 莊子는 논파되지 않고, 오히려 莊子의 학설이 지닌 핵심적 사유가 부각되는 작품이 되었다. 위 예문에서는 바로 대등한 견해의 제시가 드러나며 이러한 점이 장유 산문의 글쓰기가 지닌 또 하나의 특징이다.[175)]

「設孟莊論辯」은 대화체를 사용하여 두 인물의 견해를 대등하게 교차시켜 놓은 작품이다. 그런데 장유가 대화체를 사용한 논의 중에는 한 인물의 논의가 다른 이의 논의를 압도하는 경우가 적지 않다. 다만 이때에도 複數의 視角을 통해 사태를 바라봄으로써 선입견 타파를 촉구하는 태도는 변하지 않는다.

> 큰 데에서 작은 것을 보는 경우 방종하게 되는 문제가 있고, 작은 데에서 큰 것을 보는 경우 겁을 먹는 문제가 있다. 겁을 먹게 되면 지키는 바를 잃게 되고, 지키는 바를 잃게 되면 보아도 보이지 않고, 들어도 들리지 않게 된다. 그렇기 때문에 사람은 반드시 크다는 사실을 잊어야만 큰 것을 볼 수 있다.
>
> 저 하늘이 인간에게 부여한 것은 靈明함이 아닌가! 영명함이 사람에게 있으니 예나 지금이나 통창하고 막힘이 없으며 華나 夷나 풍족하고 모자람이 없다. 그렇기 때문에 사람은 영명함이 자신에게 있다는 사실을 알고 밖에 의존하지 않는다면 物은 작고 나는 커서 어디에 들어가든 自得하지 못하는 경우가 없게 되어 물이 나의 인식에 모두 제공되어도 나의 지킴을

---

175) 물론 위의 예문에서도 보이듯 孟子는 孟子輿로 莊子는 莊周로 서술하여 孟子를 높이고 있다는 점은 분명하다. 그러나 莊子의 주요한 사유를 孟子의 입을 빌어 표현한다거나 이러한 과정에서 『莊子』「天下」와 「胠篋」의 구체적인 내용을 설명하고 있다는 점 또한 일방적 우위를 표현하기 위해 기획한 글이 아니라는 사실을 보여준다. 이하의 내용 또한 위의 핵심적인 사안을 논의의 중심에 두고 孟子와 莊子가 논쟁을 벌이고 있다는 사실을 고려한다면 결국 위의 예문과 마찬가지로 이하의 논쟁 또한 특정인의 손을 들어주기보다 그들의 논쟁을 통해 유가와 노장 사유의 同異點을 선명하게 드러내려는 태도가 있다고 보아야 한다.

> 빼앗을 수 없다. 그가 세상에 나아감에 어찌 넉넉히 여유롭지 않겠는가?
> 중국과 우리나라는 華와 夷, 크고 작음의 구분이 있음은 말할 필요도 없다. 그러나 사람들이 부럽게 여겨 주로 말하는 것은 다만 영토의 드넓음, 산천의 광활함, 궁궐의 장대함, 금은보화의 가득함, 백성의 번성함과 文采의 화려함일 뿐이다. 그렇기 때문에 그 가운데에서 보는 사람은 눈과 정신이 놀라 어지러워져 망연자실하게 되니 마치 우물 안 개구리가 바다를 보는 경우와 같다. 이것은 모두 지극히 귀한 것이 자신에게 있다는 사실을 알지 못하고 그저 외물에 현혹된 것이다.[176]

중국으로 사신가는 高用厚(1577~?)를 전송한 「送高書狀善行赴京師序」의 일부이다. 고용후가 중국이라는 대상과 중국으로 사신가는 일에 과도하게 의미를 부여하자[177] 그것에 반론을 제기한 내용이다. 결국 장유의 말을 듣고 고용후가 설복 당하였기 때문에 두 인물의 대화가 비대칭적으로 서술되었다는 사실이 「設孟莊論辯」과 다른 점이다. 다만 편협하고 고착된 사유를 각성시키기 위해 복수의 시각을 동원한다는 측면은 유사하다. 예컨대 첫 단락에서 장유는 크거나 작거나 자신의 처지에서만 사태를 고찰하는 경우 정확하게 인식할 수 없다고 주장한다. 나머지

---

176) 張維, 「送高書狀善行赴京師序」, 『谿谷集』 권5, 86면. "夫自大觀小者失之侈, 自小觀大者失之餒. 餒則喪其守, 喪其守則視而無所見, 聽而無所聞矣. 故人必忘於大, 然後可以觀於大. 夫天之畀於人者, 非以其靈靈明明者歟! 靈靈明明者之在於人也, 未嘗以古今通塞而夷夏豐嗇也. 故人能知靈靈明明者之在我而無待於外, 則物小而我大, 無入而不自得, 物皆供吾之觀, 而不能奪吾之守. 其於行天下也, 豈不綽綽有餘裕哉? 中國之於我邦也, 華夷之辨, 大小之分, 則姑不論. 洒人之所歆艶而樂道之者, 特以彊土之博大, 山川之雄闊, 城闕之閎傑, 貨寶珍怪之充牣, 人民文采之繁麗而已. 故觀於其中者, 目駭神淫, 恍然自失, 如井蛙之驚於海也. 是皆不知至貴之存乎我, 而徒眩於外物者耳."

177) 張維, 「送高書狀善行赴京師序」, 『谿谷集』 권5, 86면. 高君善行之將赴京師也, 踵門而詫張子曰, "今吾出於偏邦, 遊於上國, 涉乎天子之庭, 自謂足以盡天下之大觀也. 吾子以爲何如?"

두 단락의 내용과 종합해서 위 내용을 정리하면 결국 선입견을 떨쳐버린 이후 외물에 현혹되지 않고 자신의 시각을 견지하는 경우에만 사태를 제대로 인식할 수 있다고 주장한 것이다.

그런데 이 작품 역시 이미 「放言」을 고찰하면서 살펴본바 『莊子』의 전형적인 논리로써 근거를 삼고 있다. 작고 크다는 분별심을 없애고 선입견 없이 주재자에 의해 부여된 것－위 예문에서는 '靈明'－을 통해 사태를 인식하여야 한다는 당위를 역설하고 있기 때문이다. 이 지점에서 다시 한 번 장유의 다원성이 『莊子』와 밀접한 관련을 맺고 있으며, 그가 글쓰기에서 효과적으로 활용하고 있다는 사실이 확인된다.

이로써 볼 때 장유는 두 가지 측면에서 다원적 관점에 입각한 글쓰기를 하고 있다. 첫 번째 양상은 한 인물의 논리가 다른 사람을 압도하지 않고 대등하게 서술되는 경우이다. 두 번째 양상은 초점을 전환하여 복수의 시각에서 바라보는 태도를 서술할 때 드러난다. 대체로 장유는 한 가지 시각만을 고집하지 않고 초점의 전환과 보완을 통해 더욱 포괄적 시각에서 사태를 서술한다는 특징적 면모를 지니고 있다. 이때 여타 작품에서와 마찬가지로 장자적 사유의 영향이 간취된다는 점은 공통적이다.

한편 장유에게는 비판을 통해 그릇된 인식을 바로잡으려고 하거나 교훈을 주고자 하는 목적을 띤 글이 적지 않다. 이때 허구에 기대기도 하고 寓意的 종합을 구사하기도 한다.

> 내가 말하였다. "그대는 어찌 이것만을 괴이하다고 여기는가? 지금 이른바 사대부라는 자들 중에는 이러한 붓－겉은 족제비털을 쓰고 속은 개털을 쓴 붓－과 유사하지 않은 사람들이 대체로 매우 적다. 그 형체는 의관을 정제하고, 언어는 아름답게 꾸미며, 걸음걸이는 법도에 맞춰 걷고, 위엄 있게 엄숙한 기색을 띠고 처하여서 그들을 바라보면 모두 군자요 正士

> 인 듯하다. 그러나 그들은 은폐된 곳에 거하다가 利害의 길을 만나게 되면, 뜻을 바꾸어 자신의 욕심대로 마음껏 행하니 마음이 仁하지 않고 행동이 의롭지 않은 자들이 모두 이러하다. 대체로 겉은 번지르르하게 꾸미고 속은 개털과 같음이 이 붓과 조금도 다르지 않은데도 사람들은 제대로 살피지 않고 겉만 살피고 그 속마음을 믿기 때문에 간사한 사람이 국가를 혼란하게 하고도 후회하지 않는 경우가 있게 된 것이다. 지금 그대는 이것을 근심하지 않고, 붓만 괴이하다고 하니 참으로 사태의 輕重을 알지 못하는 것이로세!"[178)]

겉은 훌륭한 족제비털을 쓰고 속은 개털로 만든 붓을 얻은 李生이 붓을 통해 세태의 야박함을 탄식하자[179)] 이를 계기로 당대 사대부를 통렬하게 비판한 「筆說」의 일부이다. 겉은 족제비털을 썼으나 속은 개털을 사용한 붓과, 겉은 번지르르하나 속으로는 온갖 잇속을 좇으려는 사대부들의 태도를 類比的으로 결합하여 비판하는 형식을 취하고 있다.[180)]

---

178) 張維, 「筆說」, 『谿谷集』 권4, 79면. "余曰, '子何獨怪於是? 夫今之所謂大夫士者, 其不類於是筆者蓋尠. 衣冠其形體, 文理其語言, 規矩其步趨, 儼然莊色而處, 視之皆若君子正士然. 及其居幽隱之地而遇利害之途, 則回其志肆其欲, 不仁於心而不義於行者皆是. 蓋秀燁其外而狗毛其中, 與是筆無少異焉, 而觀人者不察也, 視其外而信其中, 故有奸人亂國而不可悔者也. 今子不此之憂, 而筆焉是怪, 亦不知類也夫!'"

179) 張維, 「筆說」, 『谿谷集』 권4, 79면. "獸有鼠屬而黃者, 俗號爲黃獷, 多産於西北方之山, 尾有秀毛可爲筆, 其美擅天下, 謂之黃毛筆. 吾友李生喜書, 嘗乞於人而得之. 毫秀而銳, 色燁而澤, 以爲大美, 拂拭之, 其中薾然有異, 濡墨以試之, 撓而曲, 字不可成. 孰視之, 其心蓋狗毛, 而燁而秀者外被之也, 遂愕然以歎. 間以語余曰, '是必工者利於欺人而莫或辨之, 故得以售其奸也. 人心之偸至此哉!'"

180) 이 작품은 『孟子』 「告子上」에 나오는 "孟子曰, 今有無名之指, 屈而不信, 非疾痛害事也, 如有能信之者, 則不遠秦楚之路, 爲指之不若人也. 指不若人, 則知惡之, 心不若人, 則不知惡, 此之謂不知類也."를 기반으로 하고 있기도 하다. 세태를 비판하면서 전체를 갈무리하는"不知類"라는 구체적 언급은 물론, 겉보다 속을 중시하여야 하는데도 사람들은 겉으로 보이는 손가락을 혐오하기는 하여도 마음의 비뚤어짐을 싫어하지 않는다는 점이 『孟子』의 요지인데 위 예문이 지니고 있는 교훈 또한 이와 흡사하

說에서 일상의 사물, 사건 등을 통해 더욱 근원적 진리를 설명하거나 비판하는 방식은 전통적이다. 중국은 물론 고려시대의 李奎報(1168~1241)가 서술한 「蝨犬說」, 「鏡說」, 「舟賂說」, 「理屋說」 등도 우의적으로 現世態를 고발하고 있으며,[181] 장유와 동시대를 살았던 李植에게도 「倭松說」이 있고, 후대의 金昌翕(1653~1722)도 거의 대부분의 설을 위와 같은 방식으로 구성하였다는 사실을 통해서 볼 때 설에 있어 이와 같은 글쓰기는 전통적 방식이다.[182] 따라서 위와 같은 구성에서 드러나는 세태 비판은 주목할 만하나 장유의 개성을 선명하게 보여준다고는 할 수 없다.[183] 그런데 장유는 논설류 산문 외의 장르에서도 위와 같이 우의적 구성을 취하는 경우가 적지 않다.

> 나는 다음과 같이 말하였다. "나는 졸렬하여 몸도 제대로 다스리지 못하였는데 어떻게 관리의 일을 알겠는가만 들은 바를 말해보려고 한다. 무릇 국가는 몸과 같으니 백성을 다스리는 일이 어찌 병을 다스리는 일과 다르겠는가? 우리 두 사람이 병이 난 일과 그 병을 치료한 일로써 살펴보면 다스리는 방법을 알 수 있다. 저 병이 병이 된 것은 병이 든 날 병에 시작된 것이 아니라 아직 병이 되지 않은 상태에서 이미 병에 걸린 상태로 된 것이 분명하다. (그러하니) 아직 병이 되지 않은 상태에서 그것을 다스린다면 병은 참으로 어떤 곳으로부터도 유래하여 병이 될 수 없다. 병에

기 때문이다.

181) 이에 대해서는 徐正和, 「李奎報 散文 硏究」, 고려대학교 박사학위논문, 2007, 32~41면 참조.

182) 김창흡의 설이 지닌 특징적 면모에 대해서는 안득용, 「金昌翕의 說에 나타난 주제의식과 글쓰기」, 『어문논집』 제59호, 민족어문학회, 2009, 195~227면 참조.

183) 장유는 위와 같이 생활 속에서 얻을 경험을 통해 우의적으로 논제를 풀어나가는 방식으로 「曲木說」을 서술하기도 하였다. 비유적 서술로써 曲木은 재목으로 쓰이지 않으나 曲士는 조정에서 버젓이 높은 위치에 올라 있는 현실을 비판하였다.

> 걸리게 되었을 때, 그 병은 本末이 있으니 그 안팎을 나누고 완급을 살펴 좋은 음식과 參者로써 眞元을 북돋우고, 독한 약과 침으로써 사악한 병을 공격한다면 병을 다스리는 이치를 얻을 수 있으리라. 가장 좋은 경우는 아직 병이 들지 않았을 때 다스리는 일이며, 그 다음은 병을 다스려 제대로 된 이치를 얻는 일이다. 병이 들었는데도 제대로 다스리지 못한다면 사람은 요절하고 만다. 우리는 은미한 기운이 있을 때 삼가지를 못했기 때문에 이미 병에 걸린 다음에 치료하여 그 쾌유가 이처럼 더디고 어려웠으니 삼가지 않을 수 있겠는가?"[184]

李命俊(1572~1630)이 1625년 全州府尹이 되어 가기 전, 장유에게 고을 다스리는 방법을 묻자 장유가 대답한 내용의 일부이다. 국가와 몸, 백성 다스리는 일과 병을 다스리는 일을 유비적으로 결합하여 고을을 제대로 다스리는 방법을 설명한 점이 인상적이다. 장유는 위 예문에서 병이 나기 전에 病源을 미연에 막는 방법을 최상, 병이 났을 때 병을 제대로 다스리는 방법을 아는 것이 그 다음, 병이 걸렸으나 제대로 된 방법을 사용하지 못하여 죽는 경우를 최하로 상정하고 있다. 이하의 글에서 그는 근본을 맑고 단정하게 하며 자신을 바르게 하고 백성을 인솔하여 명령하지 않아도 따르고 화내지 않아도 위엄이 서는 경우를 정치의 최상, 好惡를 명백히 하여 선비의 지향을 통일하고 법제를 엄하게 하여 법도를 어기는 이들을 제압하며 화평함과 평이함을 추구하고 백성들이

---

184) 張維, 「送全州府尹李昌期序」, 『谿谷集』 권6, 99면. "余曰, '余拙者也, 身之不能理, 何知吏事, 然請誦其所聞. 夫國猶身也, 治民何以異於治病? 試以吾二人之病與所以治其病者觀之, 則治道可知矣. 夫病之病也, 不病於病之日, 而其未病也固已病矣. 治之於未病, 則病固無自而病矣. 及其病也, 其爲病, 有本有標, 分其外內, 審其緩急, 粱肉參耆, 以扶其眞元, 瞑眩砭石, 以攻其客邪, 則治病之理得矣. 太上未病而治, 其次治病而得其理. 病而失治, 人斯夭閼矣. 吾輩不能謹之於微, 故旣病而治, 其愈也遲且難如是, 可不愼歟?"

관리에게 두려움을 품게 하며 선비들이 지향을 알게 하는 경우가 그 다음 수준, 장부정리와 미곡 출납과 같은 사소한 일에만 얽매여 백성들에게 은혜를 베풀지 않는 정치를 가장 낮은 수준으로 상정185)하여 위 예문에서 언급한 병을 다스리는 방법과 선정을 행하는 방법을 유비적으로 결합하고 있다.186)

이제까지 살펴본 작품들은 대체로 실제에 입각한 글쓰기였다. 그런데 장유의 산문을 고찰한 연구자들의 대부분은 그의 작품이 지닌 특성을 언급할 때 寓言을 지적한다.

> 或者가 子虛子를 힐난하면서 말하였다. "그대는 이 건물이 과연 실재한다고 생각하는가?" "虛에 의지하였는데 어찌 실재하겠는가?" "과연 일정한 것인가?" "실재하지도 않는데 어찌 일정하겠는가? 참으로 홀연히 생겼다가 홀연히 없어질 뿐이다." "실재하지도 일정하지도 않고, 홀연히 생겼다가 홀연히 없어지니 참으로 幻이 아닌가?" "그렇다." "그렇다면 이것을 만

---

185) 張維, 「送全州府尹李昌期序」, 『谿谷集』 권6, 99면. "今昌期之治之也, 果能淸源端本, 正己而率物, 使不令而從, 不怒而威, 是猶未病而治, 上也. 明好惡以壹士趨, 法禁以制豪猾, 推豈弟以煦疲瘵, 要使民懷吏畏而士知方, 是猶治病而得理, 次也. 若徒屑屑於簿書期會, 規規於米鹽碎細, 欲以小數御物, 小惠得民, 則俗吏之能, 斯爲下矣. 吾輩所以治其病者, 失得可知矣. 以身而觀國, 擧一而反三, 此所望於昌期者也."

186) 金昌協이 金盛最에게 준 「送最良兄宰歙谷序」(『農巖集』 권21, 136면)에도 위와 유사한 서술이 존재한다. 예컨대 "爲邑不難, 兄誠好琴, 則取諸此足矣. 夫琴, 一器也而備衆物焉. 絃以比音而細大不奪職, 任使有宜也. 徽以紀律而長短不失度, 法制有定也. 柱促則絃絶, 柱弭則絃緩, 寬猛之則也. 越疏則響宏, 越淺則響小, 弘隘之效也. 察斯四者, 亦可以爲政矣."와 같은 서술은 琴의 각 부분이 絃, 徽, 기러기발, 響孔 등의 움직임과 사용을 관원을 부림, 일정한 제도를 두어야 함, 정사의 너그러움과 엄정함, 정사의 대범함과 좁음 등에 비유하고 있다. 즉 악기의 조율과 정사를 유비적으로 구성하고 있기 때문에 이 또한 장유의 작품과 유사하다고 할 수 있다. 이미 김창흡의 설이 장유의 그것과 지닌 유사성을 언급하였고, 김창협의 송서와 장유의 그것이 구성상 유사점을 보인다면 이들의 관계에 대해 탐구할 필요가 충분하다고 생각한다.

든 것은 참으로 '환'인데 그대는 또한 좇아서 글을 지으려고 하니 이것은 '환' 중의 '환'이 아닌가?" 子虛子가 말하였다. "아! 그대는 幻을 만들지도 글을 지을 수도 없다고 생각하는가? 세상 어디를 간들 '환'이 아니겠는가? 하늘은 때가 되면 사라지고, 땅도 때가 되면 사라지니 하늘과 땅 또한 '환'이다. 天地도 오히려 '환'인데 하물며 그 사이에 사는 사람은 사물과 더불어 '환'이 아니겠는가? 阿房宮・未央宮・銅雀臺・五鳳樓 등은 인류가 넓고 견고하며 크고 아름다워서 없어지지 않을 건물이라고 여겨 온 천하의 힘을 들여서 그 건물을 짓고, 문인들이 기예를 다하여 꾸몄는데 지금 과연 그것이 존재하는가? 無로부터 有가 되든, 有로부터 無가 되든 저것과 이것은 같다. '환'이라면 모두 '환'이며, 실제라면 모두 실제인데 어찌하여 이것은 억제하고 저것을 높이는가? 또한 바다는 나의 나라가 아닌가? 그러나 때가 되면 그것도 먼지처럼 사라지게 될 것인데 하물며 내가 이 누대가 오래가기를 기약하겠는가? 있다면 그 있음을 편하게 여기고, 사라지면 없는 대로 내버려둔다. 그것이 사라지게 될 때 나는 그것을 사리지지 않게 할 수 없으니, 그것이 존재할 때 내가 어찌 나의 소유로 하지 않을 수 있겠는가? 이미 나의 소유가 된 것이니, '환'이든 '환'이 아니든 그것을 막론하고 내가 또한 어찌 글을 쓰지 않을 수 있겠는가?"하니 혹자가 대답하지 못하였다.[187]

187) 張維, 「蜃樓記」, 『谿谷集』 권8, 130면. 或詰子虛子曰, "子以是構也, 爲果實乎?" 曰, "依乎虛, 焉得實?" "爲果常乎?" 曰, "實猶不得, 況常乎? 亦倏焉而有, 忽焉而無也已矣." "不實不常, 倏有而忽無, 則亦無幻也歟?" 曰, "然." "然則爲是者固幻, 子又從而文之, 玆非幻之幻哉?" 子虛子曰, "噫! 子以幻果不足以爲; 亦不足以文耶? 夫天下何往而非幻哉? 天有時而踣; 地有時而滅, 則天地亦幻矣. 天地猶幻, 況其中之人與物與其事而非幻哉! 阿房・未央・銅雀・五鳳, 此人類所謂宏固巨麗不拔之構也, 傾天下之力而成之; 竭詞人之藝而文之, 而今果有存者耶? 自無而有; 又自有而無, 彼與此等矣. 幻則均幻; 實則均實, 如之何其抑此而揚彼也? 且海非吾國哉? 而有時而塵矣, 況吾期斯樓之久哉? 有則安其有; 無則任其無. 及其無也, 吾固不能使之不無; 當其有也, 吾安可不以爲吾有哉? 旣以爲吾有, 無論幻與非幻, 吾又何可不爲文之哉?" 或者無以應, 遂爲之記.

「蜃樓記」는 전반부 서사와 후반부 의론으로 나누어진다. 서사는 신루의 형상과 제작과정이고 후반부 의론은 신루에 글을 지을 수 있는가에 대한 가치 판단에서 발생한 논쟁이다. 위 예문은 후반부 중 或者의 詰難에 조목조목 반론을 제기하는 부분이다.

위 예문을 관통하고 있는 의식은 다원주의이다. 幻과 實을 이분법적으로 보고 '환'을 억제하고 '실'을 높여야 한다고 생각하는 혹자를, 세상 모든 것이 '환'의 입장에서 본다면 모두 '환'이 될 수 있고, '실'의 입장에서 본다면 '실'이 될 수 있다는 근거로 제압한다. 한 걸음 더 나아가 세상에 아무 것도 無限하지 않으니 그것이 나의 소유일 때 편안히 여기고, 사라진다고 해도 괘념치 않는다는 의식은 삶의 有限性에 비감을 가지기보다 처한 상황에 따라 자연스럽게 살고자 하는 태도로 보인다.

그런데 이러한 태도 또한 『莊子』「齊物論」에서 주로 보이는, 다원적 사유 및 자신의 선입견을 따르지 않고 自然을 따르는 태도와 흡사하다.[188] 따라서 장유가 위 작품을 창작하게 된 계기는 『莊子』로 보인다. 게다가 『莊子』에서 사용하는 우의적 방법으로 구성하였기 때문에 추측은 더욱 신빙성을 갖는다. 동서양의 무수한 우언 창작을 통해서도 알 수 있듯이 이러한 성격의 글을 탄생시킨 창작의식 또한 문학창작과 개성창출의 원동력이 되므로 결코 소홀히 할 수 없다. 장유의 경우에서도 드러나듯이 각성을 촉구하고 실천을 유도하기 위해 자신이 경험하고 사고한 사실들을 재구성하여 의미를 도출하기 때문이다.[189]

---

188) 특히 『莊子』「齊物論」의 "其分也, 成也, 其成也, 毁也. 凡物無成與毁, 復通爲一. 唯達者知通爲一, 爲是不用而寓諸用, 因是已."와 흡사하다고 할 수 있다.

189) 한편 장유가 우언의 형식으로 성리학적 심성수양을 다룬 「神明舍記」를 지은 사실을 상기해 볼 때, 우의적 구성을 차용한 범위가 좁지 않다는 사실을 알 수 있다. 안세현은 「15세기 후반~17세기 전반 성리학적 사유의 우언적 표현 양상과 그 의미」(『민족문화연구』 제51호, 고려대학교 민족문화연구원, 2009, 215~251면)에서 15세기~17

이미 살펴 본 바와 같이 장유는 우의적 글쓰기를 비판과 각성, 교훈적 목적에 이바지하기 위해 사용하였다. 우의하지 않는 경우라도 그의 누정기를 살펴보면 비판과 각성을 통해 사회적 효용을 추구했던 모습이 역력하다.[190] 전환기 사대부로서의 사회적 책임감을 확고히 지킴으로써 이상적 세계로 도피하거나 지나치게 자신을 연민하는 등의 모습을 보이지 않고, 현실의 모순을 직시하여 비판하면서 새로운 가치를 창출하려고 했기 때문에 발현된 모습이다. 이로써 볼 때 장유는 노장적 사유와 그것의 글쓰기 스타일을 차용함으로써 관점을 다양화하여 사태를 바라보며 글을 썼고, 사회의 모순을 비판하고 각성을 촉구하는 등 사회적 효용을 추구한 경우가 적지 않다.

제3항 소결

신흠과 장유의 사유와 글쓰기는 그 계열을 확정하기가 다소 모호한 측면이 있다. 개성적 경향의 문인들과 일정한 공유점을 지님과 동시에 변별되는 측면 또한 적지 않게 발견할 수 있기 때문이다. 이것이 重層的 계열을 설정하게 된 이유이다.

세기의 마음을 寓意한 작품이 지닌 변모양상과 의미를 추적하는 과정에서 장유의 「神明舍記」를 이미 세밀하게 고찰하였기에 자세한 분석은 생략한다.

190) 안득용은 「谿谷 張維 樓亭記 硏究」(『古典文學硏究』 제32집, 한국고전문학회, 2007, 387~396면)에서 장유의 누정기가 지닌 사회적 효용 추구의 특징적 면모에 대해 다음과 같이 정리한 바 있다. 첫째, 『周易』의 차용을 통해 천도를 인간과 사회적 변화에 적용하여 감계로 삼고자 했다. 둘째, 불우한 이를 위로하기 위해 『周易』을 차용하기도 하였다. 셋째, 자아수양·경세제민에 대한 권고, 주어진 사안에 대한 해명과 설득 등을 통해 기존의 관행과 의식에 변화를 촉구하였다. 그가 우언이나 유비적 결합의 방법을 통해 상상력을 사용하는 경우 다소 철리에 대한 자신의 주장을 피력하는 경우가 늘어나기는 하였으나 삶에 대한 감계를 피력하거나 자아수양·경세제민에 대한 권고, 주어진 사안에 대한 해명과 설득이 여전히 주요한 위치를 차지하고 있다는 점은 사실이다.

신흠은 결정할 사안의 양자 사이에서 끊임없이 모색하며 고민하는 모습을 보이는 경우가 적지 않았다. 그것은 浮動에 기인한다. 그런데 부동은 이미 유몽인을 고찰하는 과정에서 언급하였듯이 정신적 자유를 소유하게 하지만 부정적 상황과 연계되는 경우, 판단의 지연과 고독감을 불러일으킨다. 이때 신흠은 부정적 상황에서 벗어나기 위해 세속을 초월한 시각에 자신의 비애를 비춰봄으로써 위안을 삼기도 하고, 환란에 처했을 때 유가에서 소환하는 논리를 차용하여 외부환경에 휩쓸리지 않으리라 다짐하기도 한다. 이때 그가 의지하는 근거는 天理이다. 따라서 신흠은 부동하는 모습을 보이기도 하지만 천리를 구심점으로 삼아 부동을 수렴하였음을 알 수 있다.

신흠의 글쓰기가 지닌 특징은 판단의 지연에서 도출된 선택 의문문의 반복적 사용, 떠도는 삶에 대한 상징적 형상화, 자기 고백적 글쓰기로 정리할 수 있다. 물론 이와 같은 글쓰기에서 드러나는 자유로운 상상력의 발휘와 개인적 비애의 표출이라는 특징은 유몽인 · 허균에게서 보이듯 개성적 측면이 강하다. 다만 비애와 고독감의 표출이 과도하게 되는 경우 현실을 직시하며 고투하지 못하게 한다는 한계는 존재한다.

한편 신흠에게는 정제된 글쓰기, 즉 질서와 명석, 균형과 조화, 절도와 고결함을 형식미로 표출하는 경우도 적지 않았다. 이와 같은 특징들은 기본적으로 기존 산문의 글쓰기 방법을 추숭하는 가운데 성숙하게 만든 방법이므로 전범성의 추구와 가깝다. 이로써 볼 때 그의 사유와 마찬가지로 글쓰기 또한 중층적 성격을 지닌다.

장유도 유몽인 · 허균과 흡사한 사유의 궤적을 지녔다는 사실을 알 수 있다. 그러나 그는 비극적 혹은 파국적 사유에까지 경도되지는 않았다. 그가 성공한 쿠데타의 주역이었다는 점 외에, 신흠과 마찬가지로 그 역시 하늘을 원망하면서도 사회의 안정을 위해 하늘의 원리를 도덕 · 규율의 판단근거로서 인정하고 있었다는 사실도 주요한 원인이다. 그리고 다원성을 꾸준히 견지하면서도 어떠한 것도 진리일 수 없다는 不可知論으로 빠져들지 않고, 사회의 도덕적 근거를 찾으며 비판과 각성을 촉구한 모습 속에서 이와 같은 태도는 어렵지 않게 찾을 수 있다. 즉 철저히 현실 속에서 고투하려고 했던 태도를 지녔던 것이다. 이것은 신흠과도 변별되는 지점으로서 장유가 비애를 지나치게 발현하지 않은 원인은 여기에 있다. 이것이 그의 사유가 지닌 중층적 특징이다.

장유 글쓰기의 특징은 다원성에 입각해 있고 우의적이라는 점인데, 모순 어법의 사용도 이에 추가할 수 있다. 모순 어법은 이미 지적한 대로 현실의 언어로 설명할 수 없는 초월적 세계를 표현하기 위해 사용한 것으로, 그것의 근원에 『老子』와 『莊子』의 영향이 존재한다. 다원성에 입각한 글쓰기는 관점의 전환, 대등한 토론을 통한 의견 제시 등으로 구분된다. 이 또한 노장적 사유와 글쓰기 스타일에 영향을 받은 측면이 적지 않다는 사실을 밝힌 바 있다. 모순 어법이나 다원성에 입각한 글쓰기는 장유 산문의 개성적 측면이다. 두 가지 특징 모두 차이를 부각시킴으로써 전통에서 한 걸음 나아간 모습을 보여준다. 아울러 우의적 글쓰기 또한 그것의 내용·형식이 새로울 경우 개성적 성격을 지닌다.

한편 구성상 우의를 사용하지 않은 記文[191]과, 우의를 사용하였으나 그것이 장르의 전통적 문법이었던 「筆說」·「曲木說」 등의 論說에서 드러나듯 기존의 문법을 차용하여 작품을 기술하는 경우도 있었다. 이러한 글쓰기는 사회 비판과 각성 촉구를 위해 사용되었는데 사회적 효용의

---

191) 이에 대해 안득용(앞의 논문)은 장유 누정기가 논리적 정합성, 조금씩 변주되거나 동일한 반복 구절의 삽입 등을 통해 有機的 構成을 획득하고 있으며, 『周易』을 차용함으로써 천도를 인간사회의 변화에 적용하여 감계로 삼거나 불우함을 위로하는 논리로 사용했다는 등의 특징을 보인다고 했다. 이러한 특징들은 다음 장에서 살필 이정구, 이식 등과 공유하는 특징으로서 전범적 경향을 보이는 내용과 글쓰기의 특징이다.

추구는 장유가 당대 점하고 있었던 경세가로서의 위치에 기인한다. 이것이 그의 글쓰기가 지닌 전범적 성향이다. 이로써 볼 때 장유의 글쓰기도 사유와 마찬가지로 중층적 성격을 지닌다.

신흠과 장유의 산문에서도 상상력의 발휘, 개인적 감정의 표현, 반어와 역설, 개성적 구법의 글쓰기 등이 드러난다. 그 의의는 앞서 밝힌 바와 같다. 다만 신흠은 정제된 형식미를 표출하려고 하였고, 장유의 경우 각성 촉구와 비판을 통해 사회적 효용을 추구하였다는 점에서 개성적 경향의 작가들과는 또 다른 의의를 갖는다. 당대 주어진 현실의 문제에 대응하여 자신의 역할을 충실히 하였던 작가의 글쓰기가 지닌 특징적 면모를 보여준다는 점, 개성적 스타일을 추구하면서도 여타 작가들에게 모범을 제시하였다는 점이 인정된다.

제3절 典範的 傾向

제1항 李廷龜: 調和 지향의 사유와 산문의 文藝美 추구

동시대 문인들은 물론 후대 문인들의 언급을 통해서도 李廷龜의 글이 국내외적으로 널리 알려져 추숭되었다는 사실은 확인되며,[192] 동시대의 여러 문인과 후배 문인들의 칭송[193]을 통해서도 이정구의 문학사적 위

192) 이러한 사실은 동일 당파의 인물이 아닌 경우인 유몽인에게서도 찾아 볼 수 있다. 柳夢寅, 「送戶部尙書李聖徵(廷龜)奏請天朝詩序」, 『於于集』 권3, 348면. "吾知公之之中國也, 中國之人曾經我將士者曰, '某地有碑, 子之文也, 某軍有檄, 子之文也.' 遼廣按撫曰, '某年之呈, 子之文也.' 六部諸官曰, '某事某事之咨, 子之文也.' 通政司各衙門曰, '某題本某表箋, 皆子之文也.' 至於天下儒士多蓄詩文者曰, '某詩某句, 傳詠中國者, 非子之所製耶?'"

193) 대표적인 언급으로 張維, 「月沙集序」, 『谿谷集』 권7, 127면. "歷觀前代豪傑之士, 以

상을 확인할 수 있다. 다만 문학사적 위상에 비해 이정구를 다룬 논의는 비교적 소략한 편이다.[194] 더욱이 문예의식에 대한 탐구를 제외한다면, 산문에 대한 분석적 연구는 거의 없다. 이와 같은 문제를 해결하기 위해 사유의 지향성과 글쓰기의 전형적 경향을 탐구함으로써 이정구 산문의 일정한 궤적을 살펴보고자 한다.

이정구는 天의 조화로운 운행과 전통을 추수했다.[195] 이 가운데 전통에 대해서는 재론할 필요가 없으리라 생각한다. 물론 지금까지 살펴본 대로 하늘의 조화로운 운행을 따르려는 경향은 이정구만의 특징은 아니다. 다만 당대 유몽인과 허균 등의 사유 및 산문에서 드러나는 경향이 천의 조화나 전통의 추구보다 개인의 선택과 의지를 중시하는 측면이라는 점을 고려한다면 상대적으로 이정구 사유의 지향은 변별되는 특징이다. 게다가 신흠이나 장유의 경우에도 일정 정도 이정구의 사유와 유사

文章致身宰輔, 兼擅藝苑之譽者, 蓋曠世罕覯, 而唯我朝爲最盛, 此殆祖宗右文之效, 若故相國月沙李公眞其人哉!"와 金昌協, 「雜識」外篇, 『農巖集』 권34, 381면. "月沙·象村, 同時齊名, 前後論者, 互有軒輊. 當時文苑之論, 頗以象村爲勝, 觀谿谷所序二公文集, 可見也. 至近世尤翁, 始以月沙爲勝. 蓋象村視古修辭, 藻飾之功多, 月沙隨意抒寫, 紆餘之致勝. 尙辭者右象村, 主理者取月沙, 固各有所見也." 등이 있다.

194) 우응순, 「朝鮮中期 四大家의 文學論 研究」, 고려대학교 박사학위논문, 1990; 박영호, 「朝鮮中期 古文論 研究」, 경북대학교 박사학위논문, 1992 등에서 사유와 고문론 등을 조명한 이래로 문예와 학문관은 어느 정도 밝혀졌다. 문예의식을 제외한 여타 연구는 대체로 외교나 중국문인과의 교유, 文翰 활동 등에 초점이 맞추어져 있다. 예컨대 안나미(「17세기초 公安派 문인과 朝鮮 문인의 교유」, 『한문학보』 제20집, 2009)는 전자에, 오세현(「月沙 李廷龜의 文翰 活動과 學統 意識」, 『한국사론』 51, 서울대학교 국사학과, 2005)은 후자에 해당한다.

195) 본고에서 사용하는 조화의 의미는 다음과 같다. 이미 많은 연구에서 언급하였듯이, 인체 내부의 生理와 心理를 비롯하여 인간과 사물·타인·단체·사회·자연·하늘·古今 등의 어우러짐, 상호감통, 상호감응을 말한다. 이 정의는 장파, 『동양과 서양, 그리고 미학』, 유중하·백승도·이보경·양태은·이용재 옮김, 푸른숲, 2004, 118~156면; 리쩌허우, 『중국고대사상사론』, 정병석 옮김, 한길사, 2005, 261~347면; 劉偉林, 『중국문예심리학사』, 沈揆昊 옮김, 東文選, 1999, 81~89면 등을 참조.

한 지향이 보이지만 다원적 사유를 수렴하는 구심점으로 설정한 성격이 강하고, 이식은 이정구보다 더욱 완고하게 전범성을 추구했다는 점을 상기한다면 그의 사유가 변별되는 지점 또한 드러난다. 따라서 이정구의 산문을 하늘의 조화로운 운행과 전통의 지향이라는 측면에서 살피는 일은 당대 문인이 지녔던 현실 대응 의식의 또 다른 한 축을 보여 주는 데에 유용하다.

1. 反省的 調和의 추수

天道의 조화로운 운행에 대한 신뢰는 이정구 산문에 나타나는 여타 양상보다 훨씬 비중이 크다. 임진왜란으로 인하여 소실되었던 누정, 공공건물, 서적 등의 재건축과 재간행이 한창이었고, 이 사업에 중추적인 역할을 담당하였던 이정구의 상황을 고려해 본다면 그 이유는 비교적 분명해 보인다. 물론 당쟁이 서서히 격화되어 인사를 예측할 수 없었던 상황 또한 그가 천도의 조화를 지향하게 한 데에 기여하였다.[196)]

① 하늘이 斯文을 없애지 않아 국가의 재건이 크게 열렸고, 도가 땅에 떨어지지 않아 聖廟의 重新을 보게 되었으니 훌륭하구나, 큰 규모! 훌륭하구나, 성대한 일! 삼가 우리 조정을 생각해보니, 聖祖가 개국하던 때, 가장 먼저 學宮을 세웠다. 태종께서 즉위한 초기 廟宇를 증축하였다. 坊의 명칭은 崇教요, 里의 명칭은 興德으로 성 동쪽의 별도 구역을 점유하였다.

---

196) 天道를 추수하는 사유에 입각한 개체 자체의 조화 추구나, 그것의 정치적 적용도 이정구의 산문에 적지 않게 보인다. 예컨대 1596년(33세) 韓愈의 「送窮文」을 패러디하여 서술한 「送瘧文」이 그러하다. 이 작품은 하늘의 운행에 따라 陰陽의 조화를 이루어야 병이 나을 수 있다고 주장한 이후, 인간과 국가를 유비관계로 상정하여 조화를 정치적 문제로까지 확장시켜 사유하는 태도를 보인다. 이러한 측면에서는 「東醫寶鑑序」 역시 유사하다.

② 불행하게도 國運이 곤란해져서 갑자기 섬 오랑캐의 창궐을 보게 되었으니 100년 종묘사직의 참담함을 어찌 차마 말할 수 있겠는가! 三韓 문물의 아름다움이 아, 다하였도다! 아! 고요하던 우리의 성묘 또한 병화로 인해 모두 타버리게 되었고, 黌舍는 황폐하게 되어 적막하고 풀만 무성한 지역이 되었으며, 廟의 모습은 쓰러져 처량하고 재만 남은 터가 되었다.

③ 지금 노역을 번거롭게 하지도 않았는데 순식간에 공정이 이미 끝났고 화려하지도 사치하지도 않으니 長久하게 갈 수 있겠다. 三都의 빼어난 선비들이 문과 담장을 바라보며 관을 털고, 팔도의 유민들은 궁궐의 제사를 보며 눈물을 흩뿌린다. 이에 길일을 선택하여 동량을 얹으니 萬古의 기쁜 노래로, 육방의 축하를 연주한다.[197)]

大成殿은 문묘 시설 가운데 공자의 위판을 보관한 전각으로서 임진왜란 때 소실되었던 것을 1601년(38세)에 재건하였다. 첫 단락은 '홍성'에 해당하는데 국가의 명운은 하늘이 주재한다는 사유를 드러내고 있다. 두 번째 단락은 '쇠락'에 해당한다. 특히 이 단락에서 '不幸'이라는 어휘를 통해 인간으로서는 어쩔 수 없는 운명의 순환을 보여주기도 한다. 그리고 세 번째 단락은 '재건'에 해당하며 그 홍겨움을 위주로 서술하고 있다. 이에서 '홍성－쇠락－재건'의 구조가 형성되는데 이와 같은 구조로 보아 이 작품이 하늘의 조화로운 운행을 서술하고 있음을 알 수 있다. 이정구의 산문 중 이러한 구조를 지닌 작품이 많아진 원인으로 임진왜란

---

197) 李廷龜, 「大成殿上樑文」, 『月沙集』 권41, 167면. "①天未喪斯文, 蔚啓邦家之再造, 道不墜於地, 聿見聖廟之重新, 美哉宏規, 猗歟盛事! 恭惟我朝, 當聖祖定鼎之日, 首建學宮. 及太宗纂祚之初, 增新廟宇. 坊名崇教里號興德, 占城東之別區. ②不幸邦運之迍邅, 遽見島夷之猖獗, 百年宗社之慘, 尙忍言哉! 三韓文物之休, 吁其盡矣! 嗟我聖廟之有侐, 亦被兵火之俱焚, 黌舍荒蕪, 寂寞茂草之域, 廟貌顚倒, 凄涼灰燼之墟. ③今不煩於程督, 功已辦於咄嗟, 惟其不華而不奢, 所以可長而可久. 三都俊士, 望門墻而彈冠, 八路遺黎, 瞻禴祀而揮涕. 玆涓吉日, 將擧脩樑, 因萬古之歡謳, 奏六方之嘉祝."

이후의 재건 사업을 거론한 바 있다. 즉 실제로 하늘의 운행이 쇠락한 이후 회복된 상황을 목도한 것이 그가 천도의 조화를 믿게 하는 데에 일정한 영향을 끼친 것이다.

이정구가 천도의 순환과 조화를 추수한 또 다른 이유는 周易的 思維의 영향이다. 「大成殿上樑文」의 "동량을 아래로 던지니, 어렵고 혼란함을 신속히 씻어버리고 大雅를 연다. 꽉 막힌 것이 극에 달하면 도리어 천지와 만물이 교통하게 되니 도의 운행 또한 하늘의 주재로다."[198]와 같은 언급이 근거이다. 이 언급은 『周易』의 轉化·反復의 사유와 유사하고, 하늘과 인간의 感應을 언급하는 태도 역시 같다. 이 당시 사회적으로 확산되고 있었던 사유는 노장적 사유와 주역적 사유 등이다. 은거와 다원성의 근거가 되었던 사유가 노장적 사유라면, 주역적 사유는 다원성을 수렴하는 도덕적 규범이 되거나, 亂世에 처한 이들에게 언젠가 治世가 도래할 것이라는 희망의 근거가 되기도 하였다. 이처럼 주역적 사유와 천도의 순환에 따르려는 사유는 본질상 큰 차이가 없기 때문에 이정구는 위와 같은 글을 서술한 것이다.[199]

그런데 이정구의 사유가 결국 천도의 조화로운 운행에 순응하려는 태도로 귀착된다고는 해도 그 과정이 순탄하지만은 않다. 「送瘧文」에서는 병에 걸렸다가 나은 일을 서술하고 있으며, 「東醫寶鑑序」 또한 역질에

198) 李廷龜, 「大成殿上樑文」, 『月沙集』 권41, 168면. "抛梁下, 迅掃荒屯開大雅. 否極還須見泰來, 道之將行亦天也."

199) 위의 작품들 외에도 이정구가 天命에 순응하려 했다는 사실을 보여주는 자료는 적지 않다. 특히 癸丑獄事(1613년, 이정구 50세)로 인해 推鞫을 받기 직전 벽에 기대 잠을 자는 그에게 黃愼(1560~1617)이 놀라움을 표하자 『月沙年譜』(장서각 소장본)에는 "生死와 禍福은 모두 하늘의 일이다. 그러하니 잠시 눈을 감고 안락함을 누리는 것이 낫다(生死禍福皆天也. 不如瞑目得暫時安樂)."라고 말하였다는 기록이 있다. 이러한 사실에서 그 추수의 정도를 간접적으로 알 수 있다.

걸린 백성들을 구제하려는 의도를 띠고 있다. 물론 「大成殿上樑文」도 '흥성－쇠락－재건'의 구조로 이루어져 있었다. 즉 조화가 깨어진 상태에서 출발하여 조화로운 운행으로의 귀환하는 지난한 과정을 서술한 것이다.[200] 그 과정이 지난해서인지 이정구에게도 인생의 부침과 예측 불가능한 삶의 憂愁를 피력하는 글이 적지 않다.

> 지금도 이 책(『東槎集』)을 읽으면 황홀히 상을 대하고 즐겁게 술을 마시며 시를 읊었던 때에 있는 것 같으니, 한가하게 홀로 처해있을 때, 어찌 이에 대해 애타게 그리워하지 않을 수 있겠는가? 다만 한스러운 일은 시간이 쏜살같이 흐르고 근심과 괴로움이 계속 이어진 일이다. 韓景洪(韓濩)은 이미 이 세상 사람이 아니며, 汝章(權韠)은 끝내 시 때문에 죽었으니 이 일들을 생각하면 숨이 탁 막힌다. 說之(朴東說)와 子敏(李安訥)은 남쪽 지방에 낙척해 있고, 南窓(金玄成)은 늙었다. 輝世(洪瑞鳳)는 都城에서 두문불출하고 있으니 서로 의지할 수 있는 사람이 몇이나 되겠는가? 죽은 사람은 어쩔 수 없다고 해도 산 사람 또한 영락하여 서로 떨어져 있으니 옛 從遊를 생각하면 마치 전생의 일처럼 아득하게 느껴진다. 차고 기우는 것과 모이고 흩어지는 일은 참으로 무상하구나! 지금 이후로도 몇 번의 만나고 헤어짐과 몇 번의 슬프고 기쁜 일을 겪을지는 알 수 없으니 이 책도 이후의 어떤 날에는 책을 덮고 함께 강개해할 자료가 될 것이다.[201]

---

200) 「晦齋先生五箴忘機堂書後跋」 역시 마찬가지이다. "晦齋先生의 빼어난 재능과 깊은 학문을 가지고서도 위로는 염락의 여러 현인들과 훈도하며 사우관계를 맺지 못하였고, 아래로도 황조의 여러 유자들과 명확히 강해하며 천발하지 못하였으며, 외진 변방의 나라에 매여 있다가 곤액을 당하여 돌아가셔서 그가 연구한 바를 펼칠 수가 없었다. 지금 전하는 것이라곤 오직 「忘機堂論辨書」일 뿐이니 어찌 사문에서 크게 통탄해 할 일이 아니겠는가(噫! 以先生高才邃學, 上旣不得與濂洛群賢薰炙師友, 下又不得與皇朝諸儒講明發揮, 而乃局促偏荒, 終於厄窮, 未能展布其所學. 今其所傳者, 特忘機堂論辨書而止耳, 豈非斯文之一大痛也)?"라고 서술한 이후 위의 예시 부분이 서술된다는 사실을 통해서도 드러난다. 결국 하늘의 뜻으로 이언적의 진면모가 세상에 드러나기는 했지만 그 과정이 순탄치만은 않았다는 사실을 아울러 언급하기 때문이다.

「東槎集序」의 일부이다. 1602년(39세) 중국 사행길을 함께 하려했던 ―이정구는 실제로 사행을 떠나지는 않았다― 문인들이 기록한 작품인 「東槎集」을 12년 후(51세)에 읽으며 느낀 감회를 밝히고 있다. 그 사이 사행에 참여했던 이들은 죽기도 하고, 낙척하기도 하여 지금은 어울릴 수 없는 상황이라는 점이 그를 더욱 비감에 젖게 한다. 이 글 중 특히 그의 인생관을 잘 드러내 보이는 부분은 마지막 부분의 서술이다. 이 서술에서 이정구는 부침이 끊임없이 반복되는 삶, 그것을 벗어날 수 없는 인간의 왜소함을 피력하고 있다.

이러한 사유를 지니고 있으면서도 그가 천도를 믿고 그것의 조화로움을 추수하였던 이유는 당대의 분위기와 일정한 관계가 있다. 즉 그는 혼란기에 낙척했던 인물의 복권과 그의 문집의 간행, 전란으로 훼손된 건물의 재건축 등을 직접 살펴볼 수 있었다.[202] 게다가 그는 國政에 큰 부침 없이 참여하였고 국가 사적과 토대의 재건에 힘을 기울였기 때문에[203] 위정자로서 책임감이 강할 수밖에 없었다. 이러한 이유로 혼란기

---

201) 李廷龜, 「東槎集序」, 『月沙集』 권39, 145면. "至今開卷, 恍然如在對床酣詠之中, 居閑處獨, 烏得不眷眷于茲也? 獨恨年光荏苒, 憂苦侵尋. 韓景洪已作泉下人, 汝章竟以詩死, 思之使人短氣. 說之 · 子敏, 遠落南州, 南窓老矣. 輝世杜門洛下, 相隨能有幾人? 死者已矣, 生者亦落落相望, 回思舊遊, 如隔前生. 信乎盈虛之不一而聚散之無常也. 繼此以往, 未知能閱幾番離合, 而消得幾番悲歡也, 則是編也適爲他日掩卷與慨之資耳."

202) 특히 그의 기문에는 임진왜란으로 인한 건물의 훼손과 그것의 재건축, 그 의미에 대한 서술이 적지 않게 존재한다. 예컨대 「鎭南樓記」, 「淸州客舍重修記」, 「龍仁圃隱先生書院記」, 「重修公州孔巖書院記」, 「松月軒記」, 「秋香堂記」, 「坡州山城記」 등에서 살펴볼 수 있다.

203) 음악 · 의학 · 국사 등의 주요한 국가편찬사업은 물론, 국가의 토대가 되는 건물의 건립과 그에 대한 제영에 참가하였다. 예컨대 「實錄印出廳題名錄序」에서는 왕조실록의 재간행 경위를 다루고 있다. 특히 "다행히도 왕업을 일으켰던 옛 부읍(전주부)은 병화를 가장 나중에 입어 國史 한 질이 재앙을 면할 수 있었다. 이에 병화에서 도망치는 중인데도 바다를 건너 서쪽으로 옮기라는 명을 서둘러 내려서 行在에 봉안하게 하였다. 이렇게 하여 금궤에 든 귀중한 서적이 온전히 손실되지 않았으니, 아마도

정국을 안정시키기 위해 분산된 政論과 관심을 통합할 방법이 필요했다. 결국 그것이 천도를 믿고 조화로움을 추수하는 결과로 발현된 것이다. 게다가 예측 불가능한 삶에서 천도의 조화로운 운행을 믿는 것은 희망의 근거가 되기도 하였다.

앞서 보았던 것처럼 이 시기 문인지식인들 중에는 하늘을 원망하는 사람들이 적지 않았다. 그 중 대부분은 이정구와 같이 천도로 회귀하지만 그렇지 않은 소수의 문인지식인들도 존재했다. 그런데 후자의 경우는 물론, 전자의 부류라도 15세기 중·후반 관료문인들처럼 당대를 時運이 최고조에 달한 시기라고 인식한 이들은 많지 않다. 이로 인해 이정구나 여타 문인지식인들이 '쇠락－회복'의 구조를 언급한다고 해도 그것은 제한적인 경우－불우한 이들의 복권, 일부 국가 재건 사업의 완수, 동류 집단의 재집권 등－가 대부분이었다. 즉 15세기 중·후반 관료문인들이 천도의 조화로움을 인식하는 사유가 卽自的이었다면, 이후 문인지식인들의 사유는 對自的 측면이 있다. 쇠락과 회복의 과정을 거치면서 천도를 반성적으로 인식하게 되었고, 반성을 거친 천도 추수의 사유는 15세기 중·후반에 시운·성세 등과 결부되어 나타났던 사유와 결을 달리하게 되었다. 결국 그것은 이정구에게서 발견할 수 있었듯이 반성적으로 천도의 조화로운 운행을 따르려는 형태로 등장하게 된다.

2. 辭達과 形式美의 조화를 통한 完整한 글쓰기

金昌協은 이정구의 글이 지닌 장단점을 평가하면서 "타고난 재주가

하늘이 장차 중흥시키고자 조용히 남몰래 보호하고 도와주심으로써 일대의 마멸될 수 없는 전적을 전하게 하신 일이로다(幸興王舊府, 被兵最後, 國史一本, 得免其災. 乃於兵戈播越之中, 亟命浮海西輸, 奉安於行在. 金櫃祕籍, 宛然無缺, 殆天所以將啓中興, 默護陰相, 以壽一代不刊之典也歟)!"에서는 왕조실록의 보존과 그것의 의미, 그에 대한 하늘의 역할과 하늘을 바라보는 그의 태도를 살펴볼 수 있다.

훌륭하고 풍부[華贍]하지만 높고 간결함[高簡]은 부족하다. 그리고 고인의 법식에 구구하게 얽매이지 않고, 글이 매우 평이하였기 때문에 여유가 있고[紆餘] 通暢하여, 결코 난삽하거나 군색한[拘窘] 모습이 없다. 다만 體制에 전아하고 엄밀함[典嚴]이 부족하고 격조가 고아하지 않다."[204] 고 말하였다. 이 언급의 虛實을 살피기 위해서는 더욱 정밀한 논의가 필요하겠으나, 글 자체가 어렵지 않고 군색한 모습이 없다는 평가는 이정구 산문을 일별해보는 것만으로도 충분히 확인할 수 있다. 이정구의 이러한 특징은 글자, 구절, 편장 등의 운용에서 비롯된 것이다. 더욱 정밀하게 사실을 확인하기 위해 구와 구, 절과 절을 연결하는 허사의 사용 횟수를 계량화하여 그와 대조적인 글쓰기 스타일을 보이는 유몽인과 비교해보겠다.

① 신이 생각하기로 문장의 盛衰는 氣化의 후함과 박함에 관계되며, 시의 훌륭함과 저열함은 性情의 사악함과 올바름에 근본을 두고 있습니다. 『詩經』이 변화하여 『離騷』와 『文選』이 된 이후로 晉魏가 될 때까지 그간 작자라고 호명된 사람 중 누가 斯文을 이끌고 문단을 내려다보려 하지 않았으랴만 그 중 순후한 기운을 받고 올바른 성정을 얻을 수 있었던 사람이 몇이나 되겠습니까? 역대로 이어져 내려오면서 기상은 날로 비루해져서 화려하게 꾸미려는 그릇된 습속이 비루한 元에 이르러 가장 심하였습니다. 삼가 생각해보니 皇明이 중화의 풍속을 새롭게 혁신시키고, 문학의 기운을 열자 三光五嶽의 기운이 모여 빼어난 인물이 되었습니다. 도덕과 재예를 갖춘 인사들이 왕성하게 배출되자 문장의 체제가 확실히 크게 변하게 되어 바로 舜과 禹의 시대를 본받고 秦漢을 넘어서게 되었는데 사신 온 여러 賢臣들을 보면 증험할 수 있습니다(臣竊惟文章之盛衰,

---

204) 金昌協, 「雜識」外篇, 『農巖集』 권34, 381면. "月沙天才華贍而高簡不足, 且不規規於古人繩墨, 出之甚易, 故其文紆餘通暢, 絶無艱難拘窘之態. 但體裁欠典嚴, 格調不古雅."

關於氣化之醇漓, 而詩之美惡, 本於性情之邪正. 蓋自三百篇變而爲騷選, 降而爲晉魏, 其間號爲作者, 孰不欲左袒斯文, 高視詞場, 而其能稟氣化之醇, 得性情之正者有幾人哉? 逶迤歷代, 氣象日卑, 浮靡之習, 至於穢元而極矣. 欽惟皇明鼎新華風, 奎開文運, 三光五嶽之氣, 鍾爲人物之秀. 道德才藝之士, 彬彬輩出, 文章之體, 煥然一變, 直可規姚姒而軼秦漢, 觀於使乎諸賢, 亦可驗矣).[205]

② 게다가[而況] 지난번 우리나라는 왜에게 섬멸당하여 온 나라가 곤죽이 되고 결딴나 무너져 先王께서 서쪽 변방으로 蒙塵을 가셨고, 이에 우리의 宗廟社稷을 지키지 못하는 지경에 이르게 되었습니다. 先皇帝만이 크게 화를 내어 십만의 병사와 백만의 식량을 내려서 구제해 주셨습니다. 이때 나라가 나라의 꼴이 아니었으나 나라를 再造하셨고, 사람이 사람꼴이 아니었으나 사람도 재조하셨으며, 禮樂文物의 풍속이 거의 금수에 가까워졌으나 금수가 되지 않을 수 있었습니다. 우리 국왕께서 황제를 위하는 일을 몸과 뼈가 가루가 되도록 한다고 해도 1만분의 1도 보답할 수 없습니다(而況向者小邦, 鏖殄於倭, 擧八道魚爛波潰, 以至先王離逖西陲, 莫保我廟社. 惟是先皇帝赫怒, 誕下十萬兵百萬糧以濟之. 於斯時也, 國不國再國, 人不人再人, 禮樂文物之俗, 幾乎禽獸不禽獸. 我國王爲皇上虀身糜骨, 而萬不一於報酬).[206]

이정구는 1609년과 1626년 각각 한 번씩 「皇華集序」를 찬술한 바 있다. ①은 그 중 첫 번째 작품이다. 이때의 『皇華集』은 宣祖가 승하하여 중국의 황제가 熊化를 사신으로 보낸 것이 계기가 되어 창작되었다. ①의 서두에서 이정구는 '氣化－性情－문장'을 연계시켜 서술하고 있다.

---

205) 李廷龜, 「皇華集序」, 『月沙集』 권39, 141면.

206) 柳夢寅, 「皇華集序」, 『於于集』 後集 권3, 515면. 한편 『默好先生文集』(88면)에는 이 작품의 제목이 「劉楊兩天使皇華集代人作序」로 되어 있다. 즉 대필한 작품임을 알 수 있다.

중국이 盛世라는 사실과 그에서 배태된 인간, 인간을 통해 형상화되는 문장의 탁월함을 설명하기에 위와 같은 논리는 매우 효과적이다. 이러한 이유 때문에 최항의 작품을 비롯하여 적지 않은 「皇華集序」에 이러한 내용이 포함되어 있다.207) 이정구가 위와 같은 내용을 서술한 이유도 그러하다. 아울러 그가 기본적으로 천도의 조화로운 운행을 믿었다는 사실 역시 위와 같은 내용을 서술하는 데에 거부감이 없도록 만든 요인이라고 하겠다. 이러한 사실은 유몽인의 「皇華集序」에 氣化와 관련된 내용이 없다는 사실을 통해서도 반증된다.208)

②는 유몽인 「皇華集序」의 일부이다. 1620년에 신종과 광종이 한꺼번에 죽고 1621년 熹宗이 등극한 일을 알리기 위해 온 사신과 수창한 『皇華集』에 부친 서문이다. 내용이 어느 정도 관용적으로 고정된 「皇華集序」이지만 다소 다른 어투와 내용을 서술하고 있다는 점이 차이라고 할 수 있다. 물론 그 이유는 세계관의 차이에서 기인한다.

두 예문은 그 속에 내재한 세계관의 차이 외에 글쓰기 자체의 차이도 지니고 있다. 유몽인이 "鏖殄", "齏身糜骨"209)과 같은 글자를 쓰고 있으나 이정구는 대체로 무난한 글자를 사용하고 있다는 점도 차이라고 할

---

207) 이미 살펴본 崔恒의 「張寧皇華集序」를 제외하고도 다음과 같은 예를 들 수 있다. 李石亨, 「皇華集序」, 『樗軒集』 권下, 428면. "欽惟皇明, 混一區宇, 三光五嶽之氣, 渾淪磅礴, 動盪發越, 鍾爲人物之秀. 於是有文章道藝之士, 彬彬輩出, 翹英振秀, 以大鳴一代之至治, 何其盛哉!" ; 徐居正, 「皇華集序」, 『四佳集』 권4, 247면. "王道興, 雅頌作, 而致治之跡, 有可得而考矣. 在昔成周之盛, 如「大明」·「星矣」·「棫樸」·「旱麓」之詩, 皆足以鋪張盛美, 以新一代之制作矣."

208) 유몽인의 「皇華集序」가 위와 같은 내용으로 구성된 이유가 명의 神宗과 光宗이 1620년 연이어 승하하였던 당대의 상황 때문이라는 주장이 있을 수 있다. 그러나 이정구의 첫 번째 「皇華集序」도 조선 선조의 승하를 계기로 파견된 중국 사신들 때문에 지어졌다는 점을 생각해보면 개인적 사유가 글쓰기의 스타일에 끼친 영향력이 더욱 크다고 생각한다.

209) 『默好先生文集』(90면)에는 "齏身劘骨"로 되어 있다

수 있다. 그러나 글자의 난이도가 그 당시 어느 정도였는지는 구체적으로 알기 어렵다. 이러한 이유로 더욱 분명하게 글쓰기 스타일의 차이점을 알아보기 위해 구와 구, 절과 절의 관계를 표시하는 '而・則・於(于・乎)・因・然' 등의 어조사가 사용된 횟수를 계량화함으로써 차이를 발생시킨 원인을 도출해보고자 한다.

[표 1] 총 글자수와 어조사의 실제 수량

	而	則	於·于·乎	因	然	총 글자수
유몽인	14	1	19	0	0	968
이정구(1)	18	3	15	0	1	908
이정구(2)	21	2	16	2	2	1071

[표 2] 2천자로 총 글자수를 가정하였을 때 어조사의 수량

	而	則	於·于·乎	因	然	총 글자수(가정)
유몽인	28.9	2.1	39.3	0	0	2000
이정구	39.4	5.1	31.3	2.0	3.0	2000

[표 1]은 유몽인과 이정구 「皇華集序」의 실제 어조사 사용 횟수이다. [표 2]는 앞의 결과를 바탕으로, 유몽인과 이정구가 2000자의 「皇華集序」를 쓸 경우 각 어조사의 예상 사용횟수를 가정해 본 것이다.[210) 결과는

210) 東英壽는 『法古與創新－歐陽修散文與古文復興』(上海古籍出版社, 2005, 85~106면)에서 기존의 『舊五代史』와 구양수가 쓴 『五代史記』의 어조사를 비교하고, 구양수의 『歸田錄』과 『六一詩話』의 그것을 비교하여 구양수 산문 글쓰기의 특징적 면모를 도출한 바 있다. 이 논의는 열전의 경우만 보더라도 글자수가 20000자 가량 되어 그 결과가 매우 유의미하다. 따라서 유몽인과 이정구의 「皇華集序」만을 대상으로 이들 글쓰기 전체를 예단하는 것은 바람직하지 않다. 다만 「皇華集序」를 표본으로 삼아 결과를 도출해도 동일한 성격의 글이라는 공통점, 이정구의 여타 산문은 큰 차이가 없으나 유몽인의 산문 중에는 「皇華集序」보다 더욱 난해한 작품이 적지 않다는

위에서 보이는 것과 같이 '於·于·乎' 세 어조사를 제외하면[211] 而는 10.5회, 則은 3회, 因은 2회, 然은 3회 이정구가 더 쓰는 것으로 나타났다. 즉 이정구는 개별 구와 절의 관계를 비교적 친절하게 밝혀주는 반면, 유몽인은 "國不國再國, 人不人再人, 禮樂文物之俗, 幾乎禽獸不禽獸."와 같이 문장의 기세에 더욱 집중함으로써 의미의 이해를 상대적으로 지연시킨다.

이 결과를 통해 유몽인은 비교적 수사의 효과에, 이정구는 의미의 전달에 중점을 두고 글을 쓴다는 점을 알 수 있다.[212] 유가의 전통적 사유를 중심에 두고 당대 사회의 균열을 봉합하기 위해 천도의 조화를 추수하였던 이정구가 전통적 글쓰기 의식 중 한 가지인 辭達에 중점을 두고 있다는 점은 특이한 사실이 아니다. 도덕적 수양을 통해 인간 자신의 내부, 인간과 하늘의 조화를 추수하려고 했던 그가 도덕적 내용의 전달을 중요하게 생각하는 글쓰기를 선호한 것은 당연한 귀결이다.[213] 물론 이후에 살피게 될 이식이 '사달'에 중점을 두고 당시 유행하던 글쓰기를 극력 비판한 이유 또한 같다.

그런데 이정구가 상대적으로 의미 전달에 중점을 두었다는 사실이 글의 수사에 무관심했다는 결과로 귀착되지는 않는다. 기존 연구에서 언급되었듯이 "專而後工"의 태도를 취하였다는 점[214]은 수사에 대한 무관

점을 고려해보면 일정한 의미는 지닌다고 생각한다.

211) 유몽인은 이 작품에서 이례적으로 於(9회)와 于(9회)를 다수 사용하고 있다. 거의 한 구절에 한 번씩 이 두 글자를 쓰기도 하고 한 구절에 聯用하는 경우도 있다. 반복을 통해 문장의 기세를 높이려는 의도 때문이라고 생각한다.

212) 이러한 논의는 김창협이 이정구의 글을 평가한 내용과도 대체로 일치한다.

213) 우응순(앞의 논문, 30면)은 이정구를 '華國煥猷之盛', 즉 문사의 실용성에 가치를 둔 관각문인으로 평가하고 있는데, 이 또한 이정구의 글쓰기를 위와 같은 모습으로 형성한 주요 원인이다.

214) 우응순, 앞의 논문, 42~53면.

심이 아니라 오히려 습작의 수련을 통한 내용과 형식의 조화를 추구하려는 태도에 가깝기 때문이다. 물론 김창협의 "여유가 있고[紆餘] 通暢하다"와 같은 평가도 이러한 맥락에서 나온 것이다.

> ① 아아, 하늘이 우리 동방을 위하여 聖君을 세우셨으니 반드시 이름난 신하가 있어 그를 보좌하리라. 箕宿와 斗宿에 精氣가 모이고 바다와 산악에 英氣가 서려 이에 호걸이 태어나 성군과 盛世를 만났다. 공께서 한 모든 일은 호방하지 않은 것이 없었다. 봉황이 丹穴에서 나와 그 깃털 오색찬란한 양, 학이 瑤臺에서 울어 그 소리 구천을 꿰뚫는 듯하였다. 깨끗한 병과 맑은 옥인 듯, 붉은 슬갑과 비단 도포 바라보니 신선과 같아 아득히 절로 높아라. 이것은 공의 호방함이 儀標에 형상화된 것이다(嗚呼, 天爲吾東, 聖君作焉, 必有名臣, 以佐翼之. 箕斗會精, 海岳鍾英, 寔生人豪, 際遇休明. 凡公之爲, 無所不豪. 鳳生丹穴, 五彩其毛, 鶴唳瑤臺, 聲徹九皐. 氷壺玉鑑, 赤芾錦袍, 望若神仙, 超然自高. 是公之豪形於儀標也).
>
> 남을 마주할 때는 기국이 넓어 화평함이 참으로 가득했고, 淸言을 도도하게 말할 때는 온 자리의 사람들이 모두 경청하여, 가을의 옥 같은 이슬 허공에 날리는 듯, 비갠 날 따스한 바람이 怒氣를 풀어주는 듯했다. 이것은 공의 호방함이 談論에서 발휘된 것이다(接人雅量, 藹其和平, 霏屑淸言, 一座盡傾, 玉露飜空, 光風解慍. 是公之豪發於談論也).
>
> 높은 관직에 마음이 없었고 자연에 뜻을 부쳐서 좋은날 훌륭한 풍경에 흥이 일어나면 홀로 가서, 달을 맞이하고 서늘함을 마음껏 쐬기도 하고 바람을 맞으며 상쾌함을 이끌었다. 이것은 공의 호방함이 氣象에서 드러난 것이다(軒冕無心, 煙霞寄想, 佳辰勝境, 遇興獨往, 邀月納涼, 迎風引爽. 是公之豪見於氣象也).[215)]
>
> ② 누가 다시 공과 같이 한결같은 마음으로 나라를 위해 헌신할 수 있겠는가? 누가 다시 공과 같이 우뚝한 태산 같을 수 있겠는가? 누가 다시

215) 李廷龜, 「祭白沙文」, 『月沙集』 권55, 351면.

> 공과 같이 벼슬에서 쉽게 물러나고 어렵게 나아갈 수 있겠는가? 누가 다시 공과 같이 천 길 우뚝한 절벽과 같이 설 수 있을까? 어찌하여야 공과 같이 드넓은 포부를 지닐 수 있는가? 어찌하여야 공과 같이 깨끗하고 맑은 지조를 지닐 수 있는가? 변방에 두려운 기운이 비등할 때 어찌하면 공이 軍政을 대신 다스려 四夷를 진압하고 복속시킨 듯할 수 있는가? 인심이 흩어졌을 때 어찌하면 공이 큰 띠를 드리우며 笏을 잡고서 모습과 목소리 조금도 흔들리지 않고 세상의 위기를 구한 것처럼 할 수 있을까(疇復如公, 一心徇國? 疇復如公, 泰山喬嶽? 疇復如公, 易退難進? 疇復如公, 壁立千仞? 安得如公, 坦蕩軒豁之抱? 安得如公, 粹白氷蘗之操? 邊鄙聳矣, 安得如公之贊理戎政, 鎭服四夷? 人心散矣, 安得如公之垂紳搢笏, 不動聲色, 而能濟時危也)?[216]

두 예문 모두 「祭白沙文」이다. ①에서는 이정구 산문의 구조적 完整性이 보인다. 이항복의 호방한 모습을 세밀하게 서술한 이후 각각 "是公之豪形於儀標也", "是公之豪發於談論也", "是公之豪見於氣象也" 등과 같은 언급으로 마무리 짓는 방법에서 완정성이 형성된다. 이 예문의 바로 다음 부분에서도 이항복의 호방함을 '문학, 글씨, 宦路, 정치, 일, 功, 進退, 處變守死善道 등으로 정리하여 칭송한 이후, 개별 항목의 마무리 부분에 '此則公之豪於~也'와 같은 구절을 두어 정리한다.[217] 이 또한

---

216) 李廷龜, 「祭白沙文」, 『月沙集』 권55, 352면.

217) 李廷龜, 「祭白沙文」, 『月沙集』 권55, 351면. "自出機杼, 刊落陳言, 駸駸兩京, 亹亹開元, 渥洼神駒, 不屑銜轅, 泛駕橫驅, 逸氣超群. 此則公之豪於文也. 臨池落筆, 一瞬千行, 驟雨颯颯, 飛雪茫茫, 變態自奇, 天趣有餘. 此則公之豪於書也. 拾芥一第, 平步金鑾, 主盟文席, 建牙將壇, 年纔强仕, 位冠黃扉. 素履蕭然, 一介布衣, 視鍾彝與台鼎, 不啻春夢一幻. 此則公之豪於宦也. 公秉化樞, 與天周旋, 盡塞倖穴, 門常寂然. 一噓春雨, 片言華袞, 英才積於藥籠, 故吏遍於藩閫. 本不預於鑑衡, 終若浼於權柄. 此則公之豪於政也. 兵戈搶攘, 左酬右答, 若不意會, 俱於理合. 雲行電決, 刃迎縷解, 應之無跡, 不滯纖芥. 事若可爲, 勇不顧前後, 知不可行, 則袖手斂避. 此則公之豪於事

①과 마찬가지로 이항복이 지녔던 장점을 일목요연하게 밝히고 문장을 유기적으로 구성하고자 선택한 방법이다.[218)]

②에서는 '疇復如公～?'와 '安得如公～?' 등의 구절을 반복하여 사용하고 있다. 이것이 문장을 유기적으로 만들어준다. 그런데 구절을 반복시켜 서술한 더욱 주요한 이유는 문장의 기세 제고에 있다. 排比는 일반적으로 기세를 강화시키는 효과를 지니는데 감탄의 구절과 연이은 短句의 사용 효과도 동일하다.[219)]

한편 위 예문에서는 단조로움을 피하기 위해 동일한 구절로써 전문을 구성하지 않고 '疇復如公～?'에서 '安得如公～?'으로 한 차례 전환을 시키고 있으며, '安得如公～?'의 형식을 취한 부분에서도 형식의 변화와 아울러 문장의 길이를 점차 늘여감으로써 자신이 느끼는 안타까움의 정도를 시각적으로 드러내고 있다. 그런데 이러한 특징은 이미 신흠의 글쓰기에서도 고찰한 바 있다. 따라서 신흠의 경우와 마찬가지로 이것이 이정구 글쓰기의 전범적 성격을 보여주는 부분이다. 물론 경세적 효용의 추구, 간결하면서도 용이한 구법의 추구 역시 그러하다.

②에서처럼 이정구는 완정성과 변용을 함께 추구하는 경우가 적지 않

<u>也.</u> 顚沛之際, 一節險夷, 柱天勳業, 談笑了之. 宇宙再闢, 浴日麗空, 公冠通侯, 寂若無躬. <u>此則公之豪於功也.</u> 癸丑之秋, 禍慘一網, 有含其沙, 擠公罪黨. 上未釋公, 公早自決, 匹馬東門, 不竢終日. 如司馬之居洛, 而封爵猶在, 同鄭公之釋位, 而祠祿亦廢. <u>此則公之豪於進退也.</u> 廷議震動, 人皆脅息, 從違之間, 立見鼎鑊. 公旣遯于荒野, 雖不言, 亦非公責, 公乃奮筆抗言, 竭盡平生所抱, 以隻手扶植二百年綱常, 流竄困厄, 處之若嗜好. <u>此則公之豪於處變守死善道者也.</u>"

218) 이정구는 「領議政鼇城府院君贈謚文忠李公墓誌銘」에서 이항복의 일생을 시간의 순서에 따라 배치하여 서술함으로써 평생의 주요한 이력과 업적을 낱낱이 보여준 바 있다. 다만 위의 글은 제문이라는 장르적 제약 때문에 묘지명처럼 일생을 자세히 보여 줄 수 없다. 이 역시 위와 같은 글쓰기를 선택한 이유 중 한 가지이다.

219) 馮永敏, 『散文鑑賞藝術探微』, 文史哲出版社, 1997, 287~293면 참조.

다. 형식과 내용 두 측면에서 모두 그러하다.

하루는 내가 箕城公과 함께 最樂堂에서 술잔을 기울이면서 물어보았다. "당의 명칭은 어떠한 의미입니까? 공께서 즐거워하는 일에 대해 듣고 싶습니다." 공은 술잔을 잡고 웃으시며 태연히 대답하지 않으셨다.

나는 말했다. "온갖 꽃이 계단에 흐드러지게 피어 그 향기가 사람에게 스며들고 온갖 새 지저귀는 소리 위아래로 계속 이어지니 공은 이것을 즐거워하십니까? 녹음이 막 일어나고 온갖 꾀꼬리 어지럽게 울며 연못의 연꽃은 비를 맞고 물가에 있는 난간에서 서늘함이 일어나니 공은 이것을 즐거워하십니까? 서리가 땅에 내리고 단풍이 붉게 물들며 국화는 피어 향기를 토하고 잎 떨어져 산의 모습은 수척해지고 물이 낮아져 바위의 모습 드러나니 공은 이것을 즐거워하십니까? 흰 눈이 온 산에 가득하고 층층 얼음이 폭포에 걸리니 공께서는 이것을 즐거워하십니까?" 공은 말하였다. "이것들은 우리 집 사계절의 승경이라서 내가 참으로 그것을 즐기기는 합니다. 그러나 모두 物에 부친 즐거움이지 마음에서 얻은 즐거움은 아닙니다."

"그렇다면 좋은 손님이 당에 가득하고 훌륭한 술이 동이에 가득 차 있으며 현악기와 관악기 번갈아 연주하고 술잔을 세는 산가지 어지럽게 뒤섞여 있으니 공은 참으로 이것을 즐기십니까?" 공은 말하였다. "즐거워하는 일이지만 내가 스스로 얻은 즐거움은 아닙니다."

"호미를 매고 푸성귀의 종자를 뿌리며 도랑을 터서 꽃에 물을 주고 물가에 임하여 물고기를 보고 산에 올라 먼 데를 바라보면서 혹 맑은 샘물에 양치를 하기도 하고 새로 핀 꽃봉오리를 따기도 하며 달을 불러 취하기도 하고 바람을 맞아 깨기도 하니 공은 참으로 이것을 즐기십니까?" 공은 말하였다. "이것은 참으로 내가 스스로 얻은 즐거움이기는 하지만, 가장 즐거워하는 것은 아닙니다."

나는 말하였다. "아아, 이제야 저는 알았습니다. 예전에 東平王 蒼이

> 집에 거하면서 가장 즐거워하였던 것(善을 행하는 일)이 공의 즐거움임에 틀림없습니다." 공은 말하였다. "그렇습니다, 그렇습니다. 하지만 할 수 있는 일이라기보다 하려고 힘쓰려는 것입니다."[220]

이 시기 누정기의 특징 중 하나는 형식의 다양화이다.[221] 이 작품도 형식의 다양화에 기여하고 있다. 最樂의 의미를 추적해 나아가는 과정, 즉 파제의 과정을 전체 작품의 뼈대로 사용하면서 누대의 경치, 風流, 생활 등을 자연스럽게 설명하고 있으며, 확실한 대답을 유보한 채 다섯 차례의 대화를 통해 의미 파악의 과정을 서술하고 있기 때문이다.

箕城公子 李俔은 임진왜란으로 소실된 駱山의 집터에 다시 작은 방을 하나 짓고 最樂堂이라고 이름 붙인다. 이에 '最樂'이라는 의미를 알고 싶어 하는 이정구와, 그것을 감추고 알려 주지 않는 이현의 모습에 대한 서술이 첫 번째 대화이다. 두 번째 대화는 사계절의 승경, 세 번째 대화는 당에서의 풍류, 네 번째 대화는 스스로 얻은 즐거움, 마지막 대화는 진정한 즐거움에 대한 서술이다. 이정구가 즐거움을 이야기하면 이현이 부정적으로 대응하면서 점차 진정한 즐거움으로 접근해가는 구성이다.

---

220) 李廷龜, 「最樂堂記」, 『月沙集』 권35, 122면. 一日, 余與公觴於堂之上, 問曰, "堂名何義? 願聞公之樂." 公把酒而笑, 夷然不答. 余曰, "百花爛階, 香氣襲人, 禽聲鳥語, 上下相續, 公於是樂乎? 綠陰初匀, 群鶯亂啼, 池荷受雨, 水檻生涼, 公於是樂乎? 霜染而楓丹, 菊秀而香吐, 葉脫而山容瘦, 水落而巖姿露, 公於是樂乎? 白雪滿山, 層氷懸瀑, 公於是樂乎?" 公曰, "此吾家四時之勝, 吾固樂之. 然皆樂之寓於物, 非樂之得於心者也." 曰, "然則佳賓滿堂, 美酒盈尊, 絲竹迭奏, 觥籌交錯, 公其樂此乎?" 公曰, "樂矣而非吾自得之樂也." 曰, "荷鋤而種蔬, 決渠而灌花, 臨水而觀魚, 登丘而望遠, 或漱淸泉, 或摘新芳, 或邀月而醉, 或迎風而醒, 公其樂此乎?" 公曰, "斯眞吾自得之樂, 而然其最樂則未也." 余曰, "噫嘻, 余知之矣! 昔東平王蒼有居家之最樂, 公之樂, 必此也." 公曰, "唯唯, 非曰能之, 願勉焉."

221) 安世鉉은 「朝鮮中期 樓亭記 硏究」(고려대학교 박사학위논문, 2009, 185~189면)에서 여타 산문 장르의 수용, 언어 표현의 변화 시도, 당송고문 이외에 선진고문의 수용 등으로 이 시기 누정기의 다양화 양상을 고찰하였다.

수수께끼와 같은 기법을 사용함으로써 독자의 호기심을 마지막까지 잡아 두는 글쓰기가 탁월하다.

이와 같은 형식으로 서술된 누정기는 많지 않다. 신흠의 「樂民樓記」에서 볼 수 있었을 뿐이며 수수께끼와 같은 방법을 사용한다는 측면에서는 유몽인의 「二難軒記」 정도가 유사하다. 다만 이정구의 작품이 유몽인의 그것과 구분되는 점은 묘사이다. 최락당의 환경과 그 속에서의 생활에 대한 묘사가 매우 세밀하다. 예컨대 두 번째 단락에서 이정구가 질문하는 가운데 드러나는 "百花爛階, 香氣襲人"부터 "白雪滿山, 層氷懸瀑"까지의 묘사에서 선명하게 드러난다. 풍경을 묘사한 이후 "公於是樂乎?"라는 구절을 반복하고, 봄·여름의 경치는 4자로 구성된 4개의 구절, 가을은 5자로 구성된 4개의 구절, 겨울은 4자로 구성된 2개의 구절로 형상화함으로써 완정성을 추구하는 가운데 변화를 주고, 문장에 리듬감을 부여함으로써 완정성과 변화, 각 계절의 아름다운 풍경을 세밀하게 그려냈다.[222]

---

222) 한편 이러한 묘사는 풍경뿐만 아니라 探勝行爲를 생생하게 그려낼 때에도 그대로 발현된다. 李廷龜, 「遊三角山記」, 『月沙集』 권38, 129면. "드디어 앞뒤로 연이어 오르는데 괴이한 바위가 길에 어지러이 박혀 있어서 열 걸음에 아홉 번은 넘어졌다. 봉우리의 아래에 도착하니 바위는 우뚝했고, 길은 기울어져서 발 디딜 곳이 전혀 없었다. 天敏은 두 명의 승려와 함께 먼저 올라가 바위의 틈을 따라 나무로 사다리를 만들고 띠를 늘어뜨려 그것을 끌어와 몸을 묶고서야 오를 수 있었다. 비로소 최고봉에 오르고 보니 정상은 좁아서 겨우 열 명 정도만 앉을 수 있었다. 아득하여 내려다보지 못하여서 눈을 감고 정신을 가다듬어 서로 부축하여 의지하면서 잠시 쉰 이후에 바라보니 서남쪽의 큰 바다가 멀리 발해와 산동[靑齊]에서부터 오고, 뜬구름과 지는 해, 은세계는 아득하여서 시력은 한계가 있으나 전망은 끝이 없었다(遂先後攀躋, 怪石錯道, 十步九顚. 及到峯下, 巖峻逕昃, 絶無着足處. 天敏與二僧先上, 從石罅用木爲梯, 垂帶引之, 束身而上. 始得窮最高頂, 頂窄僅可坐十餘人. 茫不可俯視, 合眼定神, 扶携互依, 少憩而望之, 西南大海, 遠自靑齊, 浮雲落日, 銀界茫茫. 目力有盡, 而望勢無際)."와 같은 서술에서 선명하게 드러난다. 정제된 구절을 통해 탐승행위와 정상에서 바라본 광경을 생생하게 묘사하고, 변화를 주면서 구절을 운용하고 있다.

노승이 맞이하여 禪堂으로 들어가니 그가 어디에서 왔는가를 물었다. 나는 거짓으로 말하였다. "나는 書生으로서 서울에서 왔소." 그리고 遊客의 有無를 물으니 노승이 말하였다. "며칠 전 어떤 손님이 지나갔고, 요사이 듣자니 禮曹判書가 咸興에서 奉審하고 外山을 경유하여 올 것이라고 하여 각 읍에서 술과 음식을 마련해놓고 기다린 지 며칠이 되었습니다. 어떤 사람은 바로 서울로 갔다고도 하는데 자세하지 않습니다." 나는 李左郎과 함께 듣고는 남몰래 웃었다. 술로 갈증을 풀고는 피곤에 지쳐 한 식경 잠을 자고서 일어나 가져온 밥을 찾아서 먹었다. 여러 승려들이 역졸을 찾아 묻고서야 비로소 나인지 알고 손을 모으고 사과하며 "제가 망발을 했습니다."라고 말하였다.[223]

1603년(40세) 8월 창작한 「遊金剛山記」의 일부분이다. 세속을 벗어난 자유로운 심리적 상태가 만들어낸 다양한 글쓰기 가운데 한 가지로서 위와 같은 경향은 다음 두 가지 의의가 있다. 첫째, 일반적으로 유기에서 잘 다루지 않는 소재를 사용하여 여행 당시의 상황을 세밀하게 그리고 있다. 둘째, 小品的 性向을 보이는 일화를 유기에 삽입한 위의 예문은

이 정도의 승경과 탐승행위에 대한 묘사는 당대로서도 탁월한 수준이다. 이러한 수준은 당대 점차 증가하는 경향에 있던 산수유기 서술의 양적 증가와 질적 제고, 私的 산문 글쓰기의 성숙, 세속을 벗어난 상태이기 때문에 자유로울 수 있었던 마음가짐 등에서 연유한다. 탐승행위의 생생함, 불안한 심리의 묘사, 극적 긴장감의 고조와 해소, 풍경의 세밀한 묘사 등을 살펴볼 수 있는 申翊聖의 「遊金鋼小記」 정도가 이정구의 산수유기에 필적할 만하다. 이에 대해서는 안득용, 「17세기 후반~18세기 초반 山水遊記 硏究－農巖 金昌協과 三淵 金昌翕을 중심으로」, 고려대학교 석사학위논문, 2005, 23~25면 참조.

223) 李廷龜, 「遊金剛山記下」, 『月沙集』 권38, 126면. 老僧迎入禪堂, 問自何來. 余紿曰, "吾是書生, 自京來." 仍問遊客有無, 僧曰, "數日前有客過去, 近聞禮曹判書奉審咸興, 將由外山而來, 各邑供具等候多日. 或云直向京城而未詳云." 余與李郎聞而匿笑. 解酒沃渴, 困睡一餉而起, 索所齎飯, 飯已. 諸僧探諸驛卒, 始知爲余, 叉手而謝曰, "老僧妄發矣."

후대의 문인들, 특히 김창협과 김창흡 등이 유기에 여행 속에서의 사소한 일상을 서술하게 하는 근거로 작용하였다. 즉 세밀한 서사를 통해 더욱 풍부하게 현실을 반영하였다는 점과 아울러 여정, 풍경, 탐승행위 등을 주로 서술했던 유기의 서술 소재를 다양화시켰다는 사실 등이 의의이다.

> 행차가 閔漬巖 어귀에 이르자 篴의 소리가 시냇물로부터 나오기에 귀 기울여 들어보니 億良이 부는 소리 같았다. 종자가 엿보더니 과연 그러하며 申平川을 비롯한 여러 공들을 따라 한창 연회를 즐기고 있다고 말했다. 나는 종자를 보내 일러두게 하고 떠났다.
>
> 절의 문에 이르자 해는 막 떨어지고 있었는데 性敏과 여러 승려들이 넘어질듯 맞이하여 月臺에 자리하였다. 子齊는 갈증이 심하여 술통을 열고 찬 술 한 사발을 들이키고는 나에게 권하였기에 함께 마셨다. 이때 갑자기 篴의 소리가 멀리서부터 가까워지는 것을 들었는데 순식간에 어떤 사람이 와서 절을 하기에 보니 억량이었다. 어떻게 연회에서 빠져나왔는지 물으니 "종자의 말을 듣고 감히 뒤처질 수 없어서 복통이 났다고 핑계를 대고는 샛길을 따라 왔습니다."라고 말하였다. 나와 여러 사람들은 박수를 치며 매우 즐거워하고는 한 곡조를 불게 하고 대포 한 사발을 상으로 주었다.
>
> 이윽고 달이 앞의 봉우리에 올랐다. 가을 하늘은 휑하니 드넓은데 구름 한 점 없고, 산과 골짜기 텅 비었고 고요하며, 온갖 소리 모두 가라앉아있는데 적의 소리 맑고 또렷하게 퍼지니 마치 신선이 노닐던 緱嶺으로부터 오는 듯했다.[224)]

---

224) 李廷龜, 「遊三角山記」, 『月沙集』 권38, 128면. "行至閔漬巖洞口, 篴聲出自溪水間, 諦聞之, 似億良聲. 從者覘之, 果然, 方隨申平川諸公酣宴云. 余使從者諭之而去. 到寺門, 日纔下春, 性敏與諸僧, 顚倒迎坐月臺. 子齊渴甚, 解榼吸冷酒一椀, 仍勸余共之. 忽聞篴聲自遠而近, 俄有一人來拜, 視之, 億良也. 問何以得脫, 則曰, '聞從者之

위 예문은 「遊金剛山記」를 지은 지 한 달 후 창작된 「遊三角山記」의 일부이다. 두 작품 모두 앞서 언급한 의의를 공유하고 있을 정도로 유사한 서술을 보인다. 다만 후자가 구성의 짜임새와 정감의 제고라는 측면에서 더욱 세련된 글쓰기를 하고 있다. 예컨대 피리 소리로 시작해서 다시 그것으로 한 장면을 마무리 지음으로써 정합성을 제고한 측면이나, 億良과의 어긋남과 만남을 극적으로 서술한 솜씨225)는 이정구가 성취한 글쓰기의 수준을 보여주기에 충분하다. 아울러 日沒·月出과 같은 구체적 시간의 변화를 축으로 서사를 전개하고 있다는 점도 그러하다.

정감의 제고는 마지막 단락에서 보인다. 달이 뜬 풍경의 고즈넉함을 시각적으로 표현하고서 청각적 심상인, 고요한 가운데 퍼지는 篴의 소리를 추가함으로써 달밤의 홍취를 표현하는 부분이 그것이다. 이처럼 이정구는 풍경의 묘사에 그치지 않고 그 가운데 자신의 감회를 삽입하는 경우가 적지 않다. 충분히 자기 표현적이라고 할 수 있는 특징으로서 이식의 글쓰기와 변별되는 지점이다.

한편 묘사 가운데 홍취를 부각시키는 서술 외에 그 속에 은근히 비감

言, 不敢後, 托患河魚, 從間道來云.' 余與諸君拍手歡甚, 卽令吹一曲, 賞以大杯. 少焉月已上前峯矣. 秋天寥廓, 無一點雲, 山空谷靜, 萬籟俱沈, 笛聲淸徹, 如從緱嶺來."

225) 申應榘와 함께 여행을 가지 못하리라 생각하고 있던 중 다행스럽게 만나게 된 상황의 서술을 살펴보자. "홍제교에 이르렀는데 자방이 오지 않아 또 다시 안타까운 마음이 들었다. 重興의 石門에 이르니 자방이 바위위에 앉아 우리를 맞이하며 '어찌 이리 늦었습니까? 나는 그대들을 한참이나 기다렸습니다. 다만 篴奴[億良]는 이미 다른 사람의 연회에 갔다고 하니, 그대의 편지가 늦은 것이 한스럽소."라고 말하였다. 나는 뜻밖에 申子方[申應榘]을 만나 다행이라고 여겼기 때문에 다른 생각을 할 여가가 없었다(至弘濟橋, 子方不來, 又悵然. 到重興石門, 子方坐石上, 迎謂曰, "何來遲也? 我等候多時矣. 但笛奴則已隨人宴云, 恨君書晩也." 余以意外得子方爲幸, 不暇他念)."와 같이 신응구를 만난 장면을 극적으로 제시하고 있다. 이때 신응구가 데리고 오지 못한 적노가 바로 億良이며, 신응구와의 만남처럼 억량과의 만남도 극적으로 제시하고 있다.

을 표현한 작품도 적지 않다.

> 나는 (李霆의 편지에) 다음과 같이 응답하여 말한다. "정자가 이처럼 승경인데 군이 '月先'으로 명명한 것은 어디에서 (그 뜻을) 취하였을까? 아! 나는 그 이유를 안다. 저 달은 가치를 계산할 수 없는 사물인데, 산은 반드시 달을 얻어야 높아지고, 물은 반드시 달을 얻어야 맑아지며, 들판은 반드시 달을 얻어야 넓어진다. 정자에서 달이 먼저 뜬다면 지대가 높음을 상상할 수 있다. 땅이 높은 데다 달도 먼저 얻는다면 정자의 승경은 더할 나위가 없다. 고기잡이와 수렵은 子固[李霆]가 즐기는 것이나 반드시 기가 움직이고 흥이 따라 일어나며 흥이 다하면 정신은 피로하게 되니 어찌 부르지 않아도 스스로 이르고 무심하게 시기하지 않는 달과 같겠는가! 매화와 대나무는 자고가 사랑하는 것이나 꽃피고 시듦에 때가 있고 오랫동안 보존할 수 없으니 어찌 천지가 다하도록 더위와 추위를 모두 겪으면서도 끝내 사라지지 않는 달과 같겠는가! 정자의 이름은 훌륭하다. 산의 해가 막 넘어가서 저녁 풍경이 푸르스름해지고 그대가 아직 문을 닫고 있는데 달이 먼저 軒에 들면 백발에 두건을 쓴 그림자 너울거리고 산하는 고요하며 천지가 밝아졌을 때, 바로 이때 月沙老仙이 바람을 타고 그대에게 이르러 술잔을 잡고 서로 권하며 그 사이에서 웃으면서 유유자적 노닐게 되면 그대는 또 어떻게 생각할까? 아! 나는 병이 들었으니 빈말일 뿐이다." 드디어 이것을 써서 그에게 부친다.[226]

---

226) 李廷龜, 「月先亭記」, 『月沙集』 권39, 118~119면. "余應之曰, '亭若是其勝, 而必以月先名者, 何取焉? 噫! 余知之矣. 夫月, 一無價物也, 而山必得月而高, 水必得月而淸, 野必得月而逈. 月先於亭, 則地之高可想. 地旣高而又先得月, 則亭之勝, 蔑以加矣. 漁與獵, 子固樂之, 然必氣動而興隨, 興盡而神疲, 夫豈若月之不邀自至, 無心可猜者乎! 梅與竹, 子固愛矣, 然必榮悴有時, 不能長存, 則夫豈若月之窮天地貫寒暑而卒莫消長也哉! 亭之名, 得矣. 想其山日初沈, 暮景蒼然, 子未開戶, 月先在軒, 白髮綸巾, 弄影婆娑, 山河寂寥天地晃朗. 斯時也, 月沙老仙, 馭風而至, 把杯相屬, 笑傲於其間, 則子復以爲如何? 嗟余病矣, 只空言耳.' 遂書此以寄之."

위의 예문은 三絶로 칭해졌던 李霆(1541~1622)의 月先亭에 부친 記文이다. 「月先亭記」의 전체 구성은 집의 승경[吾廬之勝], 홀로 누릴 수 있는 정자의 승경[吾亭勝之所獨享], 남과 공유할 수 있는 정자의 승경[吾亭勝之與人共者] 등으로 월선정이 지닌 승경을 이정이 구분하고 묘사하여 보내자, 이정구가 답장을 하는 형식으로 되어있다. 이미 이러한 형식적 측면에서 이정구가 격이 없이 교유하며 유대를 형성한 모습이 선명하게 드러난다.

첫 단락은 破題이다. 月, 先, 月先 등의 어휘를 사용하여 '월선'에 의미를 부여하고 있다. 파제는 달이 지닌 무한한 가치에 초점을 두고 있으며, 높은 곳에 위치한 누정과 승경을 표현하는 데 주력하였다. 둘째 단락은 유대감과 그리움을 선명하게 표현한 부분이다. 문을 열기도 전에 달이 먼저 뜬 밤의 풍경과 그 속에 그림자로 일렁이는 이정, 그와 함께 하기 위해 바람을 타고 도착하여 술을 주고받으며 노닌다는 이정구의 상상은 짙은 유대감의 표현이다. 이어지는 부분에서는 그렇게 할 수 없는 아쉬움과 이정에 대한 그리움을 선명하게 부각시키고 있다. 이 모든 서술은 달밤의 아늑한 정조를 세밀하게 서술함으로써 부각된다.[227]

---

227) 이 외에도 「松月軒記」에서도 이와 같은 정조를 발견하게 된다. 李廷龜, 「松月軒記」, 『月沙集』 권37, 121면. "맑은 가을 고요한 밤이 올 때마다 온 세상 소리는 모두 잦아들고, 달이 동쪽 봉우리에서 떠서 교교히 집으로 빛을 흘린다. 이때 일어나 앞의 뜰을 보니 소나무 그림자는 땅에 가득하고, 서늘한 바람은 선뜻 불어 옥과 쇠를 친 듯 청담하며 雙湖 南公[南尙文]은 곧 산보하며 시를 읊조리며 잠 잘 것을 잊는다. 소나무 그늘과 달그림자는 공과 함께 셋이 되어 맑고 가볍게 정신으로 통하고 담박하게 조화되니 그의 몸이 인간 세상에 있는지 알지 못하게 된다(每淸秋靜夜, 萬籟俱寂, 月出東峯, 皎然入戶, 起視前庭, 松影滿地, 涼風乍動, 戛玉篩金, 公輒散步沈吟, 樂而忘寢. 松陰月影, 與公爲三, 泠然神會, 澹然形化, 不知此身之在乎人間也)."와 같은 부분의 내용과 형식은 「月先亭記」의 그것과 유사한 점이 있다. 우선 달이 뜬 밤의 정조를 세밀하게 묘사한 부분이 그러하다. 다음으로 남상문과의 유대감이 드러난다. 송월헌의 주인인 남상문에게 써 준 「僉知南公墓誌銘」을 살펴보면 '술 한 병'이라는 소재를

앞서 이정구의 사유를 고찰하는 과정에서 알 수 있었듯, 삶에 짙은 감수를 느끼는 경우가 있었다. 이러한 사유를 글로써 형상화하였기 때문에 그의 산문에는 진솔한 감정의 표현이 적지 않게 드러난다. 그러한 표현의 기저에 바로 위와 같은 유대감과 그리움 또한 내재하고 있다.

이로써 볼 때 이정구는 유가의 전통적 사유를 중심에 두고 당대 사회의 균열을 봉합하기 위해 천도의 조화를 추수하였다. 한편 그는 辭達에 중점을 두고 산문을 서술하였고, 완정성 속의 변화를 통해 정제된 형식미를 획득하고 있다. 누정기와 유기에서 보이는 묘사나 정감의 표현은 기존의 제시 방법을 효과적으로 계승한 예이며, 여정·풍경·탐승행위 등을 주로 서술했던 이전의 유기에 서술할 수 있는 사안을 덧붙여 주었다는 점은 주체적으로 변용한 예이다. 사유와 글쓰기를 종합적으로 고려하였기 때문에 이식과 동일한 계열로 분류하였으나 글쓰기만 고려한다면 이정구는 오히려 신흠이나 장유에 가깝다. 즉 산문이 지닌 고유한 문예미를 인식하여 글쓰기에 적용함으로써 형식미를 추구한 점은 충분히 개성적이다.

제2항 李植: 正統 중심의 사유와 엄정한 산문이념

기존의 연구는 이식의 사유를 보수적·유가적 전통 추구 등의 용어로 정리하였다.[228] 글쓰기 자체에 있어서는 金昌協이 "澤堂의 문은 體段이

통해 그를 잃은 비감이 선명하게 드러나는데 이와 함께 읽으면 더욱 분명히 간취할 수 있다.

228) 우응순, 앞의 논문; 신승훈, 「16世紀 後半~17世紀 前半期 文學理論의 多邊化 樣相 －柳夢寅·李睟光·申欽·許筠을 中心으로－」, 고려대학교 박사학위논문, 2004; 이한우, 「택당 이식 고문 연구」, 『한국사상과 문화』 24, 한국사상과 문화학회, 2004 등을 비롯하여 그의 사유에 대해 고찰한 논고들은 대체로 위와 같은 견해를 피력하고 있다.

渾然히 이루어진다는 측면에 있어서는 谿谷의 문만 못하지만 結構가 정밀하다는 측면에 있어서는 택당이 계곡보다 낫다."[229]라고 한다거나 "택당의 문은 매우 密塞하여 문자 이외에 여지를 찾아볼 수 없다. 이것이 계곡에게 미치지 못하는 지점이다. 그렇지만 疏箚나 사안을 논의하는 산문은 정밀하고 핵심을 고구함이 매우 탁월하여 계곡 산문의 평범하고 격발시키는 지점이 없는 것과 같지 않다."[230] 등과 같이 평가한 이래로 현대의 연구자들도 대체로 김창협의 견해를 따랐다.[231]

본 절의 내용 또한 기존의 논의를 뒤엎고 이식을 새롭게 바라볼 수 있는 결과를 도출하려는 의도는 없다. 다만 이식의 사유와 글쓰기가 위와 같은 결과로 현시된 그 원인을 더욱 깊이 탐구하면서 기존 논의에서 다소 소홀히 다룬 그의 글쓰기 스타일이 지닌 특징적 면모에 주목하고자 한다.

1. 儒家的 正統의 추숭

이식은 경서와 근본에 대한 수호의식, 도를 우선시하는 정통 성리학적 문예관을 지니고 있었다고 평가된다. 당쟁이나 전란으로 인하여 분화된 사유의 통합이 필요한 시기가 당대였고, 통합의 중심에 성리학적 사유를 두고자 했다는 측면에서는 異論이 없으리라 생각한다. 다만 이

---

229) 金昌協, 「雜識」 外篇, 『農巖集』 권34, 381면. "澤堂文, 體段渾成, 不如谿谷, 而結構精密過之."

230) 金昌協, 「雜識」 外篇, 『農巖集』 권34, 381면. "澤堂文太密塞, 文字外, 不見有餘地, 此不及谿谷處. 然如疏箚論事之文, 精覈切深, 不似谿谷平泛無激發處."

231) 이한우(앞의 논문)와 권진옥(「택당 이식의 고문·변문 연찬과 산문 창작의 실제」, 고려대학교 석사학위논문, 2007) 등에서도 의론문과 변려문의 전범추구와 의론의 엄밀성에 대해 고찰하고 있다. 후자의 경우 서발과 증서에 나타난 서정의 강조에 대해서도 고찰하고 있다. 다만 당대 문인들의 글쓰기에 비추어 보았을 때, 이식의 글이 과연 서정성을 강조한다고 말할 수 있는가에 대해서는 재론을 요한다.

식도 예측할 수 없는 당대의 상황에 비감을 느꼈고, 그로 인해 다른 이들처럼 하늘을 원망하기도 하였다는 사실은 언급해 둔다. 즉 이정구가 그러했듯이 이식 역시 당대의 상황을 반성적으로 인식한 이후, 시대를 안정시키기 위한 현실적 대안으로서 전통과 근본을 중시하게 된 것이다.

① 올해 나는 두세 번 이곳에서 노닐었다. 절이 지어진 해를 손꼽아 보니 지금까지 거의 17년이 경과하여 단청의 색이 바랬고, 게다가 나와 山人(龍門山人 惠宗)은 얼굴과 살쩍머리가 더욱 쇠하여 예전의 건강했던 모습은 아니었다. 생각건대 지금 이후로 다시 천 년 백 년이 지난다고 해도 산과 바위의 모습은 변하지 않겠지만 절의 흥성과 폐함은 알 수 없다. 비록 그렇다고 해도 흘러가는 것을 따를 뿐이니 爽鳩氏의 즐거움을 어찌 전유할 수 있겠는가? 후세의 호사가가 만약 창건한 노고를 생각하여 지붕이라도 이어서 우리가 즐거이 완상했던 것을 따라준다면 그것은 참으로 괜찮은 일이리라.[232]

② 처음에 공의 병을 근심하였는데 이윽고 금세 나았다는 소리를 들었다. 사람을 시켜 안부를 전하시며 이미 나았다고 말씀하셨다. 하늘은 어찌 (그를 세상에) 남겨두지 않고 귀신은 어찌 이렇게 가혹한가? 道가 바야흐로 막혀 인품이 맑은 사람이 죽게 되고 명석한 사람이 스러지게 되었으니 時運의 곤궁함에 연계된 일이로다. 이 또한 운명이니 무엇을 다시 어찌하리?[233]

232) 李植, 「鬱巖寺記」, 『澤堂集』 권9, 163면. "今年, 余再三遊焉. 屈指創寺之歲, 今近十七曆, 而丹青之飾已晦, 況吾與山人, 顔鬢益凋謝, 非復曩日之健矣. 想從今以往, 更千百歲, 山巖之狀不改, 而寺之或興或廢, 不可知也. 雖然, 逝者順之而已, 爽鳩氏之樂, 豈可專哉? 後之好事者, 苟能思其創鳩之勤而加之葺治, 以追吾輩之好賞, 其亦可也."

233) 李植, 「祭金判書(世濂)文」, 『澤堂集』 別集 권12, 487면. "始憂公病, 俄聞乍瘳. 一伻枉問, 謂已平復. 天何不慭, 鬼何斯虐? 道之方否, 淸者不祿, 哲人之亡, 係時之屯. 是亦命也, 夫復何云?"

①은 「鬱巖寺記」이다. 울암사는 그와 교유를 맺었던 승려 惠宗이 지키던 절이다. 작품의 내용으로 추측하여 본다면, 1619년(36세) 지평에 澤風堂을 지은 이후 10년 이상 경과한 시기에 지어진 작품으로 추정된다. 이식은 인간의 능력으로는 예측할 수 없는 삶의 감수를 피력하고 있다. 한편 위 예문의 바로 앞부분에서는 자연물을 인간의 遇不遇와 연계시키고 있는데234) 지우를 입기 위해서는 運數와 具眼者가 필요함을 비유적으로 서술한 것이다. 이는 다시 변함없는 자연 속에서 미래를 예측할 수 없는 인생 및 절[寺]의 운명과 결부되어 비감을 자아낸다. 다만 이 작품에서는 불가항력적인 운수에 몸을 맡기려는 태도는 발견되나 그것에 대한 비판적 시각은 발견할 수 없다.

반면 ②에서는 인간의 힘으로 불가항력인 '시운'과 '命'에 대한 비판적 시각이 동반된다. 특히 마지막 언급에서는 이식이 당대를 인식하는 사유와 반응 또한 살펴볼 수 있다. 이식에게 金世濂(1593~1646)이 죽은 당대는 세도가 막힌 시기이다. 다만 그것은 '시운'이면서 '명'이기 때문에 자신에게 있어서는 불가항력적이다.235) 즉 이식 또한 앞서 고찰한 작가

---

234) 李植, 「鬱巖寺記」, 『澤堂集』 권9, 163면. "모두들 關東의 山水가 천하에 제일이라고 말하고 바위의 승경 또한 도회의 치소와 가까운데도 예로부터 전해져오는 이야기가 없다가 지금에야 비로소 드러나게 되었으니 人情이 먼 데 있는 것을 중시하고 가까운 것을 소홀히 하기 때문인가? 아니면 우연하게 만나게 되는 運數가 있어서 그런 것인가(咸謂關東山水名天下, 巖之勝又邇都會之治, 而古無傳說之者, 乃於今始顯, 豈人情貴遠而忽近故耶? 抑有偶合之數存耶)?"

235) 이러한 인식은 「沈生安世遺稿序」(『澤堂集』 권9, 142면)의 "王世貞은 「文章九命」을 지었는데 그 중 한 가지가 夭折[短折]로서 예와 지금의 현인 중 문장에 탁월했으나 제 수명을 누리지 못하였던 47명을 대략 언급하고 있는데 나는 그것을 읽고 슬퍼하였다. 아아! 문장이 어찌 반드시 사람을 죽게 할 수 있겠는가? 그런데 하늘이 재능이 있는 사람을 내는 것은 일정치 않아서 천 명이나 백 명에 겨우 한두 명만을 얻을 뿐이다. 이미 그 사람을 얻었으나 수명이 혹 그에 미치지 못하여서 싹은 틔웠으나 꽃은 피우지 못하고, 꽃은 피웠으나 열매는 맺지 못하는 경우도 있는데 그 삶은 매우

들과 마찬가지로 삶의 변화막측함과 하늘이나 '시운'에 대한 원망을 드러내기도 하고 비감을 피력하기도 하였다.[236] 그런데 이정구를 제외한 여타 문인들의 작품에서 볼 수 있었던 강도 높은 비판과 짙은 감수의 표현이 이식에게서는 상대적으로 적게 드러난다.

원주는 嶺東都護府이나 그 실제는 山邑이다. 토지가 척박하고 풍속이 궁벽하여 노니는 사람들이 거의 이르지 않았는데 革廢되어야 할 세상을 당하여 사대부들이 그곳에 유리되어 퍼지게 되었다. 나의 內弟인 沈德用(沈命世)은 처음에 外舅를 따라 우거하다가 1년 만에 그곳을 떠났다. 이때 군은 혈기가 왕성하던 시기로서 오랫동안 禁錮되어 뜻을 펼치지 못하였으니 그저 궁벽한 향촌의 布衣之士일 뿐이었다. 한참이 지나 군이 왕명을 보좌하여 집안을 일으켰고, 관직은 亞卿에 이르게 되었다. 驛站의 말을 타고 공무로 인하여 그 지역에 간 적이 있었는데 이 일은 기둥에 포부를 써 두었던 中郎 司馬相如의 일화와 견주어 보면 몇 등급 정도만 높은 것이 아니었다. 얼마 후 군은 盟府에서 일 없이 한가하게 있으면서 경사에 거처하고 있었는데 자못 그의 뜻과 어긋난 상태였다. 관리를 선발하는 부서[銓部]에서 政事로써 공을 우수하다고 하여 드디어 원주의 관리로 제수하고자 하였다. 군이 비록 순응하여 부임은 하였다고 해도 적절한 곳은

중요하기 때문에 그 죽음을 매우 애석해한다. 창작한 바가 크기 때문에 전해지는 범위도 넓구나. 아아, 우리당의 沈安世 또한 불행하게도 이러한 것이 있었구나(王鳳洲作文章九命, 其一曰短折, 略道古今賢人有文而無壽者四十七人, 余嘗讀而悲之. 嗟夫! 文章豈必能死人哉? 天之生材也不常, 閱千百纔得一二. 厥既得之矣, 而年或弗逮, 有苗而不秀, 秀而不實者, 其生也可重, 故其死也可惜. 創之也巨, 故傳之也遠. 嗚呼, 吾黨沈生安世, 又不幸而有是夫)!"와 같은 언급에서도 발견할 수 있다.

236) 「鏡軒詩稿跋」(『澤堂集』 권9, 159면)의 "或問顔淵宜壽而夭, 朱子曰, '衰周和氣有限, 釀得仲尼已多也.' 噫! 今天下之氣, 旣衰耶? 余雖僻陋寡聞, 然自旣冠以來, 親戚朋徒, 有有才而無年者, 指不可勝屈. 噫, 何其酷耶!"와 같은 언급에서도 당대를 衰世로 바라보고 있으며 그것을 비판적으로 서술하고 있음을 알 수 있다. 그러나 그것에 대한 원망은 여타 문인들에 비해 상대적으로 약한 편이다.

> 아니었다.
>
> 아아, 저 때로부터 지금까지 겨우 12년 정도밖에 지나지 않았는데 덕용은 그 몸 하나로 세 번이나 원주를 왕래하게 되었다. 그 자취 또한 한 번은 귀하였고, 한 번은 천하였으며, 한 번은 貶官이 된 상태였다. 그런데 천지의 기후로 비유하자면 바람이 불다가 구름이 끼고 맑았다가 비가 오는 일을 예측할 수 없는 것과 같으니 이것이 어찌 뜻밖에 얻어진 物이 아니겠는가? 그러나 하늘의 변화는 氣의 변화이지 理의 변화가 아니며 사람의 변화는 지위의 변화이지 마음의 변화가 아니다.[237]

위 예문은 沈命世가 원주목사로 가게 된 1630년경, 이식이 그에게 지어 준 「送靑雲君赴原州牧小序」의 일부이다. 첫 단락은 심명세가 원주와 맺은 세 번의 인연을 자세하게 소개함으로써 삶의 변화막측함을 피력한다. 또한 심명세가 원주와 처음으로 인연을 맺었던 당시를 "當革除世"라고 표현함으로써 이식이 그 시기에 강한 반감을 지니고 있었음을 보인다. 두 번째 단락에서는 첫 단락을 정리하면서 떠나는 이를 위로하는 논리를 펼친다. 다만 위로의 논리를 펼치기 전에 심명세가 지난 12년간 '미천한 지위－현달한 지위－폄적된 상황' 등으로 변화하였다는 사실을 다시 한 번 상기시키고, 그것이 사람으로서는 예측할 수 없는 경우였음을 부각시킨다. 이러한 사유는 "천지의 기후로 비유하자면 바람이 불다

---

237) 李植, 「送靑雲君赴原州牧小序」, 『澤堂集』 권9, 149면. "原爲嶺東都護府, 其實山邑也. 土瘠而俗僻, 遊士罕至, 當革除世, 衣冠流播. 余內弟沈君德用, 始從其外舅寓家, 一年乃去. 伊時君以盛年壯氣, 沈錮不振, 纔窮鄉一布衣耳. 久之, 君佐命起家, 官至亞卿. 蓋嘗乘傳車, 因公事一過其鄉, 其視題柱中郎, 不啻高數等矣. 俄而君就閑盟府居京師, 頗不適意. 銓部欲以吏事優公, 遂有原州之除. 君雖委順赴任, 非其所也. 嗟夫自彼時至今, 僅迄紀, 而德用以一人身, 三往來于原. 乃其跡則一貴一賤一左降. 譬之天地之候, 風雲晴雨變遷之不可預, 茲豈非倘來之物耶? 然而天之變者, 氣也非理也, 人之變者, 位也非心也."

가 구름이 끼고 맑았다가 비가 오는 일을 예측할 수 없는 것과 같으니, 이것이 어찌 뜻밖에 얻어진 物이 아니겠는가?"와 같은 언급에서 부각된다. 하늘의 기후를 예측할 수 없듯이 인간의 삶이 그려내는 궤적 또한 그러하다는 의식을 표현한 것이다.

이러한 내용은 이미 앞에서 고찰한 바 있다. 다만 두 번째 단락의 마지막 부분을 통해 이식 스스로가 예측할 수 없는 삶에 대처하는 방법을 드러내 보인다는 점에 주목할 필요가 있다. 그것은 변화하지 않는, 혹은 변화하지 않아야 할 그 무엇인가에 의지하려는 태도이다. 여기에서는 理와 心으로써 표현된다. 다시 '리'와 '심'은 '리'에 대한 신뢰로 통합할 수 있다. 즉 변화하는 氣와 대비적으로 항존하는 '리'를 신뢰함으로써 변화막측하여 알 수 없는 미래에 대한 희망의 근거를 구축하고, 변화하는 位와는 상관없이 '리'에 근거한 일정한 마음을 추구함으로써 도덕적 판단의 규범도 마련하고 있는 것이다.[238]

변화하지 않는 '리'와 희망의 근거로서 하늘에 대한 믿음은 일정한 연관이 있다. 앞의 예문에서 이식은 선천과 후천을 꿰뚫는 원리로서 '리'를 피력하고 있는데, 이것은 朱熹가 天을 나눈 세 가지 분류, 즉 운행·생성

---

238) 이와 같은 태도는 「先天器說」(『澤堂集』 別集 권12, 480면)의 "後天의 器는 先天의 그릇과 같다는 것입니다. 理가 있으면 象이 있게 되고, 상이 있으면 그릇이 있게 됩니다. 주조하여 형을 완성하고, 속이 비어 物을 담는 점은 세상의 모든 그릇이 그러하니 어찌 선천과 후천의 차이가 있겠습니까? 淸濁이 자리를 바꾸고 산과 바다가 희미해지고 넘쳐나며 元會運世가 백 번 천 번 열리고 닫히는 것은 리 자체가 참으로 주관하는 일입니다. 리가 이미 하나라면 物이 어찌 범주를 달리하겠습니까? 이로써 논한다면 천지의 이전도 앉아서 알 수 있습니다(後天之器, 猶先天之器也. 有理斯有象, 有象斯有器. 冶而成形, 虛而盛物, 擧天下器皆是, 豈以先天後天而有異耶? 卽使淸濁易位, 山海湮渤, 元會運世, 百千開閉, 乃其理固自主也. 理旣一焉, 則物豈殊範哉? 因斯而論之, 天地之先, 可坐而識矣)."와 같은 언급에서도 발견할 수 있다. 이 또한 '리'의 불변성뿐만 아니라 '리'를 중심으로 고찰하여 본다면 先天과 後天의 상황 모두를 꿰뚫어 고찰할 수 있다는 의식을 피력하고 있기 때문이다.

하는 자연적 천[形體의 天/蒼蒼의 天], 법칙・질서적인 천[所當然/理의 天], 그렇게 만드는 근원으로서의 천[所以然/主宰의 天][239] 중 두 번째 경우와 유사하다. 부연하자면 日月星辰의 운행도 아니고, 사람들의 吉凶禍福을 담당하는 天命이나 天譴의 천도 아니지만, 이치와 법칙[理法]에 의해 자연적 천과 주재의 천의 법칙성과 도의성 및 공정성을 수렴한 천을 이식은 상정하고 있는 것이다.[240] 이러한 논리는 주희가 언급한바 "性은 사람이 부여받은 天理요, 天道는 천리 자연의 본체이니 그 실제는 하나의 리이다(性者人所受之天理, 天道者天理自然之本體, 其實一理也)."[241]라는 언급에서 천도를 천리의 본체로 인식하고, 인간의 성을 천리에서 받았다고 언급하며, '천도－천리－성'이 하나의 '리'라고 주장한 데에 근본을 두고 있다.

> 일본이 우리나라에 憂患이 되었던 경우는 대체로 우리나라의 임진왜란 시기가 가장 극성이어서 결국 천하의 병사를 움직여야 했다. 그런데 그 이후로 저들의 나라는 內訌이 일어나 왕이 죽고 왕조가 옮겨졌다. 오랜 시간이 지나 나라가 안정되었는데, 이전 우리나라에 해독을 끼치던 자들은 모두 참혹한 車裂刑이나 烹刑을 당하였다. 아아, 어찌 天道가 아니겠는가![242]

239) 溝口雄三・丸山松幸・池田知久 편저, 『中國思想文化辭典』, 김석근・김용천・박규태 옮김, 민족문화문고, 2003, 38면.

240) 溝口雄三, 「중국 근세의 사상과 세계」, 『중국의 예치 시스템』, 동국대 동양사연구실 옮김, 청계, 2004, 59~60면 참조.

241) 이 서술은 『論語』「公冶長」, "子貢曰, '夫子之文章, 可得而聞也, 夫子之言性與天道, 不可得而聞也.'"에 대한 주희의 주석이다.

242) 李植, 「送金學士(世濂)使日本序」, 『澤堂集』 권9, 154면. "日本之爲東國患, 蓋極于我朝壬辰, 遂至動天下之兵. 然其後彼自內訌, 君滅祚移. 久而定國, 向之毒于我者, 擧罹磔裂燔炙之慘. 嗟呼, 豈非天道哉!"

이식이 도의 막힘, 시운의 곤궁함으로 인해 당대를 비관적으로 인식하고 있었다고 언급한 바 있다. 이것이 세계의 변화를 중심에 둔 시각이라면, 그에게는 마땅히 그러해야 할 세상에 대한 질서로서 天(혹은 天道)을 사유하는 태도 역시 공존한다. 주희의 경우나 앞서 살펴본 문인들, 특히 이정구, 신흠, 장유 등에서도 이렇게 '천'에 대해 복합적으로 사유하는 태도는 발견할 수 있었다. 이로써 볼 때 결국 그들이 희망의 근거로 삼은 '천'은 그 다양한 함의 중 所當然의 의미를 지닌 '천', 즉 理法的 '천'이었다고 할 수 있다. 위 예문에서 이식이 '천'을 인식하는 태도 또한 이와 같다. 운행과 생성만을 거듭하는 몰인정한 '천'도, 악행을 일삼은 이들에게 직접 형벌을 내리는 '천'의 모습도 아니라, 그릇된 것이 벌을 받게 되는 법칙성·도의성·공정성을 갖춘 원리와 법칙으로서 '천'의 모습이다.

그런데 천상에 군림하며 주재하는 '천'이 禍福을 내려주는 것이 아니라면 결국 인간 세상의 禍와 福은 도덕적 주체인 인간의 淫과 善에 따라 자연의 원리와 법칙에 의해 주어지게 되는 것이므로 결국 인간 주체의 수양과 역할이 중요해지게 된다. 이식은 그로 인해 인간 주체의 역할에 더욱 주목하게 된다. 예컨대 다음과 같은 경우 역시 인간의 역할에 초점을 둔 사례라고 할 수 있다.

> 아아! 세상의 변화는 끝이 없어 쇠와 돌(에 새겨 두어도) 또한 믿음직스럽지 못하니 이 한 권의 책이 존치될지 사라질지를 어찌 보장할 수 있겠는가? 그러하니 우리처럼 함께 기록된 사람들이 어찌 또한 실질에 힘쓰고 이름을 오랫동안 전하게 하여 사람들이 쉽게 잊고서 전하지 못하는 상황에 이르지 않도록 하지 않겠는가?[243]

243) 李植, 「宣傳官題名錄序」, 『澤堂集』 권9, 148면. "嗟乎! 世變無窮, 金石且不可恃, 此

위 예문은 1624년 이괄의 난으로 인하여 유실된『宣傳官題名錄』을 다시 만든 일을 서술한 서문의 일부이다.『宣傳官題名錄』이 유실되었다가 다시 편찬되었기 때문에 위와 같은 언급을 하게 된 것이다. 여기에서 이식은 세상의 무궁한 변화에 대응하는 태도로서 "盍亦務其實以壽其名, 毋使人易忘而失傳也?"를 주장한다. 이 언급의 핵심은 바로 '實에 힘쓰는 데'에 있다.[244] 아울러 그가 인의·도덕과 육경을 근본이나 실질로 상정하고 있다는 사실도 드러난다. 물론 이러한 태도는 이미 여러 논문에서 밝힌 바와 같이 정통적 사유·전범을 고수하려는 의지와 밀접한 관련이 있으며 다양한 사상의 침투와 흥기, 문예사상과 글쓰기의 다변화와 같은 사회의 분위기에 대응하여 안정을 이루고자 했던 이식이 선택한 길이었다는 사실은 분명하다.[245]

한편 이식은 전통의 전달 역시 적지 않게 고민한다. 변화하는 세상에 기준이 될 수 있는 근본을 수호하려는 노력과 그것을 어그러짐 없이 전달하려는 태도는 크게 다르지 않다. 이러한 사실이 이식을 추동한 요인이다.

一卷書之或存或亡, 庸可保乎? 凡我同錄之人, 盍亦務其實以壽其名, 毋使人易忘而失傳也?"

244) 그런데 이식이 기존에 서술하였던 태도로 비추어 볼 때 實은 本과 밀접한 관련이 있다. 예컨대「頤菴集後敍」(『澤堂集』 권9, 150~151면)의 "그 근본을 물어보면 仁義道德의 실질이라고 한다. 내가 볼 때 인의는 헛되이 서지 않고, 고문은 六經을 숭상하니, 학자가 만약 詩書孔孟의 설을 좇아 그에서 얻는 것이 있다면 古나 本으로 칭해지는 것이 어찌 이것에서 벗어나겠는가(問其所謂本者, 則仁義道德之實也. 以余觀之, 仁義不容虛立, 古文莫尙六經, 學者果能從事詩書孔孟之說而有得焉, 則其謂之古謂之本者, 夫豈外於此哉)?"라는 언급에서도 이식이 근본과 실질을 유사한 의미로 사용하였음을 알 수 있다.

245) 이식이 근본에 힘쓰는 태도를 경주하고 이단을 철저히 배척하였다는 고찰은 우응순(앞의 논문, 187~197면)을 비롯한 필자들에 의해서 이미 여러 차례 언급된 바 있다.

> 判府事 竹泉 李德泂 公이 (松都에서) 벼슬을 하고 있었던 시기에 전후로 듣고 본 일을 포괄적으로 기록하여 한 권의 책으로 엮었는데 모두 확실하여 전할 만하므로 훗날의 감계가 되기에 충분하였다. 비록 異聞奇談이라고 해도 世敎와 연관되지 않는다면 취록하지 않았다. 또한 고려 말의 의심할 만하고 무고한 서술을 변증함이 매우 분명하니 아, 이 역시 實錄이다. 고려사를 지은 사람도 도리어 미치지 못할 바가 있다. 유독 한스러운 점은 그가 기록한 바가 매우 적다는 것이니, 아마도 신중하여 그 번다함을 우려했기 때문이리라. 죽천공이 집에 거하며 한가한 가운데 養生하여 세상의 변화를 두루 겪으면서도 神明이 쇠퇴하지 않았으니 만약 이러한 凡例를 따라 당세 名人·才士와 文物·風謠 등을 엮고 기록하여 제대로 된 사람에게 전한다면 그가 문헌에 끼친 공이 어찌 작다고 하겠는가?[246]

위 예문은 李德泂(1566~1645)이 1631년에 엮은 『松都記異』의 발문이다. 위 예문의 바로 앞부분에 "역사를 기록한 사람들은 (고려를) 자신들이 이긴 나라[勝國]라고 여겨 폄하하고 비방함을 힘써 존치시켰으니 그 실제를 泯滅한 것이다."[247]라고 언급한 점에서도 볼 수 있듯이 이 글은 실제와 어긋나는 역사기록에 대한 비판과 그 원인, 그리고 한 걸음 더 나아가 올바른 기록의 모범을 서술하고 있다.

이식이 제시하고 있는 모범적 기록의 요건은 사실에 기초하여 후세에 감계가 될 수 있어야 한다는 점, 세교와 연계되어야 한다는 점, 그릇되고

---

246) 李植, 「李留守松都雜記後跋」, 『澤堂集』 別集 권5, 342면. "判府事竹泉李公, 嘗於留筦之歲, 雜記前後聞見, 書爲一冊, 皆鑿鑿可傳, 足爲後日監戒. 雖異聞奇談, 非有關於世敎則無取也. 又辨證麗末疑誣之筆頗晢, 噫, 此亦實錄也. 作麗史者, 反有所不逮矣. 獨恨其所紀者少, 豈愼密而慮其煩耶? 竹泉公, 居第養閑, 閱歷世變, 而神明不衰, 倘能推此凡例, 掇記當世名人才士文物風謠, 以傳之其人, 其有功於文獻, 豈淺尠也哉?"

247) 李植, 「李留守松都雜記後跋」, 『澤堂集』 別集 권5, 342면. "作史者, 視爲勝國, 務存貶剝, 則沒其實矣."

어그러진 사실을 분명히 변석하여야 한다는 점 등이다. 결국 세교에 관련된 사실을, 확실한 근거를 가지고서 거짓 없이 기록해야 함을 설명한 것이다. 이것을 그는 '실록'이라고 부른다.

이러한 사유가 언제부터 그의 역사관으로 자리 잡았는지 확언할 수는 없으나 이와 같은 태도는 그가 『光海君日記』의 찬수에 참여했던 1626년에서부터 –『광해군일기』 찬수는 1634년에 마무리 되었다– 『宣祖實錄』의 수정을 건의하고 찬수를 직접 지휘하던 말년에 이르기까지 두루 발견된다. 이때의 역사관은 「辛巳春請修史辨誣箚」에서 선명하게 드러난다. 그는 이 글에서 역사를 典章과 龜鑑이자 하늘의 질서가 깃들어 있는 바라고 평가하며, 국가 구성요소 중 핵심적 부분이고, 역사의 서술은 공정해야 한다는 사실을 역설한다.[248] 이 언급을 통해 앞서 언급한 근본의 수호와 그것을 공정하게 전달하려는 태도가 밀접한 관련이 있다는 사실이 다시 한 번 확인된다.

요컨대 이식은 인간의 선악과는 관계없이 변화를 거듭하는 하늘에 대해 부정적 인식을 지니고 있었고, 불우하게 스러진 인물들에게 감수를 표현하기도 하였다. 그러나 당대의 혼란한 현실과 사유를 통합하기 위해 그는 所當然의 天을 중심으로 하는 도덕적 판단의 근거를 제시하였다. 또한 변화막측한 당대 상황에 대한 대응으로서 근본과 실질, 즉 심성적 측면에 있어서는 인의·도덕을, 문장에 있어서는 육경과 唐宋古文을 근본으로 삼고자 하였다. 이러한 태도는 이정구가 보여준 반성적 조화의 추수와도 일정하게 연관되어 있으나, 감수와 원망은 그보다 약하고 원칙과 전통의 준수 및 闢異端의 사유는 더욱 강하다는 차이가 있다.

---

248) 李植, 「辛巳春請修史辨誣箚」, 『澤堂集』 別集 권4, 324면. "臣伏以史者臣伏以史者, 一代之典章, 萬世之龜鑑, 是天敍天秩之所寓, 民心士論之收繫. 國而無史, 非國也, 史而不公, 非史也."

아울러 이식은 근본을 공정하게 전달하고자 하는 사유 또한 지니고 있었으며, 이것은 역사를 기록하는 태도에서 선명하게 드러난다.

2. 傳統的 典範의 추구를 통한 객관적 글쓰기

이식 글쓰기의 특징으로 김창협은 정밀한 결구로써 핵심을 정확히 지적하고, 변석이 탁월하다는 점을 지적하였다. 이러한 글쓰기가 정통·세교·공정성을 추구하는 사유와 결합하였을 때 발현되는 양상을 살펴보겠다.

> 내가 지난해(1604) 安奇驛에 도착한 이래로 정신과 기운을 수양하여서 이전에 비해 조금 만족스러워 자못 다행이라 여기고는 혹 남에게 말하기도 하였다. 얼마 되지 않아 두통이 날로 고통스러워졌으니, 기이하구나, 귀신이 보고서 장난질 하는 것 같음이. 이 일로 인해서 내가 스물 두 해를 사는 동안 한 가지 일도 온전히 되지 않았고, 하루도 몸이 편하지 못하였음을 괴이하게 생각하게 되었다. 헤아릴만한 실마리와 즐겁고 경사스러운 희망이 조금이라도 있게 되면 즉시 위태로운 해로움과 신음하는 근심이 있게 되었다. 오늘날까지 몸과 일이 서로 맞부딪치고 명운과 행함이 서로 삐걱거렸으며, 온갖 병을 앓아 구사일생으로 살아남게 되었으니 근심스럽게 두려워하며 하늘의 밝고 위엄 있는 뜻을 슬프게 생각하지 않을 수 있겠는가?
>
> 그러나 작은 그릇은 쉽게 차고 웅덩이의 물은 쉽게 마르니 터럭 하나를 얻어 만족하여 千鈞이나 되는 무게에 대항하며 스스로 만족한다면 하늘이 災禍를 거두지 않고 재앙을 내리는 것은 마땅하다. 아아, 하늘이 궁곤하고 질병이 든 가운데에서 나를 옥같이 귀중하게 여기신다면 나는 당연히 마음을 분발시키고 성질을 참으며 道에 따라 힘을 기르고 때로는 감추어두고 기회를 기다리는 것이 마땅하리라. 하늘이 곤궁하고 질병이 든 가운데에서 나를 끝내고자 하신다면 나는 수신하며 천명을 기다리다가 순종함으로

> 써 이 삶을 마감하는 것이 마땅하리라. (이러하다면) 법도의 밖에서 제멋대로 방종하여 법을 위배하는 죄를 초래할 수는 없다. 이에 하늘이 겸손한 자에게 복을 준다는 뜻을 취하여 내 과실을 자책하는 지점으로 삼는다.[249]

이 작품을 서술한 1605년(22세) 이식의 상황은 절망적이었다. 1600년 초시에 합격하였으나 병 때문에 제대로 수학하지 못하여서 1601년 監試에 낙방한다. 이후 몸을 추스르고 공부하였으나 다시 병이 들어 1603년의 시험에도 낙방한다. 이후에도 끊이지 않는 병으로 인하여 과거공부를 제쳐두고 원기회복에만 힘쓰는 기간이 계속되었다. 이때 일가친척들은 그를 폐인으로 취급하였고, 姊夫인 具仁至의 경우 그를 妙鬼, 즉 나약하며 용렬한[窮孱庸陋] 사람이라 멸시하기도 하였다.[250] 위 예문의 첫 단락에서는 바로 이러한 상황에서 발생한 감수를 표현하고 있다. 첫 단락 마지막 부분에서 이러한 사실이 드러나며 자신의 의지를 시험하는 듯한 하늘에 대한 일정 정도의 원망 또한 존재한다.

그러나 이 글 전체를 보았을 때, 첫 단락은 두 번째 단락에서 서술하는 자신의 강한 의지를 선명하게 부각시키려는 客으로서 기능한다. 자신이 처한 가장 고통스러운 상황과 대조하였을 때 그것을 극복하려는 의지의 정도가 더욱 분명하게 드러난다. 이식은 '然而'라는 어휘로써 전환과 대

---

249) 李植, 「惡盈箴(并序)【乙巳三月十四日】」, 『澤堂集』 別集 권20, 481면. "自余去冬到驛以後, 怡神養氣, 比前稍適, 頗爲自幸, 或揚于人. 未幾, 得頭風逾日痛苦, 異哉, 若有鬼瞰而神戲之也. 因竊怪念余生二十有二年矣, 無一件事成, 無一日身安. 少有計較之端喜幸之望, 則輒有捏抗之敗呻吟之患. 至于今, 身與事相格, 命與行相軋, 百病九死而餘一生矣, 可不惕然恐懼, 以惻念天之明威哉? 然而小器易盈, 潢潦易渴, 得一毫以爲足, 抗千鈞而自足, 宜乎天不悔禍而降之災也. 嗚呼, 天將玉我於阨窮疾病耶, 吾常動心忍性, 遵養時晦, 以投其會可也. 天將卒我於阨窮疾病耶, 吾當修蔟順承, 以畢此生可也. 不容自肆於法綱之外, 以速其拂逆之罪. 爰取福謙之義, 以爲訟過之地."

250) 이러한 상황에 대해서는 그가 자신의 삶을 직접 기록한 「敍後雜錄」(『澤堂集』 別集 권17, 549~550면)에 자세하게 서술되어 있다.

조의 분기점을 삼는다. 主가 되는 두 번째 단락의 주요한 논리는 『孟子』「告子下」에 근거하고 있다.[251] 이식은 현재의 고난이 미래의 영광을 위한 시련이라는 희망을 품고 있다. 이러한 태도는 말미의 "이에 하늘이 겸손한 자에게 복을 준다는 뜻을 취하여 내 과실을 자책하는 지점으로 삼는다."에서도 드러난다. 물론 끝내 영광스러운 상황에 이르지 못하고 삶이 끝난다고 해도 법도를 넘어서서 방종하지 않겠다는 태도는 自警의 모습이기도 하다. 결국 어떠한 결과로 흘러가든 하늘이 정해놓은 법도를 어기지 않고 살겠다는 강한 의지를 이 작품에서 이식은 표명한 것이다.

이식은 이와 같이 천명에 순응하며 살겠다는 의지를 밝힌 작품을 창작했을 뿐만 아니라 천도의 순환을 근거로 세도와 文運을 점친 글도 서술하였다. 「讀書堂南樓記」가 그것이다.[252]

> 나는 이 당의 興廢에서 文運의 盛衰에 대한 감회를 느낀 적이 있다. 건국 초기에는 고려의 폐해를 그대로 이어받아 승방과 암자가 성곽의 밖에 가득하였다. 그 이후 차례로 (그곳을) 헐어 옮기게 되었고, 독서당은 모두 세 번 이전을 하였는데 그 세 곳 모두 讚佛하던 소리가 가득하던 곳이니 당시 문을 숭상하고 이단을 배척한 아름다움을 지금도 상상하여 볼 수 있다.
>
> 직후 중흥기 수십 년 동안 內地에는 실제로 병화의 근심이 없어서 軍府를 폐지하고 선비들이 영예와 은총을 받던 장소[登瀛之所, 독서당]로 차용하게 되어 대체로 武를 쉬게 하고 文을 수련하는 단초가 점차 진행되었다.

---

251) 『孟子』「告子下」, "天將降大任於是人也, 必先苦其心志, 勞其筋骨, 餓其體膚, 空乏其身, 行拂亂其所爲. 所以動心忍性, 曾益其所不能."

252) 이 작품의 내용·형식적 특징적 면모에 대해서는 최태림(「澤堂 李植의 「讀書堂南樓記」 分析」, 『韓國思想과 文化』 19, 한국사상문화학회, 2003, 75~98면)이 이미 고찰하였기 때문에 천도의 순환을 바라보는 이식의 태도와 그것이 이정구의 사유와 공유하는 점에 대해서만 구체적으로 논의하겠다.

> 그런데 얼마 되지 않아 어찌하여 西戎이 다시 으르렁거려 날마다 군량을 일삼게 되었단 말인가? 이 독서당이 전대의 성대한 모습을 회복하지 못하게 되었으니 李景義 군이 신속하게 수선한 일은 매우 다행이라 생각하지만 참으로 슬퍼할만하다.
>
> 비록 그렇다고는 해도 언덕이 평지로 되지 않는 경우는 없고 좀먹고 파괴되는 일이 극에 달하면 다시 새롭게 됨이 있는데 바야흐로 지금은 문사의 폐해가 극에 달하였으니 극에 달하였다면 마땅히 변화될 것이다.
>
> 성상께서 진작시키는 일에 뜻을 두고는 있으나 다만 시기가 艱苦하여 그러할 겨를이 없을 따름이다. 장차 요사스러운 기운을 맑게 하고 文運을 더욱 빛나게 한다면 사문의 흥성함은 반드시 독서당으로부터 시작될 것이니 어찌 이군의 이 일이 옛 법도를 회복할 장래의 前兆가 되지 않는다고 하겠는가?[253]

이 작품은 쇠락한 讀書堂의 현실을 개탄하여 1631년 李景義가 소략하게나마 독서당을 얽어 놓은 일을 중심으로 구성되어 있다. 이정구의 「大成殿上樑文」은 대성전의 '홍성－쇠락－재건' 과정을 『周易』에 드러나는 轉化의 논리 맞추어 서술하였는데, 이 작품 역시 '쇠락－홍성－쇠락－홍성에의 희망'으로 구성되어 있고, 그 주요 논리 또한 주역적 전화의 사유이다.

「讀書堂南樓記」가 '쇠락－홍성－쇠락－홍성에의 희망'으로 구성되었다는 점은 각 단락이 이미 지시하고 있는 바이다. '國初, 其後, 卽, 雖然'

253) 李植, 「讀書堂南樓記」, 『澤堂集』 권9, 163면. "植於斯堂之興廢, 蓋嘗有感於文運之盛衰矣. 國初, 承麗氏之弊, 僧坊尼院, 郭外殆遍. 其後次第毁移, 書堂凡三徙, 皆直梵唄之墟, 卽當時崇文闢異之美, 今可想見. 卽中興數十年間, 內地實無兵革之虞, 乃以廢軍府, 借爲登瀛之所, 蓋亦駸駸乎偃武修文之一端. 卽奈何西戎復狺, 日事兵糧? 使斯堂也不復前代之盛觀, 顧以李君一時修葺爲厚幸, 其亦可悲也已. 雖然, 無陂不平, 有蠱卽新, 方今文事之廢極矣, 極則當變. 聖上留意振作, 特以時艱未遑耳行, 且廓淸氛祲, 增輝奎壁, 斯文之興, 必自書堂始, 則安知李君此役, 不爲將來復舊規之先兆也耶?"

등의 어휘를 통해 이식은 해당 부분의 전환을 분명히 표시하고 있다. 전화의 논리를 바탕으로 하고 있다는 점은 세 번째 단락에서 드러난다. 이 단락은 어떠한 것이든 극에 달하면 변화한다는 사유를 담고 있다. 그리고 네 번째 단락의 마지막 언급에는 희망의 근거로서『周易』을 차용한 사실과 아울러 쇠퇴한 전통을 되살려 후대에 물려주고자 하는 이식의 사유도 드러난다.

한편 이식은 서사 위주의 글 외에도 논리전개의 치밀성을 바탕으로 구조의 정합성을 보여주는 작품도 적지 않게 창작하였다.

> 무릇 믿을만한 바를 지녔는데도 구하는 바가 없기는 어렵다. 독서를 하여 박식하게 되고, 문사를 전공하여 탁월하게 된 경우 그 믿을만한 바가 어찌 약소하겠는가? 이렇게 믿을만한 바가 있는데도 利祿을 구하지 않기는 참으로 어렵다. 설령 이록을 구하지 않는 경우가 있다고 해도 聞名을 구하지 않기는 더욱 어렵다. 이 두 가지 어려움을 견지하여 오랫동안 마음을 바꾸지 않고 곤궁하여도 태연자약 하는 일은 예나 지금이나 지극히 어려운 일이다.
>
> 永嘉 權尙遠은 내가 말한바 문장에 박식하고 문사를 전공하는 사람이다. 그런데도 과거공부를 하지 않고서 때때로 과거에 응시하기도 하고, 스스로 문장공부를 즐거워하지만 세상에 이름이 나는 것은 기대하지 않으며, 헤진 옷과 찢어진 신으로 성시를 떠돌아다니고, 경시하는 듯[悠忽] 자신의 몸을 천시하였다. 간혹 고담준론을 제멋대로 하기도 하고, 말과 태도를 낮추어 시속의 기호를 따른 적은 한 번도 없었다. 비록 친구들 사이에 출입하기는 하였지만 더불어 친한 사람이 적었고 때로는 절교를 당하기도 하였다.
>
> 아, 권생은 믿을만한 바와 만난 바가 그를 이롭게 함이 없는데도 命運인 양 그것을 편하게 여기니 어찌 내가 말한바 예나 지금이나 지극히 어려운 일이 아니겠는가? 비록 그렇다고는 해도 군자는 도덕을 증진하고 공업을

> 닦는 데에 자신의 성을 다할 따름이니 명예를 피하지 않아야 할 경우도 있고, 이록을 마땅히 받아야 할 경우도 있다. 이것을 넘어서는 경우를 성인은 索隱行怪라고 하였으니 中正한 도는 아닌 것이다. 권생은 명산을 유람하며 방외의 사람들과 많이 교유하고 있는데 나는 그 도가 공허하여 의지할 바가 없게 되어 혹 異術로 흘러들지나 않을까 걱정스럽다. 때문에 그가 돌아감에 거듭 이것으로써 경계시킨다.[254)]

「送權生尙遠小序」의 첫 단락은 문장 전체를 이끌어 나가는 綱領의 역할을 한다. 권상원이 그에 부합하는 모범적 인물이라는 사실의 근거를 제시하면서 전체 작품을 이끌어 가는 단초를 제공해주기 때문이다.

모범적 선비상은 강령에서 두 가지 어려움이라고 제시한 '有挾而能不求利祿'과 '有挾而能不求名聞'과 같은 태도에 내재해 있다. 이식은 위 예문 두 번째 단락을 이 두 계열 중 더욱 어렵다고 언급한 두 번째 계열과 부합하는 모습 위주로 구성하고 있다. 예컨대 "博文攻詞人"에서부터 "見掃迹而去之"까지의 서술은 모두 권상원이 박학하고 사공에 빼어나 믿을 바가 있다는 사실, 세상에 명예를 드날리려는 마음이 없다는 점, 세속에 영합하지 않고 자신의 길을 가려고 했던 모습 등을 부각시키는 데에 주력한다. 두 번째 계열을 중심으로 서술한 이유는 첫 번째의 미덕이 이미 두 번째에 포함되어 있기 때문에 굳이 서술하지 않은 것이다.

---

254) 李植, 「送權生尙遠小序」, 『澤堂集』 권9, 150면. "大抵有所挾而無所求難矣. 讀書以爲博, 攻詞以爲工, 其爲挾也, 豈淺尠哉? 有是挾而能不求利祿固難. 卽不求利祿者有矣, 而能不求名聞爲尤難. 持此二難, 久而不渝, 困窮而自泰, 斯又古今之至難也. 永嘉權生尙遠, <u>吾所謂博文攻詞人也. 然而不習科業而有時乎應擧, 自喜詞學而不期乎名世, 敝褐破鞋, 浮遊城市, 悠悠忽忽土苴形骸. 間或傲言高論, 未嘗降辭色以少徇時好. 雖出入士友間, 寡與親善, 或見掃迹而去之.</u> 噫, 生於其所挾與其所遭, 非有所利之, 而安之若命, 豈吾所謂古今之至難者非耶? 雖然, 君子進德修業, 盡吾性而已, 名有所不避, 祿有所當受. 過此以往, 聖人謂之索隱行怪, 非大中之道也. 權生好遊名山, 多方外交, 吾懼其道虛曠無所倚, 或流於異術. 故於其歸, 申以警之."

물론 마지막 단락의 첫 문장 또한 강령을 바탕으로 권상원의 처세를 칭송하는 서술이다. 이로써 볼 때 위 작품은 첫 단락의 강령을 뼈대로 삼아 문장 전체의 논지를 전개하고 있으며, 이와 같은 구성은 작품 구조의 정합성 제고에 일익을 담당한다.[255)]

구조의 정합성 외에도 이식 산문의 장점은 논의의 정밀함과 핵심에 대한 치밀한 고구에 있다. 이식은 우의적 일화를 통해 이러한 장점을 드러내기도 하고[256)] 논리의 전개만으로써 상대방을 설복시키기도 한다.

---

255) 이 외에도 이식은 강령을 사용하여 주제의 확실한 전달, 간명한 서술을 성취한 경우가 적지 않다. 예컨대 「送閔方伯士尙按關西序」(『澤堂集』 권9, 150면)의 "예전에 閔士尙 公과 함께 州里에서 교유하였는데 세상의 일에 대해 더불어 조용히 말한 경우가 매우 많았으나 兵에 대해 말하는 것을 듣지 못하였으니 어째서인가? 알지 못해서 말하지 않은 것인가? 아니면 그가 말하지 않은 이유가 그 일은 심도 있게 언급해야 했기 때문인가? 무릇 백성으로 병사를 삼으니 병은 음이고 백성은 양이며, 병은 변하고 백성은 변하지 않으며, 병은 緯요 백성은 經이니 이것은 참으로 한 몸으로서 서로 의존하는 것이다. 겉으로 드러내는 것은 반드시 속에 감추어 두어야 하고, 변하지 않음을 다하는 것은 반드시 변화에 통해야 하며, 경을 올바로 하는 것은 반드시 위를 모아야 한다. 이러한 측면에서 잃고서 저러한 측면에서 얻는 경우는 없다. 『周易』 師卦의 大象에서 군자가 보고서 백성을 포용하여 무리를 기른다고 말하였다. 무릇 포용함으로써 자신을 믿게 하고 기름으로써 자신에게 모이게 할 수 있게 된 이후에야 수고롭게 하거나 죽여도 원망하지 않게 할 수 있다. 무릇 이와 같다면 어찌 군대가 후퇴하여 머물거나[左次] 시체를 수레에 실어오는[輿尸] 등의 흉사가 있겠는가(昔與閔公士尙, 周旋州里間, 所與從容言天下事甚衆, 顧未嘗聞言兵有何耶? 豈不知而不言耶? 抑其不言者, 乃所以深言之者耶? 夫民, 兵之寓也, 兵陰而民陽, 兵變而民常, 兵緯而民經, 斯固一體而相須者也. 顯諸陽者, 必藏諸陰, 盡其常者, 必通其變, 正其經者, 必綜其緯. 失於此而得於彼, 未之有也. 在易師之大象曰, '君子以容民蓄衆.' 夫能容以使之信我, 畜以使之聚我, 然後可勞可殺而不怨. 夫如是, 焉有左次輿尸之凶哉)?"와 같은 서술이 그러하다. 이 글에서는 병사와 백성의 관계를 陰과 陽으로 설정한 강령을 중심으로 논의를 전개하였다.

256) 「先天器說」의 경우 치밀한 논리로써 상대방을 설득하고 있다면 「倭松說」은 우의적 일화를 통해 자신의 주장을 펼친 글이다. 예컨대 인위적으로 키를 작게 한 분재와 같은 소나무를 한양에서 보고, 그것을 사람의 본성에 적용하여 "物之有似於人也. 觀夫世之弱喪者, 姸冶其容, 便儇其身, 立險絶之行以駭世, 騁嫵媚之辭以邀譽. 務悅人

반드시 宮室로써 편안함을 삼고, 성곽으로써 방비를 삼으며, 옷으로써 따뜻하게 되고, 음식으로써 배가 부르며, 육지에서는 수레를 타고, 바다에서는 배를 타며, 소는 불을 까고, 말은 고삐를 매며, 예악은 반드시 문채가 나게 하고, 병기는 반드시 위풍당당하게 하니 그릇만이 발단으로써 이후를 열어 줄 수 있는 것은 아닙니다.

그렇다면 그대는 지금 시대의 사람이고 이 그릇은 그대를 위해 사용되고 있으니 후천이 아니고 무엇이겠습니까? 또한 그대의 집에는 온갖 匠人들이 만든 물건이 있을 터인데 한 가지 물을 가리켜 어떠한 장인의 그릇이라고 할 수 있겠습니까? 또한 瓠子, 그대의 그릇라고 할 수 있겠습니까?"[257]

위 예문은 앞서 예시했던 「先天器說」의 바로 다음 부분이다. 이 작품은 선천의 그릇을 얻었다고 좋아하는 박노의 언급에 반론을 제기하면서 시작하여[258] 박노가 이식의 논리에 설득당하는 것으로 끝을 맺는다. 설득을 위해 우선 이식은 세계에 보편적으로 내재해 있는 '리'의 존재를

而爲高, 忘喪己之可恥, 其於易直之本心何哉, 剛大之浩氣何哉? 所以脂韋乾沒, 徒苟且徇外而爲人者, 與彼矮松何擇焉? 嗚呼, 人物各有恒性, 直養無害, 然後無忝于爲人爲物之名. 今乃斲喪銷鑠, 反常滅眞如此, 豈非所謂罔之生幸而免者乎? 噫, 爲彼木者亦戚矣(「矮松說」, 『澤堂集』 別集 권12, 480면)."라고 주장한 데에서 드러난다. 이러한 서술에서 일상에서의 발견과 인간의 보편적 인성의 문제를 종합하여 바라보는 시각을 간취할 수 있는데, 앞서 살펴본 장유의 說과도 동일한 서술방법이다.

257) 李植, 「先天器說」, 『澤堂集』 別集 권12, 480면. "必宮室以爲安, 城郭以爲防, 必衣裳而暖, 飮食而飽, 陸焉必車, 水焉必舟, 牛必牿馬必絡, 禮樂之必文矣, 干戚之必威矣, 非徒器也必有以開先以開後耳矣. 然則子今世人也, 是器也, 乃爲子之用, 非後天而何? 且子之身家, 百工之所爲備矣, 從而指其一物曰, 某工之器可乎? 抑謂瓠子之器可乎?"

258) 서두에서 언급한 박노의 그릇이 후천의 그릇이라는 이식의 주장은 실제로 후천의 기물이라고 주장한 것이 아니다. 오히려 선후천의 경계를 '리'가 관통하고 있다는 사실을 주장하기 위해 던진 관심유도 목적의 단언이다. 또한 만약 '리'가 선후천을 관통한다는 점을 인식하지 못하고, 선후천의 경계를 명확히 구분하는 인물이 선천의 그릇이라고 했다면 그 사람의 편향적 시각을 문제시할 수 있겠지만 '리'의 관통을 숙지한 인물이 후천의 그릇이라고 언급하였다면 그것은 후천이면서도 선천이라는 의미를 함축하고 있기 때문에 논리적으로도 문제가 되지 않는다.

역설한다. 이것이 앞서 제시한 예문의 주요 내용이었다. 이식은 이에서 한 단계 더 나아가 위 예문의 첫 번째 단락을 언급함으로써 항구적 '리'를 주장한 자신의 견해에 무게를 싣는다. 이러한 주장을 바탕으로 이식은 '리'의 존재를 사유하지 않고 선천의 그릇라고 하면서 자신의 소유로 삼고 있는 박노를 은근히 비판한다. 이것이 두 번째 단락의 주요 내용이다. 즉 장인 자신이 만든 경우에도 하나의 물은 개인의 소유가 아니므로 그릇 또한 박노만의 것이 될 수 없다는 비판이다.

그런데 구조적 정합성이든 논리의 치밀함을 서술하는 경우이든 이식 사유의 경향인 근본과 정통의 추숭에서 그는 크게 벗어나지 않는다. 또한 근본과 정통에 대한 추숭을 이식이 효과적으로 서술하기는 하였으나 그것을 새로운 형식으로 형상화하지는 않았다. 따라서 내용에 있어서는 정통성을, 형식에 있어서는 당대 일반적이었던 전범—唐宋古文의 글쓰기—을 추숭하면서 더 능숙하게 서술한 것이 이식의 글쓰기가 지닌 특징이다.

이제까지 살펴본 說과 記 장르 외에 송서에서도 이러한 특징이 보이는데, 「送權生尙遠小序」의 마지막 단락을 통해 살펴볼 수 있다. 이 작품의 마지막 단락은 권상원에 대한 칭송과 권계로 구성되어 있다. 마지막 단락 첫머리의 칭송은 이미 앞서 두 단락에서 언급한 특징을 종합하는 기능을 갖는다. 송서의 경우 일반적으로 길을 떠나는 이에게 증여하는 장르이기 때문에 여정과 도착한 이후 겪게 될 상황을 권계하는 것은 일반적이다. 이식은 이 단락에서 '索隱行怪', '異述에 대한 경계'로써 권상원을 전송한다. 그것도 '權生'이라고 객관화시킨 호칭으로 표현하고 있다. 유몽인과 신흠이 기존 송서의 서술을 다소 바꾸어 개인적 고백투로 서술한 점, 이정구 송서의 산수유기적 글쓰기 등과 비교해보면 이식 송서의 전범성 추구는 더욱 선명하게 부각된다.

> 이때 공의 병이 매우 위독하여 수척하고 상한 상태가 지속된 것이 3년이 넘었는데도 정신은 조금도 쇠퇴하지 않았다. 국가의 일에 착오가 있을 때마다 번번이 번민하며 잠을 잊었다. (沈命世 공은) 일찍이 다음과 같이 말한 적이 있다. "나는 세상의 달고 쓴 맛 중에 하나도 마음을 쓴 적이 없으나 오직 국가의 일만은 잠시도 잊지 못하였다. 병이 든 가운데에서도 이 마귀 하나는 쫓아버려도 떠나지 않으니 대단히 괴로운 일이다." 壬申年(1632) 4월 2일 병이 갑자기 위독해지자 곧 집안일을 처리하였는데 좌우에 우는 사람들이 있자 공은 다음과 같이 말하였다. "한번 왔다가 가는 일은 항상 있는 이치이니 슬퍼하지 마라." 말이 끝나자 죽었는데 그때의 나이가 46세였다. 공은 재화에 청렴하고 베풀기를 좋아하여 죽을 때에 이르러 함을 살펴보니 오직 저고리 두 벌밖에 없어서 친구들이 수의를 마련하여 염을 갖추었다.[259]

위 예문은 沈明世(1587~1632)의 일생을 기록한 「青雲君沈公墓誌銘(幷序)」의 일부이다. 위 예문 외의 부분은 심명세가 수행한 관직생활의 모습, 관직을 대하는 태도 등에 초점을 맞추어 비교적 객관적으로 서술하였다. 이 작품의 마지막 부분에서 이식 스스로가 "공이 평생 실행한 덕행은 매우 많으나 오직 국가를 다스리는 데[國體]에 관련된 일만 취하여 묘지를 썼다."[260]라고 서술의 초점을 밝혔는데, 이 작품은 이것을 충실히 실천한 묘지명이다. 이러한 태도에서 객관성의 담보는 물론, 韓愈나 歐陽修가 비지문에서 추구하였던 煩簡得當을 실천하기 위한 이식의

259) 李植, 「青雲君沈公墓誌銘(幷序)」, 『澤堂集』 권10, 174면. "是時, 公疾已劇, 羸毁支綴踰三年, 而精神不少衰. 每聞國家事有闕失, 輒憤憤忘寢. 嘗曰, '吾於世味甘苦, 無一概於心者, 惟於國事, 不能頃刻忘. 病中此一魔, 驅遣不去, 大是苦事.' 壬申四月初二日, 疾暴劇, 便處置家事, 左右有泣者, 公曰, '一往一來, 理之常, 毋悲也.' 語畢而逝, 年四十六. 公廉於財, 好施與, 及卒視其篋, 只有二襦, 親友襚之, 乃備斂."

260) 李植, 「青雲君沈公墓誌銘(幷序)」, 『澤堂集』 권10, 175면. "公平生制行可紀者甚多, 特取其關於國體者, 以誌之"

노력을 볼 수 있다.[261)]

위 예문에서는 심명세의 언급을 직접 인용하고 있다. 첫 번째의 인용을 통해 이식은 심명세가 병중에서도 國事를 지속적으로 유념하고 있었다는 사실을 보여준다. 이러한 보여주기의 방법은 대상인물의 개성적 측면을 효과적으로 제시하고 비감을 배가시킨다는 장점이 있다. 첫 번째 인용문이 국사에 골몰하는 심명세의 특징적 면모를 부각시키기 위해 차용하였다고 한다면, 두 번째로 인용하고 있는 예문은 비감을 배가시키기 위해 차용하였다. 즉 객관적인 서술 속에 위와 같은 예문을 삽입함으로써 망자의 개성을 선명히 부각하고 그의 죽음에서 느낀 비감을 표현한 것이다.

그런데 비지문에서의 이러한 서술은 허균, 이정구, 신흠 등을 비롯한 작가들도 일반적으로 사용하고 있으며, 그것은 다시 한유와 구양수의 비지문 서술법과 일정하게 연관되어 있다.[262)] 즉 전통적 서술방법을 차용하여 변용한 것이다. 다만 비감을 배가시키는 방법이나 서사의 구체성 등의 측면에서는 동시기 여타 작가에 비해 변용의 폭이 넓지 않다.

> 내 아우 材가 常山縣의 斗谷에 기거하고 있다. 거소의 서북쪽 다소 깨끗하고 깊은 곳에 세 칸의 집을 짓고 띠를 덮었는데 제도는 검소함을 따랐고, 이곳을 한가하게 쉬면서 책을 읽는 장소로 삼았기에 내가 그 방의 편액을 斗室이라 명명하였다. 세인들은 사방이 좁은 방을 두실이라고 말한다. 우리말은 골짜기[谷]를 또한 실(室)이라고 발음하기에 골짜기로 인하여 '실'이라고 명명한 것이니 이 또한 간소함을 따른 것이다.

---

261) 한유와 구양수 비지문의 특징과 그것이 17세기 경 활동한 문인들에게 끼친 영향과 양상에 관해서는 안득용, 「16세기 후반~17세기 전반 碑誌文의 典範과 서술 양상에 대한 고찰」, 『韓國漢文學硏究』 제39집, 2007, 223~259면 참조하기 바란다.

262) 안득용, 앞의 논문, 244~250면 참조.

죽은 친구 任茂叔(任叔英)은 어떤 사람에게 수천 어휘의 「斗亭記」를 지어 준 적이 있다. 그는 두정을 왕래하는 모든 사람들을 말하였는데, 마치 되로써 물건을 측량하는 것과 같았다. 그리하면서 세상 사람들을 수십 가지 종류로 두루 서술하였다. 그의 문장은 『包朴子』「人品」-실제로는 「行品」임-을 모의하여서 어사가 매우 기이하였으며 학자들이 많이들 전하며 암송하였다. 지금 아우 재는 궁벽한 곳에 기거하고 있기 때문에 사람들의 왕래가 매우 적고, 오직 이 방을 독서하는 장소로 삼았을 뿐이니 任子의 說을 다시 취하여 중첩되게 하는 것은 마땅치 않다. 그저 내가 어린 시절부터 책을 읽었던 거친 방법이나 남몰래 전하고자 한다.[263)]

이식의 庶弟인 李材의 독서당에 부친 「斗室記」의 일부이다. 예문에서 이미 언급한 것처럼 任叔英의 「斗亭記」와 대조적이다. 임숙영은 두정에 드나드는 인물에 대해 懸河之辯을 펼치며, 다양한 인간군상을 묘사하고 있으나 이식은 그저 자신의 독서법을 소박하게 소개함으로써 기문을 구성하고 있다. 수사의 절제는 破題에서도 드러난다. 협소한 방을 斗室이라고 부르는 사실과, 살고 있는 곳이 斗谷인데 '곡'을 조선에서는 '실'이라고 발음한다는 점을 명명의 이유로 삼고 있기 때문이다. 즉 파제와 서술 모두가 절제된 수사-위 작품의 용어를 따르자면 簡-를 추구하고 있다는 점이 위 작품의 특징이다.[264)]

263) 李植, 「斗室記」, 『澤堂集』 권9, "舍弟材寓居常山縣之斗谷. 就寓舍西北偏稍淸奧處, 築室三架, 覆以茅, 制從儉, 以爲宴居讀書之所, 余名其扁曰斗室. 蓋俗謂室之方而狹者曰斗室. 國音谷亦謂之室, 因谷而名室, 亦從簡也. 亡友任茂叔, 嘗爲人作斗亭記數千言. 其說以凡人往來於亭中者, 如以斗量物. 仍歷敍世間人物數十種. 其文倣『包朴子』「人品」而語特奇, 學者多傳誦焉. 今材寓居僻塢, 人物之往來絶少, 止以是爲讀書之室, 不當更取任子之說駢拇之也. 特以余之少來讀書粗法, 密相授焉."

264) 이식은 「鬱巖寺記」(『澤堂集』 권9, 162면)에서도 '울암'을 "鬱巖寺는 원주[原城]의 북쪽 峽江의 물가 암벽의 꼭대기에 있다. 그 이름의 뜻에 대해 어떤 사람은 수풀의 나무가 울창하여 얻었다고도 말하고, 어떤 사람은 그 바위가 竝立한 모습이 울타리를

이로써 볼 때 이식의 산문은 '辭欲巧'보다 '辭達'에 가깝다고 할 수 있다.[265] 이러한 특징적 면모는 전통적 글쓰기의 방법을 추구하며 정합적 형식 속에 내용을 담아 서술하고자 했던 이식의 사유와 부합된다고 할 수 있는데, 이와 같은 전범성은 역사 기록의 자료가 될 수 있는 장르에서는 더욱 엄격하게 지켜진다.

> 正堂은 모두 12칸이며, 우측에는 西上房 3칸이 있었고, 그 앞에는 누대 3칸이 있었는데 이른바 南樓이다. 좌측에는 東上房 3칸이 있었고, 그 앞에는 文會堂 8칸이 있는데 누대와 방이 있었고, 지세가 평평하고 낮아서 동방에서 그 집을 내려다보았다. 정당과 동방의 사이에 藏書閣 2칸이 있었는데 용마루가 이어져 있어서 벽을 사이에 두고 있었다. 그 북쪽에는 報漏室이 있었고, 보루실의 북쪽에는 測影臺가 있었는데 시각을 기록하여서 책 읽는 일과를 경계시켰다. 서쪽 담장 밖으로 바윗길을 따라 내려가면 架石이 澗水에 걸쳐져 있는데 물을 끌어와 몇 묘 되는 연못을 만들었으

쳐놓은 듯하여서 그리되었다고 말하는데 우리나라 사람들은 울타리를 울(鬱)이라고 부르기 때문에 그렇게 부른 것이다(鬱巖寺, 在原城之北峽江之汭巖壁之巓. 其名義, 或曰以其林木茂鬱而得, 或曰以其巖石離立, 類排籬然, 東人謂籬爲鬱故云)."라고 파제한 이후 그곳의 경치를 묘사할 뿐, 명칭에 담긴 哲理的 의미를 찾거나 그에 함의를 담으려고 하지 않는다. 물론 유몽인이나 임숙영이 사용하는 방법처럼 서두에 주의를 끌만한 어구를 두어 관심을 유발하려고도 하지 않았다.

265) 辭達의 측면에 가깝다는 말은 내용 전달을 문장의 수사보다 중시하였다는 의미로만 사용한다. 즉 이식이 수사를 소홀히 하고 오직 의미의 전달에만 집중하였다는 뜻으로 '사달'을 사용한 것이 아니다. 예컨대 「玄州遺稿序」(『澤堂集』 별집 권5, 338면)의 "昔蘇長公論文, 以孔子辭達一句爲宗旨, 說者謂, '達者, 達其意也. 詞止於達, 不必宏肆奇麗之爲尙.' 是固然矣. 然惟物之不齊, 理之殊也, 意有遠近, 辭有險易. 自虞夏商周之文, 尙有渾噩詰屈之不同. 況由屈宋以來, 六義派分, 群軌竝騖? 均之各言其志, 無關於理, 而輪轅之飾致遠, 虎豹之斑章彩, 斯不亦文之至哉!"와 같은 언급에서 그가 수사에도 관심을 지녔음을 알 수 있기 때문이다. 다만 그의 글쓰기와 앞의 예문에 등장하는 "均之各言其志, 無關於理"로 압축되는 사유를 고려했을 때 상대적으로 '사달'의 측면에 가깝다는 의미이다.

며, 그곳에 누정 3칸이 있었다. 북쪽에는 세 겹의 계단이 있었는데 꽃과 나무를 심는 곳이었다. 서방의 담장 안에는 부엌이 3칸 있었다. 동쪽 담장 밖에는 마구간 3칸, 書吏의 방 3칸, 대문 1칸이 있었다. 대문의 아래로 몇 발짝 되는 곳에도 물을 끌어와 연못을 만들었는데 위에는 작은 누정 2칸이 있어서 외부의 손님을 맞았다. 이 누정과 부엌, 서리의 방은 모두 한 칸이 네 개의 기둥으로 되어 있었으며, 정당의 여러 방과 누정은 앞뒤 측면으로 여덟 개의 기둥으로 되어 있었다. 礎石이 매몰되어 점검하여 셀 수 없었기 때문에 대체로 그 칸수로써 기록한다.[266]

「記書堂舊基」는 讀書堂의 관리자였던 金國을 우연히 만나서 알게 된 독서당의 옛 형태, 수업진행과 평가,[267] 구성인원의 현황과 대우,[268] 독서당을 관리하는 이들의 봉급과 처우[269] 등을 자세히 서술하고 있다.[270]

---

266) 李植, 「記書堂舊基」, 『澤堂集』 別集 권5, 349면. "正堂通計十二間, 右有西上房三間, 前有樓三間, 所謂南樓也. 左有東上房三間, 前有文會堂八間, 有樓有房. 地勢夷下, 自東房俯視其宇. 正堂與東房之間, 有藏書閣二間, 連棟而隔壁. 其北有報漏室, 室之北, 有測影臺, 所以記時刻警讀課也. 西偏墻外, 緣巖逕而下, 架石跨澗, 引水爲蓮塘可數畝, 有亭三間. 北有三重階, 種花木處也. 西房墻內, 有庖廚三間. 東墻外, 有馬廐三間, 書吏房三間, 大門一間. 門下數十步, 又引水爲蓮塘, 上有小亭二間, 以待外客也. 此亭與庖廚・吏房, 則皆一間四楹, 下比正堂諸房・樓有前後翼爲八楹. 而礎石埋沒, 不能點數, 故大凡以間數記之矣."

267) 李植, 「記書堂舊基」, 『澤堂集』 別集 권5, 349~350면. "金國言盛時賜暇讀書, 例選十二員, 分二番直宿讀書. 大提學日課所製, 考第以上之. 月三宣醞, 則有別製有賞格, 第一賜虎皮, 次豹皮・馬裝・胡椒・丹木等物. 官供朝夕, 堂員又需索, 內外官司無敢闕應. 此則吾輩習聞前輩, 亦記之矣."

268) 李植, 「記書堂舊基」, 『澤堂集』 別集 권5, 350면. "金國言堂員, 皆三司名官, 數遷及呈告, 故常不備番數, 或三四員而止. 而例給一月飯米十五石, 豆十五石. 內贍寺日供酒各一瓶, 鹽醬蔬菜柴炭稱是. 乘馹出入, 粧二方舟, 以待宴遊, 掌樂院供妓樂, 雖中書舍人司, 不敢先爭."

269) 李植, 「記書堂舊基」, 『澤堂集』 別集 권5, 350면. "書吏九口, 使隷八口, 皆受料布, 堂屬臧獲八十餘戶, 環居堂側, 用以代吏隷, 而收其料布. 或收柴炭剩價幷米豆餘數, 藏之別庫, 如文會蓮亭等役, 用此爲費, 饌物亦取此而贍足, 常釀酒數石, 不惟內贍供也."

위 예문은 그 중에서 독서당의 물리적 형태와 구성을 서술한 부분이다. 정당에서 시작하여 그것에 부속된 건물, 기물의 칸 수와 위치, 형태 등을 자세하게 서술하고 있다. 이렇게 자세히 기록한 이유는 그의 말처럼 후대의 고증을 위해서이다.[271]

위와 같은 서술은 누정기에서 일반적으로 건물의 모습과 그것이 위치한 형세를 묘사하는 형식과 유사하다. 다만『啓山志』,『澤風堂志』,「祭式」,「祭饌」,「祭儀」 등과 같이 후대인들이 살펴보고 그 모습을 충분히 짐작할 수 있게 서술한 글들이 그에게 적지 않다는 점에서 이식 고유의 특성이라고 할 만하다. 물론 이와 같은 서술은 전통의 수호와 전달이라는 측면과 밀접하게 관련되었다. 이 작품 마지막 부분의 이상적 상황으로의 복귀와 警戒에서 이와 같은 사유가 드러난다.[272]

---

270) 「記書堂舊基」의 서두에 이식 스스로가 세 번 문형을 하고 난 이후의 기록임을 밝히고 있기 때문에 이 작품은 적어도 1643년(60세) 이후의 창작이다. 李箕鎭이 찬술한『年譜』에 의하면 이식은 丙子(1636, 53세), 庚辰(1640, 57세), 癸未(1643, 60세) 등 세 차례에 걸쳐 大提學에 제수되었다는 기록이 있다. 따라서『연보』에 누락이 없는 한 이 작품은 1643년 이후의 작품이다.

271) 李植,「記書堂舊基」,『澤堂集』 別集 권5, 349면. "今者待罪湖上, 偶逢書堂舊吏金國者, 詢及故事, 仍與往觀, 從其指示而記之, 以備後考焉."

272) 李植,「記書堂舊基」,『澤堂集』 別集 권5, 350면. "이로 인하여 가만히 생각해보니 세종 초기에 특별한 조령[特旨]으로 사가독서를 할 때에는 定員과 定數도 없었고, 吏卒의 공급도 정액이 없었는데도 선발된 인원들은 각자 학문과 문장에 힘써서 법도를 넘어 방종함이 없었다. 후대에 官司를 설치하고 規制를 확정하여 考課를 엄격하게 하였는데도 수양할 때에는 방종함 면하지 못하였고, 학습할 때에는 遊樂함을 면하지 못하였으니 앞뒤 시기 인재 배양의 효과를 참으로 살펴볼 수 있겠다. 지금 太平은 흔적도 찾아볼 수 없고, 斯文은 모두 제거되었으니 독서당의 복구는 참으로 기약하기 힘들고, 설령 복구된다고 해도 마땅히 재단하여 말류의 폐해를 경계할 만하므로 잠시 기록해 둔다(仍竊伏念世宗初, 以特旨賜暇, 無定員無定數, 吏卒供給, 無定額, 而被選之人, 各自勉學修辭, 無敢踰侈. 乃後設官司定規制, 其考課若嚴, 而養不免侈, 習不免嬉, 前後作成之效, 亦可覩矣. 目今太平無象, 斯文掃地, 堂之復, 固未可期, 設復之, 當有以裁之末流之弊可戒也, 姑識之)."

기물과 제도의 기록뿐만 아니라 인물의 기록 또한 역사서술에 필수적인 자료가 된다. 이식은 특히 인물을 기록함에 있어서 司馬光의 「百官表」와 朱熹의 「名臣言行錄」의 모범을 따라 名臣과 善士의 기록을 정리하고자 하였다. 물론 역사에 최종적으로 기록되는 내용은 是非와 名實에 비추어 보았을 때 어그러짐이 없는 자료여야 한다는 의견도 분명히 피력한다.[273] 결국 이식의 인물서사가 대체로 객관적 서술 위주로 구성된 이유는 바로 이와 같은 태도에서 연유한다.

그런데 이식은 타인을 기록하는 경우뿐만 아니라 자신에 대해서도 최대한 객관적으로 서술하려고 노력했다. 私見과 편견에 의해 기록된(혹은 그 스스로 그렇게 기록되었다고 여긴) 『宣祖實錄』의 오류와 문제점을 충분히 보았기 때문에 이러한 인식은 더욱 강렬해졌으리라 생각한다.

이식은 1637년(54세) 12월[274]에 고질병 때문에 자신이 죽을 것이라 생각하고는 묘지명의 형식을 본떠서 자신의 행적을 대략 기술한 적이 있다.[275] 그것이 「澤癯居士自敍」이다. 이 작품은 서두에 자신의 世系를 서술하고[276] 마지막 부분에 자신의 이력을 종합하고 평가함으로써[277]

---

273) 李植, 「辛巳春請修史辨誣箚」, 『澤堂集』 別集 권4, 328~329면. "編緝凡例, 則首先求訪士夫家所藏記錄, 而外方則以都事兼春秋, 博訪民間, 集聚上送, 然後稟裁于大臣, 取其不謬于是非名實者, 以爲一類. 又取名臣善士碑誌狀傳, 略倣司馬光「百官表」, 朱子「名臣言行錄」, 以爲一類, 則雖其收集之間, 當費時月, 刪定之役, 則計不過數月可完. 又取先朝名臣大儒文集有關於典章者, 依祖宗朝當時著述竝藏史庫之例, 一體付傳, 則庶幾一代典刑, 尙有徵於來許矣."에서 자료의 수집과 취사, 碑誌·狀傳의 수집과 정리, 문집자료의 취급 범례 등을 자세히 서술하고 있다.

274) 李箕鎭, 『年譜』(『澤堂集 附 畏齋集』, 1977), 682면 참조.

275) 李植, 「自誌續」, 『澤堂集』 別集 권16, 546면. "居士於丁丑冬, 在疚嬰瘵, 自分必死, 手草行迹大略, 擬以誌諸墓矣."

276) 李植, 「澤癯居士自敍」, 『澤堂集』 別集 권16, 543~544면. "居士李氏名植, 字汝固. 其先出今京畿豐德郡德水縣. 高麗高宗朝, 同知樞密院事陽俊始顯, 傳二代, 皆達官. 至樂安伯千善最貴. 又傳三代, 皆顯爵. 至司諫院司諫宜茂最盛, 五子俱文武科第. 三

묘지명의 전형적인 구성을 취하고 있다. 이 작품은 최대한 객관적 사실에 입각하여 서술되었기 때문에 개인적 감회는 거의 드러나지 않는다.

> 澤癯居士는 어려서부터 병약했다. 9세에 왜란을 당하여 남북으로 옮겨 다녔다. 12세에 처음으로 향촌의 私塾을 좇아서 句語를 배웠으나 채 이루지 못하고 학질에 걸려 거의 죽을 정도가 되었던 것이 5·6년이었다. 18세에 비로소 과거에 응시하였으나 합격하지 못하였고 또 다시 병약하여 파리해지고 발바닥이 뒤틀리는 병환이 있어 곧 과거공부를 그만두고 궁벽한 시골에 투신한 것이 또한 5·6년이었다. 기유년(1609) 겨울 다시 과거에 응시하여 上舍에 올랐다. 경술년(1610) 겨울 별시에 급제하여 權知成均館學諭가 되었으나 나아가지 않았다. 3년이 지난 계축년(1613) 侍講院說書로 선발되었으나 그때 역모로 인한 옥사가 크게 일어나서 감히 면직을 청하지도 못하였는데 의정부[都堂]의 推考에 나아가지 않은 일로 인해 피폄되어 遞職할 수 있었다. 이 해 가을에 아버지께서 驪江의 거소에서 돌아가셔서 砥平의 東谷에 묏자리를 정하고 여묘에 기거하면서 三年喪을 마쳤다.[278]

子容齋先生諱荇, 官至左議政兼大提學. 容齋次子元祥, 官中樞府都事, 贈吏曹判書. 長子諱涉, 以成均生員早歿, 贈承政院左承旨, 生諱安性, 官安奇道察訪, 居士之先考也. 贈議政府左贊成, 配茂松尹氏, 工曹參判贈左議政諱玉之女, 以萬曆甲申十月癸丑, 生居士于漢京."

277) 李植, 「澤癯居士自敍」, 『澤堂集』 別集 권16, 546면. "居士氣質昏懦, 旣長大, 猶不省人事. 中因廢疾無聊, 省閱書史, 頗識理趣, 而輒妄談是非得失, 益駭于俗. 光海朝, 幾陷刑穽, 惟用深藏獲全. 遭値新政, 見謂當時保節可賞, 驟躐淸班, 居士大懼不稱. 又見隣寇方張, 國政不修, 欲有所更變, 凡有論議, 輒乖忤上下. 每辭尊居卑, 數求外補, 絶交遊避黨目, 孤立自信. 由是大爲士論所疑外, 目以迂愚浮誕, 甚者斥以詖險返側, 以至分朝之際而極矣. 賴<u>聖度含容, 朝議或有不欲全棄者, 凡有彈劾, 必先揚文藝之美, 而繼以貶抑. 故雖過日益有聞, 而文日益有名, 以至承乏文柄, 叨列卿秩, 皆推移之勢使然, 其實文亦非其所長, 又非其所自喜, 嗟乎, 豈非命哉!</u> 宗社覆矣, 君父辱矣, 旣不能先事極言, 又不能決幾早退, 規規於語默取舍之間, 卒無以自表見於亂世, 此居士之所自以爲罪者也. 居士京外無莊宅, 嘗筮居, 得澤風之象, 作書閣于先壟之旁, 扁以澤風, 自是人稱爲澤堂, 初非自稱, 晩更自號澤癯居士, 詳在所著澤風志."

어떠한 인문학적 글쓰기에도 개인의 견해가 전혀 틈입하지 않을 수는 없다. 다만 그것을 최소화할 수 있을 뿐이다. 이식은 사견과 편견의 개입을 최소화하기 위해 실제 행적만을 최대한 객관적으로 기록하고자 노력했다. 이미 살펴본 것처럼 이식의 역사관이 그러했음은 물론, 자신의 이력을 스스로 기록한 작품이기 때문에 혐의를 피하기 위해 더욱 객관성을 유지하려고 노력한 것이다. 즉 실제보다 지나치게 칭송하는 諛墓와 실제를 축소하는 貶下의 사이에서 그가 내린 결론은 객관적이며 공정한 글쓰기이다.

위 예문에서 이식은 연도(혹은 자신의 당시 나이), 사건 등만을 기록하고 있을 뿐, 평가나 감정의 개입을 최대한 자제하고 있다. 자신에 대한 기록을 적지 않게 남기고 있는 이식이 자신을 기록하는 방법은—특히 자신 일생을 기록하는 경우 더욱 더— 대체로 이와 같은 모습을 띤다.[279] 예컨대 병이 들어 거의 죽음 가까이 갔던 경험, 과거시험에 낙방

---

278) 李植, 「澤癯居士自敍」, 『澤堂集』 別集 권16, 544면. "居士少弱疾. 九歲, 遭倭亂, 遷播南北. 十二, 始從村學, 學句語未成, 遘瘧癘之疾, 危死者五六年. 十八, 始就監試不利, 又患瘯蠃蹠戾之疾, 卽棄擧業, 投鄕僻者又五六年. 己酉冬, 復求擧陞上舍. 庚戌冬, 別試中第, 權知成均館學諭, 不就. 越三年癸丑, 以侍講院說書被召, 會逆獄大起, 不敢辭免, 因不赴都堂考, 被貶得遞. 秋先大夫卒于驪江寓居, 卜葬砥平東谷, 因廬居終制."

279) 「澤癯居士自敍」의 마지막 부분 일부와 이 작품과 유사한 서술태도를 보이는 「自誌續」의 말미에 다소 삶에 대한 회한이 엿보이나 그것 또한 그렇게 강렬하지는 않다. 「自誌續」(『澤堂集』 別集 권16, 547~548면)의 해당부분은 다음과 같다. "蓋自癸亥至丁卯, 則聖眷偏注, 而下積疑謗, 丁卯以後, 則聖明果知臣不可用, 故數被譴旨, 常在閑秩, 而親年已八十, 難於遷徙. 或爲養受祿, 數年因循, 或雖退來, 而國多事變, 不敢長往, 識者疑之固也. 丙丁經亂, 朝署乏人, 注擬頻仍, 至於文衡之代, 尤難其人, 以此上下無朋, 而名位不替, 中心憂愧, 求退非時, 惟欲免非據之仕, 自托於汗青之役, 亦欲刊一代誣史, 成不朽大業, 而不幸公議已睽, 蠆尾復逞, 沮撓者太半, 親戚皆諫止, 而吾不恤者, 意蓋如右. 而每春秋, 自上違豫, 宰臣恒起居閤門, 植冬夏則寒熱症輒劇, 以其間獨自編摩, 同僚寡助, 幾成而遭此禍, 平生愚妄之行, 亦極於此矣. 前志遺戒自

한 사실, 아버지의 죽음 등에 대해서 최대한 감정표현을 자제하고 있다.

이러한 특징은 유몽인 · 허균 · 신흠 · 장유 · 이정구 등의 비지문이나 자신을 기록한 서술과 비교해보면 그 차이가 분명히 드러난다. 따라서 비감의 토로를 최대한 자제하고 자신과 타인의 삶을 객관적으로 서술하고자 한 태도 역시 이식 글쓰기의 특징적 면모이며, 그것은 그가 지녔던 세계관과 역사관, 글쓰기를 대하는 태도로부터 도출된 것이다.

이로써 볼 때 이식 글쓰기의 특징은 구조의 정합성, 논리의 치밀함, 수사의 절제[簡], 객관성과 공정성 등으로 정리할 수 있다. 이러한 점은 전범을 추수한 작가들의 글쓰기가 보여주는 특징이기는 하지만, 동시대 문인들보다 이식은 그것을 더욱 엄격하게 지키려고 하였다. 변주의 폭이 여타 문장가에 비해 좁은 이유도 역시 이러한 사실에 기인한다. 근본의 수양 및 교화를 신봉한 그의 사유와, 서술의 객관성 및 공정성을 유지하려고 했던 태도가 지금까지 살핀 이식 글쓰기의 특징적 면모를 형성한 주요한 근거이다.

제3항 소결

이정구와 이식은 다소간의 차이는 있으나 천도의 조화로운 운행과 전통의 추수, '사달' 중심의 문예의식 등에서 볼 때 전범적 성향이 강함을 알 수 있었다. 다만 사유에 있어서는 동일한 경향에 속할 수 있으나 글쓰기에서는 일정한 차이를 보인다.

이정구가 동일한 구법을 반복하거나 개별 사안의 일목요연한 정리를 통해 정제된 형식미를 추구함을 보았다. 이것은 그의 글쓰기가 지닌 전

貶儉葬, 今反初服, 恰遂本分, 我心寧也, 宜仍前戒, 葬用士庶之禮, 以副我履素之志, 勿謂死者全無知也. 丁亥暮春, 澤癯居士病中自草."

범적 성향이다. 그런데 이정구는 세밀한 묘사 속에 정을 붙인다거나, 기존에 거의 서술하지 않던 소재들을 편입시키는 등의 개성적 글쓰기 또한 병행했다. 반면 이식은 치밀한 논리전개나 강령을 통해 글쓰기의 완정성을 획득하는 경우가 많았고, 감정을 억제하면서 객관적으로 글을 썼다. 이를 기준으로 두 문인을 나누어본다면 이정구의 위치는 장유나 신흠의 계열에 가깝고, 이식은 이들로부터 더욱 먼 위치를 점유한다고 말할 수 있다. 즉 이정구나 이식 모두 사유에 있어서는 전범적 특징을 공유하고 있으나 글쓰기의 경우, 이정구는 개성적 색채를 적지 않게 지닌 반면 이식은 이러한 측면이 상대적으로 적다.[280)]

이식이 글쓰기에서 전범성을 강하게 갖게 된 이유는 다음의 몇 가지 사실로부터 연유한다. 그는 개성적 산문을 창작하려고 했던 문인들과 달리 개인의 자유분방한 재능을 발휘하기보다 육경을 비롯한 고전적 전범에서 발견되는 법칙을 따르려 했고, 보편에 호소하는 객관성을 추숭하며, 합리성에 입각한 질서와 조화를 우선시하였다. 이 때문에 그의 산문이 전범성을 강하게 띠게 된 것이다. 그런데 이와 같은 태도에서는 문학이 인간의 질서 있고 조화로운 생활을 조성하기 위한 윤리적 도구가 되기 쉽다.[281)]

280) 다만 문예적 산문을 대상으로 한 본고가 이식을 논의의 대상으로 수용한 데에는 다음과 같은 이유가 있다. 첫째, 기존 연구에서 밝힌바, 그는 문학(혹은 문)의 전범을 비롯하여 글쓰기에 대해 적지 않게 관심을 피력하였다. 둘째, 관심에만 그치지 않고 실제 비평이나 글쓰기를 통해 자신의 견해를 적용하였다. 셋째, 산문의 수량과 수준이 대상 문인들과 비교했을 때 어깨를 견줄 수 있는 수준이다. 넷째, 세계관과 글쓰기에서 일관된 특성을 간취할 수 있다. 이로써 볼 때, 당시 산문 지형의 실체를 고스란히 보여주고자 한다면, 이식을 제외할 수 없기 때문이다.

281) 이상섭, 『문학 비평 용어 사전』, 민음사, 1999, 20~22면; 朴贊機, 「古典主義의 槪念과 本質」(『文藝思潮』, 김용직 · 김채수 · 김종철 편) 문학과 지성사, 1988, 35~47면; Do minique Secretan, 『古典主義』, 姜大虔 譯, 서울대학교 출판부, 1984, 1~13면 참조.

그런데 이정구의 세계관, 문예의식, 글쓰기 등에서도 문학을 윤리적 도구로 삼는 태도를 적지 않게 발견할 수 있었다. 한편 이미 언급한바 정제성 혹은 완정성 등으로 언급한 문장의 구조적 완결성은 전범적 성격이 적지 않다. 이러한 이유 때문에 차이는 있으나 이정구와 이식을 동일하게 전범적 계열로 분류한 것이다.

전범적 경향의 문인들의 의의는 균열의 봉합과 글쓰기 방법의 설정에서 찾아야 한다. 사유의 균열에 대응하여 조화로서의 통합과 도덕적 근거를 제시하였으며, 글쓰기의 규칙과 방법을 설정하고자 노력하였다는 점이 이들의 특징적 면모이기 때문이다. 다만 문학의 발전, 혹은 다양화라는 측면에서 이들을 평가한다면−특히 이식은− 앞서 살펴본 문인들에 비해 상대적으로 답보의 상태에 머물렀다. 즉 아름다움과 감동의 창조, 다양한 글쓰기라는 시각에서 적지 않은 제약과 한계를 보인다.

제4장
장르와 散文

이번 장에서 다룰 장르는 碑誌, 送序, 論說 등이다. 이미 밝혔듯이 비지는 서사적 요소가 기본이 되는 서사 장르의 대표적인 하위 장르이고, 논설은 의론 장르에서 그러하며, 마지막으로 송서는 서사와 의론의 경계에서 두 요소를 포괄하고 있는 장르이다.

이 중에서 비지문은 오랜 역사를 지닌 장르이다. 따라서 그 시간의 무게만큼 내용과 형식적으로 다양한 양상을 드러내 보인다. 다만 그 장르의 역사가 지닌 무게만큼이나 내용과 형식적으로 고착화되었던 장르이기도 하다. 16세기 후반~17세기 전반의 비지문에 대한 논의를 살펴보면 그 상투성을 지적하는 사례도 증가하고, 실제 창작에 있어서도 일정한 파격을 시도하기도 한다. 본고는 상투성에서 벗어나기 위해 기울인 노력을, 특히 서술적 측면에 초점을 맞추어 고찰하고자 한다.

다음으로 송서는 떠나는 사람과 그를 전별하는 사람의 사이에서 주고받던 글이다. 따라서 떠나가게 되는 계기와 정황의 서사, 떠나는 이에 대한 당부와 당면한 과제에 대한 의론, 이별에 즈음에 느낀 안타까운 정감에 대한 서정이 고루 발현되는 장르이다. 또 어떠한 경우든 떠나는 사람에게 건넨 글이기 때문에 떠나는 사람에 초점이 맞추어질 수밖에 없는 글이다. 그런데 16세기 후반~17세기 전반 송서는 16세기 이전의 그것과 달리 보내는 사람에게 초점이 맞추어진 글이 다수 발견되며, 그 글쓰기 양상 역시 다양해진다. 본고는 초점의 이동과 글쓰기의 양상을 중심으로 논의를 진행할 것이다.

마지막으로 논설문은 특정한 사태, 사안에 대한 논의와 주장을 담은 글이다. 그런데 특정한 사태와 사안은 대부분 글을 쓰고 있던 당대 문젯거리가 된 것이 많고, 비록 과거의 역사적 사태에 집중하고 있다고 해도 그 문제의 해결이나 평가는 글을 쓰던 당대와 거의 결부되어 있다. 따라서 16세기 후반~17세기 전반 논설문의 議題와 해결방안을 탐구해보면 당대 사회와 문인지식인들이 견지하고 있었던 문제의식을 포착할 수 있다. 따라서 본고는 우선 당대 문제시되었던 의제의 경향을 살펴보고 그것을 표현하고자 했던 글쓰기의 양상을 살펴보고자 한다.

제1절 碑誌文: 典範의 수용과 주체적 변용

이번 절에서는 서사의 대표적인 장르인 碑誌를 고찰하고자 한다. 碑誌文은 지상에 세우는 墓表와 墓碣, 神道碑 등과 지하에 매장하는 묘지(墓誌, 墓志)로 나눌 수 있다. 이들은 지상과 지하에 세운다는 점, 관직에 따라 비석의 크기가 다르기 때문에 분량의 차이가 난다는 점에 있어서 변별될 수도 있다. 그러나 대체로 산문으로 서술되는 序와 운문으로 구성되는 銘으로 구성된다는 공통점이 있다. '서'는 죽은 이의 평생 사적을 기록한다. 특히 先祖의 계보, 이름과 字號, 수행한 관직, 治積, 향유한 수명, 사망 및 장례 날짜, 자손들과 장사 지낸 곳을 기록하고 때때로 그에 대한 평가나 아쉬움 등을 서술한다. '명'은 죽은 이를 칭송하고, 죽음

에 대한 아쉬움 등을 기록하기도 한다.[1)]

비지문은 신라시대 이래로 문인지식인들에게 보편적으로 창작되었던 장르이다. 또한 비지문은 논쟁적 의론을 중심으로 하기보다 대체로 인물의 행적을 기록하는 장르이다. 그렇기 때문에 주제의 참신성보다는 서술 자체의 짜임에 대해 중점을 둔다.[2)] 그래서인지 비지문에 대해, 이 시기뿐만 아니라 조선후기까지 대동소이한 내용·형식을 반복하는 투식적 글쓰기에 빠져 있다고 비판하는 글을 조선조 비평자료에서 자주 접할 수 있다. 이렇게 된 데에는 앞서 언급한 대로 비지문이 지닌 완고한 내용과 형식의 강제가 큰 몫을 하였으리라 짐작된다. 그러나 문학 또한 사회적 행위라고 본다면 동시기 산문의 창작이 점차 성숙해지던 문단의 분위기에 영향을 받지 않을 수 없다. 즉 투식적 글쓰기에서 벗어나고자 하는 태도가 문단 자체에 싹트고 있었으리라는 추측을 해 볼 수 있다. 본 논고는 이러한 가설에서 출발한다. 다만 고찰 과정에서 드러나는 개성의 조각들이 조선, 그 자체의 것이라는 편향적 의견을 내놓지 않으면서도 논의의 엄밀성을 확보하기 위해서 본고는 이들이 전범으로 삼았던 작품과 이 시기 주요작가들이 창작한 작품 자체에 대한 탐구를 동시에 진행하고자 한다.

제1항 배경적 고찰: 비지문에 대한 인식과 典範的 작품의 서술 양상

조선 중후기 비지문의 서술태도와 전범에 대한 고민의 흔적은 李滉

---

1) 褚斌杰, 『中國古代文體論(增訂本)』, 北京大學出版社, 1998, 439~449면; 陳必祥, 『한문문체론』, 심경호 옮김, 이회, 2001, 264~288면; 심경호, 『한문산문의 미학』, 고려대학교 출판부, 1998, 351~373면 등을 참고하여 서술함.

2) 물론 그렇다고 해서 의론류 장르가 서술의 짜임에 대해 고려하지 않는다는 주장은 아니다. 다만 의론류의 경우 참신한 주제와 의견 제시에 상대적으로 중점을 둔다는 의미이다.

(1501~1570)과 김창협에게서 집중적으로 나타난다. 이 두 인물이 묘지명에 대해 어떻게 인식하고 있었는가에 대해서는 이미 심도 깊은 논의들이 진행된 상태이다.[3] 따라서 이러한 논의들에서 언급하지 않은 몇 가지 특징적 양상들을 구체적 예시와 함께 보완하는 것만으로 충분하리라 생각한다. 이러한 고찰을 하기 위해 이들의―특히 김창협―비지문에 대한 언급과 그들이 모범으로 삼은 한유와 구양수 작품의 특징을 고찰해 보겠다.

기존의 연구에서 밝히고 있는 조선 중후기 비지문에 대한 인식은 언어 사용의 엄격성, 詳略을 효율적으로 사용하는 구성, 簡嚴함 속에서의 변화와 逸宕함 추구 등이다. 김창협의 경우 이러한 비지문의 전범적 대상을 한유와 구양수로 설정하고 그들의 작품이 지닌 특징에 대해 비교적 구체적으로 언급하였다.[4]

우선 한유에 대해서는 "한유는 敍事하는 곳에서 종종 저절로 일종의

3) 이종호는 「조선조 사대부층의 비지문자론」, 『교남한문학』 3집, 교남한문학회, 1991, 6~26면에서 이황과 김창협이 비지류에 대해 지녔던 생각에 대해 다음과 같은 논의를 전개했다. 우선 이황의 경우 '格과 例에 어긋나지 않게 서술할 것'을 주장하였다고 설명한 이후, 그 구체적인 예시를 들었다. 김창협의 경우 비지문의 문체와 전범을 簡嚴함과 진실함으로 파악한 이후 해당 작가를 한유와 구양수로 파악하고 구체적 언급을 통해 증명하고 있다; 정우봉은 「산문 이론의 기본 범주와 전개 양상: 고려후기~조선전기」, 『민족문화연구』 32, 고려대학교 민족문화연구원, 2000, 271~275면에서 이황이 비지문자에 대해 지닌 견해의 특징을 '정확한 사실성 중시', '文從字順의 격식 중시', '常格에 기반한 변화추구'로 보았다; 송혁기는 「김창협 문학론의 연구」, 고려대학교 석사학위논문, 1996, 55~64면과 「17세기말~18세기초 산문이론의 전개양상」, 고려대학교 박사학위 논문, 2005, 186~196면에서 김창협이 비지문자에 대해 지닌 견해의 특징을 '간엄함'과 '錯綜變化'를 중심으로 파악하고 있다.

4) 한유와 구양수를 묘지명의 모범으로 삼는 의식은 그 이후에도 지속적으로 발견된다. 예컨대 洪翰周의 『智水拈筆』에서도 한유의 謹嚴과 구양수의 簡嚴에 대해 모범으로 삼는 모습을 볼 수 있다. 즉 비지문에 있어서 두 인물에 대한 추숭은 17세기를 지나 18·9세기까지 이어졌다고 할 수 있다.

선명하게 드러나는 특색은 있으나 일탕함만을 편향적으로 추구하여 簡嚴한 체격을 해치려고 하지는 않았다."[5]라고 언급한다. 즉 한유 비지문의 가장 큰 특징으로 지적하고 있는 점은 바로 간엄함이다. 간엄은 군더더기가 없이 간략하며 엄격하게 서술함을 말한다. 그런데 간엄함은 김창협이 언급하였듯이, 작품 구성의 간엄함이다.[6] 즉 어구보다 구성적 측면의 간결함과 서술의 엄격함에 중점을 둔다. 실제로 한유의 비지문을 살펴보면 구성과 서술적 측면에서 간엄함을 얻기 위해 사용하는 몇 가지 방법이 있음을 발견할 수 있다.

첫째, 인물을 선명하게 부각시킬 수 있는 핵심적 요소만을 부각시키고 나머지는 생략하거나 서술을 축소한다. 앞서 언급하였듯이 비지문은 대상 인물을 후세에 전하기 위해 창작하기 때문에 필수적으로 서술되어야 하는 요소들이 있다. 이러한 요소를 모두 기술하면서도 간결함을 얻기 위해서는 효과적 구성과 서술이 필요하다. 예컨대 「故貝州司法參軍李君墓誌銘」에서는 '其世曰', '其德行曰', '其葬曰'과 같이 개별 주제를 나누어 世系와 葬地를 간략히 서술하고, 李楚金이라는 인물의 핵심적인 측면인 德行에 대해 서술함으로써 그의 인물됨을 선명하게 부각시킨다. 「考功員外盧君墓銘」에서는 盧東美는 능력이 뛰어나 皐陶와 夔로 칭해졌다는 언급으로, 「河南少尹裵君墓誌銘」에서는 문장과 효도에 빼어났다는 간략한 언급으로, 「國子助敎河東薛君墓誌銘」에서는 奇를 숭상하였음을 드러내는 일화를 기술함으로써 간명함을 얻고 있다.

둘째, 銘을 효과적으로 사용한다. '명'은 대체로 '서'에서 서술했던 인물의 행적을 요약하거나, 의론을 정리하고, 죽음을 애도하며, 작가의 감

---

5) 金昌協, 「雜識」, 『農巖集』 권 34, 379면. "然其敍事處, 往往自有一種生色, 但不肯一向流宕以傷簡嚴之體耳."

6) 金昌協, 「雜識」, 『農巖集』 권 34, 374면. "古人之簡, 簡於篇法."

회를 서술하는 내용으로 구성된다.[7] 한유의 묘지명 또한 이러한 성격을 띠는 작품이 적지 않다. 그러나 그는 '서'에서 기술하지 않았던 여타 사실이나 인물의 특징을 서술하는 공간으로 '명'을 사용하기도 한다. 김창협이 한유 비지문의 絶唱으로 보았던 「平淮西碑」[8]는 '서'에서 吳元濟의 반란을 정벌한 내용을 상세히 서술하고, '명'에서는 정벌까지의 과정과 정벌한 이후의 여러 가지 일들을 서술함으로써 平淮西의 일에 대해 상보적으로 서술하였다. 이외에도 「唐故正議大夫尙書左丞孔公墓誌銘」은 '서'에서 官歷과 行事에 대해 자세히 설명한 이후 '명'에서 "희고 키가 컸으며, 웃음과 말이 적었다(白而長身, 寡笑與言)."라는 언급으로 인물의 용모와 기상에 대해 부각시키고 있다. 그리고 「唐故江南西道觀察使太原王公神道碑銘」에서도 같은 방식으로 인물의 특징적인 모습을 부각시킨다.[9] 이렇게 명을 서술하면 앞의 내용을 반복하지 않기 때문에 간결하면서도 효과적으로 인물을 부각시킬 수 있다.[10]

이 외에도 한유의 비지문 중 「試大理評事王君墓誌銘」은 대화를 운용하여 생동감을 더해주고, 「襄陽盧丞墓誌銘」은 대상인물의 인적사항을 묘지명을 청탁하러 온 盧行簡의 구술을 따라 받아쓰는 서술로 구성하고

---

7) 황의열 「韓國碑誌類硏究－문학성을 중심으로」, 성균관대학교 박사학위논문, 122면.

8) 金昌協, 「雜識」, 『農巖集』 권 34, 389면. "古來金石文字, 有決不容復有對者, 韓之「平淮西碑」, 歐之「瀧岡阡表」是也."

9) 金昌協, 「雜識」, 『農巖集』 권 34, 389면. "韓文如孔左丞墓誌敍, 歷官行事頗該, 而顧不詳其爲人, 似簡略. 然銘云, '白而長身寡笑與言' 只此八字, 孔公之容貌氣象, 宛在目中. 又序中, 載公請留疏云, '守節淸苦, 論議正平, 憂國忘家, 用意至到' 則其爲人大體, 尤可具見, 固不待復煩敍述也. 王弘中誌文, 亦於銘中, 詳其爲人曰, '氣銳而方, 又剛而嚴, 愛人盡己, 不倦而止, 與其友處, 順若婦女.' 王之資稟性行, 盡於此, 皆可法也."

10) 이 외에도 위 주석에서 보이듯 간결한 언어로 인물의 특징을 부각시켜 군더더기를 제거한다는 특징도 있으나 이는 구성적 측면보다 어구의 측면이기에 자세히 다루지는 않겠다.

있다. 그리고 기사문인 묘지명에 의론을 도입하여 비지문의 문학성을 제고시킨 작품도 보인다.[11)]

요컨대 한유는 '서'와 '명' 혹은 둘 모두를 다양하게 구성함으로써 간략하면서도 효과적으로 비지문을 서술하였으며, 이 과정에서 생동감과 문학성 또한 창출되었다.

다음으로 구양수 비지문은 문장이 간엄한 것은 물론 김창협의 평가[12)]처럼 글의 문채와 기운이 빼어나고, 짙은 비감을 느끼게 한다.

비지문을 간결하게 서술하는 방법에 대해서는 구양수 스스로가 쓴 「論尹師老墓誌銘」에 자세하게 서술되어 있다. 즉 '윤사로의 문학, 의론, 재능 등은 그를 아는 사람이든 모르는 사람이든 모두 알고 있기 때문에 간략하게 서술하였다.'[13)]는 언급에서 세상에 널리 알려진 사실은 간략하게, 그렇지 않은 부분은 상세하게 서술하면서 간략함을 추구하고 있음을 볼 수 있다. 또한 '간략하면서도 법도가 있다(簡而有法)', '고금을 두루 알고 있다(通知古今)', '옳은 것을 옳다하고 그른 것을 그르다 여겨, 그 도리를 힘써 다하였고, 구차하게 그치거나 망녕되게 쫓지 않았다.(是是非非, 務盡其道理, 不苟止而妄隨)' 등과 같은 서술을 통해 간략하지만 그 자체가 인물의 핵심을 부각하는 촌철살인의 언급임을 스스로 밝히고 있

11) 남종진, 「韓愈 所撰 墓誌銘의 記述 特徵」, 『中國文學研究』 28, 韓國中文學會, 2004, 49~58면.

12) 金昌協, 「雜識」, 『農巖集』 권 34, 381면. "구양수의 서·기·비지·제문은 글의 文彩와 기운이 힘차고 아름다우며, 음조가 기운차서 즉시 感慨하게 만들며, 한 번 읊조리면 자주 탄식하게 하고, 종종 흐느끼며 혼절할 듯하니 이것은 여타 문인들이 이르지 못하는 점이다. (其序記碑誌祭文等文, 風神遒麗, 音調逸宕, 俯仰感慨, 一唱三歎, 往往有歔欷欲絶處, 此所以不可及也.)"

13) 歐陽修, 「論尹師魯墓誌銘」, 『唐宋八大家文鈔 校注集評: 廬陵文鈔』, 三秦出版社, 1998, 2782~2783면. "誌言, '天下之人識與不識, 皆知師魯文學·議論·材能, 則文學之長·議論之高·材能之美, 不言可知. 又恐太略, 故條析其事, 再述于後."

다. 즉 그는 상략을 적절히 구사하면서도 그 속에 핵심적인 의미를 담는 방법으로 간엄함을 꾀하고 있다. 이러한 방법은 한유와도 일정한 공통점을 지닌다.

이러한 방법의 일환으로 구양수는 시간에 따라 사건을 서술하기보다 자신이 부각시키고자 하는 일을 사건별로 정리하여 서술한다.[14] 앞서 한유가 '世系'와 '德行', '葬地'를 구분하여 서술한 것과도 같은 맥락이다. 이러한 방법은 필요치 않은 사건의 나열을 억제하고, 핵심적인 부분만을 효과적으로 부각시킬 수 있다는 장점이 있다. 다만 구양수가 비지문을 서술하면서 눈에 띄게 자주 사용하는 어휘는 '初'이다. 「張子野墓誌銘」, 「尹師魯墓誌銘」이나 「故覇州文安顯主簿蘇君墓誌銘」 등에서 한 가지 사건을 끝내고 다른 사건으로 전환하기 위하여 이전의 시점으로 다시 돌아간다는 표시로, 『春秋左傳』과 같은 역사류 서사에서 주로 사용되었던 '초'라는 어휘를 사용한다. 즉 시간을 거슬러 올라가 새로운 사건의 발단부터 서술하겠다는 표시라고 할 수 있다. 이러한 방법은 시간의 흐름에 따라 사건을 서술하던 방법에서 진일보한 서술이다. 작가의 의도를 효과적으로 표현하기 위해 작품 속의 시간을 의식적으로 재배치하였기 때문이다. 구양수의 비지문 중에는 이 작품들 외에도 사건별로 서술한 경우가 적지 않은데 그 이유는 바로 사건별로 구성의 체계를 세워 내용을 효과적으로 전달하고자 한 점에 기인한다.

다음으로 그가 비지문에서 비감을 표현하는 방법에 대해 살펴보자. 김창협의 언급을 빌면 구양수의 「瀧岡阡表」[15]와 그의 문채와 정취의

14) 金昌協, 「雜識」, 『農巖集』 권 34, 395면. "歐文碑誌敍事, 一用屬辭比事之法, 不但以年月先後爲次序. 如「王文正碑」書拜平章事後, 卽言其爲相, 務行古事云云, 次言在相位十餘年云云, 而結之以至今稱爲賢宰相, 以總其大槩. 其下又分敍三段, 其一用人薦士, 其一簡默能斷, 其一善解主怒, 辨理人罪. 每段各有數事以實之, 其作相事業, 便了然如指諸掌, 若如後人敍事, 但用年月爲次, 則此等事, 後先錯出, 無以領其要矣."

감개함을 이어 받았다는 錢謙益의 「張益之先生墓表」와 「陳儒人張氏墓誌銘」[16]에서 그것을 비교적 선명하게 볼 수 있다.

구양수가 비감을 일으키기 위해 주로 사용하는 서술방법은 일화삽입과 직접인용이다. 직접인용은 크게 작품전체를 직접인용하는 경우와 작품의 일부, 특히 일화 속에서 등장인물들의 대화를 직접인용하는 방법이 있다. 직접인용은 이야기할 당시의 배경과 인물의 어조가 생생하게 전달된다는 장점이 있기 때문에 자주 사용된다. 일화 또한 이러한 생생한 현장감을 지니고 있으며, 인물의 특징적인 성격을 선명하게 부각시킬 수 있기 때문에 주로 사용된다.

구양수의 「상강천표」는 어머니가 구술한 아버지의 청렴함과 효성, 仁義 등의 일화를 자신이 기록하는 방법으로 구성되어 있다. 구양수는 아버지를 일찍 여의었기 때문에 그에 대한 비감을 효과적으로 전달하기가 쉽지 않았다. 그렇기 때문에 아버지의 죽음에 가장 직접적 당사자인 어머니의 입을 통해 진술된 내용을 기록하는 방법으로 비감의 정도를 짙게 한다. 또한 이러한 방법은 흔히 죽은 사람에 대해 검증되지 않은 긍정적인 면만을 부각시키는 편중된 아첨의 글[諛墓]이라는 비난도 상쇄할 수 있다.[17] 왜냐하면 서술하는 자신의 의견이 개입된 것이 아니라 인물에 대해 가장 잘 아는 제 삼자에게서 들은 이야기로 작품을 구성하였기 때문이다. 이것이 직접인용을 사용하는 또 다른 이유이다.

---

15) 주석 8)을 참조하기 바란다.

16) 金昌協, 「雜識」, 『農巖集』 권 34, 378면. "牧齋碑誌, 不盡法韓歐, 其大篇敍事議論, 錯綜經緯, 寫得淋漓, 要以究極事情, 模寫景色, 又時有六朝句語, 錯以成文, 自是一家體. 如「張益之墓表」·「陳愚母墓誌」等數篇, 其風神感慨, 絶似歐公, 明文中所罕得也."

17) 남종진, 「中國 傳統 墓道文의 文學的 特性에 대하여: 歐陽脩의 「상강천표」를 일례로」, 『中國文學硏究』 27, 韓國中文學會, 2003, 166~170면.

「黃夢升墓誌銘」과 「南陽縣君謝氏墓誌銘」을 비롯한 여타 비지문에서도 구양수는 이러한 직접인용과 일화적 예시를 많이 사용한다. 그 이유는 이미 고찰한 바와 같이 직접성과 개성의 선명한 부각, 객관성을 담보할 수 있기 때문이다.

살펴본 바와 같이 직접인용과 일화적 예시는 구양수 비지문의 주요 서술방법이다. 이러한 특징은 그의 서술방법을 본받았다는 전겸익의 작품에서도 볼 수 있다. 예컨대 「張益之先生墓表」에서는 전겸익 아버지의 친구인 장익지의 인물적 특징이 전겸익 아버지의 입을 빌어 표현되고 있다. 이 작품에서는 모두 네 번에 걸쳐 장익지의 특징이 설명된다. 예컨대 "나는 어린 시절 아버지께 『春秋』를 배운 적이 있었는데 아버지께서는 『춘추』를 가르쳐 주시면서 다음과 같이 말씀하셨다. 나는 어려서 陸汴 선생께 배웠다. 益之가 욕되게도 나와 교유한 것은 선생님께서 소개하셨기 때문이다. 나와 익지가 문하를 나누어 교수하게 된 이래로 두 문하의 제자들이 날로 진보했다. 익지의 문도 중에는 儀部 董嗣成이 있었고, 나의 문도 중에는 給諫 翁憲祥이 있었다. 급간 옹헌상은 또한 익지의 두 아들에게 경서를 가르치기도 하였다. 이에 吳땅에서 『춘추』를 배우는 사람들은 모두 우리 두 문하라고 칭하게 되었다. 그러나 우리 두 사람은 늙어서도 불우하였으니 심하구나! 우리 두 사람이 후인을 기다림이."[18]라면서 '경학에 있어 빼어난 재능과 不遇함'을 설명한다. 이외에도 '효성', '재주는 있으나 등용되지 못한 처지', '격의 없이 친하던 관계' 등을 보여주는 일화가 아버지의 입을 빌어 서술된다. 「陳儒人張氏

18) 錢謙益, 「張益之先生墓表」, 『錢牧齋全集』 2, 上海古籍出版社, 2003, 1539면. "余小子少受春秋於先君, 先君詔之曰, '吾少師事陸汴先生. 益之之辱與吾游也, 先生爲介. 自吾與益之分門教授, 而兩家之弟子日進. 益之之徒爲董儀部嗣成, 吾之徒爲翁給諫憲祥. 給諫又以經授益之之二子. 於是吳中治春秋者, 皆名爲兩家弟子. 而吾兩人皆窮老不遇, 深矣! 吾兩人之有待於後人也.'"

墓誌銘」에서도 어머니의 말[19]을 직접적으로 인용함으로써 비감을 더한다. 간엄함과 효과적 구성 외에도 두 작품에서 가장 현저하게 드러나는 공통점은 바로 '직접인용과 일화적 예시'이다. 따라서 김창협은 이 점들이 전겸익 비지문에서 감개함을 일으키는 주요 요소이며, 나아가 구양수 비지문의 주요한 특징도 그러하다고 파악한 것이다.

요컨대 구양수는 간결하면서도 핵심을 부각시키는 서술로 간엄함을, 직접인용과 일화적 제시를 통해 비지문의 感慨를 강화하고 있다.

한편 "내[구양수]가 보니 한유가 孟郊에게 준 聯句는 곧 맹교의 시와 흡사하며, 樊宗師에게 준 묘지명은 곧 번종사의 문과 닮았다. 나는 한유의 그러한 서술을 좋아하기 때문에 윤사로의 묘지명은 특별히 의미가 깊고, 어사가 간결하게 되도록 썼다. 대체로 윤사로의 문장은 간결하면서도 의미가 깊기 때문이다."[20]라고 했다. 이로써 볼 때 한유와 구양수 모두 비지문의 개성적 서술을 위해 고민하였음을 알 수 있다. 형식에 대해 고민하고 있고, 짙은 감동을 준다는 측면에서 문학적이라고 할 수 있으며, 이러한 특징 때문에 조선 중·후기 문학적 비지문을 쓰려던 작가들에 의해 자주 차용되었다고 생각한다.

---

19) 錢謙益, 「陳儒人張氏墓誌銘」, 앞의 책, 1420면. "너는 文孺와 더불어 당에 올라 어머니를 배알했던 것을 기억하지 못하느냐? 문유는 충신이니 너는 문유를 위해 죽을 수도 있다. 이것이 나에게 효자가 되는 길이다. 네가 힘써 나를 위해 스스로 힘쓰느라 너는 나 때문에 의도적으로 문유를 저버리려고 한다면 나는 또한 너를 볼 필요가 없다. (汝不記與文孺升堂拜母之日乎? 文孺爲忠臣, 汝能爲文孺死. 斯爲吾孝子. 汝勉爲我自力, 汝以我故負文孺, 我亦無用見汝矣.)"

20) 歐陽修, 「論尹師魯墓誌銘」, 앞의 책, 2784면. "脩見韓退之與孟郊聯句, 便似孟郊詩, 與樊宗師作誌, 便似樊文. 慕其如此, 故師魯之誌用意特深而語簡, 蓋爲師魯文簡而意深."

제2항 16세기 후반~17세기 전반 비지문의 글쓰기

대체로 비지문은 필수적으로 기록해야 하는 사항이 있기 때문에 작가의 개성을 드러내기 쉬운 장르는 아니다. 唐代 한유의 묘지명이 나오고 난 이후 한동안 묘지명이 투식적 글쓰기에 빠져 있다가 宋代 구양수가 등장하여 그것을 타파[21]한 중국의 상황을 보아도 이 장르가 지닌 완고함은 짐작할 수 있다. 우리의 경우도 마찬가지이다. 그 이유는 다음의 언급에서 실마리를 찾을 수 있다.

> (근래 비지문 서술에는) 살아 있을 때에는 평범한 사람일 뿐이었는데, 죽어서는 그의 단점을 꺼려서 빼고, 장황하게 찬미하기만 한다. 타고난 바탕을 논할 때에는 四時의 기운이 그 사람에게 갖추어져 있고, 덕행을 찬송할 때에는 五常의 체가 그에게 구비되어 있다. 임금일 경우 堯舜의 반열 위에까지 이르고, 신하일 경우 伊尹과 呂尙의 사이에 참여하게 된다. 지나친 칭송의 말 때문에 합당함이 사라지고, 지나친 찬사로 사실이 훼손되었다.[22]

위 예문은 申綽(1760~1828)의 「原碑」 중 당대 비지서술을 비판하는 부분이다. 예전에는 史料로 사용해도 무방할 정도로 사실에 의거하여 비지를 기록하였으나, 신작이 이 글을 기록하던 시기에는 실질은 없고 단지 아첨하고 추숭하기 위해 말을 꾸미는 데에만 중점을 두게 되었다는 개탄을 볼 수 있다. 즉 개인에 대한 칭송이 '四時之氣', '五常之體', '堯舜', '伊呂'와 같은 고정된 투식으로 고착되었음을 말한다.

---

21) 金容杓, 「歐陽脩의 碑誌文 分析을 통해 본 簡而有法」, 『중국학연구』 5집, 중국학연구회, 1990, 117면.

22) 申綽, 「原碑」, 『石泉集』 권1(규장각본), 56면. "生時中庸之人耳, 及其死也, 諱厥所短, 張皇盛美. 論稟資則四時之氣具焉, 贊德行則五常之體備焉. 君致堯舜之上, 臣參伊呂之間. 溢言無當, 華辭損實."

그런데 이러한 고착화는 이미 權韠(1569~1612)의 「忠州石效白樂天」[23]에도 그것을 비판하는 내용이 있다는 사실로 보아 이미 권필 이전의 시기, 즉 본고에서 다루는 이전 시기 또한 그러한 투식적 글쓰기에서 자유롭지 못하였음을 알 수 있다. 이러한 투식적 글쓰기의 원인은 묘지명 장르 자체가 인물에 대해 정확히 평가하지 못하고 상투적 칭송으로 점철된 장르로 변모하였다는 점뿐만 아니라, 잦은 청탁으로 인하여 생기와 개성이 넘치는 작품을 창작할 수 없었다는 점에도 있다. 즉 비지문의 참신성을 주장한 김창협이 비지문 청탁이 폭주하여 학문에 정진하지 못하게 되었을 때 비지문 집필을 '惡業'이라고 언급[24]한 이유도 여기에 있다.

이러한 상황으로 인해 비지문의 서술형식은 다소 유동적[25]이기는 하지만 대체로 '기본적 인적사항－시간의 흐름에 따른 관력과 관직생활에 대한 서술－총평－世系에 대한 서술－명'에 대한 반복적 서술로 고착화된다.

시간의 흐름에 따라 비지문을 구성하는 서술은 앞서 구양수가 그렇게

23) 權韠, 「忠州石效白樂天」, 『石洲集』 권2, 27면. "忠州美石如琉璃, 千人斸出萬牛移. 爲問移石向何處, 去作勢家神道碑. 神道之碑誰所銘, 筆力倔强文法奇. 皆言此公在世日, 天姿學業超等夷. 事君忠且直, 居家孝且慈. 門前絶賄賂, 庫裏無財資. 言能爲世法, 行足爲人師. 平生進退間, 無一不合宜. 所以垂顯刻, 永永無磷緇. 此語信不信, 他人知不知. 遂令忠州山上石, 日銷月鑠今無遺. 天生頑物幸無口, 使石有口應有辭."

24) 金昌協, 「答魚有鳳」, 『農巖集』 권20, 113면. "近欲作意提掇, 而又有人家文字酬應之撓, 黽勉支撥, 力不從心, 眞佛氏所謂惡業."

25) 예를 들어 鄭澔는 「答兪監役書」(『丈巖集』, 권10, 242면)에서 "古今表誌諸作, 其規不一. 或有先述世譜, 而後敍事行者. 或有先事行, 而後世譜者. 或有略撮其事行之大者起頭, 而詳鋪於履歷系年之條. 或有詳鋪事行於初頭, 文勢袞袞, 不必節殺, 而仍成篇體者. 其體樣節次, 不可盡擧. 然其末條體樣, 自非大手筆, 實難無病. 尤庵老先生及淸陰先生, 多用其體, 如弟拙筆, 何敢容易效嚬乎? 今此文字, 槩用第三條體樣, 故始略終詳, 自是文勢之所不已."라고 하였다. 즉 정호는 비지문의 체격을 크게 4가지로 분류하고 있으며, 체식과 순서는 더욱 다양하게 나눌 수 있다고 생각한다.

만 서술하지는 않았다는 점을 들어 김창협 또한 비판하였음을 이미 살펴보았다.[26] 물론 시간의 흐름에 따라 인물의 이력을 서술하는 방법이 바로 투식적 글쓰기에 빠진 징후로 이어지는 것은 아니다. 그러나 구성에 대한 고민이 없이 동일한 형식과 내용적 패턴을 반복한다는 점은 분명 투식적 글쓰기의 한 양상이라고 할 수 있다.[27] 이 때문에 다른 작가가 다른 인물을 두고 서술할 경우에도 대상인물과 작품이 개성을 잃고 대체로 동일인처럼 형상화되기 시작하였으며, 작가의 개성을 드러내 보이고자 했던 고문의 참신성 또한 사라지게 되었다.

이로써 살펴볼 때 비지문 서술에서 비판과 칭송의 진실성이 사라지고 속 빈 칭송으로 일관하게 되자 내용은 실질을 잃고 중세의 보편적 윤리에서 칭송되어야 할 내용만이 반복적으로 서술되었다. 그리고 비지문의 수요가 증가하면서 문인지식인들에게 그에 대한 청탁이 폭주했던 점도 인물형상과 서술에서 개성적 측면을 찾기 힘든 이유가 되었다. 또한 이러한 沒個性化는 권필이나 김창협, 신작 등의 논의를 종합해 보았을 때 이전부터 만연했던 현상으로 추측된다.

그러나 비지문이 투식적 글쓰기에 빠져 동일한 내용과 형식을 반복하고 있었다고 해도, 17세기를 전후한 시기는 산문이 문학적으로 성숙해 가는 과정에 있었다. 이러한 사실을 고려해 볼 때 투식적 글쓰기를 반성하여 문학적 개성을 발휘한 비지문이 이 시기에 존재하지는 않았을까하는 추측을 불러일으킨다. 이러한 사실을 유념하면서 이 시기 문인지식

---

26) 주석 14)를 참조하기 바란다.

27) 물론 시간의 순서대로 서술하는 방법이 인물의 생애를 효과적으로 서술하고, 평가할 수 있다는 장점은 있다. 그렇기 때문에 비지문을 서술할 때에 이러한 방법을 즐겨 사용하게 된 것이다. 다만 그러한 손쉬움 때문에 서술방법이 고착화되어 사용된 점은 문제로 지적할 수 있다.

인들이 수행했던 비지문의 투식적 글쓰기에 대한 반성과 서술양상 및 그 연원에 대해 살펴보겠다.

1. 繁簡得當의 구성을 통한 서술적 효용 추구

鄭澔(1648~1736)는 전대와 당대 문인들이 비지문을 서술하면 전반부에 이력을 간략하게 서술한 다음 뒷부분에서 상세하게 설명하는 방법을 많이들 사용하였으나 송시열과 김상헌의 경우에는 처음부터 이력을 상세히 언급하면서도 기세가 도도하게 이어져서 빼어난 편장의 체격이 성립될 정도로 비지문 서술에 탁월한 재능을 보였다고 언급하였다.[28] 보통 문장이 끝난 이후에도 그 여운을 강하게 남기기 위해서는 후반부에 초점을 두기 마련이나, 송시열과 김상헌의 경우에는 초반부터 마지막까지 그 기세를 몰아갈 수 있었다는 언급이다. 기세를 유지할 수 있었던 원인에 대해 살펴보자.

> 천하에 있는 도는 사라진 적이 없으나 오직 사람에게 기탁한 도는 끊어지고 이어짐이 있다. 그렇기 때문에 세상에 유행하는 것은 밝고 어두움이 없을 수 없다. 이것이 바로 주자가 '이 모든 것이 天命이 하는 것으로 사람의 지력으로는 이를 수 없는 것'이라고 말한 바이다. 아아! 圃隱 鄭先生과 같은 인물이 바로 그런 사람이 아니겠는가? 선생은 걸출한 재능과 특출한 자질을 지니고 태어나셨다. 高麗의 國運이 곧 다하려는 때를 당하여 맡은 바 일에 전심을 다하고 신하의 도리를 모두 갖춘 사실이 참으로 이미 서책에 기록되어 고인들과 함께 나란히 가고 있으니 고려에 선생이 계셨다는 사실이 어찌 다행스러운 일이 아니겠는가? 비록 그러하나 선생은 우리나라를 위해 하늘이 나게 하셨다.[29]

---

28) 주석 25)를 참조하기 바란다.

29) 宋時烈, 「圃隱鄭先生神道碑銘」, 『宋子大全』 권154, 307면. "道之在天下者未嘗亡, 而

대개 비지문은 인물의 이름이나, 가계, 비지문을 서술하게 된 동기로 시작한다. 그런데 송시열의 경우 위와 같이 인물의 개성을 핵심적으로 부각시킬 수 있는 언급으로 비지문을 서술하는 경우가 많다. 위 예문은 鄭夢周 神道碑의 서두부분이다. 송시열은 우선 天道와 人道의 차이와 천명은 사람이 거스를 수 없다는 사실을 대전제로 설정한다. 이러한 서술은 고려말엽에 태어나 빼어난 재능을 지녔던 정몽주의 일생을 간략하나 핵심적으로 보여주기에 적합하다. 또한 그가 남긴 행적은 동방을 위한 하늘의 배려였다는 언급을 통해 그의 탁월함을 부각시키고 있다.

비지문의 서두 부분에서 의론을 통해 인물의 개성을 부각시키면 다음과 같은 효용이 있다. 우선 작품에 관심을 집중하게 한다. 일단 여타 기본적 인적사항을 서술하면서 시작하는 비지문과는 다르고, 인물이 지닌 특성의 일단을 살필 수 있기 때문에 관심을 갖게 된다. 다음으로 구성상 인물이 지닌 개성적 특징을 핵심적으로 서술하여 이하 전개될 내용을 간략하게 요약, 제시함으로써 구성의 유기적 整合性을 높인다.[30] 왜냐하면 서두 부분이 이하 전개될 내용의 綱領 역할을 함으로써 서두부분과 이하 부분을 유기적으로 접합시키고, 작가의 의도를 분명히 전달시키기 때문이다. 이를 통해 강령에 해당하는 인물의 핵심부분만을 부각시키고 그 나머지 부분은 과감하게 생략할 수 있어 서술의 경제성을 꾀할 수 있다는 장점 또한 획득할 수 있다.

위 신도비명의 본론 또한 동방의 법식과 학문을 중국의 그것으로 변

惟其託於人者有絶續. 故其行於世者, 不能無明晦. 此正朱夫子所謂是皆天命之所爲, 非人智力之能及者也. 嗚呼! 若先生者, 豈非其人歟? 先生挺豪傑之才, 負特立之資. 當麗運之將訖, 其盡瘁所事, 臣道畢備者, 固已垂諸冊書, 與古人并駕, 麗氏之有先生, 豈不幸歟? 雖然, 先生天爲我東生之也."

30) 의론형 비지의 짜임새가 대체로 탄탄하다는 사실은 이정임, 「고려시대 비지문학 연구」, 고려대학교 박사학위논문, 1995, 39면에서 이미 밝힌 바 있다.

화시킨 정몽주를 부각시키고 있기 때문에 서두부분과 유기적으로 연계되어 있다. 즉 서두에서 강령을 사용함으로써 관심의 유발과 구성의 정합성은 물론, 서술의 경제성 역시 획득하고 있다.

송시열은 이러한 구성의 장점을 분명히 인식하였기 때문에 여타 비지문에서도 이러한 서술방법을 자주 사용한다. 「休庵白公神道碑銘」에서는 趙光祖의 죽음에 대해 애석해하면서 그를 이어 세상을 밝힐 수 있는 사람이 없었다면 지금의 안정된 상태는 없었을 것이라는 서술 이후 白仁傑을 바로 소개[31]하면서, 백인걸이 바로 그 사람이었음을 암시하고 있다. 그리고 「松江鄭公神道碑銘」에서는 金長生과 같이 渾厚한 인물이 鄭澈만은 군자로 칭송하였으며, 그를 공격하는 인물은 小人으로 여겼다는 언급[32]을 통해, 이하 비지문에서 정철에 대한 군자로서의 평가가 전개될 것임을 예감케 한다. 또한 「愼獨齋金先生神道碑銘」에서는 유학의 종장인 김장생의 학업과 도통을 이어 받아 전한 사람으로는 김집이 있다는 언급[33]을 통해, 그 또한 유학의 종장임을 증명하는 내용이 서술될 것임을 보인다.

그런데 비지문의 서두에서 의론을 사용함으로써 구성의 정합성을 높이는 경우는 이미 고려의 비지문에서 전해 내려오는 전통임을 기존 연구에서 밝히고 있다.[34] 따라서 이러한 서술은 중국의 비지 서술에서 영향

---

31) 宋時烈, 「休菴白公神道碑銘幷序」, 『宋子大全』 권 154, 317면. "靜菴趙先生以聖賢之學, 興致澤之治, 旋遭奇禍. 其言行之可爲世法者, 乃爲世所諱, 其道幾乎熄矣. 不有親承旨訣, 篤信守死, 公誦於衆咻之中, 使其復明於世者, 斯文安得有今日乎? 則休菴忠肅白公諱仁傑, 字士偉, 其人也."

32) 宋時烈, 「松江鄭公神道碑銘」, 『宋子大全』 권155, 326면. "文元公金先生長生, 渾厚崇深, 毁譽無譙, 而獨於陰陽淑慝之際, 辨之甚嚴. 每以松江鄭相公爲君子, 以攻公者爲小人."

33) 宋時烈, 「愼獨齋金先生神道碑銘」, 『宋子大全』 권155, 334면. "惟我文元公沙溪老先生, 學成道尊, 爲一代儒宗, 有爲其子而得其傳者曰愼獨齋先生."

을 받은 것이라고 할지라도 이미 국내에서 體化하여 변용한 서술이라고 할 수 있다. 다만 여타 비지문의 서술방법에 대해서는 송시열 본인 스스로가 한유와 구양수를 본받았다[35]고 언급한 점에서 살펴볼 수 있듯이 한유·구양수와의 연관성은 추측해볼 수 있다.[36]

구성의 유기적 연계성, 서술의 경제성을 획득하기 위해 필수적인 강령을 효과적으로 서술하기 위해서는 많은 고려가 필요하다. 즉 일반적 투식을 따르지 않고 대상인물에 따른 개성적이면서도 핵심적인 서술이 필요하다. 이러한 이유 때문에 김창협도 강령의 사용에 대해 긍정하는 태도를 보인다.[37] 이러한 상황을 통해 인물에 따라 강령과 구성을 변화시키는 방법은 비지문 서술에 대한 깊은 고려의 산물임을 알 수 있다.

김창협은 장유의 비지문이 일탕한 기운은 없지만 簡詳法 측면에서는 법도를 갖추었다고 평가하였다.[38] 간상법은 한유나 구양수 작품의 특성에서 보았듯이 핵심적인 부분을 부각시키고, 그렇지 않은 부분을 과감히 생략하는 방법이며 복잡하게 얽혀 있는 이야기들을 큰 사건 별로 나누어 일목요연하게 서술하는 방법이다.

---

34) 이정임, 앞의 논문, 26~42면.

35) 宋時烈,「記述雜錄」·『宋子大全·附錄』 권19, "나는 묘도문에 있어서 비록 한유와 구양수를 본받았으나 주회암의 문체도 함께 사용하였으니 본색이 아니라는 말은 옳다. (吾於墓文, 雖法韓·歐, 而亦以晦菴文體參用, 非本色之說, 是矣.)"

36) 예를 들어 정경훈,「우암 비지문에 나타난 한유문 수용양상」,『한문학보』 6, 우리한문학회, 2002, 91~109면에는 송시열이 한유 비지문에서 어휘를 차용, 혹은 변용한 양상을 고찰하였다. 그리고 심경호,「한국 한문산문의 발달과 韓愈 문장의 수용」,『어문논집』 50, 민족어문학회, 2004, 38~39면에는 송시열이 한유 비지문의 비감 표현을 차용한 점에 대해 고찰하였다.

37) 金昌協,「雜識」,『農巖集』 권34, 374면. "今讀歐公諸碑誌, 其提挈綱領, 錯綜關節, 種種有法."

38) 金昌協,「雜識」,『農巖集』 권34, 381면. "谿谷碑誌, 雖乏逸調, 然其敍事, 繁簡得當. 稱美處, 亦有斟酌分寸, 斯其所以爲善也."

> 이전[初, 1607]에 선조 임금께서 오래 동안 병석에 들자 무당이 '이 재앙의 빌미는 裕陵[의인왕후의 릉] 때문에 비롯되었다.'라고 말하자 능 아래에 가서 술법을 행하고 재앙을 물리치려 하였다. 궁궐의 노예와 여자 무당 중에서 그 일을 주관한 사람들은 실제로는 유릉이 살았을 때 은혜를 받았던 사람들이었다. 여러 朴氏들이 그것을 분하게 여겨서 그들을 잡아서 治罪하려고 하였다. 그러나 그 사람들은 모두 김제남[延興]의 비호를 받고 있었기 때문에 공이 언젠가 사람을 시켜 그 뜻을 은근히 전했으나 김제남이 이를 허락하지 않자 공은 마음속으로 그것을 한스러워하였다. 그러다가 계축년[1613년]에 체포되었을 때, 심문하는 말 중에 공과 김제남은 심장과 신장처럼 서로 구해주는 사이라고 말하였으므로, 공이 예전의 일을 거론하여 평소부터 김제남과는 서로 좋아하는 사이가 아니었음을 밝혔을 따름이었다. 그런데 흉악한 무리들이 그 말을 주워 담아 반교문 속에 집어넣음으로써 김제남의 죄상을 증명하고 점차적으로 인목대비[長信, 김제남의 딸]에게까지 누가 되게 하였다.[39]

장유가 쓴 朴東亮(1569~1635)의 묘지명이다. 박동량은 김제남을 誣告하였다는 이유로 위리안치되었다가 해배되었지만 伸冤은 되지 못하고 죽은 인물이다. 신원되지 못한 채 죽은 인물의 비지문은 대체로 신원에 초점이 맞춰지는 경우가 많다.[40] 이 묘지명도 박동량의 신원에 초점을

---

39) 張維, 「錦溪君朴公墓誌銘」, 『谿谷集』 권11, 176면. "初宣廟久寢疾, 巫言'祟在裕陵', 就陵下作法祈禳, 而宮奴女巫之主其事者, 實裕陵時受恩人也. 諸朴憤欲捕治之. 其人皆爲延興所庇, 公嘗使人風意, 延興不許, 公心恨之. 及癸丑逮繫, 訊辭謂與延興水火相救, 公擧前事, 以明素與延興不相悅者而已. 群兇捃摭其語, 攙入頒敎中, 以證成延興罪狀, 浸浸上累長信."

40) 김봉남, 「茶山 墓誌銘의 主題와 樣式的 特徵-辛酉獄事에 연루된 五人에 대한 묘지명에 관하여」, 『어문논집』 49, 민족어문학회, 2004, 246~266면에서 신유옥사와 연루된 인물들을 신원하기 위해 정약용이 비지문의 서술방법을 변형한 사실과 특성에 대해 치밀하게 고찰하였다.

맞추고 있다. 그런데 김제남을 무고한 일－본 비지문의 서술을 따르면 무고가 아니라 단지 사이가 좋지 않았음만을 언급한 일－은 7명의 신하가 宣祖의 교지를 받았던 사건, 癸丑獄事 등과 서로 얽혀 있기 때문에 그의 신원을 위해서는 이 사건들을 효율적으로 서술할 필요가 있었다.

위 작품은 申翊聖(1588~1644)의 행장41)에 근거하고 있다. 그 때문에 대부분의 서술이 행장을 따르고 있지만 김제남과 선조의 遺敎를 받은 7신하의 서술만은 장유가 독자적으로 구성하여 서술한다. 예컨대 행장의 서술순서를 다소 수정하여 장유는 7신하의 일에 연루되어 유배되었다가 풀려난 사건서술42)과 김제남을 무고하여 강진에 위리안치된 사건을 둘로 나누어 각각 서술한다. 두 번째 사건의 시작이 바로 위의 예문이다.

---

41) 申翊聖의 행장 또한 계축옥사와 7신하 사건, 영창대군과 인목대비 폐위를 설명하기 위해 '先是' 이하 부분을 과거 사건의 처음부터 서술하고 있다. 그러나 선조의 교지를 받은 사건 이하의 서술은 시간순서대로 전개함으로써 광해군 시절의 7신하 사건, 김직제 무고, 7신하 사건으로 인한 유배와 인조반정 이후 7신하 사건으로 인한 유배의 해배, 김직제 무고로 인한 위리안치 등이 다소 혼재되어 서술된다. (申翊聖, 「錦溪君朴公東亮行狀」, 『樂全堂集』, 381면 참조.)

42) 張維, 「錦溪君朴公墓誌銘」, 『谿谷集』 권11, 176면. "계축년(1613)에 큰 옥사가 일어났다. 죄수 서양갑이 연흥군 김제남을 무고하여 끌어들여 재앙의 우두머리로 삼았는데 소위 7명의 신하에게까지 그 화가 연이어 이르렀다. 당초 선조가 병환이 위독해지자 후일 영창대군이 화를 당하게 될까 우려하여 手教 두 통을 써서 한 통은 광해에게 주어 동기를 잘 보살피게 하고 한 통은 7명의 중신에게 내려 대군을 보호하게 하였다. 그런데 화를 일으키기 좋아하는 간신들이 '내시 민희건과 (영의정) 유영경이 遺敎를 속여 작성하였기에 재앙의 기미가 있은 지 오래되었다가 이때에 와서 서양갑의 진술에 나타나게 되었다.'라고 유언비어를 퍼뜨렸다. (……) 그 뒤 병진년(1616) 가을에 폐모론이 다시 일어나 공과 여러 명공들이 함께 유배당하면서 아산현에 귀양갔다가 신유년(1621)에 사면되어 돌아왔고, 계해년(1623)에 정사의 의거가 이루어짐에 따라 비로소 훈봉이 회복되었다. (癸丑(1613)大獄起. 囚羊甲誣引延興爲禍首, 而連及所謂七臣者. 方宣廟大漸, 已慮永昌異日之禍, 爲手教二通, 一付光海, 令善視同氣, 一以賜七宰臣, 使保護大君. 而奸人樂禍者, 煽蜚語謂, '閔闍希騫與柳永慶, 矯作遺教, 禍機之伏, 久矣, 至是發於羊甲之供.'(……) 至丙辰(1616)秋, 廢母之論復起, 公與諸名公, 同被謫配牙山縣, 辛酉(1621)宥還, 癸亥(1623)靖社, 始復勳封.)"

그런데 신익성이 선조의 교지를 받은 이하의 사건을 시간의 순서대로 서술한 방법과 달리 각각의 사건을 나누어 서술하는 경우 7신하의 사건이 완료되고 그 사건 속에서 배태된 김제남에 대한 무고를 다시 설명해야 되기 때문에 두 번째 사건이 시작했던 시점으로 돌아가야 한다. 이때 장유는 역사류 서술이나 구양수가 비지문 서술에서 자주 사용했던 '初'라는 어휘를 써서 사건이 시작된 과거로 시간을 돌려놓는다. 이후 그 사건의 본말이 결국은 '유릉'에 얽힌 개인적 일이었으며, 그것을 이이첨의 무리들이 악용하여 사태를 키웠음을 밝힌다. 이러한 서술방법을 통해 7신하의 일은 그것대로 정리가 되며, 김제남을 무고했다고 하여 쓰게 된 누명 또한 신원할 수 있게 된다.

즉 신익성은 '계축옥사→7신하 사건→김직제 무고 사건의 전말→7신하 사건으로 유배되었다가 풀려남→인조반정 이후 김직제 무고로 인해 다시 강진에 위리안치'라는 순서로 서술하였다. 이에 반해 장유는 '①계축옥사→7신하 사건→7신하 사건으로 인한 유배에서 풀려남→②김직제 무고 사건의 전말→인조반정 이후 김직제 무고로 인해 다시 강진에 위리안치'로 서술하였다. 즉 장유는 두 사건을 시간의 순서와는 별도로 각각의 사건으로 나누어 서술함으로써 효과적으로 전달하고 있다.

인물의 일생에서 벌어지는 일은 문장의 서술처럼 논리적이거나 유기적이지 않다. 대체로 다양한 일의 실마리와 결과가 복잡하게 얽혀서 발생한다. 한 가지 일이 다른 일의 실마리가 되기도 하며, 그 이전에 발생했던 일의 결과가 되기도 한다. 그러한 복잡한 사건을 서술할 때에는 일목요연하게 구성할 필요가 있다. 그렇기 때문에 인물의 일생을 시기별로 서술한다고 해도 주요한 사건이 동시기 복잡하게 얽혀 있는 경우 장유와 같이 사건을 나누어 기술하기도 한다. 송시열 또한 정철의 일생을 시간의 순서대로 서술한 「松江鄭公神道碑銘」에서 '初'와 '先是' 등의 어휘를 사용하여 시간을 거슬러 올라가 사건별로 서술한다. 물론 그가 이 어휘들을 사용한 이유 역시 장유가 그렇게 한 이유와 같다.

이로써 확인할 수 있는 점은 사건을 일목요연하게 서술하고 중복을 피하기 위해 시간을 역전시키면서 사건별로 서술한 비지문이 이 시기에 보인다는 사실이다. 이러한 방법은 강령의 사용과 마찬가지로 서술의 경제성 및 전달의 효율성을 높인다는 측면에서 의미가 깊다.

2. 逸調를 이용한 인물과 감정의 선명한 부각

비지문은 대상 인물의 家系나 官歷을 후세에 알리기 위해 창작된다. 따라서 굳이 대상 인물의 죽음에 대한 애도나, 서술자와의 관계 부각을 통해 비감을 드러내지 않아도 되는 장르이다. 그러나 망자에 대해 서술하는 글이기 때문에 한유의 비지문에서도 애도는 발견되며, 앞서 살펴보았듯이 구양수의 작품에서 더욱 활성화된 모습을 볼 수 있다. 이 중 특히 구양수는 일화를 통해 서술자와의 밀접한 관계를 밝히거나 대상인물의 개성적 면모를 보여주고, 직접인용을 통해 대상 인물의 생생한 목소리를 들려주면서 비감을 배가시킨다. 조선 중・후기 비지문에서도 이러한 방법을 사용한 작품이 보인다.

> 나는 어릴 때부터 여러 차례 아버지를 모시고 松月軒에서 선생을 배알하며 분수에 넘치게도 한마디 칭찬을 받은 적이 있었다. 못난 내가 불행하게도 아버지를 먼저 여의자 선생께서 生死에 대한 감회가 있으셔서 다른 사람보다 나를 가련히 여기고 아끼셔서 한가할 때면 연일 불러 술을 마시고 시를 지으면서 울적한 마음을 달래셨다. 올해 3월에 내가 詔使를 접대하고 關西에서 돌아오니 선생께서 서찰을 보내 나를 부르시며 말씀하셨다. "술 한 병 준비해 두고 자네를 기다리고 있네." 그러나 하필이면 바로

그때 병 때문에 휴가를 청하였기에 즉시 찾아뵙지 못했는데 얼마 뒤 선생께서 세상을 떠났다는 부고가 왔다. 달려가 床에 곡하니 부인이 여자 종에게 술병을 내오게 하고 곡하며 말씀하셨다. "이것이 그대를 기다렸던 것입니다." 아아! 어찌 차마 말하겠는가! 어찌 차마 말하겠는가![43]

「僉知南公墓誌銘」 중 이정구 아버지의 친구인 南尙文과의 일화를 기록한 부분이다. 위 예문은 묘지명의 거의 마지막 부분으로, 이 앞의 부분에는 여느 묘지명과 마찬가지로 인물의 특징적 이력이 기록되어 있다. 다만 이 부분은 남상문과 자신의 밀접한 관계와 비감을 '술 한병[一壺]'을 통해 드러냄으로써 대상인물에 대한 애절함을 더한다.

남상문은 아버지의 친구이다. 그 때문에 이정구는 어린 시절부터 남상문을 알고 지내왔으며 과분하게 칭찬까지 받은 사이라는 사실이 남상문에게 친밀감을 갖게 해준다. 또한 아버지를 잃고 아버지의 친구인 남상문이 그를 불쌍히 여겨 평소에도 술을 같이 하였다는 사실도 친밀감을 갖게 해주는 배경이다. 이러한 배경 속에서 사용된 직접인용('爲貯一壺以待君'과 '所以待君者')은 감개함을 더한다. 물론 감개함을 갖게 해주는 이유는 극적인 상황이라는 점이 가장 크다. 그러나 절묘한 배치와 직접인용이 주는 생생한 어조와 분위기의 전달 또한 간과할 수 없다. 두 개의 직접인용 중 전자는 이정구를 부르던 남상문의 친근한 어조이다. 그러나 다시는 들을 수 없는 목소리이기에 슬프다. 이러한 슬픔은 두 번째 직접인용인 '이것이 그대를 기다렸던 것입니다.'를 통해 한층 강화된다.

---

43) 李廷龜, 「僉知南公墓誌銘」, 『月沙集』 권48, 272면. "廷龜自稚少時, 屢陪先君, 拜丈人於松月軒, 嘗辱一言之譽. 孤拙不幸, 先君先下世, 丈人感念存沒, 憐愛異他人, 閑時趁日招呼, 觴詠以自遣. 今年三月, 不佞儐詔使, 回自關西, 丈人貽書邀之曰, '爲貯一壺以待君.' 會病謁告未卽趨, 俄報丈人亡矣. 及奔哭于床, 則夫人命女奴以壺酒, 哭且言曰, '所以待君者.' 嗚呼! 尙忍言哉! 尙忍言哉!"

그리고 두 번째 언급의 어조에 남편을 잃은 아내의 슬픔이 담겨 있고, 그것을 본 이정구의 아쉬움 또한 담겨 있다. 이후 직접적인 감정표현인 '尙忍言哉! 尙忍言哉!'가 반복되면서 비감은 정점에 달한다. 이로써 볼 때 이정구는 일화와 직접인용과 같은 서술방법을 수용하여 적절히 배치함으로써 비지문의 비감을 더하고 있음을 알 수 있다.

이식 또한 아들에 대해 서술한 비지문인 「亡兒老農壙誌銘」에서 "(네 살 때) 제 어미가 병이 걸렸을 때 반드시 공손하게 고통스러운 바를 묻고 음식을 권하여 다 먹어야 편안해졌다. 제 아비가 北道에서 관직을 맡게 되었을 때에는 매일 저녁마다 문에서 기다리고 있다가 봉화를 보면 곧 제 어미에게 '아버지께서 계신 변방이 평안하다는 소식이 왔습니다.'라고 말하는 것을 몇 달 동안 한 번도 거르지 않았다고 한다."[44]라고 서술하고 있다. 이 또한 일화와 직접인용을 효과적으로 사용한 부분이다. 또한 이하의 부분에서 祭文처럼 '嗚呼'를 여러 차례 사용함으로써 아들을 잃은 슬픔을 선명하게 보여준다.

일화와 직접인용은 서술의 어조를 감개하게 만들어 읽는 이들에게 서술자의 비감을 선명하게 느끼게 해준다. 그런데 이러한 방법으로 서술된 비지문은 대체로 절친한 인물이거나 혈육일 경우가 많다. 따라서 이러한 서술방법은 그들을 잃은 슬픔을 일반적 투식이 아니라 자신의 목소리로 서술하고자 하였기 때문에 사용되었다고 생각한다. 그런데 이정구와 이식의 경우, 당송의 비지문 서술방법과 직접적인 연계성을 찾기는 어렵지만 앞서 구양수와 전겸익의 그것과 비교해 보면 어느 정도의 유사성은 발견할 수 있다.

---

44) 李植, 「亡兒老農壙誌銘」, 『澤堂集』 권10, 168면. "母有疾, 必敬問所苦, 勸飮食, 食已乃安. 父遊宦北道, 日夕必候門以待, 見烽火, 輒報母曰, '父邊平安信至矣.' 累月不失一夕."

이 외에도 직접인용은 인물의 특성을 부각시키고자 할 때도 사용된다. 송시열의 비지문에는 첨예한 사안에 대해 강직한 목소리를 내는 대상인물의 목소리를 직접 인용하는 경우가 많다.[45] 특히 諫言과 대화의 형태로 직접 인용한다. 이 또한 앞서 언급한 대로 작가의 서술보다도 대상인물 자신의 목소리가 호소력이 짙으며, 인물의 개성을 분명하게 보여준다는 특징이 있기 때문에 사용된다.

요컨대 이 시기에는 형식적 엄격함과 정합성을 추구한 경향도 있었지만 대상인물의 개성적 목소리를 보여주는 일화나 직접인용을 사용함으로써 서술의 투식에서 벗어나려고 한 경향도 있었다. 또한 이러한 경향은 역사류나 중국의 고문가들의 비지문 서술과 일정한 연관성을 보인다.

앞선 비지문에서는 일화와 직접인용이 전체 지면의 일부에 국한되어 사용되었다면 이제부터 보게 될 작품들은 지면 전체가 구술자의 입을 통해 전달된 이야기를 서술자가 그대로 받아 적은 듯한 구성으로 이루어져있다. 이러한 서술방법을 자주 사용한 작가 또한 구양수이다. 물론 앞서 살펴본 것처럼 한유의 「襄陽盧丞墓誌銘」에도 이러한 형식의 서술은 존재한다. 다만 한유의 서술은 가계에만 국한되어 서술의 효용이 두드러지지 않는 데 반하여 구양수의 「상강천표」나 「南陽顯君謝氏墓誌銘」은 인물의 기본 인적 사항을 포함하여 다양한 행적과 특성이 모두 구술되어 그 효용이 부각된다는 차이점이 있다. 따라서 이러한 형식은 한유의 영향을 받은 구양수가 주체적으로 수용, 발전시킨 서술방법이라고 할 수 있다.

특히 「南陽顯君謝氏墓誌銘」은 구양수의 친구인 梅堯臣의 아내 묘지

---

45) 예를 들면 「河西金先生神道碑銘」에서 김인후가 쓴 箚를 길게 인용한다거나, 「休庵白公神道碑銘」에서 상소문 몇 개를 인용하고, 「松江鄭公神道碑銘」에서 왕의 교지와 정철의 언급을 다수 직접 인용하는 경우가 그것이다.

명으로서 매요신의 입으로 구술된 아내의 일생을 구양수가 기록한 형태로 구성되어 있다. 이 작품은 申欽의 「宜人許氏墓誌銘」과 내용·형식의 유사성을 보인다.

> 李有慶이 그의 아내 宜人 許氏를 묻고 그 행적을 서술하여 가지고 와서 나에게 말하였다. "(……) 을유년 내가 위독한 병에 걸렸을 때 의인은 왼손가락을 잘라 피를 내어 나에게 먹여주고 하늘에 울부짖으며 자신의 목숨으로 대신하게 해달라고 했지. (……) 거의 죽으려고 하던 날 저녁에 나에게 말했다네. '이곳에 正寢이 있습니까? 저를 당으로 옮겨서 옷을 갈아입히고 죽음을 기다리게 해주십시오.' 이어 우리 형제를 돌아보며 말하기를 '저는 먼저 저승으로 가게 되었는데 사람 중에 누가 이것에서 벗어날 수 있겠습니까? 원컨대 여러분께서는 잘 사세요.'하였지. 그리고 문을 열어놓고 하늘을 바라보면서 말하였다네. '사람이 죽을 때는 그 말이 착하다고 하였습니다. 제가 죽는 데에 있어서 저 자신에게 네 가지 죄가 있으니 아버님이 영남에 계시는데 생사를 듣지 못하는 것이 첫 번째요, 어머니가 서울에 계시는데 생사를 함께 하지 못하는 것이 두 번째 죄이며, 병이 깊으신데 시어머니께 걱정을 끼쳐드린 것이 세 번째 죄이고, 요절하여 낭군에게 슬픔을 끼쳐드리는 것이 네 번째 죄입니다.'"[46)]

신흠이 그의 친구인 李有慶의 아내 許氏를 형상화한 묘지명이다. 이 묘지명의 서두에서는 이유경의 묘지명 청탁사연이 신흠에 의해 서술되

---

46) 申欽, 「宜人許氏墓誌銘」, 『象村集』 권23, 30~31면. 李君有慶氏旣窆其室宜人許氏, 述厥履行, 持謂欽曰, "(……) 乙酉, 余遘劇疾, 宜人手剮左手血啜之, 呼天願以身代. (……) 將卒之夕, 謂余曰, '於此有正寢乎? 可移我於堂, 更衣待盡.' 仍顧余兄弟曰, '妾則先入冥中, 人生誰免此? 願諸好存.' 令啓戶向天言曰, '人之將死, 其言也善. 妾之死, 身有四罪. 父在嶺南而不得聞生死, 罪一也, 母在京洛而不得同生死, 罪二也, 病重而貽老姑之憂, 罪三也, 短折而致郎君之戚, 罪四也.'"

고 있다. 이에 반해 그 이후 아내의 가계·인물의 특성 등은 모두 이유경의 입을 통해 구술된 형식으로 되어 있다. 위의 부분은 아내의 덕성을 서술[47]한 이후 이유경 자신과의 돈독했던 관계와 아내의 덕성을 보여주는 부분이다.

이러한 서술 방식은 앞서 구양수 작품의 특징을 살펴보는 과정에서도 언급하였듯이, 우선 자칫 잘 알지 못하는 인물에 대해 찬양 일변도로 서술하여 諛墓로 지목되는 것을 피할 수 있게 해준다. 다음으로 죽은 인물과 밀접한 관계를 지닌 인물의 입으로 상실의 슬픔을 이야기하기 때문에 비감의 정도를 더욱 강화시킬 수 있다는 장점이 있다. 신흠은 이 작품에서 죽음에 임하여서도 끝까지 자신을 낮추는 아내의 모습을 부각시킴으로써 그녀의 성격을 더욱 선명하게 형상화하면서 독자들의 감동을 자아낸다. 따라서 앞서 논의한 일화의 예시 및 직접인용의 사용과 흡사한 효과를 지니지만 객관성을 담보한다는 측면에서는 한 걸음 더 나아간 형태라고 할 수 있다.

허균 또한 외가쪽 누님의 부탁을 받고 그녀의 아들을 형상화한 「新平李生墓誌」를 이러한 방법으로 서술한다. 서술 태도는 대체로 비슷하며 구양수나 신흠의 작품은 아내를 잃은 남편의 입으로 구술된 내용을 서술한 반면 허균의 작품은 아들을 잃은 어머니의 입으로 구술된 내용을 수록하고 있다는 차이 정도만이 발견될 뿐이다.[48]

---

47) 申欽, 「宜人許氏墓誌銘」, 『象村集』 권23, 30면. "의인은 어린 시절 문자를 통하였고 조금 자라서는 『女訓』 등의 글을 모두 알았으며 몸가짐을 예법대로 하였네. 11세에는 아버지의 병시중을 들면서 변을 맛보고 밤에 이슬을 맞으며 기도하니 아버지의 병이 곧 나았다네. 그리고 출가하여서는 시부모를 받드는 일에 있어 매우 공경하고 성실하였다네. 전에 집이 김포에 있고 시부모는 경성에 사셨는데도 하루도 거르지 않고 안부를 물었으며 편찮다는 기별을 들으면 음식도 들지 않고 눈물만 흘렸지.(宜人髫齕通文字, 稍長淹該女訓諸書, 率禮飭躬. 年十一, 侍父病, 嘗糞露禱, 病尋愈, 暨嫁事舅姑, 肅恭誠至. 嘗家金浦, 舅姑居京城, 起處候問, 不一日懈, 遇愆報, 輒不食涕泣.)"

특히 이 작품에서 주목되는 곳은 아들들이 죽음을 맞는 장면을 생생하게 서술한 부분이다.[49] 왜냐하면 이 부분은 상황에 대한 묘사가 치밀하여 당시의 정황을 생생하게 전달하고 있고, 이러한 생생한 현장 묘사와 극적인 이야기 전개는 비지문에서 흔히 볼 수 있는 서술방법은 아니기 때문이다.[50]

요컨대 작품 전체를 일화와 직접인용으로 구성하는 방법은 대상인물에 대한 청탁자와 서술자의 비감을 선명하게 보여주고, '유묘'라는 비난에서 벗어나기에 적합하기 때문에 사용하였다. 이러한 서술방법에서 주로 한유의 영향을 받은 구양수와의 연관성을 찾을 수 있으며, 허균의 비지 서술에서는 그러한 방법을 다소 주체적으로 수용한 모습을 볼 수 있다.

제3항 소결

이제까지 김창협이 비지문 서술방법에서 주요 개념어로 사용한 '繁簡得當'과 '逸調'를 중심으로 형식적, 감정적 효용이라는 측면에서 당대 문

48) 이 작품의 자세한 분석은 이 책의 제5장 제1절을 참고하기 바란다.

49) 許筠,「新平李生墓誌」,『惺所覆瓿藁』 권17, 281면. "壬辰夏, 其父侍吾姑避兵于山谷中, 數十賊猝至, 四男絜我及其娣妹, 越穹林以隱. 而死者三男, 扶其祖母及父, 賊欲加刃祖母, 其父以身翼之, 刃傷其耳, 蓍先爭死, 芝繼斃於劍, 葑在澗邊, 大呼袒而進, 擧體覆父上, 以手抗賊, 十指俱落, 叫號不少衰, 被創十有六處乃隕. 會日暝棄去, 祖母及父賴以全."

50) 허균이 비교적 다량의 傳을 창작한 작가라는 점과 서술 방법이 전의 그것과 비슷하다는 점을 고려하면, 이 역시 허균의 글에서 보이는 두 장르 글쓰기의 유사성과 밀접한 관련이 있을 것이라 생각한다. 물론 보다 깊은 고찰을 필요로 하겠지만 허균의 전 서술과 묘지명의 서술이 인물기사라는 측면에서 어느 정도 공통된 궤적을 지닌다고 한다면, 이 작품은 그의 전 서술 방법을 연구하는 데 도움이 될 수 있는 작품이라고 생각한다.

인들의 비지문과 그들에게 끼친 한유나 구양수 비지문의 영향관계에 대해서 살펴보았다. 그 결과 작품을 유기적이며 효율적으로 구성하기 위해 강령과 연관시켜 서술하거나, 사건별로 분류하는 방법을 사용하고, 대상인물의 개성을 드러내거나 비감을 불러일으키기 위해 일화나 직접 인용도 사용함을 발견했다. 이러한 형식적 고려는 중국 고문의 영향을 수용하여 국내에서 체화한 전통을 이어 받았거나, 작가의 안목에 따라 先代의 그것을 수용, 발전시킨 데에서 발생하였다고 생각한다.

다만 앞서 다룬 중국의 문인들이 한유와 구양수에 국한되어 있고, 우리의 문인들 또한 허균을 제외하고는 당파적으로 동일하다는 점을 상기하면 이 시기 비지문의 전반적 서술양상과 영향수수를 탐색하는 데에는 다소 무리가 있다고 생각한다. 즉 당시 큰 영향을 주었다고 평가되는 明代의 문인들과의 관계와 앞선 시기의 다양한 문인들의 작품이나 여타 당파의 작품 또한 고려해야 보다 완정한 연구가 되리라 생각한다.[51] 이러한 한계를 後稿의 역할로 남기면서 이 시기 비지문의 문학사적 위상을 알아보기 위해 제한적이나마 동시기 여타 당파의 문인들의 작품을 고찰하고자 한다.

허균의 작품은 이미 앞서 언급한 바 있다. 그런데 그는 대화체로 전편을 구성한 작품뿐만 아니라 일화와 직접인용을 통해 '일조'를 불러일으키는 비지문 서술에도 재능을 보인다. 「琴君彦恭墓誌銘」이 그러한 작품이다.

---

51) 따라서 그러한 요인에 대해 보다 깊이 있는 탐구를 하지 못한 본고의 논의는 큰 한계를 지니고 있다. 이러한 한계를 극복하기 위해 당송고문가중 비지문의 서술에서 종종 모범으로 등장하는 柳宗元(정호도 앞의 글에서 한유와 유종원을 모범으로 인식하고 있다.)이나 前後七子, 특히 王世貞의 비지문과의 관계도 고려해야 한다. 또한 노론을 제외한 여타 당파의 저명한 문인들의 작품들도 보다 포괄적으로 다룰 필요가 있다.

> 15세에 비로소 나의 중형을 따라서 고문과 시를 배웠다. 그는 글이 날로 진보하였고 읽으면 바로 그 법을 터득하였으며 논하는 바는 속기를 벗어 깔끔하며 보통사람의 생각이 미치지 못하는 곳에서 나왔다. 둘째 형은 그를 사랑하고, 탄복하여 그의 아버지께 다음과 같은 편지를 보냈다. "댁의 아드님이 멀리에서 와 그의 말을 듣고, 그의 조촐한 마음을 살펴보니 청명하고 영민하며 빼어나서 같은 동년배들보다 훨씬 뛰어납니다. 그러하니 참으로 저의 스승이라 해야지 제가 스승이 될 수는 없겠습니다."(……) 병중에 스스로 墓誌를 지어 말하였다. "鳳城人 琴恪의 자는 彦恭이다. 7세에 공부하기 시작하였고 18세에 죽었다. 뜻은 원대하나 명이 짧으니 운명인가보다." 죽기 직전에 스스로 글을 지어 제사지내며 말하였다. "아버지 어머니 저를 위해 울지 마세요." 아아 슬프도다![52]

허봉의 제자이자 허균 자신의 知友였던 琴恪의 묘지명이다. 이 묘지명은 금각의 총명함과 그를 얻었을 때 허봉이 느꼈던 즐거움에 대해 서술한 이후, 허균 자신과의 친분, 금각 자신이 쓴 묘지명과 제문을 소개하는 내용을 위주로 서술된다.

이 묘지명의 특징 또한 일화의 소개와 직접인용을 통해 비감을 더한다는 점이다. 우선 형의 편지를 소개함으로써 금각을 얻은 형의 기쁨을 비교적 자세하게 표현한다. 이러한 서술은 금각이 죽은 이후, 얻었을 때의 기쁨에 비례하여 더욱 강하게 느껴지는 형의 비감을 간접적으로 유추하게 한다. 이하 두 문장의 인용은 금각이 죽음을 맞이하는 태도와 배려를 읽게 한다. 우선 금각 자신이 쓴 墓誌는 짧다. 18세라는 어린 나이에

---

52) 許筠, 「琴君彦恭墓誌銘」, 『惺所覆瓿藁』 권17, 282면. "十五, 始從仲兄學古文詩. 其詞日就, 讀輒得其法, 所論驚洒落出意表. 仲兄愛而服之, 致書其考曰, '令子遠來, 聆其談屑, 挹其光霽, 清明英粹, 出於輩流萬萬, 誠蓊之師, 而不可爲其師也.(……) 病中自誌曰, '鳳城人琴恪字彦恭, 七歲而學, 十八而沒, 志遠年夭, 命矣也夫!' 臨歿, 自祭以文曰, '父兮母兮, 莫我哭兮!' 嗚呼痛哉!"

죽어서 길게 쓸 내용도 없는 그 짧은 묘지명에서 夭折의 비애를 생생하게 목도하게 한다. 직접 쓴 제문의 경우에도 자신을 위해 울지 말라는 아들의 애절한 어조가 되살아나면서 비감이 한 층 더해진다. 마지막 허균 스스로의 감정표현인 '아아 슬프도다!'는 이정구의 '어찌 차마 말하겠는가!'가 그러했듯이 비감의 정점을 보여준다. 결국 이 작품 또한 일화와 직접인용을 통해 감정을 생생히 되살린 허균의 서술 수준을 가늠하게 해주는 작품이다.

이 작품은 이정구나 이식 등에서 볼 수 있었던 서술방법과 크게 다르지 않으며 서술의 완성도 또한 매우 높다. 적대적 당파의 허균 또한 일화의 삽입이나 직접인용을 수준 높게 사용하였다는 사실은 이 시기 비지문의 개성을 추구하는 작가들에게 이러한 서술방법이 비교적 보편적으로 사용되지 않았나 하는 생각이 들게 한다.

허균 이외에도 당대 개성을 추구한 작가로는 유몽인이 있다. 유몽인의 경우 비평의식적 측면에서 先秦의 고문을 따르고자하는 태도를 보이기도 하지만 그에 앞서 개성적인 글쓰기를 추구했던 인물이다. 그의 비지문에도 이러한 인식이 녹아 든 작품을 찾아 볼 수 있다.

앞서 '서'와 '명'의 역할을 적절히 배분하여 조화롭게 서술한 작가로 한유를 꼽았었다. 유몽인의 경우에도 '서'에서 담당하는 역할을 '명'으로 옮겨와 역할을 확대시키고 있는 작품이 보인다. 「懷仁顯監李公衎墓誌銘」이 그 작품이다.

> 字는 謹甫요 그 이름은 衎이라. 국왕과 본이 같은데 갈래가 나누어졌다. 예전 백제와 신라에서 종주가 빛났도다. 본조에 이르기까지 여러 나라에서 기둥이 되었다. (……) 공의 성품은 謹厚하고 느긋함과 급함을 겸하였네. 공손하게 사람을 대하였고, 이름으로 사람을 부르지 않았다. 효성으로

> 어머니를 받들었고, 반찬과 상을 차렸지. (……) 형제가 밭이 있었는데 공은 두둑을 양보하였네. 황량한 땅을 스스로 취하였으니 예전에도 어려운 일이었다. 典樂의 명을 받아 12년의 반 동안 있었는데 받드는 것이 집에서와 같아 경솔하게 굴지 않았다. (……) 공은 朴氏와 결혼했는데 먼저 죽었다. 잠시 新昌에 모셨는데 西湖의 벼랑이라. 그의 아버지 壽遠은 궁하면 벼슬하였고 元龜라는 아들 한 명 강신제를 받들었네.[53]

이 작품은 李衎의 묘지명이다. 이 작품의 '서'는 묘지명을 청탁하고 자신이 빼어난 수령이라고 뽑았던 이간을 위해 묘지명을 쓰게 된 감개에 대해서만 짧게 언급하고, 보통 비지문에서 필수적으로 다루는 사항은 '명'에서 다루고 있기 때문에 '명'의 역할이 확대된 작품이라고 할 수 있다.

이러한 '명'의 확대는 위 예문에서 잘 드러난다. 성씨의 유래와 선조, 성품과 효도, 우애, 아내와 자손들에 대해 각각의 부분을 설정해서 설명하고 있기 때문이다. 또한 '서'를 "아! 내가 회인을 다스릴 때 여러 수령 중 이 사람을 뽑아 그 사람 얻은 것을 축하하였는데 얼마 되지 않아 이 사람을 위해서 이러한 글을 짓고 있는가!"[54]라고 서술하여 '서'는 탄식으로, '명'은 필수사항으로 채워지고 있어서 '서'와 '명'의 역할을 역전시켰으나, 조화를 이루고 있는 작품이라고 평가할 수 있다.

이 작품은 '서'와 '명'의 역할 분배 등을 고려할 때, 한유와의 유사성이 보인다. 그러나 개성적 측면에 있어서 이 작품은 단순한 모의에서 한

---

53) 柳夢寅, 「懷仁顯監李公衎墓誌銘」, 『於于集』 後集 권5, 573면. "有字謹甫, 厥諱衎兮. 國氏同源, 泒則判兮. 往在濟羅, 宗冑煥兮. 洎入本朝, 多邦幹兮. (……) 公性謹厚, 縵兼釬兮. 龔以待人, 不名喚兮. 孝奉慈闈, 具饌案兮. (……) 兄弟有田, 公讓畔兮. 荒愚自取, 古所難兮. 命公典樂, 一紀半兮. 奉公如家, 靡揭玩兮. (……) 公配朴氏, 先捐館兮. 權措新昌, 湖西岸兮. 厥爺壽遠, 窮卽窋兮. 一男元龜, 奉禋祼兮."

54) 柳夢寅, 「懷仁顯監李公衎墓誌銘」, 『於于集』 後集 권5, 573면. "嘻! 昔余爲懷仁, 擇賢守衆, 賀得其人, 曾謂不月日, 爲斯人草斯文乎?"

걸음 더 나아갔다고 할 수 있다. 이는 유몽인이 평소 도습하지 않고 살아 있는 말[活語]을 사용하고자 했던 의식[55]의 발현이라고 생각한다.[56]

이로써 살펴볼 때 앞서 살펴본 작가들과 당파는 달랐지만 허균과 유몽인 또한 당대 비지문의 서술과 비평에서 일어났던 반성적 경향에 참여하고 있음을 알 수 있다. 이러한 특징은 두 작가가 지닌 개성추구의 의식에서 찾을 수 있으며, 중국 비지문 서술의 영향 또한 원인으로 지적할 수 있다.

비지문에 김창협이나 박지원 등이 기여한 바가 크다는 언급은 조선후기부터 존재했다.[57] 그러나 그들의 기여가 크다고 하더라도 그들의 문학적 성숙이 갑자기 도출될 수는 없다. 왜냐하면 문학을 대하는 의식과 실제 창작이 어느 한 순간 갑자기 성숙될 수는 없기 때문이다. 실제로 비지서술의 측면에서 그들의 특징으로 지적할 수 있는 강령, 일화, 직접

---

55) 柳夢寅, 「贈乾鳳寺僧信誾序」, 『於于集』 後集 권3, 531면. "문장 또한 그러하다. 한유는 진부한 말을 힘써 제거하였고, 柳宗元은 말에 남은 것이 없으니, 死語와 活語가 분별되어 고하가 나누어진다. 근세에 李夢陽과 王世貞은 唐宋의 문장을 고치고자 하였으나 특별히 西漢에서 쓰고 버린 말[芻狗]을 많이 표절하였으니 그 사람과 말이 참으로 이미 썩었도다.(文章亦然. 韓子務去陳言, 柳子言無餘蘊, 死活之辨而高下分焉. 近世空同·弇州矯唐宋而別鶩多剽西漢之蒭狗, 其人與語, 亦已朽矣.)"

56) 물론 그렇다고 해서 유몽인이 비지문의 기본적 문법을 무시했다고 볼 수는 없다. "進仕朴悌生, 爲其亡舅申公求墓碣, 余爲之記. 其先人世界·子孫嗣續深詳, 而申公逝已遠, 載諸其文, 率多訛字. (……) 嗚呼! 爲亡人立表塋所, 何可忽也?('유몽인, 앞의 책, 118면)" 이 언급을 통해 그 또한 비지문에 있어서 인물 사적의 정확성을 중시하였음을 알 수 있다. 따라서 그는 정확한 사적의 기록 위에 개성을 발현하려는 의식을 지녔다는 평가가 보다 정확하리라 생각한다.

57) 김창협과 박지원이 기사문, 특히 묘도문자 서술에 큰 기여를 했다는 언급은 金澤榮이 「雜言八」(『韓國古典批評論資料集』 3, 啓明文化社, 440면.)에서 "김창협에 이르러서는 그 문장의 깊이가 비록 장유와 이식에 미치지 못한다고 해도 기사문은 매우 훌륭하다. 박지원은 기사에 신묘하게 전이되는 방법[神化]을 더하여 김창협을 능가한다.(至金農巖, 其文之厚, 雖不及谿澤, 而記事甚善. 若朴燕巖, 則記事加有神化, 而不止於農巖而已.)"라고 한 점을 통해 알 수 있다.

인용 등을 사용한다는 특징은 전대 작가들과의 직간접적 영향관계를 보여준다.[58)]

이러한 점을 고려하여 평가하면 16세기 후반~17세기 전반 작가들의 비지문은 다음과 같은 의의를 지닌다. 우선 비지문의 투식적 글쓰기를 반성하면서 비지문의 내용·형식에 새로운 틀을 도입하려고 하였다. 다음으로 당송 고문가인 한유와 구양수 등의 비지문을 전범으로 삼았으나 그 속에 자신의 개성을 표현하고자 노력하였다. 마지막으로 보다 성숙한 글쓰기를 했다고 평가되는 후대 주요작가들의 비지문에 직간접적으로 영향을 끼쳤다. 즉 이 시기 작가들은 비지문 서술에서 주요한 교량의 역할을 담당했다고 할 수 있다.

제2절 送序文: 서술주체로의 중심 이동과 글쓰기의 文學性

이번 절에서는 送序를 중심으로 논의하고자 한다. 연구의 초점을 송서로 삼은 이유는 이 장르가 이미 언급한 대로 경계에 서 있는 장르 중이 시기 가장 독특한 내용과 형식을 보여주기 때문이다. 아울러 송서는 기존 연구에서 이미 언급하였듯이[59)] 서정, 서사, 의론 등을 아우를 수

---

58) 또한 徐有渠의 「烈女劉氏墓誌銘」은 작품 전체를 대화체로 구성하고 있어서 신흠, 허균 등의 서술과 영향관계를 고찰할 수 있다. (서유구 비지문의 특징은 한민섭, 「楓石 徐有渠 文學 硏究」, 고려대학교 석사학위논문, 2000, 43~47면 참조.)

59) 송서에 대한 주요 논의는 다음과 같다. 안세현, 「柳夢寅의 贈序類 散文 硏究」, 『古典文學硏究』 제31집, 한국고전문학회, 2007, 389~426면; 변구일, 「張維의 贈序類 散文 硏究」, 『고전과 해석』 제4집, 고전문학한문학연구학회, 2008, 101~129면. 이 외에 송서의 내용·형식적 특성의 역사를 밝히고, 조선 중기 주요 문인으로 손꼽히는 崔岦, 柳夢寅을 비롯해서 四大家의 송서가 지닌 특징적 면모를 포괄적으로 밝힌 李貞子(「조선중기 贈序類 散文 연구」, 서울대학교 석사학위논문, 1997)의 논의는 작지 않은

있는 포괄적 장르인데,[60] 서정, 서사, 의론을 포괄하지 못하는 특정 장르를 통해 이 시기의 사유와 글쓰기를 조감하고자 한다면 전체적 변화상을 읽어내기 힘들다는 이유 역시 이번 절에서 송서에 초점을 맞춘 이유이다.

공공의 목적으로 지어진 산문과 그렇지 않은 산문은 내용과 형식에서 작지 않은 차이를 보인다. 예컨대 記의 경우에도 공적인 목적으로 지어진 器物을 대상으로 삼은 작품과 개인 소유의 기물을 대상으로 하는 작품의 차이는 뚜렷하며, 공적 頌禱의 목적으로 지어진 碑誌와 개인적 哀悼를 위해 지어진 비지는 내용과 형식이 서로 다르다.

그런데 16세기 후반~17세기 전반 산문에 가장 뚜렷하게 드러나는 특징은 공적 경향을 사적 경향이 점차 잠식해나갔다는 사실이다.[61] 물론 이와 같은 경향은 이 시기 송서에서도 두드러지는 특징이다. 따라서 이번 절에서는 산문의 기본적 내용・형식상의 성격, 이별의 상황과 그것을 대하는 태도 및 문화사적 경향을 고려하여 이 시기 송서의 주요한 특징을 고찰함과 동시에, 송서의 경향이 공적인 데서 사적인 지점으로 변화해간 양상 역시 살펴보고자 한다.

의미를 지닌다. 다만 조선 중기 송서의 특징을 다루면서 직전 시기 작품들과의 비교가 거의 보이지 않으며, 조선 중기 송서의 기능과 의의로 논의한 네 가지 특징 중 '使行 및 출사에의 勸勉과 政論的 批判'이나, '遠遊를 통한 浩然之氣 培養' 등은 조선 중기만의 특징이라고 하기는 힘들다.

60) 송서의 장르적 특성에 대해서는 다음의 책들을 참고하였다. 褚斌杰, 『中國古代文體概論』, 北京大學出版社, 1997, 394~399면; 심경호, 『한문산문의 미학』, 고려대학교 출판부, 1998, 329~340면; 陳必祥, 『한문문체론』, 심경호 옮김, 이회, 2001(초판 1995), 234~243면. 이들의 논의는 대체로 송서라는 용어를 사용하지 않고 贈序라는 용어를 사용하였다. 다만 증서는 이별에 앞서 증여한 글뿐만 아니라 壽序까지도 포함한 용어인데 본고는 수서를 제외하여 고찰하였기 때문에 '증서' 대신 '송서'라는 용어를 사용하고자 한다.

61) 16세기 후반~17세기 전반 사적 산문의 성숙에 대해서는 안득용, 「16세기 후반~17세기 전반 산문의 구도와 전개」, 고려대학교 박사학위논문, 2010 참조.

이와 같은 목표를 효과적으로 수행하기 위해 16세기 후반~17세기 전반 송서의 두드러진 특징뿐만 아니라, 16세기 이전의 송서와 비교는 필수적일 것이며, 특히 이 시기 주요 관료문인들 중 金守溫(1410~1481), 徐居正(1420~1488), 李承召(1422~1484), 成俔(1439~1504) 등의 송서를 고찰하여 비교의 대상으로 삼는다.

제1항 배경적 고찰: 16세기 이전 송서문의 일반적 성격

기존의 논문에서 지적하고 있는 16세기 이전 송서의 문제점은 套式化에 있다.[62] 물론 사적 송서는 투식화에서 다소 자유롭기는 하지만 공적 송서의 경우라면 기존 논문의 지적은 적절하다. 순서의 차이는 있지만 대체로 제반사항의 서술을 통해 맡게 된 고을과 임무의 성격을 말하고 송서를 받는 인물의 능력이 그에 적합하다는 내용을 서술하는 경우가 많다. 사행이나 국내의 임지에 부임하게 되는 경우에도 내용이 대동소이하다.

> 인재를 얻기 어렵다는 말이 참으로 옳지 않은가! 사람에게 재주가 있는 것보다 어려운 일이 없으니 여러 재주를 겸하는 일은 어렵다. 어떤 사람이 재주가 있다는 것을 알 수는 있지만 각각 그 임무에 알맞게 하기는 더욱 어렵다. 저 재주에는 크고 작음이 있고, 직무에는 어렵고 쉬움이 있다. 작은 재주로는 혹 쉬운 직무를 처리할 수 있지만, 어려운 직무일 경우 지극히 큰 재주가 아니라면 하루도 버텨낼 수 없다. 이것은 나무의 가지가 무성한 경우에는 비록 작은 族刀로도 정리하여 베어버릴 수 있지만 단단히 얽히고설킨 경우라면 날카로운 큰 도끼와 뾰족한 칼이 아니고서는 감당할 수 없는 것과 같다.

62) 이정자, 앞의 논문, 26면; 변구일, 앞의 논문, 122~123면 참조.

> 조정에서 관직을 설치함에 內職과 外職을 나누었다. 내직은 각각 담당하는 관리를 두어 그 관직을 폐기하지 않았다. 그러하니 이군이 생각과 계책을 나누어 외직에서 홀로 판단하는 경우라면 그 책임이 더욱 막중하다. 외직의 장관을 監司라고 하며 그의 보좌를 都事라고 한다. 감사는 교화를 받들어 펼쳐 백성의 즐거움과 근심, 관리의 유능함과 무능함, 軍機·財賦·學校·刑政 등의 여러 업무 모두를 일임하여 다스린다. 도사는 백성들의 즐거움과 근심, 관리의 유능함과 무능함, 군기·재부·학교·형정 등의 모든 업무를 알고서 위로 감사와 서로 상의하여 그 다스림을 보좌한다. 이러한 까닭에 감사에 적합한 인물을 얻지 못하면 한 지역이 폐해를 입어 백성들이 손발을 둘 데가 없게 되고, 도사에 적합한 인물을 얻지 못하면 감사가 고립되어 의지할 데가 없게 되니 그 임무가 어찌 중차대하지 않겠는가?[63]

성현의 「送慶尙道都事李君序」이다. 첫 구절에서 『論語』「泰伯」을 인용한 주된 이유는 李君이 쉽지 않은 慶尙道 都事職을 수행할 적절한 인재임을 밝히기 위해서이다. 이하의 단락 역시 첫 구절의 논의를 중심으로 전개된다. 우선 첫 단락은 큰 재주를 지닌 인재만이 어려운 임무를 수행할 수 있다는 점을 밝힌 단락이며, 두 번째 단락은 監司와 都事의 임무를 밝힌 부분이다. 위 글에서 소개하지 않은 두 번째 단락 이하도

---

63) 成俔, 「送慶尙道都事李君序」, 『虛白堂集』 권7, 468면. "才難不其然乎! 人莫難於有才, 而能兼衆才爲難. 能知人之有才, 而俾之各當其任, 尤爲難. 夫才有大小, 職有難易. 小或可以治易, 而至於事之難者, 則非至大之才, 不能一朝居. 是猶樹之枝柯苯蕁者, 雖以族刀之微, 猶可以治而剔之, 至於盤根錯節之固, 則非大斧鋒刃之利, 不能當也. 朝廷設官, 分列內外. 內則各有司存, 而不廢其職. 至於分君之猷念, 而獨斷於外者, 其責愈重. 其爲長曰監司, 其佐曰都事. 監司, 承流宣化, 以民之休戚, 吏之能否, 軍機·財賦·學校·刑政之庶務, 皆任於一己而涖之. 都事, 知民之休戚, 吏之能否, 軍機·財賦·學校·刑政之庶務, 上與監司相議, 而輔其治. 是故, 監司不得其人, 則一方受弊, 而民無所措其手足, 都事不得其人, 則監司孤立, 而無所與賴, 其任豈不重且大乎?"

경상도 행정의 난해함과 그것을 해결할 만한 인재가 바로 이군임을 밝히는 내용으로 구성되어 있다.[64] 따라서 이 글은 부여된 임무의 성격과 규모, 부임하게 된 인물의 능력을 서술하는 데에 적지 않은 분량을 할애하고 있는 것이다.

이와 같은 구성으로 얻을 수 있는 효과는 使行이나 赴任의 타당성을 확실하게 설득할 수 있다는 점이다. 또한 內職보다 폄시되는 外職으로 부임하는 경우에도 능력이 있어야 민생을 안정시킬 수 있는데 바로 지금 부임하는 인물이 그러한 능력을 지녔다는 위로의 논리 역시 이 구성으로써 설명할 수 있다. 외직으로 나가는 이들에게 써 준 서거정이나 이승소의 송서에서도 이와 유사한 구성이 적지 않게 발견되는 이유 역시 이러한 장점 때문이다.[65] 다만 그것이 지나치게 자주 보이며 크게 변별되지 않는다는 점은 문제이다. 보내는 인물과 부임하는 임지에 차이가 있고, 각각의 역할이 지닌 비중이 다른데도 인물의 능력, 직위의 비중, 부임지의 차이 등을 무시하고 유사한 글을 창작한 것이다. 그리고 구성은 물론 몇몇 구문들은 반복적으로 사용되기도 한다.

---

64) 成俔, 「送慶尙道都事李君序」, 『虛白堂集』 권7, 468면. "嶺南, 大道也. 左右七十餘邑, 人物殷阜, 簿牒叢集, 事之煩劇, 不與他道等, 故委任於其道者, 選之必精. 今李侯自兵部員外, 出膺其選. 李侯, 君子人也. 學富而行方, 以經術文章, 緣飾其躬, 又能兼精琴書詩畫之衆才, 時出而藻績之, 其詞鋒之利, 豪邁之氣, 誰能當之? 遇事風生, 視險若夷, 能割盤錯, 若利刀新發於硎, 其不虛取選也明矣. 使今之任官, 皆得如侯之才, 則人豈有難得之才, 國豈有難任之人? 侯能盡其材力, 敷惠澤於人, 則南民之受賜, 其可量耶. 南民之受賜既多, 則侯之聲名藉甚, 騰聞於朝, 必且增秩之矣, 錫命之矣, 他日翺翔臺閣, 笙鏞治道者非子而誰? 君侯其勉之."

65) 서거정의 「送知禮鄭縣監(錫賢)之任詩序」, 「送蔡判官之任水站序」, 「送尙州朴判官詩序」, 「送朴先生出守密陽詩序」, 「送金參校宗直出守善山府詩序」와 이승소의 「送許正字赴平安道節制使幕序」, 「送林侯赴興德郡守詩序」 등을 비롯한 적지 않은 글에서 위와 같은 구성을 사용하고 있다.

> 嶺南의 여러 주 중에 慶州가 가장 크고, 尙州가 그 다음이다. 상주는 경상도의 要處에 자리 잡고 있어서 업무가 가장 번다하고 중요하다. 이곳의 관리로는 牧使가 있고 判官이 있다. 판관은 목사의 다음 직위이나 업무는 더욱 번잡하여 얽히고설킨 복잡한 일을 다스리는 재주가 아니라면 직무에 걸맞기가 쉽지 않다. 요사이 판관의 자리가 공석이 되었는데 조정의 논의로는 적임자를 정하기가 어렵게 되자 임금께서 말씀하셨다. "근래에 宣政殿에서 관료들과 時政의 득실을 돌아가며 논의할 때 朴某의 논사가 정밀하고 정확하여 크게 임용할 만하였으니 그에게 관직을 제수하라." 명이 내려지자 관직에 있던 사대부들이 모두 聖上께서 사람을 알아보는 총명함이 있다고 경하하고 朴侯에게도 영광스러운 일이라 여겼다. 임지로 떠나게 되어 시가 책권에 가득하였는데 나에게 서문을 부탁하였다.[66]

서거정의 「送尙州朴判官詩序」이다. 서거정은 관료 문학 장르의 구성과 문체를 완성한 작가임과 동시에 후배 문인들에게 막강한 전파력을 지닌 인물이었다. 지금까지 소개한 두 편의 글이 지닌 구성상의 유사성만으로도 이와 같은 사실은 증명된다. 그리고 서술의 내용과 사용한 어휘의 공통점은 밑줄 친 부분에서 확인할 수 있다. 성현이 다소 부연해서 서술하고 있으나 부임지 관료의 종류와 그 역할을 설명하고 난 이후 서거정은 "盤錯之才"로써, 성현은 "是猶樹之枝柯苿蕣者, 雖以族刀之微, 猶可以治而剔之, 至於盤根錯節之固, 則非大斧鋒刃之利, 不能當也."로써 부임하게 된 인물이 탁월한 재능을 지닌 인물임을 설명하고 있다. 성현이 서거정과 유사한 논리, 내용, 어휘를 차용하였다는 사실을 선명

---

66) 徐居正, 「送尙州朴判官詩序」, 『四佳集』 권5, 253면. "嶺南諸州, 慶爲大, 而尙次之. 尙處一道樞轄之中, 事最繁劇. 官於是, 有牧使焉, 有判官焉, 判官貳於牧使, 務尤叢冗, 非有剸治盤錯之才, 未易稱職. 玆者, 判官缺, 朝議難其人, 上曰, 近日宣政輪對, 朴某論事精確, 可大任用, 其除之. 命下, 搢紳士大夫皆賀聖上知人之明, 又爲侯榮之. 將之任, 詩者盈卷, 屬予序."

하게 보여주는 지점이다.67)

일정한 내용과 논리의 반복은 沒個性化를 유발한다. 고정된 지면을 유사한 내용으로 채우는 경우 발생하게 되는 당연한 문제점이다. 송서의 서두 부분이 인물, 지역, 관직의 역할에 대한 대동소이한 설명으로 채워지고, 이러한 부분이 길어지게 되면 될수록 문제는 더욱 심각해진다. 이 때문에 16세기 이전 공적 송서의 투식성을 지적할 수 있는 것이다.

공적 송서의 상황이 이러한 반면 사적 송서는 다소 다른 양상을 띤다. 개인적 소회와 상황에 따른 내면적 지향을 피력하기도 하고, 자신의 경험을 서술하기도 한다.68) 그러므로 16세기 이전의 송서를 싸잡아 투식적이라고 하기는 힘들다. 이 시기 사적 송서에 개성을 가장 선명하게 노출한 작가는 김수온이다. 여타 작가들도 사적 송서를 활용하여 개성을 표출하기도 하지만 내면적 성찰의 깊이에 무게를 둔다면 김수온을 주목해야 한다.

> 儒者들은 나를 나무라며 말한다. "공은 佛理를 잘 말하니 중과 같고, 그물질도 하지 않고 낚시도 하지 않으며 살아 있는 것을 해치는 일을 싫어하니, 더욱 중과 같은데 어찌 머리를 깎고 승복을 입지 않는가?" 佛者들도 나를 나무라며 또 말한다. "공은 불리를 잘 말하니 우리와 같고, 그물질도 하지 않고 낚시도 하지 않으며 살아 있는 것을 해치는 일을 싫어하니, 더욱 우리와 같다. 그런데 첩들을 두루 두고, 아들과 손자들을 기르며,

---

67) 이 외에도 여행을 가거나 사행을 떠나는 이에게 주로 사용하는 司馬遷의 遠遊와 그 성취, 사신에게 주로 사용하는 專對에 대한 서술과 季札의 일화 사용 역시 서거정이나 성현뿐만 아니라 이승소의 글에서도 자주 보이는 사안들이다.

68) 다만 그렇다고 해도 16세기 이전의 사적 송서가 16세기 후반 이후 공적 송서와 사적 송서만큼 내면적인 이야기를 구체적으로 서술하거나, 내용·형식상의 다양화를 추구했다는 말은 아니다. 위의 언급은 16세기 이전의 사적 송서가 공적 송서에 비해 상대적으로 개인적 소회와 경험을 서술하려는 경향이 강했다는 것을 의미한다.

> 술을 좋아하여 탐하고, 닭과 돼지를 가리지 않고 먹으니, 어찌하여 행동이 이렇게 어긋나는가?" 아, 귀중한 나의 몸을 유자와 불자 모두가 헐뜯으니, 참으로 사람노릇하기 어렵다. 비록 그렇지만 내가 즐기는 것은 도이다. 내가 도를 즐김에 저 유자와 불자들이 선후로 나를 떼 지어 공격할 줄 어찌 알았겠는가? 비록 그렇지만 나라는 사람이 누구를 헐뜯으며, 누구를 칭찬하겠는가? 유자의 무리가 이르면 반드시 詩書와 仁義의 道로 고하는데, 그들이 따르면 기뻐한다. 불자의 무리가 이르면 역시 반드시 시서와 인의의 도로 고하는데 혹 따르기도 하고 혹 그렇지 않기도 하다. 그들이 따르면 즐거워하고, 따르지 않아도 역시 화내지 않는다.[69]

김수온의 「贈敏大選序」이다. 斥佛이 국시였던 조선 전기의 여건 속에서 김수온의 상황은 위에서 서술한 그대로였다. 승려 信眉의 아우이자 그 자신 역시 불교에 대해 깊은 관심을 지니고 있던 김수온에게 위와 같은 비난이 쏟아진 것은 어쩌면 당연하다.

이 글이 이제까지 소개한 글과 다른 점은 초반부 서술의 초점이 보내는 대상이 아니라 자신에게 있다는 점이다. 유자들도 김수온 자신을 비판하고, 불자들 역시 그러한 상황에서 자신은 시서와 인의의 도—유가와 불가를 모두 포괄할 수 있는 보편적 윤리로서의 도—로써 두 부류의 인간들에게 고할 뿐이라는 解明書와도 같은 글로 贈序를 시작한다는 사실에서도 간취할 수 있다. 이하의 부분 역시 자신이 주장한 도리가 유가의

---

69) 金守溫, 「贈敏大選序」, 『拭疣集』 補遺, 141면. "儒者譏余曰, '公之善談佛理, 猶僧也, 不網不釣, 惡其殺命, 尤猶僧也, 何不髡其顚而緇其服乎?' 佛者譏余又曰, '公之善談佛理, 猶吾也, 不網不釣, 惡其殺命, 尤猶吾也. 而廣畜姬妾, 育子與孫, 貪嗜麴孼, 不擇鷄猪而啗之, 何行之乖刺若是歟?' 噫, 以余不貲之身, 儒佛兩毁之, 信難乎其爲人矣. 雖然, 余之所樂者, 道也. 余樂道也, 夫庸知儒佛之先後叢攻於余乎? 雖然, 余之人也, 誰毁誰譽? 儒者之徒至, 則必告之以詩書仁義之道, 而從之則悅. 佛者之徒至, 則亦必告之以詩書仁義之道, 而或從焉, 或否焉, 從之則悅, 而不從亦不慍也."

도에 전혀 어긋나지 않으며, 오히려 유가 도리의 핵심적 부분이라는 서술로 채워진다. 그러는 과정에서 그가 평소 생각하고 있던 儒佛의 도에 대한 생각이 적절히 피력된다.[70] 특히 이 서술에서 그가 삶과 도에 대해 깊이 고민한 흔적을 찾을 수 있다.

조선 전기가 비록 척불을 우선시하기는 했지만 사회적 여건상 승려와 교유한 경우가 적지 않았기 때문에 불교에 대한 전면적 비판으로 송서를 구성한 경우는 드물다. 그리고 이러한 경우 개인적 소회와 유불에 대한 자신의 성찰이 드러나는 경우가 적지 않다. 예컨대 서거정의 「送峻上人遊妙香山序」에서는 峻上人과 그가 同年임을 밝히고 돈독한 우애를 피력하고 있으며, 「送卞上人詩序」에서는 유불의 교유가 다시 한 번 중홍하리라는 것을 밝히고 있다. 그 내용 역시 자신이 생각했던 유불에 대한 사유로 채워진다. 이승소의 「送敏上人還五臺山序」·「送法冏上人遊金剛山詩序」나 성현의 「送僧覺雲歸山序」·「送琳上人遊智異山序」 역시 개인적 소회와 성찰을 위주로 서술된 작품이다. 즉 일정정도 반복되는 내용이 없지는 않으나 사적 송서의 경우 상대적으로 개인의 사유와 감정의 피력에 주안점을 두었다는 사실을 알 수 있다. 다만 거의 전편을 자신에게 중심을 두고 서술한 경우는 김수온의 「贈敏大選序」가 유일하다. 이러한 점은 16세기 후반기 이후의 송서와도 일정한 유사성이 있기 때문에 주목을 요한다.

---

70) 金守溫, 「贈敏大選序」, 『拭疣集』 補遺, 141~142면. "異日入余室, 聞余能誦之聲, 則若將翻然而有改, 若將充然而有得. 於是, 又卽擧其前之告儒佛者而申之, 使省敏學問之博也, 而馳騁於二帝三王之囿, 玩學之深也, 而沈潛乎萬理四端之府, 則庶幾知余之所以告人者不悖於道, 而儒以之爲儒, 佛以之爲佛矣. 且古之聖人, 未嘗去人倫滅種類以爲高, 亦未嘗淫殺戮賤物命以爲忍. 又五典之倫而夫婦居一, 高柴之不折, 夫子之不網, 聖賢之爲心, 可見. 與其道非先王之法言, 不惟愈於口淸淨寂滅之道, 以醒其心乎? 然則余之所以犯侮笑於人者, 未始不爲詩書仁義之道, 而余之獨樂於心者, 固自若也. 彼譏余詘余, 特好音英華之無迹也."

이로써 볼 때, 16세기 이전의 송서 중 구성, 내용, 어구 등의 측면에서 상투성이 보였던 것은 공적 송서였다. 반면 사적 송서의 경우 김수온을 위시하여 서거정, 이승소, 성현 대부분에게서 상대적으로 개성적인 특징을 찾을 수 있었다. 특히 김수온은 거의 전편을 자신의 상황과 사유, 감정을 중심으로 하는 송서를 쓰기도 하였다. 이러한 특징은 16세기 후반 이후의 송서에서도 보이는 특징적 면모이기 때문에 작지 않은 의미를 가진다. 다만 16세기 후반에 접어들면서는 사적 송서는 물론, 공적 송서에서도 개인적 사유와 감정을 표현하였고, 그 變轉 역시 다양하다는 사실을 지금부터 보게 될 것이다.

제2항 16세기 후반~17세기 전반 송서문의 특징적 면모

1. 내면적 사유와 감정의 진솔한 표현

16세기 후반~17세기 전반 산문의 변화는 이 시기 다양한 분야에서 발생한 변화와 마찬가지로 혁신적인 것이었다. 이러한 현상은 '사적 산문의 성숙', '산문의 문예화 · 다양화'로 집약하여 표현할 수 있다. 사적 산문의 성숙과 문예와 · 다양화를 이끈 가장 주요한 요소는 산문 서술의 중심이 '나'에게로 점차 이동한 데에 있다. 송서는 장르의 성격상 나보다는 타인에게 중점을 둔다. 다만 문단의 분위기에 발맞춰 개인의 감정 · 사유 · 사상 등에 대한 응시와 그것의 진솔한 표현이 이 시기 송서에서 적지 않게 보이게 된다. 그런데 이와 같은 현상은 사적 송서 이외에 공적 송서에서도 어렵지 않게 찾아볼 수 있다.

> 나의 친구 趙持世는 나이가 40세가 되도록 급제하지 못하여 여전히 과거시험 공부를 괴롭게 하고 있었고, 나 역시 급제한 지 16년이나 되었지만

낮은 자리에 머물러 있으며 고위관료가 되지 못하였다. 오직 취미가 같고, 세상에 어긋난 것이 같을 뿐이었다. 그래서 서로 매우 즐거워하며 마음으로 막역하게 지냈고, 아침저녁으로 서로 오가며 잠시도 떨어지려고 하지 않았다. 날마다 시를 비평하고, 예와 지금의 일을 논의하며 다시 세상의 일에 얽매이지 않은 지가 벌써 몇 해였다.

어느날 내가 중국에 使行가는 일의 괴로움에 대해 말하자 조지세는 말하였다. "우리가 중국에서 태어나지 못한 것도 대단한 불행이라고 할 수 있는데, 더욱이 여정의 노고 때문에 위대하고 아름다운 경관을 폐할 것인가! 이것은 우물 안 개구리의 시야와 무엇이 다르겠는가? 그러하니 내가 급제하고 그대가 고위관료가 된다면 먼 길을 떠나는 장대한 유람을 어찌 같이 하지 않겠는가?"라고 말하였다. 나는 대답하여 말하였다. "과연 이와 같이만 된다면 어찌 두 번이라도 꺼리겠는가? 다만 하늘이 과연 사람의 바람을 따라줄 것인지, 造化 조무래기가 투기하여 훼방하지 않을지를 알지 못하겠네." 마침내 서로 보며 크게 웃었다.

기유년(1609) 여름 나는 세 번 月課에서 장원을 하여 직위가 올라 秋官이 되었고, 초겨울에는 외람되게도 殿試對讀官이 되었는데 조지세도 射策으로 甲科에 합격하여 그 명성이 자자했었다. 그를 축하하기 위해 조지세 군에게 가니 조지세가 말하였다. "예전에 조천을 함께 가자던 약속을 과연 내년에는 지킬 수 있을 것인가?" 내가 말하였다. "그대가 이미 급제하였고, 나 역시 고위관료가 되었으니, 원하는 바를 이룬 것이다. 그러나 하늘이 사람의 바람을 따라줄 것인지, 조화 조무래기가 투기하여 훼방하지 않을지는 모르겠네."

올 봄 내가 과연 千秋使에 제수 되자마자 조지세에게 말하였다. "書狀官의 擬望은 당연히 그대에게 있을 것이네." 조지세 군이 웃으면서 말하였다. "하늘이 과연 사람의 바람을 따라주겠는가?" 때마침 전형에 참가했던 사람에게 물으니, 으뜸으로 의망이 되었으나 주상께서 채용하지 않으셨다고 했다. 또 서로 바라보면서 눈이 휘둥그레져서 놀라며 말했다. "이것은 참으로 조화 조무래기 투기하여 훼방하는 것을 면하지 못한 것이 아니겠는가?"[71]

앞서 단편적으로 몇 차례 언급한 바 있는 허균의 「送趙持世赴京序」이다. 趙纘韓(1567~1649)과 자신의 사행에 대한 선망 및 그 좌절에서 오는 아쉬움을 서술한 글이다. 제목에서 알 수 있듯이 공적인 목적으로 떠나는 이에게 준 글이므로 공적 송서이다. 그런데 이 글은 떠나는 조지세와 남겨진 허균 자신의 상황 및 그들이 느낀 감정에 초점을 맞추어 글 전체를 구성하고 있으며, 상투적 수사는 전혀 보이지 않는다.[72] 즉 공적 산문의 개인화, 내면화가 보이는 글이다.

위 예문에서는 총 4회를 볼 수 있지만, 이 글 전체에서 허균과 조지세의 입을 통해 발언되는 하늘과 造化小兒에 대한 원망은 총 7회이다. 결국 이하의 내용 역시 사행의 희망과 좌절로 구성되었음을 알게 한다. 더욱이 이 작품의 마지막 부분에는 "생각이 여기에까지 미치자 하늘을 허물하고 원망을 조화 조무래기에게 돌리지 않을 수 없었다."[73]라고까

---

71) 許筠, 「送趙持世赴京序」, 『惺所覆瓿稿』 권5, 183면. "吾友趙持世四十年不第, 猶困於博士弟子業, 而不佞亦釋褐十六年, 沈於下僚, 尙未衣緋. 唯其臭味之相同, 而畸於世亦同. 故相得驩甚, 莫逆於心, 昕夕相過從, 不肯暫相捨. 日以揚扢風雅, 商搉古今爲事, 不復嬰世故者, 累易歲矣. 異日不佞談及上國行役之苦, 持世曰, '吾輩不得生於中國已云不幸, 況可以跋涉之勞, 廢夫偉麗之觀耶! 此與井蛙之覩奚殊哉? 因曰, 我擢第, 君得衣緋, 則萬里壯遊, 盍同之乎?' 不佞應之曰, '審如是則奚憚乎再役? 但未知天果從人欲而造化小兒不妬毁之否乎?' 遂相視大噱. 己酉夏, 不佞以三魁館課陞級, 參秋官議, 冬初叨殿試對讀官, 則持世射策中甲科, 聲譽藉甚. 往賀之則君曰, '疇昔朝天之約, 果踐於來歲否?' 不佞曰, '君已擢第, 我亦衣緋, 旣償願矣. 但未知天悉從人欲而造化小兒終不妬毁之否乎?' 今年春, 不佞果除千秋使, 亟謂持世曰, '書狀之擬, 當屬君矣.' 君笑曰, '天果從人欲也耶?' 適參銓者聞之, 卽擬諸首, 而上不之用. 又相視瞠然以駭曰, '此亦不免爲造化小兒所妬毁者耶?'"

72) 이 글의 주요한 특징 중 하나는 자신과 조지세가 느꼈을 아쉬움과 원망에 대해 사건의 내력을 자세하게 서술함으로써 그들이 원망하고 아쉬워하는 근거를 충분히 제시하고 있다는 점이다. 즉 이 작품은 구체적 계기를 자세하게 서술한 글이기도 하다. 이에 대해서는 다음 장에서 다시 논의할 것이다.

73) 許筠, 「送趙持世赴京序」, 『惺所覆瓿稿』 권5, 184면. "念至于此, 不得不尤於天而歸怨於造化小兒也."

지 표현함으로써 하늘과 조화에 대한 반감을 강하게 드러낸다. 여기에서 이 시기 송서의 내면화 경향을 추동한 한 가지 이유를 찾을 수 있다. 바로 하늘과 조화의 절대성에 대한 회의, 그로 인한 개인적 사유와 감정의 피력이 그것이다. 부연하면 하늘과 조화의 절대성을 회의하게 됨으로써 현재와 자아의 가치를 발견하게 되었고, 이로 인해 현재의 다양한 계기 및 개인의 사유와 감정에 관심을 기울이게 된 것이다.[74]

이미 살펴본바 하늘과 조화를 회의 하는 위와 같은 태도는 16세기 후반~17세기 전반 문인들의 글에서 적지 않게 보인다. 예컨대 金堉(1580~1658)은 「贈懸燈山一老師序」에서 세상의 부조리와 모순을 거론하며 '天地之心'을 강도 높게 비판하였고, 장유 역시 「續天問(幷序)」 속에서 그렇게 하고 있다. 16세기 이전 문인지식인들의 세계관이 하늘과 땅의 調和에 기반하고 있다면 이후의 시각은 그것과 다르게 표출된다. 바로 이 지점, 천지간의 조화에 의혹을 품게 되자 개인의 사유와 감정이 중시된 이 지점에서 송서 서술의 무게추가 개인으로 옮겨온 이유를 찾아야 할 것이다.

아울러 보편적 문예사조의 측면에서도 이와 같은 현상을 설명할 수 있다. 일반적으로 이전의 혼란기를 거쳐 사회가 안정기에 접어들었을 때 발생하는 문예사조의 성향은 세계의 보편원리를 찾아내어 그것을 통한 조화를 꿈꾸며, 정신적 동질성을 추구하는 것에 가깝다. 그러나 보편적 조화를 추구할 수 없고 동질성을 느낄 기반을 거의 상실한 시대라면 개인에 중점을 두게 되며 개인의 가치체계, 철학, 종교, 신화 등을 형성

---

74) 16세기 이후 조선에서 발생한 개인과 현재를 바라보는 시각의 전환이 일본의 소라이가쿠와 노리나가가쿠에서도 보인다. 天理에서 人慾으로의 전환기적 논리와 일본 사상사의 상황에 대해서는 마루야마마사오, 『日本政治思想史硏究』, 김석근 옮김, 통나무, 2005(초판 1995), 293~296면 참조.

하게 되어 각자의 독특한 정신적 기반을 표현하게 되기 쉽다. 16세기 후반~17세기 전반에 나타난 개인·내면에 대한 추구는 이러한 측면에서도 이해할 수 있다.[75)]

이 외에도 개인의 사유와 감정 중심으로 서술이 옮겨온 이유로 불우한 문인지식인의 속출을 다시 한 번 지적할 수 있다. 특히 사회적 부조리로부터 생겨나 하늘과 조화를 비판하게 한 주요 원인이기도 한 '불우'의 문제는, 송서 속에 '낙척한 인물'로부터 발생한 비감은 물론, '나 자신'의 비애 역시 선명하게 피력하게 만들었다.

> 나 같은 사람은 그대에게 비할 바가 아니지만 이름을 떨친 것이 그대보다 그리 늦지는 않았고, 짐짓 어찌 좋은 관직을 바랐겠는가만 봉록이 밭가는 일을 대신할 정도의 수준을 스스로 누린 지가 오래되었다. 이때부터 오로지 나라의 은혜를 지킬 뿐, 집안사람들의 생계를 일삼지 않는 것이 당연하다고 여겼다. 불행하게도 家親께서는 봉양을 기다리지 않고 돌아가셨고, 불행히도 가산 역시 전란에 모두 탕진하였다. 지금 노년에 이르렀지만 성 가운데 쓰러져가는 가옥 몇 칸에 열 식구가 여전히 파리하게 살고 있으며, 奴僕 중에는 장정 한 명 없어서 다시 떠나 농사를 지을 수도 없게 되었고, 조정의 사대부에게 봉록을 주는 것 역시 쉽게 회복되지 못할 상황이다. 그렇기 때문에 의관을 몸에서 벗지는 않았지만 굶어죽을지도 모른다는 걱정은 이미 닥쳐온 것이다. 사람의 보편적인 마음은 장수를 다행스러운 일로 여기나, 나 혼자만은 몇 살 더 먹어서 쉬지 못하게 되는 일을 더욱 근심하게 될까 두려운데 그대가 보고서 슬퍼한 바이다.
>
> 그대가 지금 나를 슬퍼하고 있지만 또한 혹시 어떤 경우 나를 슬퍼할

75) 이상섭, 『문학 비평 용어 사전』, 민음사, 1999, 38~44면; 이사야 벌린 지음, 『낭만주의의 뿌리』, 강유원·나현영 옮김, 이제이북스, 2005, 39~76면; 프레더릭 바이저 지음, 『낭만주의의 명령, 세계를 낭만화하라: 초기 독일낭만주의 연구』, 김주희 옮김, 그린비, 2011, 91~11면 참조.

> 겨를도 없이 스스로를 슬퍼하게 될지도 모르고, 게다가 내 일신의 계책보다 심하게 될지도 모르겠다. 그러나 그대가 거처했던 남쪽 고을은 산수가 아름답고, 토지가 비옥하여 한 사람이 밭을 일구면 백 사람을 먹일 수 있고, 천 그루의 나무를 심으면 천 호를 가진 제후와 대등하게 될 수 있다고 하니, 비록 황량해지도록 내버려 두었더라도 점차 회복할 수 있을 것이다. 게다가 그대는 오히려 성년이니 이번에 험한 곳에서 노닐더라도 늦지는 않을 것이다. 그러하니 어찌 나와 같은 사람이 한 때 백성들과 이익을 다투지 않았던 일[拔葵]을 좋아하다가 죽을 때가 되어 후회하게 되는 일을 또 걱정하겠는가?[76]

최립의 「送朴汝昇居山察訪序」이다. 朴明搏의 居山察訪 부임으로 인해 쓴 송서이기 때문에 이 역시 공적 송서이다. 그러나 글 전체의 내용은 자신의 불우한 삶에 대한 서술을 중심에 두고 있다. 예컨대 '인생 초반기의 揚名－갑자기 닥친 불행－말년의 불우함'에 대한 서술은 그 초점이 분명 최립 자신에게 있음을 보여준다.

물론 이 글은 송서이기 때문에 호구지책을 위해 찰방이라는 한미한 직임을 얻어 거산으로 떠나게 된 박명박을 위로하는 성격도 지니고 있다. 두 번째 단락의 내용이 그것이다. 그러나 두 번째 단락의 말미에 "豈復慮如僕慕拔葵於當年, 臨就木而欲悔也哉?"라고 한 언급을 통해 두

---

76) 崔岦, 「送朴汝昇居山察訪序」, 『簡易集』 권3, 299면. "若僕者, 非所以倫擬於<u>吾子</u>, 然其發名之早則不甚後焉, 亦故何嘗僥美仕哉, 而祿足以代耕, 則自享久矣. 從此惟保國恩, 不事家人生產, 以爲當然. 不幸親不待養而亡, 又不幸舊業蕩於兵火. 只今垂老之年, 城中破屋數間, 十口尙纍纍, 而奴僕無一丁, 不可復去而緣南畝, 朝家之祿士大夫, 亦未易復. 故卽衣冠未去於身, 而餓死之憂已迫. 恒人之情, 以得年壽爲幸, 而獨恐加之數年, 愈患無所稅駕, <u>吾子</u>之所覩而悲也. <u>吾子</u>今日悲我, 亦或有時不暇悲我而自悲, 又不啻如僕之爲身計而已. 然聞<u>吾子</u>所居南鄕, 山水美, 土地饒, 一人治田, 足以食百人, 或如種樹千頭, 足與千戶侯等者, 雖嘗荒棄, 可稍稍復也. 況<u>吾子</u>猶盛年, 玆遊蹭蹬, 未遽晼晚. 豈復慮如僕慕拔葵於當年, 臨就木而欲悔也哉?"

번째 단락 역시도 한창 나이인 박명박과 노년이기에 삶의 방향을 전환할 수 없는 최립의 인생을 뚜렷하게 대비시키면서 최립의 비애를 부각시킨다는 사실을 알 수 있다.

한편 이 글에서 비애가 선명하게 전달되는 이유로 상대방을 부르는 호칭 역시 지적할 수 있다. 이 글에서는 상대방인 박명박을 吾子, 즉 그대라고 부른다. 일반적으로 송서에서는 직접인용이 아닌 경우 상대방의 명칭을 삼인칭으로 호명한다. 송서나 증서 역시 공적인 목적으로 사용되는 경우가 적지 않았기 때문에 격식을 갖추기 위해 그렇게 호명한 것이다. 그러나 최립은 전체 글을 마치 상대방에게 말하여주듯이 구성하기 위해 '오자'라는 이인칭을 사용하였다. 이렇게 글을 서술한 이유는 자신의 사유와 감정을 진솔하게 토로하기에 삼인칭보다는 이인칭이 적절하기 때문이다.[77] 그런데 위의 글처럼 '(吾)子'를 사용한 송서를 간혹 만나게 된다. 예컨대 신흠의 「送李僉知(壽俊)以賀節朝京師序」, 「送鄭僉樞(曄)朝京師序」, 「送金校理(尙憲)以按撫御史赴濟州序」를 비롯한 몇몇 작가들의 송서에서 '(오)자'를 사용하고 있다. 물론 이인칭의 사용이 거둔 효과는 최립의 그것과 같다.

다만 위의 글을 비롯한 몇 편 외에 최립이 자신의 감정을 선명하게 드러내는 경우를 흔히 볼 수 있는 것은 아니다. 오히려 공적 송서와 사적 송서를 가리지 않고 자신의 사유와 감정을 선명하게 드러낸 작가로는 유몽인이 있다.

77) 이승소의 「送許正字赴平安道節制使幕序」에서도 '오자'를 사용하고 있다. 대상과 개인의 거리를 좁혀주는 효과는 비슷하리라 생각한다. 그러나 이 글은 이미 언급한 대로 투식성을 벗어나지 못하고 있어서 그 효과가 제대로 발휘되지 않았다.

세상의 일은 겸비하지 못하는 것이 일반적이다. 용은 귀가 없고, 범은 뿔이 없으며, 말은 쓸개가 없고, 소는 윗니가 없으며, 쥐는 다섯 가지 잔재주[五技]로 자신의 몸을 지키지 못한다. 교활한 토끼가 도망가기 위해 세 개의 굴을 뚫어 두어도 그물에 잡혔으므로 詩·書·畫 三絶이라고 일컬어지던 鄭虔도 台州에 귀양을 가서 죽게 되었고, 劉穆之는 聰明을 겸비하였으나 끝내 丹徒縣에서 괴로움을 겪었으니, 어째서인가? 造物은 질투가 심한데 그것이 세상에서 투기하는 것보다 정도가 심하기 때문이다.

나와 같은 사람은 덕이 남보다 못하고, 지혜도 남보다 못하며, 총명함도 남보다 못하지만 오직 문장만은 옛 사람보다도 못하지 않다. 그런데 爵祿도 점차 높아져서 正二品의 대열에 이르게 되자 나는 가만히 이렇게 된 상황을 근심하였다. 그러다가 최근에 까닭 없이 관직을 잃게 되어 이곳저곳 떠돌며 옮겨 다니다가 깊은 산골에서 병을 얻게 되어 비로소 造物者가 천하의 훌륭한 일을 한 사람에게 겸비하도록 두지 않는다는 사실을 알게 되었다. 그리고는 마침내 명성을 이루려는 뜻을 접고 구름과 달, 물과 바위로 생계를 삼고자 하였다.

그런데 생각해보니 문장은 온 세상이 힘들어 하는 바로서 예전의 현인들도 그 경지를 엿본 사람이 많지 않았는데 나만 홀로 다소 성취하는 것을 어려워하지 않았다. 또한 지금 仙山에 들어왔으니 만약 仙藥을 복용하고 방도대로 잘 다스려 容成과 羨門子와 같은 仙人이 되는 방법을 찾아서 얻을 수 있다면 뼈가 없는 준치나 楊州의 학, 조릿대에 아름다운 꽃을 붙이고 모란에 훌륭한 열매를 드리우게 하는 것처럼 두 가지를 겸하여 가질 수 있게 될 것이다. 비록 그러하나 어떤 일이든 의존한 바탕이 없이 제 홀로 이루어질 수는 없다. 그리고 신선을 만나는 일보다 신선이 되기를 배우는 일이 더욱 어렵고, 저 공명과 같은 말단의 일도 겸비하였다고 오히려 질투를 받았는데 더욱이 신선은 문장보다도 한 단계 높은 것임에랴![78]

---

78) 柳夢寅, 「贈金剛山僧宗遠序」, 『於于集』 권4, 382면. "天下之事, 喜不兼備. 龍無耳, 虎無角, 馬無膽, 牛無上齒, 鼯鼠五技, 不護其身. 狡兎三窟, 猶罹於罝, 故鄭虔三絶, 謫死台州, 劉穆之兼視聽, 卒困於丹徒, 何者? 造物多猜, 甚於世情之多忌故也. 若我

유몽인의 「贈金剛山僧宗遠序」이다. 첫 단락에서는 조물이 어떠한 경우라도 두 개 이상의 훌륭한 요소를 한 개체의 몸에 지니게 하지 않는다는 논리와 역사 속 사례를 서술하고 있다. 두 번째 단락에서는 자신이 불행해진 이유를 설명한다. 그가 불행하게 된 이유는 탁월한 글재주를 지닌 데다가 고위 관직도 역임하였기 때문이다. 마지막 단락은 유몽인 晩年의 글에서 적지 않게 찾을 수 있는 운명에의 귀의, 신선에 대한 동경을 뚜렷하게 보여주는 부분이다. 다만 신선술을 겸하는 일 역시 앞의 논리대로라면 결코 성취할 수 없다. 결국 그는 낙척한 상황에서 희망이 될 수 있는 신선마저도 되지 못하는 상황에 처해있다.

관직에서 물러나 西湖에 은거하던 시기와 세상과의 결별을 결심하고 金剛山에 은거한 시기 유몽인의 산문에는 자부와 좌절, 그에서 오는 비감을 피력하는 글들이 적지 않다는 사실을 이미 살펴보았다. 위의 글 역시 그 중 한 편이다. 허균의 글에서처럼 造物에 대한 비판적 시선과 아울러, 자신이 불행하게 된 원인과 도저히 성취될 수 없는 헛된 바람을 서술하는 과정에서 그가 느낀 비감이 드러난다.

송서만 따져보아도 「送洪牧李潤卿(睟光)序」, 「送聖節使書壯金(大德)序」에서는 고립감과 인정받지 못하는 상황에서 오는 인한 비애, 「遊寶盖山, 贈靈隱寺彦機・雲桂兩僧序」를 비롯하여 금강산과 寶蓋山 승려들에게 준 송서에 보이는 허무감 등은 그가 만년에 지은 송서의 성격을

者, 德不若人, 智不若人, 聰明不若人, 獨於文章, 不下於古人. 而馴致爵祿, 至於二品之列, 竊嘗憂焉. 今者無故失官, 流離轉徙, 抱病于窮山絶谷, 始知造物者不欲令天下美事兼備於一夫之身. 遂息意榮名, 以雲月水石爲活計. 仍念文章, 擧天下所難, 昔賢罕窺其域, 而我獨薄有所造, 曾不難焉. 今者旣入仙山矣, 如服餌善其方, 爲容成爲羨門, 亦可捩抉而取, 則如無骨之鰣, 上楊之鶴, 着鮮花於篠笏, 垂佳實於牧丹, 可以兩有而兼獲之. 雖然, 事不可無資地獨成. 遇神仙難於學神仙, 而彼功名末事, 猶見忌兩兼, 況神仙加文章一等乎!"

결정짓게 한다.

최립, 유몽인, 신흠, 허균 외에도 송서를 통해 불우한 심사를 표현한 사례는 무수히 많다. 그 원인으로 사회의 모순과 부조리의 발생, 이것으로 인한 불우한 이들의 속출을 들 수 있다. 모순과 부조리가 만연하고 불우한 이들이 속출하는 상황 속에서 하늘과 조화를 부정적으로 인식하는 태도 역시 출현하게 된 것이다. 내면적 사유와 감정을 선명하게 피력하려는 태도, 즉 송서의 중심을 자신에게 둔 서술은 이와 같은 배경 속에서 도출된 특징이다.

2. 삶의 구체적 계기에 대한 세밀한 표현

문학이 현실을 반영한다는 데에는 큰 이견이 없을 것이다. 현실과 자아에 대한 인식이 심화되고, 삶의 모습과 계기가 다양화 되며, 계파와 개체 간의 갈등이 심화될수록 반영의 양상 역시 구체화되리라는 주장도 어렵지 않게 수긍할 수 있을 것이다.[79] 16세기 후반~17세기 전반 송서를 비롯한 적지 않은 산문에는 삶의 구체적 모습이 드러나 있다. 전란과 당쟁, 현실과 자아 인식의 심화가 주요한 요인이다.

> 이전에 나는 沈德顯 씨와 호남의 고을에서 만나 서로 사이좋게 지냈다. 그 때 덕현 씨는 뜻을 높이 여기고 벼슬자리를 비루하게 여겨 그 노고를 감당하지 못하는 듯하였고 고상하게 생각하는 것은 산수에 은일하는 것이었는데 나 또한 권태롭게 노닐며 성취한 바가 없었다. 이로 인해 널찍하고 그윽한 지역 한 곳을 잡아 함께 살며 같이 농사를 짓고, 그 사이에 유실수를 심고 물고기를 길러 家親과 아이들을 키우며, 틈이 나면 책을 읽고

79) 구체적 삶의 반영이 지닌 의의에 대해서는 김우창, 「아름다움의 거죽과 깊이-심미 감각과 사회」, 『김우창 전집 3: 시인의 보석』, 민음사, 2006, 313~316면 참조.

글을 쓰며 태평한 이치를 노래하게 된다면 옛 은자가 뜻을 구하는 일을 하는 것에 거의 가까워질 것이라고 논의하였다.

약속한 지 몇 년이 되자 덕현 씨는 당대의 기회를 만나 앞길이 바야흐로 활짝 트이게 되어 時義상 결코 은둔할 수가 없었다. 나는 비록 낙척하여 얽매는 것이 없었으나 다만 부모님께서 계셨기 때문에 아침저녁으로 공양해야 했고, 또 덕현 씨처럼 의지하여 지향과 사업을 같이 할 벗이 없었기 때문에 완전히 은거하려는 뜻을 성취하지 못해 항상 마음으로 간절히 바랐다. 간간이 덕현 씨와 도성의 부화함을 다투는 풍기 속에서 만나 말이 이전 약속에 미치면 번번이 그가 개탄하는 것을 볼 수 있었기 때문에 오래된 바람이 여전히 돈독하다는 사실을 알 수 있었다.

계축년(1613) 덕현 씨는 환란을 당하여 죽음의 위기에 처했기에 대단히 괴로운 모습이었다. 그런데 천지의 再造之恩을 입어 南海의 산과 계곡만 있는 골짜기, 고기 잡고 벼를 키우는 고장에 定配되었다. 그로 인해 가족들을 이끌고 승경을 가려 집터를 잡고 느긋하게 밭을 갈고 고기를 잡는 즐거움을 누리게 되자 그의 마음에 자적함을 얻은 듯하였다. 그런데 나 역시 이 해에 지극한 괴로움을 겪게 되어 고질병에도 죽지 않게 된 차에 다행스럽게도 砥山의 궁벽한 골짜기에 墳墓를 세우고 시묘를 지키게 되었다. 喪期가 끝나자 곧 그 골짜기의 북쪽에 釣寂臺를 만들고 澤風으로 당을 扁額하였으며, 「砥山志」를 지어 농사짓다가 죽어서 묻히고자 하는 뜻을 스스로 서술하였다.[80]

80) 李植, 「送沈德用移居善山序」, 『澤堂集』 권9, 142면. “始余與德顯氏于湖縣相款也. 伊時德顯氏伉志而卑仕, 若不堪其勞苦, 而雅想則丘壑, 余又倦游無所成. 由是相議卜得寬閑一區, 結社耦耕, 其間樹果畜魚, 贍養老幼, 其隙則讀書著文, 歌頌太平之理, 庶幾古之隱居求志之爲者. 約旣定有年矣, 德顯氏際會當代, 進塗方闢, 決非遯之時義. 余雖拓落無拘係, 徒以二親在之故, 昕夕菽水, 又無相知有資用同志業, 如德顯氏者, 亦未卽決然長往, 恒惓惓于懷. 間與德顯氏相遇於都城華競之際, 語及輒見慨嘆, 知夙好之猶篤也. 癸丑歲, 德顯氏及於世禍, 危於死, 甚苦相也. 賴天地再造恩德, 斥居南海上山溪之窟魚稻之鄕. 仍率眷屬, 選勝占廛, 婆娑耕釣之樂, 若得適其素. 而余亦以是年遭罹窮毒, 不死于疚, 幸卜砥山窮峽, 築阡奉守. 服闋, 便卽其谷北, 治釣寂臺, 扁

이식의 「送沈德用移居善山序」이다. 허균의 「送趙持世赴京序」와 대단히 유사한 구성으로 서술되었다. 특정한 목표를 두고 그것에 다가갔다가 실패한 이야기를 다루고 있으며, 송서임에도 불구하고 임무의 성격, 상대방의 능력에 대한 칭송보다는 둘만의 일화를 연대기적으로 서술하고 있다는 점이 그러하다. 다만 이식의 글이 권계로 끝난다는 점만 다를 뿐이다.81)

이 글의 증여 대상은 내용상 沈德縣, 즉 沈光世(1577~1624)인 것 같지만 사실은 그의 동생 沈命世(1587~1632)이다. 다만 심광세가 대상이라고 생각하는 것도 무리는 아니다. 심광세와의 일화를 소개하는 데에 글의 거의 대부분을 할애하고 있기 때문이다. 결국 이 글은 직접적인 증여 대상자보다 자신과 더욱 친밀한 관계를 맺었던 사람과의 일화를 중심으로 서술된 것이다. 한편 이 글은 최립의 「送朴汝昇居山察訪序」와도 유사하다. 자신과 심광세는 이미 노쇠하여 함께 하고자 했던 지향을 완수할 수 없으나 심명세는 그럴 수 있는 시간이 충분하다는 사실을 서술함으로써 자신의 상황과 대비하여 은근하게 비감을 표출하고 있기 때문이다.

결국 일화를 자세히 소개한 이유는 자신과 심광세의 경험을 소개함으

堂以澤風, 作啓山志, 以自敍生耕死埋之志."

81) 李植, 「送沈德用移居善山序」, 『澤堂集』 권9, 142면. "今年春, 德顯之弟德用, 遷居善之金烏山下, 取近德顯氏所寓, 而其先有恭肅公者, 嘗廢居是邑, 後大貴顯. 其山川風土之美, 籍甚邦內, 德用之所賞, 則猶夫吾二人, 而淸逸過之. 嗟夫, 德顯氏與余所期望亦奇矣, 而卒被世故纒縛, 殆與滔滔者一揆. 乃今德顯氏以謫而閑其躬, 余以喪而得其所則大感矣. 而況相望一涯, 夢亦不接, 安見其結社共榻, 以償其同志之願哉? 今德用自無人事之患, 而年甚茂, 占地又勝, 此固向來吾二人所企望, 而終不獲其全者, 是其命果有遭乎! 雖然, 德顯氏與余俱陳人也, 神精耗於謗議, 才力盡於險艱. 假令德顯氏蒙恩牽復, 不過與余尋平昔棲遁之約耳. 如德用之才足以經務, 義足以致身, 其氣度高曠, 宜乎動而不宜乎靜. 余知其必踵恭肅公之業而羽儀于上京也不遠. 當是時, 又安知吾二人者不反覆勝耶? 姑以是序志之."

로써 이식이 느낀 비감을 표출함과 동시에, 그와는 상황이 다른 심명세의 出世를 권하고자 하는 목적에 기인한다. 즉 그가 왜 불우한가에 대한 이유를 밝히고, 이것으로써 심명세를 설득하는 과정에서 일화를 구체적으로 서술하게 된 것이다. 결국 이 작품은 이식과 심광세가 살아온 삶의 이력과 浮沈 과정을 자세히 표현하고자 했기 때문에 서사의 구체성을 확보하게 된 것이다.

16세기 후반~17세기 전반 산문에는 구체적 서사를 어렵지 않게 찾아볼 수 있다. 碑誌나 記와 같은 서사 위주 장르의 경우, 墓主의 행동, 태도, 죽음에 이르는 과정, 그에서 느끼는 작가의 감정, 당대 발생했던 임진왜란의 참상 등을 생생하게 표현한다. 議論 중심의 글에서는 자신의 주장을 펼치기 위해 특정한 일화를 삽입하거나, 토론 내용을 직접인용하여 다양한 사안을 짐작케 하는 서술이 적지 않게 보인다. 그렇다면 여타 산문에서도 통용되었던 스타일 외에 송서만의 구체적 서사 양상은 어디에서 찾아야 하는가?[82]

---

82) 어떤 개체를 표현하기에 가장 단순하면서도 적확한 방법은 이름을 부여하거나 기억하여 불러주는 일이다. 그렇지 않은 경우 개체의 모습과 성향을 비롯한 다양한 사안을 구체적으로 설명해야 한다. 최립의 다음 글에 보이는 구체적 서술은 이러한 경우에 해당한다. "前十三年間, 余以公事西出, 憩高陽之正因寺, 遇一行僧. 年甚少, 端秀可愛, 余爲之詩其卷. 旣而不復記名, 心獨不忘其爲人, 亦頗念所爲詩者曰, '雙眉已了汝, 一笑似平生. 問字翩翩喜, 談山咄咄明. 道存妙香嶽, 親在首陽城. 去意難牽挽, 臨岐空復情.' 五所云者, 其師靜公, 卽道之所存也. 公今無恙, 猶在西嶽, 爲一世宗風所歸, 則斯人之有得於方丈者, 亦可知也. 余生平記有僧名, 不一而足, 獨忘於斯人者, 所重尤在於內, 而外之尤輕, 宜也. 余取次爲詩, 百不能念一二, 而獨不忘斯詩者, 詩道其人之詳, 不忘乎詩, 乃所以不忘乎人也. 厥後余出入中外, 不得與斯人再遇, 亦不聞其所成就, 未嘗不往來于懷也.(崔岦, 「贈都總攝嚴上人詩序」, 『簡易集』 권3, 282면)" 都摠攝의 역할을 맡은 嚴上人의 이름을 잊어버렸으나 그 사람을 뚜렷하게 기억하게 해 줄 외모, 행동거지, 그에게 써 준 詩 등은 13년 동안 한 번도 잊어버리지 않았다는 내용이다. 물론 그 이유는 그 사람 자체가 주는 인상이 비범하였기 때문이다. 아니 오히려 그 인상이 대단해서 이름이 그 인상에 묻혀 잊어버렸다고 해도 과언

李子信이 말하였다. "저는 말씀하신 바를 모르겠으니 상세하게 듣고 싶습니다." 나는 이에 설명하고 풀어 말하였다. "이른바 貢은 土貢과 賦稅이며, 田은 田稅이다. 屯은 官屯田[83]이며, 粮은 漕糧米[84]이다. 銀은 중국의 장수를 접대하는 은이며, 宮은 宮闕布이다. 刷는 刷馬[85]이며, 別은 별도의 貢物이다. 收는 별도로 거둔 쌀을 말하며, 騎는 騎兵이다. 步는 步兵이며, 選은 新選軍이다. 阜는 노예이며, 水는 水軍이다. 漕는 漕運船의 水夫이며, 炮는 炮手이다. 防은 別赴防[86]이며, 鹽은 鹽盆稅이다. 生은 歲貢生[87]이며, 官은 관둔전의 경작이다. 鄕은 鄕任[88]인 三色掌[89]이며, 弓은 弓弩監考[90]이다. 畋은 사냥[佃獵]이며, 狀은 상관에게 보고하는 공문[報狀]이다. 直은 여러 곳에 守直함이며, 廳은 관청에서 거두는 것이다. 隣은 切隣이며, 족은 一族이다.[91] 豪는 강력한 지방 토호를 다스리는 것이며, 吏는 간사한 지방 관리를 다스리는 일이다. 이자신은 韓山郡에 가서 이 30자에 해당하는 일을 잘하라. 그리고 묻고 의논한 것이 어리석다 여기지 말라. 또 들으니 恩津의 德元堂에 바위가 있는데 글자를 새겨 비석을 만들기에 적당하하고

은 아니다. 이에 대한 서술이 두 번째 단락이다. 즉 그가 훌륭하게 여기는 요소는 외면이 아니라 내면임을 여기에서 밝히고 있기 때문이다. 특히 사람의 이름을 잘 잊어버리지 않지만 이 사람만 이름을 잊어버렸다는 서술은 그의 내면이 지닌 강렬함을 짐작하게 한다. 이와 같은 상황 속에서 인물에 대한 구체적 서술이 도출된 것이다.

83) 官屯田: 屯田의 일종으로 耕作者는 官奴婢이며, 收租權은 국가의 地方官廳이 가졌다. 관둔전은 관청의 경비가公廨田・公須田 등으로는 부족하기 때문에 이 부족을 보충하는 조치로 설치하여 租稅를 免除하여 주었으므로 自耕無稅의 토지라 한다.

84) 漕糧米: 田賦의 한 가지로 흰쌀을 거두어 서울로 운송하는 쌀, 혹은 漕軍의 양식이 되는 쌀.

85) 刷馬: 각 지방에 官用으로 配置해두던 말.

86) 別赴防: 다른 도의 군대가 변방을 방비하기 위해 수자리하러 나가는 것.

87) 歲貢生: 해마다 지방 장관이 秀才를 선발하여 중앙에 올려 보내는 貢生.

88) 鄕任: 지방 관청에 일을 보는 아전

89) 三色掌: 지방 관청의 아전을 말한다.

90) 弓弩監考: 활에 대해 시험 감독함을 말한다.

91) 切隣・一族: 전린과 일족은 부역과 세금을 피해 도망간 사람의 친척이나 가까운 사람에게서 도망간 사람의 세금을 대신 거둬들이는 것이다.

> 한다. 이자신이 林川을 다스릴 때 임천의 백성들이 취하여 비석을 만들었다는데 지금까지도 官道에 우뚝 서있다고 한다. 다른 날 강을 건너려 할 때 한산에도 임천에서처럼 비석을 세우는 일이 있겠는가?"[92]

유몽인의 「送韓山郡守李子信序」이다. 유몽인을 문학적 측면에서 연구하는 이들은 대체로 그의 시와 산문의 문학성에만 주목하여 정치가·행정가로서의 면모를 놓치는 경우가 많다. 그러나 낙척하기 전까지 그는 다양한 국정 경험을 쌓았고, 국가의 문제에 대해 깊이 있게 고민한 인물이었다. 위의 글은 그가 쌓았던 국정 경험과 고민 속에서 도출된 것이다.[93]

그가 이 글에서 설명하고 있는 내용은 세금, 衙前 관리, 漕運, 병기와 군사, 관료의 직분, 인재와 군사 선발, 土豪의 관리 등 다양한 분야에 걸쳐 있다. 지방행정의 주요한 조목을 구체적으로 서술한 부분은 서거정이나 성현의 송서와 뚜렷한 차이를 보인다.

변방 이민족의 침입, 임진왜란, 당쟁의 가속화 속에서 국정을 담당하

---

92) 柳夢寅, 「送韓山郡守李子信序」, 『於于集』 권4, 379면. "李子曰, '蒙不知所謂, 願聞其詳.' 余乃疏而釋之曰, '所謂貢者, 貢賦也, 田者田稅也. 屯者官屯田也, 粮者漕糧米也. 銀者接待天將之銀也, 宮者宮闕布也. 刷者刷馬也, 別者別貢物也. 收者別收米也, 騎者騎兵也. 步者步兵也, 選者新選軍也. 皁者皁隷也, 水者水軍也. 漕者漕卒也, 炮者炮手也. 防者別赴防也, 鹽者鹽盆稅也. 生者歲貢生也, 官者官屯田耕耘也. 鄉者鄉任三色掌也, 弓者弓弩監考也. 畋者佃獵也, 狀者報狀也. 直者諸處守直也, 廳者官廳所納也. 隣者切隣也, 族者一族也. 豪者豪强也, 吏者奸吏也. 李子之郡, 善行此三十字. 毋謂詢謀狂也. 且吾聞恩之德元堂有石焉, 宜勒字成碑. 李子曾守林, 林之民取而碑之, 至今屹官道. 異日者其將浮江而竪于韓如林乎?'"

93) 유몽인의 經世論에 대해 읽고자 한다면 柳夢寅, 「安邊三十二策. 贈咸鏡監司韓益之(浚謙)」, 『於于集』 後集 권5, 578~586면과 이를 바탕으로 그의 경세론에 대해 논의한 韓明基, 「柳夢寅의 經世論 硏究－임진왜란 이후 사회경제 재건의 한 방향－」, 『韓國學報』 67, 일지사, 118~153면; 김홍백, 「유몽인의 경세의식과 산문세계」, 서울대학교 박사학위논문, 2014 등을 참고하기 바란다.

는 위정자들이 이와 같이 서술하는 것은 당연한 일이다. 순식간에 국가의 기틀이 흔들릴지 모른다는 불안감 속에서 조정의 기틀을 유지하려면 내직의 관리는 물론, 외직으로 떠나는 담당관들 역시 해야 할 일을 분명히 알고 수행해야 하기 때문이다. 이 시기 다양한 문제가 야기되었던 북방지역 관료들에게 써 준 송서에 그들이 담당해야 할 지방 행정의 주요한 조목이 상세하게 기술되어 있는 이유 역시 이러한 상황에 기인한다. 신흠의 「送朴庶尹(燁)赴平壤序」에 보이는 개별 관료의 특색과 모범에 대한 서술도, 장유의 「送東岳李公觀察嶺北序」와 「送平安道巡察使閔士尙序」 등에서 보이는 당시 정세와 관료의 역할에 대한 서술 모두 이와 같은 상황의 부산물이다.

한편 이 시기 문인지식인들은 국정의 모순과 문제점에 대해서도 거침없이 비판하는데 비판의 칼날은 왕조차도 피해갈 수 없는 것이었다.

> 말이 알을 낳고, 지팡이에 꼬리가 있으며, 거북이 등에 세 치의 털이 자라났다는 말을 들었다면 믿겠는가? 이러한 일이 없다면 億으로, 兆로 세더라도 충분하지 못하겠지만, 이러한 일이 있다면 하나나 둘만 세어도 넉넉할 것이다. 세상의 일은 대체로 이와 같다.
>
> 여기에 어떠한 나라가 있다. 國論은 3일도 못 가지만 2백 년 동안 존속된 것이 중국과 같고, 人心은 세 치도 되지 않으나 五倫의 교화도 중국과 같다. 재화를 운용하면서도 화폐를 제거하였으나 입고 먹으며 죽지 않는 것도 중국과 같고, 나라를 수호하면서도 군대를 다스리는 일을 제거하였으나 변방을 잃지 않은 것도 중국과 같다. 이것은 귀신과 같은 술책으로 盤古의 시대를 다스리는 것이다. 그렇다면 저들은 수고로우나 우리는 즐거우며, 저들은 놀라지만 우리는 편안하며, 저들은 견고하지만 우리는 느슨하며, 저들은 번거롭지만 우리는 한가한 것이니 이것은 잃어도 얻는 것이요, 풀수록 단단하게 묶이는 것이구나!

비록 그렇지만 저들은 즐거이 호의호식하는 반면, 이들은 애달프게 아침저녁으로 구걸하지만, 저들도 역시 백성이며 이들도 역시 백성이라고 말한다. 저들은 세상에서 큰 나라로서 金城과 湯池로 사방을 견고히 지키는 반면, 이들은 바닷가 모퉁이의 작은 나라로서 울타리로 사방을 두르고 있어도, 저들 역시 국가이며 이들 역시 국가라고 말한다. 그렇다면 뿔과 발굽이 있으니 양이 소를 부러워할 필요가 없고, 어금니와 발톱이 있으니 살쾡이가 호랑이를 부러워할 필요가 없으며, 비늘과 지느러미가 있으니 미꾸라지가 용을 부러워할 필요가 없고, 깃털과 부리가 있으니 메추라기가 붕새를 부러워할 필요가 없다.

지금 저 나라와 이 나라가 수레로 서로 교제하여 배와 등처럼 붙어있게 되었고, 사신 가는 신하가 매년 네다섯 무리가 되어서, 조정에 가득한 관료들 중 태반이 중국의 문물을 구경하였는데도 백성을 넉넉하게 하고 국가를 풍족하게 하기 위해 중국을 본받는 일에 대해 한 명의 선비도 건의하여 전혀 변화시키지 못하니 슬프도다! 저 화려하고 깊은 궁궐의 한 사람은 옥같은 발로 조정에 내려와 보지 않으니 그는 나라를 다스리는 일이 이에서 그친다고 생각하는 것인가? 그는 중국 역시 이정도일 뿐이라고 생각하는가? 아, 우리나라 廟堂의 모의는 말의 알인가? 지팡이의 꼬리인가? 거북이 등에 난 세 치의 털인가? 가서 斗峰公은 중국의 대인에게 나라 다스리는 법을 배우고 돌아오라.[94]

---

94) 柳夢寅, 「送斗峯李養吾驪城君(志完)赴京序」, 『於于集』 권3, 360면. "余聞馬有卵, 丁子有尾, 龜背之毳長三尺, 信乎? 無之而計之億兆, 爲不裕, 有之而筭之一兩, 爲有剩. 天下之事, 大率類之. 有國于此. 國論無三日而二百之曆同中國, 人心蔑三尺而五倫之敎同中國. 用貨謝泉刀而衣食不死同中國, 守國去治兵而邊鄙不削同中國. 是以鬼神之術, 理盤古之世也. 然則彼劬我怡, 彼駴我恬, 彼堅我縵, 彼劇我閑, 是雖喪猶乎獲, 雖解愈乎結也乎! 雖然, 熙熙乎侈食糜衣, 嗷嗷乎朝乞暮丐, 而曰彼亦民也, 此亦民也. 天地之大, 金湯四固, 濱海一隅, 藩籬四撤, 而曰彼亦國也, 此亦國也. 則有角有蹄, 羔不必仰乎牛, 有牙有爪, 狸不必希乎虎, 有鱗有鰭, 鰌不必學乎龍, 有羽有觜, 鷃不必慕乎鵬. 今者車軌交結, 腹背相連, 奉表之臣歲四五輩, 滿朝簪紳, 太半觀周之餘士, 而裕民足國倣中國, 無一士建白而一變之, 哀哉! 彼淵濩深宮之一人, 玉趾不下於釦砌, 而其謂爲國, 止於斯已歟耶? 其謂中國, 亦如斯止歟耶? 吁, 我國廟堂之謨, 馬之

유몽인의 「送斗峯李養吾驪城君(志完)赴京序」이다. 작품 전체를 비유적으로 서술하여 가상의 국가를 상정하였으나 결국 이 나라는 조선이며, 비판 대상은 조선의 국정을 담당한 관료와 왕이다. 첫 단락의 의론과 이하의 내용을 종합해보면 조선은 결코 존재할 수 없는 나라이다. 유몽인은 "馬有卵, 丁子有尾, 龜背之毳長三尺"처럼 조선의 존재 자체가 기적일 수밖에 없다는 근거를 다각적으로 조명하여 통렬하게 비판한다.

비판을 위해 유몽인은 조선의 國論, 人心, 財貨 운용, 국가 수호, 국정을 대하는 위정자들의 안일함 등을 중국과 대조하여 서술한다. 이 과정에서 다양하고 구체적인 문제 제기가 이루어지는데 문제제기의 다양성과 구체성은 「送韓山郡守李子信序」에서 보았던 국정에 대한 고민과 비판적 사유에서 도출된 것이다. 물론 대전제와 결론을 배치하고, 전체의 글을 비유적으로 구성하면서 각 사안을 세밀하게 서술한 것 역시 구체적 서사의 예로 꼽을 수 있다. 예컨대 중국과 조선의 상황을 낱낱이 대조하여 서술한 두 번째 단락과 세 번째 단락의 서술이 그러하고, 주장의 신뢰를 높이기 위해 사용한 예시가 그러하다. 결국 이 글은 삶의 다양한 계기들을 포착하고, 중국과 조선을 대조적으로 살피며 비판하는 과정에서 구체적으로 서술된 것이다.

지금까지 16세기 후반~17세기 전반 송서에 보이는 구체화된 서사의 양상을 살펴보았다. 그 결과 자아와 세계에 대한 인식이 심화됨에 따라 삶의 다양한 계기들을 반영하는 태도가 자연스럽게 송서의 창작에 편입되었음을 알게 되었다. 아울러 불안한 정국과 이민족과의 충돌, 불우한 이들의 속출 등과 같은 국가적 문제점의 노정 역시 삶의 계기를 구체적으로 반영하고 다양화시킨 요인으로 들 수 있다.

卵耶? 丁子之尾耶? 龜背之三尺毳耶? 去乎斗峰公, 學爲國於中國之大人來."

3. 내용과 형식의 다양화

송서 서술의 중심을 자신에게 둔 작품들은 말할 것도 없고, 떠나는 이에게 초점을 둔 경우에도 이 시기의 송서는 다분히 개성적이라는 사실을 살펴보았다. 그리고 자신만의 고유한 사유와 감정을 피력하게 되면서 송서의 내용이 다양화 되었고, 새로운 시도를 함으로써 형식 역시 그렇게 되었다는 사실 역시 알게 되었다. 또한 떠나는 이에게 감정과 사유를 구체적으로 기술하는 과정에서 기존의 형식과 다른 송서를 창작하였다는 점 역시 알 수 있었다. 결국 사유와 감정을 중심으로 하는 내면화, 삶의 구체적 계기의 표현을 중심으로 하는 구체화 역시 지금부터 말하려는 내용과 형식의 다양화에 기여하고 있음을 알게 해준다. 이러한 요인들 외에 송서의 내용과 형식을 다양하게 만든 요인을 지적하고, 송서의 다양성에 일조한 몇 편의 작품을 분석해보겠다.

첫 번째로 들 수 있는 예는 이미 장유의 산문을 탐구하는 과정에서 살펴본 「送高書狀善行赴京師序」이다.[95] 이 글에서는 사행을 처음으로 가게 된 高用厚(1577~1652)의 우쭐함에 가하는 장유의 일침이 꽤나 예리하게 드러난다. 이를 통해 16세기 후반~17세기 전반 문인지식인들의 사유와 글쓰기가 다양화된 또 다른 단초를 보여준다. 이미 언급한 인식

---

95) 張維, 「送高書狀善行赴京師序」, 『谿谷集』 권5, 86면. "高君善行之將赴京師也, 踵門而詑張子曰, '今吾出於偏邦, 遊於上國, 涉乎天子之庭, 自謂足以盡天下之大觀也, 吾子以爲何如?' 張子曰, '夫自大觀小者失之侈, 自小觀大者失之餒. 餒則喪其守, 喪其守則視而無所見, 聽而無所聞矣. 故人必忘於大, 然後可以觀於大. 夫天之畀於人者, 非以其靈靈明明者歟! 靈靈明明者之在於人也, 未嘗以古今通塞而夷夏豐嗇也. 故人能知靈靈明明者之在我而無待於外, 則物小而我大, 無入而不自得, 物皆供吾之觀, 而不能奪吾之守. 其於行天下也, 豈不綽綽有餘裕哉? 中國之於我邦也, 華夷之辨, 大小之分, 則姑不論. 迺人之所歆艷而樂道之者, 特以疆土之博大, 山川之雄闊, 城闕之閎傑, 貨寶珍怪之充牣, 人民文采之繁麗而已. 故觀於其中者, 目駭神淫, 恍然自失, 如井蛙之驚於海也. 是皆不知至貴之存乎我, 而徒眩於外物者耳.'"

의 심화, 국가의 다양한 문제가 노정되었다는 사실 외에, 다원적 사유의 일단을 담고 있기 때문이다. 이 글에서 고용후는 중국에 사행 가는 사신의 일반적 시각을 보여준다. 조선 전기는 물론, 이 시기의 작가들에게서도 정치·경제·문화의 선진국이었던 중국 사행은 대국의 풍모를 호흡할 수 있는 중요한 계기였다. 그러나 중국에 대한 경외가 지나칠 경우 장유가 마지막 단락에 언급하고 있듯이 중국의 번성함과 화려함에 정신을 빼앗겨 망연자실하게 될 뿐이다. 그렇게 되지 않으려면 중심을 중국에 둘 것이 아니라 자기 자신에게 두라고 장유는 권고한다. 아울러 중국이 조선을 바라보는 태도인 방종과, 조선이 중국을 바라보는 태도인 위축에 대해 모두 비판적으로 서술하면서 華나 夷에 살고 있는 인간의 靈明함은 동일하다는 주장을 역설한다.

이 글에서 주목해야 할 점은 관점의 전환이다. 그것은 중국에 대한 상대화이기도 하다. 중국이 대국이며, 조선이 소국이라는 편협한 고정관념에서 벗어나 화와 이 어느 곳에 살든지 인간은 영명함을 지니고 있다는 언급을 통해 중국에 대한 지나친 환상을 벗겨내고, 조선에 대한 貶視를 걷어낸다.

유몽인의 「贈李聖徵(廷龜)令公赴京序」에서 보이는 특정 시각에 얽매이려 하지 않는 태도, 허균의 「對詰者」·「詞翰傳芳序」에서 보이는 조선과 '나' 중심의 사유, 신흠의 「歸來齋說」·「寄齋記」 등에서 보이는 선택적 의문문의 가설 등은 위의 글과 마찬가지로 다원적 시각을 보여준다.[96] 이들의 사회·문화적 비중을 고려해본다면 다원주의가 이 시기 사유의 주요한 지위를 점하고 있었다는 사실을 알 수 있다.

그런데 「送高書狀善行赴京師序」에서의 '중국'을 '특정 문학의 내용·

96) 이에 대해서는 안득용, 앞의 논문 참조.

형식'으로 바꾸어놓으면 특정 내용·형식을 고집하는 시각에서 벗어나 다른 시각에서 본 내용을 다른 형식으로 서술하라는 명제로 치환할 수 있다. 즉 인식의 심화, 국가의 다양한 문제 노정 외에 고정된 내용과 글쓰기를 탈피하여 내용·형식상의 다양화를 꾀하게 한 원인으로 다원주의적 시각을 지적할 수 있게 되는 것이다.

> 萬曆 32년(1604) 봄에 李慶涵 군이 광주로 부임하게 되어 나에게 행차를 고하였다. 나는 손을 잡고 말하였다. "옛 사람들은 떠날 때에 전별하는 일이 있었는데 薛 땅의 군주가 孟子를 금으로 전송하였으니 나도 금으로 전송할까하지만 나에게는 금이 없다. 子産은 季札에게 모시로 증별하였으니 나도 모시로 전송할까하지만 나에게는 모시가 없다. 그렇다면 오직 채찍뿐인가? 예전에 繞朝가 채찍으로 증별하였으나 채찍은 말을 모는 도구로서 석별의 뜻을 전하지 못한다. 나와 같은 경우라면 채찍을 빼앗아도 모자란데 하물며 그것을 주어야 하겠는가? 그렇다면 오직 버들가지뿐인가? 옛 사람들은 송별하면서 버들가지를 꺾어서 주었으나 버들가지는 실처럼 가늘고 약하여 사람을 묶어둘 수 없고 게다가 꺾어서 주면 더욱 매어서 끌 수 없게 됨에랴? 이것은 한 잔의 물로 권하는 것보다 못하다. 옛 사람 중 태수를 보내며 한 잔의 물을 준 사람이 있었지만 물맛은 담박하여 존귀한 손님을 흠향하는 데 마땅하지 않으니 당연히 한 병의 술로써 한강변까지 좇아가 전송하여야 한다. 그러나 이군은 온 강물을 마실 듯한 주량이니 한 병의 술로 대할 수 없고, 나 또한 병이 들어 문밖을 나서지 못하니 어찌 감히 한강 변에서의 전별을 바라겠는가? 그런데 이군은 수십 년 知己이며, 광주는 천 리 밖의 땅이요, 牧使는 3년간의 객지 생활을 하게 되는 것이니 어찌 전별하지 않겠는가? 전별함에 마땅히 詩만한 것이 없지만 시가 시답지 않다면 정을 어찌하랴? 시는 정을 형상화하는 것이니 정을 귀하게 여기지 시를 귀하게 여기지는 않는다. 그리고 시에는 본래 長詩와 短詩가 있는데 나는 짐짓 단시로 전별한다."[97]

유몽인의 「送光州牧使李養源(慶涵)絶句序」이다. '나는 왜 친구 李慶涵을 短詩로 전별하는가?'라는 부제를 붙일 수 있는 글이다. 금과 모시는 자신이 줄 수 없는 물품이고, 채찍은 떠남을 독촉하는 도구이며, 버들가지는 떠나는 이를 묶어둘 수도 없고, 술은 주량이 따라주지 않으며, 한강에서의 전별은 병중이라 불가능하다. 그리하여 인간의 정을 형상화하는 시, 그것도 단시로써 전별한다는 내용이기 때문이다.

이로써 볼 때 이 글은 송서가 갖추어야 할 최소한의 요건만 갖추었을 뿐, 글 전체는 부제의 내용을 말하는 데 집중되어 있다. 송서 최소한의 요건은 채찍과 버들가지가 이별의 증표로 적합하지 않을 이유를 말한 부분과, 이경함이 광주 목사로 떠남을 피력한 부분에 갖추어져 있다. 떠나는 이에 대한 아쉬움, 이경함의 부임지와 직책이 이 부분에서 드러나기 때문이다. 그 외의 어떤 서술에서도 기존 송서에서 보았던 내용과 형식을 찾아볼 수 없다. 따라서 오히려 이 글은 送詩의 개념과 효용에 대한 메타적 접근으로도 이해할 수 있다.

이 글을 비롯하여 이미 살펴본 최립의 송서나, 西湖와 금강산에서 쓴 유몽인의 송서 몇 편은 물론, 신흠의 「送鄭僉樞(曄)朝京師序」, 任叔英(1576~1623)의 「送韓察訪序」 등은 자신의 비애를 토로하는 데에 거의

97) 柳夢寅, 「送光州牧使李養源(慶涵)絶句序」, 『於于集』 권3, 353~354면. "萬曆三十二年春, 李君赴光州, 告余行. 余執手謂曰, '古之人乎有行, 斯有贐, 薛君餽孟子以金, 余將贐以金乎, 金無有也. 子產贈季札以紵, 余將贐以紵乎, 紵無有也. 然則其惟鞭乎? 昔者繞朝贈行以鞭, 鞭所以驅馬, 非惜別意也. 余則欲奪之不得, 矧贈之? 然則其惟柳枝乎? 古人於送行, 折柳枝以贈, 枝類絲而弱, 不可以綰人, 矧折以贈, 尤不得以繫輓之乎? 不若是其將酌杯水以侑之乎. 古人送太守, 有以盃水者, 水味淡, 不宜以饗尊客, 宜以一壺春酒, 追送于漢江之濱也. 但李君如吸百川, 非壺酒可待, 而余又負病不出戶, 敢望漢濱之餞乎? 李君, 數十年舊也, 光州, 千里地也, 牧使, 三年客也, 烏得無贐? 贐之宜莫如詩, 而詩不類詩, 奈情何? 詩寫情, 貴情不貴詩. 詩固有大小乎, 余故贐之以小詩.'"

전편을 할애한 파격을 보인다. 遊記의 서두 형식으로 쓰인 이정구의 「送沈德顯赴扶安感舊遊詩序」, 논쟁으로 전편을 구성한 신흠의 「送奏請副使閔同知(仁伯)如京師序」도 모두 일정정도 송서의 형식에 파격을 가한 작품들이다. 이 외에 다음과 같은 작품 역시 이 시기 송서의 다양성에 기여하고 있다.

> 나는 깜짝 놀라서 말하였다. "이 사람은 참으로 성불한 사람이구나! 만약 선비였다면 반드시 大官이 되었을 것이다." "어째서입니까?" "옛날 이 산속에 중이 셋 있었다. 각자 큰 보자기에 옷과 식량을 넣고 길을 가다가 서로 약속하여 말하였다. '우리 세 사람이 수수께끼를 내어 잘한 사람은 짐을 벗어, 그렇지 못한 사람에게 지게 하면 어떻겠나?'라고 하니 모두 '그러세.'라고 하였다. 한 중이 보자기를 내려두고 논두렁에 누우며 말하였다. '밤이다. 나는 자야겠네.' '어째서인가?' '우리말에 논두렁[野]은 밤[夜]과 같은 음이 아닌가?' '그러하네.' 두 중은 그의 짐을 둘로 갈라서 나누어서 지고 갔다. 어떤 곳에 이르러 한 중이 가시덤불[棘林] 속에 들어가 앉으며 말하였다. '가사(家事)에 매여서 갈 수가 없네.' '어째서인가?' '우리나라 말에 가시에 걸렸다는 말을 가사에 걸렸다고 하지 않는가?' '그러하네.' 한 중이 세 보따리를 합쳐지고 가면서 말하였다. '등에 두 칸 집을 지고 있으니 어찌 고단함이 없겠는가?' '어째서인가?' 그 중은 묵묵히 대답하지 않았다. 두 승려는 모두 이해할 수 없었다.
>
> 세 보따리를 합하여 지고 험한 산을 올라가니, 흐르는 땀에 온 몸이 젖었다. 길에서 노승을 만났는데 허름한 승복에 남루한 옷을 입고 있었다. '세 사람이 동행하면서 두 사람은 들에 누워있고 그대 혼자 짐을 지고 가는 건 어째서인가?' 승려가 세 가지 말로써 그에게 고하였다. 노승은 합장하고 절을 하면서 말하였다. '그대만이 성불하였다. 우리말에 들보의 보[樑]는 보자기의 보(褓)와 동음이 아닌가? 두 칸 집에는 세 개의 들보를 걸치지 않는가? 두 중이 말을 입 밖에 낸 것은 天機를 깨뜨려 누설한 죽은 말이다.

> 그대가 말하지 않은 것은 천기를 온전히 보전한 살아 있는 말이다. 그대만이 성불하였구나!'"[98]

유몽인의 「贈乾鳳寺僧信誾序」이다. 승려들의 수수께끼 놀이는 유머러스하며 예시하지는 않았지만 도를 깨우친 스승이 도에 대해 물어보는 제자들에게 '썩을 놈들'이라고 외치는 부분은 골계적이다.[99]

웃음은 기존의 연구에서도 볼 수 있듯이 긴장의 연속인 일상생활 속에서 심신에 휴식을 준다.[100] 즉 고도의 지성과 감성을 사용하여 지적 혹은 감성적으로 계발을 시키거나 정화를 시키고자 창작되는 것이 아니라 휴식을 위해 창작된다는 점에서 通俗的 요소 또한 지니고 있다. 이와

---

98) 柳夢寅, 「贈乾鳳寺僧信誾序」, 『於于集』 後集 권3, 530~531면. 余瞿然驚曰, "此其成佛者乎! 若爲士, 其必做大官乎?" 曰, "何哉?" 曰, "昔者, 此山中有三僧, 各用大裸贏衣糧而行. 相與約曰, '吾三人作讔語, 能者解其負, 負不能者, 其可?' 僉曰, '可.' 一僧舍裸, 臥稻池之阡曰, '夜也, 吾將宿.' 曰, '何耶?' 曰, '東方之語, 水田之阡, 不與夜同音乎?' 曰, '然.' 二僧二其裸, 分而擔而去. 至一處, 一僧入棘林中, 坐曰, '拘家事不得去.' 曰, '何也?' 曰, '東方方語拘棘刺, 不謂拘家事乎?' 曰, '然' 一僧合三裸而負而去曰, '背負二間屋, 其無困乎?' 曰, '何耶?' 其僧嘿而不答, 兩僧俱不解也. 於是合負三裸上峻岅, 流汗洽體. 路遇一老釋, 弊衲藍縷, 問曰, '三僧同行, 兩僧閒臥中野, 子獨行負重何耶?' 僧以三言告之, 老僧合手而拜曰, '子獨成佛也夫! 東方之語, 稱屋樑不與裸同音乎? 二間之屋, 不架三樑乎? 兩僧之言, 破天機死語也, 子之不言, 全天機活語也. 子獨成佛也夫!'"

99) 柳夢寅, 「贈乾鳳寺僧信誾序」, 『於于集』 後集 권3, 530~531면. "又聞昔者此山中, 有南無大師者. 嘿言向壁三年, 一日呀呀而笑, 羣弟子長衫袈裟頂禮而問曰, '大師三年向壁無一言, 一朝呀呀而笑, 其必頓悟大道乎? 願問大道之方.' 大師抗聲而應曰, '撗腐.' 羣弟子曰, '此淫褻之語也. 三年向壁, 所悟只一淫辭乎?' 或嗤而去, 或詬訾而去. 吁! 引而不發者, 活語也, 泄而不蘊者, 死語也. 大道也者, 非心得不能語, 父不能以傳之子, 師不能以傳之弟子. 三年向壁, 一朝頓悟, 工夫深矣. 彼羣弟子, 俱以蒙學, 無心得而欲聞大道, 其横腐之流乎! 故大師只以慢言浪說戱之, 如莊子道在屎尿之喩也, 此所以眞悟道成佛者也. 儒釋何嘗異道?"

100) 앙리 베르그송, 『웃음-희극성의 의미에 관한 시론』, 정연복 옮김, 세계사, 2001, 24면 참조.

같은 이유 때문에 徐居正과 梁誠之 모두가 『太平閑話滑稽傳』의 서문에서 『禮記』의 “張而不弛, 文武弗能也. 弛而不張, 文武弗爲也. 一張一弛, 文武之道也.”를 인용하며 긴장의 이완을 위한 자료로 滑稽傳을 편집하였음을 밝히고 있는 것이다.

다만 이러한 고찰은 전체 글에서 위 예문이 차지하는 위치를 고려하지 않았을 경우에만 사실이다. 위 글 전체를 살펴보면 위 예화는 결국 ‘전대의 죽은 말을 수고롭게 도습하는 것보다 자신의 마음에서 진정으로 우러나온 살아 있는 언어를 사용하라’는 논의이다. 특히 ‘그것을 함부로 내보이기보다 자신의 속에서 곰삭이라’는 권계를 담고 있다. 결국 논의를 보다 선명하게 전개하기 위해 통속적 예화를 들었다고 할 수 있다. 따라서 전체의 구성과 문체, 그리고 내용적 측면에서 살펴본다면 뚜렷한 주제의식을 지니고 자신의 주장을 효과적으로 전개한 글이므로 이 작품을 통속적이라고 볼 수는 없다. 다만 기존의 송서에서 볼 수 없었던 내용과 형식을 차용하고 있다는 점에서 파격적 송서임은 분명하다.[101]

이로써 볼 때, 16세기 후반~17세기 전반에 보이는 송서의 다양성은 인식의 심화, 국가의 다양한 문제 노정, 다원주의의 흥기 등에서 기인하였다. 본고에서는 대체로 기존의 형식에 파격을 가한 작품들만을 위주로 서술하였지만 작품 일부의 변개에까지 범위를 넓혀보면 그 파급력이 작지 않았다는 사실을 짐작할 수 있다.

---

101) 유몽인에게는 이 외에도 민간의 이야기 혹은 잘 알려지지 않은 역사상의 이야기를 차용한 경우가 적지 않다. 예컨대 「送回答副使朴典翰(梓)入日本序」(『於于集』 後集 권3, 528~529면.)의 申叔舟・金誠一・黃愼 등의 이야기를 비롯하여 趙鼎이 大鮪를 만났으나 침착했던 일화, 佛書에 등장하는 거대한 물고기 이야기를 소개하고 있다.

제3항 소결

지금까지 16세기 후반에서부터 17세기 전반에 이르는 시기 송서의 특징적 면모를 고찰해보았다. 그 결과 16세기 이전의 공적 송서에서 보이던 투식성을 벗어나 내면화, 구체화, 다양화 되었다는 점과, 대표적인 작가로 최립, 유몽인 등을 꼽아야 한다는 사실을 알 수 있었다. 대체적인 내용을 다시 한 번 정리해보면 다음과 같다.

첫째, 산문 서술의 중심이 작가 개인으로 옮겨 오던 문단 전반의 영향에 힘입어 송서에서도 개인에 중점을 둔 서술의 비중이 점차 높아졌다. 특히 내면에 대한 응시와 감정・사유・사상의 진솔한 표현에서 이와 같은 특징을 살펴볼 수 있었다. 그 원인으로는 사회의 모순과 부조리의 발생, 그로 인한 불우한 이들의 속출, 하늘과 조화를 부정적으로 인식한 태도를 꼽을 수 있었다.

둘째, 전반적으로 송서의 글쓰기가 구체화 되었다. 자아와 세계에 대한 인식이 심화됨에 따라 삶의 다양한 계기들을 송서에 반영하게 되었고, 불안한 정국, 불우한 이들의 속출, 이민족과의 충돌 등과 같은 국정의 문제점이 노정 되면서 삶의 계기를 구체적이면서도 다양하게 드러냈던 것이다. 한편 구체적인 글쓰기의 양상으로는 자신의 사유와 감정을 구체적으로 피력한 작품에서부터 관리의 직무를 낱낱이 열거하여 제시하거나, 국정 전반의 문제점에 대해 날카롭게 비판한 작품 등을 들 수 있다.

셋째, 송서의 내용과 형식이 다양화 되었다. 앞서 언급한 요인들 외에 다양화를 추동한 것은 다원적 사유의 홍기이다. 다원적 사유는 절대적이며 고정적인 것에 대한 거부로써 고정된 내용과 형식에서 벗어나 다양한 내용과 형식을 사용하게 하는 사상적 토대를 제공하였기 때문이다.

기존의 장르에 일부 변개를 가한 작품에서부터 비애를 토로하는 데 작품의 전편을 할애하거나 논쟁으로 채운 작품, 여타 장르와의 결합을 시도한 작품들 속에서 다양성을 읽을 수 있다. 특히 유몽인의 경우 작품 속에 송서에 대한 메타적 접근을 드러내기도 하고, 野談集에 수록될 법한 이야기를 차용하기도 하는 등 송서의 다양화에 기여한 바가 크다.

내면을 응시하고 진술하게 표현하는 등의 개인적 내용을 송서에 담아내기 시작하면서 송서가 개성을 띠기 시작했다. 그리고 자신만의 내용과 형식을 창안하려는 노력은 필연적으로 송서의 글쓰기를 다양화시켰다. 아울러 송서를 통해 사회를 구체적으로 반영하려는 태도에 힘입어 16세기 후반에서 17세기 전반에 이르는 시대의 힘과 삶의 총체적 모습을 살펴볼 수 있게 되었다. 이 시기 송서의 의의는 여기에서 찾아야 한다. 한편 문학의 발전은 글쓰기의 숙련정도, 내용의 심도에서도 찾을 수 있으나 무엇보다 다양화 정도에서 분명하게 간취된다. 이 시기 송서는 개인의 사유와 세계를 대하는 태도, 사회의 부조리, 세계의 구체적 계기 등을 다양한 내용과 형식으로 표현하였다. 이로써 볼 때, 이 시기 송서는 우리 문학의 발전에 작지 않은 기여를 했다고 할 수 있다.

제3절 議論文: 多岐한 議題와 글쓰기의 私와 公

이번 절에서는 의론 장르의 대표적 하위 장르인 論說文을 중심에 두고, 일부 의론성이 강한 여타 장르의 작품을 함께 논의의 대상으로 삼겠다. 여타 장르에 비해 논설문은 주로 事理를 분석하고 변별하면서도 문학성을 지닌 장르로서, 정치·경제·사회·사상·문화적 측면에 걸쳐 당대 혹은 그 이전의 사안을 분석하고 변별한 이후 올바른 방향을 지시하려는 특성이 강하다.[102] 이러한 측면에서 논설문은 현대의 언론과도 일정정도 그 역할을 공유한다. 따라서 논설문을 통해 시대적 변화에 수반되는 의제 설정(agenda setting)의 변화를 살펴보거나, 이전 시대와 동일한 의제에 대해 상이한 결론을 도출하는 태도 속에서 사유의 推移를 파악할 수 있다는 데에는 이론이 없을 것이다.

특정 작가의 의론에 대한 고찰이나 개별 의론 장르에 대한 통시적 일별은 이미 몇몇 논고에서 수행하였다. 예컨대 전자의 경우 중, 이 시기의 대표적 인물을 다룬 경우로는 허균의 의론에 초점을 둔 연구가 있고, 후자의 경우라면 原이나 史論 散文의 장르적 성격과 사적 전개의 추이를 탐구한 연구가 있다.[103] 전자를 통해서는 허균의 정치적·문학적 사유의 일면을 알 수 있었다. 다만 이러한 논의들은 대부분 허균의 특정한 사유를 설명하는 데 초점이 맞추어져 있기에 당대 사회적 환경에 대응하는 의론의 양상을 전반적으로 조망하기에는 부족한 점이 있다. 한편 후자의 논의는 거시적 안목에서 논설문의 大體를 보여주었다는 장점이 있

---

102) 논설문의 장르적 규정과 성격은 주로 다음 논의를 참고하였다. 이강엽, 「'說'의 장르 성향과 소설적 변개 가능성」, 『국어국문학』 112호, 국어국문학회, 1994, 137~168면; 심경호, 『한문산문의 미학』, 고려대학교 출판부, 1998, 264~282면; 김종철, 「한문 산문 '論'의 갈래성격과 글쓰기 특성」, 『동방한문학』 18집, 동방한문학회, 2000, 197~212면; 陳必祥, 『한문문체론』, 심경호 옮김, 이회, 2001, 149~183면; 褚斌杰, 『中國古代文體概論』, 北京大學校出版部, 2003, 346~363면; 유이경, 「說 장르 규명을 위한 시론」, 『한국고전연구』 10집, 한국고전연구학회, 2004, 271~292면; 박동주, 「조선후기 原體散文의 특성과 작품양상」, 한양대 박사학위논문, 2009, 21~42면; 백진우, 「朝鮮後期 史論 散文 硏究」, 고려대 박사학위논문, 2011, 13~82면.

103) 문학에 대한 논의는 모두 기록할 수 없을 정도로 많다. 문학론에 대한 고찰이나 허균의 사회의식과 산문을 다루면서 일부 그의 논설문을 탐구한 논문 외에 그의 논설문만을 다룬 논의로는 백진우, 「許筠의 史論 散文 硏究」, 『語文硏究』 150호, 韓國語文教育硏究會, 2011, 317~341면의 논문이 있다. 의론의 장르적 분류와 시대적 일별로는 송혁기, 「논설문(論說文)의 특성과 작품 양상」, 『한국한문학의 이론: 산문』, 보고사, 2007, 11~38면; 박동주, 앞의 논문; 백진우, 앞의 논문 등이 있다.

지만, 논설문이 배태된 시대적 환경 및 그 변화를 추동한 사유 등에 대해서는 좀 더 세밀하게 고찰되어야 할 필요가 있다.

따라서 이번 절에서는 개별 작가 연구보다는 포괄적 견지에서, 통시적 고찰보다는 세밀한 견지에서, 16세기 후반~17세기 전반 논설문의 의제 설정과 그것을 배태한 사회 환경을 살펴보고자 한다. 특히 16세기 이전까지 주요 의제로 제시되지 않았거나, 이미 의제로 제시되었지만 상이한 해결책을 제시하고 있는 사안에 대해 집중적으로 고찰하면서 그 변화가 지닌 문화적·사회적 가치를 규명하여 그 의의를 찾을 것이다.

아울러 이번 절에서는 의제 설정의 특징적 면모 외에 논설문의 글쓰기의 특징에도 집중하고자 한다. 글쓰기의 변화를 통해서도 당대의 환경적 변화를 감지할 수 있기 때문이다. 즉 글쓰기의 변화 양상 역시 아울러 고찰함으로써 당대 사회 환경에 대처하는 개인과 집단의 사유의식을 발견하고, 그 사회적·문학적 가치를 찾는 데 주력할 것이다.

제1항 논설문의 주요 議題: 배경적 고찰을 겸하여

1. 多元的 시각과 지식의 확장

16세기 후반~17세기 전반 조선은 다기한 사회 문제를 노출하기는 했지만, 이전 시기에 비해 다양한 시각을 갖추기에 충분한 조건이 구비되었던 공간이기도 했다. 정치적·학술적 암흑기라고 불릴 수 있는 16세기 전반기를 지나며 사회·문화 전반에서 다시 한 번 도약하려는 의지와 실천이 있었고, 여러 종류의 서적과 사상이 유입되어 體化되면서 사태를 좀 더 다각적 시야에서 보려는 태도를 지닐 수 있게 되었다.

예컨대 학술적 측면에 있어서는 性理學의 지위가 공고해졌고, 정치적 목적으로 인해 그 외의 학술이 이단으로 평가되는 정도가 가속화되었지만, 아직은 17세기 후반 이후처럼 朱熹의 학술만을 敎條的으로 맹신하지는 않았던 시기였다. 이로 인해 여전히 老莊의 사상이 담론의 한 축을 차지할 수 있었고, 비록 비판을 전제한 제한적 측면이었지만 陽明學과 佛教 역시 논의의 대상이 될 수 있었다. 아울러 천문・지리학적 지식의 축적으로 인한 시각의 확대를 통해 자국 중심의 이해에서 벗어나 거시적 안목 역시 갖추게 되었다.

이번 항에서는 다양한 학술적 논의의 현상과 그 저변을 살펴보고, 다원적 시각의 형성과 그 확립에 기여한 배경 요인을 살펴보고자 한다.

> 佛教는 우리 도[吾道]의 적이며 佛人은 백성을 갉아먹는 좀이다. 그래서 그 책과 그 사람을 儒者들은 수록하거나 일컫지 않는다. 그런데 梵語는 괴이해서 보는 사람이 구두를 끊지도 못하고 책 역시 구두를 끊지도 못하여 확연히 물리칠 방법이 없기에 시험 삼아 언어 문자에서 항상 사용되는 것을 들어 대략 풀이하여 후학들을 미혹되지 않게 하려고 한다.
>
> 菩提는 깨우침이요, 薩埵는 情이 있는 것이며, 涅槃은 아무 것도 하지 않고 죽음도 삶도 없는 바이며, 阿耨多羅三藐三菩提는 가장 높은 진정한 깨우침이다. 波羅密多는 彼岸에 도달한 것이며, 毗盧遮那는 곳곳마다 광명이 두루 비치는 것이다. 維摩詰은 淨名이니 長老의 이름이다. 戒定慧는 그릇된 것을 막고 악을 평정하는 것을 '계', 마음이 인연을 따라 변하지 않는 것을 '정', 마음이 막힘없이 비추는 것을 '혜'라고 한다.[104]

104) 申欽, 「佛家經義說」, 『象村稿』(『韓國文集叢刊』 72집) 권33, 186~187면. "佛之教, 吾道之賊也, 佛之人, 生民之蠹也. 其書其人, 儒者所不載不稱也. 然其梵語恢詭, 見者不能句, 書亦不能句, 則無由闢之廓如, 試擧其恒用於言語文字者, 略加提釋, 俾後學不迷也. 菩提, 覺也, 薩埵, 有情也, 涅槃, 無爲不死不生之所也, 阿耨多羅三藐三菩提, 無上正等正覺也, 波羅密多, 到彼岸也, 毗盧遮那, 種種光明遍照也, 維摩詰, 淨名也, 長老之名也, 戒定慧, 防非定惡曰戒, 心不隨緣曰定, 心照無礙曰慧."

申欽(1566~1628) 「佛家經義說」의 첫 부분이다. 전체 글은 '초급 불교 용어사전'이라고 불러도 무방할 만큼 불교용어에 대한 고증과 해설로 일관하고 있다. 위 예문의 첫 단락은 불교에 대한 비판으로 시작한다. 아울러 이 글을 쓴 목적 역시 불교를 혁파하기 위한 정보의 제공임을 분명하게 밝히고 있다.

그런데 이처럼 불교용어에 대해 해설과 고증을 덧붙인 글은 이전의 문인지식인들에게서는 거의 찾아보기 힘들다. 즉 불교의 세력을 위축시키기 위해 의도적으로 그것을 탄압했던 조선 초기 건국의 설계자들을 지나, 趙光祖(1482~1519) 등을 거치면서도 꾸준히 불교에 대한 비판적 시각은 보이지만, 그것을 제대로 비판하기 위해 그 핵심 어휘를 해설하는 경우는 없었다는 말이다. 따라서 이 글과 같은 논의는 상당히 이례적인 것이다. 또한 신흠의 위와 같은 불교 용어에 대한 해설은 불교 초심자들에게 좀 더 효과적으로 그에 접근할 수 있는 통로를 제공해 줄 수도 있다. 그럼에도 불구하고 이와 같은 의론을 개진한 원인은 무엇일까? 아마도 그가 언급한 것처럼 효율적인 이단 혁파에 그 의도가 있을지도 모르겠지만, 더욱 주요한 원인으로 꼽아야 할 것은 신흠의 유연한 學問觀과 그 실천에서 찾아야 할 것이다.[105]

신흠은 기본적으로 성리학을 기초로 삼으면서도 그 외의 다양한 지식을 배제하지 않고 스스로의 학문적 지반을 형성하는 자양으로 삼고자 했다. 예컨대 위 글을 제외하고서도 그의 논설문에는 「道家經義說」, 「歷代天文志說」, 「風水家說」 등이 있다는 점을 통해서도 짐작할 수 있다.

---

105) 신흠이 견지했던 다양한 학문적 관심, 특히 先天易과 老莊에 대한 관심, 程朱 性理學에 얽매이기보다 다양한 시각에서 학문을 수용하려고 했던 태도에 대해서는 박희병, 「申欽의 學問과 그 思想史的 位置」, 『民族文化』 20, 한국고전번역원, 1997, 1~49면을 참조하기 바란다.

특히 국가의 통치에 밀접한 관련이 있는 天文이나 당대 사회적 문제로 대두되었던 風水에 관련된 논의 외에 「도가경의설」과 같은 글은 더욱 주목을 요한다. 「도가경의설」의 서두 역시 '道家는 불교처럼 이단적 학문은 아니지만 상당히 隱語가 많아서 그 참된 본질을 이해하지 못하고 域外의 荒唐한 데로 내달리는 사람들이 있기에 그것을 제대로 일깨워주기 위해 그에 대해 글을 쓴다'고 시작하고 있으며, 그 해설의 방법 역시 「불가경의설」과 유사하기 때문이다.[106] 즉 이 글에서도 이단의 학설로 치부될 수 있는 분야에 대해 자세한 해설을 덧붙이고 있기에 그의 다양한 학문적 관심의 실마리를 살펴볼 수 있다.

그런데 이 시기 신흠과 같은 학문적 태도를 보인 사람은 적지 않다. 李睟光(1563~1628), 허균, 장유 등을 비롯한 문인지식인들에게서 정주 성리학 이외의 다양한 학문에 대한 관심을 찾아볼 수 있기 때문이다. 이와 같은 성향의 관심과 탐구는 어디에서 기인한 것일까? 아마도 이전이나 이후 시기와 비교하였을 때 상대적으로 유연했던 학문적 태도 및 정주 성리학 이외의 학문에 대해서도 정치적으로 탄압하지 않았던 당대 학술계의 분위기를 우선 꼽아야 할 것이다. 아울러 앞선 요소만큼 중요한 사안으로 明과의 직간접적 접촉을 통한 시야의 확장을 주요한 원인으로 들 수 있다. 예컨대 다양한 서적의 탐독과 이해가 그것이다.[107]

---

106) 그 일부만 예시하면 다음과 같다. 申欽, 「道家經義說」, 『象村稿』 권33, 187~188면. "修養家, 不過自私之小道, 非若佛之洸洋自恣, 滅絶倫紀也. 然其爲書, 率多隱語, 爲之者不能考究其眞, 遂馳心域外, 而爭趨於荒唐. 今據其實, 則昆侖, 頭也, 又爲臍也. 丹田有三, 腦爲上丹田, 心下爲中丹田, 臍下爲下丹田也. 泥丸, 腦也, 天庭, 兩眉間也. 蒼華太元華根雲儀玉華, 皆髮名. 天臺中岳神廬長谷玉隴靈堅, 皆鼻名也. 銀海明珠, 皆目名也. 英玄明上, 皆目神名也. 華蓋, 眉也, 空間嬌女, 皆耳神名也, 幽田亦耳神也."

107) 많은 책을 읽기보다 경서, 제자서, 역사서 등 소수의 국한된 책에 침잠하여 읽고자 했던 것이 독서를 대하는 전통적 시각이었다. 예컨대 동시기 盧景任(1569~1620)의

특히 박학의 상징인 백과사전류 서적과 그 축약본, 천문·지리·의학·농업과 연관된 실용서 등의 수입과 독서가 주요한 영향을 끼쳤으리라 생각한다.[108]

이처럼 다양한 서적의 수입과 독서는 조선이라는 한 나라에 국한된 시각에서 벗어난 확장된 시야를 가져다주었다. 여러 분야에서 그 실마리를 발견하는 것이 가능하지만 그것이 가장 뚜렷하게 드러나는 지리적 측면을 중심을 중심으로 살펴보자면 다음과 같다.[109]

> 우리나라는 중국 땅에서 가장 가깝고 또 대대로 蕃國이어서 唐으로부터 지금까지 사신이 서로 이르렀다. 그런데도 동해에 조석이 없다는 사실이 오히려 중국의 서책에 기록된 것을 본 적이 없다면, 북쪽 바다에 조석이 없다고 한 것이 東方朔에게서 보이는 것은 그저 우연일 뿐이다. 더욱이

「讀書說」에서도 이러한 시각이 선명하게 드러난다. 그러나 명말 서적출판의 번성과 조선과의 公的·私的 교류 등으로 인해 장서의 수집과 다양한 분야의 독서가 대두되기 시작했다는 점 역시 주지의 사실이다. 이에 대해서는 부길만·황지영, 『동아시아 출판문화사 연구Ⅰ』, 오름, 2009, 41~46면 참조.

108) 위의 책, 57~65면; 신양선, 『조선중기 서지사 연구: 16세기 관찬서를 중심으로』, 혜안, 2012, 15~35면 참조.

109) 인식의 확장에 지리서적과 지도가 큰 영향을 끼쳤음을 분명하게 보여주는 사례는 李睟光에게서 찾아볼 수 있다. 예컨대 그의 『芝峯類說』「諸國部」에 보이는 서구유럽에 대한 서술과 세계지도와의 접촉은 분명히 연관되어 있다. 李睟光, 「諸國部」, 『芝峯類說』 권2, "萬曆癸卯(1603), 余忝副提學時, 赴京回還使臣李光庭·權憘, 以歐羅巴國輿地圖一件六幅送于本館, 蓋得於京師者也. 見其圖甚精巧, 於西域特詳. 以至中國地方暨我東八道, 日本六十州, 地理遠近大小, 纖悉無遺. 所謂歐羅巴國, 在西域最絶遠, 去中國八萬里, 自古不通中朝, 至大明始再入貢. 地圖乃其國使臣馮寶寶所爲, 而末端作序文記之. 其文字雅馴, 與我國之文不異, 始信書同文, 爲可貴也. 按其國人利瑪竇·李應誠者, 亦俱有山海輿地全圖, 王沂三才圖會等書, 頗采用其說. 歐羅巴地界, 南至地中海, 北至冰海, 東至大乃河, 西至大西洋. 地中海者, 乃是天地之中故名云." ○ 서구식 지도의 전래과정과 이수광을 비롯한 사신과의 관계에 대해서는 오상학, 『조선시대 세계지도와 세계인식』, 창비, 2011, 171~176면 참조.

西域은 더욱 중국에서 멀리 떨어져 있고, 南蠻의 나라는 중국에서 거리가 더욱 먼 곳이라 어떤 곳은 水路로 만 리나 떨어져 있다. 그리하여 중국 사람들이 그 바다를 보지 못하였으니, 서남쪽 바다에 조석이 있는지 없는지를 중국 사람들은 본래 알지 못할 것이다. 그러므로 서남쪽 바다에 조석이 없다는 사실 역시 중국의 서적에서 볼 수 없었던 것이다. 그런데 동북의 바다를 통해 유추해보자면 서남쪽의 바다라고 어찌 동북쪽 바다와 다르겠는가? 그저 중국 사람들만 알지 못할 뿐이다. 그러므로 外海의 시각으로 말하자면 사방의 바다에 모두 조석이 없으니, 우리의 동해만 그러한 것이 아니다.

저 중국 사람들은 그저 內海에 조석이 있는 것만을 보고 외해에 조석이 없는 것을 알지 못한다. 그렇기 때문에 그저 바다에는 조석이 있다고만 말하고 우리나라 사람들은 그저 동해에 조석이 없는 것만을 보고 사방의 바다에 모두 조석이 없다는 것을 알지 못하기에 유독 동해에만 조석이 없다고 말한다.[110)]

趙翼(1579~1655) 「東海無潮汐論」의 일부이다. 동해에 밀물과 썰물이 없다는 논의는 조선 전기의 對策에서부터 조선후기까지 지속적으로 제기되었던 문제이다. 조석이 漕運과 밀접한 관련이 있다는 사실에서 본다면, 그에 대한 지속적 논의는 경제적 측면과 밀접한 문제이기 때문에 제기되었던 것으로 보인다.[111)] 이 글 역시 공식적인 課題로 지어진 글이

110) 趙翼, 「東海無潮汐論」, 『蒲渚集』 권23, 414~415면. “夫以我國於中國地最近, 又世爲藩國, 自唐來迄于今, 使价相及. 而東海之無潮汐, 猶未嘗見於中國之簡策, 則北海之見於方朔之書, 特偶而已. 況西域尤絶遠中國, 南蠻之國又距中國遠者, 或水路萬里. 中國之人未嘗見其海, 則西南之海, 其潮汐之有無, 中國之人固未之知也. 故西南之無潮汐, 亦未嘗見於中國之書也. 然以東北之海推之, 則雖西南, 奚獨異於東北哉? 特中國之人未之知耳. 故自外海言之, 則四方之海皆無潮汐也, 非獨東海爲然也. 夫中國之人, 但見內海之有潮汐, 而不知外海之無潮汐也. 故只言海有潮汐, 東方之人, 但見東海之無潮汐, 而不知四方之海皆無潮汐也, 故謂獨東海無潮汐.”

며, 조익의 식견을 선배로부터 인정받게 한 글이라는 사실로써 보자면,[112] 동시대인들에게 호응을 받았던 글임에 틀림없다.

이 글에서 주목해야 할 부분은 조선이라는 一國에서 벗어나 그 시야를 세계[天下]로 확장하여 바라보는 시각이다. 위 예문에 앞서 조익은 우리나라의 동해에 조석이 없다는 생각은 우리의 생각일 뿐 천하의 시각이 아니라고 밝히고 있다.[113] 이어서 그는 內海의 경우 조석이 있고, 外海의 경우 조석이 없다는 논거를 통해 동해에 조석이 없는 이유에 대해 밝힌다. 즉 우리의 '서해'는 중국의 입장에서 본다면 '동해'이지만, 세계의 시각에서 본다면 '내해'이고,[114] 우리 '동해'는 세계의 시각에서 본다면 '외해'이기 때문에, 우리의 '동해'에 조석이 보이지 않는 것이라고 주장한다. 아울러 중국의 시각과 우리의 시각이 지닌 한계를 지적하며 세계의 시각에서 사태를 볼 것 역시 분명히 주장하고 있다.

위 예문의 처음에 나타나듯이 조선은 중국의 蕃國이다. 그리고 중국이 여전히 세계의 중심이라는 생각에서는 벗어나지 못하고 있다. 그러

111) 조석변에 대한 논의는 구만옥, 「朝鮮後期 潮汐說과 '東海無潮汐論'」, 『東方學志』 111집, 연세대학교 국학연구원, 2001, 21~74면 참조.

112) 宋浚吉, 「諡狀」, 『蒲渚集』 年譜 卷3, 附錄, "嘗於課題, 著東海無潮論, 白沙李文忠公見之, 驚曰, '世豈有如此見識文章!'"

113) 趙翼, 「東海無潮汐論」, 『蒲渚集』 권23, 413~414면. "論曰. 海之有潮汐尙矣. 而我國之東, 水常漲無潮汐, 故人謂東海獨無潮汐. 吁, 此東方人之言也, 非天下人之言也."

114) 趙翼, 「東海無潮汐論」, 『蒲渚集』 권23, 414면. "夫中國之地, 惟登萊最東邊海, 而在我國之西, 故我國之西海, 卽中國之東海也. 今登萊, 古齊地也. 昔者, 太公釣於齊營丘之東, 故傳曰, 太公避紂, 居東海之濱, 是也. 然今登萊有潮汐, 則是東海亦有潮汐也. 故自內海言之, 則雖東海未嘗無潮汐也. 蓋中國之地勢, 西北皆大山也, 山之外皆夷狄也, 故距西北之海絶遠, 而唯東南邊海. 而中國之地, 又當天下之中, 故其所邊之海皆內海也, 故皆有潮汐也. 中國之人, 但見海有潮汐, 而不知外海之無潮汐也. 故觀中國之書, 未嘗及外海之無潮汐也. 獨東方朔十洲記云, 北方瀚海無潮汐. 由是觀之, 則北方之海亦猶東海也, 明矣."

나 중국의 관점을 넘어 세계의 관점으로 보았을 때 중국 역시 상대화할 수 있다는 사유의 실마리가 발견된다는 점 역시 사실이다. 이와 마찬가지로 장유 역시 세계적 시각으로 보면 우리의 동해뿐만 아니라 세계의 등—장유는 내해와 외해로 나누지 않고 내해를 배[腹], 외해를 등으로 나누어 보았다—에 해당하는 東北海는 모두 조석이 없다고 언급하기도 하였다.[115] 그런데 그 역시도 중국과 우리가 華夷로 구분되는 것은 분명하지만, 그 크기에 주눅들 필요 없다고 중국을 상대화하여 언급한 사례[116]가 있다는 사실로써 보자면, 시각의 확대에 따른 절대적 사유의 상대화는 작지 않은 관련이 있다고 생각한다.

한편 조익의 「동해무조석론」에서 보이는 사유는 李民宬(1570~1629)의 「東海無潮汐論」에서도 보인다.[117] 사유의 유사함뿐만 아니라 어구 역시 비슷하다는 사실을 통해 보자면 이민성과 조익이 같은 課題를 두고 서술한 것이라 생각된다. 그렇다면 이와 같은 시각은 이미 당시 문인 지식인들에게는 상당히 일반화되었던 것이라 추론할 수 있다. 그 일례

115) 張維, 「論東海潮汐之有無」, 『谿谷漫筆』 권1, 570면. "我國東界一帶海水, 無潮汐, 故有東海無潮汐之說, 而古之人未嘗道也. 余嘗思其理而不可得, 竊意非東海無潮汐, 乃北海無潮汐也. (中略) 我國處天下之東北隅, 而其經長僅二千里, 若准擬於中國則我國南徼, 可直青徐之境東界一面, 在我雖稱東方, 自天下論之, 當爲東北. 近北之地則其海亦北海之邊裔也. 夫唯北海無潮汐, 故此亦無潮汐也. 以此推之, 雖西域之西, 近北之海, 亦必無潮汐如我東海也."

116) 이미 논의한 「送高書狀善行赴京師序」를 다시 한 번 상기해주기 바란다.

117) 李民宬, 「東海無潮汐論」, 『敬亭集』 권13, 390면. "然此據我國而言也, 非天下之定論也. 夫我國之西海, 實中國之登萊嵎夷賓日之地, 而又我國之東海, 卽日本之西海也. 大抵海於天地間, 爲物最鉅, 國於其間者何限? 東西南北, 各隨其方位而稱焉, 則論潮汐者, 不當言無於中國之東海, 不可言有於日本之西海也明矣. 其曰東海無者, 我國之言也, 非天下之定論也. 嗚呼, 局於見聞之褊淺, 豈特觀海然哉? 彼見聞之外, 有不可測者, 無而未嘗無, 有而未嘗有, 而世有測其一端, 以爲知者, 是亦測海之類已, 豈特論潮汐然哉?"

로 韓百謙(1552~1615)의 潮汐에 대한 논의를 들 수 있다. 한백겸 역시 중국이나 조선을 넘어선 세계의 시각에서 조석을 살핀 인물이다. 예컨대 서쪽 바다로서 西域과 페르시아만에 위치한 條支海—시리아의 서쪽 바다, 즉 지중해로 추정된다—까지 언급하는 것을 비롯하여 앞선 두 인물과 논리적 전개 역시 유사하기 때문이다.[118)]

반면 이들의 논의는 16세기 중반 이전의 조석론과 비교해보면 더욱 선명하게 대비되는데, 특히 金安老(1481~1537)의 「潮汐之說」과 비교했을 때 그러하다.[119)] 김안로 역시 조석을 呼吸으로 이해한다는 측면에서는 이후의 그것과 유사하지만, 陰陽과 物理의 측면에서 유추하고자 하면서 義城과 聞慶 지방을 예로 들어 '일국'의 시각만을 보여준다는 점은 이후의 논의와 뚜렷하게 대비된다.[120)]

---

118) 韓百謙, 「潮汐辨」, 『久菴遺稿』 上卷, 179면. "曰, '然則東海無潮汐, 何歟?' 曰, '兩極往來之氣, 從南向北, 直上直下, 則氣頭餘波, 不能遠及於左右, 其勢然也. 以此見之, 則非獨東海無潮汐, 西海亦無潮汐. 而我國自箕封以來, 爲中朝屬國, 聞見無所不通. 故東海不潮, 或出於先儒之說, 而西海則歷西域諸國至條支海, 不知其幾萬里. 中國之人, 非但目不得以見之, 耳亦不得以聞之, 宜乎議論之不及也. 苟以一隅反其三, 則吾知西海亦不潮也必矣.'"

119) 그 일부만 예시하면 다음과 같다. 金安老, 「潮汐之說」, 「希樂堂稿」 권8, 453면. "義城縣又有氷穴, 立夏以後則氷漸堅, 立冬以後則氷漸消, 似爲舛理反常. 然早梅發冬至前, 程子以爲各有一乾坤, 方夏生長時, 却有夏枯者, 則冬寒之際, 有發生之物, 何足怪也? 物理固不能齊如此. 而又可以氣類相推. 水爲陰之至, 而陽氣先發於水中沙際, 蘇子雪詩, 方知陽氣在流水, 沙上盈尺江無澌. 今見泉井, 常冬暖而夏冷, 此理可見水陰而根於陽, 水中明, 陰中之陽, 陰以類合, 故遇稚陰而便盛. 盛則必反於陽, 故遇稚陽而便消. 姤爲陰始, 便有堅氷底意思, 復爲陽始, 便有陽春底意思. 老者退而少者進, 盛者衰而衰者盛, 天下事物, 莫不畢成於兆朕之際. 故聖人謹其始, 世人但蔽目前, 都不覺是理, 觀此氷穴, 其理豈不昭然益著乎?"

120) 한편 한백겸이 중국을 상대화하여 바라보는 시각이 있었다는 점도 음미할 만하지만 그가 조선의 지리에 대해 살펴 본 『東國地理志』와 우리의 역사와 三韓의 위치를 철저하게 고증한 「東史纂要後敍」를 썼다는 사실 역시 주목할 필요가 있다. 이 중 후자는 1613년 吳澐(1540~1617)의 『東史纂要』에 부친 발문으로서 중국과 우리나라의

요컨대 다양한 학문과 서적에 관심을 갖고 체화한 인물들은 성리학과 중국을 상대화해서 인식할 수 있었다. 신흠에서 보았듯 일반 학술의 측면에서뿐만 아니라 東海無潮汐이라는 명제로 대표되는 지리적 고찰에서도 그와 같은 흐름을 읽을 수 있었다. 이러한 사실을 통해 이 시기가 학술적으로 이미 경직된 시대가 아니었다는 사실을 음미할 수 있을 것이다.

2. 多岐한 의제와 개인적 문제의 제기

앞서 살펴본 다원화·다각화된 시각을 바탕으로 이 시기의 논설문에서는 다양한 논의들이 진행되었다. 특히 16세기 후반 이후로도 15세기부터 본격적으로 진행된 性理와 연관된 다양한 주제에 대한 논변이 꾸준히 진행되었다. 1419년부터 중국으로부터 유입된 『四書大全』, 『五經大全』, 『性理大全』 및 朱熹의 저서와 語錄, 그리고 간간이 소개된 王守仁을 비롯한 心學類의 서적이 유입되면서 15세기에 비해 그 논의가 심화되었고, 그 내용 역시 다양해졌다는 것은 주지의 사실이다.[121] 예컨대 未發과 已發, 四端七情, 人心道心 등을 비롯한 理氣心性論, 五倫으로 대표되는 道德倫理에 대한 논의를 비롯하여 二程이나 朱熹의 부류와 여타 심학자들과의 同異點을 밝히려는 시도가 다양하게 진행되었다.

변별을 위시해 조선의 국가적 정통성을 논의하고 있는 글인데 전자와 마찬가지로 국가의 정체성과 지리적 경계를 꼼꼼히 살핀 글이다. 아울러 한백겸과 달리 정통 성리학자인 張顯光(1554~1637)에게도 국가의 정체성과 지리에 대해 논의한 「靑邱圖說」이 있다. 이 글 역시 임진왜란이라는 커다란 국가적 위기를 겪고 난 후 그에 대한 회한, 우리 역사의 정체성과 문화의 우수성, 국토의 아름다움 등을 서술한 글이다. 이로써 볼 때 실학자에 가깝든 성리학자이든 큰 전란이 조선의 지리와 역사에 관심을 갖게 하는 계기로 작용했다는 점을 알 수 있다.

121) 개인적으로 저술한 주요 주자성리서의 수량만으로도 15세기와 16세기 이후의 차이점을 뚜렷하게 살펴볼 수 있다. 이에 대해서는 신양선, 앞의 책, 128~130면을 참조하기 바란다.

물론 경학·철학의 분야 외에도 문학의 역할과 본령에 대한 논의 역시 꾸준히 증가하였다. 예컨대 詩와 文을 敎化的인 측면에서 이해하여 世敎와 문학의 연관성을 고찰한 柳成龍(1542~1607)의 「詩敎說」이나 장현광의 「文說」, 시와 문의 본질 및 文法에 착목한 이수광의 「詩說」과 허균의 「詩辨」·「文說」 등이 의론 장르에 있어서는 대표적인 글들이다.

이 외에도 정치·경제·사회적 문제점을 예리하게 논파한 논의 역시 다양하게 제기되었는데, 대표적으로 이미 상당한 연구가 진행된 허균의 논의를 제외하고서도, 柳成龍(1542~1607)의 「山城說」, 장현광의 「文武一體論」, 이민성의 「階伯論」 등은 文弱을 비판하고, 국가에 대한 충성을 강조하면서 외부의 적에 대한 실질적 대비책을 수립하였으며, 임진왜란 이후 순식간에 나태해진 당대 사회의 안일한 태도 등을 논파하였다. 물론 이와 같은 논의는 임진왜란으로 인해 드러난 다양한 국가적 문제에 대응하기 위한 차원에서 제기된 사안임에 분명하다.

아울러 임란 이후 位官을 대우하는 데서 발생하는 폐해에 대해 장현광은 「饋位官說」을 통해, 譯官의 횡포에 대해 신흠은 「赴京譯官說」을 통해 비판하였다. 그 외에도 出處와 隱居 및 黨爭 등의 문제를 본격적으로 거론한 글들도 적지 않다. 예컨대 趙靖(1555~1636)의 「自請補闕拾遺論」, 盧景任(1569~1620)의 「隱者辨」, 趙纘韓(1572~1631)의 「大隱隱心說」 등에서는 출처와 은거의 문제가, 趙任道(1585~1664)의 「管窺瑣說(七條)」에는 위 두 문제가 모두 의제로 거론되어 있다.

또 風水나 민간신앙 등과 같이 惑世誣民하는 세태를 비판한 裵龍吉(1556~1609)의 「風水辨」, 李埈(1560~1637)의 「答或說」, 신흠의 「風水家說」 등의 논의 역시 이 시기 의론을 다양하게 하는 데 기여하였다. 그리고 임진왜란 이후의 국가 재건과 경영에 요구되는 실용적 지식들의 필요로 말미암아 백성의 실생활인 농업·어업과 관련이 있는 천문·지리적 기술을 비롯하여, 救恤·救荒에 연관된 분야에 대해서도 작지 않은 관심을 피력하였다.

이 중 철학과 문학에 대해서는 적지 않은 논의가 진행되어 있기에 본고에서는 당시 현실 세계의 문제점을 예리하게 논파한 논의의 주요 내용과 그 배경을 중심으로 서술해보고자 한다.

> 아아, 지금의 倭寇는 예전의 왜구가 아니다. 이들을 막으려고 한다면 오직 山城밖에 수가 없는데도 사람들은 어째서 살피지 않고 산성이 무익하다고 하는가? 산성은 높은 곳에 자리를 잡고 아래에 임하니 왜적은 長技를 이에 이르러 모두 잃게 된다. 비록 조총이 있다고 해도 하늘을 향해 발사할 뿐이라서 힘이 다하면 곧 떨어지게 되어 사람을 다치게 하지 못하니, 이것이 산성이 지닌 첫 번째 이로움이다. 土山과 구름다리를 어떤 곳에도 설치하지 못하여 성 중의 동정을 끝내 살피지 못할 것이니, 이것이 두 번째 이로움이다. 왜적이 비록 용맹하고 사나워 돌격을 잘 한다고 해도 산 아래로부터 더위잡아 위로 오르게 되면 성의 아래에 가까이 오게 되자마자 숨을 헐떡거리며 기력이 다하게 될 것이다. 반면 우리 군대는 마음이 한가롭고 기운이 고요하여 적이 향하는 곳을 따라 응전하고 그저 큰 바위만을 굴러내려 보내도 저들은 모두 궤멸하게 되어 우리를 어찌할 수 없게 될 것이니, 이것이 세 번째 이로움이다. 그 이득이 이와 같이 분명하다.122)

유성룡이 丁酉再亂의 와중인 1597년에 쓴 「山城說(丁酉冬)」의 일부이

122) 柳成龍, 「山城說(丁酉冬)」, 『西厓集』 권15, 291면. "嗚呼, 今之倭, 非昔之倭也. 欲禦此, 獨有山城, 柰何人不能察, 以山城爲無益也. 夫山城, 居高臨下, 倭之長技, 到此盡失. 雖有鳥銃, 不過向天而放, 力盡卽墜, 不足以傷人, 此一利也. 土山雲梯, 無處可施, 城中動靜, 終不得窺, 此二利也. 倭雖勇悍善於突鬪, 自山下攀緣而上, 才近城下, 喘急氣竭. 我軍則心閒氣定, 隨賊所向而應之, 只以大石滾下, 而彼無不奔潰, 無如我何, 此三利也. 其利害曉然如此."

다. 산성이 무용함을 주장하는 이들에게 산성의 유용함을 역설한 글이다. 예문의 앞과 뒷부분 모두 산성의 필요성을 서술하고, 산성이 반드시 들어서야 하는 구체적 위치와 그곳의 입지 등을 설명하고 있다. 특히 위 예문 앞에는 산성이 국가를 지키는 근간이었음을 高句麗와 高麗의 사례를 들어 설명하는 부분이 있는데,[123] 이 부분에서 사용하는 역사적 사실은 1595년 吳克成(1559~1616)의 「上軍務疏(乙未)」에도 동일한 내용이 소개되어 있기 때문에[124] 이 시기에는 이미 산성의 필요성에 대한 일정한 公論이 형성되었던 것으로 보인다.

그런데 이미 15세기부터도 倭와 虜에 대한 대비책과 적절한 관리방법을 묻고 그에 대해 답하는 경우가 지속적으로 있었다.[125] 따라서 이전 시대부터 국가적으로 제기되었던 논의의 흐름이 갑작스럽게 닥친 왜적의 침입과 만나는 지점에서 山城처럼 구체적 대비책으로 개진된 것으로 보인다. 결국 국가의 방비라는 기본적 요구와 임진왜란이라는 구체적 사건이 결합하여 위와 같은 논의를 도출한 것이다. 실제로 산성과 같은

---

123) 柳成龍, 「山城說(丁酉冬)」, 『西厓集』 권15, 291면. "昔唐太宗欲征高句麗, 問計於羣臣, 皆曰, '高麗依山爲城, 難卒拔.'其後契丹欲擊高麗, 其臣諫之曰, '高麗鳥棲山城, 大軍往征, 非惟無功, 恐不得自還.' 以此見之, 則我國自古, 保境禦敵, 皆以山城爲利, 敵人之所憚者, 亦惟在於山城也. 兵法先據高地者勝, 孫子亦言敵居高地則避而勿攻, 其意可見也. 盖地形得失, 於兵家勝敗之數最重, 未有失其地形而能濟者, 亦未有得其地形而陷敗者."

124) 吳克成, 「上軍務疏(乙未)」, 『問月堂集』(『韓國文集叢刊續』 10輯) 권1, 484면. "當今備患之策, 莫如更築山城. 大抵東國以山城爲利, 非獨今日也. 昔唐太宗欲征高句麗, 而聞依山爲城, 畏慴不攻. 其後契丹又欲伐高麗, 其臣諫爭曰, '高麗山城, 雖百萬强兵, 非徒無功, 必不得全還.' 此外國所憚者山城也."

125) 예컨대 1475년 謁聖試에서 野人의 방어방법을 묻는다거나 1479년 別試에서 三浦에 머무는 倭人의 처리문제를 다루는 경우, 1490년 別試에서 야인과 왜인을 방어하는 방법을 함께 물은 경우, 1496년 式年試에서 오랑캐의 침입에 대처하는 방법을 물은 경우 등이 모두 그러하다. ○ 이하 특별한 언급이 없는 한 策問에 관련된 내용은 송준호 · 송만오 편저, 『朝鮮時代文科白書(上)』, 삼우반, 2008을 참고한 것이다.

방비책 외에도 '왜'나 '노'의 침입과 그 대비,[126] 그들에 대한 적개심의 표현, 전란의 상처를 잊어버린 위정자들에 대한 비판 등은 이 시기 논설문에서 적지 않게 발현되었던 의제이다. 그 중 대표적인 글이 신흠의 「備倭說」과 「備虜說」이다.

「비왜설」을 통해 신흠은 왜란의 상흔이 이제 겨우 가신 1610년대의 안이해진 대비태세를 비판한다. 특히 倭市에서 발생하는 부정과 그것을 감독하는 관리를 비판하는 데 작지 않은 분량을 사용한다.[127] 「비로설」에서도 역시 1610년대 후반 점차 세력을 확장해가는 '노'에 대한 우려와 그런 대외적 상황을 무시하고 안일하게 대처하며 뇌물을 주고 장수를 선발하는 국가의 태도를 비판하는 데 많은 힘을 기울이고 있다.[128] 결국

---

126) 1600년을 전후로 한 시기의 策問에서도 그에 대한 요구가 급증하였다는 점을 통해서 알 수 있다. 예컨대 1594년 庭試에서는 表皇明韓取善請運糧救朝鮮을, 1594년 別試에서는 表本國請留敎師數人訓練軍民을, 1597년 別試에서는 甲戰守(軍人, 戰爭, 守成)를, 1597년 庭試에서는 表唐東川節度使高崇文謝賜詔書征蜀專制諸軍을, 1602년 謁聖試에서는 論漢文帝與匈奴和親을, 1603년 式年試에서는 安危治亂 등을 책문으로 제시한 바 있다.

127) 申欽, 「備倭說」, 『象村稿』 권33, 191~192면. "噫, 其不懲於壬辰之禍哉! 壬辰可以懲而不懲, 則脫有緩急, 求欲如壬辰, 不可得也. 而上下迷不省悟, 余又未知何故也. 紀綱之壞毁久矣, 旣無道揆, 又無法守. 私相買賣者, 不加禁制, 市井賈販者, 持中朝物貨, 直走釜山倭市, 貿倭貨以返者, 日絡驛不絶. 倭私其資, 以使來者流連而不還, 以商來者纔往而復至, 無窮期矣. 而管此者, 東萊府使也. 曾聞祖宗朝揀選府使, 必得有淸名者遣之, 故市賈不得專恣, 倭商亦不敢濡滯. 今則不然. 府使之不爲市賈也者幾希, 朝家動靜, 倭無不詗悉. 是唯無釁, 釁之作, 懼不遠也. 非有以更張之, 國必更被倭患矣. 更張之策, 非可以他求者也. 唯不用債帥而已, 不任權倖而已, 不委近習而已. 近習之患除則權倖自杜, 權倖之斂革則債帥之用自絶, 交相須者也. 近習不除, 權倖不革, 債帥進用, 而欲免外憂, 非愚則狂也. 故古之言治理者, 攘外, 必曰修內."

128) 申欽, 「備虜說」, 『象村稿』 권33, 193면. "自古夷狄之侵掠人國, 必先之以和, 吾不知今日之形, 當何如也. 我朝立國二百年有餘, 而不見虜患, 如癸未以後虜梗, 是小小疥癬, 非心腹癰疽之比也. 如老酋者動則當爲巨寇, 朝廷非不知之也, 而未聞下一令, 作一處置, 爲修攘之具. 禍之作, 不作於作之日, 變之生, 不生於生之時. 嘗見辛卯壬辰年間倭賊之亂, 韋布氓戶, 無不知其必至, 而獨在廟堂者不察也, 以致播蕩之患. 噫,

이러한 내용들 모두 임진왜란을 기점으로 발생한 국가 방위의 다양한 문제점들을 비판적으로 논의한 것이라는 공통점이 있다. 아울러 對策이나 上行文字와 같이 공공적 목적을 위주로 다루던 글뿐만 아니라 비교적 개인적인 論說 장르에서도 이와 같은 논의가 발견된다는 점 역시 外勢에 대한 문인지식인들의 경각심이 일반화되어 의제로 설정된 양상을 보여주므로 주목해야 한다.

이처럼 국가의 안위와 관련된 문제 외에도 이 시기에는 좀 더 생활에 밀접하게 연관되어 있던 사안들이 사회적 문제로 비화되어 의제로 상정된 경우도 있다. 風水에 대한 논의 역시 그 중 한 가지이다.

> 근래 수십 년 동안 사대부들 중에 꽤나 風水에 미혹되어 墓를 옮기는 자들이 매우 많아졌다. 묘를 옮기는 것은 福을 구하고자 해서인데 묘를 옮긴 자들이 틀림없이 복을 얻는 것도 아니고 심지어는 그로인해 禍를 불러일으킨 사람도 있다. 아, 세상이 비천해질수록 雜術의 수준은 더욱 낮아지는데, 잡술의 수준이 낮아졌는데도 믿는 자들이 더욱 많아지는 이유는 무엇인가? 사대부들이 나라에 그것을 사용하자 중들과 도망친 병사들도 土木의 해를 끼치니 잡술의 해가 매섭기에 성인께서 하나로 통일하신 것이다.[129]

신흠은 위 글 「風水家說」에서 풍수설이 세상을 미혹시키고 있는 현실

不亡者, 幸也, 幸其可再乎? 宿將已盡凋, 伍旅不加鍊. 任斧鉞之寄者, 非以賄進, 則必以勢擢, 隷東鈐之列者, 驕橫是事, 則臨急必潰. 緣邊鎭將, 日事剝軍, 而剝軍者終得榮官, 此余尤所未解也."

129) 申欽, 「風水家說」, 『象村稿』 권33, 190면. "近數十年來, 士夫之間, 多惑於風水, 遷墓者極夥. 遷墓爲徼福, 而遷者未必得福, 至有因以致禍者. 噫, 世愈卑則術愈下, 術愈下而信之者愈多, 玆曷故也? 由士夫而用之於國, 緇髡亡卒得以貽土木之害, 雜術之害烈矣, 故聖人大一統."

과 올바른 길로 미혹된 자들을 이끌어야 할 사대부들이 오히려 더욱 그에 빠져들고 있는 태도를 비판하고 있다. 위 예문의 이전 부분에서 신흠은 풍수설의 유래와 국내적 전개에 대해 고증하는 태도를 취하고 있는데, 이는 국내 풍수설의 수준이 낮아지자 더욱 그 영향이 광범해진 현실을 비판하기 위한 장치로서 서술한 내용이다.

위 글 이외에 李始發(1569~1626)에게도 風水說의 유래, 그 폐해와 해결책 등을 묻는 策問이 있다.[130] 그런데 이 책문에서 요구하는 서술의 구성과 내용이 신흠의 글과 상당히 유사하다. 결국 이러한 사실은 이미 풍수를 믿고 그에 의존하여 발생한 폐해가 국가적 사안으로 해결해야 할 만큼 만연하였다는 사실을 보여주는 것이다. 그래서인지 16세기 후반~17세기 전반 의론에서 풍수설의 비판을 의제로 삼은 경우가 적지 않게 보인다.[131]

지금까지 소개한 글 외에 이 절의 서두에 잠시 언급한 논의들은 대체로

130) 그 일부만 예시하면 다음과 같다. 李始發, 「策問」, 『碧梧遺稿』 권6, 491~492면. "末俗好怪, 術業多岐, 拘泥太甚, 惑誣是事, 擧世傾信, 不訊端末. 至有遷移不常, 四五易而不已者, 有偸爭而興訟獄者, 有拘忌各房而骨肉化仇讎者, 其流之弊, 一至於此, 何歟? 如欲使業是術者務要循理, 不歸於誕妄無稽, 使世之人惟謹五患, 以安厝親體爲心, 不至於惑信禍福之論, 其道何由?"

131) 예컨대 신흠보다 다소 선배인 배용길에게도 풍수를 다룬 「風水辨」이 있다. 이 글은 或者와 問答하는 방식으로 풍수설의 유래, 天文·卜地와 풍수의 관계, 성인을 비롯한 朱熹 역시 풍수를 믿었는지의 여부에 대한 판단, 그 폐해와 발생원인 등을 서술하고 있다. 특히 마지막 부분에서는 자신의 수양에 힘쓰지 않고 확실하지도 않은 황당한 邪術에 빠져 있는 문인지식인층을 비판함으로써 자정을 촉구하기도 한다. 그 예문은 다음과 같다. 裵龍吉, 「風水辨」, 『琴易堂集』 권5, 114면. "古之士, 務修於己, 無求於外, 上之人, 賓興而尊用之, 必稱其德而已. 是以, 士無苟得之心, 而術從以不岐矣. 後之人, 於其在己而可爲者, 以爲高遠而難行, 莫之留意. 故旣無以副上之需, 別求此杳茫怳惚之術, 以僥倖於萬一. 故邪說流行, 不可救止也. 故曰, 亦在反經而已. 孟子曰, 經正則庶民興, 斯無邪慝矣." 이로써 볼 때 앞선 두 경우와 그 구성과 내용이 유사하다는 점을 알 수 있다.

사회의 문제점과 그에 대한 각성을 촉구하는 경우가 많았다. 논설문의 특징이 대체로 그러하듯 이러한 흐름은 당대 사회가 露呈하는 문제점을 의제로 삼았기 때문에 발생한 현상이며, 그렇기에 이러한 의제를 통해 당시 사회의 문제점을 파악할 수 있는 것이다. 따라서 16세기 이전의 의제와 비교해보자면 주요하게 논의되는 의제가 변화하였으며, 다양화되고 구체화된 측면에 있어서는 차이가 있지만, 두 부류 모두 각각의 사회가 배태하고 있던 문제를 의제로 제기하였다는 측면은 유사한 것이다.

그런데 위와 같이 사회적 문제를 다루는 경우와는 달리 지극히 개인적인 문제까지도 논설문의 의제로 등장한다는 점－단순히 소재적 측면이 아니라 그 논의와 의제 그 자체가 개인적이라는 점－은 16세기 이전에는 거의 볼 수 없던 특징이기 때문에 주목해야 한다.

> 나는 병을 잘 고친다는 의원이 있다는 소식을 듣고 즐거워하며 말하였다. "만약 이와 같은 의원을 얻는다면 내 병은 거의 차도가 있을 것이다." 이에 童子를 시켜 아침에 살펴보게 하면 어떤 宰相의 집에 가서 치질을 다스렸고, 저녁에 물어보게 하면 어떤 관료의 집에 가서 淋病을 고치는 것이었다.
>
> 며칠 후 요행히 집에 이르러 의원이 들어와 진료하고는 말하였다. "아, 제가 병의 원인을 알겠습니다. 손의 맥이 떠있고 빠르니 위는 실한 것이요, 다리의 맥이 가라앉고 느리니 아래는 허한 것입니다. 그 입을 보니 건조하고 말라있으므로 열이 흘러들어 위가 공격을 당한 징후요, 몸이 차고 소름이 돋았으니 한기가 막혀서 아래가 상한 징후입니다. 그러하니 이것은 술에 의해 상해를 입어 風을 받은 것이 아니겠습니까? 제 침은 그저 징후가 드러나기 전만을 치료할 뿐인데 지금은 병이 매우 깊어졌으니, 저는 시술을 할 수 없습니다."
>
> 나는 비로소 깜짝 놀라며 그를 잡고 말하였다. "예전에 華陀는 劈骨의

> 치료법을 시험했고 倉公은 滌胃의 처방이 있었는데, 도리어 자신의 시술이 미진하다고 해서 어찌 병이 깊어 치료하기 어렵다고 말하오?" 그러자 의원이 얼굴을 붉히며 부끄러워하다가 갑자기 대답했다. "우선 參蘇飮을 복용하여 식은땀을 발산하고 다음으로 順氣散을 복용하여 사악한 風을 흩으시면 제 침을 맞지 않고도 병이 저절로 나을 것입니다."[132]

高敬命(1533~1592) 「述醫對」의 일부이다. 예문 이전의 단락에서는 그의 증세가 세밀하게 묘사되고 의원을 청하게 되는 과정이 서술되어 있다. 이 시기 이야기를 위주로 서술되는 논설문의 특징은 대체로 서사가 세밀하다는 것인데, 이 글 이전이나 이후의 어떤 의론과 비교해보더라도 그 묘사의 세밀함이 부족하지 않다.[133] 위의 단락 역시 대화를 통해 고경명의 당시 심리상태와 상황을 그려내듯 보여주고 있다.

다만 위 글이 지니고 있는 특징적 면모는 단순히 세밀한 상황 묘사뿐만이 아니다. 특히 병을 병 그 자체로 대하였지, 그것을 寓意로 삼아 국가나 사회적 문제로 확장하여 비판하고 있지 않다는 측면은 더욱 주목을 요한다. 이전 시기나 동시대의 경우에도 병을 다룬 의론은 있었다.

---

132) 高敬命, 「述醫對」, 『霽峯集』 遺集, 137~138면. 余聞而喜之曰, "苟得醫如是, 吾病庶乎其差矣." 於是, 使童子者, 晨而候之, 則往某相家治痔矣, 昏而問焉, 則往某官家治淋矣. 他日幸而致之, 醫入而診之曰, "噫, 吾知病之所以作也. 手脈浮而數, 上實也, 足脈沈而緩, 下虛也. 觀其口渴而焦, 熱將潮而上攻之候也. 體寒而慄, 冷方涸而下戕之證也. 是非傷酒而受風者乎? 吾鍼止治其未發者耳, 今病已深, 吾無所施其術也." 余始大駭而扣之曰, "昔華佗試劈骨之法, 倉公有滌胃之方, 顧吾術之未盡, 豈曰病深而難治哉?" 於是, 醫者赬然而愧, 率爾而對曰, "當先服參蘇飮, 以發盜虛之汗, 次服順氣散, 以散客邪之風, 則不待吾鍼而病當自愈矣."

133) 그 중 일부만 예시하면 다음과 같다. 高敬命, 「述醫對」, 『霽峯集』 遺集, 137면. "支離子遇寒疾, 五日不汗, 偏頭欲裂, 渾體起粟. 憒憒然欲驚走, 而不能止, 昏昏然欲沈睡, 而不可得. 泛泛乎如橫大江浮舴艋, 忽忽乎如御泠風入寥廓. 其虛而欲靜也, 則蠅營蟻鬪, 而如戰陣之聲, 其發而欲狂也, 則雷奔霆迅, 而如瓮盎之鳴, 支離子病矣. 心竊有憂之, 矍然離席, 倚壁而瞑."

그런데 이들은 대부분 병든 신체를 국가와 연계시켜 국가의 문제점을 비판하거나 사회적 병폐를 꼬집는 소재로만 사용했을 뿐, 병 그 자체를 주요하게 다루면서 병이 든 상황과 그에서 느낀 자신의 심리상태를 서술하는 경우는 많지 않았다. 예컨대 16세기 이전의 사례를 보자면, 成侃(1427~1456)은 「病中雜說」에서 문제가 발생하기 전에 미리 대비하라는 측면을 강조하기 위해 병과 의원을 소재로 끌어들여 논의를 진행하였고, 崔沖成(1458~1491)의 「藥戒」 역시 병과 정치를 유비적으로 서술하였다. 아울러 동시대 李好閔(1553~1623)의 「老醫不孟浪殺人論(月課)」에서는 젊고 경험이 부족한 의원과 나이 들고 노련한 의원을 대비적으로 서술하면서 국가의 경영과 삶에 있어 경륜의 중요함을 부각시켰고, 李敏求(1589~1670)의 「病說」에서는 風을 맞은 신체와 국가를 유비적으로 서술하면서 秦나라와 晉나라의 정치와 당시 상황을 논의하였다.

반면 위의 글은 물론, 趙絅(1586~1669)의 「病說」 역시 개인적 차원에서 병 그 자체를 본격적으로 다루고 있다. 예컨대 조경은 병에 걸린 친구 金周에게 병이란 것은 천지자연 모두가 걸리게 되는 순리적인 것이기에 근심하지 말고, 오히려 하늘이 스스로의 약점을 길러주기 위해 병을 준 것이라는 생각으로 병을 대하라고 충고한다.[134] 결국 이 시기에 들어서야 병을 개인적 질병의 차원에서 다룬 글들이 지어지기 시작한 것이다.

---

134) 그 일부의 내용만을 예시하면 다음과 같다. 趙絅, 「病說」, 『龍洲遺稿』 권12, 207면. "天地日月星辰有不得免焉之病, 仁聖賢人有不得免焉之病, 何獨至於子而疑之? 有不得免者存, 則推於彼而置之可也, 安於心而順之可也. 有何生心惡之乎? 曲僂發背, 句贅指天, 猶曰其心閒而無事. 矧子之病, 耳目無變於前, 肌肉無變於初, 匕箸尙甘, 行步尙健, 非知而見之者, 皆以子爲佯, 子何惡乎? 惡而不已, 則將爲惑爲狂, 僵然一風漢也, 不然明矣. 吳質以長愁養病, 有客以杯弩以致病, 此非惑歟? 十年抱病, 羸瘁骨立, 或竭睡而待朝, 或木强而難俯, 穀暗口呿, 若不支朝夕者, 吾嘗折肱而尙且爲人於世, 而今除疾也, 子何惡而患焉? 人之有德慧術智者, 恒存乎疹疾, 乃孟子之言也. 子雖素稱好古者, 而所不足者術智也. 無乃天欲長子之不足者而有是疾乎?"

이와 같은 태도의 변화는 당대 논설문은 물론, 산문 자체를 대하는 태도의 변화를 보여준다는 측면에서 음미해볼 만하다. 예컨대 16세기 후반~17세기 전반의 산문에서는 자신의 사유와 감정을 토로하는 自傳的 敍事가 급증하였고, 이미 살펴본 대로 送序 또한 떠나는 자의 입장이 아니라 보내는 사람의 내면을 토로하는 사례가 증가하였다. 그 외에도 다양한 방면의 산문에서 그 서술이 내면화, 개인화되어가는 현상을 어렵지 않게 찾을 수 있다. 즉 이와 같은 산문 인식 태도와 서술 방향의 변화가 논설문의 영역에서도 발견된다는 점에서 위와 같은 의제의 설정과 서술은 의미를 획득하게 되는 것이다.[135)]

요컨대 사유의 다원화와 시야의 확대를 바탕으로 16세기 후반~17세기 전반의 논설문은 다양한 의제를 산출해냈다. 특히 그 중 임진왜란을 전후하여 황폐해진 국가를 재건하고 전란 이후 외적의 침입에 대비하고자 하였던 태도가 가장 눈에 띈다. 그 외에도 일반 생활에서 발생한 문제가 사회적으로 확장된 사례로는 풍수에 대한 의제를 들 수 있다. 다만 이와 같은 논의들은 대체로 對국가적, 對사회적 문제라는 공통적인 테두리 속에서 논의되는 것이었다. 하지만 病을 중심으로 하는 논의 중에는 병과 국가의 병폐를 우의적으로 연계시키지 않고 개인적 병의 차원에서 그 문제를 다룬 논의 역시 살펴볼 수 있었다. 이러한 의제는 당시 산문을 대하던 태도와 서술의 변화를 보여준다는 측면에서 작지 않은 의미를 지닌다.

---

135) 이에 대해서는 안득용, 「16세기 후반~17세기 전반 送序 硏究－內面化·具體化·多樣化 傾向을 중심으로－」, 『東洋漢文學硏究』 33, 東洋漢文學會, 2011, 31~69면; 안득용, 「16세기 후반~17세기 전반 自傳的 敍事의 창작 경향과 그 의미」, 『韓國漢文學硏究』 51, 韓國漢文學會, 2013, 197~238면 참조.

제2항 16세기 후반~17세기 전반 논설문 글쓰기의 특징

1. 文學場의 推移에 기반 한 私的 글쓰기

논설문은 주로 국가나 사회의 모순과 병폐를 고발하고, 그것을 해소하려는 의도에서 서술되는 경우가 많다. 따라서 개인의 사유와 감정을 토로하기보다 글의 내용이 지닌 사회적 효용성과 시대 인식의 정확성, 논리적 타당성을 중시하는 것이 일반적이다. 이것은 논리적 사실에 기반을 두고 사태를 直敍하거나 寓言을 통해 세상을 경계하려고 하는 경우 모두에서 살펴볼 수 있는 태도이다. 물론 16세기 후반~17세기 전반 논설문에서 보이는 글쓰기에서도 위와 같은 유형은 상당히 보편적인 것이었다. 예컨대 우언 통해 箴言的 경계를 건네는 경우, 그것이 전달하려고 하는 내용은 주로 욕심을 줄이라든가, 열심히 노력하라든가, 보편적 도덕법칙에 따라 행동하라든가 하는 것 등이었다. 그런데 앞서 '병'이라는 의제를 다루는 과정에서 언급했듯이, 논의를 국가나 사회적 차원으로 확장시키지 않고, 개인적 감정과 사유를 표현하는 데 사용하는 경우가 이 시기 논설문의 글쓰기에는 적지 않게 보인다.

> 근래에 어떤 한 사람이 열 자 되는 긴 판목을 구하여 장인을 불러 선반을 만들었다. 선반은 집의 벽에 걸어두고 주전자, 소반, 술잔, 책, 밥상 등을 올려놓는 데 쓰는 것인데 길고 정돈된 얇은 판자를 취하여 사용한다. 장인이 도끼를 잡고 내리찍었는데 그만 잘못하여 그 가운데가 깨져 이미 선반으로 사용할 수 없게 되자 주인에게 베틀의 굴대로 사용하기를 청하였다. 베틀의 굴대는 좌우가 네모지고 가운데가 가늘며 날실과 씨실을 엮고, 가는 대나무를 끼워 베틀 위에 가로질러 놓는 데 사용하는 것이었다. 장인이 그것을 내리찍었는데 그만 잘못하여 한 쪽 조각이 깨져 이미 베틀의 굴대로 사용할 수 없게 되자 주인에게 가래자루로 사용하기를 청하였다.

> 가래자루는 길고 끝이 넓어 가래를 그 끝에 끼워 땅을 파는 데 사용하는 것이었다. 장인이 그것을 내리찍었는데 또 오른쪽이 깨져서 이미 가래자루로 쓸 수 없게 되자 다시 주인에게 찍어서 말을 매는 말뚝[絓馬橛]으로 쓰기를 청하니 주인은 크게 화를 내며 막대기를 들고 그를 쫓아냈다.
>
> 사람들 중에 빈손으로도 제 몸의 생계를 꾸리는 사람도 있고 긴 재목을 내리찍어 작게 만드는 사람도 있는 것은 다른 이유 때문이 아니라 공교로움과 졸렬함의 차이 때문이다. 공교로운 자는 無에서 有를 만들어 밥도 얻고 술도 얻으며 젊은 아가씨도 얻고 의관과 신발을 얻어 넉넉함이 있다. 졸렬한 자는 선반을 찍어 베틀의 굴대로 만들고 베틀의 굴대를 찍어 가래자루로 만들며 가래자루를 찍어 말뚝을 만들어 끝내 남에게 쫓겨남을 면하지 못한다. 아아, 나는 지금 말뚝을 내리찍었기에 남들에게 쫓겨나게 된 것이로다![136]

柳夢寅(1559~1623)「工拙辨」의 후반부이다. 전반부는 교묘한 술수로 洪參議의 종을 속여 衣食住와 여인까지도 차지한 사기꾼의 일화로 구성되어 있다. 특히 세상에서 비도덕적이라 할 만한 사기꾼의 일화를 등장시키면서도 그의 비도덕성을 공격하기보다 그의 재주를 부각시킨다는 측면에서 다소 독특한 시각의 글이라고 볼 수도 있다. 다만 이렇게 사기꾼이나 도둑을 등장시키면서도 그 부류의 不正을 부각시키기보다 그에

---

136) 柳夢寅,「工拙辨」,『於于集』後集 권6, 597면. "近者有一人, 得十尺長板, 召匠人造懸板. 懸板者, 所以衡之屋壁上, 以安匜盤觴豆書帙飯飱, 取薄板長而整者爲之. 匠人持斧斲之, 誤缺其中央, 已不可爲懸板, 請主人爲織軸. 織軸者, 首尾方中央細, 所以繞經緯, 間以細竹, 以橫諸機上者也. 匠人斲之, 誤斫一片缺之, 已不可爲織軸, 仍請主人斲以爲鍤本. 鍤本者, 柄長而末廣, 所以冒鍤其末, 以破土者也. 匠人斲之又缺右邊, 已不可爲鍤本, 復請主人斲以爲絓馬橛, 主人大怒, 提杖而驅之. 凡人有以空手而資其身者, 有以長材而斲爲小者, 無他, 工與拙之殊也. 工者, 以無有而得飯得酒得幼艾得衣冠與韡而有裕焉. 拙者, 懸板而斲爲織軸, 織軸而斲爲鍤本, 鍤本而斲爲絓馬橛, 終未免被驅於人. 嗚呼, 我今斲絓馬橛, 被人之驅之也哉!"

서 삶의 교훈을 찾으려고 했던 태도는 선배인 姜希孟(1424~1483)의 「盜子說」이나 동시대 權韠(1569~1612)의 「蒼氓說」에도 보이므로 독보적 구성이라고는 하기 힘들다.

그런데 위 예문에서 유몽인은 번듯한 재료를 가지고도 그것을 제대로 다루지 못해 끝내 주인에게 쫓겨나고 마는 장인의 이야기를 다룬다. 결국 그럴듯한 감언이설로 종을 속인 경우를 工, 멀쩡한 재료를 가지고도 재주가 서툴러서 망쳐버리고 마는 경우를 拙로 상정한 것이다. 물론 이 두 가지 일화는 유몽인 자신의 졸렬함을 표현한 우언이다. 마지막 부분의 서술인 "嗚呼, 我今斲絟馬椓, 被人之驅之也哉!"를 통해 분명하게 확인할 수 있다.

유몽인이 이 글을 언제 썼는지는 확인할 수 없다. 다만 한 가지 분명한 사실은 자신의 현실적 상황을 '졸'의 계열과 연관 지어 비감을 토로하고 있다는 점이다. 물론 멀쩡한 재료를 가지고도 졸렬한 재주 때문에 망쳐버렸다는 서술은 그가 평소 자신에 대해 지니고 있던 자부와 대비해 놓고 보자면, 훌륭한 재주를 지니고 태어났지만 세상과의 불화를 겪게 만든 스스로의 처세에 대한 自嘲이다.

16세기 이전 논설문에서 자신의 사유와 감정, 특히 유몽인처럼 삶에서 느낀 개인적 비감을 표현한 경우는 거의 찾기 힘들다. 따라서 위 글은 구성도 독특하기는 하지만 공교로움과 대비되는, 스스로가 느끼는 졸렬함과 自愧라는 개인적 소회를, 다른 장르가 아닌 논설문으로 풀어냈다는 점에 더욱 주목해야 한다.

그런데 위와 같은 寓言的 서술 외에 자기 고백과 삶의 지향에 대한 해명을 의론으로 직서한 경우도 찾을 수 있다. 신흠의 「玄翁說(前稿)」이 바로 그것이다.

예전 내가 어렸던 시절에는 敬堂이라고 字號하였다. 장성해서 또 百拙이라고 호를 붙였으며 어떤 경우는 南皐라고 부르기도 하였는데 몇 년 사이에 玄翁으로 바꾸었다. 객이 와서 나에게 물었다. “敬이라는 것은 聖人의 공부요, 拙이라는 것은 질박하게 사는 것이요, 남고는 실제 행적이다. 그런데 그대는 그것을 제거하고 갑자기 玄에 뜻을 맡겼으니, 아마도 해명할 말이 있지 않겠는가?”

내가 대답하여 말하였다. “세상에 色이 있는 것은 무늬가 있으며, 무늬가 있는 것은 彩가 있는데, 오직 ‘현’만은 ‘색’이 없고, ‘색’이 없기에 무늬가 없으며, 무늬가 없기에 ‘채’가 없다. 물들여 검게 만들 수 없고 역시 탈색하여 희게 만들 수 없으니, 그 질박함은 깊고 그 바탕은 그윽하며 아득하여 분별할 수 없으니, 至人이 지키는 것과 비슷하구나! 보지도 듣지도 않고 어둡고 혼돈스러우며 있는 듯 없는 듯하고 一氣가 아득한 것, 바로 이것이 이른바 내 ‘현’의 일이며, 온갖 묘리의 門이로다! 또 사람과 도리가 각박해지고 손상되어 동서가 뒤집어졌고, 거북은 무늬가 있어 점치기 위해 태워졌고 공작은 비취빛을 띠기에 그물에 걸렸으니, 나는 나의 ‘현’을 지켜서 못 안에 있는 그물에 걸리는 것을 면하려고 하오.” 객이 웃으면서 떠났다. 마침내 써서 玄翁說로 삼는다.[137]

신흠은 至人이라야 견지할 수 있는 玄을 추구한다. 그것은 무엇도 물들일 수 없으며 무엇도 탈색시킬 수 없다. 보거나 듣지도 못하고 어둡고 혼돈스러운 듯하나 그로인해 一氣가 가득하게 되며 온갖 묘리가 출입하

137) 申欽, 「玄翁說(前稿)」, 『象村稿』 권33, 186면. “曩吾稚歲, 自號敬堂. 旣長又號百拙, 或曰南皐, 數年間, 易之以玄翁. 客有來語余曰, ‘敬者, 聖功也, 拙者, 素履也, 南皐, 實跡也. 而子去之, 卒宅乎玄, 豈有說耶?’ 余對曰, ‘世之有色者有文, 有文者有彩, 唯玄者無色, 無色故無文, 無文故無彩. 不可涅以爲緇, 亦不可練以爲白, 深深乎其朴也, 淵淵乎其質也, 渾渾乎其不可辨也, 其類於至人之守乎! 收視返聽, 溟溟涬涬, 若存若亡, 而一氣沕然者, 玆所謂吾玄之事, 而衆妙之門乎! 抑人漓道喪, 蒼素倒置, 龜文而焦, 孔翠而羅, 吾其守吾之玄而庶免爲澤中之罦乎.’ 客笑而去. 遂書以爲玄翁說.”

는 門이 된다.

신흠은 이 글에서 그가 지향하던 '현'이라는 삶의 태도를 보여줌으로써 당시 부정이 만연했던 세태를 우회적으로 비판하고 있다. 그 세태 비판은 '현'의 태도로 살고자 하는 원인을 밝히는 데서 드러난다. 특히 눈에 띄는 무늬와 色彩를 지녔기에 잡힌 거북과 공작의 비유에서 선명하게 부각된다. 즉 각박해지고 東西가 뒤집어진 세상에 두드러진 모습으로 드러나는 것을 그는 경계하고 있는 것이다. 여기에서 뒤집어진 세상이란 사회적 부조리가 만연하며, 당쟁으로 인해 문인지식인층이 처음에는 東西로, 동인은 다시 南北으로, 북인은 다시 小北과 大北으로 나뉘어 서로를 비판하고 자신의 당파적 이익을 추구하기 위해 泥田鬪狗하던 당대인데, 신흠은 이것을 비판한 것이다. 따라서 이러한 상황 속에서 세상의 그물에 걸리지 않으면서 자신의 본질을 지키기 위해 '현'을 삶의 지향으로 삼겠다는 태도는, 삶의 지향 확립을 통해 자신을 다잡으려는 의지의 표현이면서 세상에 대한 비판이다. 이로써 볼 때, 의론을 통해 스스로의 사유와 감정을 토로하게 된 데에는 불우한 문인지식인을 배태한 사회적 환경이 작용하고 있다는 점을 분명하게 알 수 있다.

이러한 사회적 배경 외에, 이 시기 산문에 자기 고백이 적지 않게 발현되었다는 점 역시 논설문에 자기 고백적 글쓰기가 증가한 원인으로 상정할 수 있다. 예컨대 배경적으로 살펴본 '개인의 자각'을 다룬 절에서 이미 다루었듯이 유몽인은 「與楡岾寺僧靈運書」에서 자신의 일대기를 정리하면서 스스로가 孤獨하게 된 이유를 서술한 바 있다. 그리고 신흠은 「玄翁自敍」에서 스스로의 정체성에 대해 끊임없이 고민하면서 세상의 때 묻은 가치와 타협하지 않겠다는 의지를 피력하기도 했다. 그 외에 장유는 「支離子自贊」과 「臞髯子自贊」을, 허균은 「惺翁頌」과 「對詰者」를 써서 스스로의 지향을 표현하거나 자조했다. 아울러 이식 역시 「澤癯居士自

敍」·「敍後雜錄」·「自誌續」 등을 서술하여 자신의 삶에 대해 세밀하게 묘사하고 특정한 사안에 대해 적극 해명했다. 물론 이 외에도 16세기 후반~17세기 전반 자전적 서사를 남긴 문인지식인들은 적지 않다.[138)]

이러한 추세에 발맞추어 논설문에서도 鄭經世(1563~1663)는 「愚巖說(癸卯)」을 통해 바위에 이름을 부여하는 방식으로 자신이 어리석음에 대해 지닌 태도를 해명했고, 趙纘韓(1572~1631)도 「玄夫對」를 통해 스스로가 '玄'이라고 字號한 까닭을 밝혔다. 세상을 바라보는 시각과 서술 태도는 다소 상이하지만, 이들 모두가 스스로가 지키고자 하는 지향과 자기에 대한 평가를 드러냈다는 점은 유사하다.

요컨대 16세기 후반~17세기 전반의 논설문에서는 사회적으로 불우한 상황에 처하게 되었을 때, 스스로의 삶에 대해 반추하며 스스로가 견지한 삶의 지향과 겪어온 삶의 양상을 의론하는 경우가 늘어났다. 이와 같은 현상의 사회적 원인으로는 당쟁과 사회적 부조리에 의해 소외된 문인지식인의 속출을 꼽을 수 있으며, 문학 내적으로는 16세기 중반부터 진행되었던 私的 散文의 대두를 지적할 수 있다.

2. 신랄한 어조의 비판적 글쓰기

철저한 고증이나 논리적 추론 등과는 달리 부조리한 사태와 인물에 대한 비판은 그 어조가 신랄하게 마련이다. 그런데 논설문에서 이처럼 신랄한 비판적 어조로 사태와 인물을 공격하는 것을 어렵지 않게 찾을 수 있게 된 시기 역시 16세기 후반~17세기 전반이다. 그 비판의 칼끝 역시 소위 간신배이거나 배반자로 통칭되는 인물은 물론, 임금을 비롯한 위정자, 조선의 기틀을 설계한 개국의 공신 등에까지도 겨누어지고 있기

138) 이에 대해서는 안득용, 앞의 논문, 197~238면; 안득용, 「柳夢寅 散文에 나타난 孤獨의 양상과 그 의미」, 『어문논집』 68, 민족어문학회, 2013, 58~82면 참조.

에 주목을 요한다.

金宗直(1431~1492)은 士林派가 세력화하는 데 견인차 역할을 한 인물로서, 그가 쓴 「弔義帝文」은 忠節의 표상으로까지 읽히며, 金馹孫(1464~1498)을 비롯한 관료나 재야의 인사들이 스승으로 섬기는 명사이다. 그런데 이러한 김종직 역시 신랄한 비판에서 벗어나지 못한다. 바로 허균에 의해서이다.

> 세상에 그 이익을 私有하고 그 명예를 훔친 자가 있는데 세상 사람들이 그를 君子라고 여긴다면 사람들은 그것을 믿겠는가? "나는 그 말을 믿지 못한다." 어째서 이것을 믿지 않는가? 사유하고 훔친 것은 비록 道德과 仁義에서 나온 것이라도 역시 거짓됨을 면하지 못한다. 그런데 더욱이 이익과 명예라면 어떠하겠는가? 이미 그 이익을 사유하고 그 명예를 훔쳐 한 시대를 속여 놓고도 스스로 그 榮祿을 누린다면 참으로 마땅히 지혜와 사려를 다하여 그 직분에서 마땅히 해야 할 것에 걸맞기를 구하여야 그 실책을 다소나마 보완할 수 있을 것이다. 그런데도 도리어 "영록은 내 뜻이 아니다."라고 말하고도 오만하게 붉은 수레를 타고 붉은 슬갑을 차고서 일생을 마친다면 그 죄는 죽음으로도 갚을 수 없다.
>
> 金宗直은 근세에 이른바 大儒이다. 젊어서는 벼슬하고자 하지 않았지만 光廟께서 강하게 과거시험 보기를 명령하자 부득이하게 급제하였고 또 임금을 곁에서 모시는 높은 자리를 출입하였다. 그러다가 어머니가 늙어서 벼슬살이에 힘쓴다고 말하였지만 어머니가 천수를 누리고 돌아가셨는데도 오히려 벼슬하기를 그치지 않았다. 그의 문인 【金宏弼】 이 때로 국가의 일에 대한 논의가 없다고 간언하자 이에 "벼슬은 내 뜻이 아니기에 바라지 않는다."라고 말하였다. 김종직과 같은 자가 진정 이른바 이익을 사유하고 명예를 훔쳐 오만하게 붉은 수레를 타고 붉은 슬갑을 찬 사람이다.[139]

위 글만 두고 보자면 김종직은 더할 나위 없는 소인배이다. 그러나 그에 대한 일반적 평가는 대체로 이와 정반대이다. 허균처럼 김종직을 소인배로 몰아세운 李宗翼과 같은 경우가 없었던 것은 아니지만, 그 이후 이종익은 미치광이라고 여겨져서 겨우 목숨만 부지할 수 있었던 일을 상기해보자면, 김종직을 이렇게 평가하는 데는 상당한 의도가 내재해 있었으리라 짐작할 수 있다.[140] 허균은 왜 김종직을 이렇게까지 비판하였는가? 기존 연구의 언급대로 김종직을 대표적 사례로 거론하며 거짓된 선비들을 비판한 것이라고 생각할 수도 있다.[141]

139) 許筠, 「金宗直論」, 『惺所覆瓿稿』 권11, 235면. "天下有私其利而竊其名者, 而世以爲君子者, 則人信之否? 曰, '吾未之信也?' 何以未斯之信耶? 以爲私歟, 以爲竊歟, 則雖出於道德仁義, 亦未免假爲. 況利與名歟? 旣已私其利竊其名, 以誣一世, 自享其榮祿, 則固當畢智殫慮, 求稱其職分之當爲, 可以少補其失. 乃反曰, '榮祿非吾志也.' 偃然徒朱其軒, 徒赤其紱, 以終其身, 則其罪不容誅矣. 金宗直, 近世所謂大儒也. 少嘗不肯仕, 光廟迫令赴擧, 不得已登第, 亦出入於侍從華顯矣. 乃稱母老而勉仕, 及母以天年終, 猶仕不止. 其門人【金宏弼】或規其無建白, 乃曰, '仕非吾志, 故不欲也.' 若宗直者, 眞所謂私其利竊其名, 偃然徒朱軒赤紱者也."

140) 中宗 24년 李宗翼이 상소를 올려 김종직을 비롯한 趙光祖 등의 인물들을 신랄하게 비판한 바 있다. 김종직을 비판한 부분만 예시하면 다음과 같다. 『中宗實錄』 24年 10月 16日, "我世祖朝有一大臣, 薦金宗直. 世祖親見曰, '腐儒不可用也.' 宗直悻悻退, 而著「義帝文」以非之. 夫君臣之際風雲之會, 不可僥倖. 雖其相須, 而不得相遇者, 何可勝數? 而屈原枉死於汨羅, 賈誼痛哭於長沙, 不亦妄乎? 況自古中興之主, 必戡定禍亂, 蕩掃妖氛, 然後能紹復先王之業. 使時君一有違拂, 臣子遽擬古吟詠而詆之, 如鬼蜮之爲, 則爲爾君者, 不亦難乎? 臣考之『國朝寶鑑』, 世祖九年, 宗直與李坡, 與十五學士之選. 然則干進當世, 周旋其間, 蓋已久矣. 夫旣北面稱臣, 而更懷二心, 此戰國鄙陋之士, 所不爲也. 先毁其想考, 而更立人本朝, 此人情之所以不近, 而亂臣賊子之所以不止也." 이에 대해 중종 25년에 대신들이 모여 다음과 같이 논의하였는데, 그가 정상이 아니라고 여겼기 때문에 겨우 죽음은 면할 수 있었다. 『中宗實錄』 25年 10月 1日, "領議政鄭光弼 · 右議政李荇 · 左參贊趙元紀 · 右參贊金璫啓曰, '臣聞李宗翼本狂人, 觀其前日所犯【棄別正妻事】及上疏,【毁金宗直事】 則可知其爲狂悖也. 今之上疏, 亦爲狂妄, 而獄辭蔓延. 此人之狂悖, 朝廷所共知. 若以刑訊而致死, 則當時與後世, 必有議之者.'"

141) 백진우, 「許筠의 史論 散文 研究」, 『語文研究』 150호, 韓國語文敎育研究會, 2011,

다만 이와 같은 비판이 실효를 거두기 위해서는 실제로 김종직이 거짓된 선비로서 평가받아야 하는 타당한 근거가 있어야만 한다. 그러나 허균이 꾸준히 비판하고 있는 사안은 벼슬길을 고사하던 김종직이 벼슬자리에서 떠나지 않고 영화를 누렸다는 정도이다. 이정도의 사실만으로 김종직의 功을 무시하고 소인배로 비판했다는 사실은 그 논거의 가벼움 때문에 선뜻 납득이 가지 않는다.

그렇다면 허균이 생각하는 김종직의 결정적 실책과 이 글의 창작 동기는 무엇이었나? 이를 해결하기 위해서는 김종직이 「조의제문」을 써서 세조를 비판했던 반역적 전력이 있다는 점과 허균이 이 글을 썼던 1610년 경[142]의 시대적 배경을 함께 살펴볼 필요가 있다. 특히 光海君의 집권기반이 공고하지 않았기 때문에, 반역의 실마리만 있어도 懲治 당하던 당시 정계의 배경을 고려할 필요가 있다. 실제로 허균은 이 글의 말미에서 「조의제문」과 「酒詩」를 지은 전력을 강조하며, 김종직이 당연히 왕으로 섬겼어야 할 세조에게 반역의 신하였다는 점을 강조하고 있다.[143]

이와 같은 사례는 「鄭道傳 · 權近論」에서도 찾아볼 수 있다. 특히 정도전의 경우, 임금을 팔았으며 그로 인해 크게 화를 입어 非命에 죽었다는 점을 분명히 서술하는 부분에 주목할 필요가 있다.[144] 『조선왕조실

334~338면 참조.

142) 許筠, 「與李蓀谷【庚戌十月】」, 『惺所覆瓿藁』 권21, 318면. "謹寫「閑情錄序」 · 「朴氏山莊」 · 「王塚」二紀 · 十二論 · 「李節度誄」 · 「關廟碑」 · 「南宮生傳」 · 「對詰者」暨「北歸賦」 · 「毀壁辭」爲一通, 付卞生而去, 幸敎之如何."를 통해 1610년 경으로 추정하였다.

143) 許筠, 「金宗直論」, 『惺所覆瓿稿』 권11, 235면. "其作「義帝文」 · 述「酒詩」, 尤爲可笑. 旣仕則是我君, 而乃詆之不遺餘力, 其罪尤甚, 身後之禍, 非不幸. 而抑天怒其黠且巧, 假手於人, 以顯戮之耶!"

144) 許筠, 「鄭道傳 · 權近論」, 『惺所覆瓿稿』 11권, 234면. "大凡卿大夫之享人榮利者, 遭其國之革命也, 非徇義伏節, 則必圖生事仇焉. 其圖生事仇者, 亦有二途也, 有覘去就之勢, 賣其君國而從臾其計, 以圖富貴者, 有怯懦畏其死, 唯偸生是事, 忍恥忘讎, 而

록』의 기사를 살펴보면 정도전을 칭송하는 것 자체가 반역에 맞먹는 수준에서 논의되었다는 점을 알 수 있다. 그런데 허균 역시 평소 정도전을 흠모하여 현인이라고 일컬었으며, 그가 편찬한 시문집의 서두에 정도전의 글을 수록했다는 혐의로 1617년 奇俊格(1594~1624)에게 고변을 당한 바 있다.[145] 허균을 죽음으로 몰아넣은 이 고변에 대응하기 위해 그는 1618년 5월 3일 상소를 올려 정도전과 권근에 대한 論을 지어 그들을 비판했으며, 그것을 많은 사람들이 봤다고 해명하기도 했다.[146] 결국 이처럼 배반자라고 낙인찍힌 이들을 다루는 것은 민감하고 위험한 사안이었다. 따라서 그에 대한 일정한 거리두기와 비판이 필요했던 것이다.

요컨대 당대 문인지식인의 허위의식을 꼬집기 위해 허균이 신랄한 비판적 어조로 선배들을 공격했을 가능성을 여전히 배제할 수는 없다. 그러나 당대의 정세와 허균이 처해있던 상황을 고려해보자면, 위의 글들은 살얼음을 걷는 듯 위태로웠던 정세 속에서 스스로에게 가한 사상 검증과 자기변호의 글이었기 때문에 반역과 배반의 아이콘들을 강하게 비판할 수밖에 없었던 것으로 보인다. 이처럼 논설문의 어조가 신랄하게 된 데에는 위태로운 정국과 당쟁의 과열이라는 요소가 배경적으로 작용하고 있었던 것이다.

이 외에도 사회적 부조리가 만연한 환경 역시 논설문의 어조를 날카

苟且以事他姓者. 雖其罪有淺深, 而失節則同焉. 怯而偸生, 忍恥而事他人者, 其心初出於愛身, 不至於賣其君. 故天或貸其餘命, 如魏之鄭沖·何曾者是已. 兩人者, 卒獲老死於牖下. 覘其去就, 從臾而賣其國者, 其心初在於富貴以利其身. 故天輒降酷禍以報之晉之謝晦傳亮徐羨之是已. 三人者, 終至於被戮而赤其族. 此古今已然之跡, 必然之理, 而不可逭者也. 道傳·近, 俱王氏之近臣達官也. 俱入我朝取美仕, 而近則善死, 道傳則誅滅, 吾於是而益有徵焉."

145) 『光海君日記』 9年 12月 24日, "筠平生欽慕鄭道傳, 常稱曰賢人, 渠之自選東人詩文也, 取道傳之詩爲首題, 而友英之作, 竝選入其中."

146) 국역 『光海君日記』 10년 5월 3일 기사 참조.

롭게 만들었다. 때로는 그 부조리에 대한 해결책을 제시하면서 칼끝을 왕에게 겨누기도 하였는데 이러한 분위기 속에서 任叔英(1576~1623)의 「辛亥殿試對策」도 등장할 수 있었다.

> 지금 전하께서는 이미 하늘을 본받아야 하는 책무가 있으시고, 또 하늘을 본받아야 하는 德이 있습니다. 그러나 閨房을 용인하셔서 하늘이 전하께 부여한 '위엄이 사랑을 이기는 도'가 이에 이르러 폐하여졌습니다. 規箴을 닫고 막으셔서 하늘이 전하께 부여한 '간언을 따라 성스러워지는 도'가 이에 이르러 폐하여졌습니다. 名利를 다투고 경쟁하는 길을 열어 놓으셔서 하늘이 전하께 부여한 '오직 현자를 임용하는 도'가 이에 이르러 폐하여졌습니다. 안일함을 탐하고 도모하여 하늘이 전하께 부여한 '自强不息의 도'가 이에 이르러 폐하여졌습니다. 이것이 충성스럽고 정직한 선비가 마음 아파하고 팔을 휘두르며 전하께 한스러워하지 않는 경우가 없는 이유입니다.[147]

對策은 대과의 마지막 관문으로 이미 합격이 결정된 신진관료들이 생각하는 당대의 時務에 대한 의견을 수렴하고자 하는 의도로 설치된 것이다. 따라서 策問에 제시한 질문이 지닌 함의와 典故, 그에 대한 적실한 해결책을 개진하면 된다. 그러나 1611년 임숙영은 당대 국정에서 가장 필요한 施措가 무엇이냐는 책문에 대해 宮閨不嚴, 言路不開, 公道不行, 國勢不振 등을 논점으로 세워 광해군의 失政을 낱낱이 고하였다.[148]

---

147) 任叔英, 「辛亥殿試對策」, 『疏菴集』 권8, 484면. "今殿下旣有法天之責, 又有法天之德. 然容忍乎閨房, 而天之以威克厥愛之道與殿下者, 至此而廢矣. 閉塞乎規箴, 而天之以從諫克聖之道與殿下者, 至此而廢矣. 開導乎奔競, 而天之所以任官惟賢之道與殿下者, 至此而廢矣. 玩愒乎燕安, 而天之以自强不息之道與殿下者, 至此而廢矣. 此忠讜之士, 所以痛心扼腕, 不能不恨於殿下者也."

148) 任叔英, 「辛亥殿試對策」, 『疏菴集』 권8, 484면. "臣以爲殿下所宜先憂者, 宮閨不嚴,

이에 분개한 광해군이 임숙영을 罷榜하려고 하였지만, 이와 같은 간언을 막는다면 아무도 간언하지 않게 될 것이라는 臺諫들의 의견을 받아들여 급제자 명단에 그를 남겨두게 된다.

이렇게 된 주요 원인은 우선 사회적 부조리가 만연했던 당시 사회적 상황에서 찾아야 하겠지만, 배경적으로 다음과 같은 원인도 작용했던 것으로 보인다. 즉 조선 초기 王權과 臣權의 조화를 꾀하면서도 왕권의 절대성을 추구하던 분위기에서 中宗反正(1506) 이후 약화된 왕권,[149] 사림의 등장과 더불어 일어났던 국가와 임금에 대한 다양한 문제 제기,[150] 사림의 집권과 士禍 이래로 관료들과 왕 모두에게 엄격한 도덕성을 요구하던 당대 정계의 분위기[151] 등이 함께 작용한 결과이다.

이러한 사회적 배경에 힘입어 위와 같은 공식적 글쓰기뿐만 아니라 개인적 글쓰기에서도 왕과 신료에 대한 날 선 비판이 등장한다. 예컨대 이수광은 1607년 「禱雨說」을 지어서 왕과 재상들이 모범을 보인다면 백성들이 그 정치를 단비처럼 여길 것이라며 당대 민중들에게 단비가 되지 못하였던 왕과 위정자들을 우회적으로 비판하였다.[152] 또 유몽인은 「送斗峯李養吾驪城君(志完)赴京序」를 써서 好衣好食하면서 국가의 일에는

言路不開, 公道不行, 國勢不振. 此四者係危亡之數, 關禍亂之機, 其形甚著, 其迹甚明, 故臣謂聖策宜先及之."

149) 김돈, 「朝鮮中期 反正과 王權의 위상」, 『典農史論』 7, 서울시립대학교 국사학과, 2001, 349~371면 참조.

150) 李秉烋, 『朝鮮前期 士林派의 現實認識과 對應』, 일조각, 2002, 201~246면 참조.

151) 유승원, 「조선시대 '양반'계급의 탄생에 대한 시론」, 『역사비평』 79, 역사비평사, 2007, 194~250면 참조.

152) 李睟光, 「禱雨說」, 『芝峯集』, 권21, 193면. "古之時, 蓋亦旱矣. 成湯一禱而爲桑林之雨, 傅說一起而爲商家之霖. 是故, 民視君爲雨, 君以相爲霖. 方今民不蒙聖澤, 枯瘁萎暍, 爲旱甚矣. 而顒顒望治, 又不啻望雨焉. 若吾君與吾相, 發政施仁, 沛然爲雨於一國, 則一國之民, 皆獲霑霖雨之賜, 而涵濡於滲漉之中, 夫豈一雨之力所可及哉?"

전혀 관심을 갖지 않는 一人, 즉 왕에 대해 신랄한 비판을 가한다. 이와 같은 사례 모두 사회적 부조리, '신권'과 '왕권'의 역학관계의 변화가 빚어낸 결과라고 하겠다.

따라서 왕도 아니면서 사회에 물의를 끼쳤다고 평가되는 인물들에게는 더욱 더 강한 비판이 가해졌으리라는 사실을 어렵지 않게 추측할 수 있다. 예컨대 權好文(1532~1587)은 「畜猫說」에서 임금에게 녹을 받아먹으면서도 쥐새끼보다 못한 관료들이 있다고 혹평을 가하였고,[153] 이수광은 「物化說」로써 점차 흉포해지는 벼슬아치들을 비판하였다.[154] 더욱이 鄭仁弘(1535~1623)과 같이 악인으로 인식된 인물은 예사로 혹평을 당하였다.[155]

요컨대 당쟁을 비롯한 사회적 부조리가 만연해질수록 상대파와 이견을 지닌 인물에 대한 비판은 가중되었으며, 그러는 사이에서 자기변호를 위해 상대를 강하게 비판하는 글들도 쓰였다. 이와 같은 비판의 칼날은 왕조차도 피하지 못하였는데, 사회적 부조리는 물론 신권과 왕권의 역학관계의 변화도 그에 일정한 영향을 끼쳤던 것으로 보인다.

---

153) 權好文, 「畜猫說」, 『松巖集』 續集 권6, 284면. "嗚呼, 食肉於國者, 苟不除城狐社鼠, 則將焉用彼相哉? 大率獸身而人心者有之, 人面而獸心者亦有之, 世之人而鼠者多矣. 惜乎, 衣君衣, 食君食, 不修其職者, 寧無愧於吾猫乎!"

154) 李睟光, 「物化說」, 『芝峯集』 권21, 203면. "至於世道旣衰, 不仁者化爲豺狼, 不孝者化爲梟獍, 悖義者化爲狗彘, 怙權者化爲狐鼠, 趨勢者化爲鷹犬, 剝民者化爲蟊賊, 此則心化者也. 形雖未化而其心已化, 則謂之人, 可乎? 又有甚者, 宵人柄國則以正爲邪以邪爲正, 忠賢化爲莽・卓, 諂佞化爲周・召, 廉淸化爲跖・蹻, 貪墨化爲隨夷, 使華夏化爲戎狄, 生民化爲魚肉, 此則化於口者也."

155) 裵龍吉, 「鄭仁弘南冥集跋語辨」, 『琴易堂集』 권5, 112면. "嗚虖, 鄭之於南冥, 尙不能深知有若此, 況如先生耶? 人之知鄭者, 徒見其好議論朝廷得失, 人物長短, 守令臧否, 皆以爲疾惡太甚而已. 今也竊覸其氣象, 都出於忿懥, 其於義理, 略無見識. 是以, 性情不得其正, 而發爲言論, 如此謬戾. 如使南冥有知, 當於冥冥中鳴鼓以攻之, 使不累師門, 不當使之妄託門人之列也."

제3항 소결

지금까지 16세기 후반~17세기 전반 논설문의 의제와 글쓰기의 특징을 통해 문학적 양상과 사회적 배경을 살펴보았다. 그 결과 주요 의제를 분석하는 과정에서 알게 된 내용은 다음과 같다. 우선 성리학을 가장 중요한 정신적 토대로 삼았지만 그 외의 학술적 경향에 대한 관심도 꾸준히 견지하고 있었으며, 일국적 시각에서 벗어나 좀 더 거시적 차원에서 세계를 조망하는 시각도 갖고 있다는 점을 알게 되었다. 이와 같은 시각의 다원화는 직·간접적 체험을 통해 수용하고 체화한 지식의 축적이 바탕이 된 것이었다. 다음으로 이처럼 다원화된 시각을 바탕으로 다기한 문제를 제기하고 구체적인 방법으로 해결하고자 하였다. 특히 임진왜란 직후 국가 방위에 대한 고민이 눈에 띄며, 당대 사회 문제로 비화되었던 풍수와 미신 신봉 역시 적지 않은 문인지식인들이 관심을 가진 주제였다. 또 이처럼 국가적·사회적 문제와는 달리 개인적 차원의 문제 역시 제기되었는데 이를 통해 당시 논설문을 대하던 시각에 변화가 생겼다는 점을 알 수 있다.

논설문의 의제뿐 아니라 글쓰기에서도 역시 적지 않은 변화가 눈에 뜨인다. 무엇보다 먼저 지적할 만한 특징은 이전 시기까지의 의론에서는 거의 보이지 않던 자기 고백적 글쓰기가 논설문에도 등장한다는 점이다. 사회적으로는 불우한 시기 권력에서 밀려난 문인지식인들이 속출하였던 점, 문학 내적으로는 자기 고백적 산문이 문단에 적지 않게 등장했던 점 등을 원인으로 꼽을 수 있다. 다음으로는 논설문에 신랄한 비판적 어조가 적지 않게 쓰였다는 점이다. 이는 사회적 부조리가 만연하고, 당쟁이 치열했던 시기에 상대를 비판하거나 문제점을 선명하게 부각시키기 위한 방법의 일환이었던 것으로 보인다. 또한 그 비판의 칼날을 왕도 피하지 못하였다는 점을 상기해 본다면 그 정도를 짐작할 수 있을 것이다.

이것이 16세기 후반~17세기 전반 논설문에서 보이는 특징적 양상과 배경이다. 이미 지적하였듯이 사회의 변화에 예민하게 반응하며, 그 병폐와 부조리를 척결하고자 글로써 대응했던 문인지식인의 모습 속에서 이 시기 논설문의 의의를 찾을 수 있다. 아울러 신랄한 비판과 자기 고백이 보이는 논설문을 통해서 알 수 있듯이 그 형식과 내용적 측면에서 보이는 개인적 측면으로의 이동과 글쓰기의 다양화 역시 주목해야할 모습이다.

제5장
社會와 散文: 문학사적 의의

지금까지 16세기 후반~17세기 전반 산문의 문예미, 사유와 글쓰기의 관계, 장르와 산문, 사회 변화에 대응하는 글쓰기의 역할 등을 포괄적으로 살펴보았다. 이 과정에서 이 시기 사유와 장르, 그리고 글쓰기의 동향·교섭·다양화 양상들이 어느 정도 밝혀졌다. 그리고 사유와 글쓰기의 전형적 면모를 기준으로 각 계열을 나누어 살펴본 결과, 각 계열별 산문의 내용·형식적 차이와 의의는 물론, 문학의 사회반영 양상 역시 고찰할 수 있었다.

이번 장은 이상의 고찰 결과를 토대로 16세기 후반~17세기 전반 산문의 특징적 면모를 종합하고 문학사적 의의를 규명하고자 한다. 1절에서 4절까지는 이 시기 산문의 특징적 면모를 고찰한다. 특히 지속적·반복적으로 드러났던 글쓰기의 주제, 작가의 태도, 서술 방법 등을 종합하고 의의를 고찰할 것이다. 이때 현실을 반영하는 태도와 양상, 사회 모순에 대한 비판, 개인 내면의 진솔한 표현 등의 내용적 측면과, 서사의 확장, 반어와 역설, 장르 결합 등의 형식적 측면이 논의의 중심이 된다. 한편 이 장에서는 논의의 심화·확대를 위하여 이미 고찰한 여섯 명의 문장가와 세 개의 장르는 물론, 유의미한 작품을 산출한 문장가와 여타 장르의 작품도 아울러 다루고자 한다. 5절에서는 전체 서술을 종합하면서 작가와 장르 각 계열의 사유와 글쓰기가 지닌 성격 및 문단에 기여한 면모를 위주로 고찰하게 될 것이다.

제1절 구체적 현실의 반영과 서사의 확장

흔히 문학은 현실을 반영한다고 말한다. 이에 대해서는 논란이 적지 않으나 거울과 같은 기계적 반영이든 작가적 재구성을 인정하는 측면이든 문학이 현실에 입각해 있다는 근본적 명제를 부정하지는 않는다. 이때 다시 문제시 되는 사안은 현실 반영의 태도와 양상이다.

이미 개별 작품의 내용·형식적 분석을 수행하는 과정에서 16세기 후반~17세기 전반 산문이 지닌 현실 반영의 양상을 살핀 바 있다. 문학이 현실을 반영함에 있어 부분을 통해 총체적 모습과 보편을 보게 하며 문학을 통해 한 시대의 힘과 움직임을 느끼게 하고 시대의 삶을 표현하였다면 그것 자체로 문학은 의미를 가진다.[1] 그런데 이미 고찰한바 16세기 후반~17세기 전반의 산문에서 이와 같은 특징적 면모를 일정 정도 살펴볼 수 있었다. 구체적 현실의 반영으로서 볼 수 있는 내용·형식상의 변화는 다음과 같다. 우선 삶의 다양한 모습과 사유 및 감정 등을 보여주었다. 이것은 현실과 자아 인식의 심화에 기인한다. 그리고 단순한 사실의 전달에서 한 걸음 더 나아가 산문의 '결'과 수사적 효용을 인식함으로써 인물, 환경, 사건 등을 세밀하게 표현한 점 또한 의의가 크다. 아울러 사회 모순을 신랄하게 그려내면서 그것을 비판하였다는 사

1) 김우창, 「아름다움의 거죽과 깊이－심미 감각과 사회」, 『김우창 전집 3: 시인의 보석』, 민음사, 2006, 313~316면 참조.

실 또한 작지 않은 의미를 지닌다. 16세기 후반~17세기 전반 산문의 문학사적 의의는 이러한 지점에서 찾아야 할 것이다.

> 壬辰年 여름 그 아이의 아버지는 시어머니를 모시고 왜적을 피해 산골로 들어갔는데 수십 명의 왜적들이 갑자기 들이닥쳐서 넷째 녀석은 나와 제 누이들을 데리고 수풀을 건너 숨었지. 그리고 죽은 세 아들은 그 아이들의 할머니와 아버지를 부축했는데 왜적들이 할머니에게 칼을 들이 대자 그 아비가 몸으로 그녀를 보호했고 그 때문에 칼날은 그의 귀에 상처를 냈다. 첫째 아들인 文著가 먼저 싸우다 죽었고, 둘째 文芝는 이어서 싸우다가 검을 맞아 쓰러졌으며, 셋째 文葑은 골짜기에 있다가 큰 소리로 외치며 나아가 몸을 날려 그 아버지를 덮고 손으로 적에게 대항하다 열 손가락이 잘려 모두 땅에 떨어졌는데도 조금도 외쳐 부르는 소리가 줄어들지 않더니 16군데나 찔린 후에야 쓰러져 죽었지. 때마침 날이 저물어 왜적들이 버리고 떠나니 그 아이의 할머니와 아버지는 이 때문에 살았다.[2)]

허균의 「新平李生墓誌」이다. 외가 누님의 구술을 받아쓴 형식으로 기록된 위 비지문의 특징은 세밀한 상황 묘사에서 찾을 수 있다.[3)] 비지문의 주인공인 李文葑을 비롯하여 삼형제가 할머니와 아버지를 살리기 위해 살신성인하였다는 사실을 생생하게 전달하기 위해서 이처럼 형상화

---

2) 許筠, 「新平李生墓誌」, 『惺所覆瓿藁』 권17, 281면. "壬辰夏, 其父侍吾姑避兵于山谷中, 數十賊猝至, 四男絜我及其娣妹, 越穹林以隱. 而死者三男, 扶其祖母及父, 賊欲加刃祖母, 其父以身翼之, 刃傷其耳, 著先爭死, 芝繼斃於劍, 葑在澗邊, 大呼袒而進, 擧體覆父上, 以手抗賊, 十指俱落, 叫號不少衰, 被創十有六處乃隕. 會日暝棄去, 祖母及父賴以全)." 이러한 글쓰기 방법이 지닌 의미에 대해서는 안득용, 「16세기 후반~17세기 전반 비지문의 전범과 서술 양상에 대한 고찰」, 『한국한문학연구』 제39집, 2007, 244~250면을 참조하기 바란다.

3) 이 작품은 "故刑曹參判李某夫人李氏, 招其外堂弟許筠, 泣而言曰"과 같은 서술로 시작하여 이하의 全文이 이씨의 구술임을 밝히고 있다.

하였다. 세밀한 묘사를 통해 죽음에 임하여 조금도 망설임이 없는 태도, 죽음에 이르는 과정 등이 서술되면서 그들의 사람됨이 선명하게 부각된다는 특징 외에도 이 작품의 서술은 전란의 참상 또한 생생하게 전달한다.[4] 따라서 이 작품은 16세기 후반~17세기 전반 고문의 글쓰기와 전란으로 인하여 활성화된 실기문학의 報告的 글쓰기의 교섭 또한 짐작하게 하는 작품이다. 실기문학은 전란의 참상을 고발하고, 정치와 사회를 비판하며, 전쟁을 일으킨 국가에 대한 비판을 위주로 서술되고, 글쓰기의 현장성과 사실성을 중시한다.[5] 이러한 임진왜란 실기의 창작이 확산되어 구체적으로 현실을 반영하려는 의지가 충만했던 분위기 속에서 호흡한 허균이 임진왜란의 참상을 위와 같이 서술한 것은 일견 당연해보이기도 한다.

요컨대 「新平李生墓誌」를 통해 허균은 죽은 이를 대하는 혈육의 고통, 대상인물의 성격과 행위, 전쟁의 참상을 구체적·사실적으로 그려내고 있다. 그런데 이와 같은 특징들은 대체로 서사의 확장과 관련을 맺는다. 서사의 뼈대 위에 현장성·사실성으로 대별되는 구체적 상황 묘사와 감정의 표현이 덧붙여져 있기 때문이다. 이미 언급한 대로 구체적으로 현실을 반영하려고 했던 태도는 그 의미가 작지 않다. 그렇다면 이러한 태도를 전형적으로 보여주는 글쓰기 방법으로서 서사의 확장 또한 그러하다. 그 종류와 표현 양상을 자세히 논의하면서 의의를 고찰해보겠다.

이 시기 산문에 나타난 서사의 확장은 다음 세 가지 경향으로 드러난

---

4) 이지영(앞의 논문, 193~194면) 또한 허균이 임란의 직·간접적 체험에 관심을 두었다는 점을 서술하면서 이 작품이 지닌 생생한 전달에 주목한 바 있다.

5) 이에 대해서는 張庚男의 『임진왜란의 문학적 형상화』, 아세아문화사, 2000를 참조하기 바란다.

다. 첫째, 허균의 작품을 분석하며 언급한 바 있듯이 작가가 작품에 개입을 자제하고 작중인물의 말과 행위, 상황 등을 세밀하게 서술하는 경우이다. 즉 고도의 형상성을 드러내며 서술한 경우이다.[6] 둘째, 자신의 주장을 펼치기 위해 민간의 이야기를 끌어오거나, 자신이 직접 구상한 이야기를 편입하는 경우이다. 즉 민간에 전승되는 이야기나 稗說類 작품에 등장할 법한 이야기를 차용한 경우이다. 마지막으로, 『莊子』의 寓言과 유사한 방법으로서 우의적 글쓰기이다.[7] 사실적 서사에 허구적 서사를 삽입하거나 문장 전체를 허구로 구성하여 敍事性을 제고한 글쓰기 모두를 가리킨다.[8]

첫 번째 경우는 기본적 서사의 뼈대에 살을 덧붙인 경우이기 때문에 작품 내적 확장의 경우라고 할 수 있으며, 나머지 경우는 민간의 이야기나 가상의 이야기를 古文에 끌어들인 경우이므로 외적 확장이라고 부를 수 있다. 첫 번째 사안은 이미 「新平李生墓誌」를 고찰하는 과정에서 살펴보았다.[9] 지금부터는 외적 확장의 사례를 중심으로 살펴보겠다.

---

6) 심경호는 「기록문학으로서의 한문산문－한문산문의 기록성과 국문문학」(『한문산문의 내면풍경』, 소명출판, 2002, 166~167면)에서 한문산문이 문학으로 성립하기 위해 지녀야 할 주요 요건 중 한 가지로 '세부 묘사'와 '傳神을 통하여 감동을 주어야 한다'는 점을 꼽았다. 이러한 측면에서 허균의 글쓰기는 분명 사적 산문의 문학성을 제고한 바 크다.

7) 사실상 우언은 敍事性을 장르 성립의 가장 큰 축으로 삼고 있다. 즉 직접적으로 주장의 요지만을 밝히는 데에서 한 걸음 더 나아가 비유적 서사로써 풍자와 해학을 보여주거나 理致와 교훈을 전달하려는 태도를 지니고 있기 때문에 서사가 확장된 형태로 상정할 수 있다. 우언의 정의는 陳蒲淸, 『중국우언문학사』, 오수형 옮김, 소나무, 1994, 13~24면 참조.

8) 세 가지 경향은 단독으로 발현되는 경우도 있으나 상호 결합되어 나타나는 경우도 적지 않다. 예컨대 앞서 살펴 본 허균의 「龍淵寺古迹記」는 민간의 이야기를 끌어온 외적 확장의 경우이면서 그 이야기 자체가 지닌 형상성 역시 높은 경우이다. 다시 「故全羅道兵馬節度使贈兵曹判書李公誄幷引」과 「祭亡妻文」은 비감 토로의 강화와 서사의 확장이 모두 보이는 경우이다.

너만 쥐와 이의 일을 듣지 못 했느냐? 쥐와 이 모두 자신이 크다고 하며 각기 그 승부를 가렸으나 둘 다 결판을 내지 못하였다. 이가 쥐에게 말하였다. "너는 나의 크기를 이길 수 없는데도 억지로 스스로 크다고 하니 나는 너와 함께 길 가는 사람에게 公論을 들어봐야 하겠다." 그래서 쥐가 겉으로 죽은 척하며 한길에 쓰러지자 이 또한 쥐를 따랐다. 길을 지나는 사람들이 모두 말하였다. "크구나, 쥐가 가죽신만 하구나! 크구나, 이가 보리 항아리만 하구나!" 이에 이가 쥐에게 말하였다. "신과 항아리 중 무엇이 큰가?" 쥐는 끝내 이를 이길 수 없었다. 아! 쥐와 이의 승부에 대한 길을 지나는 사람들의 공론에 나는 귀를 막은 지 이미 오래 되었으니 너도 그만하여라.

또 내가 들으니 보는 것은 멸시하고 듣는 것은 두려워하며 산 것은 업신여기고 죽은 것은 두려워한다고 하는데 대체로 人情은 예로부터 이러한 경우가 많았다. 내가 다시 너를 위해 비유를 들어보겠다. 옛날에 여러 아이들이 산기슭에 모여 있었는데 어떤 호랑이가 한 아이를 잡고 웅크린 채 물어뜯지 않자 여러 아이들이 호랑이인 줄 모르고 큰 몽둥이를 손에 잡고 호랑이의 목구멍을 때리자 호랑이가 쓰러졌다. 아이들이 앞에서 끌고 뒤에서 밀면서 오다가 길에서 어른을 만났는데 그가 말하였다. "얘들아, 너희는 어디서 호랑이를 얻어서 가지고 오느냐?" 여러 아이들은 그때 비로소 그것이 호랑이인 줄 알고 모두 매우 두려워하여 버리고 달아났다.[10]

---

9) 서사 확장의 특징적 면모는 허균의 「故全羅道兵馬節度使贈兵曹判書李公誄幷引」, 「鼇淵寺古迹記」, 「祭亡妻文」 등을 분석하는 과정에서도 일부 언급한 바 있다. 그 외에도 허균의 누정기 중 「探元窩記」나 「巡軍府君廳記」가 지닌 서사의 확장에 대한 논의도 있다. 이에 대해서는 안세현, 「조선중기 누정기 연구」, 고려대학교 박사학위논문, 2009, 130~135면을 참조하기 바란다.

10) 柳夢寅, 「答柳正字書(侄活)」, 『於于集』 권5 407~408면. 汝獨不聞之鼠虱之事乎? 鼠與蝨皆自大, 各較其勝負, 兩不決. 虱謂鼠曰, "爾不能勝吾大, 而强自大, 吾與爾聽公論於路上人可乎!" 於是乎鼠陽死仆于逵, 蝨亦從焉, 路人過者咸曰, "大哉! 鼠如革履! 大哉! 虱如麥甕." 虱乃謂鼠曰, "履與甕孰大?" 鼠卒不能勝虱. 吁! 鼠虱之勝負, 路人之公論, 吾已掩耳焉久矣, 汝休矣. 且余聞之, 見之則蔑, 聞之則怵, 其生也狎, 其死也惕, 盖人情自古多其類. 余請復爲汝譬可乎! 昔羣兒聚山趾, 有虎攬一兒, 踞而不囒,

유몽인 「答柳正字書(侄活)」의 일부이다. 두 가지 이야기는 그가 엮은 『於于野談』에 수록될 법한 성격의 글이다. 쥐와 이의 크기 다툼, 호랑이를 몰라본 어린아이들을 중심에 두고 서술하고 있는데, 첫 번째 이야기는 허구적이며 두 이야기 모두 대화를 통해 생동감을 주고 있다는 점 또한 서사의 확장으로 볼 수 있는 요소이다. 다만 유몽인의 글이 앞서 보았던 허균의 글과 다른 점은 허균이 인물과 환경을 세밀하게 서술한 반면, 유몽인은 위와 같은 서사를 자신의 주장을 펼치기 위한 예시로 사용한다는 것이다. 즉 첫 번째 이야기는 公論이 지닌 허상, 두 번째 이야기는 실제보다 허명을 중시하는 태도를 비판하기 위해 서술한 것이다.

한편 위 예문 이하의 언급을 참고하면 두 번째 이야기의 서술 목적을 선명하게 볼 수 있다.[11] 결국 劍으로 상징되는, 유몽인 자신의 문학적 수준을 알아보지 못하는 세상을 비판하고, 인정받지 못하는 상황을 효과적으로 서술하기 위해 두 번째 이야기를 예시한 것이다.[12]

羣兒不知虎也. 提巨梃, 搯其喉, 虎斃, 推曳而來. 路見長者曰, "小子, 汝安得虎而來?" 羣兒始知其虎也, 皆大怖, 棄而趨.

11) 柳夢寅, 「答柳正字書(侄活)」, 『於于集』 권5, 407~408면. "앞서 호랑이를 때려잡았으나 지금은 달아나니 어째서인가? 이는 실제[實]에 어둡고 이름[名]을 두려워하기 때문이다. 지금 너는 柳州가 이미 죽었기 때문에 그의 글을 칭송하며 천 번 만 번을 읽으려 하니 심하다, 너는 귀를 귀중히 여기며 눈을 경시하는구나. 지금 세상에도 죽지 않은 柳氏가 있고, 그의 글이 가을 강물이나 훌륭한 비단 같은 글과 대등한지 어찌 알겠느냐? 만약 후세에 나의 글을 천 번 만 번 읽게 된다면 반드시 나를 알아주는 자가 있을 것이다. 슬프구나, 나의 검이여! 구속되지 않은 검이 아직 묻히지도 않았는데 누가 그것을 파주겠는가? 네가 먼지를 떨고 닦으려고 한다면 너를 위해 칼집에서 꺼내겠노라(向也搏之, 今也趨之, 是何也? 則昧於實, 而慴於名也. 今汝以柳州已死, 賞其文欲千萬讀, 甚矣, 汝之貴耳而賤目也! 安知今世不復有未死之柳, 其文不讓於秋濤瑞錦也耶? 若使後世讀余文至千萬, 其必有識余者矣. 悲夫, 余之劍! 自在之劍也, 旣不埋, 夫誰掘之? 汝欲拂拭之, 當爲汝發諸匣)."에서 선명하게 드러난다.

12) 16세기 후반 한시에서 劍은 대체로 불우한 이들의 정신 경계를 상징적으로 드러내는 경우가 적지 않았다. 유몽인 또한 이와 같은 배경 속에서 검을 상징적으로 사용하고

첫 번째 이야기도 두 번째의 이야기와 큰 차원에서는 유사한 목적을 위해 서술되었다. 결국 인정받지 못하는 자신의 심회와 제대로 된 안목을 갖추지 못한 공론을 비판하고 있기 때문이다. 이[蝨]와 쥐는 실제에 있어 크기의 차이가 완연하다. 그러나 '공론'은 비유를 사용하여 실제를 호도하고 있다. 유몽인이 공론에 귀를 닫은 이유는 여기에 있다. 이 글은 결국 실제를 제대로 판단하지 못하고 호도하는 공론, 즉 실제로는 자신과 비교조차 용납되지 않는 글을 자신의 글보다 높게 여기는 공론에 대한 비판이자 그렇게 평가되고 있는 자신의 처지를 서술한 것이다.

시화나 筆記類 작품들은 이 시기에도 꾸준히 찬술되고 있었으나 민간의 이야기인 패설류 성격의 글을 撰集하는 경우가 눈에 띄게 줄어들었다.[13] 이것은 당대 산문의 위상 제고와 밀접한 관련이 있다.[14] 이러한 상황에서 정통 고문에 패설 성격의 이야기를 가공하지 않고 삽입하기는 쉽지 않았다. 따라서 유몽인은 패설의 성격을 지닌 이야기를 일정한 목적을 위한 예시로서만 사용한 것이다.

다음으로 서사의 확장의 나머지 갈래인 우의적·허구적 구성의 글쓰기를 살펴보겠다. 이에 대해서는 유몽인, 허균, 장유의 산문을 살펴보는

있다. 이에 대해서는 임준철, 『조선중기 漢詩意想 연구－조선중기 한시 이미지 연구－』, 일지사, 2010, 137~145면 참조.

13) '필기'와 '패설'은 앞서 언급하였듯이 김준형(『한국 패설문학 연구』, 보고사, 2004, 23~52면)의 논의에서 차용한 용어이다. 한편 본고에서 다루는 시기에 찬집된 패설집은 그의 논의를 근거로 살펴보면 成汝學의 『續禦眠楯』(1617년 무렵으로 추정)밖에 보이지 않는다.

14) 유몽인에게는 이 외에도 민간의 이야기 혹은 잘 알려지지 않은 역사상의 이야기를 차용한 경우가 적지 않다. 예컨대 「送回答副使朴典翰(梓)入日本序」(『於于集』 後集 권3, 528~529면.)에서는 申叔舟·金誠一·黃愼 등의 이야기를 비롯하여 趙鼎이 大鮪를 만났으나 침착했던 일화, 佛書에 등장하는 거대한 물고기 이야기를 소개하고 있다. 이것 역시 朴梓을 권계하기 위한 일화로 삼았다는 점에서 「答柳正字書(侄活)」과 차용 목적이 유사하다.

과정에서 어느 정도 언급한 바 있다. 유몽인의 작품 중 「贈金書狀朝天記」에서, 허균의 작품 중 「夢記」, 「酒吃翁夢記」, 「巡軍府君廳記」 등에서, 장유의 작품 중 「寓言」, 「蜃樓記」, 「神明舍記」, 「氷壺先生傳」, 「設孟莊論辨」 등에서 허구적 서사를 차용한 양상이 발견된다. 다만 허구적이라는 점을 공유하고 있으나 유몽인과 허균의 작품이 자신의 불우나 타인의 그것에 대한 보상적 성격을 지니는 반면, 장유의 작품은 자신의 사유를 효과적으로 전달하거나 고착화된 견해를 논파하려는 목적에서 창작되었다는 분명한 차이점이 존재한다. 이는 물론 각각의 세계관과 처지의 차이에서 기인한다. 불우에 대한 보상으로서의 허구적 서사에 대해서는 이미 어느 정도 논의하였기에 우언적 성격을 띤 허구적 서사를 더욱 집중적으로 살펴보겠다.

> 龍興 元年 여름 4월 甲子일에 廣利王이 남해의 대궐[法宮]에서 통치할 때 陽侯·河伯·海若·馬銜 등의 나라 參軍 黿과 主簿 鼈 이하 鯨, 鯤, 鱣, 鮪, 魴, 鯉, 鰌, 鰋 등의 무리가 모두 분주히 왕에게 왔다. 왕이 여러 신하들의 조회를 받고, 좌우를 둘러보며 말하였다. “나는 이렇게도 큰 바닷가의 땅이 있는데도 그 처한 바가 낮고 좁아서 기운을 살펴 통치를 할 수 없으니 누가 나의 일을 순하게 하여 누정을 지을 수 있겠는가?” 이에 四瀆이 모두 천거하며 말하였다. “蜃이 신하로 있는데 그가 매우 탁월합니다.” 왕이 말하였다. “좋다. 아, 너 신아, 가서 네 직분을 조화롭게 수행하라.” 신은 이에 공손히 머리를 조아리고 대답하며 나왔다. 얼마 후 공사가 끝났다. (중략)
>
> 왕은 이에 바라보며 놀라고 그곳에 올라 훌륭하다고 여기며 말하였다. “堯의 土階는 지나치게 검소하고 紂의 瓊宮은 너무 화려하여 사치스럽고 검소함이 제 마음대로 하지 않음이 없다. 주 문왕의 靈臺는 짓는 데 오래 걸리지 않았으며, 阿房宮은 몇 해가 걸려서 더디고 빠름의 차이는 있으나

> 모두 백성을 복역하게 하였다. 그러하다면 누가 나의 신처럼 흙도 나무도 쓰지 않고, 여러 백성을 복역시키지도 않으며, 숨을 내쉬고 들이쉬며 눈을 한 번 돌리는 사이에 재빨리 허공에 누정을 이처럼 크고 아름답게 지을 수 있었는가? 蕭何가 未央宮을 지은 일과 子建이 銅雀臺를 세운 일은 오늘 말할 수 없으니 어찌 나의 덕과 신의 공을 기록하지 않을 수 있겠는가?" 이에 水部郎中 琴高가 삼가 꿇어앉아 기록한다.[15]

趙纘韓(1572~1631)의 「蜃樓記」이다. 장유의 「蜃樓記」와 허구적이라는 특징은 공유하지만 장유의 작품이 논쟁적인데 반해 이 작품은 서사적 성향이 강하다. 특히 글쓰기는 『書經』「堯典」에서 관료들에게 관직을 담당하게 할 때 사용하던 구법과 어휘를 다수 차용하고 있다.[16] 金昌翕(1653~1722)은 장유의 「蜃樓記」를 "표제는 虛幻하나 문장이 경박하고 과장되지 않아 훌륭하다(題屬虛幻, 而文不浮蕩, 爲可貴)."[17]라고 평가한 바 있다. 결국 「蜃樓記」가 지닌 허구적 측면에 대해서는 긍정적으로 볼 수는 없으나 내용이 지니고 있는 효용적 측면 때문에 훌륭한 작품이 되었다는 의미이다. 앞서 고찰하였듯이 장유의 「蜃樓記」는 혹자가 지닌

---

15) 趙纘韓, 「蜃樓記」, 『玄洲集』 권15, 406면. 龍興元年夏四月甲子, 廣利王御于南海之法宮, 陽侯·河伯·海若·馬銜之國, 參軍臣黿, 主簿臣鼈, 曰鯨曰鯤曰鱣曰鮪·魴·鯉·鰌·鰋之屬, 莫不奔走而來王. 王旣受群臣朝, 顧謂左右曰, "予之有海宇若是其大也, 而所處卑隘, 無可以望氛而出治者. 疇若予采, 而構是樓哉?" 於是四瀆咸薦曰, "有蜃在下, 厥惟工哉!" 王曰, "兪. 咨, 汝蜃, 惟汝諧." 蜃乃拜手稽首, 唯唯而出. 俄而, 工告訖功. (中略) 王乃望而訝之, 登而異之曰, "土階則過嗇, 瓊宮則過麗, 而侈儉莫不自由. 靈臺則不日, 阿房則逾年, 而遲速咸歸役民. 孰若吾蜃不土不木, 不動衆役民, 而呼吸轉眄之間, 倏成空中之樓, 若是其輪奐也哉? 蕭何之治未央, 子建之起銅雀, 未足爲今日道, 則盍爲文以記吾之德與蜃之功哉?" 於是水部郎中臣琴高, 謹拜跪以記.

16) 예컨대 "王旣受群臣朝, 顧謂左右曰, '予之有海宇若是其大也, 而所處卑隘, 無可以望氛而出治者. 疇若予采, 而構是樓哉?' 於是四瀆咸薦曰, '有蜃在下, 厥惟工哉!' 王曰, '兪. 咨, 汝蜃, 惟汝諧.' 蜃乃拜手稽首, 唯唯而出."와 같은 부분에서 선명하게 드러난다.

17) 金昌翕, 「與宋玉汝」, 『三淵集』 拾遺 권16, 523면.

사유의 편협성에 대한 자허자의 비판적 서술을 위주로 구성되어 있었다. 이러한 효용적 측면을 김창흡이 높게 여긴 것이다. 반면 조찬한「蜃樓記」의 서술 목적은 사회적 효용에 있다. 그것이 위 예문의 둘째 단락이 서술된 이유이다. 즉 공사 때문에 백성을 수고롭게 하지 말라는 메시지를 담기 위해 위와 같은 글을 서술하였다.[18]

조찬한은 이 외에도 장유의「寓言」과 유사한 형태의 산문을 서술한 바 있다. 그 내용이『莊子』의「齊物論」과「逍遙遊」에 대한 자신 나름대로의 풀이로 구성되었다는 점을 볼 때, 조찬한의 우언적 서술 역시 장유와 마찬가지로『莊子』와의 영향관계를 보여준다.[19]

---

18) 한편 이 작품에는 내적 확장의 특징도 있다. 위 예문에서 생략된 부분의 서술은 "虹其梁也, 暈其甍也. 排虛者, 彤柱也. 點波者, 粉礎也. 飛空者, 棨也. 出雲者, 霤也. 如霞者, 欂櫨也. 如霧者, 椐楔也. 畫於壁者, 丹靑金碧之葳蕤也. 列於庭者, 珊瑚玉樹之靑蔥也. 珠簾以捲之者, 西山之雨候透也. 玉欄以凭之者, 東峯之月華近也. 飛纖垂髾者, 長姬之要冶也. 輦金檐珠者, 大賈之售貨也. 馬騎者, 牛牽者, 男而負者, 女而戴者, 行者息者, 度橋者倚門者, 歌舞者笑語者, 喜者怒者. 有若呶呶者, 有若嘿嘿者, 有若聚而散者, 有若往而復者. 如畫非畫, 如眞非眞者, 殆千萬狀, 一日之內, 不可類識."이다. 즉 신루의 풍경, 장식, 인간 군상의 다종다양한 모습을 열거하고 있는 것이다. 내용상 생략이 가능한 구절이지만 신루의 홍성스러움을 부각시키기 위해 세밀하게 묘사한 부분이므로 서사의 확장으로 볼 수 있다.

19) 趙纘韓,「嵬崙核記」,『玄洲集』권15, 413면. "嵬崙之外, 有山焉, 其高等也, 其廣齊也, 其延袤不異也. 人之望之者如崑崙焉, 以爲山也, 近而視之, 則非山也, 乃核也. 怪而問諸一人, 曰, '此乃吾師食實之餘, 而實乃滄海之蟠桃八千歲而一熟者也. 吾師嘗歲取其一而食之, 旣食而遺其核一二三四, 而積至此, 玆乃爲山之槩. 而吾師之所以後天不老者也, 世之不能百歲, 耋耄以爲期者, 朝菌乎, 醯鷄乎, 其視此山之高, 何如也? 雖然, 世固不足哀, 核固不足榮也. 何則? 自其無窮無盡者而言之, 則朝菌耳, 醯鷄耳, 亦已久矣, 核固不足多明矣.' 所以記之者, 非樂誕而希久於核者, 聊欲斥其妄而飭世之求長年者, 是爲記."가「嵬崙核記」의 제1칙이다. 이 부분에서는 차이를 무화시키는「齊物論」의 상대주의적 시각이 드러나고 있다. 본 칙에 대해서는 김우정,「玄洲 趙纘韓 散文의 硏究－17세기 초 文壇의 風情과 관련하여－」,『한문교육연구』제31집, 한국한문교육학회, 2008, 329~330면의 분석을 참조하기 바란다.

廣成子가 西極의 들에서 노닐고 있을 때, 산 하나를 바라보았더니 우뚝하고 험준함은 崑崙山과 그 높이가 나란하였고 연이어지며 드넓음은 곤륜과 그 크기를 견줄 수 있을 정도였다. 다만 봉우리와 山洞의 깎아지른 듯한 모습이 없고 松槮과 수풀의 무성함이 없었으며 흙이 쌓이지도, 바위가 견고하지도 않았는데 若木이 그 왼편을 가리고 橙林이 그 오른편에 우뚝 솟아서 참으로 훌륭하고도 기이하였다. 장차 산줄기를 올라가 바라보려고 하였는데 길을 반도 못 갔을 때 갑자기 세 사람을 만나 다가가서 물어보니 그 중 한 사람이 말했다. "나는 盤古와 친구로 사귀며 멀리까지 노닐었으나 이곳에는 이른 적이 없소." 그 중 다른 사람이 말했다. "나는 滄海가 무수히 변하는 것을 보았으나 이곳에 이른 적이 없소." 또 그 중 한 사람이 말했다. "이것은 내 스승이 모은 복숭아씨인데 그것이 쌓여서 지금의 모습처럼 된 것이요. 복숭아의 이름은 洪인데 또 다른 이름은 蟠이오. 창해의 북쪽에서 3천 년이 지나 꽃을 피우며 또 3천 년이 지나 열매를 맺고 또 3천 년이 지나 열매가 익으니 1만 년 동안 한 번 열매가 익는 것이다. 내 스승께서는 그 해마다 그 하나를 먹고는 그 씨를 내다 버리는데 이 씨가 쌓여 그 크기가 곤륜산만하게 된 것이오." 말을 마치자 나아가 그것을 보니 과연 그러하였다. 이에 광성자는 세 사람에게 절하고 말하였다. "나는 장수했다고 세상 사람들에게 칭해지는데 이에 지금 이 씨가 곤륜산만한 사실을 보고나서야 비로소 장수와 요절이 같지 않으며, 朝菌과 大楓은 서로 현격하고, 적은 나이는 많은 나이에 미칠 수 없다는 사실을 알게 되었으니 나는 三老와 더불어 말할 수 있겠는가?" 세 사람은 홀연히 보이지 않고 결국 기이하게 여겨 그 일을 기록하였다.[20)]

20) 趙纘韓, 「嵬崙核記」, 『玄洲集』 권15, 413면. 廣成子遊于西極之野, 望見一山焉, 隆嵩嵂崒, 與崑崙齊其高, 迤邐博敞, 與崑崙比其大. 無峯巒巖洞之峭, 無松槮林莽之茂, 不土而積, 不石而堅, 若木翳其左, 橙林聳其右, 信乎其瑰且異矣. 將欲登陟而望之, 途未半而忽遇三人焉, 就而問焉, 則其一曰, "吾乃友盤古而遠遊焉, 猶未嘗屆于是矣." 其一曰, "吾乃視滄海之億變, 而猶未嘗造乎是矣." 又其一者乃曰, "此乃吾師之所會之核而積而至于此者也. 桃之名曰洪, 又其名曰蟠. 乃在滄海之陽, 三千歲而一花之, 又三千而子之, 又三千而熟之, 每一熟於萬年之內. 而吾師歲食其一, 以其核而擲之, 此

위 예문은 조찬한의 「崑崙核記」 중 두 번째 이야기이다. 이미 언급한 대로 첫 번째 이야기는 「齊物論」에 대한 언급이며, 위의 예문은 「逍遙遊」에 대한 자신의 견해를 서술한 부분이다. 「逍遙遊」에는 큰 지식과 작은 지식의 차이를 언급하는 경우가 적지 않다. 물론 이것은 기존의 편견에 갇혀 자신의 시각만을 고집하는 지식[小知]에서 분별을 넘어선 편견 없는 지식[大知]으로의 이행을 역설하고자 설정한 명제이다. 물론 그에 이르는 방법은 「齊物論」에서 주로 말하는 선입견, 고집, 분별의 제거이다. 장유의 「寓言」과 비교해보면 이 역시 의론적 요소가 축소되고, 서사적 비중이 강화되었다는 점을 알 수 있다.

여기에 등장하는 廣成子는 『莊子』「在有」에서 皇帝에게 장수의 비법을 알려주던 인물이다. 그런데 위에 등장하는 세 명의 인물은 광성자보다 높은 등급의 異人들이다. 첫 번째 인물의 "吾乃友盤古而遠遊焉", 두 번째 인물의 "吾乃視滄海之億變"와 같은 언급을 통해서 세상이 존재하기 시작한 시기부터 살았던 인물임을 알게 된다. 물론 세 번째 인물의 언급을 통해 드러나는 그의 스승 또한 이들과 다르지 않다. 9천년만에 열매를 맺는 복숭아를 먹고 버린 씨가 곤륜산의 규모와 유사해지기 위해 필요한 시간을 고려해보면 이 또한 어렵지 않게 짐작할 수 있다. 결국 인간의 왜소함으로는 도달할 수 없는 높은 경지, 즉 '대지'의 상태를 부각시키기 위해 조찬한은 위와 같은 우언을 서술한 것이다.

언급한 대로 위 예문은 『莊子』「逍遙遊」의 '대지'와 '소지'의 대조를 인용한 부분이다. 「逍遙遊」에서는 그 예로서 사람 중에 장수하였다고 하는 彭祖를 冥靈이나 大椿과 대조함으로써 현격한 차이를 부각시키고 있

核之積而比其大於崑崙者也." 言訖, 就而視之, 則果然. 於是廣成子拜乎三人者之後曰, "吾以久稱於世, 乃今見此核之如崑崙, 然後始知彭殤之不等, 而朝菌大楓之相懸也, 小年之不及大年, 吾其與三老之謂乎?" 三人者忽不見, 遂異而記之."

다.[21] 이와 마찬가지로 위 예문에서는 장수했다고 칭해지는 광성자와, 그가 미칠 수 없는 나이를 지닌 세 명의 이인 및 한 명의 스승을 대조하고 있다. 이러한 점에서 구성의 동일성이 발견된다. 따라서 작품의 주요 내용, 구성의 유사성 등에서 위 작품에 끼친 장자적 사유의 영향력이 드러난다. 물론 조찬한의 서술 목적은 선입견, 고집, 분별심 등을 버리고 '대지'의 경지가 있음을 깨닫게 하는 데에 있다.

한편 이 시기 글쓰기에서 꿈을 주요 모티브로 삼거나 허구적 상황을 가설하여 자신의 불우를 해소하려는 모습이 적지 않게 보인다. 虛幻을 대체로 배격하면서도 위와 같은 글쓰기를 용인하였던 이유는 작가의 처지를 고려하였기 때문이다. 이렇게 본다면 조선 전기 필기류를 옹호하는 서문에서 주요하게 부각되는 논리[22]와도 유사점이 있다. 최고의 방법은 아니지만 불우한 이들이 차선책으로 필기류 작품을 서술하여 자신을 위로하려는 태도를 제한적으로 용인하는 경우와, 허구적 서사를 통해 자신이나 타인을 위로하려는 태도를 용인하는 모습은 유사하다.

그러나 민간의 이야기나 허구적 이야기를 고문에 편입시키는 경우라도 그것의 통속성은 제한하였다. 유몽인이 민간의 일화를 편입시킨 경우에서 이러한 모습을 고찰한 바 있다. 요컨대 古文이 될 수 있는 최소한의 常數的 요건은 훼손시키지 않는 범위에서 삽입된 이야기가 變數的 기능만을 하고 있는 것이다. 통속적이지 않다는 점은 우언도 마찬가지이다. 장유나 조찬한의 우언이 지닌 성격상의 차이는 존재하지만 공통

21) 『莊子』「逍遙遊」, "小知不及大知, 小年不及大年. 奚以知其然也? 朝菌不知晦朔, 蟪蛄不知春秋, 此小年也. 楚之南有冥靈者, 以五百歲爲春, 五百歲爲秋. 上古有大椿者, 以八千歲爲春, 八千歲爲秋, 此大年也, 而彭祖乃今以九特聞, 衆人匹之, 不亦悲乎!"

22) 다음과 같은 논리를 예시할 수 있다. 鄭士龍, 「書禦眠楯後」, 『湖陰雜稿』 권8, 277면. "噫! 使先生誅姦發潛於史局, 剡章論事於諫院, 其或揮翰玉堂, 倚馬戎幕, 濡染大筆, 以摛其華藻, 則奚事於是錄哉? 先生之才, 旣不時施, 其所遺後者, 不過此毫芒."

적으로 고문 글쓰기의 요건을 갖추고 있으며 사회적 효용을 표방하고 있다는 점은 통속적이지 않다.

한편 산문의 수사적 기능에 대한 인식, 불우한 이들의 遺懷, 장자적 사유의 영향 외에도 이 시기 산문의 확장에 영향을 끼친 요인이 존재한다. 바로 사회적 모순의 노출이다. 붕당의 대립, 임병양란 등을 통해 발생한 사회적 모순을 直敍할 수도 있었으나 허구에 기대는 편이 검열에서 더욱 자유로울 수 있었기 때문에 후자의 방법을 주로 사용하였다. 이 시기 직전부터 늘어나기 시작한 夢遊錄과 記夢系 산문들이 대체로 사회 모순을 비판하고 있다는 사실을 통해서도 이 점은 증명된다.[23] 물론 假傳과 같이 허구적 서사를 통한 비판도 이 계열에 속한다.

이로써 16세기 후반~17세기 전반 산문 속에서 현실이 구체적으로 반영된 양상과 그 원인 및 글쓰기 방법 등을 살펴보았다. 그 결과는 다음과 같다. 첫째, 전란 실기문학의 글쓰기와 영향을 수수하며 구체적으로 인물, 사건, 서정을 서술한 경우이다. 이것은 허균의 산문에서 살필 수 있었다. 둘째, 개인의 심리적 상태와 주장을 직서하지 않고 민간의 이야기를 가공하거나 편입하여 서술한 경우이다. 편입하여 서술한 이야기에서 구체적 형상성이 드러나며, 이러한 형식은 유몽인의 산문에서 주로 보인다. 셋째, 우언을 비롯한 허구적 산문의 경우이다. 주로 심도 깊은 사유를 피력하거나 현실적 모순을 비판적으로 서술하였다는 특징이 있다. 전자는 조찬한을 비롯한 장유 등이 주요 창작자이며, 후자는 몽유록에서 주로 보이는 특징이다. 이러한 특징들은 현실의 다양한 모습, 삶의 모순,

23) 「大觀齋記夢」, 「安憑夢遊錄」, 「元生夢遊錄」, 「琴生異文錄」, 「達川夢遊錄」, 「皮生冥夢錄」, 「龍門夢遊錄」 등에서 보이는 사회 모순에 대한 비판적 서술은 김정녀, 『조선후기 몽유록의 구도와 전개』, 보고사, 2005, 31~47면의 고찰을, 「피생명몽록」의 사회 모순에 대한 비판은 장효현, 「17세기 몽유록의 역사적 성격」, 『한국고전소설사연구』, 고려대학교 출판부, 2002 등을 참조하였다.

인간의 내적 정서나 심도 깊은 사유를 표현함으로써 삶의 이상적 모습을 지향하면서 세계와 인간 삶의 질적 향상을 추구하였다는 의의가 있다.[24)]

이 시기 서사의 확장은 내적 확장과 외적 확장의 양상을 띠고 있으며 그것은 문학성의 제고에 기여하는 바가 작지 않다. 서사의 확장을 발현시킨 주요 원인으로 불우한 이들의 遣懷, 장자적 사유, 사회적 모순의 노출 등을 꼽을 수 있다. 또 다른 원인으로 내용 전달 위주의 글쓰기에서 수사적 기능에 대한 고려로의 전환 역시 꼽아야 하며, 이것은 산문 인식의 제고에서 발생한 현상이다. 문학의 의의는 부분을 통해 총체적 모습과 보편을 보게 하며 문학을 통해 한 시대의 힘과 움직임을 느끼게 하고 시대의 삶을 표현하는 데에 있다. 16세기 후반~17세기 전반 산문에서 보이는 구체적 현실의 반영과 서사의 확장은 이러한 측면에서 문학의 사회적 역할을 일정 정도 수행하였다.

제2절 반어와 역설을 통한 사회 모순의 비판

사회적 모순에 대해 비판하는 태도가 적지 않게 보인다는 점도 16세기 후반~17세기 전반 산문의 특징적 면모이다. 그것을 직접적으로 표현하든 우회적으로 표현하든 대상 작가들 대부분에게서 사회적 모순에 대해 피력하는 경우를 보았다. 기존의 연구들이 적절히 지적한 것처럼 정치적 격변기였던 이 시기 집권자들이 자신들의 위태로운 토대를 공고히 하기 위해 더욱 엄격한 차별적 기준을 적용한 데에서 발생한 사회적 모순에 그 주요한 원인이 있다.

---

24) 벨라 키랄리활비, 『루카치 미학 연구』, 김태경 옮김, 이론과 실천, 1997, 165면 참조.

일반적으로 문학에는 바람직한 세계에 대한 소망이 들어있다. 현실의 모순을 가차 없이 폭로하는 경우에도 그 폭로의 원동력은 결국 바람직한 세계, 더욱 나은 삶에 대한 그리움이다.[25] 이렇게 본다면 16세기 후반~17세기 전반 산문에서 보이는 사회적 모순에 대한 비판 역시 이상적 세계와 삶에 대한 희망에서 도출된 모습이다. 즉 대상 작가들은 산문 작품을 통해 문학의 사회적 소임을 다하고자 한 것이다. 아울러 이전 절에서도 지적한바 사회적 모순에 대한 비판은 문학이 현실을 구체적으로 반영하려고 한 또 다른 양상이기도 하다.

> 아아, 풍파는 세차고 거대하구나. 그런데도 物 중에는 제자리를 잃지 않은 것들이 있으니 이것은 세상의 풍파와 다르구나. 세상의 풍파라는 것은 宦海에서 발생하는 것이다. 저 환해는 바다가 아니라서 풍파 또한 가짜이니 이것은 일어나지도 않는다. 그런데도 일어나면 要職[要津]이 진동하여 이때를 맞아 부서지는 사람, 꺾이는 사람, 뒤집히는 사람, 떠도는 사람, 못에서 내쳐진 사람, 육지로 떨어진 사람 등이 얼마나 되는지 알 수 없을 정도이니 참으로 심하지 않은가! 이것은 진짜 풍파도 할 수 없는 일이었는데 가짜 풍파가 할 수 있으니 어찌 가짜가 도리어 진짜보다 더한가.
>
> 客이 말하였다. "아, 저 진짜가 가짜보다 못한 것은 실제로 만사의 공통적 병통이니 어찌 이 풍파만 그렇겠는가? 그대는 사람에게서 그것을 보지 못하였는가? 어떠한 사람을 현명하다 하고, 어떠한 사람을 지혜롭다 하며, 어떠한 사람을 재주가 있다고 하고, 어떠한 사람을 능력이 있다고 하며, 어떠한 사람을 스스로 덕성을 닦았다고 말한다. 이 현명하다는 사람이 과연 진짜로 현명한 사람인가? 이 지혜롭다는 사람이 진짜로 지혜로운 사람인가? 이 재주가 있다는 사람이 진짜로 재주가 있는 사람인가? 이

25) 김우창,「문학과 유토피아—문학적 상상력의 정치적 의의에 대한 한 고찰」,『김우창 전집 3: 시인의 보석』, 민음사, 2006, 292~294면 참조.

능력이 많다는 사람이 진짜로 능력이 많은 사람인가? 이 덕성을 스스로 닦았다는 사람이 진짜로 덕성을 스스로 닦은 사람인가? 저 현명하다는 사람, 지혜롭다는 사람, 재주가 있다는 사람, 능력이 많다는 사람, 덕성을 스스로 닦았다는 사람은 가짜로는 될 수가 없다. 그러나 가짜가 열 명 중 열아홉이고 진짜는 한둘뿐이며, 가짜는 대체로 번쩍번쩍 빛나지만 진짜는 대체로 희미하게 어둡다. 아아, 누가 가짜가 진짜가 아님을 묵묵히 알 수 있는가?"

내가 말하였다. "그렇지 않다. 가짜가 진짜가 될 수 없음은 陰이 陽이 될 수 없음과 같으며, 흑이 백이 될 수 없음과 같으니 무슨 상관이 있겠는가? 衆人은 속일 수 있으나 군자는 속이지 못한다. 그런데 가짜는 스스로 세상에 드러나지만 진짜는 그만 못한 경우가 있다. 어찌 사람뿐이겠는가? 어떠한 物도 그렇지 않은 경우가 없다. 鄭衛의 淫聲이 연주되면 堯의 음악인 咸池가 대접을 받지 못하고, 노둔한 말이 어거하면 천리마가 물리쳐지며, 닭과 돼지가 가득하면 기린과 봉황이 달아나고, 제비와 참새가 가까이 오면 鴻과 鵠이 멀리 가며, 쑥[蕭艾]이 드러나면 지초와 난초는 가려지고, 桃李는 빠르고 마름[芰荷]은 더디며, 물고기의 눈알은 빛나고 夜光珠는 흐리며, 옥과 비슷한 碔砆는 팔리고 和璧은 사라졌으며, 가라지가 무성하면 좋은 곡식이 적으며, 무딘 칼은 베고 莫邪劍은 깊이 감추어져 있으니 이 모두는 진짜와 가짜의 분변에 가까운 것으로서 어찌 이루 다 말할 수 있겠는가?" 나는 이미 物로 인하여 사람을 알게 되었고, 사람으로 인하여 물을 알게 되었다. 그 근본을 미루어 그 말단에 이르러서 그에 대한 설을 아울러 쓰다.[26)]

---

26) 任叔英, 「東海風波說」, 『疎菴集』 권7, 471면. "嗚呼, 風波之奮偉矣! 物之不自失者, 有之, 其異乎世上之風波矣. 世上之風波者, 生於宦海者也. 夫宦海, 非海也, 則風波亦假者矣, 是惟無作. 作則要津震動, 當此之時, 破碎者, 摧折者, 顚倒者, 飄蕩者, 脫於淵, 落於陸, 不知幾何矣, 不亦甚乎! 是眞風波之所未能, 而假風波能之, 夫何假者之反加於眞者." 客曰, "噫, 夫眞之不如假, 實萬事之通患也, 何獨此風波而已? 子不於人觀之乎? 曰某賢者也, 曰某智者也, 曰某才者也, 曰某多能者也, 曰某自修者也. 是賢者, 果眞賢者乎? 是智者, 果眞智者乎? 是才者, 果眞才者乎? 是多能者, 果眞多能

任叔英의 「東海風波說」이다. 진짜 파도는 맹렬하게 들이쳐도 그것이 그치고 나면 다시 평온해지지만, 宦海의 가짜 파도가 한 번 들이치면 官界가 요동치는 현상을 바탕으로 현실의 모순을 피력하고 있다. 첫 번째 단락에서부터 마지막 단락까지 서술이 진행되면서 현실의 모순에 대한 비판이 점차 심화되고, 그 범위도 넓어진다.

첫 단락에서는 벼슬살이의 어려움을 서술하고 있다. 진짜보다 더 힘이 센 가짜를 언급하는 서술은 일반적 가치 평가를 전도시키는 내용이기 때문에 역설적이다. 두 번째 단락은 객의 진술을 통해 세상에 만연한 가치전도 현상의 심각성을 일깨워준다. 마지막 단락의 도입부는 가치전도 자체를 부정하고 있다. 그것은 결코 저열한 가치가 고등의 그것으로 변할 수 없다는 태도이다. 그러나 이하에서는 이전 단락보다 더욱 어두운 현실의 모순을 그리며 비판하는 태도를 보인다. 제대로 된 가치를 판단할 만한 사람[군자]이 없다는 사실에서 발생한 현실적 모순을 다양하게 열거하고 있기 때문이다. 결국 이 작품은 진짜와 가짜의 가치가 전도된 상황에서 인간의 현명함, 지혜로움, 재주, 능력, 덕성 등의 진위 여부에 대한 회의를 거쳐 具眼者의 부재로 인해 발생한 가짜의 득세를 통해 현실의 모순을 적나라하게 폭로・비판하고 있다.

위 작품에서는 현실의 모순을 비판적으로 표현하기 위해 역설을 사용하였다. 가치가 전도된 현실을 비판하기 위해 그것을 끌어온 것이다.

者乎? 是自修者, 果眞自修者乎? 夫賢也智也才也多能也自修也, 不可假而爲者也. 然假者, 幾十之八九, 而眞者, 不十之二三, 假者, 多赫赫以彰, 眞者, 多泯泯以晦. 嗚呼, 默默乎孰知假之非眞?" 曰, "否. 假之不可爲眞, 猶陰之不可爲陽, 黑之不可爲白, 則何益矣? 衆人, 可誣也, 君子, 不可誣也. 然假者, 能自見於世, 則眞者, 有不如也. 豈惟人哉? 無物不然. 故鄭衛奏而咸池擯, 駑馬御而騏驥遜, 雞豚畜而獜鳳遯, 燕雀近而鴻鵠遠, 蕭艾顯而芝蘭隱, 桃李夙而芰荷晩, 魚目耀而夜光混, 碔砆售而和璧泯, 稂莠盛而嘉穀損, 鉛刀割而莫邪蘊, 此皆近乎眞假之辨者也, 胡可勝道哉?" 余旣因物以知人, 又因人以知物. 推其本而及其末, 並書其說.

아울러 대상 작가들의 작품을 분석하는 과정에서 모순을 사용하는 또 다른 수사로서 반어 또한 적지 않게 쓰였다는 사실을 알 수 있었다. 몇 가지 사례를 들어본다. 유몽인의 「贈南善初(復始)序」에서 상반된 가치를 동시에 표현하는 태도는 반어이며, 「答崔評事(有海)書」의 '문면-실제의미'의 괴리와, A와 ~A 모두를 참으로 인식하는 태도는 반어이면서 역설이다. 허균의 「對詰者」에서 보이는 자기 경시의 태도는 반어이며 「惺翁頌」에서 보이는 자기경시적 태도 역시 그러한데, 이 작품에서는 가치의 전도가 일어나기 때문에 역설적이기도 하다. 장유의 「海莊精舍記」에서 보이는 문면과 실제 의미의 괴리와, 「支離子自贊」의 자기 경시의 태도는 반어이다. 「寓言(二首)」에서 보았던 모순 어법은 역설적 태도이다. 이미 이처럼 적지 않은 작품에서 반어와 역설적 특징을 고찰하였다.[27)]

> 이에 武人 洪公은 의로운 사내였기에 드디어 분을 내며 손에 침을 뱉고 산의 나무를 베어 함정을 만들었다. 길이는 한 길이었으며 너비는 다섯 자로 울을 모아 네 벽을 만들고 한 면을 터서 집의 판자문을 만들었으며 줄을 끌어서 판자문을 들어올렸다. 함정에는 어금니처럼 뾰족한 물건을 꽂아두었고 그 속에는 개를 묶어두어서 호랑이를 빠뜨릴 미끼로 삼았다.
>
> 작업이 끝나자 창을 쥐고 망을 보다가 너무 피곤해서 잠이 들었다. 꿈에서 한 倀鬼가 큰 호랑이를 타고 울부짖고 곡하며 앞으로 와서 읍을 크게

---

27) 유몽인 「送洪牧李潤卿(睟光)序」의 詩魔를 물리치는 네 가지 방법이 지닌 모순적 구도를 고찰한 논의가 있다. 이 외에 유몽인의 「用拙軒記」에서 보이는 巧와 拙의 가치 전도, 즉 역설적 사유가 遇不遇의 문제와 결부된 양상, 임숙영의 「蟹甲窩記」에 보이는 蟹甲窩와 凌雲之室의 가치전도 현상 및 그것의 의미가 결국 위로의 논리임을 밝힌 고찰을 통해서도 이 시기 반어와 역설 사용의 비등이 짐작된다. 각각 안세현, 「柳夢寅의 贈序類 散文 研究」, 『古典文學研究』 제31집, 韓國古典文學會, 2007, 403~410면; 안세현, 「조선중기 누정기 연구」, 고려대학교 박사학위논문, 2009, 116~120면과 142~145면 참조.

하고 말하였다. “우리 장군께서 무슨 허물이 있다고 그대는 원수처럼 심하게 대하십니까? 그대는 장군께서 마음이 잔악하고 성격이 포악하다고 생각하나 잔악한 마음과 포악한 성격으로는 사람만큼 심한 족속들이 없습니다. 만물 중 천지간에 깃들어 있는 것들은 모두 하늘이 낳고 기른 바인데도 사람은 반드시 그것들을 해칩니다. 저 돌이 무슨 허물이 있기에 반드시 때리고 갈고 비비고 쪼아 분쇄하여 조약돌로 만들어 백 등분을 하며, 부수어 모래를 만들어 만 등분을 합니까? 나무는 무슨 허물이 있어 쇠로 치고 도끼로 찍고 베고 깎아 부엌에 불을 때 재로 만들며, 도랑에 가로놓아 썩게 합니까? 물고기는 무슨 허물이 있기에 통발과 대나무 그물로 잡고 그물과 낚시로 잡아 그 지느러미를 베어내고 비늘을 벗겨 회를 칩니까? 새는 무슨 허물이 있기에 작살과 주살로 잡고 그물과 망으로 가두어 깃털을 뽑고 날개를 꺾어 굽습니까? 들짐승은 무슨 허물이 있기에 그물로 잡고 화살로 뚫으며 함정에 빠뜨려 내장을 찌르고 배를 갈라 털과 가죽을 다 벗기고 삶습니까? 이것뿐만이 아닙니다. 사람은 동류인데도 어찌 저버리고 마음으로 쏘아 맞추고 혀로 상하게 하고 병기로 제압하여 코를 베고 뒤꿈치를 베며 목을 매달고 목을 자르며 심한 경우 일족을 멸하게 합니다. 저 사람들의 포악함이 우리 장군보다 백 배 천 배는 더한데도 그대는 그저 미끼를 두어 장군님을 함정에 빠뜨릴 줄만 알고 인간 세상의 평지를 한 걸음 내디딜 때마다 백 개 천 개의 함정이 있음을 모르시는군요.”[28)]

---

28) 柳夢寅, 「虎穽文」, 『於于集』 권5, 429면. “於是武人洪公義夫也, 遂奮然唾手, 斫山木以爲穽. 長一丈廣五尺, 攢柵爲四壁, 開一面爲戶板, 引繩擧板. 着牙于穽中, 係狗于奧, 以爲陷虎之機. 功訖, 手戟以伺, 疲極而睡. 夢一倀鬼騎大虎, 且嘯且哭而前, 揖洪而言曰, ‘吾將軍何辜, 而子讎之甚耶? 子謂將軍殘心暴性, 而不知殘心暴性者, 莫人之甚. 凡物之寓於兩間, 皆天之所生殖也, 而人必害之. 夫石有何辜, 而必椎之磨之磋之琢之, 碎而爲礫而百之, 櫱而爲沙而萬之? 木有何辜, 而必鉅之斧之斲之削之, 爨于竈而灰之, 斷于溝而腐之? 魚何辜, 筌而罩, 網而罾, 割其鬐脫其鱗而鱠之? 鳥何辜, 矰而弋, 羅而黏, 拔其羽折其翼而炙之? 獸何辜, 取以罟嬰以鏃, 又陷以穽, 刲腸割肚, 盡其毛皮而鼎俎之? 非特此也. 人是同類, 抑何負之有, 而心以中焉, 舌以傷焉, 兵以剋焉, 劓焉刖焉絞焉斬焉, 甚至族滅焉. 凡人之暴, 倍將軍百千之, 子徒知設機以陷將軍, 而不知人間平地一步, 百千穽也.’”

유몽인의 「虎穽文」 중 인간의 포악함을 倀鬼가 폭로하는 부분이다. 이 작품이 인간에 대한 풍자라는 사실은 기존의 논의에서 밝힌 바 있다.[29] 특히 창귀의 입을 빌어 표현되기 때문에 諷刺的 寓言라고 할 수 있다. 그런데 위 예문은 반어를 통해 인간을 풍자한 서술이기도 하다. 지금까지 살펴보았던 반어는 주로 문면의 내용과 실제 사이의 괴리, 자기 경시적 태도 등으로 구성되어 있었다. 그런데 위 예문에서의 반어는 이러한 형식들과 다르다. 결론부터 말하면 이것은 상황적 아이러니이다.

洪公의 생각은 호랑이의 흉포한 성격과 잔악한 마음에 맞추어져 있다. 그렇기 때문에 호랑이를 잡기 위해 만반의 준비를 한 것이다. 그러나 창귀의 언급을 통해 가장 흉포한 성격과 잔악한 마음을 지닌 物은 오히려 인간임이 밝혀진다. 아울러 호랑이를 잡기 위한 함정 하나와는 비교도 되지 않는 인간 세상의 함정을 서술하는 부분 또한 홍공은 알지 못했던 상황이라는 점에서 반어적이다. 이와 같이 특정 인물이 생각하고 있는 것과 정반대인 상황, 그가 생각하고 있는 것과 사태의 본질이 다를 수가 있다는 사실을 전혀 생각하지 못하는 상황에 대한 서술을 상황적 아이러니라고 한다.[30]

창귀의 입을 통해 구술된, 인간이 저지르는 온갖 패악 중 유몽인이 가장 초점을 둔 부분은 '사람이 더욱 잔인하며, 세상이야 말로 온통 함정'이라고 언급하는 마지막 부분이다. 이러한 태도는 유몽인이 평소 지니고 있었던 사유와 동일한 궤적 속에 있다. 예컨대 「贈李聖徵(廷龜)令公赴京序」에서 보았던 패거리 주의에 대한 혐오, 「贈南善初(復始)序」에서 보였던 세상살이의 고단함에 대한 반어적 비판, 두류산의 정상에서 세상

---

29) 김영미, 앞의 논문, 162~168면. 김영미는 「虎穽文」을 분석하면서 인간중심적 사유의 편협성과 인간사회의 모순을 서술하였다고 밝혔다.

30) D. C. Muecke, 앞의 책, 27~29면 참조.

을 관조하고 느꼈던 비감을 서술한 「遊頭流山錄」 등 다수의 작품에서 인간들의 이기적 태도와 세상살이의 함정을 서술하고 있다. 이와 같이 유몽인의 반어와 역설은 대체로 비판적 사유를 표현하고 있다. 지금까지 살펴본 대로 그것은 건전하지 못한 사회와 현실의 모순에 대한 비판적 성격이 강하다. 물론 유몽인 외에도 반어의 사용이 비판적 사유와 결부되는 경우는 적지 않다. 때로는 역설적 언급과 함께 사용되어서 비판적 성격을 띠기도 한다. 예컨대 허균의 「對詰者」와 「惺翁頌」에서 보았던 대로이다. 일반인들의 시각으로 보기에 긍정적인 가치인 巧－機－識 등이 이 글에서는 비판되고 拙－麤－愚 등의 가치를 긍정하는 시각을 보인다. 물론 가치의 전도는 당대 사회의 부조리한 가치체계에 대한 비판이다. 결국 전환기의 혼란과 변화상으로 인해 사회의 모순이 노출되면서 자신의 불우를 드러냄과 동시에 사회비판을 수행하는 데에 유용한 글쓰기인 반어와 역설의 사용이 증가하게 된 것이다.

유몽인의 「用拙軒記」에 등장하는 가치전도의 모습 역시 이것의 연장선상에 있다. 결국 일반적으로 긍정되는 가치인 巧의 허위와, 拙의 탁월함을 서술하였기 때문이다.[31] 申湜(1551~1623)의 用拙齋에 부친 글 중 유몽인의 경우처럼 가치전도의 양상에 대해 역설적 글쓰기를 보인 작품들이 몇 편 더 존재한다.[32]

31) 柳夢寅, 「用拙軒記」, 『於于集』 권4, 393~394면. "愚觀天下之事, 巧莫巧於拙, 而拙莫拙於巧. 有巧於此, 其巧足以雕棘猴, 射氂虱, 累丸竿上, 注油錢孔, 能使木馬涉險而偶人眴目, 則可謂巧乎? 曰吾必謂之拙也. 有拙於此, 居鵲巢, 甘瞉食, 支離跛筴, 族庖折刀, 以至狂屈之忘意, 無爲之不知, 斯可謂拙乎? 曰, 吾必謂之巧也."

32) 신식의 용졸재에 부친 글을 중심으로 17세기 전반기 누정기의 특징적 면모를 다룬 안세현, 「17세기 전반 樓亭記 창작의 일양상」, 『어문논집』 제58호, 민족어문학회, 2008, 193~227면의 논의에서 이미 이에 대해서 다루고 있기 때문에 재론하지 않는다.

> 道에는 巧와 拙이 없었는데 세도가 점차 쇠퇴하면서부터 人性이 날로 상하게 되자 비로소 교와 졸의 항목이 있게 되었다. 이치를 따르고 正道를 지키는 일을 졸렬하다고 생각하고 임기응변을 잘하고 요행을 바라는 일을 교묘하다고 여기게 되었으니 그것은 도에 있어 어떠한가? 君子는 편안하고 쉽게 물러나 절의를 지켜 사특한 일을 행하지 않아서 進退를 교묘히 하는 자들을 졸렬하다고 여긴다. 조정에서는 直訴하여 모든 말을 다 하기에 영합하는 자들을 졸렬하다고 여긴다. 수양하고 스스로 힘쓰며 義가 아니면 취하지 않기 때문에 재화와 이익을 탐하는 이들을 졸렬하다고 여긴다. 은거하면서 주요한 관직을 더럽다고 여기기 때문에 그것을 다투는 자들을 졸렬하다고 여긴다. 이 때문에 교묘함은 사람들이 선망하고 졸렬함은 사람들이 꺼린다. 그런데도 지금 知樞 申叔正은 用拙로써 自號하였으니 선망하는 일을 등지고 꺼리는 일을 취한 것인데 과연 그 뜻은 무엇인가?[33)]

李睟光(1563~1628) 「用拙齋記後敍」의 서두이다. 신식의 누정 명칭이 用拙이었기 때문에 자연스럽게 파제의 과정에서 '교'와 '졸'에 대한 논의가 도출되고 있다. 물론 유몽인이나 허균에서 보았듯 사회전반의 변화와 부조리 양상이 위와 같은 논의를 양산하는 배경이다.

위 예문은 첫 문장에서부터 역전된 가치와 세도의 쇠퇴라는 문제를 본격적으로 비판하고 있다. 즉 세도의 쇠퇴로 인하여 인성도 상하게 되었고 정도를 지키려는 긍정적 태도가 '졸', 임기응변에 능하고 요행을 바라는 부정적 태도가 '교'로 인식되었다는 점을 밝힘으로써 당시 사회

33) 李睟光, 「用拙齋記後敍」, 『芝峯集』 권21, 200~201면. "道無巧亦無拙, 自世道漸降, 而人性日鑿, 始有巧拙之目. 以循理守正爲拙, 以機變徼幸爲巧, 其於道, 何如也? 君子恬靜易退, 執節不回, 而巧于進取者以爲拙. 立朝謇諤, 當事盡言, 而巧于迎合者以爲拙. 束脩自勵, 非義不取, 而巧于貪冒者以爲拙. 斂跡要津, 視之若浼, 而巧于趨競者以爲拙. 是故, 巧者人之所艷, 拙者人之所諱也. 今知樞申公叔正甫, 乃以用拙自號, 背所艷而取所諱, 果何意耶?"

의 부조리를 비판한 것이다.

이하의 부분은 앞서 비판했던 태도와 상반되는 모습을 제시하며 그에 따르기를 바람으로써 이상적인 시각을 견지하고 있다. 다만 제대로 된 가치를 충분히 인식하고 있을 법한 신식이 '졸'을 사용한다는 의미의 '용졸'로써 이름 지은 이유를 즉시 결론짓지 않는다. 그것은 이 작품의 마지막 부분에 가서야 해명된다. 이 부분에서는 초점의 전환을 통해 '교'와 '졸'의 가치를 다시 한 번 전도시키는데,[34] 그 논리는 바로 인간에게 '졸'한 것이 하늘의 시각으로 바라보면 '교'라는 것이다. 이때 겉으로 보이는 '졸'인 '愚－魯' 등은 내재적 온축으로서 '道－爲學'과 연계되기 때문에 실제상의 의미는 앞서 언급한 이상적 모습과 동일하다. 즉 인간적 시각에서 바라본 '교'와 '졸'의 의미를 반성하여 하늘의 시각에서 그 의미를 다시 확정함으로써 바로 앞 단락에 서술되는 인간들의 모순됨, 즉 겉만을 수식하고 내적 온축을 등한시하는 태도를 비판하면서 '졸'이 지닌 상위적 의미를 확정한다.[35]

가치의 혼란, 이것이 발생한 사회의 모습을 전도시켜 보여줌으로써 당대 사회를 비판적으로 언급하는 논의 외에, 隱居의 이상적인 모습을 서술하면서도 반어와 역설을 사용하는 경우도 있다.

---

34) 李睟光, 「用拙齋記後敍」, 『芝峯集』 권21, 201면. "夫拙于人者巧于天, 拙于貌者巧于道. 昔顔之愚曾之魯, 貌雖若拙, 而巧于傳聖人之學, 豈非全得於天而能深造乎道也? 願公用其拙於爲學, 以進于作聖之域, 又推其餘, 使擧世之人, 皆舍巧而趨拙, 則用拙之能事畢矣. 余固性於拙者, 欲聞善用之方, 庶幾全吾之天而反道樸焉."

35) 李睟光, 「用拙齋記後敍」, 『芝峯集』 권21, 201면. "公體若不勝衣, 言若不出口, 其居第若鳩焉, 其避勢利若怯夫焉, 人固以拙疑之, 而官歷踐淸貫, 遂躋八座, 年且踰七袠, 世以是又疑公非眞拙者. 余聞莊周謂惠施拙於用大, 若公, 體拙而善用者也. 惟我先王嘗以拙命公, 而乃大用公, 終始不替, 則不特公之能用拙也, 卽聖明之知公而能用公也至矣. 世之媒進者, 莫不飾外荏內, 以側媚鑽刺爲巧, 而或有不得者焉, 公獨用其拙, 爲上所知如此, 可謂千載一遇, 是豈區區巧宦者所能得哉?"

이름은 감출 수 있으나 자취는 감출 수 없고 자취를 감출 수 있다고 해도 마음은 감출 수 없다. 大隱하는 사람이 어찌 마음을 감추는 것으로써 하겠는가? 오직 저 巢父・許由・卞隨・務光[36] 등은 그 이름을 감추었으나 이름이 점차 높아졌고, 長沮・桀溺・師襄 등은 자취를 감추었으나 자취가 더욱 드러났다. 그렇다면 이름은 참으로 감출 수 없고 자취도 참으로 감출 수 없으니 이른바 감춘다는 말은 드러낸다는 의미일 뿐이다. 마음을 감추고 드러내지 않아 대은으로 여겨지는 사람은 또한 어떤 사람인가? 만약 지혜를 감추고 어리석은 척하면 어리석음으로 드러나고, 공교함을 감추고 졸렬한 척하면 졸렬함으로 드러나며, 聖을 감추고 狂인 척하면 광으로 드러나게 되니 어째서인가? 百里奚는 虞에 거처하였는데 어리석음으로 이름이 났고, 大匠이 손을 멈추고 팔짱을 끼니 졸렬함으로 이름이 나게 되었으며, 箕子가 세상을 피하니 광으로 이름이 났다. 이들은 모두 그 마음을 감추려고 하였으나 이름이 더욱 드러나게 되어서 사람들은 그들이 모두 마음을 감추었다는 사실을 알게 되었으니 이것이 과연 마음을 감춘다는 것인가? 이것이 과연 마음을 감추고 '대은'하는 것인가? 반드시 지혜로운지 어리석은지를, 교묘한지 졸렬한지를, 성인지 광인지를 알지 못하게 된 이후에야 마음을 감춘 '대은'이라고 말할 수 있다.[37]

---

36) 원문에는 '武'라고 되어 있다. 다만 변수와 무광이 소부와 허유처럼 함께 등장하는 경우가 많은데 卞武가 함께 등장하는 경우는 거의 살펴볼 수 없었다. 잠정적으로 '務'의 誤記라고 생각하여 무광으로 번역한다.

37) 趙纘韓, 「大隱隱心說」, 『玄洲集』 권15, 419면. "名可隱而跡不可隱, 跡可隱而心不可隱. 大隱者, 何以隱心歟? 惟被巢・許・卞・武, 隱其名而名益高, 沮・溺・師襄, 隱其跡而跡益著. 然則名固不可隱也, 跡固不可隱也, 所謂隱者, 顯而已矣. 隱心不顯, 以爲大隱者, 抑何人哉? 如或隱智若愚, 則以愚而顯, 隱巧若拙, 則以拙而顯, 隱聖若狂, 則以狂而顯, 何則? 百里奚之居虞也, 以愚而名, 大匠之縮手也, 以拙而名, 箕子之避世也, 以狂而名. 是皆欲隱其心而名益顯, 人莫不知其隱心, 是果隱心乎哉? 是果隱心而爲大隱乎哉? 必也不知其智而愚, 不知其巧而拙, 不知其聖而狂也, 然後方可謂隱心之大隱也."

조찬한의 「大隱隱心說」이다. 16세기 후반~17세기 전반의 문인지식인 중 산림에 귀의하려는 견해를 피력하지 않은 경우는 드물다. 宦路에 대한 염증과 근본적 개혁이 거의 불가능했던 부조리한 사회 환경이 이러한 경향을 부추기는 데 한 몫을 했다. 바로 위와 같은 질문, '과연 제대로 된 은거란 무엇인가'와 같은 주제는 이러한 배경 속에서 등장했다. 즉 문인지식인이라면 한 번쯤 은거를 생각하게 되는 사회적 분위기 속에서 은거의 이상적 모습을 그려보는 일은 어쩌면 당연한 일일지도 모른다. 위 글에서 조찬한은 은거의 이상적 모습을 보여주기 위해 그 반대되는 견해를 비판하고 있다. 특히 반어와 역설을 통해 그것을 펼쳐낸다. 예컨대 감출수록 드러난다는 상황의 서술은 반어적이며, 감추는 것이 드러내는 일이라는 단언은 역설이다.

이 글의 중심 논리는 첫 번째 문장에 모두 드러나 있다. 바로 "이름은 감출 수 있으나 자취는 감출 수 없고, 자취를 감출 수 있다고 해도 마음은 감출 수 없다. 大隱하는 사람이 어찌 마음을 감추는 것으로써 하겠는가?"와 같은 언급이 그것이다. 마음을 감추는 일이 이상적 은거가 되지 못함을 밝히고 있으며, 이하의 논의도 이것을 뼈대로 서술된다. 이름과 자취를 감추자 그것들로 더욱 이름이 나게 된 예와, 세상에서 긍정적 가치라고 여겨지는 '智·巧·聖'을 감추자 대립항인 '愚·拙·狂'으로 이름이 알려지게 된 경우는 이미 말한 대로 반어적이다. 반어를 통해 억지로 감추려고 함으로써 더욱 드러나게 되었던 은자들을 비판한다. 무엇으로든 자신을 드러냄으로써 '은심'을 세상 사람들이 알게 하였다는 사실이 비판의 이유이다. 결국 이와 같은 사례는 이상적인 은거의 모범이 아니다. 그렇다면 이상적인 은거는 아무것도 드러내지 않는 모습이라는 잠정적 결론을 얻게 된다. 그렇다면 조찬한이 생각하는 이상적 은거의 모습은 무엇도 드러내지 않고 조용히 스러져가는 일인가?

만약 이와 같다면 지혜롭지도, 어리석지도, 교묘하지도, 졸렬하지도, 성도, 광도 아니라서 태어났는데도 어떠한 사람인지 알지 못하고 죽었는데도 어떠한 사람이지 알 수 없어야만 마음을 감추었다고 할 수 있다. 그런데 예나 지금이나 세상에 이와 같은 사람이 얼마나 많은가? 그런데 세상에서 기록하지도, 역사가 쓰지도 않아서 후대 사람들이 듣고서 알 수도 없으니 어찌 그가 감추었는지 그러지 않았는지 알 수 있겠는가? 만약 그 부류에 부합하는 사람들을 구해본다면 힘써 농사지으며 그 고향에서 늙어 죽어 남들이 알지 못하는 사람들이 거의 가까울 것이다. 그렇다면 무지렁이 백성들은 모두 마음을 감추었다고 말할 수 있는가? 그렇기 때문에 결국 마음을 감추었다고 말하는 일은 마음을 드러내는 것이다.

孔子께서는 "나는 감추는 것이 없다(『論語』「述而」)."라고 말씀하셨고, 또 "(나라에 도가 없으면) 행동은 높게 말은 겸손하게 하라(『論語』「憲問」)."라고 하셨으며, "(나라에 도가 없을 때에) 침묵이 몸을 보존할 수 있다(『中庸』 27장)."라고 하셨다. 만약 마음에 숨기는 것이 없고 말이 더욱 공손하거나 공손함 또한 가능하지 않은 상황이라면 다시 좇아서 침묵하면 그뿐이다. 이것이 어찌 마음을 감추는 일이겠는가? 저 용이 못에 숨어 있다고 해도 그것은 자취를 숨기는 일일뿐이다. 우레나 비를 내리게 변화시키는 마음은 참으로 감춘 적이 없다. 君子의 감추고 드러냄이 용과 같지 않은가? 그렇다면 '은심' 운운하는 일은 마음을 감추는 것이 아니라 마음을 속이는 것이니 어찌 군자이면서 자신의 마음을 속이는 자가 있겠는가?[38]

38) 趙纘韓, 「大隱隱心說」, 『玄洲集』 권15, 419~420면. "若爾則不智不愚不巧不拙不聖不狂, 生不知爲何人, 死不知爲何人者, 方可謂隱心. 天下古今如此者何限, 而世不記, 史不書, 後不能聞而知, 則何以知其隱與不隱哉? 苟充其類而責之, 則服田力穡, 老死其鄕, 而人不知者, 庶乎近矣. 氓之蚩蚩者, 皆可謂隱心乎? 故曰隱心者, 顯心者也. 子曰, '吾無隱乎耳.' 又曰, '危行言遜.' 又曰, '其默足以容.' 若其無隱乎心而言益遜, 遜又不可, 則又從而默, 斯可已矣. 是豈隱其心者哉? 夫龍之隱乎淵也, 隱其迹而已. 變化雷雨之心, 則固未嘗隱也. 君子隱見, 非猶龍乎? 然則隱心云者, 非隱心也, 乃欺心也, 焉有君子而欺其心者乎?"

아무도 모르게 조용히 태어났다가 스러지는 상황 역시 이상적 은거가 아니다. 이것이 이상적 은거라면 이름조차 드러내지 못하고 스러진 사람 모두가 그에 가깝기 때문이다. 또한 마음을 감추는 일이 이상적 은거의 조건이 될 수도 없다. 자신을 감추려고 인위적으로 노력하는 경우, 앞서 보았듯 무엇으로든 더욱 알려지기 때문이다. 따라서 인위적으로 마음을 감추려는 일은 애초에 불가능하다. 게다가 '隱心이야 말로 欺心이며 군자는 그렇게 하지 않는다'는 언급은 '은심'을 근본적으로 부정하는 태도이다. '은심'에 대한 이와 같은 생각을 반성하면서 조찬한이 도출한 이상적 은거의 모습은 공자의 말을 통해 알 수 있다. 감추지 않고 상황에 따라 자연스럽게 人爲를 줄여가는 모습, 그것이 이상적 은거의 태도이다.

이상적인 가치가 전도되어 나타날 때, 그것을 제자리로 돌려놓으려면 전도된 가치를 다시 전도시켜야 한다. 마치 유몽인이 「水鏡堂記」에서 현실과 반대되는 물에 비친 풍경—이것은 다분히 전도된 가치를 의미한다—을 자세히 묘사한 이후 다시 제대로 된 풍경을 보여주는 가치의 전도와 재전도를 통해 정상적 상황으로의 회귀를 서술한 경우와 같다.[39)]

역설은 주지하다시피 모순에 기인한 수사이다. 물론 표면적 서술과 내면적 의미 사이, 혹은 인물의 의도와 결과 사이, 현상과 실상 사이에서 발생하는 어그러짐이 반어의 근거라는 점에서 반어 역시 모순과 연계되어 있다. 따라서 반어와 역설은 대체로 모순적 글쓰기라고 하겠다. 모든 경우의 반어와 역설이 비판적 논조와 결합하지는 않으나 반어와 역설을 통해 풍자와 해학을 서술하는 경우가 많다는 사실은 가치의 재전도와

---

39) 이 작품에 대해서는 김영미, 앞의 논문, 126~145면; 안세현, 「조선중기 누정기 연구」, 고려대학교 박사학위논문, 2009, 112~115면 등에서 이미 분석한 바 있다. 자세한 분석은 이 두 논문을 참조하기 바란다.

반어·역설이 밀접한 관련이 있음을 방증한다. 이 시기 반어와 역설을 사용하는 글쓰기가 증가하였다면 앞서 말한 바대로 현실적 모순인 가치의 전도와, 그것을 바로잡으려는 문인지식인의 의지에서 그 근거를 찾아야 할 것이다.[40] 물론 반어와 역설의 사용은 더욱 나은 세계와 삶을 추구하려는 희망에서 도출된 것이다. 이러한 측면에서 이 시기 문장가들이 문학의 사회적 역할을 철저히 수행한 모습을 간취할 수 있다.

제3절 개인 내면의 진솔한 표현과 그 다양화

근대 계몽기의 문인들은 문학의 고유한 속성을 情에서 찾았다. 이광수가 문학에 대해 情의 分子를 포함한 문장이라고 주장하거나,[41] 문학의 목적을 정의 만족으로 상정한 데에서도 그러한 태도가 선명하게 드러난다.[42] 기존의 논고에서 몇 차례 지적한 바 있듯이 근대적 문학을 자리매김하기 위해 智나 意와 연계된 과학이나 도덕 등과 변별되는 문학만의 특징을 분명히 드러내야 했기 때문에 정에 의미를 부여한 것이다. 이처럼 문학성은 정과 밀접한 관련이 있다.

16세기 후반~17세기 전반 산문에서 효과적으로 정을 표현한 사례는 대상 작가와 장르 대부분에서 발견된다. 본고에서는 이 시기 상대적으로 비중이 높았던 悲哀의 표현 양상과 그 원인에 무게를 두고자 한다.

---

40) 반어가 문학적 글쓰기의 스타일임은 유몽인의 산문을 고찰하는 과정에서 밝힌 바 있다. 역설 또한 글쓰기의 정교한 배치와 유의미한 내포가 존재하지 않는다면 성공적인 역설이 되기 쉽지 않다. 따라서 반어와 역설 모두 현대적 시각에서도 문학적 글쓰기이다.

41) 이광수, 「문학의 가치」, 『이광수 전집 1』, 삼중당, 1973, 547면.

42) 위의 글, 546면.

다만 祭文, 哀辭, 誄文이나 이미 논의한 바 있는 碑誌 등의 장르는 기본적으로 망자에 대한 애도가 일정하게 서술되기 때문에 이 장르들을 통해서 비애의 형상화 양상을 살피는 방법은 적절하지 않다. 또한 비지문은 물론, 허균의 「故全羅道兵馬節度使贈兵曹判書李公誄幷引」·「祭林子昇文」·「祭韓石峯文」·「祭亡妻文」, 장유의 「祭鄭君平文」·「祭任丈錪文」·「祭石田成先生文」·「祭金而好文」, 이정구의 「祭白沙文」, 이식의 「祭金判書(世濂)文」 등을 통해 그 발현 양상과 글쓰기의 특징을 이미 고찰한 바 있기도 하다. 따라서 이번 절에서는 전통적으로 비애를 쉽게 노출하지 않는 장르나 일정 정도 비애를 드러내기 용이한 장르에서 발현된 비애의 형상화 양상과 그 원인에 대해 살펴보겠다.

앞서 대상 작가들의 작품을 살펴본 결과, 祭文, 哀辭, 誄文나 碑誌 외의 장르에서도 짙은 비애를 표현한 문장가는 다음 네 명이다. 유몽인은 자신의 불우에 대해 비애를 표출한 경우가 적지 않았다. 「送申佐郎(光立)赴京序」, 「答崔評事(有海)書」, 「解辨(爲人作)」 등에서 그러한 모습을 살펴볼 수 있었다. 허균 또한 그러하다. 「對詰者」, 「惺翁頌」 등에서 개인적 비애를 드러내었다. 신흠도 「玄翁自敍」, 「玄翁自贊(幷序)」, 「穿井記」, 「送鄭僉樞(曄)朝京師序」, 「送李僉知(壽俊)以賀節朝京師序」 등에서 자기 고백적으로 비애를 표현했다. 장유와 이식에게는 제문을 제외하면 개인적 감회가 드러나는 글들이 많지 않았으나 이정구는 몇 편의 序文과 「月先亭記」에서 비애를 선명하게 드러내었다.

이미 살펴본바 이 시기 비지문에서는 일화의 제시와 직접인용 등을 통해 짙은 비감을 표현한 경우가 적지 않았다. 망자와의 관계를 선명하게 부각시킬 수 있는 일화를 제시함으로써 독자들에게 작가의 비감을 효과적으로 전달하려는 서술이 전자이며, 허균의 「新平李生墓誌」에서 살펴본 것처럼 망자와 가까운 이의 구술을 全載한 서술로써 독자의 감동을 제고하는 방법이 후자이다. 아울러 이러한 글쓰기의 방법은 앞서 언급한 서사의 내적 확장과도 밀접하게 연관되어 있다는 사실 또한 밝혀 둔다.

> 나는 금강산을 좋아한다. 세상에서 三神山 중 하나라고 칭해지며 중국인이 고려에서 태어나기를 바랐던 곳도 바로 이곳이기에 위험을 무릅쓰고 지팡이에 늙은 몸을 부지하여 온 것이다. 이에 山僧은 "저 노인네는 얼마나 탐욕스러운지 세 번이나 노닐고도 싫증을 내지 않으니, 이곳에서 병들어 죽으려는 건가?"라고 말하고, 유람하는 자들은 "저 노인네는 어찌나 미쳤는지 이미 다 노닐고도 돌아가지 않으니, 괴로움을 견디다 이곳에서 생애를 끝내려는 건가?"라고 말하며, 알고 지내던 자들은 서로 위로하며 "저 사람이 거의 죽을 때가 돼서 친구를 버리고 궁벽한 산에서 홀로 지내는 것을 좋아하니, 얼마나 노망이 난건가!"라고 말하고, 여러 첩들은 서로 나를 헐뜯으며 "처음 당신이 병들어 죽게 되었을 때 비틀거리며 와서 구제하였던 것은 형세가 그러했던 것입니다. 지금 이 산 중에는 세 길이나 되는 구름이 끼어 옷도 없고 먹을 것도 없으며 약도 없고 거처할 곳도 없으니, 어찌 우리를 절집에서 굶겨 죽이려는 것이 아니겠습니까?"라고 말한다. 나는 이에 고개를 숙이고 웃으며 "아아, 작은 벌레가 어찌 매가 하는 일을 알겠는가? 지금 내가 하는 일은 오직 主人翁만이 알아줄 것이다." 懷賢이여, 그대는 이 글을 그대의 老師와만 은밀히 보고, 경솔하게 세상 사람들에게 보이지 말라.[43]

43) 柳夢寅, 「贈三藏菴沙彌懷賢序」, 『於于集』 권4, 386면, "余愛金剛山. 世稱三神山之一, 中國人願生高麗者端爲此也, 故冒險扶老而來矣. 於是, 山僧曰, '彼老奚貪而三遊不厭, 卒病于斯?' 遊人曰, '彼老奚狂而旣遊而不歸, 耐苦卒歲于斯?' 故舊相與吊曰, '彼幾死, 舍舊好獨於窮山, 奚老癡耶!' 衆妾相與訾余曰, '始子病且死, 顚沛來救則勢然也. 玆者山中三丈雪, 無衣無食, 無藥石無室屋, 奚使吾儕共飢乎僧舍耶?' 余乃局局然笑曰, '嗚呼, 蟲蠶安知鷹隼之事? 今余之爲, 唯我主人翁知之.' 懷賢乎, 爾以此與老師密看之, 無輕示世人."

인목대비 사건으로 인해 서호에 유폐되어있던 유몽인은 1622년 금강산에서 인생을 마무리하고자 훌쩍 서호를 떠난다. 그러나 그해 9월 금강산에 도착하자마자 큰 병을 앓고 석 달 동안이나 자리를 지키고 누워있기만 하였고, 가족들이 금강산에 도착하여 그를 간호하고 나서야 다음 봄을 기약할 수 있게 되었다. 이듬해 4월에는 금강산을 떠나 豊田驛으로 가게 되었는데 그것은 위에서 보이듯 음식을 구하기가 힘들어서였다. 이후 가족들을 漢陽으로 보내어 입을 줄이고 寶蓋山으로 들어오는 길에 옛 왕이 폐해지고 새로운 왕이 섰다는 것을 알게 되었다. 그러자 靈隱寺에 있던 彦機와 雲桂는 중도에서 배회하지 말고 어서 새 정권에서 능력에 맞는 일을 하라고 다그쳤다.[44)]

이와 같은 모든 일이 일어나고 있던 와중에 지어진 글이 위의 「贈三藏菴沙彌懷賢序」이다. 비록 만년을 보내기 위해 선택한 금강산 행이었지만 그의 심중을 읽는 이는 아무도 없었다. 예컨대 승려들도, 유람자도, 알고 지냈던 사람들도, 심지어는 그의 첩들도 제대로 알지 못하고 그저 그의 선택에 대해 비난만 퍼부을 뿐이다. 결국 유몽인은 이들과 대면하고 있지만 그들로부터 소외된 상태였다.

유몽인은 이렇게 고독하고 소외된 상태에 대해 서술자로서의 개입을 최소화하여 전면에 등장하지 않고, 대화의 일원으로서 자신의 마음을 전혀 알지 못하는 승려, 지인, 첩 등의 대화를 직접 옮기고, 마지막 부분

44) 柳夢寅, 「遊寶盖山, 贈靈隱寺彦機·雲桂兩僧序」, 『於于集』 권4, 390면, “天啓三年(1623)夏, 余入寶盖山靈隱庵, 見兩僧, 兩僧驚問我自何來. 余曰, ‘去年秋九月, 余入金剛山, 計終老也. 越十月, 家累自京師來山寺, 救危病也. 越明年四月, 辭金剛西行, 因艱食也. 行到豐田, 送家累還京, 省人口也. 路入玆山, 解裝休僧舍, 穀稍賤也. 聞之行路, 舊君廢, 余聞之不甚驚者, 已見於事之先也. 又聞新王立, 革亂政敷仁惠, 民庶驩如也. 聞之不驚賀者, 飢者易爲食, 猶以齊王也.’ 兩僧疑而詰之曰, ‘吾儕, 山人也. 自古過歲金剛, 雖寒士猶難, 况宰相乎! 旣曰離山, 則復何爲於此山? 當今新聖御國, 求宦者如歸市, 又何爲徘徊中路?”

에 "嗚呼, 蟲蝗安知鷹隼之事? 今余之爲, 唯我主人翁知之."라는 자신의 심사를 드러냄으로써 독자에게 당시 그가 느꼈던 고독한 모습을 좀 더 직접적으로 제시하고 있다. 특히 "主人公만 알아줄 것"이라는 발언은 현세에는 아무도 알아주지 않을 고독을 스스로가 느끼고 있다는 고립감의 표현이므로 그 정도는 더욱 강하다. 아울러 떠나는 이에 초점이 맞춰지지 않고 자기에게 초점을 맞추고 있다는 점 역시 이 시기 송서의 특징을 여실히 보여주고 있다.

송서를 탐구하는 과정에서 언급한바 이처럼 16세기 후반~17세기 전반 송서 중에는 초점이 자신에게 있는 경우가 적지 않다. 다음의 송서 역시 그러하다. 金萬基(1633~1687)가 「送外兄李擇之赴永興序」에서 송서 혹은 이별할 때의 글은 친구나 혈육과의 이별로 인한 감회를 서술한다고 언급했듯,[45] 이별로부터 발생하는 비감이 송서에 드러나는 일은 그리 새롭지는 않다. 다만 송서를 고찰하는 과정에서 살펴본 바와 같은, 상대방과의 이별보다 자신의 처지와 상황으로부터 발생하는 감수에 대한 서술은 이전 시기에는 흔치 않은 것이었다.

> 내가 이전에 영남에서 객으로 떠돌 때, 날마다 그 고을의 선비들과 더불어 노닐며 매일 山水의 사이에서 배회하여 내 자취가 끊어지지 않았다. 얼마 후에 나는 京師로 돌아왔고 다시 영남에 가지 못한 지가 오래되었다. 지난 해 비로소 그 땅에 한 번 도착해서 예전에 함께 노닐던 이들을 찾아보니 늙었던 사람들은 이미 죽었고, 장년이었던 사람들은 이미 늙었으며, 젊었던 사람들은 이미 장년이 되어 있었다. 田野의 백성들 중에서도 이전

45) 金萬基, 「送外兄李擇之赴永興序」, 『瑞石集』 권5, 416면. "古人之於送行贈別, 必有篇什以敍其違離戀惜纏綿不能已之懷焉. 如子建之送應氏, 士衡之贈顧侯是已. 其在交友知舊尙如此, 矧乎親屬之誼根乎天而不可解於中者哉! 此所以二謝臨海之作, 濟江之篇, 款懇悽惋, 歷千載猶若前日事也."

에 서로 면식이 있었던 사람들 또한 이전의 그 얼굴이 아니었다. 그래서 나는 남몰래 스스로 비탄해하였다. 죽은 사람은 내가 그의 늙었던 모습을 보았고, 늙은 사람은 내가 그 장년을 보았으며, 장년의 사람들은 내가 그 젊은 시절을 보았는데 어찌하여 10년 사이에 변화가 끊이지 않아 늙었던 사람은 죽고, 장년이었던 사람은 늙었으며, 젊었던 사람은 장년이 되어 그 당시의 모습이 조금도 없게 되었는가? 아아, 나 한 사람의 몸으로도 존망과 성쇠의 변화를 이와 같이 겪었는데 내가 어찌 늙지 않을 수 있겠는가? 아아, 나는 참으로 늙었구나.

내가 영남을 떠돌 당시 내 나이 젊어 자부하며 옛 사람들의 학문을 머지 않아 성취할 수 있다고 생각하였다. 그때로써 고구해보니 지금이 바로 수립해야 할 가을이지만 도리어 내 일에 더욱 힘쓰지 못하고 행실을 닦지 않아서 그저 일개 시골 사람과 같게 되었다. 내가 지금 이곳에 왔고 예전에도 이르렀었다. 그 당시 함께 노닐던 사람들은 황망하게 변하였고 내 몸을 바라보니 나 또한 늙어 모습과 정신이 이전과 달라지지 않은 점이 없는데 오직 노둔한 마음만은 예전 그대로였다. 그렇다면 내가 가슴 아프게 느끼는 일이 그저 늙었다는 점만은 아니리라. 그렇기 때문에 나는 영남으로 가는 사람을 보면 이에 대해 말하지 않은 적이 없다. 지금 그대 또한 영남으로 가게 되었으니 그 지역을 살피다가 만약 나를 아는 사람이 있다면 모두 내가 보고서 슬퍼하였던 사람들일 것이다.[46)]

---

46) 任叔英, 「送韓察訪序」, 『疎菴集』 권4, 441면. "始余客嶺南時, 日與其鄕之士子遊, 每倘佯於山水間, 履舃交錯. 旣而余歸于京師, 不得復往嶺南久. 前年, 始一至其地, 因求疇昔之所與遊者, 蓋老者已死, 壯者已老, 少者已壯. 至於田野之氓, 或昔之所嘗識者, 亦非復前日之面目矣. 於是乎余竊自悲嘆. 夫死者余見其老而已, 老者余見其壯而已, 壯者余見其少而已, 奈何十餘年之間, 變化相屬, 老者死, 壯者老, 少者壯, 不少有當時之光景? 嗟呼, 余一人之身, 閱其存亡盛衰之變如此, 余安得不至於老也? 嗚呼, 余固老矣. 方其客嶺南時, 年少竊自負, 謂古人之學, 指期可就. 以其時考之, 今日正樹立之秋, 而顧業益不懋, 行益不修, 貿貿然一鄕人也. 余今也適此而昔至也. 當時之所與遊者, 邈然變易, 視余之身亦老矣, 形貌神色, 靡不異初, 而獨其鹵莽之心, 猶昔日如也. 然則余之所感者, 又不止於老也. 故余見人之適嶺南者, 未嘗不語及於此. 今者子亦往矣, 觀於其地, 如有識余者, 卽皆余嘗所見而悲者也."

임숙영 「送韓察訪序」의 전문이다. 韓察訪이 누구인지는 알 수 없으나 이 사실을 알지 못하더라도 위 글을 이해하는 데에 그다지 장애가 되지 않는다. 한찰방의 이력이나 영남으로 떠나는 상황을 고려할 필요가 없는 내용이기 때문이다.

위 글에서 임숙영은 세월의 무상함을 중심으로 자신의 심경을 토로하는 데 집중한다. 첫 단락의 "10년 사이에 변화가 끊이지 않아 늙었던 사람은 죽고, 장년이었던 사람은 늙었으며, 젊었던 사람은 장년이 되어 그 당시의 모습이 조금도 없게 되었는가?"는 10년 사이 변해버린 영남인들의 모습과 노쇠한 자신으로부터 연유한 비감을 토로한 부분이다. 즉 타인에 대한 비감이 그것으로 그치지 않고 자신의 노쇠함으로 전이된 경우이다. 또한 임진왜란 시 부모의 죽음, 「辛亥殿試對策」 저술로 인한 삭방과 복권, 癸丑獄事 등에서 볼 수 있듯이 불우의 연속이었던 그의 삶은 비감을 가중시키는 조건이 된다. 첫째 단락의 마지막 문장에서 이와 같은 사실을 충분히 짐작할 수 있다. 따라서 위 글에서 드러나는 비감은 익숙했던 타인의 변화와 삶의 궤적이 종합적으로 일으킨 감정이다.

두 번째 단락도 비애의 표현이 중심에 있다. 성취 없이 늙어버린 자신에 대한 비감을 토로하고 있기 때문이다. 마지막 부분의 "當時之所與遊者"부터 "又不止於老也."까지의 서술에서 그 비감은 정점에 달한다. 한편 이 단락의 마지막 부분은 위 작품이 송서임을 알려주는 유일한 표지이기도 하다. 영남으로 가는 한찰방에 대한 짧은 서술이기 때문이다.

이로써 볼 때 위 작품은 송서로써 갖추어야 할 기본적 요건에서 벗어나 개인 서정을 토로하는 데에 집중한 작품이다. 이 시기 세상의 부조리로 인해 불우해진 이들이 비애를 적지 않게 토로하였다는 점은 앞서 서술한 그대로이다. 유몽인과 신흠의 송서에서 보이는 개인적 비애의 토로가 대표적인 예이다. 따라서 이러한 사회적 환경과 임숙영 자신의 개인적 처지로부터 위와 같은 송서가 등장한 것이다.

자신의 비감을 자연물에 우의적으로 투영한 대표적 사례를 柳宗元의 「永州八記」에서 찾을 수 있다. 우리나라의 경우에도 林椿의 「東行記」[47] 에서 보인다. 그런데 16세기 후반~17세기 전반에 이르면 간헐적으로 보이던 이와 같은 글쓰기가 더욱 집중적으로 나타난다. 문학 내적 측면에서는 기존의 글쓰기 전통이, 사회적 측면에서는 불우한 이들의 속출이 가장 큰 원인이다. 그런데 보통 자신의 불우를 투영하거나 동일한 계급의 일원이 겪은 불우를 서술함이 일반적이지만 임숙영의 경우 자신이 아닌 타인, 그것도 하층민에게 이와 같은 시선을 보내기도 하였다.

① 淨業院을 오른쪽으로 끼고 오르면 그 아래 샘의 맥이 맑게 쏟아진다. 京師에서 지척[車馬]에 있는 경관은 하나의 완연한 작은 산릉과 계곡이지만 그 물의 얕고 좁음을 이유로 그 性까지 훼손할 수는 없다. 또한 삼각산의 기슭에서 발원하여 자못 산을 등진 정취가 있어서 반드시 올라 멀리 바라볼 수 있는 장소가 있으리라 생각했다. 물가에서 우뚝 솟아 이러한 아름다움을 부리고 있으나 아주 가까운 곳에 봉긋 솟아있는 입지라서 매우 좋아하는 사람이 아니면 누가 이곳에 즐거움을 깃들이겠는가? 나는 好事者들이 먼 곳에서 구하기를 탐하느라 가까운 곳에 있는 것을 가려서 조물자의 의도에 부응하지 못함으로써 이곳에 치욕을 남기지나 않을까 걱정하였다. 그러나 다행스럽게도 흙을 돋아 높이가 땅보다 몇 척 높은 곳이 있어서 나아가 그곳을 방문하였다. 이른바 枕流臺는 그 명칭도 참으로 범상치 않아 은근히 귀를 씻고 스스로 깨끗해지려는 뜻이 있어 나는 매우 훌륭하다고 생각하고는 주인을 물어보니 곧 劉希慶 군이었다. 아아,

---

47) 林椿, 「東行記」, 『臥遊錄』, 한국정신문화연구원, 1997, 67면. "이것은(수도에 가까이 있었으면 많은 이들에게 알려져 있었겠지만 그렇지 못한 사실은) 반드시 하늘이 그것을 숨겨서 우리 같이 곤궁하고 근심하는 이들을 기다린 것이다(此必天將秘之, 以待吾輩窮愁之人爾)."

> 유희경은 좋아함이 돈독하니 비로소 산수에 대해 더불어 논의할 수 있겠구나. (중략)
>
> ② 사람의 현명하고 불초함은 그가 좋아하는 바를 보면 알 수 있다. 이 냇물을 보니 참으로 유희경을 알 수 있겠다. 비록 그러하나 유희경의 현명함이 이 정도에 그치지는 않을 것이다. 유희경은 下中의 계급에 속해 있으나 士君子의 행동이 있고 孝友에 더욱 돈독하였는데 여력을 시를 짓는 데에 쏟아 비록 시를 전문으로 하는 사람도 그의 수준만 못하였다. 또한 喪禮를 처리하는 데에 능하여 사대부의 문하에서 두루 교유하였다. 당대 법도를 지키려는 자들은 매번 喪이 있을 때마다 유희경을 구하지 못하는 일을 치욕이라고 생각했으니 유희경의 현명함을 이처럼 칭송할 수 있다. 만약 당대 무엇인가를 행하려는 자[進取者]들의 대열에서 유희경을 쓰이게 하였다면 그가 두각을 나타낼 수 있는 바가 어찌 다른 사람보다 터럭 하나의 정도라도 낮았겠는가? 애석하다 지위에 얽매여 스스로 벗어날 수 없다는 사실이. 나는 이미 희경의 일을 훌륭하다고 여기고, 또 다시 그의 자취를 슬퍼한다. 그가 기문을 구하기에 위와 같이 대략 쓴다.[48]

임숙영 「枕流臺記」의 일부이다. 이 작품은 산수와 인간의 불우를 類比的으로 결합하는 방법을 사용하여 劉希慶(1545~1636)의 처지에서 느

---

48) 任叔英, 「枕流臺記」, 『疎菴集』 권3, 432면. "夾右淨業院而上, 其下泉脈淸瀉. 在京師車馬之境, 完然一丘壑, 不可以其流之淺狹, 幷其性而毁之也. 且發源于三角之麓, 頗有背山之致, 意必有登望之所. 峙乎其潯, 以御此美, 而地陵於太近, 非篤好者, 孰肯寓其樂於斯也? 余恐好事者狃於求遠而掩蔽其側, 不能副造物者之意, 以遺恥于此地. 幸有累土而高者拔於地數尺, 就而訪焉. 所謂枕流臺者, 其名固已不凡, 隱然有洗耳自潔之意, 余甚韙之, 叩其主者, 卽劉君希慶也. 嗚呼, 劉其篤好者乎, 始可與論山水矣. (中略) 人之賢不肖, 以其所樂者可知也. 觀乎此水, 亦可以知劉矣. 雖然, 劉之賢, 本不止於此. <u>劉在下中, 有士君子行, 而尤篤於孝友, 以餘力攻詩, 雖專門者不若也. 又能治喪禮, 歷游士大夫門. 一時守法家每有喪, 以不得劉爲恥, 劉之賢, 其可稱者如此. 假令劉用一時進取者例, 以所能顯, 一毫豈下人?</u> 惜乎, 拘於地位, 不能自出耳. 余旣嘉劉事, 又悲劉迹. 於其乞記, 略敍如右."

낀 임숙영의 감회를 서술하고 있다. ①의 전반부는 침류대의 위치와 그 형상에 대한 서술이면서 그것이 지닌 아름다움을 밝힌 부분이다. 한편 "아주 가까운 곳에 봉긋 솟아있는 입지라서 매우 좋아하는 사람이 아니면 누가 이곳에 즐거움을 깃들이겠는가?"와 같은 서술은 지나치게 가까운 곳에 터를 잡았기 때문에 그곳에서 즐기려는 자가 거의 없을 것이라는 의미를 갖는다. 이러한 서술은 ②에서 보이는 "劉在下中"에서 "一毫豈下人?"까지의 서술과 통한다. '훌륭한 풍경-탁월한 재능', '지극히 가까우며 완만한 구릉이라는 입지조건-하층민인 유희경의 계급' 등의 대응점을 찾을 수 있기 때문이다. 이렇다면 결국 위 작품은 훌륭한 재능은 타고 났으나 계급적 한계로 인해 그것을 제대로 펼칠 수 없는 유희경에게서 느낀 비애를 서술한 글이다.

산수에 비감을 우의적으로 투영하는 서술은 16세기 중반을 지나면서 유기 혹은 자연을 완상하는 장르에서 더욱 빈번하게 발견된다. 예컨대 16세기 중후기에 걸쳐 살았던 영남 사대부 曺好益(1545~1609)의 「遊妙香山錄」(1585)과 「遊香楓山錄」(1585) 등의 작품에서는 제자리를 찾지 못하여 도끼를 맞은 소나무, 고향에 돌아가지 못하는 두견, 얼음이 채 녹지 않은 동굴, 커다란 재목 등과 같이 산수 여행에서 만나는 다양한 물상에 자신의 비감을 투영한 경우도 보인다.[49] 그런데 조호익은 불우한 환경에 처해 있었고 임숙영은 스스로도 그러했을 뿐만 아니라, 불우한 타인을 목도·인식한 상황이었다. 이러한 점에서 유비적으로 비감을 토로하는 스타일의 등장 배경이 비교적 분명하게 드러난다.

한편 유비적으로 산수에 비감을 투영할 수도 있으나 상징적인 방법으

49) 16세기 문인들을 비롯한 조호익의 유기가 지닌 특징적 면모에 대해서는 안득용, 「16세기 후반 嶺南 文人의 山水遊記」, 『어문논집』 제55호, 민족어문학회, 2007, 83~110면 참조.

로, 특히 산수 묘사 속에 비애를 투영하는 글쓰기도 이 시기에 보인다.

> 이날 밤, 작은 구름조차 모두 걷히니 푸른 하늘이 냇물과 같았고 달이 점차 높이 떠오르자 별무리가 빛을 감추었으며 온 세상 사방이 밝고 맑게 트여서 만 리에 거칠 것이 없었다. 무수한 바위와 골짜기를 내려다보니 드러나지 않는 것들이 없었고 산 아래 멀고 가까운 村店의 울타리도 모두 눈에 선명히 들어왔다. 貢津의 북쪽과 시내의 남쪽에 있는 여러 산들도 드넓고 아득한 가운데 선명하게 구분할 수 있었다.
>
> 잠시 후 검푸른 구름 한 무리가 산의 밖에서 일어나더니 하늘 한 가운데를 가렸고 동남쪽에서 바람이 불어오자 소나무와 회나무들이 부딪쳐 소리를 내었으며 달이 구름에 가려져서 보일 듯 말 듯 하였다. 골짜기는 어둑하고 수풀은 깊고 아득하였으며 괴이한 새가 날아가면서 울음을 우니 산에 메아리가 울려 퍼져서 사람을 근심스레 슬프게 하고 숙연히 두렵게 만들었으며 두려워 놀라게 하였다. 귓가에는 마치 仙鶴이 창공에서 희미하게 오는 듯한 소리가 들렸는데 귀를 기울여 가만히 기다려도 끝내 만날 수 없었다.[50)]

李山海(1539~1609) 「月夜訪雲住寺記」의 일부이다. 위 예문에서는 '月夜'라는 제목에 가장 잘 부합되는 묘사를 보여준다. "是夕也"에서 "了了可辨於莽蒼之間矣"까지에서 보이는 구름 한 점 없는 밤하늘, 밝은 달과 저녁 촌락, 먼 산 등의 묘사는 탁월하다. 처음의 시선은 위를 향한다.

---

50) 李山海, 「月夜訪雲住寺記」, 『鵝溪遺稿』 권6, 571면. "是夕也, 纖雲捲盡, 碧空如水, 月輪漸高, 星河沈彩, 天地六合, 四方上下, 空明瑩澈, 萬里無礙. 俯視千巖萬壑, 無不呈露, 山底遠近村店籬落, 歷歷皆在眼中. 貢津以北, 水南諸山, 了了可辨於莽蒼之間矣. 俄而, 碧雲一帶, 自山外而起, 掩靄於天心, 有風自東南來, 松檜相戛有聲, 桂魄爲雲所蔽, 乍明乍晦. 洞壑隱隱, 林木陰陰, 怪鳥飛鳴, 山響互答, 令人悄然而悲, 肅然而恐, 悚然而驚. 依依然耳邊如聞笙鶴來自遠空, 而側耳靜俟, 竟亦不得遇也."

구름 한 점 없는 하늘에 달이 뜨니 그동안 밝게 빛나던 별이 빛을 잃고, 온 세상이 환하게 바뀌는 정경을 선명하게 묘사하고 있다. 4자로 연속된 整句를 사용하여 리듬감과 기세를 살려주며 효과적으로 독자에게 정경을 전달한다. 이후 시선을 아래로 내려 그때 보이는 마을과 먼 산의 모습을 부각시키는데 이 부분은 散句를 사용하여 구법에 변화를 주고 있다. 묘사뿐만 아니라 글자의 운용까지도 세심하게 배려한 부분이다.

이후 풍경과 감정 서술 모두에서 돌연한 변화를 관찰할 수 있다. "俄而"로 시작되는 두 번째 단락이 그것이다. 앞서 본 맑고 드넓은 하늘이 한순간 구름에 덮이고, 그러한 모습을 생생하게 그려낸 이후 청각적 이미지인 새의 울음소리와 학의 울음소리를 서술하면서 그 사이에 자신의 감정을 표현하였다.

둘째 단락의 의미를 이해하기 위해 운주사를 유람했던 시기 이산해의 행적을 살펴볼 필요가 있다. 이 작품은 1600년에 창작되었다. 이 해 5월 이산해는 北人인 洪汝諄(1547~1609)의 탄핵을 받아 영의정의 자리에서 물러나게 된다. 이후 그는 南陽[현재 충남 서천]의 鷗浦에 은거하였다가 같은 해 溫昌[현재 충남 아산]의 柿田으로 옮기게 되었다. 「月夜訪雲住寺記」는 시전으로 옮긴 시기, 즉 영의정에서 파직되어 은거하던 시기 작품이다. 따라서 맑은 겨울 풍경 이후 서술되는, 갑작스럽게 닥친 어두움의 묘사는 이러한 배경적 사실에서 기인한다. 더욱이 위 예문 바로 다음의 서술이 임금에 대한 충성과, 죄에 빠졌으나 그것을 용서한 임금의 은혜에 감사하는 부분[51]이라는 사실을 고려하면 위와 같은 묘사는 다분히

---

51) 李山海, 「月夜訪雲住寺記」, 『鵝溪遺稿』 권6, 571~572면. 時夜已闌, 霜露凄甚, 鄭侯令侍童酌寒醪, 座中各飮一椀, 便覺醺醺耳熱. 相與歡笑謔浪, 而余獨默然不語, 若有所思者. 久之, 左右問其故, 余曰, "今日之會, 諸公寧可不知其所自耶? 噫! 喪亂以來, 行齎居送, 中外騷然, 民不得保其生, 斃於鋒鏑道路之間者何限? 吾等旣不能荷戈執殳, 折衝於沙場之外, 又不能把鋤操揷, 辛勤畎畝, 仰供賦稅. 而飽食安坐, 乘馬從徒, 流連

정치적 함의를 지닌 것으로 파악된다. 즉 이 부분은 청명한 날씨처럼 거칠 것이 없었으나 갑작스럽게 낙척하게 된 자신의 심사를, 풍경의 갑작스러운 변화에 빗대어 상징적으로 드러낸 부분이다.[52] 그것을 구체적으로 표현한 부분은 "사람을 근심스레 슬프게 하고 숙연히 두렵게 만들었으며 두려워 놀라게 하였다"이다.

요컨대 이 시기 산문에는 비애를 선명하게 드러내는 경우가 적지 않다. 망자에 대한 추모라는 측면에서 비지문은 그것을 표현하기 어렵지 않은 장르였고, 송서 또한 이별에 임하여 서술하는 장르라는 점에서 비감이 틈입할 가능성이 크다. 다만 비지문에서 보이는 비감 표현의 다양화와 송서에서 보이는 자기 고백적 감수의 표현은 이전에는 쉽게 볼 수 없었던 방식이다. 아울러 여타 장르, 예컨대 기문과 유기 등에서 보이는 유비적 서술과 상징적 표현 역시 비애를 표현하는 방식의 다양화라는 측면에서 의의를 지닌다. 물론 이와 같은 글쓰기 방법의 다양화는 자신과 대상 인물이 처했던 감상적 환경 속에서 도출된 현상이다.

제4절 장르 결합 양상의 전환기적 의미

16세기 후반 누정기의 특징적 변모 양상을 의론화와 논쟁화로 지적한 고찰[53]에 이어 16세기 후반~17세기 전반 누정기의 논쟁적 의론성에 기

風景者, 無非君上之鴻渥. 而如余者, 不肖無狀, 動嬰罪網, 猶且聖明優容而不加誅, 朝廷寬假而不深斥, 使之偃仰視息於湖鄉桑梓之間者, 實天地父母之賜也. 此余之所以感戴銘鏤, 心口相語, 登山則祝聖壽之無疆, 臨水則願福祚之流長, 向風而如承玉音, 見月而如拜淸光, 情發於中而有不能自已者也." 仍爲之濟然出涕, 左右亦相顧愀然.

52) 이종묵도 『누워서 노니는 산수』(태학사, 2002, 53면)에서 영의정의 처지에서 갑자기 떨어진 자신의 모습을 기탁하였다고 평가한 바 있다.

여하는 글쓰기의 방법, 그 효과와 원인이 분석되었다.[54] 결국 이들의 논의는 서사와 寫景 위주의 누정기가 변모하는 문학 내외적 상황에 대응하기 위해 論辨類 장르의 글쓰기 방법을 차용하였다는 의미를 밝힌 것이다.

그런데 이 시기 여타 장르의 주요 글쓰기 방법을 차용하는 경향이 누정기 장르에서만 발생한 현상은 아니다. 이외 장르에서도 이러한 현상이 적지 않게 보인다. 예컨대 서사를 위주로 하는 비지문이나 서사와 의론을 위주로 한 기문에 서정을 차용한 경우 등이 해당된다. 마찬가지로 서정·서사·의론 중 한 가지를 중심으로 서술하였던 상위 장르에 속한 하위 장르에서도 여타 계열의 하위 장르 문법을 차용하는 경우 또한 발견된다. 예컨대 앞서 살펴보았던 유몽인의 「答柳正字書(侄活)」는 편지에 패설 장르의 이야기를 끌어들인 경우이다. 다만 이 경우는 차용된 장르가 예시에 그칠 뿐 글 전체의 성격을 좌우하지는 못하였다. 오히려 유몽인, 허균, 장유 등의 작품 중 허구를 차용한 경우나, 신흠의 「送鄭僉樞(曄)朝京師序」와 임숙영의 「送韓察訪序」처럼 송서에 자신의 비감을 토로하는 경우 등이 장르의 결합을 보여주는 예로 적합하다. 이와

53) 윤채근, 「누정기를 통해 본 조선 전기 산문의 양상」, 『황혼과 여명–16세기 문학사의 맥락–』, 월인, 306~328면. 윤채근은 앞의 논문에서 15세기 누정기의 사경, 사필, 일화적 속성이 삶과 우주에 관한 심각한 사변에 침잠해 가던 16세기 누정기의 창작을 약화시켰으며, 철저한 의론형으로 개변되거나 필요 이상으로 제작될 필요는 없는 장르로 인식되었다는 주장을 펼쳤다.

54) 안세현, 「조선중기 누정기 연구」, 고려대학교 박사학위논문, 2009, 182~185면. 안세현은 이 논문에서 의론성에 기여한 가장 특징적 서술 방법을 문답법이라 지적하였으며, 그 효과를 주의 환기와 명확한 주제 제시, 누정의 제명이 지닌 다양한 의미 제안, 객관성 확보의 용이함 등으로 정리하였다. 아울러 누정기의 의론화가 지닌 배경으로 문학 내외적 요인 역시 지적한 바 있는데, 문학 내적으로는 누정기 서술방법 변화의 모색, 외적 배경으로는 상대파의 비판에 대한 방어 기제로서의 역할 등을 주요 요인으로 상정하였다.

같이 차용 장르가 글의 성격에 작지 않은 영향을 끼친 작품을 중심으로 장르의 결합 양상과 그 의미를 살펴보고자 한다.

> 세상 사람들 중 우리나라의 명산을 말하는 자들은 반드시 金剛山, 智異山, 妙香山을 말하나 邊山은 그 사이에서 우열을 다투지 못하여 탁월하다는 명성을 가진 적이 없다. 나는 『梅月堂集』에서 이 말을 보았는데 이 산의 승경을 매우 칭송하며 바닷가 三山 중 이곳을 곧 瀛洲라고 여겨 이 산에 가장 오래 거처하였다. 나는 梅月堂이 物外에 깊이 은거하며, 명승을 두루 밟아 대체로 산수에 대한 안목이 높은 사람인데 그의 말이 이와 같다면 이것은 반드시 완상할 만하다고 생각하고는 항상 한 번 보기를 원하였으나 그러지 못하였다.
>
> 丁亥年(1587) 아버지께서 長城에 부임하셨는데 변산에서 겨우 백리밖에 안 되는 거리였기에 드디어 가서 유람하고자 뜻을 정했다. 士人 金鉉은 내 오랜 친구였는데 변산 아래에 있다는 소식을 듣고 우선 그가 거처하는 곳에 이르러 별 탈은 없는지에 대해 묻고 나서 산의 승경을 방문하는 일에 대해 가장 먼저 물었다. 김군은 말했다. "이 산은 바다에 웅장하게 서리어 있는데 그 둘레가 몇 백 리나 된다. 산봉우리는 첩첩하고 험난하며, 골짜기는 깊고 둘러서 있다. 그곳에 들어가면 사람이 길에서 헤매고 골짜기에서 미혹되며 혼은 어그러지고 정신은 아찔해지네. 길을 잃게 되어 겨우 門戶만을 보고 그치는 사람들이 많다네. 나는 변산의 아래에서 자라 산의 승경을 익숙히 밟아보기를 헤아릴 수 없을 정도로 하였는데도 여전히 이름만 듣고 직접 가서 보지 못한 곳이 있고, 보았다고 해도 그 이름을 기억하지 못하는 곳도 있다네." 결국 마을의 父老들 중 변산에 익숙한 사람들을 두루 방문하고 상세히 기록하고는 "이것을 가지고 산에 들어가면 충분하겠군."이라고 말하였다.[55]

---

55) 李廷龜, 「送沈德顯赴扶安感舊遊詩序」, 『月沙集』 권39, 138~139면. "世之言東國名山者, 必曰金剛曰智異曰香山, 而邊山則不能甲乙於其間, 未嘗有絶特之名. 余嘗於梅

첫 단락은 여행의 동기, 둘째 단락은 여행의 준비과정을 서술하였다. 이하의 단락도 부안 여행의 개략적 소개와 감회,56) 명승고적에 대한 개략적 안내57) 등을 담고 있다. 유기는 보통 '여행지에 대한 개괄적 소개', '여행의 동기', '여행의 시기', '일행', '준비과정' 등을 알려주는 서두와, '승경에 대한 안내와 묘사', '그에 도달하는 과정 서술,' '승경과 탐승과정에서 느끼는 감흥' 등을 서술하는 여정, '최종적 평가와 여행지에 대한 개괄', '그에서 느낀 감회와 서술 목적' 등을 밝히는 마무리 부분으로 구성된다. 여정 부분은 때로 여행 안내기와 같은 내용으로 채워지기도 한다.

月堂集中見之, 盛稱玆山之勝, 以爲海中三山, 此卽瀛洲, 居此山最多. 余念梅月沈冥物外, 遍踏名區, 蓋眼高於山水者, 而其言乃如此, 是必有以見賞者, 常願一見而不得. 丁亥春, 家君作宰於長城, 去玆山僅百里, 遂決意往遊. 士人金鉉, 吾老友也, 聞在山下, 先抵其居宿焉, 問無恙外, 首訪山之勝處. 金君曰, '是山雄蟠海窟, 周回累百里. 峯巒重疊而阻險, 洞壑深邃而擁護. 入之使人迷迷而洞疑, 魂爽而神眩. 苟失其路, 則僅能窺門戶而止者多焉. 我生長山底, 慣踏山之諸勝, 迨不可數計, 而尙有聞名而未及見者, 亦有見之而不記名者.' 遂聚村中父老之熟於山者, 博訪而詳記之, 曰, '持此入山足矣.'"

56) 李廷龜, 「送沈德顯赴扶安感舊遊詩序」, 『月沙集』 권39, 139면. "余時年二十四, 身輕脚健, 登陟如飛. 山人印悟, 一見傾心, 結爲方外交, 導我而行, 惟意所到, 凡高深幽險, 極探窮搜. 或乘興忘飢, 自炊於溪畔. 或遇勝忘疲, 露宿於巖底. 留山中十五日, 稍得領略而歸, 然後始知玆山之見賞於梅月, 而宜與蓬萊・方丈, 竝擅於東海也. 厥後余之觀山多矣, 未嘗不以玆山爲冠."

57) 李廷龜, 「送沈德顯赴扶安感舊遊詩序」, 『月沙集』 권39, 139면. "至癸卯秋, 奉使關北, 觀所謂金剛者, 其明秀環奇, 果有勝者, 而雄深幽遠之趣, 則玆山亦不多讓. 雖不能竝肩, 亦可以爲其次矣. 特世之遊是山者, 不能窮其奇險而謾言以輕之耳. 如所謂海仙臺, 雖在金剛, 宜爲第一. 殆與佛頂臺相類而遠過之, 地僻路險, 人罕覩者. 自登雲右枝, 經大壑越重峯, 窮一日乃到佛住庵, 菴後斗高一脊, 走入波中幾數里, 皆全石以爲峯, 削立如褰鵬噣者是也. 左右前後溟波, 舂撞吼怒, 蛟龍鯨鰐, 出沒於其間, 蒼檜翠柏, 奇花異卉, 雜生於巖隙, 眞異境也. 余信宿佛住庵, 居僧海日, 神骨秀朗, 談屑風生, 爲詩頗可觀. 自言居此庵十餘年, 未嘗一出庵外, 亦未嘗見外人來也. 沙彌每歲秋一出山下, 乞米而來, 和松葉以資一年云. 印悟居月明寺, 靜室焚香, 經卷滿架, 能詩善楷書, 香爐殿有八萬大藏經, 金字題卷面, 多其所寫云. 不知此二僧存沒如何也, 于今二十年, 未嘗不往來於懷也."

위 예문의 첫 단락은 김시습의 행적을 근거로 변산 역시 완상할 만한 승경이라는 사실과 탐승하지 못한 이유를 밝힌 부분이다. 유기의 서두로서 손색이 없다. 두 번째 단락도 변산에 대한 개괄적 소개와 여행의 준비과정을 드러내고 있기 때문에 역시 그러하다. 소개하지 않은 나머지 부분도 유기적 성격을 지니고 있다. 그러나 이 작품은 송서이다. 이정구가 1607년 부안으로 떠나는 沈光世(1577~1624)를 위해 쓴 「送沈德顯赴扶安感舊遊詩序」의 서두이다. 이미 제목에서 '感舊遊'라고 밝히고 있듯이 이 작품은 변산에 대한 감회가 있기 때문에 위와 같은 스타일로 서술되었다. 이러한 사실은 마지막 부분에서 보인다.

> 심광세 군이 부안을 담당하게 되었는데 떠나려고 할 때 이별의 글을 구하였다. 나는 항상 이 산이 세상에 이름을 드날리지 못한 일이 뜻에 차지 않았기 때문에 결국 옛 유람의 대체를 적어 그에게 보이면서 말하였다. '사람 중에도 온축이 훌륭한데 드러나지 못하는 사람이 많다. 세상에서 그의 온축을 드러내 보지도 않고 겉으로만 보고 업신여기는 것도 이와 같다. 심광세 군은 나이도 젊고 재능도 뛰어나니 공무를 처리한 나머지 시간에 반드시 이 산을 소요할 터인데 내 말을 옳다고 생각할지는 알지 못하겠다. 관인이기 때문에 전체를 탐승하는 데에 온전히 힘을 쏟을 수 없어서 또 다시 이 산에게 불우의 탄식을 주려나.[58]

위 예문을 통해 이 작품이 송서라는 사실이 드러난다. 떠나는 이에게 글을 써 준 이유를 밝히고 있기 때문이다. 결국 「送沈德顯赴扶安感舊遊

58) 李廷龜, 「送沈德顯赴扶安感舊遊詩序」, 『月沙集』 권39, 139면. "沈君德顯一麾宰扶安, 將行求別語. 余常以玆山之不得擅名爲歎, 遂書舊遊梗槩以示之曰, '人之蘊奇而不顯者多矣. 世之不闡其蘊而貌視而慢之者亦猶是也. 君年富才優, 簿領之暇, 必逍遙於此山, 未知以余言爲是也否. 却恐官人不能專意窮探, 而又使玆山有不遇之嘆也.'"

詩序」는 훌륭한 승경을 지닌 변산임에도 불구하고 세상에 이름이 나지 않은 상황에 느끼는 바가 있어 서술하였으며, 마침 그곳으로 가게 된 심광세를 통해 변산의 승경이 드러나기를 바라는 마음을 투영한 글이기도 하다. 다만 이러한 내용은 표면적 이유일 뿐이다. 결국 변산이 심광세에 의해 유명해지기를 바라듯 훌륭한 재능을 지닌 심광세 또한 변산의 관리직을 무난히 수행함으로써 세상에 이름이 알려지기를 바란다는 염원이 행간에 숨어 있다. 그러나 그것이 제대로 될지는 알 수 없다. 이와 같은 내용은 "관인이기 때문에 전체를 탐승하는 데에 온전히 힘을 쏟을 수 없어서, 또 다시 이 산에게 불우의 탄식을 주려나."와 같은 서술에서 드러난다. 물론 산수나 인물의 드러남은 具眼者의 존재 여부에 의해 결정된다는 사실을 그는 충분히 인식하고 있기 때문에 이러한 서술이 가능했다.[59)]

산수유기의 성격을 지닌 이 작품의 장르 규정을 위해 "역사적 장르로서의 종류(kind)와 내적 형식을 가리키는 양식(mode)을 나누어 기술하면서 형용사로 기술되는 양식의 용어가 역사적 장르의 명칭과 연관될 때 이 역사적 장르는 복합장르라고 할 수 있지만 전체 형식은 오직 그 역사적 장르에 의해 결정된다고 말한 파울러(Fowler)의 말"[60)]을 상기해 볼 필요가 있다. 김준오의 언급대로 이것이 혼합장르에서 파생되는 문제를 적절히 해결할 수 있는데 이들의 견해에 따라 잠정적으로 이 작품을 '遊記的 送序'라고 부르고자 한다.

---

59) 한편 마지막 부분의 서술은 자연과 인간의 상황을 유비적으로 서술하고 있기 때문에 임숙영의 「枕流臺記」와도 유사하다.

60) 김준오, 『한국 현대 장르 비평론』, 문학과 지성사, 1991, 81~84면 참조.

萬曆 甲辰年(1604) 봄 驪陽 閔公이 冊封世子奏請副使의 명을 받고 걸맞지 않다고 사양하며 심지어 奏章을 올려 면직을 구하였으나 상께서 허락하지 않으셨다. 떠나려고 할 때 사람들 중 그의 행차에 대해 따지는 자가 말하였다. "민공은 臺臣도 閣臣도 아니고 조정의 일에 참여한 적도 없다. 책봉은 大事인데 민공으로써 충당하였으니 제대로 임명하지 못한 것이다."

그것을 해명하는 자가 다음과 같이 말하였다. "아니다. 臺에서 관직을 했다고 해서 어찌 모두 대관이겠는가? 閣에서 관직을 하였다고 해서 어찌 다 각신이겠는가? 조정의 일에 참여하였다고 해서 어찌 모두 조정의 일에 제대로 참여할 수 있겠는가? 오직 그 사람에 달려 있을 뿐, 대신이었는지 아닌지, 각신이었는지 아닌지, 조정의 일에 참여했는지 아닌지에 달려 있는 일이 아니다. 민공은 젊어 낙척하였으나 時俗과 어울리지 않았으니 훌륭한 행적이 있는 경우이다. 중년에 장원급제하였고 사람들이 그의 문장을 외었으니 훌륭한 재주가 있는 것이다. 대관인 적이 없고 각신인 적이 없으며 조정의 일에 참여한 적이 없으나 시속의 盛衰를 좇아 이익을 얻기에 급급하며 재주 팔기를 구하지 않고 배척당한 상태를 가만히 달가워하였으니 참으로 지키는 바가 없다고 할 수 없다. 이에 다시 形은 麟閣에 오르고 지위는 亞卿의 반열이니 지위와 지우가 이미 융성한 것이다. 훌륭한 행적과 재주가 있고 또 지키는 바가 있으며 게다가 지위와 지우가 융성하다면 그가 큰 임무를 담당하는 데 어찌 실책이 있겠는가?" 따졌던 자가 결국 그쳤다.[61]

61) 申欽, 「送奏請副使閔同知(仁伯)如京師序」, 『象村稿』 권21, 4면. 萬曆甲辰春, 驪陽閔公, 受冊封世子奏請副使之命, 辭以不稱, 至露章丐免, 上不許. 將行, 人或有議其行者曰, "閔公未嘗臺閣矣, 未嘗與聞朝政矣. 冊封, 大事也, 而以閔公, 失任也." 解之者曰, "非也. 官乎臺者, 豈盡爲臺官乎? 閣者, 豈盡爲閣? 與聞朝政者, 豈皆足以與聞朝政? 唯其人爾, 不在於臺與不臺, 閣與不閣, 與聞朝政與不與聞朝政也. 閔公少落拓, 不諧時俗, 則有奇行矣. 中歲擢魁科, 人誦其文, 則有奇才矣. 未嘗臺未嘗閣, 未嘗與聞朝政, 而不逐逐相時冷熱, 以求售衒, 頹然甘於擯棄, 則亦不可謂無所守也. 迺復形登麟閣, 位列亞卿, 則位遇且已隆矣. 夫有奇行奇才, 又有所守, 而重之以位遇之隆,

閔仁伯(1552~1626)이 世子冊封을 위한 奏請副使로 가는 일의 타당성 여부를 중심에 둔 논쟁이다. 따지는 사람의 주요 논의는 중앙정부의 요직을 거치지 못한 인물이 지나치게 막중한 임무를 맡았다는 데에 초점을 두고 있다. 이에 대한 반론은 '따지는 사람이 제기한 비판의 논파'와 '민인백이 지닌 능력과 知遇의 정도 제시' 등의 단계로 구성되어 있다. 요컨대 대신도 각신도 아니었으며 조정의 일에 참여한 적이 없다는 경력 문제에 대해 그러한 직책을 거쳤더라도 모두 다 그 일을 잘 수행할 수 있는 것은 아니라는 논리를 펼쳐 논파하는 서술이 첫 번째 단계이다. 이어 민인백의 사람됨과 재능에 대한 언급인 '奇行 · 奇才 · 有所守'와, 그가 입은 지우의 정도를 가리키는 '位遇之隆'으로써 주청부사 수행의 정당성을 역설하는 부분이 두 번째 단계이다.

『宣祖實錄』 1598년 9월의 기록에는 접반사로 있던 민인백의 행실을 문제 삼아 파직을 건의한 기록이 있으며,[62] 세자책봉을 위한 위 사행에서 실제로 문제를 일으켜 그를 추고해야 한다는 내용의 기사도 있다.[63] 위 예문과 같은 논쟁이 실제로 발생하지는 않았다고 해도 이러한 정황으로 볼 때, 일정한 논의를 통해 민인백이 주청부사로 가는 데에 타당성을

則其於當大任也何有?" 議者遂止.

62) 『宣祖實錄』 31년 9월의 기사는 다음과 같다. 掌令黃廷喆【大司憲李墍 · 執義宋駿 · 持平李爾瞻.】來啓曰, "王參政接伴使閔仁伯,【爲人輕妄悖戾, 爲士論所棄.】本以無行之人, 近因乏人, 雖廁接伴之任, 而物議之非笑久矣. 今日自上迎慰王參政, 駐駕銅雀江邊時, 御幕至近之地, 仁伯與所率數三人, 偃然騎馬馳去, 左右觀瞻, 莫不驚駭. 其無君上蔑朝廷之罪大矣. 請命罷職." 答曰, "推考."

63) 『宣祖實錄』 37년 4월의 기사는 다음과 같다. 憲府來啓曰, "近來士風不美, 朝京使臣, 不顧廉恥, 多以賄賂, 率去市井買賣之徒, 或稱軍官, 或稱子弟, 多賫卜物, 黷貨上國, 致有辱命之事. 不可不隨現痛治. 奏請副使閔仁伯, 以方愛男、卞應觀, 代其員役之名, 潛爲帶行, 聖節使安克孝, 以方業 · 張應箕, 冒稱軍官帶率. 物情莫不駭愕. 請閔仁伯 · 安克孝, 竝命推考重治, 其冒率人方愛男 · 卞應觀 · 方業 · 張應箕等, 未越江前, 急速拿來推鞫." 答曰, "依啓."

의론할 필요는 있었으리라 생각한다. 위 글이 논쟁적 성격을 띤 이유가 바로 이것이다.

위 글은 신흠의 「送奏請副使閔同知(仁伯)如京師序」이다. 신흠은 예상되는 문제제기를 미연에 봉쇄하기 위해 논쟁적으로 작품을 구성하였으나 역시 송서라는 장르적 성격을 마지막 단락에 드러내고 있다. 주청부사로 떠나는 민인백에게 경각심을 심어주고 논란 속에 사신으로 가게 된 만큼 제대로 임무를 수행하라는 권계가 장르의 표지이다.[64] 따라서 글 전체를 고려하여 평가하면 이 작품은 '議論的 送序'이다.

지금까지 소개한 작품들은 대체로 마지막 부분을 통해 장르를 짐작할 수 있는 작품들이었다. 이와 같은 혼합은 장르의 물리적 결합이라고 할 수 있는데 앞으로 살펴볼 작품들은 장르의 화학적 결합이라고 할 수 있을 정도로 장르 자체의 설정이 용이하지 않다.

> 내가 말하였다. "너는 내가 閑居를 위해 강호에 거처한다고 생각하느냐? 아니다. 내 나이 일흔에 7년이 부족하니 세상에 살 수 있는 날이 얼마나 되겠느냐? 苦樂[寒燠]도 이르지 않고, 나는 공적인 일도 없어 날마다 글

64) 마지막 부분의 서술은 다음과 같다. "내가 그 이야기를 듣고 써서 민공을 위해 주면서 말했다. 따지는 사람의 말은 시속에 얽매어 있으며 해명한 사람의 말은 이치에 통달한 것이다. 시속에 얽매어 있는 자는 사리에 통하지 않고 이치에 통달한 자는 부합된다. 나는 이번 행차에 이 이야기와 부합되는 일이 있으리라는 사실을 거의 손바닥을 가리키듯 알 수 있구나! 게다가 일에는 기회가 있고 하늘은 믿고 따르는 자를 도와준다고 하니 동방의 여러 사람들은 참으로 이미 목을 빼고 그것을 기다릴 터이다. 민공은 힘쓰라(余聞其說而書以爲閔公贈曰, "議者之言, 泥於俗也, 解者之說, 達乎理也. 泥於俗者澀, 達乎理者契. 吾知玆行之有契於玆說也, 迨如指諸掌! 況事有機會, 天助信順, 東方輿人, 固已延頸而徯之矣. 閔公勉乎哉)!" 앞부분은 전체 작품의 논의에 대한 평가이고 뒷부분은 송서의 기본적 장르 문법에 해당하는 부분이다. 이 부분에서 해명한 사람의 논의에 손을 들어주면서 사신의 임무를 제대로 수행하라는 권고를 하고 있다.

짓는 일을 하여도 천 년 백 년이 지나고 난 이후에도 지금 세상에 내가 있었다는 사실을 누가 알아주겠는가? 끝내 세상의 평범한 사람들과 함께 사라지게 될 것이다. 대저 이런 이유로 나는 이 문장 추구를 과거 준비하는 자가 과거 시험[槐黃]에 겨를이 없는 것처럼, 벼슬하는 사람이 세력을 좇는 데 겨를이 없는 것과 같이, 목마른 말이 물을 마시는 데 겨를이 없는 것처럼, 배고픈 중이 식사를 알리는 종이 칠 때[飯鐘] 겨를이 없는 것과 같이 한다. 내가 조정에서 내쳐진 지 딱 4년이 되었는데 첫 해에는 『春秋左氏傳』을 읽었고, 이듬해에는 杜詩를 읽고 두시의 평을 썼으며, 다음 해에는 두시를 외었는데 지금까지도 그치지 않고 있고, 그 사이 諸子書를 읽었다. 또한 酬應하며 스스로 서정을 펼친 장편과 短韻 합쳐서 3백 수십 편, 序・記・辭・說・碑碣文과 長言大策 40여 편, 소설 백여 편을 짓느라 한가한 날이라도 배회하며 높은 곳에 올라 바라보고 노래하며 술을 먹을 겨를이 없었다. 참으로 이 몸이 이미 늙었으니 詩書에서 지극한 즐거움을 누릴, 남은 날도 많지 않아 加平의 새 무덤[新壟]에 아직 이르기 전—즉 죽기 전—에 내 업을 몇 배로 닦고자 하였다.

나는 너희들이 이번 생애에 곡기를 끊고 솔잎 먹으며 벽을 향해 앉아 스스로 힘쓰면서 다만 다른 생애에 천당에 올라 지옥에 떨어지는 일만 면하는 보응을 받으려 하는 것을 보았다. 이는 너희들이 눈앞에서 보지 못하는 바이며, 또한 다른 날에도 오히려 이와 같은 일이 있을지 期必하지는 못할 것이다. 지금 내가 부지런히 힘쓰는 일도 어찌 이와 같지 않겠는가? 죽은 이후에 福利가 없을까봐 살아생전에 노심초사하며 근심하고 있기에 남몰래 스스로를 비웃는다."[65]

---

65) 柳夢寅, 「題天柱山人鍾英詩軸序」, 『於于集』 권4, 380면. "余曰, '爾以余處江湖爲閑乎? 未也. 余年七十少七歲, 處世能幾何? 寒燠不及, 我無公事, 日修其業, 後乎千百歲, 孰知今之世有余? 其卒暨流俗同歸泯泯. 夫是故, 余之汲汲於斯文, 猶擧子忙於槐黃, 窋者忙於趍勢, 渴馬忙於飮川, 飢僧忙於飯鐘. 余之擯於朝適四載, 初年讀左氏, 次年讀杜詩著杜評, 次年誦杜詩, 抵今年不替, 其隙則閱諸子氏. 又述酬應自遣長篇短韻幷三百數十篇, 序記辭說碑碣文・長言大策四十餘篇, 小說百許編, 未遑盤桓臨眺歌酒於暇日, 誠以此身已老, 詩書中享至樂餘日無多, 欲迨未及於加平新壟, 修余業倍

조정에서 쫓겨나 西湖에 머무른 지 4년이 되는 1621년, 유몽인에게 승려 印堅과 그의 스승 鍾英이 방문한다. 목적은 종영의 詩軸에 서발을 부탁하기 위해서였다.[66] 위 예문이 이때 써 준 「題天柱山人鍾英詩軸序」의 일부이다. 제목을 통해 '題序', 즉 '題跋'임을 알 수 있으나 위 예문에서는 제발 장르의 글쓰기를 찾기 힘들다. 이제까지 보아 온 작품처럼 마지막 부분에 제발 장르의 표지가 남아 있지도 않다. 마지막 부분에는 시를 읽고 글을 쓰는 데 여념이 없어서 손님의 방문을 꺼려한다는 언급과 그래도 비를 뚫고 왔으니 종영의 시에 차운한 시정도는 써 줄 수 있다는 내용만 서술되어 있다.[67] 결국 이 작품은 제발을 써 줄 수 없다는 내용으로 구성된 제발이다.

유몽인은 이 작품을 통해 불안한 미래로 인한 비감을 드러내고 있다. 불안함은 노년이라는 나이, 자신이 지녔던 자부와 상반되는 세상의 평가, 이를 만회하기 위해 수행하는 多讀과 多作의 예측할 수 없는 결과 등에서 유래한다. 이 작품에서 비감이 극에 달하는 부분은 승려들이 기약할 수 없는 來生의 복록을 위해 現生의 고통을 참아내는 일과, 유몽인 자신이 죽은 이후 불후를 꾀하기 위해 죽기 전에 수고롭게 글을 쓰고 읽는 상황을 대비적으로 보여주는 서술이다. 마지막 부분의 "竊自笑也"

之. 嘗觀爾等絶粒茹松, 向壁自劬, 於今生只望他生升天堂免地牢之報耳, 是爾所未覩於目前, 又未必有於他日而猶若是. 今余之孜孜浪勤, 無乃類是乎? 無福利於身後, 而愁腎肝於生前, 竊自笑也.'"

66) 柳夢寅, 「題天柱山人鍾英詩軸序」, 『於于集』 권4, 380면. "天啓元年季夏, 霖潦已兩月矣. 余處西湖僑舍, 天柱山沙彌印堅, 引其師鍾英冒雨來, 袖抽數軸詩投余曰, '天柱山與閤下加平新卜山壟隣, 貧道有沙彌, 旣得閤下詩數百言, 願以沙彌爲紹介, 乘閤下閑乞一辭.'"

67) 柳夢寅, 「題天柱山人鍾英詩軸序」, 『於于集』 권4, 380면. "今余雖得罪淸朝, 長餓於澤畔乎? 只愛詩中新得江湖字而已, 其實未之閑也. 子去, 毋數來. 余誦詩著書未了, 方厭客矣. 仍次軸中兩四韻, 以謝師冒雨遠辱之勤."

라는 언급이 이 모든 것을 함축적으로 보여준다.

서호에 은거하던 시기는 관직에서는 물러나 있었으나 다시 기용될 희망을 품었던 기간이다. 처음 한두 해가 지나고 4년 지나자 그것조차 희망이 없음을 깨닫고 글로써 후대에 남겨지기 위해 자신의 저술을 편차하여 정리한다. 또한 자신의 뿌리를 확인할 근거를 남기고자 집안의 家狀과 世系를 기록하여 『柳氏檮杌』로 엮기도 하였으며, 위의 예문에 나온 대로 두보의 시를 평한 저술도 『於于杜評』이라는 제목으로 엮는다.[68] 자신의 일생을 바로 위의 글이 쓰인 1621년에 정리하기 시작한 것이다. 그러나 미래를 예측할 수 없기 때문에 그의 노력은 부질없는 일이 될 수도 있다. 이때 승려 종영의 방문을 받았고, 종영을 비롯한 승려들의 고행 속에서 자신의 노력과 유사한 모습을 보았기에 글의 구성이 위와 같은 모습을 띠게 된 것이다.

"장르 혼합은 사회적 변동기에 흔히 볼 수 있는 현상이다. 사회적 불안정이 장르의 불안으로 나타나는 것이다. 말하자면 전통에 적대적인 시기에는 장르들의 혼합이 고양되는 것이다."[69]라는 언급을 통해 전환기인 16세기 후반~17세기 전반에 일어난 장르 혼합의 원인을 짐작할 수 있다. 다시 이러한 시각을 좁혀 개인적 불안정이 장르의 불안으로 나타난다고 주장할 수 있을지는 확신하지 못하겠다. 그러나 이제까지 고찰하였던 문인들이 내용·형식적으로 새로운 글쓰기의 모습을 보여준 때가 대체로 불우한 시기, 즉 불안정한 시기였다는 점을 고려한다면 그 영향을 완전히 배제할 수도 없다. 유몽인의 글이 위와 같이 서술된 근거 역시 여기에서 찾아야 한다. 즉 기존의 장르로는 표현하기 힘든

---

68) 『於于先生年譜』 314면. "公六十三歲, 屛居西湖, 欲絶世離俗, 長往而不返, 收聚平生著述, 藏之篋笥. 又撰次家狀世系名曰『柳氏檮杌』, 評解杜詩名曰『於于杜評』."

69) 김준오, 『문학사와 장르』, 문학과 지성사, 2000, 35면.

내용의 서술이 필요하였기 때문에 제목이 지시하는 장르를 넘어서 글쓰기를 해야 했다는 지점이 그것이다. 이로써 볼 때 위 작품은 제목이 지시하는 장르가 아닌 새로운 장르로 규정할 수밖에 없다.

> 水鍾寺는 절 중에 가장 높은 곳에 있어서 수백 리의 밖까지도 조망할 수 있는데 그 사이 가장 우뚝 솟아 산이 된 것들은 모두 그 형체를 숨길 수 없다. 그러나 절에서 채 10리도 되지 않는 거리에 閭閻이 땅에 붙어 있으나 도리어 모호하게 변별할 수 없다. 무릇 수백 리 먼 곳까지도 살필 수 있는데도 십리밖에 안 되는 가까운 거리를 살필 수 없는 이유는 무엇 때문인가? 대체로 物에는 크고 작음이 있어서 큰 것은 비록 멀다고 해도 드러나고 작은 것은 비록 가깝다고 해도 감추어지니 이것은 참으로 물의 크고 작음에 달려 있는 일이다. 비록 그러하나 드러나고 감추어짐이 어찌 한결 같겠는가? 이곳에서부터 내려가면 저 작은 것은 점차 드러나고, 큰 것은 점차 감추어진다. 이로부터 저곳으로 가거나 저기로부터 이곳으로 오면 멀고 가깝고 크고 작으며 드러나고 감추어지는 것이 서로 바뀌게 된다. 그렇기 때문에 멀고 가까움은 땅에 달려있고, 크고 작음은 물을 따르며, 드러나고 감추어짐은 사람으로부터 말미암으니 참으로 멀고 가깝고 크고 작으며 드러나고 감추어짐은 갈마드는구나!
>
> 절이 이미 높기에 나는 그곳에 거처하는 사람들도 佛徒 중에서 고명한 자들이라고 생각했다. 이윽고 그들을 살펴보니 도리어 매우 그렇지 않은 점이 있었다. 이곳에 거처하는 사람들은 모두 검속하지 못하는 승려들이었다. 이익을 좋아함이 시정의 사람들보다 심하였으니 그저 머리카락만 깎은 자들일 뿐이었다. 저들은 밭을 갈지도 길쌈도 하지 않는데 입고 먹는다. 수고스럽게 일을 하지 않으면 그들의 몸이 주리고 추워지니 우리는 그들이 스스로 살 방도를 찾는 일을 금하지 않았다. 그런데 어찌 이러한 상황에 이르게 되었는가? 봄가을 아침저녁으로 먹고 입을 거리가 갖추어졌으면 그칠 만한데도 저들은 더욱 힘쓰며 그치지 않고 반드시 많이 쌓아

> 둔 이후에야 그친다. 심지어 돈을 불리고, 쌀 되박을 늘리는 일이라면 하지 않는 짓이 없고, 심한 자는 곡식을 싣고 사방을 돌아다니면서 재화를 더욱 많이 얻기도 한다. 아아, 저 商業은 末業 중에서도 심한 말업인데 중이 그것을 행하니 이익을 좋아하는 폐단이 어디에든 있지 않겠는가? 이 자들이 오히려 이와 같다. 무릇 이와 같다면 하필 중이 되었는가? 중은 세속에 물들지 않은 사람이다. 이놈들은 이름만 중이었지 실제로는 속인이니 참으로 참람하지 않은가! 이름만 중에 기탁하고 실제로는 세속을 따르니 중이라고 한다면 실제가 아니요, 속인이라고 한다면 제대로 된 명칭이 아니니 이놈들은 어떤 놈들인가?[70]

첫 단락에서는 物에 대한 인식의 可變性을 의론한다. 땅의 거리와 물의 크기 등이 고정되어 있다고 해도 그것을 인식하는 사람의 태도여하에 따라 고정성이 변화될 수 있다는 논의에 초점을 맞추고 있다. 그런데 이 작품의 첫 단락과 둘째 단락의 연결은 상당히 결절된 듯하다. 첫 단락의 의론과 둘째 단락부터 시작되는 승려들에 대한 강도 높은 비판에서 일정한 연관성을 찾기 어렵기 때문이다. 그러나 둘째 단락의 처음 두

---

70) 任叔英, 「遊水鍾寺記」, 『疎菴集』 권3, 428면. "水鍾寺者, 寺之最高者也, 可望數百里外, 其間兄峙而爲山者, 皆不敢以其形隱. 然去寺不十里, 閭閻之附于地者, 反茫昧不可辨. 夫能察數百里之遠, 而不能察十里之近何也? 蓋物有大小, 大者雖遠猶顯, 小者雖近猶晦, 是誠在於物之大小也. 雖然, 顯晦何常? 由斯而下焉, 則彼小者漸顯而大者漸晦矣. 自此而之彼, 自彼而之此, 遠近大小顯晦相易. 故遠近在於地, 大小隨於物, 顯晦由於人, 其遞相爲遠近大小顯晦乎! 寺旣高, 吾意居之者亦必釋氏之高者也. 旣而視之, 顧大有不然者. 凡棲於此者, 皆僧之不檢者也. 其好利甚於市井之民, 止不傳其髮而已. 彼不耕不織而衣食矣. 不拮据則其身飢寒矣, 吾非禁其自活之路也. 但何至於是? 春秋朝夕之資具矣, 斯可已矣, 彼猶搰搰然不已, 必欲多藏而後已. 至於長錢長石斗, 無所不爲, 甚者轉轂行四方, 得貨財尤多. 嗚呼, 夫商賈者, 末業之甚者也. 僧則行之, 好利之弊, 何所不有? 此輩猶然. 夫如是則何必爲僧? 僧者不染於俗者也, 此輩名則僧, 實則俗, 不亦濫乎! 託其名於僧而徇其實於俗, 以爲僧也則非其實矣, 以爲俗也則非其名矣. 此輩果何人哉?"

구절을 통해 임숙영은 두 단락을 이어주고 있다. 절이 높은 곳에 위치했기 때문에 절에 거주하는 승려들의 인격수양 또한 높으리라고 생각했던 일종의 고정된 생각이 가까이 가서 직접 보자 변하였다는 의미이기 때문이다. 즉 이 구절은 멀리서 바라보았을 때의 예상(고정성)이 가까이 가서 보자 전복(변동)되었다는 의미를 지닌다. 이로써 첫 단락과 이하의 단락은 연계된다.[71)]

이처럼 위 예문은 논변 장르의 성격을 강하게 띠고 있다. 하지만 위 예문은 임숙영 「遊水鍾寺記」의 앞부분이다. 제목으로 보면 遊記이지만 유기라고 보기 어렵다. 유기 장르의 문법을 전혀 따르고 있지 않기 때문이다. 유기의 서술자는 여행자 자신이며, 주요 내용은 여정 속에서 본 승경과 그 속의 건물, 사적의 유래 등에 대한 소개, 探勝行爲의 서술과 여행과정에서 느낀 감흥의 표출을 위주로 서술한다.[72)] 물론 위 예문을 제외한 이하의 서술도 승려들의 탐욕과 非禮 행위를 비판하는 내용으로 구성되어 있기 때문에 산수유기의 특징은 거의 찾기 어렵다.[73)]

임숙영은 문제가 되었던 對策文에서부터 적지 않게 엄격주의(rigorism)

71) 산수와 인간의 정신적 수양을 밀접하게 연관시킨 작품으로 앞서 살펴본 「枕流臺記」를 꼽을 수 있다. 이 작품에서는 유희경의 인격과 산수의 탁월함을 유비적으로 연계시켰다. 이러한 연계가 어그러진 모습을 표현하기 위해 임숙영이 위와 같은 첫 단락의 의론을 삽입하였다고 생각한다.

72) 유기의 장르적 특성에 대해서는 안득용, 「17세기 후반~18세기 초반 산수유기 연구－농암 김창협과 삼연 김창흡을 중심으로－」, 고려대학교 석사학위논문, 2005, 4~7면 참조.

73) 이 작품에서 유기적 성격을 띠는 유일한 부분은 이 작품 가장 마지막의 "是夜, 群僧盡宿, 余獨坐深室, 窓戶忽皎皎然白矣, 視之明月出矣. 俄有風自遠而來, 震動巖谷, 如波濤之聲于江海, 葉之墜于林者, 驟下如雨, 於是山鳥之飛者定者驚失所者, 一時悲鳴相應, 余終夜不能寢."와 같은 서술이다. 이 부분에서 풍경에 대한 묘사와 주변 상황의 서술을 통해 자신의 감수를 표현하고 있기 때문이다. 물론 이 서술은 제대로 된 이치가 어그러진 세상에 대한 비판을 풍경에 대한 상징적 묘사로써 표현한 부분이다.

의 태도를 보인다. 조선이 斥佛의 사회였다고 해도 승려와 친밀하게 교유하는 문인지식인들이 없지 않았으며, 서술 또한 긍정적인 경우가 많다. 유몽인, 허균은 차치하더라도 이식 또한 그의 인간적 면모가 가장 잘 드러나는 「贈鍾英上人序」에서 鍾英을 신랄하게 비판하기보다 권계하는 모습을 보여준다.[74] 이러한 태도와 비교해본다면 위의 예문은 물론, 「送敏上人序」에 보이는 불교의 迷惑에 대한 강도 높은 비판[75]은 엄격주의의 태도에 가깝다. 작가적 측면에서 위 글의 창작배경은 이와 같다. 요컨대 승려들의 탐욕과 非禮的 태도를 비판하려는 작가의 의도가 그의 기본적 성향과 맞물리며 장르의 문법을 넘어섰기 때문에 이와 같이 제시된 것이다.

16세기 후반~17세기 전반 누정기 장르의 변화모색은 의론 장르의 문법을 차용하는 경향으로 나아갔다. 더 이상 풍경을 완상하고, 아정한 일화를 소개하거나, 성리학적 의론으로 윤색할 수 있는 풍류의 시대가 아니라는 사실이 문인지식인들에게 경각심을 불러 일으켰기 때문에 발생

---

74) 이 글에서 이식은 종영상인의 명망, 학문, 詩文을 보는 감식안 등에 대해 칭송하고 있다. 인간적인 글이라고 한 이유는 자신이 겪은 불운에 대한 감수와 문자에 골몰했던 모습에서 일정한 비감을 느낄 수 있기 때문이다.

75) 任叔英, 「送敏上人序」, 『疎菴集』 권4, 439면. "德敏浮屠也, 始來自太白山, 今方往于大江之南. 夫太白山之最秀出者也. 延袤數百里, 雄跨乎西北之遠, 人迹罕到, 惟學佛者居焉. 故其宮室被于巖谷者, 以十數, 其間豈無熟於其敎者? 德敏之心, 猶不足乎此山, 不肯處而學焉, 必欲周遊一國, 以求其所謂大覺者, 至哉, 其立志之勤也." 이 부분까지는 민상인이 대각을 구하기 위해 부지런히 노력하는 모습을 긍정적으로 바라보는 부분일 수 있다. 그러나 바로 뒤에 이어지는 "雖然, 佛出而人倫亡, 禪出而義理亡, 彼雖不能使天下已之, 抑就其徒之身, 已之久矣. 是以入於其道益甚, 則反於吾道益甚. 故彼之所謂大覺者, 卽吾之所謂大惑者爾. 奚慕乎大惑, 必欲周遊一國, 以求其所謂大覺者? 大覺之日, 卽人倫義理全亡矣. 豈有人倫義理全亡而可以爲大覺者乎?"는 불교로써는 대각을 애초에 꿈꿀 수도 없다는 논의이기 때문에 결국 앞의 긍정적 시각도 부정적 시각[抑]을 피력하기 위한 揚의 역할을 하는 부분일 뿐이다.

한 현상이다.[76] 이와 마찬가지로 누정기 이외의 서사 위주 장르에서도 논변적 의론을 적지 않게 차용한 이유는 이러한 사회적 변화에 대응하기 위해서였다. 물론 장르와 무관하게 개인적 비애를 표출한 혼합의 경우도 전환기적 상황에서 주로 나타나는 불안과 비애에서 기인한다. 이러한 경우는 모두 기존의 장르로써 표현할 수 없는 내용을 표현하기 위해 다른 장르의 제시방법을 차용한 것이다. 따라서 전환기에 장르의 혼합이 고양되는 이유는 전환기적 불안정성이 작가 개인을 자극하고, 이것이 다시 집단적 형태로 드러나기 때문인데 이 시기 산문에서 이러한 사실이 선명하게 드러난다.

제5절 소결

16세기 후반~17세기 전반 산문의 특징적 면모인 구체적 현실의 반영과 서사의 확장, 반어와 역설을 통한 사회 모순의 비판, 불우한 지식인의 續出같은 환경에서 발생한 진솔한 비감의 토로, 전환기적 현상으로서 장르의 결합 등을 살펴보았다. 이러한 특징적 면모를 표현하는 글쓰기의 성숙성 정도가 이 시기에 최고점에 이르렀다고 할 수는 없으나 어떤 시기와 비교해도 일정한 수준 이상이라는 점은 이미 논의한 작품을 통해서 밝혔다.[77]

---

76) 윤채근, 앞의 책, 313면 참조.

77) 한편 이 시기 산문의 글쓰기에서 보이는 또 다른 특징적 면모로서 묘사의 제고를 들 수 있다. 이것은 이전부터 지속되었던 경향을 글쓰기의 차원에서 성숙시킨 특징적 면모이다. 묘사의 제고 역시 중요하지만 이미 기존 논문에서 충분히 서술되었기에 구체적 서술은 생략한다. 묘사의 세밀함에 대해서는 노경희, 「17세기 전반기 官僚文人의 山水遊記 硏究」, 서울대학교 석사학위논문, 2001; 안득용, 「17세기 후반~18세

위와 같은 특징이 도출된 배경은 전환기로서의 사회 환경과 문인들의 사유 변화이다. 특히 산문 인식의 변화 양상은 글쓰기와 밀접히 연관되는 사안이므로 중복을 무릅쓰고 다시 한 번 언급하겠다. 16세기 후반~17세기 전반 문단에서 발견할 수 있는 변화는 산문을 대하는 인식의 변화와 각 장르별 글쓰기의 모범적 문법을 규정하려는 논의가 활발히 진행된 점이다. 부연하면 첫째, 유몽인을 비롯한 다양한 사례 속에서 산문 인식의 제고가 발견된다. 둘째, 이전 시기부터 산문의 주요 장르로 여겨지던 비지문과 변려문, 새롭게 부각된 유기 등의 장르에서 장르 문법의 모범을 역설하는 언급을 살펴볼 수 있었다. 마지막으로, 개별 장르의 부각과 도태를 고찰하는 과정에서 이러한 시각이 점차 확산되던 추세였다는 사실 또한 발견된다.

이와 같은 배경에 근거하여 발생한 사유와 글쓰기의 특징적 면모와 의미는 다음과 같다. 첫째, 구체적 현실의 반영과 서사의 확장이다. 구체적 현실 반영의 경우 삶의 다양한 모습과 사유 및 감정 등을 보여주었으며, 이것은 현실과 자아 인식의 심화에서 기인한다. 문학은 한 시대적 힘과 움직임을 느끼게 하고 인간의 삶을 표현하는 데 의의를 둔다. 이러한 측면에서 현실을 구체적으로 반영하려고 했던 이 시기 문장가들은 의의를 가진다.

서사의 확장은 내적 확장과 외적 확장 두 방면에서 일어났다. 내적 확장은 세부묘사와 핍진한 서술을 통해 문학성을 획득하는 데에 기여한다. 외적 확장 중 이야기를 차용한 방법은 고문의 범위를 넘어서지 않는

기 초반 산수유기 연구」, 고려대학교 석사학위논문, 2005; 안세현, 「조선중기 누정기 연구」, 고려대학교 박사학위논문, 2009 등 학위논문을 비롯하여 이 시기를 다룬 산수유기와 누정기 논문에서 대부분 언급하고 있다. 주로 묘사의 세밀함은 재생의 생동감, 자연미의 직접적 향유, 글쓰기 수법의 제고 등의 측면에서 고찰되었다.

한계 내에서 글쓰기의 방법을 다양화시켰다는 의의가 있다. 외적 확장의 나머지 경우인 우의적 글쓰기를 사용한 방법은 사회적 효용을 추구하려는 목적에서 발원하여 서사를 다양화시켰다. 수사적 기능만을 추구한다고 훌륭한 작품이 되지는 않는다. 이에 의미가 덧붙여져야 이상적 작품이 될 수 있다. 사회적 교훈을 추구하면서도 그것을 기존의 방법과 달리 표현함으로써 우의적 글쓰기가 의의를 갖게 된 것이다.

한편 서사의 확장은 사회적 모순의 노출, 즉 전환기라는 환경에 글쓰기로써 대응하는 모습을 보여주었다는 의의도 지닌다. 사회적 모순을 비판하기에는 허구를 사용하는 편이 검열에서 더욱 자유로웠기 때문에 문인지식인들은 허구에 기댔다. 물론 불우한 이들이 스스로를 위로하거나 타인을 위로하기 위해서도 사용했다는 점 역시 사회적 모순의 노출에 직간접적으로 대응한 양상이다.

이러한 특징들 모두 전달되는 내용뿐만 아니라 전달의 방법도 아울러 고민한 결과물이다. 물론 문학의 수사적 기능에 대한 인식은 산문 또한 문학적일 수 있다는 자각에서 발생한 현상이다. 따라서 서사의 확장은 산문의 문학성에 대한 인식과 그 실천적 모습이라는 의의를 지닌다.

둘째, 반어와 역설을 통한 사회 모순의 비판이다. 문학을 통해 현실의 모순을 폭로하는 경우, 그 원동력은 바람직한 세계와 더 나은 삶에 대한 그리움이다. 따라서 사회 비판적 글쓰기를 통해 모순을 폭로함으로써 이 시기 문인들은 사회적 소임을 수행하였다는 의의를 지닌다. 16세기 후반~17세기 전반 사회적 모순에 대한 비판의 방법으로서 반어와 역설의 사용은 뚜렷한 존재감을 지닌다. 특히 반어와 역설은 모두 모순과 가치전도를 포함하고 있는데, 이것이 당대 사회에 만연한 부조리를 고발하고 이상적 가치로 회복시키는 데에 적합했기 때문이다.

반어와 역설로써 올바른 가치의 회복을 지향한다고 했을 때, 그것은 필연적으로 사회적 효용성을 포함한다. 창귀의 입을 통해 폭로되는 인간의 포악성, 건전한 가치의 회복을 주장하기 위해 '교'보다 '졸'에 무게를 두는 태도 등은 모두 사회적 효용성을 띤다. 따라서 이것 또한 반어와 역설이 지닌 의의이다.

셋째, 죽음이나 불우한 지식인의 續出같은 환경에서 발생한 개인 내면의 진솔한 표현이다. 그것은 비애의 진솔한 토로로 발현되는 경우가 많았다. 근대 계몽기 문학의 가치 정립을 위해 노력한 문학연구자들이 주장한 대로 情은 문학의 본질적 요소이다. 따라서 정을 표현하는 산문이 활성화되었다는 사실은 문학적 산문의 흥기와 밀접하게 연관된다. 예컨대 비지문을 비롯한 다양한 장르에서 드러나는 비감의 표출이 감동을 자아낸다는 사실은 이미 살펴본 그대로이다. 따라서 정을 표현하는 글쓰기가 문학성을 제고하였다는 의의를 지닌다는 사실은 분명하다.

자신의 내면적 감정, 특히 전통적으로 비애를 선명하게 드러내는 제문이나 비지문 외에도, 송서나 누정기 장르에서는 떠나는 타인 중심의 서술뿐만 아니라 자신의 비애를 선명하게 드러내려는 모습을 보이는 경우가 있었고, 산수에 자신 혹은 타인의 불우를 기탁하거나 상징적으로 서술하는 글쓰기를 찾을 수 있었다. 따라서 내면 감정의 진솔한 토로는 글쓰기의 다양화에 기여했다는 의의 역시 갖는다.

넷째, 전환기적 현상으로서 장르의 결합이다. 장르의 결합은 기존 연구에서 지적한 대로 누정기 장르가 논변류 장르를 차용하는 모습에서 발견할 수 있다. 그리고 송서에 유기나 논변류 장르를 차용한 경우도 장르의 결합으로 볼 수 있으며, 유기에 논변류 장르를 차용한 경우도 그러하다. 물론 제목과 관련짓기 힘든 제시 방법으로 서술한 글, 즉 장르를 탈피한 글쓰기 또한 이 시기에 존재했다. 따라서 글쓰기의 다양성이 가장 선명하게 현시된 부분은 바로 장르의 결합이다. 이것이 장르의 결합이 지닌 가장 큰 의의라고 할 수 있다.

장르의 결합이 전환기에 흔히 볼 수 있는 현상이라는 언급은 현상의 관찰에서 귀납적으로 포착된 언급일 수도 있다. 그러나 기존의 장르로써는 혼란한 전환기에 대응하는 자신의 복잡한 사유를 담기 힘들다는 상황 속에서도 연역된다. 따라서 장르의 결합은 사회의 변화에 글쓰기로써 대응하였다는 의의도 갖는다.

이로써 볼 때 16세기 후반~17세기 전반 산문의 변화는 그것이 개인적 창작물로서 인식되었다는 점에서 발생하였다. 공적인 성격을 강하게 띤 글의 경우, 무엇보다 내용의 정확한 전달을 우선하는 데 반해, 개인적 창작물은 비교적 그에서 자유롭다. 이 때문에 개인의 사적인 정서・사유・욕망을 표현하고 흥미와 감동을 불러일으키기 위해 전달의 정확성과 내용적 깊이라는 차원에서 고개를 돌려 언어 자체가 형성할 수 있는 아름다움과 감정 전달의 차원을 바라보게 되었다. 즉 확장된 서사, 짙은 서정, 세밀한 묘사 등을 통해 문학성을 드러내기 수월한 환경이 형성되었으며 이를 계기로 문학성이 제고되었다. 물론 고정되고 투식화 되어가던 산문에 장르의 결합이나 차용과 같은 외적 확장과, 내적 부연 등의 방법을 통해 새로운 글쓰기 방식을 도입하였다는 점, 즉 새로운 글쓰기 방식을 제안함으로써 산문 글쓰기의 다양화를 성취하였다는 점 역시 작지 않은 의의를 지닌다.

현실의 구체적 반영은 산문의 '결'과 수사적 효용을 인식함으로써 인물, 환경, 사건 등을 세밀하게 표현하였다는 점에서 개인적 창작물로서의 산문 인식과 밀접한 관련을 지닌다. 물론 당대 사회에 만연한 모순과 부조리를 구체적으로 반영하였다는 측면에서는 사회적 모순을 비판하는 논의와도 연계된다. 즉 문인지식인으로서의 자각과 산문의 기능에 대한 인식이 결부되어 사회의 모순을 비판적으로 논의하게 된 것이다.

물론 이전의 문인지식인들도 사회적 모순에 대응하는 모습을 보여주기도 했지만, 논쟁 혹은 의론, 반어와 역설 등의 다양한 글쓰기 방법을 사용함으로써 일정 수준 이상의 성취를 이룩한 예는 많지 않다. 16세기 후반~17세기 전반에 이르는 전환기 산문의 사유와 글쓰기가 지닌 문학적·사회적 의의는 위와 같은 모습에서 찾아야 한다.

제6장
결 론

16세기 후반~17세기 전반 산문에서 보이는 사유와 글쓰기의 특징적 면모를 개성과 전범, 서사와 의론이라는 구도에 대입하여 조망하면서 필자는 다음과 같은 몇 가지 사실을 발견했다.

우선 개인과 산문의 측면에서 발견한 사실을 정리하면 다음과 같다. 첫째, 유몽인과 허균은 모두 일정 정도 개인의 선택과 의지를 중시하며 삶을 살았고 글을 썼다. 이 중 유몽인에게서는 비극적 삶과 사유로부터 생성된 자유로운 상상력, 반어적 태도, 삶의 본질에 대한 관조 등을 볼 수 있었고, 허균에게서도 우의와 반어·역설, 서사의 확장, 감성적 서사 등을 발견할 수 있었다. 이러한 특징들이 개인적 산문을 한 단계 제고시켰다는 점과, 그것에 개성적 사유가 기여하는 바가 적지 않다는 점도 알게 되었다.

둘째, 신흠과 장유에게서는 사적 자아와 공적 자아가 중층적으로 결합하고 있다는 점을 알 수 있었다. 특히 신흠에게는 사유의 부동성이 판단의 지연으로 형상화되었고, 불우한 상황 속에서 개인적 비애를 고백하는 글쓰기가 적지 않았다. 이것은 개성적 사유가 글쓰기로 드러난 경우이다. 한편 그에게는 정제된 글쓰기, 즉 조화·균형을 추구하는 글쓰기도 발견할 수 있었는데 이미 밝혔듯이 이것은 신흠이 지닌 전범적 성향이다. 장유에게서는 관점의 전환, 우의적 글쓰기, 반어·역설의 사용 등을 볼 수 있었다. 특히 이러한 글쓰기의 자양으로 老莊의 사유를 들 수 있다. 한편 유몽인이나 허균에게서와 마찬가지로 사회적 모순을 표현하는 글이 적지 않았는데, 이것은 각성의 촉구, 사회적 효용을 추구하는 태도와 연결된다. 이것이 장유에게서 보이는 중층성이다.

셋째, 이정구와 이식에게서는 조화와 정통의 추구라는 전범적 사유를 읽을 수 있었다. 이정구 글쓰기의 특징은 정제된 형식미와 묘사의 제고, 서정성 등으로 압축할 수 있으며, 이식은 건조한 문체, 정통의 수호와 전달이라는 측면 등으로 정리할 수 있다. 두 문인 모두 사유에 있어서는 전범적 성향을 지니고 있었으나, 글쓰기의 경우 이정구에게서는 개성적 색채도 발견할 수 있었다. 묘사와 서정의 글쓰기가 그것이다. 따라서 두 문장가를 한 부류로 묶는 본고의 분류가 다소 어색하게 생각될지도 모른다. 다만 신흠, 장유 등과 변별되면서도 이식과 공유하고 있는 사유의 경향, 문학을 윤리적 도구로 삼는 태도, 정제성 혹은 완정성으로 언급한 문장의 구조적 완결성 등을 근거로 이정구와 이식을 동일한 부류에 소속시킨 것이다.

다음으로 장르와 산문의 측면을 고찰하면서 발견한 사실은 다음과 같다. 첫째, 비지문은 장르의 유구한 역사적 전통만큼 다양한 작품이 창작되었지만 그만큼 장르적 구속도 강하다. 따라서 상투적 형식과 내용이 상당히 투식적으로 서술되는 경우가 많았다. 이를 극복하기 위해 16세기 후반~17세기 전반 작가들은 한유와 구양수의 전범을 주체적으로 수용하면서 繁簡得當의 방법으로 서사를 깔끔하게 정리하고 망자에 대한 추모의 정을 선명하게 드러내기 위해 逸調를 사용하였다.

둘째, 송서문은 서술의 초점이 대체로 떠나는 사람에게 있었는데, 16

세기 후반~17세기 전반 송서문에서는 그것이 글쓴이에게 있는 경우가 다수 발견되었다. 스스로의 내면을 응시하고, 그 과정에서 얻은 감정과 사유를 진솔하게 표현하려고 했기 때문이다. 아울러 세계에 대한 인식이 심화됨으로써 삶의 다양한 계기들을 구체적으로 표현하려는 경향이 증가했고, 이와 같은 변화에 힘입어 고정된 내용과 형식에서 벗어나 다양한 글쓰기를 추구하는 작품들이 늘어났다.

셋째, 논설문에 있어서는 다양한 학문적 성취와 다원적 사유로 인해 그간 의제로 등장하지 못하였던 다기한 양상의 문제들이 논설문의 의제가 되었다. 특히 그간 별로 부각되지 못하던 개인적 문제까지도 의제로 설정된 것은 주목할 만하다. 의제뿐만 아니라 16세기 후반~17세기 전반 글쓰기의 영향을 받아 논설문에서도 자기 고백적 글쓰기가 눈에 띄게 증가하였고, 당대 사회적 부조리의 속출로 인해 신랄한 비판으로 글 전체를 이끌어가는 작품들이 늘어났다.

마지막으로 사회와 산문의 측면을 고찰하면서 다음과 같은 사실을 알게 되었다. 첫째, 16세기 후반~17세기 전반 산문에서 특징적으로 드러나는 모습은 구체적 현실의 반영, 사회적 모순에 대한 비판, 죽음이나 불우한 지식인의 續出 같은 환경으로 인한 비애의 토로 등이었으며, 이것을 표현하는 데에 서사의 확장, 반어와 역설, 장르의 결합 등이 주로 사용되었다.

둘째, 문학은 한 시대의 힘과 움직임을 느끼게 하고 인간의 삶을 표현하는 데 의의를 둔다는 측면에서 현실을 구체적으로 반영하려고 했던 이 시기 문인들이 지닌 의의는 크다. 아울러 이상적인 세계를 추구하기 위해 사회의 모순을 폭로한 점도 의의를 갖는다. 물론 문학의 본질적인 요소인 情을 토로한 경우 역시 문학성의 제고와 관련지어 보았을 때 그 의의가 작지 않다.

셋째, 개인 내면의 진솔한 토로는 자기 표현적이라는 측면에서 개성을 발현한 글쓰기이다. 물론 전통적 장르문법에서 벗어나 개별적 형식을 취하는 경우가 많다는 측면에서 장르의 결합 역시 그러하다. 반어와 역설은 이미 언급한 대로 이중성과 모순의 표현이라는 측면에서 개성적이다. 아울러 서사의 강화 중 우언적 요소의 차용은 사실과 허구의 결합, 사태와 사태의 결합이라는 측면에서 개성적 요소를 발견할 수 있다.

이로써 보자면, 개인적 측면에 있어서 '나'의 자각, 사회적 측면에 있어서 구조적 부조리의 만연함과 그로 인한 불우한 문인지식인의 속출, 사상적 측면에 있어서 성리학의 성숙과 더불어 진행되었던 다양한 사상의 수용과 전파, 세계관의 측면에 있어서 조화의 균열, 학문적 측면에 있어서 시야의 확대와 다양한 서적의 수입, 문학적 측면에 있어서 산문인식의 변화 등이 이 시기 산문의 글쓰기를 변화시키고 다양화하는 데 일조하였다. 그 결과 발생하였던 산문의 변화를 한 마디로 정의하면 '개인의 사유와 감정 토로의 구체화 · 다양화'라고 정리할 수 있다. 더욱이 이러한 흐름이 사회적 변화에 민감하게 반응하며 그 부조리를 비판하는 과정에서 등장한 경향이라는 점, 즉 개인의 내면에만 몰입되지 않고 사회적 소임도 저버리지 않았던 문인지식인들이 실천하였던 행동이라는 사실은 더욱 의미가 깊다.

참고문헌

1. 자료

高敬命, 『霽峰集』, 『韓國文集叢刊』 42, 民族文化推進會.

權　韠, 『石洲集』, 『韓國文集叢刊』 75, 民族文化推進會.

權好文, 『松巖集』, 『韓國文集叢刊』 41, 民族文化推進會.

金　堉, 『潛谷遺稿』, 『韓國文集叢刊』 86, 民族文化推進會.

金得臣, 『栢谷集』, 『韓國文集叢刊』 75, 民族文化推進會.

金萬基, 『瑞石集』, 『韓國文集叢刊』 144, 民族文化推進會.

金富倫, 『雪月堂集』, 『韓國文集叢刊』 41, 民族文化推進會.

金昌協, 『農巖集』, 『韓國文集叢刊』 161·162, 民族文化推進會.

金昌翕, 『三淵集』, 『韓國文集叢刊』 166·167, 民族文化推進會.

金安老, 『希樂堂稿』, 『韓國文集叢刊』 21, 民族文化推進會.

柳夢寅, 『默好先生文集』, 『韓國歷代文集叢書』 2216, 景仁文化社.

______, 『於于集(附)於于野談』, 景文社.

______, 『於于集』, 『韓國文集叢刊』 63, 民族文化推進會.

柳成龍, 『西厓集』, 『韓國文集叢刊』 52, 民族文化推進會.

朴　瀰, 『汾西集』, 『韓國文集叢刊』 續集 25, 民族文化推進會.

朴彭年, 『朴先生遺稿』, 『韓國文集叢刊』 9, 民族文化推進會.

裵龍吉, 『琴易堂集』, 『韓國文集叢刊』 62, 民族文化推進會.

徐居正, 『四佳集』, 『韓國文集叢刊』 10·11, 民族文化推進會.

成　俔, 『虛白堂集』, 『韓國文集叢刊』 14, 民族文化推進會.

宋時烈, 『宋子大全』, 『韓國文集叢刊』 113, 民族文化推進會.

申　綽, 『石泉集』, 규장각 소장.

申　欽, 『象村稿』, 『韓國文集叢刊』 71·72, 民族文化推進會.

申翊聖, 『樂全堂集』, 『韓國文集叢刊』 93, 民族文化推進會.

申翊聖, 『樂全堂集』, 『韓國文集叢刊』 93, 民族文化推進會.
吳克成, 『問月堂集』, 『韓國文集叢刊』 續 10, 民族文化推進會.
俞彦鎬, 『燕石』, 『韓國文集叢刊』 247, 民族文化推進會.
尹善道, 『孤山遺稿』, 『韓國文集叢刊』 91, 民族文化推進會.
尹新之, 『玄洲集』, 『韓國文集叢刊』 續集 140, 民族文化推進會.
李　植, 『澤堂集 附 畏齋集』, 影印本.
______, 『澤堂集』, 『韓國文集叢刊』 88, 民族文化推進會.
李　珥, 『栗谷全書』, 『韓國文集叢刊』 44·45, 民族文化推進會.
李景奭, 『白軒集』, 『韓國文集叢刊』 96, 民族文化推進會.
李民宬, 『敬亭集』, 『韓國文集叢刊』 76, 民族文化推進會.
李山海, 『鵝溪遺稿』, 『韓國文集叢刊』 47, 民族文化推進會.
李睟光, 『芝峰類說』, 아름출판사, 2001.
______, 『芝峯集』, 『韓國文集叢刊』 66, 民族文化推進會.
李承召, 『三灘集』, 『韓國文集叢刊』 11, 民族文化推進會.
李始發, 『碧梧遺稿』, 『韓國文集叢刊』 74, 民族文化推進會.
李廷龜, 『月沙集』, 『韓國文集叢刊』 69·70, 民族文化推進會.
任叔英, 『疎菴集』, 『韓國文集叢刊』 83, 民族文化推進會.
張　維, 『谿谷集』, 『韓國文集叢刊』 92, 民族文化推進會.
張顯光, 『旅軒集』, 『韓國文集叢刊』 60, 民族文化推進會.
正　祖, 『弘齋全書』, 『韓國文集叢刊』 267, 民族文化推進會.
鄭　澔, 『丈巖集』, 『韓國文集叢刊』 157, 民族文化推進會.
鄭百昌 『玄谷集』, 『韓國文集叢刊』 93, 民族文化推進會.
鄭士龍, 『湖陰雜稿』, 『韓國文集叢刊』 25, 民族文化推進會.
趙　絅, 『龍洲遺稿』, 『韓國文集叢刊』 90, 民族文化推進會.
曺　偉, 『梅溪集』, 『韓國文集叢刊』 16, 民族文化推進會.
趙　翼, 『蒲渚集』, 『韓國文集叢刊』 85, 民族文化推進會.
趙纘韓, 『玄洲集』, 『韓國文集叢刊』 79, 民族文化推進會.
崔　岦, 『簡易集』, 『韓國文集叢刊』 49, 民族文化推進會.
崔　恒, 『太虛亭集』, 『韓國文集叢刊』 9, 民族文化推進會.

崔錫鼎, 『明谷集』, 『韓國文集叢刊』 153, 民族文化推進會.
韓百謙, 『久菴遺稿』, 『韓國文集叢刊』 59, 民族文化推進會.
許　筠, 『惺所覆瓿藁』, 『韓國文集叢刊』 74, 民族文化推進會.
許　穆, 『紀言』, 『韓國文集叢刊』 99, 民族文化推進會.
洪翰周, 『智水拈筆』, 李佑成 編, 亞細亞文化社.

金澤榮, 『韓國古典批評論資料集』 3, 啓明文化社, 1988.
『臥遊錄』, 藏書閣 所藏本.
『月沙年譜』, 藏書閣 所藏本.

歐陽修, 『唐宋八大家文鈔 校注集評: 廬陵文鈔』, 三秦出版社, 1998.
錢謙益, 『錢牧齋全集』, 上海古籍出版社, 2003.
韓　愈, 『新譯 昌黎先生文集』, 三民書局, 1999.

김창협, 『국역 농암집 4』, 송기채 역, 민족문화추진회, 2004.
신　흠, 『국역 상촌집』, 양홍렬 역, 민족문화추진회, 1994.
유몽인, 『나 홀로 가는 길』, 신익철 옮김, 태학사, 2002.
______, 『於于野談』, 신익철·이형대·조융희·노영미 옮김, 돌베개, 2006.
이　식, 『국역 택당집』, 이상현 역, 민족문화추진회, 2001.
이동환, 『朝鮮中期漢文學資料選集』(『韓國學基礎資料選集 : 近世 Ⅱ篇』), 韓國精神文化研究院, 1995.
이산해, 『국역 아계유고』, 이상하 역, 민족문화추진회, 1997.
李睟光, 『芝峰類說』, 南晚星 譯, 乙酉文化社, 1975.
이정구, 『국역 월사집』, 이상하 역, 민족문화추진회, 2004.
이종묵, 『누워서 노니는 산수』, 태학사, 2002.
장　유, 『국역 계곡집』, 이상현 역, 민족문화추진회, 1996.
최석기 외 옮김, 『선인들의 지리산 유람록』, 돌베개, 2000.
허　균, 『국역 성소부부고』, 신호열 외 역, 민족문화추진회, 1999.

『CD-ROM 文淵閣四庫全書 電子版』, 迪志文化出版有限公司, 2000.
『朝鮮王朝實錄』, http://www.history.co.kr(국사편찬위원회).
『韓國文集叢刊』, http://www.minchu.or.kr(한국고전번역원).

2. 저서
강명관, 『안쪽과 바깥쪽』, 소명출판, 2007.
강영계, 『니체와 문명비판』, 철학과 현실사, 2007.
권혁명, 『석천 임억령과 식영정 시단-조선중기 당풍과 호남한시-』, 월인, 2010.
김우정, 『최립 산문의 예술경계』, 한국학술정보(주), 2006.
김우창, 『김우창 전집 3: 시인의 보석』, 민음사, 2006.
______, 『김우창 전집 4: 법 없는 길』, 민음사, 2006.
김인환, 『비평의 원리』, 나남, 1994.
______, 『기억의 계단』, 민음사, 2001.
김준오, 『한국 현대 장르 비평론』, 문학과 지성사, 1991.
______, 『문학사와 장르』, 문학과 지성사, 2000.
김준형, 『한국 패설문학 연구』, 보고사, 2004.
김진곤, 『이야기 小說 Novel : 서양학자의 눈으로 본 중국소설』, 예문서원, 2001.
김정녀, 『조선후기 몽유록의 구도와 전개』, 보고사, 2005.
김현룡, 『허균-자존적 이상향 추구』, 건국대학교 출판부. 1994.
김흥규, 『文學과 歷史的 人間』, 창작과 비평사, 1994.
______, 『욕망과 형식의 詩學』, 태학사, 1999.
김풍기, 『朝鮮前期文學論研究』, 태학사, 1996.
동서문화연구소 편, 『비교문학총서 1: 문학·장르·역사』, 계명대학교출판부, 1979.
부길만·황지영, 『동아시아 출판문화사 연구 I』, 오름, 2009.
송준호·송만오 편저, 『朝鮮時代文科白書(上)』, 삼우반, 2008.
송혁기, 『조선후기 한문산문의 이론과 비평』, 월인, 2006.
신양선, 『조선중기 서지사 연구: 16세기 관찬서를 중심으로』, 혜안, 2012.
신태영, 『明나라 사신은 朝鮮을 어떻게 보았는가』, 다운샘, 2005.
신익철, 『柳夢寅 文學 研究』, 보고사, 1998.

심경호, 『한문산문의 미학』, 고려대학교 출판부, 1998.
______, 『조선시대 漢文學과 詩經論』, 일지사, 1999.
______, 『한문산문의 내면풍경』, 소명출판, 2002.
안대회, 『조선후기시화사』, 소명출판, 2000.
엄기영, 『16세기 한문소설 연구』, 월인, 2009.
오상학, 『조선시대 세계지도와 세계인식』, 창비, 2011.
윤재민, 『朝鮮後期 中人層 漢文學의 研究』, 고려대학교 민족문화연구원, 1999.
윤채근, 『황혼과 여명-16세기 문학사의 맥락』, 역락, 2002.
오강남 풀이, 『도덕경』, 현암사, 2005.
우쾌제, 『古小說研究史』, 월인, 2002.
이경옥, 『영국의 낭만주의』, 연세대학교 출판부, 2004.
이광수, 『이광수 전집 1』, 삼중당, 1973.
이동환, 『실학시대의 사상과 문학』, 지식산업사, 2006.
이상섭, 『문학 비평 용어 사전』, 민음사, 1999.
이이화, 『허균』, 한길사, 1997.
이종묵, 『한국 한시의 전통과 문예미』, 태학사, 2002.
임준철, 『조선중기 漢詩意想 연구-조선중기 한시 이미지 연구』, 일지사, 2010.
임철규, 『우리시대의 리얼리즘』, 한길사, 2009.
임형택, 『韓國文學史의 視角』, 창작과 비평사, 1999.
장순란, 『바이마르 고전주의-독일문학사조의 이해』, 한국문화사, 2001.
장효현, 『韓國古典小說史研究』, 고려대학교 출판부, 2002.
전형준, 『현대 중국의 리얼리즘 이론』, 창작과비평사, 1997.
정　민, 『목릉문단과 석주 권필』, 태학사, 1999.
정출헌, 『고전소설사의 구도와 시각』, 소명출판, 1999.
조성산, 『조선후기 낙론계 학풍의 형성과 전개』, 지식산업사, 2007.
최문규, 『독일 낭만주의』, 연세대학교 출판부, 2005.
허경진, 『허균평전』, 돌베개, 2002.

A. 하우저, 『文學과 藝術의 社會史-近世篇 上』, 백낙청·반성완 공역, 창작과 비평사, 1997.

________, 『文學과 藝術의 社會史-近世篇 下』, 염무웅·반성완 공역, 창작과 비평사, 1995.

________, 『文學과 藝術의 社會史-現代篇』, 백낙청·염무웅 공역, 창작과 비평사, 1997.

C. T. Winchester, 《Some Principle of Literary Criticism》, NewYork : The Macmillan, 1950.

D. C. Muecke, 『아이러니Irony』, 文祥得 譯, 서울대학교 출판부, 1986.

Damian Grant, 『리얼리즘Realism』, 金鍾云 譯, 서울대학교 출판부, 1987.

Dominique Secretan, 『古典主義Classicism』, 姜大虔 譯, 서울대학교 출판부, 1984.

I. A. Richards, 『문예비평의 원리』, 김영수 역, 현암사, 1978.

Kierkegaard, 《The Concept of Irony》, translated by Lee M. Capel, Bloomington & London : Indiana Univ. press, 1968.

Lilian R. Furst, 『浪漫主義Romanticism』, 李相沃 譯, 서울대학교 출판부, 1987.

M. 존슨, 『마음 속의 몸』, 노양진 옮김, 철학과 현실사, 2000.

R. L. Brett, 『空想과 想像力』, 심명호 역, 서울대학교 출판부, 1987.

溝口雄三·丸山松幸·池田知久 편저, 『中國思想文化辭典』, 김석근·김용천·박규태 옮김, 민족문화문고, 2003.

東英壽, 『法古與創新-歐陽修散文與古文復興』, 上海古籍出版社, 2005.

來裕恂, 『漢文典注釋』, 南開大學出版社, 1993(초판: 商務印書館, 1906).

廖可斌, 『復古派與明代文學史潮』 上·下, 臺北 : 文津出版社, 1994.

르네 웰렉·오스틴 워렌, 『文學의 理論』, 李京洙 譯, 文藝出版社, 1999.

리쩌허우, 『중국고대사상사론』, 정병석 옮김, 한길사, 2005.

리하르트 반 뒬멘, 『개인의 발견』, 최윤영 옮김, 2007.

마루야마마사오, 『日本政治思想史研究』, 김석근 옮김, 통나무, 2005(초판 1995).

마르쿠제, 『마르쿠제 美學思想』, 金文煥 編譯, 文藝出版社, 1994.

벨라 키랄리활비, 『루카치 미학 연구』, 김태경 옮김, 이론과 실천, 1997.
빅토르 어얼리치, 『러시아 形式主義-歷史와 理論』, 박거용 역, 文學과 知性社, 2001.
徐復觀, 『중국예술정신』, 권덕주 외 옮김, 동문선, 2000.
成復旺 主編, 『中國美學範疇辭典』, 中國人民大學出版社, 1995.
수잔 랭거, 「비극적 리듬」, 서용득 옮김, 『비극과 희극, 그 의미와 형식』, 고려대학교 출판부, 1995.
시마다 겐지, 『주자학과 양명학』, 김석근·이근우 옮김, 예문서원, 2001.
앙리 베르그송, 『웃음-희극성의 의미에 관한 시론』, 정연복 옮김, 세계사, 2001.
앙리 뻬르, 『고전주의란 무엇인가』, 박무호 옮김, 울산대학교 출판부, 1995.
吳小林, 『柳宗元散文藝術』, 山西人民出版社, 1989.
오하마 아키라, 『老子의 哲學』, 임현규 옮김, 인간사랑, 2000.
월터 J. 옹, 『구술문화와 문자문화』, 이기우·임명진 옮김, 문예출판사, 2003.
劉偉林, 『중국문예심리학사』, 沈揆昊 옮김, 東文選, 1999.
伊東勉, 『리얼리즘이란 무엇인가』, 서은혜 옮김, 청년사, 1995.
이사야 벌린, 『낭만주의의 뿌리』, 강유원·나현영 옮김, 이제이북스, 2005.
장 파, 『동양과 서양, 그리고 미학』, 유중하·백승도·이보경·양태은·이용재 옮김, 푸른숲, 2004.
장 폴 사르트르, 『文學이란 무엇인가』, 金鵬九 譯, 文藝出版社, 1996.
쟈네트 월프, 『예술의 사회적 생산』, 이성훈·이현석 옮김, 한마당, 1988.
褚斌杰, 『中國古代文體概論』, 北京大學出版社, 2003.
陳鼓應, 『老子註譯及評介』, 中華書局, 2003.
______, 『老莊新論』, 최진석 옮김, 소나무, 2001.
陳蒲淸, 『중국우언문학사』, 오수형 옮김, 소나무, 1994.
陳必祥, 『한문문체론』, 沈慶昊 옮김, 이회, 2001.
최상규 엮음, 『낭만주의 문학의 재조명』, 예림기획, 1988.
페터 지마, 『비판적 문학 이론과 미학』, 김태환 편역, 문학과 지성사, 2000.
馮永敏, 『散文鑑賞藝術探微』, 文史哲出版社, 1997.

프레더릭 바이저 지음, 『낭만주의의 명령, 세계를 낭만화하라: 초기 독일낭만주의 연구』, 김주희 옮김, 그린비, 2011.

3. 연구논문

강명관, 「조선 후기 양명좌파의 수용」, 『오늘의 동양사상』 16, 예문 동양사상연구원, 2007.

강주란, 「谿谷 張維 散文 硏究」, 이화여자대학교 석사학위논문, 2005.

곽은정, 「於于 柳夢寅 漢詩 硏究」, 고려대학교 석사학위논문, 2006.

구만옥, 「朝鮮後期 潮汐說과 '東海無潮汐論'」, 『東方學志』 111집, 연세대학교 국학연구원, 2001.

권진옥, 「澤堂 李植의 古文·騈文 연찬과 산문 창작의 실제」, 고려대학교 석사학위논문, 2007.

권 호, 「墓誌銘의 文學性에 대한 一時考」, 성균관대학교 석사학위논문, 1989.

琴東昡, 「유몽인 산문이론의 구조와 의미-이른바 '진한고문파'의 논리에 대한 재검토를 겸하여-」, 『한국한문학연구』 제34집, 한국한문학회, 2004.

김광년, 「象村 申欽 散文 硏究」, 고려대학교 박사학위논문, 2014.

김광섭, 「17~18세기 '儷文選集' 類의 편찬 양상과 그 영향에 대하여: 徐庾體변려문의 애호 현상을 중심으로」, 『어문논집』 54, 민족어문학회, 2006.

김기현, 「퇴계학파-주리설의 확립과 도덕적 인간학」, 『조선 유학의 학파들』, 예문서원, 2000.

김 돈, 「朝鮮中期 反正과 王權의 위상」, 『典農史論』 7, 서울시립대학교 국사학과, 2001.

金鍊秀, 「漢詩 風格 硏究-許筠의 『國朝詩删』 批와 評에 근거하여-」, 고려대학교 석사학위논문, 1996.

김봉남, 「茶山 墓誌銘의 主題와 樣式的 特徵-辛酉獄事에 연루된 五人에 대한 묘지명에 관하여」, 『어문논집』 49, 민족어문학회, 2004.

김성진, 「허균의 척독에 대한 일고찰」, 『한국한문학연구』 제39집, 한국한문학회, 2003.

金英美, 「어우 유몽인의 산문론과 산문의 서술방법 연구」, 전북대학교 박사학위논문, 2006.

김영진, 「朝鮮後期의 明淸小品 수용과 小品文의 전개 양상」, 고려대학교 박사학위논문, 2003.

金容杓, 「歐陽修의 碑誌文 分析을 통해본 簡而有法」, 『中國學硏究』 5집, 중국학연구회, 1990.

김우정, 「선조·광해 연간 文風의 변화와 그 의미-前後七子 수용 논의의 반성적 고찰을 겸하여-」, 『한국한문학연구』 제39집, 한국한문학회, 2007.

______, 「유몽인 산문에 있어서 자득의 의미와 실현양상」, 『동양학』 40, 단국대학교 동양학연구소, 2006.

______, 「조선 중기 복고적 산문의 두 경향-최립과 유몽인을 중심으로」, 『한국한문학연구』 제37집, 한국한문학회, 2006.

______, 「허균 산문의 연구-산문 텍스트의 확장과 문예미를 중심으로-」, 『동아시아고대학』 제16집, 동아시아 고대학회, 2007.

______, 「玄洲 趙纘韓 散文의 硏究-17세기 초 文壇의 風情과 관련하여-」, 『한문교육연구』 제31집, 한국한문교육학회, 2008.

______, 「申欽 散文과 前後七子」, 『대동문화연구』 제69집, 성균관대학교 동아시아학술원 대동문화연구원, 2010.

김우창, 「문학과 유토피아-문학적 상상력의 정치적 의의에 대한 한 고찰」, 『김우창 전집 3: 시인의 보석』, 민음사, 2006.

______, 「아름다움의 거죽과 깊이-심미 감각과 사회」, 『김우창 전집 3: 시인의 보석』, 민음사, 2006.

김은미, 「조선 초기 누정기의 연구」, 이화여자대학교 박사학위논문, 1990.

김정인, 「16세기 사림의 기문 연구」, 이화여자대학교 박사학위논문, 2003.

김종철, 「한문 산문 '論'의 갈래성격과 글쓰기 특성」, 『동방한문학』 18집, 동방한문학회, 2000.

김풍기, 「조선중기 고문의 소품문적 성향과 척독」, 『민족문화연구』 제35호, 고려대학교 민족문화연구원, 2001.

김현양, 「16·17세기 소설사의 새로운 면모」, 『새 민족문학사 강좌 01』, 창비, 2009.

金賢貞, 「崔鳴吉 疏箚(소차)의 서술기법 연구」, 고려대학교 석사학위논문, 2009.
김홍백, 「유몽인의 경세의식과 산문세계」, 서울대학교 박사학위논문, 2014.
남종진, 「中國 傳統 墓道文의 文學的 特性에 대하여: 歐陽修의 「상강천표」를 일례로」, 『中國文學研究』 27, 韓國中文學會, 2003.
______, 「韓愈 所撰 墓誌銘의 記述 特徵」, 『中國文學研究』 28, 韓國中文學會, 2004.
노경희, 「17세기 전반기 官僚文人의 山水遊記 研究」, 서울대학교 석사학위논문, 2001.
박경남, 「16·17세기 程朱學的 道文一致論의 균열과 道文分離的 경향」, 『고전문학연구』 제35집, 한국고전문학회, 2009.
박동주, 「조선후기 原體散文의 특성과 작품양상」, 한양대 박사학위논문, 2009.
朴英鎬, 「朝鮮中期 古文論 研究」, 경북대학교 박사학위논문, 1992.
박은정, 「17C 말 18C 전기 농암 계열 문장가들의 고문론 연구-김창협·이의현·이덕수·신정하·이하곤의 韓歐正脈論을 중심으로-」, 한양대학교 박사학위논문, 2005.
박찬기, 「고전주의의 개념과 본질」, 『문예사조』, 민음사, 1988.
박해남, 「상촌 신흠 문학의 연구」, 성균관대학교 박사학위논문, 2005.
朴熙秉, 「申欽의 學問과 그 思想史的 位置」, 『민족문화』 20, 민족문화추진회, 1997.
백진우, 「朝鮮後期 史論 散文 研究」, 고려대 박사학위논문, 2011.
______, 「許筠의 史論 散文 研究」, 『語文研究』 150호, 韓國語文教育研究會, 2011.
변구일, 「谿谷 張維 散文 研究」, 고려대학교 석사학위논문, 2008.
______, 「張維의 贈序類 散文 研究」, 『고전과 해석』 제4집, 고전문학한문학연구학회, 2008.
徐正和, 「李奎報 散文 研究」, 고려대학교 박사학위논문, 2007.
徐漢錫, 「白沙 李恒福의 散文에 관한 研究」, 성균관대학교 박사학위논문, 2007.
宋知泳, 「於于 柳夢寅 散文 研究」, 고려대학교 석사학위논문, 2004.
송혁기, 「16세기 말~17세기 전반기 한문학의 새 경향」, 『새 민족문학사 강좌

01』, 창비, 2009.

송혁기, 「김창협 문학론의 연구」, 고려대학교 석사학위논문, 1996.

______, 「논설문(論說文)의 특성과 작품 양상」, 『한국한문학의 이론 : 산문』, 보고사, 2007.

______, 『17세기말~18세기초 산문이론의 전개양상』, 고려대학교 박사학위논문, 2005.

申承勳, 「16世紀 後半~17世紀 前半期 文學理論의 多變化 樣相-柳夢寅·李睟光·申欽·許筠을 중심으로-」, 고려대학교 박사학위논문, 2004.

심경호, 「17세기 초반 지성사의 한 단면-지천 최명길과 월사·상촌·계곡·택당-」, 『漢文學報』 제18집, 우리한문학회, 2008.

______, 「한국 한문산문의 발달과 韓愈 문장의 수용」, 『어문논집』 50, 민족어문학회, 2004.

안나미, 「17세기초 公安派 문인과 朝鮮 문인의 교유」, 『한문학보』 제20집, 2009.

______, 「17세기 전후 韓中 문학교류 연구: 晩明 文學 수용 양상을 중심으로」, 성균관대학교 박사학위논문, 2011.

안대회, 「18·19세기 주거문화와 상상의 정원-조선후기 산문가의 記文을 중심으로-」, 『진단학보』 97, 진단학회, 2004.

______, 「조선시대 문장관과 문장선집」, 『한국고문의 이론과 전개』, 태학사, 1998.

안득용, 「17세기 후반~18세기 초반 山水遊記 硏究-農巖 金昌協과 三淵 金昌翕을 중심으로」, 고려대학교 석사학위논문, 2005.

______, 「16세기 후반 嶺南 文人의 山水遊記」, 『어문논집』 제55호, 민족어문학회, 2007.

______, 「16세기 후반~17세기 전반 碑誌文의 典範과 서술 양상에 대한 고찰」, 『한국한문학연구』 제39집, 한국한문학회, 2007.

______, 「谿谷 張維 樓亭記 硏究」, 『고전문학연구』 제32집, 한국고전문학회, 2007.

______, 「金昌翕의 說에 나타난 주제의식과 글쓰기」, 『어문논집』 제59호, 민족

어문학회, 2009.
안득용, 「柳夢寅 散文에 나타난 悲劇性」, 『한국한문학연구』 제43집, 한국한문학회, 2009.
______, 「16세기 후반~17세기 전반 산문의 구도와 전개」, 고려대학교 박사학위논문, 2010.
______, 「16세기 후반~17세기 전반 送序 硏究-內面化·具體化·多樣化 傾向을 중심으로-」, 『東洋漢文學硏究』 33, 東洋漢文學會, 2011.
______, 「難解性을 통해 본 16·17세기 문학과 환경」, 『韓國漢文學硏究』 49, 韓國漢文學會, 2012.
______, 「朝鮮中期 詩話 批評 硏究-시화의 전통과 변모 양상을 중심으로-」, 『동양한문학연구』 35, 동양한문학회, 2012.
______, 「16세기 후반~17세기 전반 自傳的 敍事의 창작 경향과 그 의미」, 『韓國漢文學硏究』 51, 韓國漢文學會, 2013.
______, 「柳夢寅 散文에 나타난 孤獨의 양상과 그 의미」, 『어문논집』 68, 민족어문학회, 2013.
______, 「議論 散文을 통해 본 16, 17세기 문학과 사회-議題와 글쓰기의 특성을 중심으로」, 『민족문화연구』 61, 고려대학교 민족문화연구원, 2013.
______, 「조선후기 詩論에서 보이는 淸·議論·詩史에 대한 논의와 그 의미」, 『동양한문학연구』 38, 동양한문학회, 2014.
______, 「자아의 유형에 따른 전근대 자서전의 분류와 그 형성 배경」, 『고전과 해석』 17, 고전문학한문학연구학회, 2014.
安炳鶴, 「三唐派 詩世界 硏究」, 고려대학교 박사학위논문, 1988.
______, 「性理學的 思惟와 詩論의 展開 樣相」, 『민족문화연구』 제32호, 고려대학교민족문화연구원, 1999.
______, 「조선중기 唐詩風과 詩論의 전개 양상」, 『한국문학연구』 창간호, 고려대학교 민족문화연구원 한국문학연구소, 2000.
안세현, 「柳夢寅의 贈序類 散文 硏究」, 『고전문학연구』 제31집, 한국고전문학회, 2007.
______, 「17세기 전반 樓亭記 창작의 일양상」, 『어문논집』 제58호, 민족어문학

회, 2008.

안세현, 「15세기 후반~17세기 전반 성리학적 사유의 우언적 표현 양상과 그 의미」, 『민족문화연구』 제51호, 고려대학교 민족문화연구원, 2009.

______, 「朝鮮中期 樓亭記 硏究」, 고려대학교 박사학위논문, 2009.

안영길, 「17세기 산문 발달의 원인과 추이 연구」, 『漢文古典硏究』 제18집, 韓國漢文古典學會, 2009.

______, 「농암 김창협 문학 연구」, 성신여자대학교 박사학위논문, 1996.

오세현, 「月沙 李廷龜의 文翰 活動과 學統 意識」, 『한국사론』 51, 서울대학교 국사학과, 2005.

우응순, 「朝鮮中期 四大家의 文學論 硏究」, 고려대학교 박사학위논문, 1990.

______, 「朝鮮中期 '詩窮而後工'論의 문학사적 의미」, 『인문과학논총』 제1권 1호, 순천향대학교 인문과학 연구소, 1995.

______, 「장유 사유방식에 대한 한 이해」, 『한국한문학연구』 제33집, 한국한문학회, 2004.

유승원, 「조선시대 '양반'계급의 탄생에 대한 시론」, 『역사비평』 79, 역사비평사, 2007.

유이경, 「說 장르 규명을 위한 시론」, 『한국고전연구』 10집, 한국고전연구학회, 2004.

윤재민, 「성시(城市)와 산수(山水)」, 『우리 한문학과 일상문화』, 소명출판, 2007.

윤지훈, 「澤堂 李植의 「大家意選批評」과 散文創作의 實際」, 『한문학논집』 제29집, 근역한문학회, 2009.

이 훈, 「天機論의 史的變移와 農巖의 '天眞' 개념 再論」, 『漢文古典硏究』 28, 한국한문고전학회, 2014.

이강엽, 「'說'의 장르 성향과 소설적 변개 가능성」, 『국어국문학』 112호, 국어국문학회, 1994.

이군선, 「증서문의 특징과 발전 양상」, 『한국한문학의 이론 : 산문』, 보고사, 2007.

李東歡, 「朝鮮後期 文學思想과 文體의 變移」, 『韓國文學硏究入門』, 지식산업사,

1982.

이동환, 「朴燕岩의 洪德保 墓誌銘에 대하여」, 『李朝後期 漢文學의 再照明』, 창작과비평사, 1983.

李東歡, 「고려전기 정신사에 있어서의 浪漫主義的 및 耽美主義的 성향에 대하여 -주로 문학·예술을 통한 연구를 위한 하나의 檢討-」, 『韓國學論集』 제25호, 계명대학교 한국학연구원, 1998.

李文奎, 「許筠 散文文學의 硏究」, 서울대학교 박사학위논문, 1985.

李秉烋, 『朝鮮前期 士林派의 現實認識과 對應』, 일조각, 2002.

이의철, 「계곡 장유 인식론의 다층적 양상 연구」, 『국제어문』 25, 국제어문학회, 2002.

이정임, 『고려시대 비지문학 연구』, 고려대학교 박사학위 논문, 1995.

李貞子, 「조선중기 贈序類 散文 연구」, 서울대학교 석사학위논문, 1997.

이종묵, 「조선 전기 한시의 당풍에 대하여」, 『한국한문학연구』 제18집, 한국한문학회, 1995.

이종호, 「조선조 사대부층의 비지문자론」, 『교남한문학』 제3집, 교남한문학회, 1990.

______, 「퇴계의 비지문자론 연구서설」, 『퇴계학』 2집, 안동대 퇴계학연구소, 1990.

______, 「상촌 신흠의 산문저술과 문예의식」, 『민족문화』 20, 민족문화추진회, 1997.

______, 「허균 문예사상의 좌파양명학 성향 (Ⅰ)」, 『한국사상과 문화』 11, 한국사상문화학회, 2001.

이종호, 「허균 문예사상의 좌파양명학 성향 (Ⅱ)」, 『한국사상과 문화』 12, 한국사상문화학회, 2001.

이지영, 「『惺所覆瓿稿』에 나타난 許筠의 民間傳乘에 대한 관심과 그 의의」, 『고전문학연구』 제18집, 한국고전문학회, 2000.

이한우, 「택당 이식 고문 연구」, 『한국사상과 문화』 24, 한국사상과 문화학회, 2004.

李賢珠, 「徐居正 文學 硏究」, 고려대학교 석사학위논문, 2009.

林熒澤, 「16세기 士林派의 文學意識-주로 李珥를 통해서 본 性理學의 文學論 一端-」, 『韓國文學史의 視角』, 창작과 비평사, 1999.

장효현, 「고전소설의 현실성과 낭만성 문제」, 『민족문학사연구』 10호, 창작과 비평사, 1997.

정 민, 「16, 17세기 학당풍의 성격과 그 풍정」, 『한국한문학연구』 제19집, 한국한문학회, 1996.

_____, 「16, 17세기 당시풍에 있어서 낭만성의 문제」, 『한국시가연구』 제5집, 한국시가학회, 1999.

정경훈, 「우암 비지문에 나타난 한유문 수용양상」, 『한문학보』 6, 우리한문학회, 2002, 91~109면.

鄭敎杜, 「許筠文學 硏究-文學觀과 散文作品의 갈래별 特性을 中心으로-」, 성신여자대학교 박사학위논문, 1998.

정길수, 「天機論의 문제」, 『韓國文化』 37, 서울대학교 규장각한국학연구원, 2006.

鄭然峰, 「張維 詩文學 硏究-莊子的 天機論을 中心으로-」, 고려대학교 박사학위논문, 1989.

정요일, 「天機의 槪念과 天機論의 意義」, 『한문학보』 19, 우리한문학회, 2008.

정우봉, 「김창협 詩論의 비평사적 의의」, 『어문논집』 제31호, 민족어문학회, 1992.

_____, 「산문 이론의 기본범주와 전개 양상 : 고려후기~조선전기」, 『민족문화연구』 32, 고려대학교 민족문화연구원, 2000.

_____, 「朝鮮 後期 散文理論의 展開와 그 性格(Ⅰ)」, 『한국문학연구』 창간호, 고려대학교 민족문화연구원 한국문학연구소, 2000.

정출헌, 「초기 한문소설에서의 현실주의 논의와 그 전망-15세기 『금오신화』에서 18세기 『김영철전』까지-」, 『민족문학사연구』 2호, 창작과 비평사, 1992.

조영호, 「15세기 官僚文人의 漢詩연구-金守溫·徐居正·李承召·姜希孟을 중심으로-」, 고려대학교 박사학위논문, 2004.

조정윤, 「張維 散文 硏究」, 고려대학교 박사학위논문, 2009.

진영미, 「농암 김창협 연구」, 성균관대학교 박사학위논문, 1997.

채미화, 「허균의 정감미학관 연구」, 『퇴계학과 한국문화』 제35호, 경북대학교 퇴계학연구소, 2004.

채환종, 「농암 김창협 문학 연구」, 충남대학교 박사학위논문, 1993.

崔錫起, 「谿谷 張維의 學文精神과 文論」, 『한국한문학연구』 9·10 合集, 한국한문학회, 1987.

崔錫起, 「어우 유몽인의 「유두류산록」에 대하여」, 『한문학보』 제3집, 우리한문학회, 2000.

최태림, 「澤堂 李植의 「讀書堂南樓記」 分析」, 『韓國思想과 文化』 19, 한국사상문화학회, 2003.

학군봉, 「谿谷 張維 文學에 나타난 『莊子』 寓言 受容樣相과 그 意味」, 『한국한문학연구』 제41집, 한국한문학회, 2008.

韓明基, 「柳夢寅의 經世論 硏究-임진왜란 이후 사회경제 재건의 한 방향-」, 『韓國學報』 67, 일지사, 118~153면.

한민섭, 「楓石 徐有榘 文學 硏究」, 고려대학교 석사학위논문, 2000.

황의열, 「韓國碑誌類硏究-문학성을 중심으로」, 성균관대학교 박사학위논문, 1996.

後序

이 모든 것은 「16세기 후반~17세기 전반 碑誌文의 典範과 서술 양상에 대한 고찰」에서부터 시작되었다. 원래 조선중기를 대상으로 논문을 쓰려던 생각이 별로 없다가, 2006년 우연히 접한 몇몇 문인들의 비지문에서 조선전기와는 다른 이 시기 문단의 분위기를 감지했던 게 이 책의 시작이었다. 이후 유몽인을 중심으로 몇 가지 논의를 진행하다가 이 시기의 全貌를 알고 싶어서 박사논문의 주제로 삼게 되었고, 이 책의 바탕이 된 박사논문을 쓰게 되었다.

하지만 그 이전 시기는 물론, 그 이후와도 다른 문학적 개성이 움트던 조선중기 문단의 전모를 조감하는 일은 그리 녹록치 않았다. 어렴풋이나마 '개인'의 '개성'을, 그것도 '사유'뿐만 아니라 '감정'까지도 진솔하게 표현하려고 했던 이 시기 문인지식인들의 노력을 보았고, 급변하던 당대 사회에 글쓰기로써 대응하려던 모습 역시 음미할 수 있었다. 그러나 그것을 일정한 시각에 담아 포괄적으로 펼쳐내 보이는 것이, 관찰이나 음미와는 전혀 다른 일임을 박사논문이 끝나갈 즈음에야 알았다.

박사논문 탈고까지 남은 짧은 기간 동안 딱 한 가지만 보여주면 된다고 생각했다. 겉이 아니라 속, 공공의 글쓰기가 아니라 개인적 글쓰기가 이 시기에 이미 상당한 수준으로 전개되었다는 것만 제대로 보여주겠다고 마음먹었다. 그러나 작가와 작품에만 초점을 맞춘 논의로는 그 다양한 양상을 보여주기엔 역부족이었다. 결국 내 박사논문은 미완성이었던 셈이다. 그래서 학위를 받은 이후에도 미련을 버리지 못하고 박사논문에서 다루지 못했던 '장르'에 초점을 두고 이 시기 산문 세계를 바라보는 논문을 쓰게 되었는데, 그 제목과 수록지면은 다음과 같다.

1. 「16세기 후반~17세기 전반 送序 研究－內面化·具體化·多樣化 傾向을 중심으로」, 『東洋漢文學研究』 33, 東洋漢文學會, 2011.
2. 「16세기 후반~17세기 전반 自傳的 敍事의 창작 경향과 그 의미」, 『韓國漢文學研究』 51, 韓國漢文學會, 2013.
3. 「議論 散文을 통해 본 16, 17세기 문학과 사회－議題와 글쓰기의 특성을 중심으로」, 『민족문화연구』 61, 고려대학교 민족문화연구원, 2013.
4. 「자아의 유형에 따른 전근대 자서전의 분류와 그 형성 배경」, 『고전과 해석』 17, 고전문학한문학연구학회, 2014.

이 중 1과 3은 비지문을 대상으로 한 논문과 함께 지금 이 책의 4장인 '장르와 산문'에 거의 그대로 수록되었고, 2와 4는 이 책의 2장 2절인 '個人의 자각'을 쓰는 데 가장 주요한 자양분이 되었다.

이렇게나마 책을 엮어놓고 나니 이제야 지난 아쉬움에서 한 발쯤 뺄 수 있을 것 같다. 그리고 지금에야 비로소 가족, 선생님, 심사위원, 동료 선후배 연구자들께 감사의 말씀을 전하고 싶은 마음도 든다. 내 연구를 묵묵히 지켜봐 주셨거나, 올바른 길을 보여주시려고 무던히도 애쓰셨던 분들께 감사드린다. 술안주로 논문을 잘근잘근 씹으며 날 선 비판을 해주셨거나, 초고를 꼼꼼히 들여다보고서는 아무렇지도 않게 책상 위에 던지고 가셨던 분들께도 고마운 마음 전한다. 작은 장점이라도 찾아내 주려고 했거나, 편파적으로 내 편을 들어주셨던 분들께도 무한한 애정을 보낸다.

이제는 사회와 개인의 조금 더 구체적인 모습과 둘 사이의 관계에서 연구의 길을 찾고 싶다.

2014년 늦가을 대학원 도서관에서 쓰다

찾아보기

ㄱ

안득용

고려대학교 국어국문학과를 졸업하고, 같은 학교에서 석·박사 학위를 받았다. 고려대학교 민족문화연구원 연구교수, 성균관대학교 박사 후 연수과정(post doctor)을 거쳐, 현재 고려대학교의 시간강사로 있다. 논문으로는 「朴趾源 散文에 나타난 共感의 의미」, 「조선후기 자서전의 특징적 局面과 그 의미」, 「자서전 코드로 읽어 본 自撰 年譜」, 「柳夢寅 末年 散文의 樣式과 그 의미」, 저서로는 『한국 한문학 연구의 거점과 시각』, 번역서로는 『국역 근재집』(공역), 『국역 제정집』(공역) 등을 쓰고 번역했다.

民族文化研究叢書 148

16세기 후반~17세기 전반 산문 연구

公에서 私로의 전환

2015년 8월 13일 초판 1쇄 인쇄
2015년 8월 20일 초판 1쇄 발행

저　자 안득용
발행인 조성택
발행처 高麗大學校 民族文化研究院

등록 1964년 9월 28일 제6-18호
주소 서울특별시 성북구 안암동
전화 02-3290-1610~3
팩스 02-926-8385
http://riks.korea.ac.kr

ISBN 978-89-7155-158-5 94810
978-89-7155-073-2 94810(세트)

정가 23,000원